鎌倉北条氏人名辞典

菊池紳一［監修］
北条氏研究会［編］

勉誠出版

はじめに

鎌倉時代の政治・経済を主導した鎌倉北条氏に関する研究は、『鎌倉遺文』の完結後ますます盛んになっている。本辞典では、この二十年間の研究の成果も取り入れつつ、鎌倉北条氏に関する人名の総合的なデータベースを提供し、さらなる研究の発展に寄与することを目的にした。

第Ⅰ部は、鎌倉北条氏に関する人物の人名辞典である。立項した項目数は、約千百弱である。立項の基準は、鎌倉北条氏関係の諸系図に見える同氏の一族を網羅し、婚姻関係にある人物とその子及び有力な同氏の被官（家臣）を加えた。

第Ⅰ部の冒頭に、立項した鎌倉北条氏一族の人名を基準にして、鎌倉北条氏諸流の系図を、義時流、時房流、朝時流、重時流、政村流、実泰流、有時流の順で掲げた。

各人名項目は、本文の次に、【解説】【系図】【史料】という欄を設けて、その人物に関する典拠、時代背景をはじめ、異説や問題点、参考文献等を明示し、一般の方々から研究者までの利用に供することができるよう配慮した。ここで記述した書名・史料等は、第Ⅰ部の末尾に参考文献としてまとめた。なお、鎌倉北条氏関係の論文等は第Ⅱ部の「鎌倉北条氏関連論文目録」にまとめて記載した。

第Ⅱ部（附録）は、第Ⅰ部の人名辞典を補足し活用するための鎌倉北条氏関連資料の一覧である。「鎌倉北条一族通称等一覧」には、一族の幼名・通称・法名等を記載した。「鎌倉北条氏任官一覧」には、この辞典の記載に見える官途を、五十音順に配列した。史料上は、通称や官途で人物が示される場合が多い。それを確認するためのツールとして活用願いたい。

また、「鎌倉北条氏関連論文目録」は、鎌倉北条氏に関する論文を、筆者の五十音順に配列したデータベースである。人名ばかりではなく、今後の同氏研究に資することを意図したものである。

本辞典が、歴史研究者や学生ばかりではなく、一般社会人を加えた幅広い読者の、鎌倉北条氏、さらには鎌倉幕府へのイメージを膨らませるものとなり、読者諸氏の鎌倉時代理解に寄与することを心より願っている。

令和元年九月吉日

北条氏研究会代表　菊池紳一

目　次

例言

一、本書は第Ⅰ部（人名辞典）と第Ⅱ部（附録、鎌倉北条氏一族通称等一覧・鎌倉北条氏任官一覧・鎌倉北条氏関連論文目録）からなる。

二、第Ⅰ部に収めた人名の立項基準の原則は、①北条氏関係の系図や諸資料に見える北条氏の一族、②北条氏と婚姻関係にある人物（他家に嫁いだ女性の配偶者・所生の子、他家から嫁いできた女性、その父母、養子・猶子等）、③北条氏の主な被官。

　なお、第Ⅰ部のはじめに①が一覧できる系図を、北条氏の諸流に分けて掲げた。

三、各項目は、見出し（生没年）・本文・【解説】・【系図】・【史料】の五つの部分からなる。

四、見出しは、「読み」と「漢字表記」・「生没年」で構成される。「読み」は、名字・姓の部分と名（不明の場合は通称）の部分は半字分空けて示した。「漢字表記」は、原則として常用漢字で表記した。「生没年」は、和暦（西暦）で表記し、未詳の場合は各々「生年未詳」・「没年未詳」・「生没年未詳」と記した。

五、別名・改名等の場合、見よ項目を適宜作成した。

六、本文は、最初にその人物の生きた時代（鎌倉前期・中期・後期等）、北条氏の場合は何流の人物か、父母等、人物を規定する叙述をし、以降順次当該人物の事績を記述した。

七、【解説】は、主に本文の典拠、異説、時代背景、参考文献等について、（1）（2）等の番号を付して記述した。なお、【解説】の末尾に番号を付し、参考文献として、伊藤邦彦『鎌倉幕府守護の基礎的研究［国別考証編］』（略称守護国別）及び　同『鎌倉幕府守護の基礎的研究［論考編］』（略称守護論考）を当該項目に記載した。

　参考文献の刊行年次等の詳細は、論文・概説書等については、北条氏関係は第Ⅱ部（鎌倉北条氏関連論文目録）に、その他のものは第Ⅰ部の末に一覧（参考文献）を掲載した。刊行年次等の詳細はそちらを参照されたい。

八、【系図】には、立項人物の記載される系図名を記載した。用いた略称は左記の通りである。なお、各系図の所収される刊本名も左の（　）内に記したので参照されたい。

（系図略称）

①野辺：野辺本「北条氏系図」（福島金治「野辺本北条氏系図について」、『宮崎県史』史料編中世一、宮崎県史しおり）。

②野津：野津本「北条系図、大友系図」（田中稔「史料紹介　野津本『北条系図、大友系図』」、「国立歴史民俗博物館研究報告」第五集）。

③桓武：「桓武平氏諸流系図」（『中条町史』資料編第一巻）。

④尊：『尊卑分脈』（『国史大系』）、活字本の巻数等を示した場合もある。

⑤前：前田育徳会所蔵「平氏系図」（仁和寺本「帝皇系図」のうち。細川重男『鎌倉政権得宗専制論』所収）。

⑥関：「北条系図」（前田育徳会所蔵「関東開闢皇代並年代記事」所収）。

⑦桓：「桓武平氏系図」（『続群書類従』第六輯上所収）。

⑧群A：「北条系図」（『続群書類従』第六輯上所収）。

⑨群B：「北条系図」（『続群書類従』第六輯上所収）。

（なお、群A・群Bの区別は掲載順とした）

⑩正：正宗寺本「北条系図」（東京大学史料編纂所影写本）。

⑪纂要：「系図纂要」（主に平氏五〈北条流〉）。

⑫入：入来院家所蔵「平氏系図」（表面）（山口隼正「入来院家所蔵平氏系図について（上）」、『長崎大学教育学部社会科学論叢』六〇号）

⑬入ウ：入来院家所蔵「平氏系図」（裏面）（山口隼正「入来院家所蔵平氏系図について（下）」、『長崎大学教育学部社会科学論叢』六一号）

九、【史料】には、立項人物の記載される史料名を記載した。なお、各史料を所収する刊本名については、第Ⅰ部の末に一覧を掲載した。

また、『鎌倉遺文』等の巻数は①・②・③の如く示した。

十、【解説】・【系図】・【史料】に記載するものがない場合は、空欄とした。

十一、第Ⅱ部の附録（鎌倉北条氏一族通称等一覧・鎌倉北条氏任官一覧・鎌倉北条氏関連論文目録）については、各々の例言を参照されたい。

第Ⅰ部　鎌倉北条氏人名辞典

鎌倉北条氏系図

義時（得宗）流系図

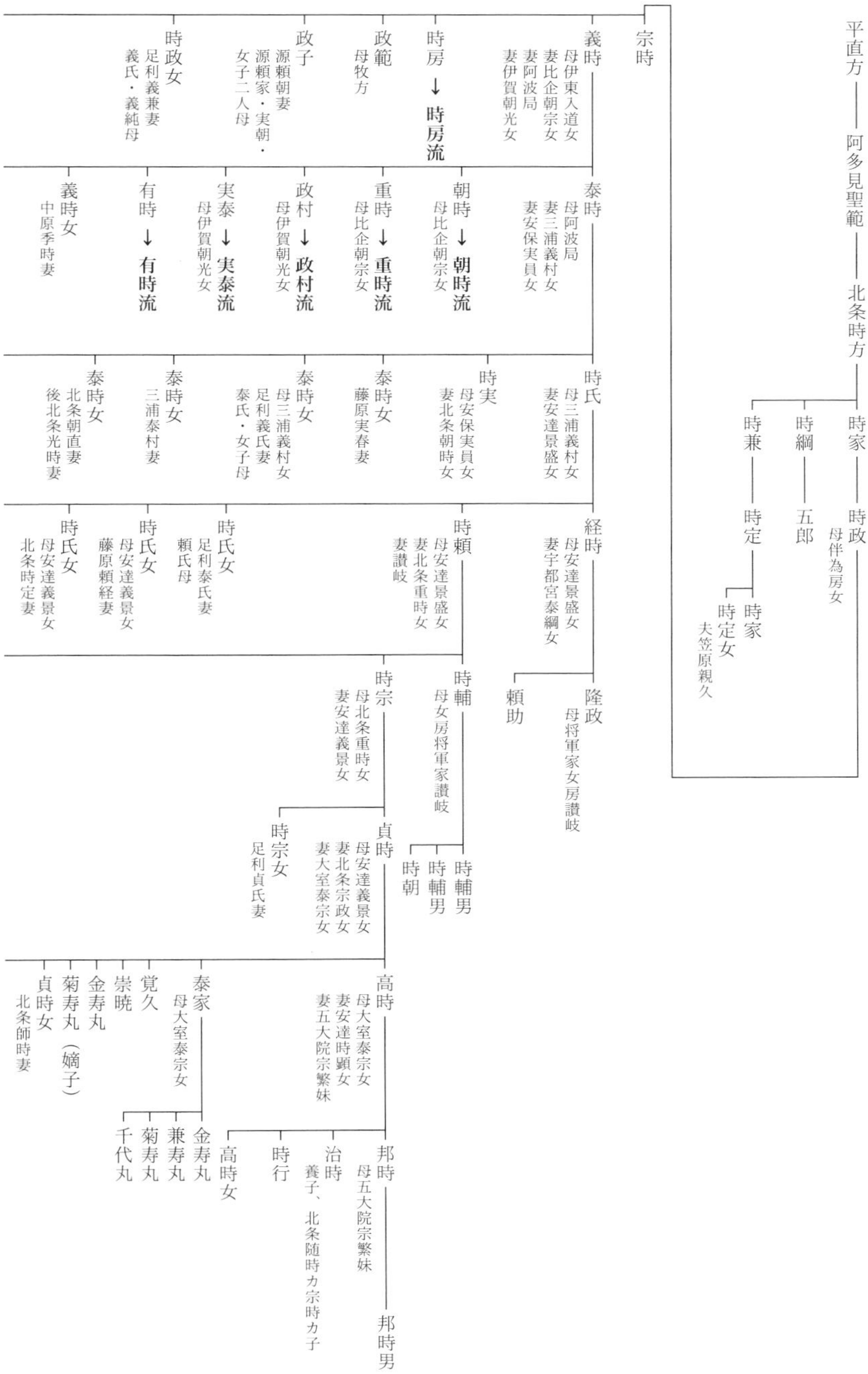

- 時政女　阿波局　阿野全成妻　時元・女子（藤原実国妻）母
- 時政女　稲毛女房　稲毛重成妻　女子（綾小路師季妻）母
- 時政女　母牧方　平賀朝雅妻　後坊門国通妻
- 時政女　畠山重忠妻　時重母　後足利義純妻　泰国母
- 時政女　母牧方　三条実宣妻
- 時政女　母牧方　宇都宮頼綱妻、泰綱・女子（藤原為家室）母　後藤原師家室

- 義時女　藤原実有妻　公藤・公持母
- 義時女　母伊賀朝光女　一条実雅妻　後唐橋通時妻　通清母
- 義時女　大江親広妻　後源定通妻
- 義時女　宇野則景妻　赤松家範母
- 義時女　一条能基妻
- 義時女　佐々木信綱妻
- 義時女　（姓未詳）実泰妻

- 泰時女
- 泰時女　坊門国通猶子

- 時氏女　北条時隆妻
- 時氏女（三人）

- 宗政　母北条重時女　妻北条政村女
  - 師時　母北条政村女　妻北条貞時女　北条時宗猶子
    - 貞規　妻北条久時女
    - 時茂
  - 政助
  - 時信
  - 万寿
  - 宗政女　北条貞時妻
  - 宗政女　北条時最妻
  - 宗政女　北条時家妻

- 貞時女　北条煕時妻、茂時母
- 貞時女　土岐光定妻　定親・頼貞・頼重母
- 貞時女　（姓未詳）宗経養子　北条時基妻
- 貞時女
- 貞時女
- 千代寿丸

- 宗頼　妻大友頼泰女
  - 兼時　妻北条業時女
    - 兼貞　養子、時厳子
    - 兼時女
  - 宗方　母大友頼泰女　北条時宗猶子
    - 時茂
    - 篤貞　養子、時厳子
  - 宗頼女　北条久時妻　守時母
  - 宗頼養女　北条宗俊女　北条久時妻

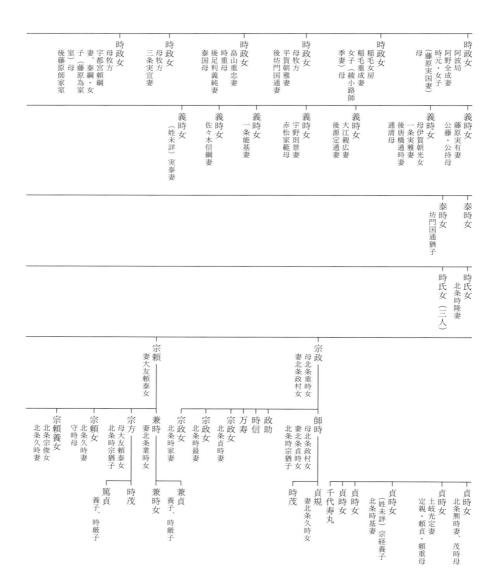

義時（得宗）流系図

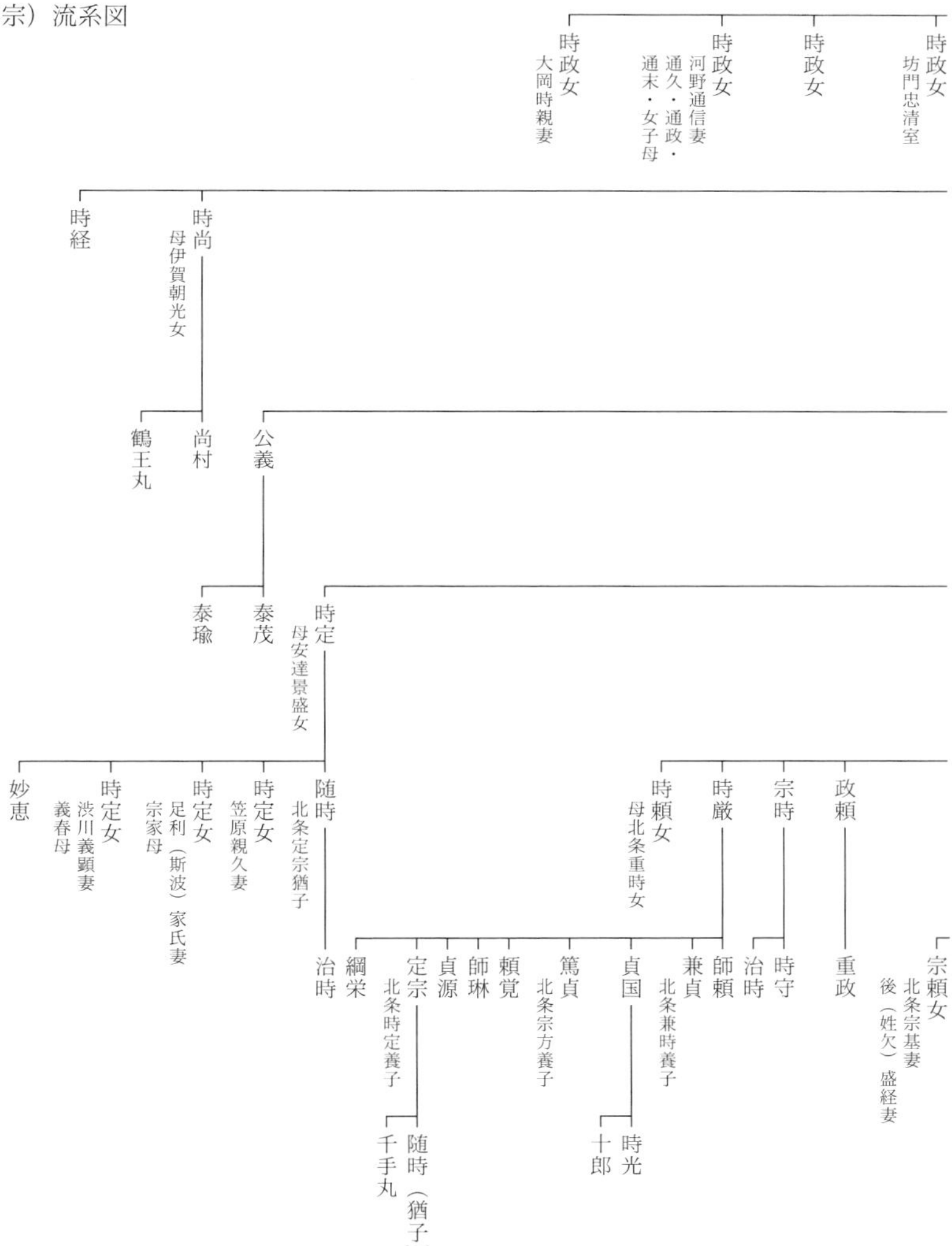
時政女 坊門忠清室
時政女
時政女 河野通信妻 通久・通政・通末・女子母
時政女 大岡時親妻
時尚 母伊賀朝光女
時経
尚村
鶴王丸
公義
泰茂
泰瑜
時定 母安達景盛女
随時 北条定宗猶子
時定女 笠原親久妻
時定女 足利（斯波）家氏妻 宗家母
時定女 渋川義顕妻 義春母
妙恵
治時
政頼
宗時
時厳
時頼女 母北条重時女
宗頼女 北条宗基妻 後（姓欠）盛経妻
重政
時守
治時
師頼
兼貞 北条兼時養子
貞国
篤貞 北条宗方養子
頼覚
師琳
貞源
定宗 北条時定養子
綱栄
時光
十郎
随時（猶子）
千手丸

時房流系図

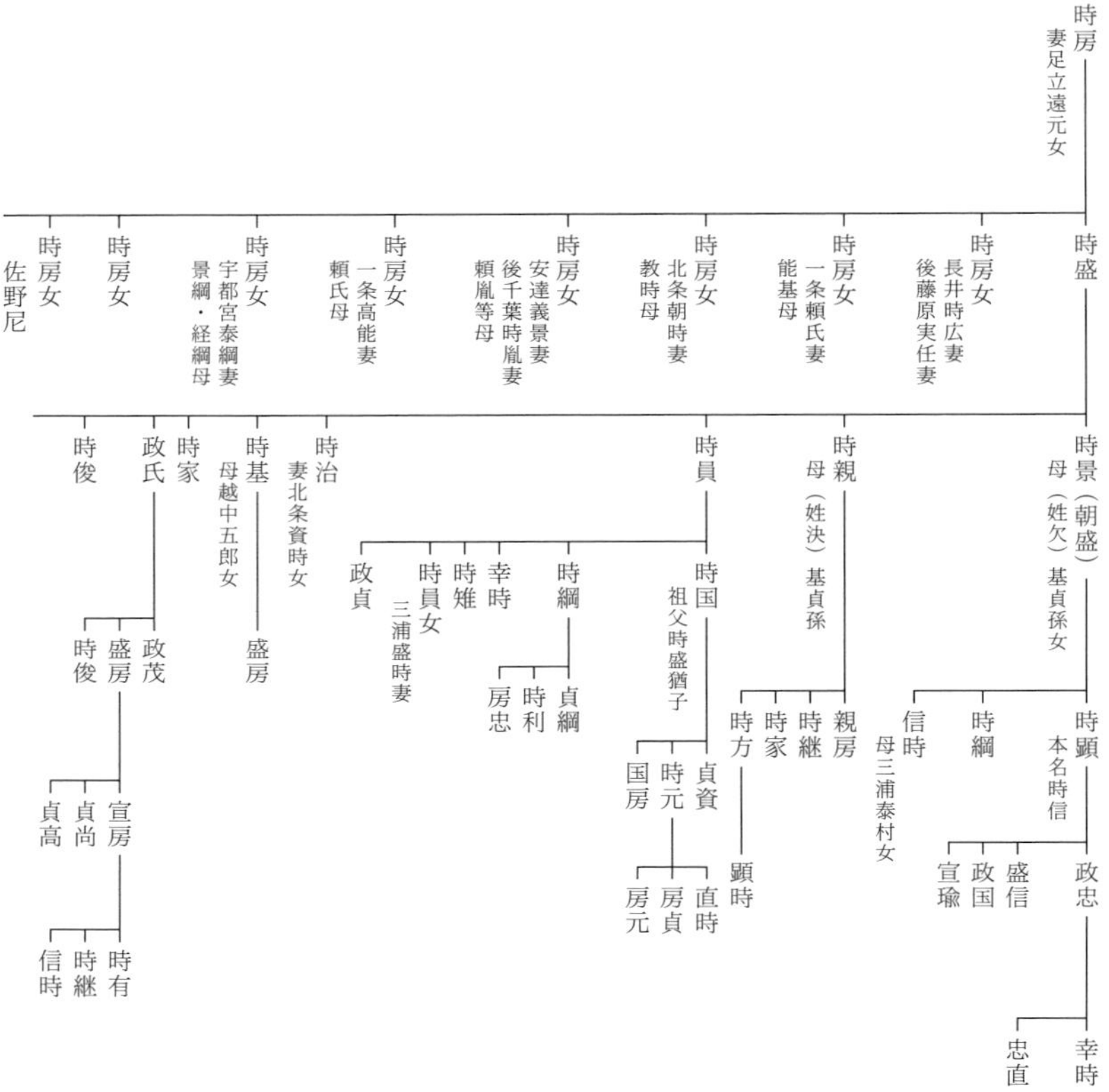

時房
妻足立遠元女
時盛
時房女
長井時広妻
後藤原実任妻
時房女
一条頼氏妻
能基母
時房女
北条朝時妻
教時母
時房女
安達義景妻
後千葉時胤妻
頼胤等母
時房女
一条高能妻
頼氏母
時房女
宇都宮泰綱妻
景綱・経綱母
時房女
時房女
佐野尼
時景（朝盛）
母（姓欠）基貞孫女
時親
母（姓決）基貞孫
時員
時治
妻北条資時女
時基
母越中五郎女
時家
政氏
時俊
時顕
本名時信
時綱
信時
母三浦泰村女
親房
時継
時家
時方
顕時
時国
祖父時盛猶子
時綱
幸時
時雄
時員女
三浦盛時妻
政貞
貞資
時元
国房
直時
房貞
房元
貞綱
時利
房忠
盛房
政茂
盛房
時俊
宣房
貞尚
貞高
時有
時継
信時
政忠
盛信
政国
宣瑜
幸時
忠直

時房流系図

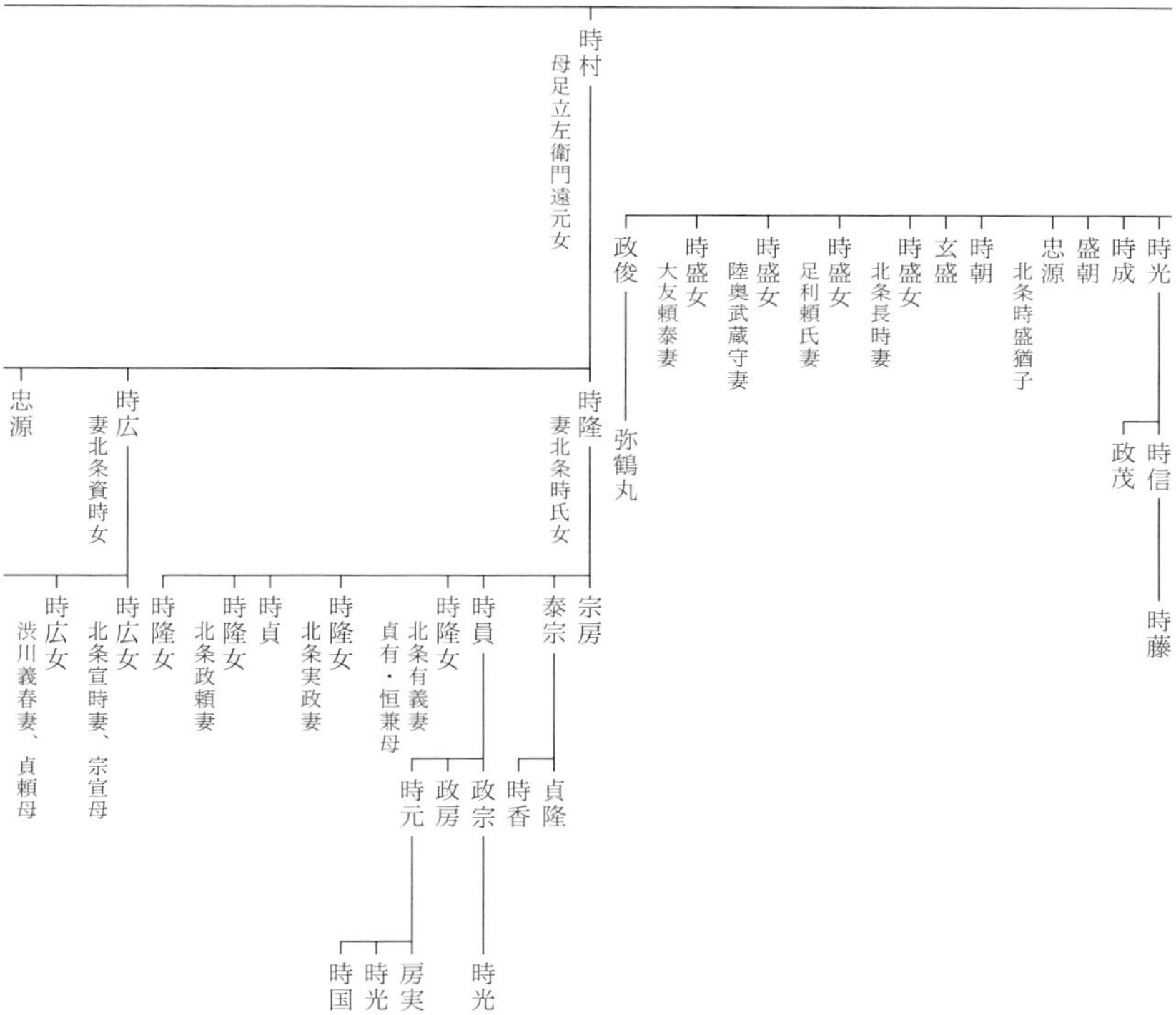
時村
母足立左衛門遠元女
時光
時成
盛朝
忠源
北条時盛猶子
時朝
玄盛
時盛女
北条長時妻
時盛女
足利頼氏妻
時盛女
陸奥武蔵守妻
時盛女
大友頼泰妻
政俊
弥鶴丸
時信
政茂
時藤
時隆
妻北条時氏女
時広
妻北条資時女
忠源
宗房
泰宗
時員
時隆女
北条有義妻
貞有・恒兼母
時隆女
北条実政妻
時貞
時隆女
北条政頼妻
時隆女
時広女
北条宣時妻、宗宣母
時広女
渋川義春妻、貞頼母
貞隆
時香
政宗
政房
時元
時光
房実
時光
時国

時村女
藤原実直妻
後藤原公直妻

時広女
（姓欠）時俊妻

資時
母足立遠元女

- 時成
- 資時女　姉小路忠時妻
- 資時女　北条時広妻
- 資時女　畠山泰国妻、義生母
- 資時女　藤原公仲の妻
- 資時女　北条時治妻
- 資時女
- 資時女　北条頼直妻
- 資時女（姓未詳）藤氏妻
- 資時女（姓未詳）憲信
- 資時女（姓未詳）公家妻、後藤原為氏妻
- 資時女（姓未詳）経明妻

朝直
母足立遠元女
妻伊賀光宗女
妻北条泰時女
妻足立遠光女
妻安達義景女

朝房
- 朝宣（朝寧）
- 直時
- 貞房（定房）
  - 房宣
- 政房（真房）
  - 朝房
    - 朝房女
      渋川義季妻
      直頼・女子（足利義詮妻）母
  - 朝政
- 朝康
- 房忠
  - 時方
- 相時

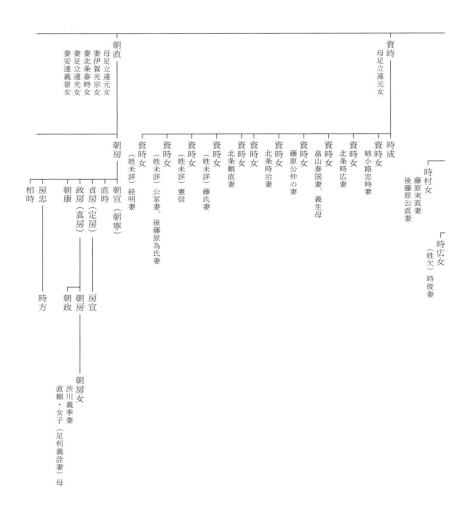

時房流系図

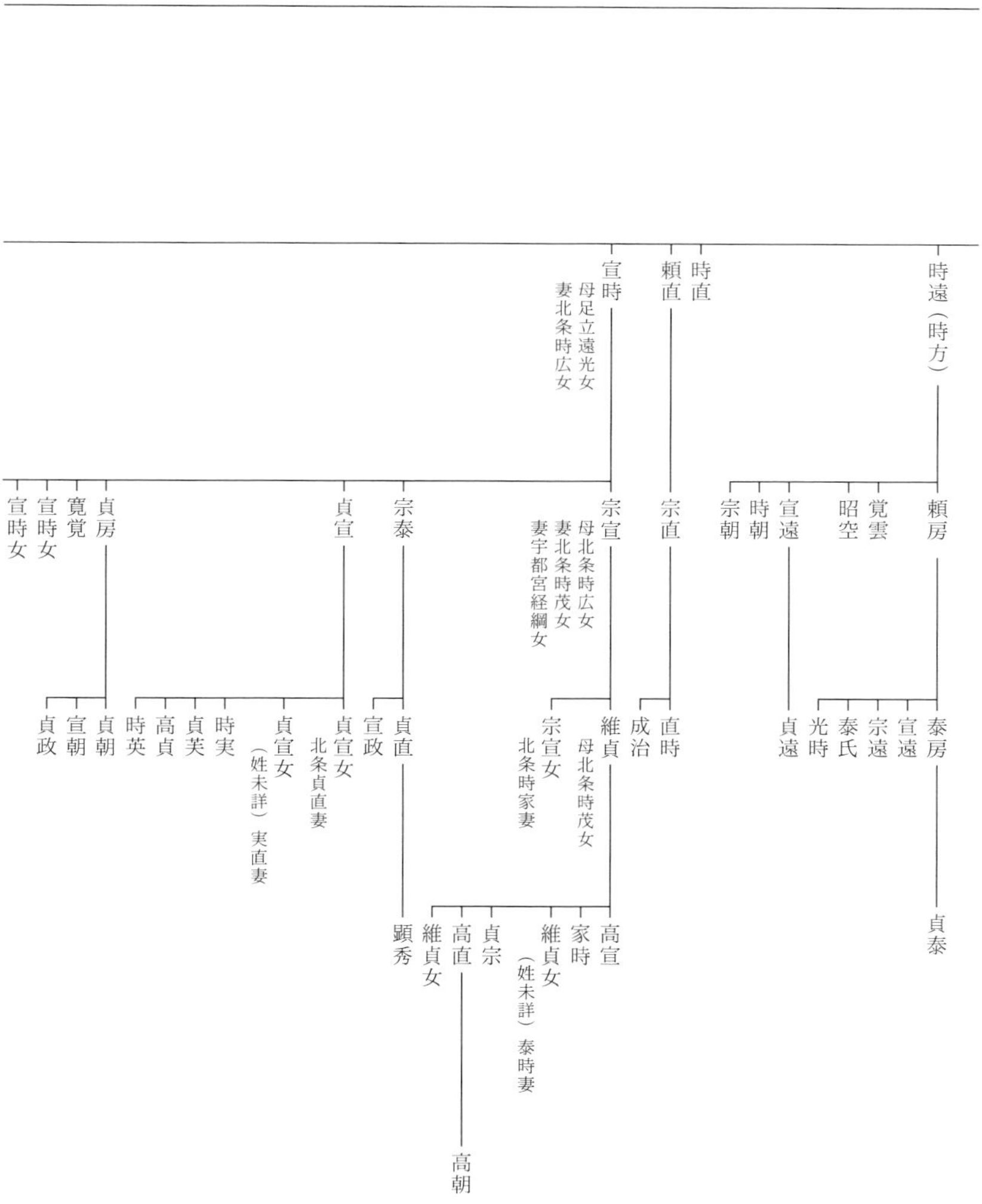
時遠（時方）
時直
頼直
宣時 母足立遠光女 妻北条時広女
頼房
覚雲
昭空
宣遠
時朝
宗朝
宗直
宗宣 母北条時広女 妻北条時茂女 妻宇都宮経綱女
宗泰
貞宣
貞房
寛覚
宣時女
宣時女
泰房
宣遠
宗遠
泰氏
光時
貞遠
直時
成治
維貞 母北条時茂女
宗宣女 北条時家妻
貞直
宣政
貞宣女 北条貞直妻
貞宣女（姓未詳）実直妻
時実
貞芙
高貞
時英
貞朝
宣朝
貞政
貞泰
高宣
家時
維貞女（姓未詳）泰時妻
貞宗
高直
維貞女
顕秀
高朝

- 北条時綱妻カ
- 宣時女
- 宣時女　越後宣□妻
- 宣時女　（姓未詳）時次妻

- 頼忠
- 直房
  - 宗直
  - 宣直
    - 亮時
    - 高宣
  - 直俊
  - 宗朝
- 朝言
- 時貞
  - 時親　妻北条時直女
    - 時親女　藤原定藤妻、光定母
    - 時親女　北条政方妻
  - 高基
    - 高成
- 時長
- 朝氏
  - 朝氏女　藤原良宗妻　冬氏母
  - 宣政
  - 四郎
- 朝政
  - 師朝
- 政胤
- 時仲
- 朝員
- 朝貞
- 忠禅
- 朝源
- 忠源
- 牛王丸　養子、父千葉頼胤
- 朝直女　北条清時妻
- 朝直女　足利上総介妻

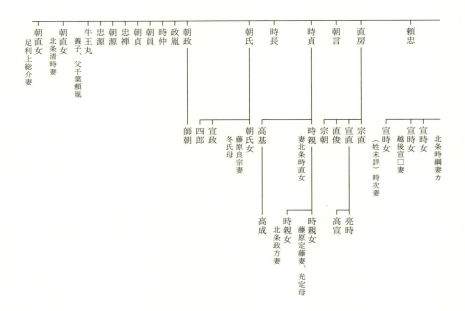

時房流系図

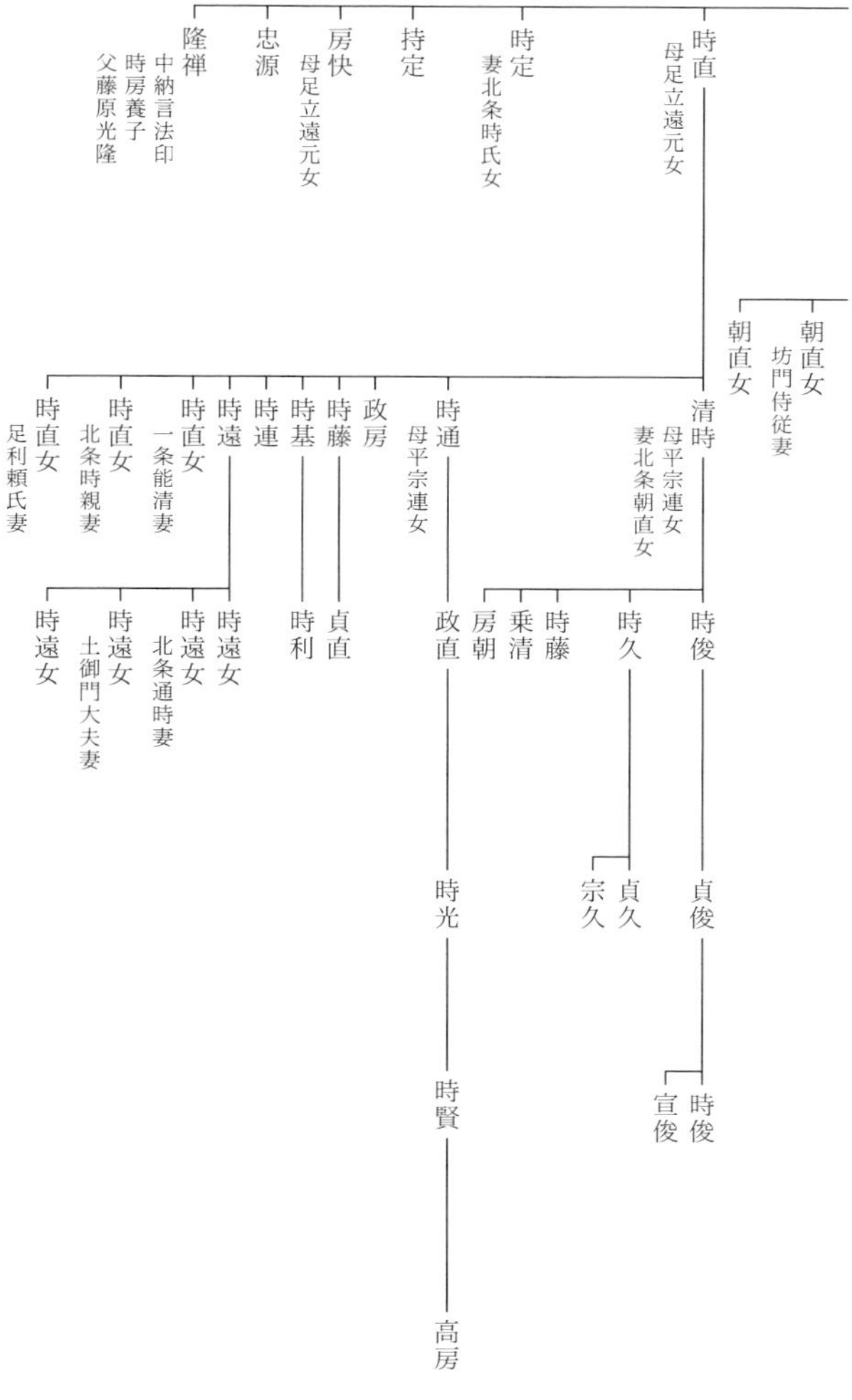
時直
母足立遠元女
時定
妻北条時氏女
持定
房快
母足立遠元女
忠源
隆禅
中納言法印
時房養子
父藤原光隆
朝直女
坊門侍従妻
朝直女
清時
母平宗連女
妻北条朝直女
時通
母平宗連女
政房
時藤
時基
時連
時遠
時直女
一条能清妻
時直女
北条時親妻
時直女
足利頼氏妻
時俊
時久
時藤
乗清
房朝
政直
貞直
時利
時遠女
時遠女
北条通時妻
時遠女
土御門大夫妻
時遠女
貞俊
貞久
宗久
時光
時俊
宣俊
時賢
高房

朝時流系図

- 朝時（母比企朝宗女　妻大友能直女　妻北条時房女）
  - 公朝（養子、藤原実文子）
  - 光時（母大友能直女　妻北条泰時女）
    - 親時
      - 親盛
      - 実位
      - 親時女（北条政道妻）
    - 盛時
      - 通時
        - 時久
      - 郷三郎
      - 四郎
      - 五郎
    - 政俊
      - 宗朝
        - 隆政
        - 俊兼（改名朝宣）
      - 朝俊
    - 道成
    - 政茂
    - 光朝
    - 光時男（江馬四郎）
    - 政通
    - 勝観
    - 七郎
    - 政教
    - 光政
    - 光時女（備前宮内大夫妻）
    - 光時女（花山院通雅妻）
    - 光時女（花山院通雅後妻）
    - 光時女（小野宮具氏妻）
    - 光時女（北条有義妻）
  - 朝時女（北条時実妻　後宇都宮泰綱妻　宇都宮景綱・経綱母）
  - 朝時女（毛利広光妻）
  - 朝時女（足利泰氏妻　家氏・義顕母）
  - 朝時女（岡女房）
  - 朝時女（那波太郎妻）
  - 朝時女（新田頼氏妻）
  - 朝時女（小野宮通俊妻）
  - 朝時女
  - 時章（母大友能直女　妻二階堂行有女　妻二階堂行方女）
    - 公時（母二階堂行有女　妻北条重時女）
      - 時家（母北条重時女）
        - 貞家
          - 周時（祖父時家養子）
            - 幸夜叉丸
          - 高家（祖父時家養子）
            - 高邦
        - 周時
        - 高家
      - 公恵（猶子）

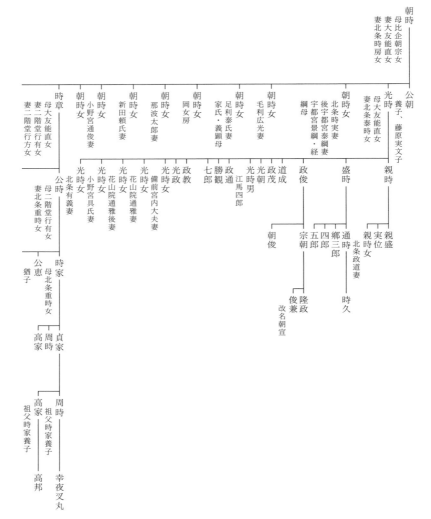

朝時流系図

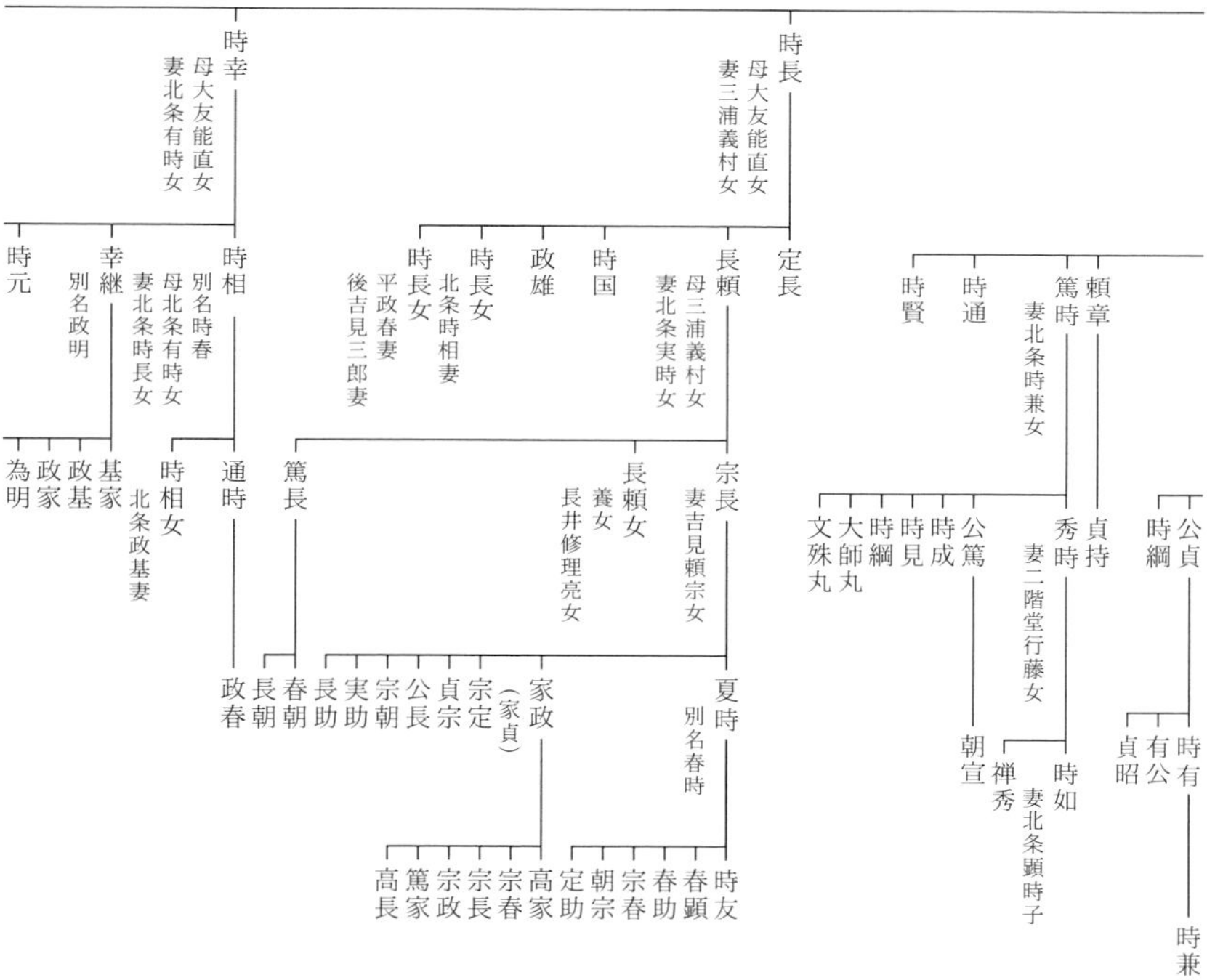

時幸
母大友能直女
妻北条有時女
時長
母大友能直女
妻三浦義村女
時相
別名時春
母北条有時女
妻北条時長女
幸継
別名政明
時元
定長
長頼
母三浦義村女
妻北条実時女
時国
政雄
時長女
北条時相妻
時長女
平政春妻
後吉見三郎妻
頼章
篤時
妻北条時兼女
時通
時賢
通時
時相女
北条政基妻
基家
政基
政家
為明
宗長
妻吉見頼宗女
長頼女
養女
長井修理亮女
篤長
貞持
秀時
妻二階堂行藤女
公篤
時成
時見
時綱
大師丸
文殊丸
公貞
時綱
夏時
別名春時
家政
(家貞)
宗定
貞宗
公長
宗朝
実助
長助
春朝
長朝
政春
時如
妻北条顕時子
禅秀
朝宣
時有
有公
貞昭
時友
春顕
春助
宗春
朝宗
定助
高家
宗春
宗長
宗政
篤家
高長
時兼

- （右頁より続く）
  - 時藤
    - 竹鶴丸
    - 孫鶴丸
    - 又鶴丸
    - 宮鶴丸
  - 時久
  - 政幸
    - 政直
  - 政基
    - 冬時
- 時兼（別名時員　母大友能直女　妻安達義景女）
  - 時兼女（母安達義景女　北条宗教妻）
  - 時兼女（母安達義景女　北条篤時妻）
- 教時（母北条時房女）
  - 宗教（妻北条時兼女）
    - 時治
    - 円朝
    - 教時
  - 宗氏
  - 公教
    - 時躬
  - 千代鶴
  - 土用松
  - 教時女
- 時基（妻北条貞時女　妻二階堂行久女）
  - 宗基
    - 維基
    - 基明
    - 弁基
  - 時賢（賢性）（母二階堂行久女）
  - 時高
    - 時郡
  - 朝貞（朝賢）（母二階堂行久女）
    - 時香
    - 顕朝
  - 時有
  - 時基女
- 朝賢
  - 朝長（平間時室）
    - 朝宗

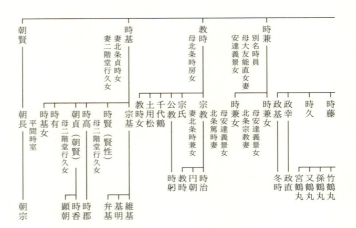

重時流系図

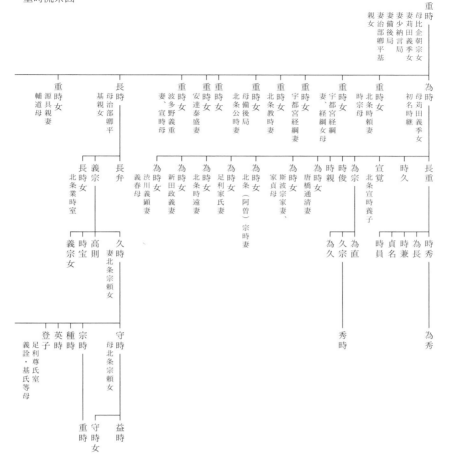

- 重時 母比企朝宗女 妻苅田義季女 妻少納言局 妻備後局 妻治部卿平基親女
  - 為時 母苅田義季女 初名時継
    - 長重
      - 時秀
        - 為秀
      - 為長
      - 時兼
      - 貞名
      - 時員
    - 時久
    - 宣覚 北条宣時養子
    - 為宗
      - 為直
      - 久宗
        - 秀時
      - 為久
    - 時俊
    - 時親
    - 為時女 唐橋通清妻
    - 為時女 斯波宗家妻、家貞母
    - 為時女 北条（阿曽）宗時妻
    - 為時女 足利家氏妻
    - 為時女 北条時遠妻
    - 為時女 新田政義妻
    - 為時女 渋川義顕妻 義春母
  - 重時女 北条時頼妻 時宗母
  - 重時女 宇都宮経綱妻、経綱女母
  - 重時女 宇都宮経綱妻
  - 重時女 北条教時妻
  - 重時女 母備後局 北条公時妻
  - 重時女
  - 重時女 安達泰盛妻
  - 重時女 波多野義重妻、宣時母
  - 長時 母治部卿平基親女
    - 長弁
    - 義宗
      - 久時 妻北条宗頼女
        - 守時 母北条宗頼女
          - 益時
          - 守時女
        - 宗時
          - 重時
        - 種時
        - 英時
        - 登子 足利尊氏室 義詮・基氏等母
      - 高則
      - 時宝
      - 義宗女
    - 長時女 北条業時室
  - 重時女 源具親妻 輔道母

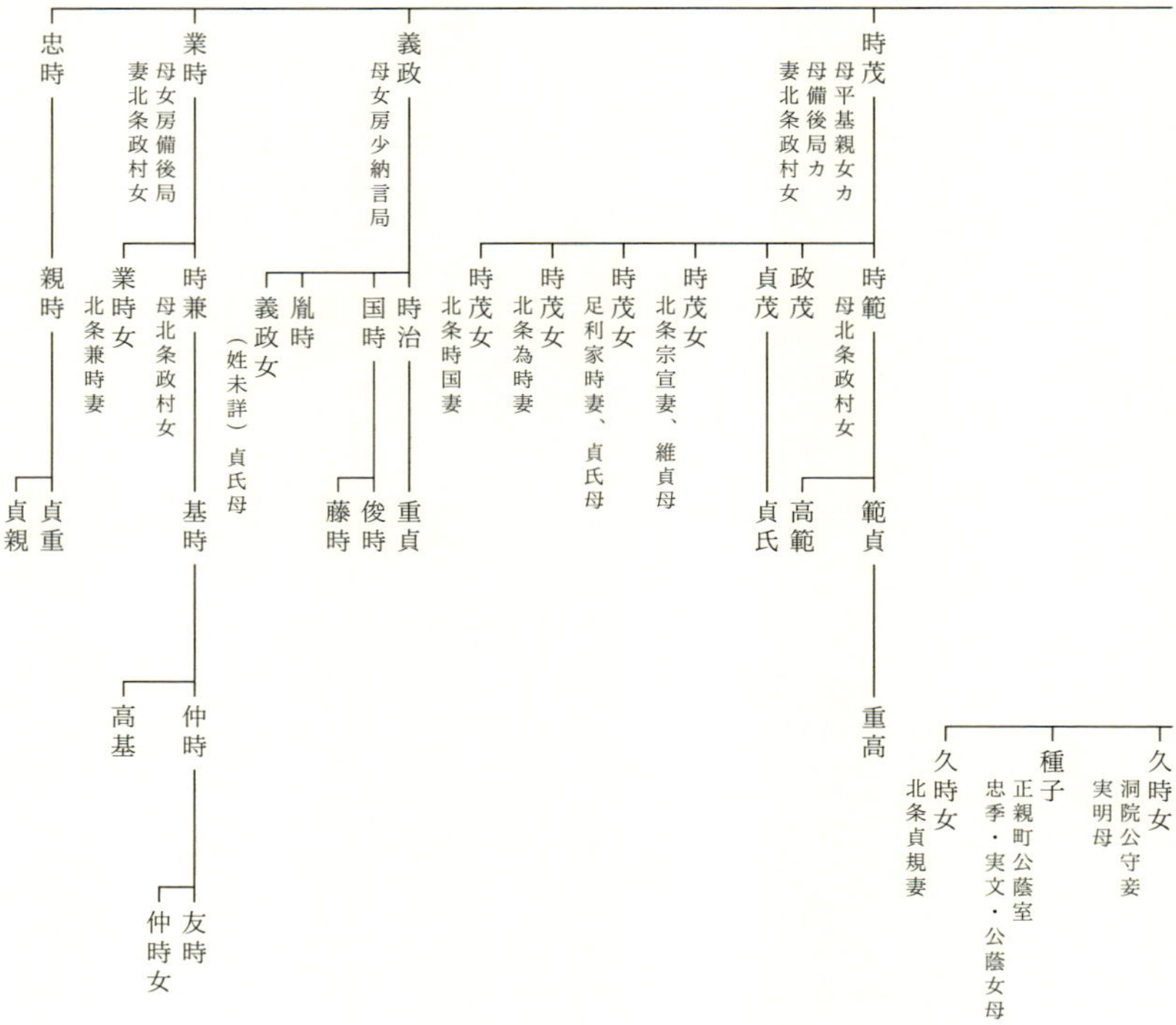
時茂
母平基親女カ
母備後局カ
妻北条政村女
義政
母女房少納言局
業時
母女房備後局
妻北条政村女
忠時
時範
母北条政村女
政茂
貞茂
時茂女
北条宗宣妻、維貞母
時茂女
足利家時妻、貞氏母
時茂女
北条為時妻
時茂女
北条時国妻
時治
国時
胤時
義政女
（姓未詳）貞氏母
時兼
母北条政村女
業時女
北条兼時妻
親時
範貞
高範
貞氏
重貞
俊時
藤時
基時
貞重
貞親
重高
仲時
高基
友時
仲時女
久時女
洞院公守妾
実明母
種子
正親町公蔭室
忠季・実文・公蔭女母
久時女
北条貞規妻

政村流系図

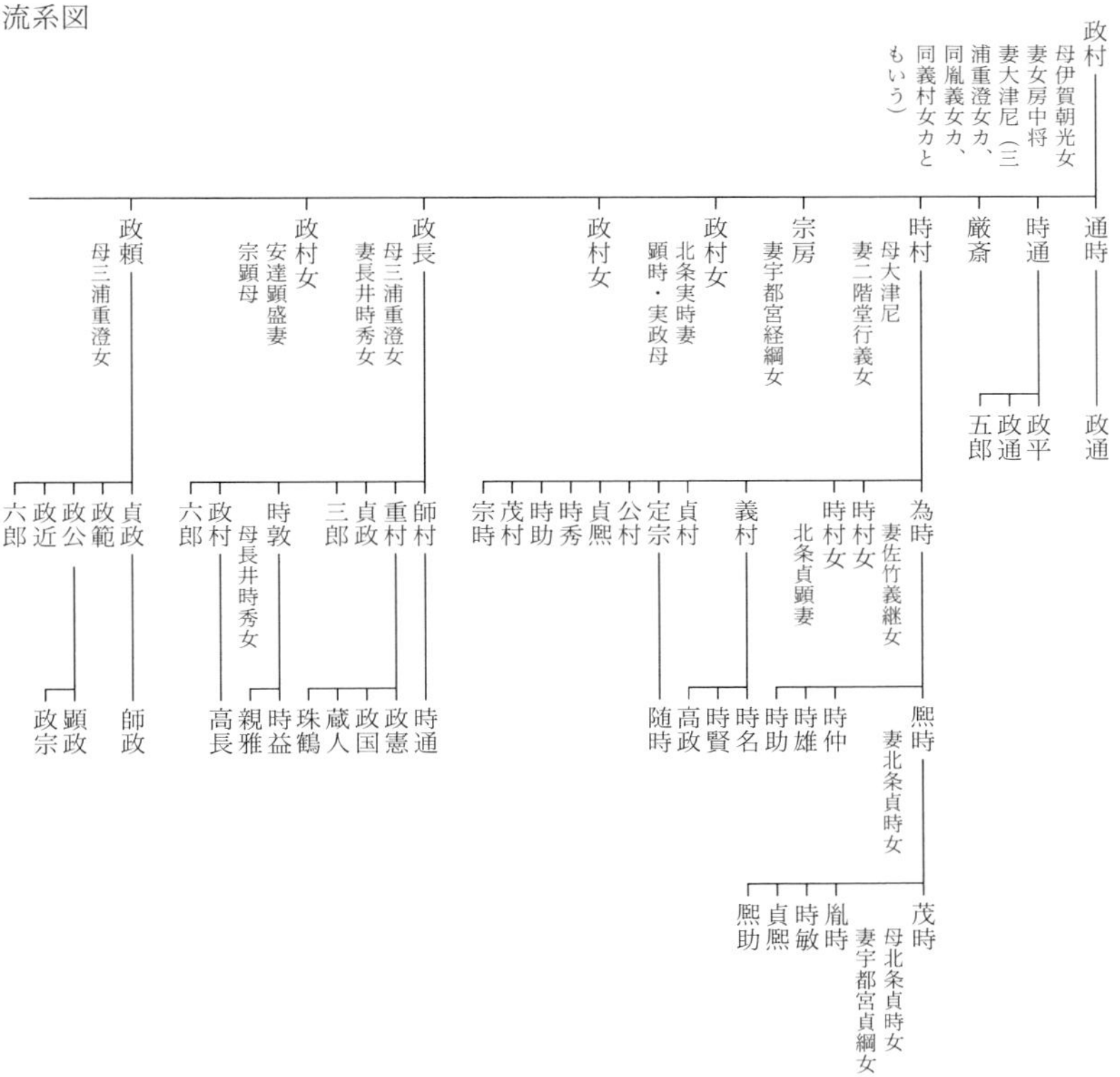
政村
母伊賀朝光女
妻女房中将
妻大津尼（三浦重澄女カ、同胤義女カ、同義村女カともいう）
通時
政通
時通
政平
政通
五郎
厳斎
時村
母大津尼
妻二階堂行義女
為時
妻佐竹義継女
煕時
妻北条貞時女
茂時
母北条貞時女
妻宇都宮貞綱女
胤時
時敏
貞煕
煕助
時村女
北条貞顕妻
時仲
時雄
時助
義村
時名
時賢
高政
貞村
定宗
随時
公村
貞煕
時秀
時助
茂村
宗時
宗房
妻宇都宮経綱女
政村女
北条実時妻
顕時・実政母
政村女
政長
母三浦重澄女
妻長井時秀女
師村
時通
重村
政憲
政国
蔵人
珠鶴
貞政
三郎
時敦
母長井時秀女
時益
親雅
政村
高長
六郎
政村女
安達顕盛妻
宗顕母
政頼
母三浦重澄女
貞政
師政
政範
政公
顕政
政宗
政近
六郎

- 政方（妻北条時親女）
  - 泰政
- 政村女（北条業時妻　時兼妻）
- 政村女（北条時茂妻　時範母）
- 政村女
- 政村女（北条重時妻カ）

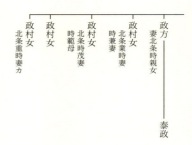

実泰流系図

- 実泰（母伊賀朝光女　妻天野政景女）
  - 実時（母天野政景女）
    - 実村（母越州旧妻）
      - 時直
        - 上野四郎
    - 篤時（母越州旧妻）
    - 顕時（母北条政村女　妻安達泰盛女　妻千葉泰胤女　妻遠藤為俊女）
      - 顕弁
      - 顕実（母遠藤為俊女）
        - 宗顕
          - 時顕
        - 顕茂
        - 顕香
        - 顕益
        - 顕義
        - かう首座
        - 高政
      - 時雄（母遠藤為俊女）
        - 盛時
        - 行実
        - 時知
        - 顕政
        - 顕宝
        - 時雄女
      - 顕景
        - 顕瑜
        - 安達時顕妻
      - 貞顕（母遠藤為俊女　妻薬師堂殿）
        - 貞将
          - 忠時
          - 敦時
        - 貞冬
        - 貞匡
        - 貞高
        - 顕助
        - 貞助
        - 道顕
        - 顕恵
        - 某
          - 貞顕孫女
        - 貞顕男
      - 顕時女（北条時如妻　由比尼是心　養女）
      - 顕時女（母千葉泰胤女　千葉胤宗妻　嫡子貞胤母）
      - 顕時女（母安達泰盛女　釈迦堂殿　足利貞氏妻　高義母）
      - 顕時女（北条時宗養女）
  - 実泰女（江間越後四郎妻）
  - 実泰女（田中殿）
  - 実泰女（阿野殿）
  - 実泰女（福頼）
  - 実泰女（面乙御前）
  - 実泰女（戸守）
  - 実泰女（小山長村妻　後松殿良嗣妻）
  - 実泰女（唐橋通清妻）
  - 実泰女（大江広時妻　政泰母）
  - 実泰女（九条忠嗣妻）
  - 実泰女（（姓未詳）朝氏妻）

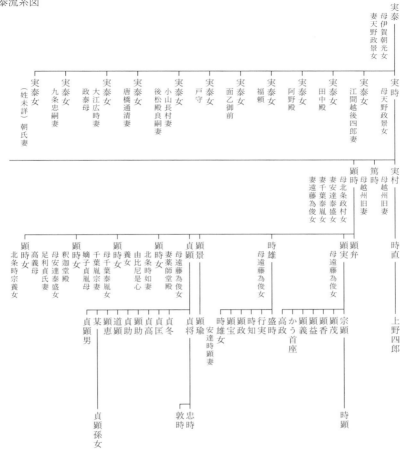

- 実政　母北条政村女
  - 政顕
    - 種時
    - 家政
    - 顕茂
    - 顕義
    - 師顕
    - 時継
    - 高政
    - 貞義　北条英時猶子
    - 賢勝
    - 全□
    - 政直
    - 政顕男
    - 愛鶴丸
    - 阿久利
    - 維□
    - 辰鶴□
    - 鶴正□
    - 吉鶴□
  - 義政
  - 政基
  - 実政女　岩難手殿　母上総女房
  - 政盛
    - 政盛女
- 有時
- 実時女　母慈性　長井宗秀妻　嫡子貞秀母
- 実時女　北条長頼妻
- 実時女　飛鳥井雅有妻

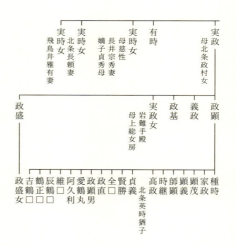

有時流系図

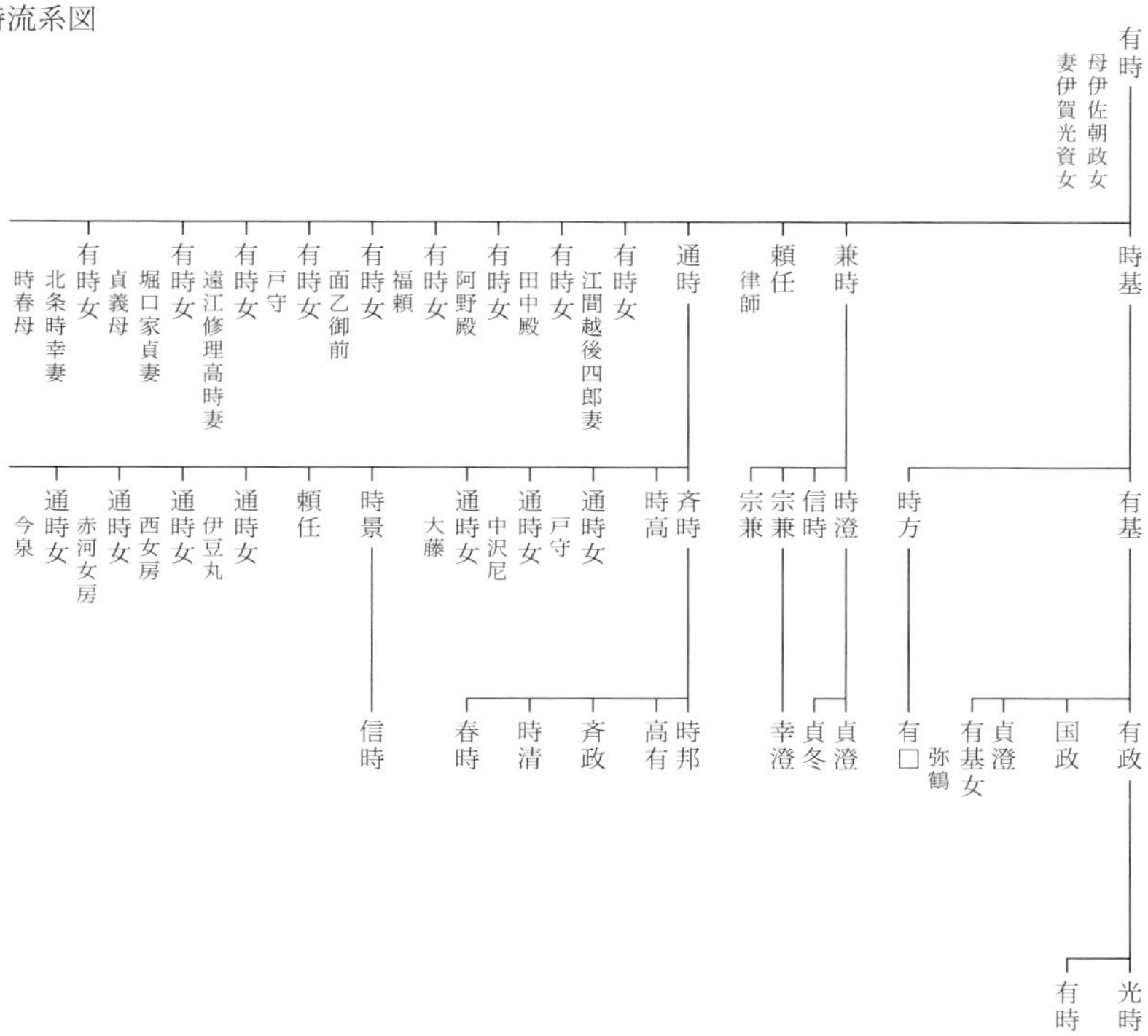
有時
母伊佐朝政女
妻伊賀光資女
時基
兼時
頼任
律師
通時
有時女
江間越後四郎妻
有時女
田中殿
有時女
阿野殿
有時女
福頼
有時女
面乙御前
有時女
戸守
有時女
遠江修理高時妻
有時女
堀口家貞妻
貞義母
有時女
北条時幸妻
時春母
有基
時方
時澄
信時
宗兼
宗兼
斉時
時高
通時女
戸守
通時女
中沢尼
通時女
大藤
時景
頼任
通時女
伊豆丸
通時女
西女房
通時女
赤河女房
通時女
今泉
有政
国政
貞澄
有基女
弥鶴
有□
貞澄
貞冬
幸澄
時邦
高有
斉政
時清
春時
信時
光時
有時

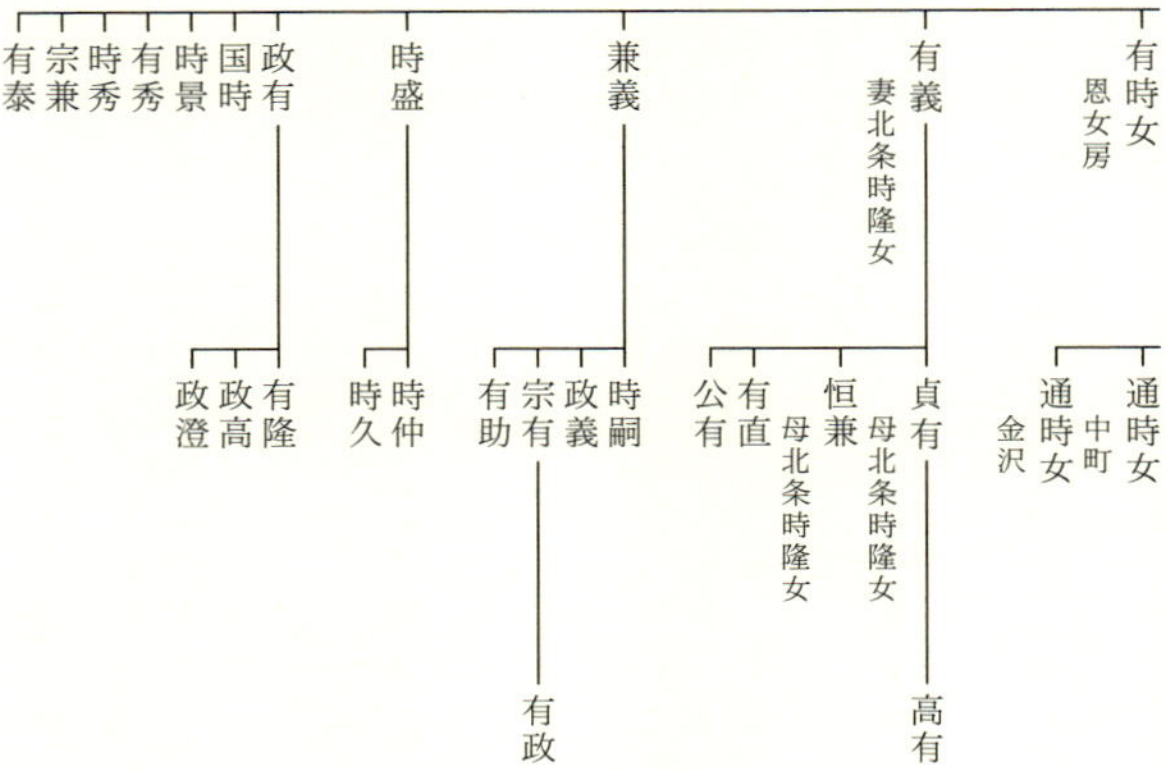
有時女
恩女房
有義
妻北条時隆女
兼義
時盛
政有
国時
時景
有秀
時秀
宗兼
有泰
通時女
中町
通時女
金沢
貞有
母北条時隆女
恒兼
母北条時隆女
有直
公有
時嗣
政義
宗有
有助
時仲
時久
有隆
政高
政澄
高有
有政

【あ】

あいだ とおさだ　合田遠貞　生没年未詳

鎌倉後期の武士。父母は未詳。義時流（得宗）の被官。五郎左衛門尉と称す。徳治二年（一三〇七）五月には兄と推定される四郎左衛門尉とともに、北条時宗の忌日大斎結番に名を連ねている。また、元亨二年（一三二二）十月の円覚寺法堂上棟の時に禄役人を勤めた。

【解説】「竹崎季長絵詞」には弘安の役で軍奉行として博多に赴いた「かうだの五郎（とをとし）」を記すが、遠貞の一族であろうか。訓みについては、『姓氏家系大辞典』に「あいだ」「ごうだ」両方を示す。奥富敬之『鎌倉北条氏の基礎的研究』では「あいだ」と訓む。網野善彦『蒙古襲来』参照。

【系図】

【史料】「竹崎季長絵詞」・「円覚寺文書」。（末木）

あいはら さえもんのじょう　粟飯原左衛門尉　生没年未詳

鎌倉後期の武士。父母・実名は未詳。義時流（得宗）の被官。嘉元三年（一三〇五）四月、北条宗方が連署時村を誅殺した嘉元の乱で、討手となった井原四郎左衛門尉盛明を掃部頭入道へ預ける使者をつとめる。また、徳治二年（一三〇七）五月の北条時宗の忌日大斎結番に名を連ねたり、得宗の使者として親玄のもとを訪れている。

【解説】（1）嘉元の乱については、細川重男「嘉元の乱と北条貞時政権」（『立正史学』六九）、高橋慎一朗「北条時村と嘉元の乱」（『日本歴史』五五三）などがある。（2）「親玄僧正日記」についての論考には、ダイゴの会「親玄僧正日記」（『中世内乱史研究』一四～一六）、岩橋小弥太「親玄僧正と其の日記」（『国史学』二）、高橋慎一朗「『親玄僧正日記』と得宗被官」（『日記に中世を読む』）などがある。

【系図】

【史料】「鎌倉年代記（裏書）」・「円覚寺文書」・「親玄僧正日記」。（末木）

あかはし しげとき　赤橋重時

→**北条重時**（ほうじょう しげとき）

あかはし ながとき　赤橋長時

→**北条長時**（ほうじょう ながとき）

あかはし ひさとき　赤橋久時
→ 北条久時（ほうじょう ひさとき）

あかはし ひでとき　赤橋英時
→ 北条英時（ほうじょう ひでとき）

あかはし ますとき　赤橋益時
→ 北条益時（ほうじょう ますとき）

あかはし もりとき　赤橋守時
→ 北条守時（ほうじょう もりとき）

あかはし よしむね　赤橋義宗
→ 北条義宗（ほうじょう よしむね）

あかまつ いえのり　赤松家範　生没年未詳

鎌倉中期の武将。宇野則景の子、母は北条義時の女。左衛門尉。家範の時初めて赤松を称したという。

【解説】（1）父と官途は尊によった。（2）母は纂要九・「赤松系図」・「有馬系図」によった。（3）伝承は「赤松系図」によった。（4）名字の地「赤松」は九条家領佐用庄赤松村、遺称地は現在の兵庫県上郡町に大字として残る。（5）家範は古文書・古記録等の確実な史料には見えない。また、北条氏との関係は赤松氏関係の系図等にしか見えず、北条氏関係の系図等には所見がない。「赤松記」では「家則」と表記し、則景の四代目とする。なお、『兵庫県史』第二巻参照。

【系図】尊・纂要九・「赤松系図」・「有馬系図」。

【史料】「赤松記」。　（菊池）

あかまつ のりかげ　赤松則景
→ 宇野則景（うの のりかげ）

あしかが いえうじ　足利家氏　生没年未詳

鎌倉中期の御家人。足利泰氏の子、母は北条（名越）朝時の女。斯波氏の祖。兄弟に足利頼氏、渋川義顕、石塔頼茂等がいる。通称・官職は、足利太郎・中務権大輔・足利大夫判官等。法名は蓮阿。「吾妻鏡」の初見は、寛元三年（一二四五）八月十五日条で、将軍藤原頼嗣が臨んだ鶴岡放生会の後陣の随兵としてその名が見える。母が名越氏であるが、寛元四年六月の名越氏に関わる政変にも無関係であったらしい。妻が北条時頼の同母弟時定（為時）の女であることにもよるのであろうか、以後も、正月や鶴岡放生会等の年中行事で随兵等様々な役を勤めている。建長四年（一二五二）四月一日の新将軍宗尊親王の鎌倉入りに際しては迎えの行列の中にその名がある。同五年八月十五日以前に中務権大輔に任官。弘長元年（一二六一）正月以前には検非違使に任官。また、文永二年（一二六五）閏四月二十五日尾張守に任じられた。

将軍側近としての任務の中でも殊に蹴鞠は堪能であったと見え、それに関する記事が「吾妻鏡」に散見する。弘長元年正月十日の御鞠始に足利家氏と結城広綱が指貫を上括したことの是非をめぐり、難波宗教と二条雅有の意見の食違いがあった。弘長三年正月十日に二階堂行方が奉行として旬の鞠奉行を定めているが、家氏は正月・四月・七月・十月の下旬を担当した。これは蹴鞠の「堪能」二十七人を各月の上旬~下旬に分担したものである。指貫を上括したことの是非については、文永三年（一二六六）三月二十九日の記事にも見える。すなわち、御鞠始に先の二人が指貫を上括したのは凶例であるとの勘状を難波宗教が作り将軍宗尊親王がこれを見たというものである。これは、家氏に関する「吾妻鏡」の終出記事で、以後の詳細は不明である。

【解説】（1）母は北条（名越）朝時の三女と考えられる（北条氏研究会「北条氏人名考証」〈安田元久編『吾妻鏡人名総覧』所収〉参照）。（2）通称について「吾妻鏡」は足利三郎ともするが、これは足利太郎の誤りであろう。（3）妻について、尊3（清和源氏）の斯波家氏の子宗家の母の注記に「平為時女」とあり、「為時、時頼弟」と注記がある。同じ記載が「最上系図」・「武衛系図」にも見える。なお、熊谷隆之「二人の為時——得宗専制の陰翳——」（『日本史研究』六一一号）では、妻を重時流の北条為時女とする。（4）尾張守への任官は「検非違使補任」による。「足利系図」にも尾張守任官の注記があり、尾張流と号したとあるが、「吾妻鏡」の通称に「尾張守」「尾州」等は見られない。

【系図】尊3（清和源氏）・「足利系図」・「最上系図」・「武衛系図」・「山野辺氏系図」。

【史料】「吾妻鏡」・「検非違使補任」。

（下山）

あしかが いえとき　足利家時

建長三年~弘安八年（一二五一~八五）

鎌倉中期の御家人。上総・三河両国の守護。足利頼氏の子、母は上杉重房の女。尊氏の祖父にあたる。通称・官職は足利式部大夫・伊予守。足利氏は代々北条氏と姻戚関係を結び、その所生の子が当主となったが、父頼氏が夭折したためか、家は家女房上杉重房の産んだ家時が継いだ。妻は六波羅探題北条時茂の女。発給文書の初見は、文永三年（一二六六）四月二十四日で、被官の倉持忠行を陸奥国賀美郡穀積郷の地頭代に任命している（「倉持文書」、16歳）。官位は従五位下。建治二年（一二七六）八月以前に任官した式部丞を経て、弘安五年（一二八二）十一月二十五日伊予守に任じられ（32歳）、同七年七月に辞任した。今川了俊の「難太平記」によれば、足利家には遠祖八幡太郎義家の置文というものがあり、「我が七代の孫に我生れ替りて天下を取るべし」とあった。たまたま義家の七代の孫は家時にあたっていたが、家時は時節が未だ到来していないと悟り、「我が命をつづめて三代の中にて天下を取らし給え」と祈念し、置文を書いて切腹して果てたという。「足利系図」によれば、この時、家時は三十五歳。置文は著者の今川了俊も尊氏と直義の眼前で見たとし、この発願によって尊氏は挙兵したという。但し、この置文は現存せず、この所伝は確認できない。しかし、足利氏が早くから家運の隆盛を念願していたことを示すエピソードとも言えよう。また、家時が、北条氏との間に父祖の時代ほど深い関係を持たず、北条氏の専制化が進行する中で強い疎外感を抱いていたであろうことは想像に難くなく、そのことを自害の原因と結びつけることもできよう。法名は義忍。贈従三位。鎌倉市報国寺に家時の墓と伝える五輪塔がある。

【解説】（1）家時の没年については、弘安八年（一二八五）・正応二年（一二八九）・延慶二年（一三〇九）・文保元年（一三一七）等の諸説があるが、ここでは、子の貞氏が文永十年（一二七三）生まれであることなどを考え、弘安八年とした。生年は「足利系図」に従い、没年からの逆算によった。但し、今後の検討も必要である。（2）母については、「足利系図」・「上杉系図」に見える。妻については「清和源氏系図」・「足利系図」・入ウによる。（3）伊予守への任官は「勘仲記」による。また「鎌倉遺文」⑳一五〇三八からも弘安六年の見任が知られる。（4）法名については尊及び「足利系図」に従った。足利市鑁阿寺の位牌では義忠とする。（5）家時の自害の真相については、置文の通りとする説のほか、霜月騒動との関連を指摘する説（『近代足利市史』）、惟康親王廃位との関係を指摘する説（臼井信義）等がある。（6）家時に関する論考としては、『足利市史』、『近代足利市史』、中村直勝「足利家時の置文について」（『歴史と地理』三三―五）、臼井信義「尊氏の父祖――頼氏・家時年代考」（『日本歴史』二五七）等がある。（7）守護論考・守護国別参照。

【系図】入ウ・尊3（清和源氏）・「足利系図」・「清和源氏系図」・「喜連川判鑑」・「上杉系図」。

【史料】「難太平記」・「勘仲記」・「倉持文書」。（下山）

あしかが かずさのすけ　足利上総介　生没年未詳

鎌倉中期の武士。父母は未詳。時房流、北条朝直の女を妻とした。

【解説】（1）入ウのみに見える人物。北条朝直女の注記に「足利上総介室」とある。（2）「足利上総介」を確定することは難しいが、足利氏の一族吉良氏の代々、経氏・経家父子や長氏・満氏・貞義三代は上総介となっており（尊3）、このあたりに比定される。

【系図】入ウ。

【史料】（菊池）

あしかが かねうじ　足利兼氏

→　**渋川義顕**（しぶかわ よしあき）

あしかが さだうじ　足利貞氏

文永十年～元徳三・元弘元年（一二七三～一三三一）

鎌倉後期の御家人。上総・三河両国の守護。足利家時の子、母は重時流、北条時茂の女。正室は実泰流、北条（金沢）顕時の女。但し、このほかに上杉頼重の女清子を妻とし、清子は高氏（尊氏）・直義の兄弟を産む。貞氏の子としては他に長子の高義がいたが早世した。高義の母は不詳であるが、北条顕時の女である可能性もある。通称・官職は足利太郎・足利讃岐入道・讃岐守。貞氏の公的な活動を示す史料は多くないが、正応二年（一二八九）十月、新将軍久明親王の鎌倉到着に際して、御所においてこれを迎えている（17歳）。発給文書の初見は、永仁二年（一二九四）十二月二十日に兵部僧徒円景を鶴岡八幡宮両界供僧職に安堵（「相承院文書」）したものである（22歳）。以後、二十通ほどの発給文書が現存する。正安三年（一三〇一）八月に執権北条貞時が出家すると、貞氏はこれに追従し、若くして出家したものと思われる（29歳）。法名は義観。嘉元三年（一三〇五）五月、連署の北条時村を殺害した余党の一人海老名秀綱を預けられた（33歳）。元亨三年（一三二三）十月の貞時十三回忌法要には、法華経を書写し、進物を贈っており、北条氏との密接な関係の維持に努めていたことがわかる。元徳元年（一三二九）には、上総守護として、東盛義の所領の一部を金沢称名寺に打渡すことを命じられ、代官伊勢宗継がその執行にあたっている（57歳）。また、元徳三・元弘元年（一三三一）六月には、元弘の乱で捕えられた首謀者たちが鎌倉に護送された際に、浄土寺の忠円僧正を預けられた。同年九月五日に没した（59歳）。墓は鎌倉市浄妙寺にある。

【解説】（1）生年は尊に従った。『近代足利市史』は貞氏の名は北条貞時の偏諱との推定などを根拠として生年を建治三年（一二七七）頃とする。（2）尊は貞時の卒去した応長元年（一三一一）の出家とする。（3）群A・群Bでは、北条義時の女に貞氏の母とする女性が見えるが、年代的には早すぎる。貞氏に関する論考としては、『足利市史』、『近代足利市史』、臼井信義「尊氏の父祖――頼氏・家時年代考――」（『日本歴史』二五七）等がある。（4）守護論考・守護国別参照。

【系図】尊3（清和源氏）・「足利系図」・「清和源氏系図」・「喜連川判鑑」。

【史料】「鎌倉年代記」・「金沢文庫古文書」・「相承院文書」・「太平記」。

（下山）

あしかが たかうじ　足利尊氏

嘉元三年～延文三・正平十三年（一三〇五～五八）

室町幕府の初代将軍。暦応元・延元三年（一三三八）から延文三・正平十三年（一三五八）の死去まで在職した。足利貞氏の子、母は上杉頼重の女清子。初名は又太郎高氏。元応元年（一三一九）従五位下治部大輔（15歳）。北条登子（重時流の北条久時の女・守時の妹）を妻とした。元弘元年（一三三一）八月、後醍醐天皇の笠置挙兵にあたっては大仏貞直らとともに西上しこれを攻めた。同二年従五位上となる（28歳）。正慶二・元弘三年（一三三三）三月、隠岐を脱出した後醍醐天皇を討つために名越高家とともに再び西上。しかし、その途中綸旨を受け、同四月二十九日丹波国篠村八幡宮（現京都府亀岡市）で討幕の兵を挙げ、五月には六波羅探題を陥落させた。この尊氏の行動は様々に説明されるが、義兼の「空物狂い」や家時置文やその自害など、本来は同族である源氏の配下となり、さらには北条氏の下風に立たされていたことへの足利氏代々の当主の不満が背景にあったと見るべきであろう。後醍醐天皇が帰京すると、勲功賞として武蔵など三か国の国司、守護に任ぜられ、多くの地頭職等を賜わり、鎮守府将軍、従四位下左兵衛督となった。同八月従三位武蔵守に叙任され、後醍醐天皇の諱の一字を与えられて高氏から尊氏と改名した（29歳）。建武元年（一三三四）正三位参議となる（30歳）。建武政権内部では、征夷大将軍に任ぜられた護良親王との対立が深まるが、同十一月天皇に迫って護良親王を捕らえ、これを弟直義のいる鎌倉に移した。護良親王失脚後は、新田義貞との対立が表面化した。同二年二月、中先代の乱が起こり、信濃に兵を挙げた北条時行が鎌倉を一時占領。直義はこの混乱の中で護良親王を殺害した。尊氏は乱の鎮定を名目に兵を率いて鎌倉に下向。この時に征夷大将軍への補任を奏上するが許されなかった。同八月には時行の軍を撃破して鎌倉を奪回した。後醍醐天皇は、尊氏に従二位を与え帰洛を命じたが、尊氏は鎌倉を動かず、同十一月直義の名で新田義貞討伐の檄文を諸国に伝え、建武政権に反旗を翻した。尊良親王を奉じて追討に下向した新田義貞の軍に直義が破られると、それまで閉居していた鎌倉の浄光妙寺を出て出陣。これを箱根竹の下に破り、敗走する新田義貞を追って西上し京都に入った。しかし、後を追って京都に入った北畠顕家の率いる奥州勢に破れ、建武三・延元元年（一三三六）二月に九州に下向した。この時に持明院統の光厳上皇から院宣を受け、一族を四国・中国諸国の守護等に配している。約二か月で九州を平定して四月には水陸から大軍を率いて上洛。楠木正成を兵庫湊川の戦いに破って六月には再び入京し、京都周辺を制圧した。同八月には光明天皇の即位を断行。花山院に幽閉されていた後醍醐天皇は、十一月に神器を光明天皇に引き渡した。同月権大納言となる（32歳）。また、「建武式目」十七か条を制定し、施政方針を内外に示した。しかし、この後、後醍醐天皇はひそかに京都を脱出して吉野にこもり、いわゆる南北朝の内乱が始まった。南朝側は、奥州の北畠顕家と北陸の新田義貞を連携させる戦略のもとに、建武四・延元二年八月に顕家が西上するが、尊氏は、各個撃破を図った。先ず高師泰に命じて、越前の金崎城を陥落させた。暦応元・延元三年（一三三八）、新田義貞も越前藤島で戦死。北畠顕家も和泉の堺で戦死した。戦況優位の中、同八月、正二位征夷大将軍となる（34歳）。暦応二・延元四年八月に後醍醐天皇が吉野で崩御し、後村上天皇が践祚した。尊氏はこれを悼み、盛大な仏事を営み、京都に天龍寺の造営を計画し、貞和元・興国六年（一三四五）落慶供養を行った。その造営費用を捻出するための貿易船が天龍寺船である。こうして北朝側の優位は確立するかに思われたが、尊氏と直義の二頭政治に起因する内紛が生じた。幕府では、尊氏が恩賞方・侍所・守護補任権を握り、弟の直義が安堵方・引付方・内談方・禅律方などを押さえる形で政務を分担していたが、足利一門とその被官、旧幕府御家人と新興領主など複雑な利害対立の中で、直義の声望が高まり、直義と尊氏の執事の高師直との対立が激しくなった。貞和五・正平四年（一三四九）、直義と会談した尊氏は高師直の執事職を解任することでこれを収束しようとしたが、逆に師直は挙兵して直義を討とうとした。高師泰をはじめ山名・今川・仁木・赤松氏等がこれにつき、その勢いが強かったので、尊氏は師直の要求を入れ、直義から子の義詮に政務を譲らせ、実権を師直に与えた。直義はこの勢いに屈していったん出家したが、その頃、尊氏の庶子で直義の養子となっていた直冬は、備後にあって反高師直の動きを見せたので、尊氏は直冬追討を命じた。これに対して、一旦直冬は九州に逃れると、観応元・正平五年（一三五〇）十月、少弐・大友等を味方につけて挙兵した。尊氏は直冬討伐の軍を九州に進めるが、この間に直義が、南朝に降伏を申し入れるとともに高師直討伐の軍を起こし、観応二・正平六年になると、京都に進出して義詮を丹波に敗走させた。尊氏は直義方の優勢を見てこれと和議を講じた。高師直・師泰は出家し、その直後に上杉・畠山によって討たれたが、尊氏・義詮と直義・直冬の確執はやまず、同八月には北陸を経て直義は鎌倉に逃れた。十一月尊氏は直義追討のため、南朝と和睦し、義詮を京都に残して自身は鎌倉に下った。文和元・正平七年（一三五二）、合戦は尊氏有利のうちに進み、直義は降伏した。二月、直義は鎌倉で急死するが、これには毒殺説・暗殺説が強い。この間、南朝方が攻勢に転じ、新田義興らが上野で挙兵して鎌倉を攻撃した。尊氏は関東に留まって戦い、その平定に一年半を費やすことになるが、その間、直義方の直冬が京都を攻撃、義詮を敗走させた。その直後に義詮は京都を奪還するが、光厳・光明・崇光三上皇と皇太子直仁親王が南朝に連れ去られたため、光厳上皇の第三皇子である後光厳天皇が即位した。直冬は南朝方と協力し、文和二・正平八年六月、再度京都を占領したので、義詮は後光厳天皇を奉じて美濃まで撤退した。この状況を見た尊氏は、大軍を率いて七月に鎌倉を発し、美濃から後光厳天皇を迎え、九月にようやく帰京した。文和三・正平九年十二月、直冬が再び京都に入り、尊氏は後光厳天皇を奉じて近江に逃れるが、文和四・正平十年三月、西国遠征中であった播磨からの義詮軍と呼応して京都を奪回した。その翌年にも直冬方の京都進攻があったが、尊氏と義詮はこれを撃退し、これをもって直冬方との対立も一応終息。越前の斯波高経も帰順し、後光厳天皇も京都に戻った。延文二・正平十二年（一三五七）二月、光厳・崇光上皇と直仁親王も帰京し、尊氏には平穏な時期が訪れたかと思われたが、延文三・正平十三年、背中の腫瘍が原因で病床につき、四月三十日京都二条万里小路邸で死去した（54歳）。贈従一位左大臣。のち太政大臣を追贈。法名は仁山妙義。等持院と号した。

【解説】（1）尊氏に関する論考としては、高柳光寿『足利尊氏』、三山進「足利尊氏」（『足利将軍列伝』所収）、多賀宗隼「高時と尊氏」（『金沢文庫研究』一四七）、『足利市史』、『近代足利市史』等がある。（2）守護国別参照。

【系図】尊3（清和源氏）・「足利系図」・「清和源氏系図」・「古河御所之伝」・「喜連川判鑑」。

【史料】「太平記」・「梅松論」・「鎌倉大日記」・「武家年代記」・「神皇正統記」・「保暦間記」・「難太平記」・「元弘日記裏書」等。

（下山）

あしかが たかうじじょ　足利尊氏女

生没年未詳

南北朝期の女性。足利尊氏の子、母は義詮・基氏と同じ北条登子（重時流、北条久時の女・守時の妹）。崇光院后妃（「足利系図」）。

【解説】（1）群Bも、北条久時の女すなわち北条登子について、宮妃の母と注記を載せている。（2）崇光天皇は北朝第三代の天皇で、在位は貞和四・正平三年（一三四八）〜観応二・正平六年（一三五一）。

【系図】「足利系図」・群B。

【史料】

（下山）

あしかが たかよし　足利高義

生没年未詳

鎌倉後期の武士。足利貞氏の子、母は実泰流、北条（金沢）顕時の女。尊氏・直義の異母兄。官途は左馬頭。早世したので、詳しいことは分からないが、「鶴岡両界壇供僧次第」には大夫阿闍梨円重が正和四年（一三一五）

十一月十四日に足利左馬頭殿から供僧職安堵の御判を賜ったという記事が見える。延福寺殿と号す。

【解説】（1）高義の生年は不明であるが、異母弟の尊氏が嘉元三年（一三〇五）の生まれであるから、それよりやや年長のはずである。正和四年（一三一五）に左馬頭であったとすれば、年齢は少なくとも十数歳であったはずである。これらのことから考えると、高義の生年は元徳二年（一三〇〇）かそれより二・三年さかのぼるのではないか。（2）「清和源氏系図」は、高義の母について、上杉頼重の女（すなわち尊氏・直義の同母兄）とする。（3）高義に関する論考はほとんどないが、『近代足利市史』が触れている。

【系図】尊3（清和源氏）・「足利系図」・「清和源氏系図」。

【史料】「鶴岡両界壇供僧次第」。（下山）

あしかが もとうじ 足利基氏

暦応三・興国元年～貞治六・正平二十二年（一三四〇～六七）

南北朝時代の武将。初代鎌倉公方。足利尊氏の四男、母は北条登子（重時流、北条久時女・守時妹）。幼名は亀若丸。二代将軍義詮は、十歳年長の同腹の兄である。貞和五・正平四年（一三四九）兄義詮の上洛に伴い、鎌倉に下向した（10歳）。これは、足利直義と高師直の対立の中で、尊氏が直義を政務から外し義詮を代わりに据えたために、弟の基氏の鎌倉下向となったものである。室町幕府の初代鎌倉公方である。中央での対立を反映し、直義党の上杉憲顕と高師直の猶子師冬によって補佐された。観応元・正平五年（一三五〇）、尊氏と直義の全面対立となるいわゆる観応の擾乱が起こると、直義党の諸将に守られて関東の各地を転々とし、安房に隠住した（11歳）。文和元・正平七年（一三五二）正月、尊氏が直義と和睦して鎌倉に入ると、基氏も二月に鎌倉に戻って元服の儀を行った（13歳）。しかし、直義が急死（毒殺説が強い）すると、直義党の上杉憲顕は、反尊氏の旗色を鮮明にして南朝方の新田義宗・義興と結んだ。新田義宗らは宗良親王を奉じて、上野から南下して鎌倉を攻略。各地での戦うが、最終的には尊氏はこれを武蔵野合戦で撃破した。基氏はこの時、尊氏の陣中にあり、三月には鎌倉に戻り、八月二十九日には従五位下左馬頭に叙任した。翌文和二・正平八年七月上洛する尊氏の命により、執事の畠山国清らとともに武蔵の入間川に向かった（14歳）。これは新田方の攻撃から鎌倉を守備するための布陣であり、以後六年間を陣中で過ごし、入間川殿と呼ばれた。延文三・正平十三年（一三五八）四月三十日、父尊氏が京都で死去するが、十月十日には新田義興を武蔵矢口渡で謀殺し、旧直義党と南朝方の多くの関東武士を足利方に帰属させた（19歳）。畠山国清の妹を室に迎えたのもこの頃のことである。延文四・正平十四年正月二十六日、左兵衛督任官（20歳）。この年には、南朝方と戦っている義詮への援軍として畠山国清に軍を預けて上洛させた。しかし、康安元・正平十六年（一三六一）十一月、専権・私曲によって諸将の信頼を失ない伊豆に逃れた畠山国清の討伐に向かった。貞治元・正平十七年（一三六二）九月に国清はさらに河内に逃れたので、これを関東から追放し、翌貞治二・正平十八年後任の関東管領には上杉憲顕を任じて、鎌倉府に復帰させた（24歳）。ついで宇都宮氏綱や芳賀高名の反乱を鎮圧して鎌倉府の管轄する十か国の支配体制を確立させた。義堂周信らとの親交もあり、自ら修養に努めるとともに、関東禅宗寺院の統制などにも意を砕いたが、貞治六・正平二十二年三月、流行病にかかり、四月二十六日に死去した（28歳）。法名は玉岩道昕。遺命により墓所は鎌倉の瑞泉寺にある。

【解説】基氏に関する論考としては、渡辺世祐『関東中心足利時代の研究』、杉山博「足利基氏」（『日本人物史体系』二所収）、高柳光寿『足利尊氏』等がある。

【系図】尊3（清和源氏）・「足利系図」・「清和源氏系図」・「古河御所之伝」・「古河公方系図」・「喜連川判鑑」。

【史料】「太平記」・「細川頼之記」・「塵塚物語」・「空華日用工夫集」等。

（下山）

あしかが やすうじ　足利泰氏

建保四年〜文永七年（一二一六〜七〇）

鎌倉中期の御家人。足利義氏の子、母は北条泰時の女。妻は北条朝時の女。足利三郎と称す。三郎（次子か）ではあるが本腹により足利氏を継いだ。兄長氏は三河国吉良庄を譲られ、吉良・今川両氏の祖となった。左衛門佐・右馬助・宮内少輔・丹後守・尾張守に任官。正五位下。建長三年（一二五一）十二月二日に、所領上総国埴生庄で出家（36歳）。法名証阿。この埴生庄は、宝治元年（一二四七）の宝治合戦に関連して千葉秀胤の遺領を与えられたものであったが、この突然の出家のために召し上げられ、この後北条（金沢）実時に与えられた。泰氏の出家の原因は不明であるが、将軍藤原頼嗣の更迭、宗尊親王の東下に際しての前将軍藤原頼経一派の陰謀及びそれへの弾圧にまき込まれることを避けるため、という説もある。いずれにしても、足利氏の繁栄に影を落とす事件であったと言えよう。出家後は足利庄平石(現栃木県足利市山下町)に閑居したので、平石殿とも呼ばれた。恐らく信仰に明け暮れる生活であったと思われる。文永七年(一二七〇)五月十日没した(55歳)。また、閑居した平石の地に智光寺を創建したので智光寺殿と号す。足利市の平石八幡宮はその廟墓であるという。

【解説】(1)死去の日付について、「足利系図」は文永五年七月五日とする。妻は入ウによる。(2)泰氏の出家の原因について、藤原頼嗣が更迭される時期にあたって、泰氏が源氏の血脈を引くことから次の将軍候補の話題になる可能性があり、これを恐れた父義氏が出家させたとする説(臼井信義)や、摂家将軍と執権をつなぐ政治的役割を果たしていたが、その政治路線の突然の変更に動揺し進退極まったとする説(彦由三枝子)、さらに頼経を将軍に復帰させて時頼政権を打倒し、泰氏自身は執権に就任するという策謀があったが、事前に察知されたためいち早く出家したという説(村井章介)等がある。泰氏出家後も義氏の幕府内における地位は変わらず、泰氏の子家氏・兼氏、吉良長氏の子満氏の出仕を見守ったとされる。(3)泰氏に関する論考としては、『足利市史』、『近代足利市史』、臼井信義「尊氏の父祖――頼氏・家時年代考――」(『日本歴史』二五七)、彦由三枝子「足利泰氏出家遁世の政治史的意義(上)(下)」(『政治経済史学』一〇九・一一〇)、村井章介「専制下に向かう北条権力」(『朝日百科日本の歴史』)等がある。

【系図】尊3(清和源氏)・「足利系図」・「喜連川判鑑」・「最上系図」・「山野辺氏系図」・「吉良系図」。

【史料】「吾妻鏡」。

(下山)

あしかが よしあきら　足利義詮

元徳二年~貞治六・正平二十二年(一三三〇~六七)

室町幕府の二代将軍。延文三・正平十三年~貞治六・正平二十二年(一三五八~六七)まで在職した。父は足利尊氏、母は北条登子(重時流、北条久時の女・守時の妹)。幼名は千寿王。三男であるが本腹によって正嫡となった。庶兄には竹若丸と後に叔父直義の養子となった直冬がいる。庶兄の竹若丸は、正慶二・元弘三年(一三三三)五月、父尊氏が後醍醐天皇の討幕の挙兵に応じた時に、伊豆走湯山から京都に向かう途中に、北条方の長崎・諏訪等に殺害されている。義詮も母とともに鎌倉大蔵谷の屋敷に残されていたが、尊氏が丹波で挙兵する直前に脱出した。この後はおそらく本領足利庄に潜居したものであろう。五月八日、新田義貞が挙兵すると、翌日には家臣紀五左衛門に伴われ、二百騎の兵を率いて合流（4歳）。同じ清和源氏とはいえ、足利氏の声望は新田氏よりはるかに高かったことによるものか、「増鏡」は「尊氏の末の一族新田小四郎義貞といふ物、今の尊氏の子四になりけるを大将軍にして、武蔵国より軍を起こしてけり」と記している。五月二十二日、鎌倉攻めは成功し、高時以下北条氏は滅亡した。その後、鎌倉二階堂の別当坊に落ち着いた義詮に多くの武士が帰属し、これを不満とする新田勢との確執があった。新田義貞はこの後上洛し、十二月に叔父の直義が征夷大将軍成良親王を奉じて鎌倉に下ってきたことから鎌倉における足利氏の優位は確定した。建武二年（一三三五）四月七日従五位下に叙された（6歳）。同七月に中先代の乱が起こり、北条時行の軍に追われて一時鎌倉を逃れた。八月に尊氏が後醍醐天皇の勅許を待たずに下向して時行を破り、父子再会した。建武四・延元二年北畠顕家のために再び鎌倉を追われたが、翌年顕家軍が京都をめざして進発したため鎌倉に戻った（8歳）。康永三・興国五年（一三四四）三月十六日、正五位下、同月十八日、左馬頭（15歳）。貞和三・正平二年（一三四七）四月二十二日、従四位下（18歳）。貞和五・正平四年十月二十日、足利直義と高師直の対立が深まったため、尊氏は直義の政務遂行を停止し、義詮に代わらせるため上洛を命じた（20歳）。以後、京都で政務を執ることとなった。義詮の鎌倉在住は十六年に及ぶ。後任には弟の基氏が送られた。観応元・正平五年（一三五〇）八月二十二日、参議兼左中将任官（21歳）。叔父直義は大和に逃れて南朝に講和し、高師直討伐の軍を起こして尊氏留守中の京都を攻撃したため、義詮は丹波に逃れた。尊氏と直義の講和が成立すると帰京。観応二・正平六年十一月の尊氏関東下向にも従わずに京都で政務を見た（22歳）。文和元・正平七年（一三五二）閏二月に南朝との講和が破れて、北畠顕能・楠木正儀・千種顕経等の軍に京都を追われるが、勢力回復を図り三月には京都を奪還した。しかし、この時に北朝の光厳・光明・崇光の三上皇と直仁親王も南朝方により紀州賀名生に遷されたので、八月に後光厳天皇の即位を実現した（23歳）。以後も南朝や直義方との対立が続き、文和二・正平八年六月、足利直冬・山名時氏・石塔頼房らの軍に破れ、後光厳天皇を奉じて美濃に逃れたが、態勢を整え七月には帰京し、九月には鎌倉から戻った尊氏を迎えた（24歳）。その後足利直冬らにより京都を奪われるが、文和四・正平十年二月に尊氏と協力して再び奪還した（26歳）。この後、直冬は没落し、京都はようやく平穏な空気に包まれた。延文元・正平十一年（一三五六）八月二十八日、従三位叙位（27歳）。延文三・正平十三年四月三十日父尊氏死去。同年十二月八日、征夷大将軍となる（29歳）。執事には細川清氏を任じた。延文四・正平十四年二月四日、武蔵守兼任（30歳）。南朝方の活動も目立ってきたため、同年十二月には鎌倉から上洛した畠山国清の軍勢を加え、義詮は大軍を率いて河内に出陣、赤坂城を落とし、南朝方に大きな打撃を与えた。しかし、今度は幕府の重臣の中にも確執が生じ、政局は混迷を極めた。延文五・正平十五年七月、畠山国清・細川清氏らが仁木義長を討とうとしたため、義長は義詮を御所に取り籠めてしまった。義詮は佐々木道誉の計らいでようやく脱出したため、仁木義長は没落し南朝に帰服するという事件があった。また、康安元・正平十六年（一三六一）、執事の細川清氏が所領や守護職をめぐって宿老の佐々木道誉と対立し、義詮が道誉を支持したため、若狭に逃げ落ち、十月やはり南朝に降った。清氏は楠木勢と呼応して京都に迫ったので、十二月には義詮は後光厳天皇を奉じて近江に逃れた。南朝軍の京都駐留は一か月に及ばなかったので、義詮は戦わずして帰京した。これは南朝方による最後の京都占領であった。貞治元・正平十七年（一三六二）正月、細川清氏は阿波に落ち、七月、従兄の細川頼之らと戦って敗死した。義詮は、北陸の分国をめぐって清氏と対立していた旧直義党の斯波高経に幕政への参画を要請するとともに、子の斯波義将を執事に任じ、政権の安定を図った。貞治二・正平十八年正月二十八日、権大納言任官。二月十一日、三条坊門第に移る。このため坊門殿とも呼ばれた。七月二十九日従二位叙位（34歳）。この年には、周防・長門を押さえていた南朝方の大内弘世や、山陰の大半を掌握していた直冬方の山名時氏も幕府に帰順し、備後にいた直冬も遁走した。また、鎌倉にいる弟の足利基氏との間にも確執があったが、旧直義党の上杉憲顕を招いて関東管領の任務を委ね、子の上杉憲春を関東執事に任じることなどで払拭を図った。幕府体制がようやく安定を見たと言える。貞治五・正平二十一年四月、弟基氏死去。八月には斯波高経と佐々木道誉との対立が生じた。結局、斯波高経・義将父子は越前に落ち、高経は病死、義将は罪を許された。貞治六・正平二十二年正月五日、正二位叙位。南北朝の講和の動きも見られたが、成立しなかった。義詮は九月下旬から病み、家督を嫡子義満に譲った。義満が幼少のため讃岐から細川頼之を招いて管領とし、その補佐を命じた。十二月七日死去(38歳)。贈従一位左大臣。宝篋院殿道権瑞山大居士と号す。墓は京都市北区の宝篋院にある。義詮の像としては、近世のものながら鎌倉瑞泉寺に伝来し現在鎌倉国宝館所蔵の束帯姿の小像がある。

【解説】義詮に関する論考としては、三山進「足利義詮」(『足利将軍列伝』所収)、田辺久子「足利義詮の分骨と墓所――関東分国を中心に――」(『鎌倉』六七)、高柳光寿『足利尊氏』、『足利市史』、『近代足利市史』等がある。

【系図】尊3(清和源氏)・「足利系図」・「喜連川判鑑」。

【史料】「太平記」・「梅松論」・「増鏡」。

(下山)

あしかが よしうじ 足利義氏

文治五年～建長六年(一一八九～一二五四)

鎌倉前期の御家人。三河守護。足利義兼の子、母は北条時政の女。義兼の三男で三郎を称したが、正嫡となって家を継いだ。妻は北条泰時の女。通称は足利三郎・上総三郎・足利武蔵前司・足利陸奥守・足利左馬頭・足利左典厩・足利禅門等。元久二年(一二〇五)六月に畠山重忠討伐のため武蔵国二股川に出陣(17歳)。建保元年(一二一三)五月、和田合戦では、幕府政所の庭前で、猛将として名高い朝夷奈三郎義秀と一騎討ちを演じた(25歳)。義秀に鎧の袖を捕まれながらもこれを振り切って馬を駆って濠を飛び越えた時に、鎧の袖が引きちぎられながらも馬も倒れず、義氏も落馬しなかったので、見る者は両者の武勇を誉めそやしたという。建保三年頃には北条泰時の女を妻に迎え(28歳)、建保五年には北条時房にかわって武蔵守に任官(30歳)するなど北条氏との連携を深めた。承久三年(一二二一)五月の承久の乱に際しては、北条時房・北条泰時・三浦義村・千葉胤綱と共に東海道軍の大将軍となり十万余騎を率いて出陣し、宇治川に官軍を破った（34歳）。乱後、勲功賞として美作国新保庄以下数か所の所領を与えられた。寛喜三年（一二三一）頃、左馬頭となる（43歳）。暦仁元年（一二三八）、伯母にあたる北条政子の十三回忌では、高野山金剛三昧院に大仏殿を建立し、本尊の丈六の大日如来像に政子と実朝の遺骨を納めた（50歳）。またこの時期に三河守護在職の徴証がある。仁治二年（一二四一）四月十二日出家（53歳）。法名は正義。出家後も幕府の宿老として政治に関与した。宝治元年（一二四七）の宝治合戦で三浦一族が滅亡するが、義氏はこの時事件に連坐して滅亡した千葉秀胤の遺領を与えられている（60歳）。宝治二年には結城朝光との間に書礼をめぐる争いがあったが、この時義氏は自分が源氏の一族であることを強調している。建長六年（一二五四）十一月二十二日没した（66歳）。右馬助・治部少輔・左馬助・武蔵守・陸奥守に任官。従四位下に叙せられた。鎌倉時代の足利氏歴代で、四位に叙せられたのは義氏とその父の義兼だけである。義氏が北条時頼と親昵の間であったことも「徒然草」の記事等からも推察される。「続拾遺和歌集」にその歌が載る。法楽寺殿と号す。義氏には五男三女があったという。母が北条泰時の女であった関係で、三郎泰氏が嫡子となった。

【解説】（1）死去の日付について、「足利系図」は建長六年十一月十八日とする。（2）三河守護在職については、佐藤進一『増訂鎌倉幕府守護制度の研究』による。ここでは元弘年間に至るまで三河守護は足利氏が保持したとする。三河は足利氏の強力な地盤となり、その有力な一族である仁木・細川・吉良・今川・一色などの諸氏は何れも三河に苗字の地を有している。また、上総守護も義氏の代から保持したという説（臼井信義）もある。（3）義氏に関する論考としては、『足利市史』、『近代足利市史』、臼井信義「尊氏の父祖——頼氏・家時年代考——」（『日本歴史』二五七）、彦由三枝子「承久の乱前後に於ける前武蔵守足利義氏」（『政治経済史学』一〇〇）等がある。（4）守護論考・守護国別参照。

【系図】尊3（清和源氏）・「清和源氏系図」・「足利系図」・「喜連川判鑑」・「最上系図」・「山野辺氏系図」・「吉良系図」。

【史料】「吾妻鏡」・「徒然草」二一六段。　（下山）

あしかが よしかね　足利義兼

生年未詳～正治元年（?～一一九九）

鎌倉前期の御家人。足利義康の子、母は熱田大宮司藤原範忠の女。妻に北条時政の女がいる。源義家の曾孫にあたる。通称は足利冠者・足利三郎・足利蔵人・足利上総介・上総前司等。父のあとを継いで、下野国足利庄下司職となった。母は頼朝の母（範忠の父季範の女）の姪であり、その関係からか、兄弟の義清らが木曽義仲に従ったのに対して、義兼は治承四年（一一八〇）の挙兵から頼朝に帰属した。養和元年（一一八一）二月には頼朝の命によって北条政子の妹を妻とした。元暦元年（一一八四）五月、志水冠者義高の残党討伐のために甲斐に発向、八月には源範頼に属して西海に赴き、平氏を征討するなど武功をあげた。翌文治元年（一一八五）八月には勲功賞として名国司に推薦され、上総介に任官した。平氏に属していた藤原姓の足利氏は滅亡し、足利庄はこの頃義兼の一円領有に属したと思われる。文治五年七月には、頼朝に従って奥州に出陣。藤原泰衡の後見熊野別当を捕えるなどの功をあげた。翌建久元年（一一九〇）正月に藤原泰衡の遺臣大河兼任の乱が起こると、追討使としてこれを平定した。このように義兼は頼朝の覇業を助け、鎌倉幕府の創設のために大いに尽力した。建久六年三月、頼朝が東大寺供養のため上洛するが、義兼もこれに従い上洛。三月二十三日出家を遂げたという。法名は鑁阿。この頃、高野山に鑁阿という僧があり、これを義兼とする説もあるが、これは別人である。その後、「吾妻鏡」にも義兼の名が見られなくなることから、出家後は足利に隠棲したものと思われる。館の中に設けた持仏堂で念仏三昧の日々を送ったとされるが、この持仏堂が堀内御堂と呼ばれ、やがて鑁阿寺になる。義兼は、堀内御堂の僧侶に命じて、文献の研究、教学にあたらせたとされるが、これが足利学校の前身であるとの説もある。また、建久年間（一一九〇～九九）に樺崎の地に法界寺を建立し、正治元年（一一九九）ここで死去したという。子の義氏は法界寺の諸堂を整備するとともに八幡神を勧請したが、これが現在の樺崎八幡宮につながるものである。境内には義兼の供養塔と称する凝灰岩製の層塔もある。尊によれば、義兼には三男二女があった。長子義純の系統が畠山氏・新田岩松氏、次子義助の系統が桃井氏となる。北条時政の女所生の三男義氏が、足利氏を継いだ。

【解説】（1）「足利系図」によれば、義兼は身長九尺二寸の偉丈夫だったという。また、その出生について鎮西八郎為朝の子であるという異説を載せる。これらのことは今川了俊の「難太平記」も記している。(2)義兼の生年について、「最上系図」は承安四年(一一七四)とするが、これは考えにくい。長男の安元二年(一一七六)生まれ、三男の義氏が文治五年(一一八九)生まれとすれば、治承四年(一一八〇)の頼朝挙兵に一族を率いていることなどを考えると、一一五〇年前後の生まれではないか。(3)法名について、尊及び「足利系図」は義称とする。(4)義兼に関する論考としては、『足利市史』、『近代足利市史』、臼井信義「尊氏の父祖――頼氏・家時年代考――」(『日本歴史』二五七)等がある。

【系図】野辺・野津・桓武・正・桓・群A・群B・纂要・入ウ・尊3(清和源氏)・「清和源氏系図」・「足利系図」・「喜連川判鑑」・「最上系図」・「畠山系図」・「両畠山系図」・「二本松系図」・「吉良系図」。

【史料】「吾妻鏡」。

(下山)

あしかが よしずみ　足利義純

安元二年~承元四年(一一七六~一二一〇)

鎌倉前期の御家人。足利義兼の子、母は遊女という。畠山氏・新田岩松氏の祖。通称は、足利太郎・岩松三郎・畠山太郎等。元久二年(一二〇五)畠山重忠が滅ぼされた後、その後家である北条時政の女を妻とし、重忠跡を拝領した(30歳)。長子であったが義純は畠山を名字とした。畠山氏は本来平氏であったが、これより源氏に改めたという。義純はさらに新田義兼の女を娶り時兼をもうけたが、この時兼が母方の新田氏から上野国新田庄内の所領を譲られ、新田岩松氏となった。承元四年(一二一〇)十月七日没した(35歳)。義兼の次子義助も、承久三年(一二二一)の承久の乱に宇治川で討死を遂げたので、足利氏は三男義氏が継いだ。

【解説】(1)没年及び享年については「畠山系図」に従った。生年は没年からの逆算による。(2)義純については『近代足利市史』が触れている。

【系図】尊3(清和源氏)・「足利系図」・「畠山系図」・「両畠山系図」・「二本松系図」・「吉良系図」。

【史料】

(下山)

あしかが よりうじ　足利頼氏

仁治元年~弘長二年(一二四〇~六二)

鎌倉中期の御家人。足利泰氏の子、母は義時流、北条時氏の女。三男であるが、母が時氏の女であったので、嫡子として足利氏を継いだ。初名は利氏。通称は足利三郎。建長三年（一二五一）に父泰氏が突然に出家し、同六年にその後の足利氏を支えた祖父義氏が没すると、頼氏は若年ながら庶兄の家氏・兼氏や吉良満氏・畠山国氏らの一族とともに幕府に出仕した。康元元年（一二五六）正月に垸飯を献じ、八月には執権北条時頼の長子時利（時輔）の元服に際して加冠の役を勤めるなど行事に参加している。また、同八月の鶴岡放生会の際には流鏑馬の射手を勤めた（17歳）。その翌年には将軍御所の廂衆及び格子番に選ばれて、将軍宗尊親王に近仕した。その後、正元元年（一二五九）には上総守護として京都大番役を差配し、翌文応元年（一二六〇）には治部権大輔となり、この頃頼氏と改名したらしい（21歳）。「利氏」から「頼氏」への改名は、時の執権北条時頼の一字を拝領したものであろうか。弘長元年（一二六一）八月には将軍の鶴岡社参の供奉を所労のために辞退した。弘長二年四月二十四日没した（23歳）。法名は義仁。足利庄に吉祥寺を建立したことから吉祥寺殿と号す。

【解説】（1）頼氏の没年については、弘長二年（一二六二）・弘安三年（一二八〇）・永仁五年（一二九七）の諸説があるが、子の家時が文永六年（一二六九）頃には足利氏当主として文書を発給していることなどから、頼氏開基の足利市吉祥寺の位牌に従い弘長二年とした。（2）享年については、二十三歳・三十三歳・四十歳などの諸説がある。生年を没年からの逆算で割り出すとすると、建保四年（一二一六）生まれと考えられる父泰氏ともっとも矛盾のないのが、生年が仁治元年（一二四〇）となる二十三歳死去説である。但し、没年、生年とも今後の検討が必要である。（3）頼氏に関する論考としては、『足利市史』、『近代足利市史』、臼井信義「尊氏の父祖――頼氏・家時年代考――」（『日本歴史』二五七）、菊池卓「吉祥寺開基足利頼氏公」（義任山吉祥寺）等がある。（4）守護論考・守護国別参照。

【系図】桓武・入ウ・尊3（清和源氏）・「清和源氏系図」・「足利系図」・「喜連川判鑑」。

【史料】「吾妻鏡」。

（下山）

あすかい まさあり　飛鳥井雅有

仁治二年～正安三年（一二四一～一三〇一）

鎌倉中期の公家。父は二条教定、母は実泰流の越後守北条実時の女と伝える。しかし、実時は元仁元年（一二二四）の生まれであり、世代があわない。尊等の諸系図は、北条実時の女を妻とする。元服時の名は雅名。飛鳥井家は藤原北家師実流、和歌と蹴鞠を家業とした。父二条教定は関東祗候の廷臣で、その日記の一部が『吾妻鏡断簡』に残る。和歌や蹴鞠といった家学の才能で評価された人物で、歴代の院や将軍家の招きによって京都と鎌倉をたびたび往復した。北条実時は、二条教定所持の『千載和歌集』を書写している。

仁治三年（一二四二）十二月二十五日に叙爵（2歳）。宝治元年（一二四七）には鎌倉に下向。建長二年（一二五〇）三月二十六日、将軍九条頼嗣御所の蹴鞠に参列した時は十歳という。以後、鎌倉では蹴鞠に秀でた殿上人として将軍御所に祗候している。建長三年三月十六日、鎌倉にありながら侍従に補任（11歳）。同十二月二十日には、従五位上に叙された。その後上洛し、建長四年には後嵯峨上皇御所蹴鞠に参列。その後、鎌倉に戻って将軍宗尊親王御所の蹴鞠に参列した。正嘉元年（一二五七）十二月二十四日、将軍御所庇番衆に加えられた（17歳）。正嘉二年七月九日、正五位下に昇進（18歳）。同年十二月十四日、左近衛少将補任。翌正元元年（一二五九）十一月二十一日、従四位下に昇進した（19歳）。文応元年（一二六〇）二月二十日には、廂番衆六番筆頭に撰ばれ（20歳）、弘長三年（一二六三）正月十日に、将軍御所旬御鞠奉行に撰ばれた（23歳）。同年八月一日には、将軍御所歌会の奉行を勤めた。文永元年（一二六四）正月五日、従四位上に昇進（24歳）。同五年（一二六八）十一月九日に正四位下に昇進した（28歳）。翌六年には、上洛して二条為家から『伊勢物語』・『古今和歌集』、阿仏尼から『源氏物語』の伝授を受ける（29歳）。文永十一年九月十一日には右近衛中将に転任（31歳）。弘安元年（一二七八）正月六日には、従三位に昇進した（38歳）。同七年正月六日には正三位に昇進（44歳）。正応元年（一二八八）八月二十五日、左兵衛督補任（48歳）。正応二年四月二十八日、従二位に昇進（49歳）。正応四年七月十七日、参議補任（51歳）。永仁元年（一二九三）八月二十七日、伏見上皇から勅撰集の撰集を命じられたが、この事業は完成しなかった（52歳）。永仁三年四月四日には兵部卿補任、同年八月十九日に民部卿遷任（54歳）。永仁六年五月二十三日、正二位に昇進（57歳）。正安三年（一三〇一）正月十一日、薨去（61歳）。飛鳥井雅有は、「仏道の記」・「嵯峨の通ひ」・「最上の河路」・「都の別れ」・「春の深山路」の五種の仮名日記が断続的に残る。また、子息雅顕を亡くした後に蹴鞠の書「内外三時抄」を著している。歌人としては、「続古今和歌集」以後歴代の勅撰集に撰ばれた勅撰歌人であり、「隣女和歌集」・「雅有集」の私家集を残した。

【解説】（1）北条実時女参照。（2）水川喜夫「飛鳥井雅有日記解説」（『飛鳥井雅有日記』勉誠社文庫一三六）参照。

【系図】尊1（師実流）・野津・群A・群B。

【史料】水川喜夫著『飛鳥井雅有日記全釈』、水川喜夫篇『飛鳥井雅有日記』。「吾妻鏡」・「公卿補任」・「内外三時抄」・「隣女和歌集」・「雅有集」・「伏見天皇宸記」。

（永井）

あそ ときさだ　阿曽時定

→ **北条時定**（ほうじょう ときさだ）

あそ ときはる　阿曽時治

→ **北条時治**（ほうじょう ときはる）

あそ むねとき　阿曽宗時

→ **北条宗時**（ほうじょう むねとき）

あそう すけとき　麻生資時

生没年未詳

鎌倉中期の武士。父は麻生時家（三郎入道、法名西念）、母は未詳。義時流（得宗）の被官。小二郎兵衛尉と称し、出家後は沙弥西教と称す。建長元年（一二四九）六月二十六日得宗北条時頼から筑前国山鹿庄内の麻生庄・野面庄・上津三か所地頭代職を、父時家の譲状に任せて安堵されている。

【解説】文永九年（一二七二）四月二十七日の某袖判下文（麻生文書）では、資時の子資氏に亡父資時の所領が安堵されており、この頃には没していたことがわかる。

【系図】

【史料】「麻生文書」（『鎌倉遺文』⑩七〇八八・⑫九〇六七・⑭一一〇一六）。

（末木）

あだち あきもり　安達顕盛

寛元三年～弘安三年（一二四五～八〇）

鎌倉中期の評定衆。安達義景の子、母は参議藤原雅経の女で城尼と呼ばれた。祖父雅経は飛鳥井と号し蹴鞠に長じたが、源義経問題に連座して伊豆に配流された。後に鎌倉に住み、大江広元の女を妻に迎え、源頼朝・実朝と二代にわたって将軍に蹴鞠と和歌で仕えた。顕盛は通称を城六郎・城六郎兵衛尉・城六郎左衛門尉といい、義景の六男と推測される。「城」は父義景が秋田城介であったことによる。北条政村の女を妻に迎え、その所生に宗顕がいる。兄泰盛・時盛とともに早くから幕政に参与し、安達氏一門の勢力拡大に寄与した。正嘉元年（一二五七）元旦の垸飯の儀で、同じく安達一門の大曾禰義泰とともに将軍宗尊親王に三の御馬を献上したのが史料上の初見で（13歳）、「吾妻鏡」ではその後も垸飯での御馬献上役や将軍家出御の際の供奉人の中にしばしば名前が見える。同年十二月、将軍宗尊親王の問見参番衆・廂番衆・御格子番衆に選ばれ、さらに文応元年（一二六〇）正月には文武諸道に秀でた者から選ばれる昼番衆に加えられた（16歳）。そして、文永六年（一二六九）四月の引付制度復活にともなって引付衆に任じられた（25歳）。同十一年三月、従五位下加賀守に叙任され（30歳）、弘安二年（一二七九）頃まで在任した。弘安元年（一二七八）三月、評定衆に任じられた（34歳）が、同三年二月八日に死去した（36歳）。

【解説】（1）没年と父母は尊2（魚名流）と纂要（魚名流）による。生年は没年からの逆算による。（2）北条政村の女が顕盛に嫁したことは群A・群Bによる。また尊2（魚名流）は宗顕の母を政村女とする。一方、纂要は宗顕の母を政村の嫡男時村の女とする。しかし、宗顕の生年が文永二年（一二六五）、時村の生年が仁治三年（一二四二）であり年代的にあわない。纂要の注記は政村女の誤りである。

【系図】尊2（魚名流）・纂要（魚名流）・群A・群B・入ウ。

【史料】「吾妻鏡」・「関東評定衆伝」。

（山野井）

あだち かげもり　安達景盛

生年未詳～宝治二年（?～一二四八）

鎌倉前・中期の武士。父は安達盛長、母は丹後内侍。父の藤九郎盛長は、源頼朝の流人時代からその側近くに仕えた御家人である。また、母の丹後内侍も、頼朝の乳母であり流人となった頼朝を援助し続けた比企尼の女である。景盛の通称は九郎・弥九郎・藤九郎。武藤頼佐の女を妻とし、子にはその所生の義景及び北条時氏（義時流）に嫁いで経時・時頼らを生んで松下禅尼と呼ばれた女子一人が知られる。景盛は鎌倉幕府草創より父盛長とともに源頼朝に仕え、その信任を得た。頼朝の死後間もない正治元年（一一九九）七月、景盛が鎌倉を留守にしている間に二代将軍源頼家が景盛の愛妾を奪った。八月、景盛がこれを深く怨んでいるという梶原景時の讒言により、頼家は景盛を誅殺しようとしたが、母北条政子の諌止により断念した。そのためもあってか、同年十月に始まる梶原景時弾劾にあたっては景盛は強硬な態度をとり、父盛長とともに弾劾状に署名した。建仁三年（一二〇三）十一月、鎌倉中の寺社奉行を定めた際には、結城朝光・中条家長とともに法華堂の奉行に任じられた。また、元久二年（一二〇五）二月、三代将軍源実朝が鶴岡八幡宮に参詣した時には御剣役を勤めた。同年六月、北条時政の後妻牧氏の讒訴から、畠山重忠父子が幕府軍の討伐を受ける事件が起きた。この時に景盛は主従七騎で先陣を進み、激戦を交わしたという。ところが同年閏七月、今度は時政と牧氏が将軍実朝を殺害して女婿の平賀朝雅を将軍に擁立しようと企てて失脚する事件が起こった。さらに八月には、牧氏の女婿であったことから宇都宮頼綱が謀叛の嫌疑を受けて追討されかけたが、出家して陳謝することで許された。これらの事件の際に、景盛は北条義時や大江広元らとの評議に加わっており、景盛の幕府内における政治的地位の高さがうかがえる。建仁二〜三年（一二〇二〜〇三）、右（左）衛門尉に任じ、同四年以前に上野国守護に任じられ、以後安達氏が霜月騒動で滅亡するまで同国守護を勤めたと思われる。これは元暦元年（一一八四）七月頃、父盛長が上野国奉行人に任じられたことに由来すると思われる。建保元年（一二一三）二月には昵近の伺候人の中から諸芸に秀でた者を選抜した学問所番に任じられた。また、建保三年四月、甘縄神社と日吉別宮に参詣した将軍実朝が景盛の屋敷に立ち寄っており、実朝との縁も深かった。なお、従来は甘縄神社の東南隣の一町四方の地（現神奈川県鎌倉市長谷一丁目一二）が、伝承や「吾妻鏡」の記事などから安達氏の甘縄邸跡に比定され、鳥居を入った所に「足達盛長邸址」の石碑が建つ。しかし、現在では宝治合戦で甘縄邸を出陣した安達泰盛勢がとった道筋から、鎌倉市役所の北に位置する無量寺ヶ谷の入口付近であったことが確実になっている。同六年三月には出羽介となり、秋田城を管して秋田城介と称した。これ以後、秋田城介は安達氏世襲の職となった。同年四月、従五位下に叙され、十月には順徳天皇の皇子（懐成親王、後の仲恭天皇）降誕奉賀の使者として上洛した。承久元年（一二一九）正月、将軍源実朝の死により出家し、大蓮房覚智（地）と号した。やがて高野山に入り、実朝の菩提を弔うために金剛三昧院を建立し、高野入道と呼ばれた。出家後も景盛は幕政に深く関与し、同三年正月に法華堂で行われた実朝の三回忌の追善供養では、二階堂行村とともに奉行を勤めた。また、同年五月に起きた承久の乱では、政子が景盛を通じて参集した御家人らに決起を呼びかけた。合戦では北条時房に属して戦い、勲功の賞として河内国讃良庄地頭職に補せられた。また栂尾に逃れた京方の軍兵を追ったとき、明恵上人に山中の探索を拒絶され、かえってこれ以後上人に深く帰依したという。両人の間でしばしば歌の贈答が行なわれたことも知られている。また醍醐寺の実賢にも帰依し、潅頂を授けられた。貞応元年（一二二二）、摂津国守護となり、元仁元年（一二二四）まで在職した。執権が北条泰時に替わっても景盛は高野山にいながら幕政の諮問に応じ、その女（松下禅尼）が泰時の嫡男時氏に嫁いで経時・時頼を生み、この二人が続いて執権となったことで、景盛は外祖父として絶大な権勢を誇るようになる。寛元四年（一二四六）三月、執権経時は弟時頼に執権職を譲り、閏四月に没した。これを機に幕府内部で北条氏と比肩しうる唯一の勢力であった三浦一族と安達氏との対立が表面化した。景盛は宝治元年（一二四七）四月、高野山を下って鎌倉に下向し、三浦氏の勢力伸張を阻むために時頼や嫡子義景と密議をこらした。『吾妻鏡』同年四月十一日条によれば、景盛は義景と孫の泰盛に対して三浦氏討滅の急務なることを訓戒したという。五月に入ると、三浦氏叛逆の噂が鎌倉中に流れた。六月三日、三浦泰村は時頼に対して異心がないことを釈明した。これに対して時頼は五日、泰村を誅伐する意図がないことを返答するとともに、三浦氏側に軍勢の解散を命じた。これを知った景盛は義景と泰盛を招いて「（時頼が）和平の書を泰村に遣わされた上は、今後かの氏族（三浦氏）だけが驕りを極め、ますます当家を蔑如するであろう（中略）。ただ運を天に任せ、雌雄を決すべきである」と述べたという。この『吾妻鏡』の記事から、三浦氏討伐にかける景盛のなみなみならぬ決意を知ることができる。こうして安達氏の軍勢は甘縄邸を出陣し、途中で群参する近在の武士を味方に加えながら三浦邸を目指した。さらには和平策をとる執権時頼をも動かして戦端を開き、三浦一族を滅ぼすことに成功した（宝治合戦）。安達氏の地位を盤石のものとした景盛は再び高野山に戻り、同二年五月十八日に同地で没した。

【解説】（1）没年と父母は「吾妻鏡」による。但し、尊2（魚名流）と纂要（魚名流）は母を「門脇少将女」とする。門脇少将については不明である。（2）妻は尊2（魚名流）による。なお、纂要（魚名流）は「武藤武蔵守頼任女」と記す。（3）甘縄邸については高橋慎一朗『中世の都市と武士』（吉川弘文館）参照。（4）景盛に関する論考には、三浦周行『鎌倉時代史』（『日本時代史』五）、安田元久『鎌倉幕府―その政権を担った人々』、龍粛「鎌倉時代概観」（『鎌倉時代』下）、多賀宗隼「（金沢文庫本）覚智筆『雑問答』について――安達一族と仏教――」（『鎌倉時代の思想と文化』）などがある。（5）守護論考・守護国別参照。

【系図】尊2（魚名流）・纂要（魚名流）。

【史料】「吾妻鏡」。

（山野井）

あだち かげもりじょ　安達景盛女　生没年未詳

鎌倉中期の女性。父は安達景盛、母は未詳。得宗北条泰時の嫡子時氏の妻で、経時・時頼・時定（為時）及び女子二人の母となる。女子はそれぞれ北条時定（時房流）と将軍九条頼嗣の室となった。元仁元年（一二二四）六月二十九日、六波羅探題北方となった時氏とともに上洛。寛喜二年（一二三〇）四月十一日に時氏とともに鎌倉に帰着し、同年六月十八日に時氏が死去すると出家して実家の鎌倉甘縄邸に戻り、松下禅尼と称された。建長三年（一二五一）五月、同邸で次男時頼室（北条重時女）の時宗出産をみる。文応元年（一二六〇）五月十日には父景盛の十三回忌の施主を勤めた。「徒然草」（第一八四段）には、彼女の甘縄邸を訪れたわが子である執権時頼に対し、自ら障子の破れた箇所を切り張りして質素倹約の美徳を教えたという有名な挿話がある。早くに父を亡くした経時・時頼らの兄弟が、この母親の感化を強く受けて育ったことは想像に難くない。

【解説】安達景盛女所生の子については、北条氏研究会編「北条氏系図考証」（『吾妻鏡人名総覧』）による。

【系図】尊2（魚名流）・纂要（魚名流）。

【史料】「吾妻鏡」・「徒然草」。

（山野井）

あだち げんあ　足立厳阿　生没年未詳

鎌倉後期の武士。父母・実名は未詳。義時流（得宗）の被官。三郎左衛門入道と称した。得宗領加賀国大野庄

（現石川県金沢市大野町付近）の在国代官で、正中二年（一三二五）九月二十四日に田数注文を作成している。幕府滅亡後、興国五・康永三年（一三四四）大野庄と隣接する倉月庄との堺相論があり、厳阿は大野庄政所に書状を提出している。

【解説】（1）足立氏は、弘安八年（一二八五）の霜月騒動で惣領家が滅亡し、残された一族は北条氏に従い、その被官となるものも多かった。足立厳阿もその一人と思われる。（2）大野庄は鎌倉末期得宗が地頭で、内管領長崎円心が代官職を知行し、足立氏が在国代官（又代官）として現地に下っていた。円心は足立十郎を派遣している。（3）菊池紳一「鎌倉時代の足立氏」（『武蔵武士の諸相』、勉誠出版、二〇一七年）参照。

【系図】

【史料】「天龍寺文書」。

（菊池）

あだち とおみつ　足立遠光

生没年未詳

鎌倉中期の武士。足立遠元の五男、母は源頼政の娘で二条院女房であった讃岐局の女子と伝えるが、定かではない。女が時房流の評定衆北条朝直に嫁し、宣時を産んだ。

【解説】（1）足立氏は武蔵国足立郡を名字の地とする御家人。「足立系図」には遠光の注に「五郎　先子父死去　母源三位女二条院讃岐守（局カ）子」とある。尊3（清和源氏）によると源頼政の女子の一人は二条院讃岐局である。（2）「武家年代記」弘安十年（一二八七）の北条宣時条に「母足立右衛門遠光女」とあるので、遠光の女は朝直の妻である。（3）菊池紳一「鎌倉時代の足立氏」（『武蔵武士の諸相』、勉誠出版、二〇一七年）参照。

【系図】「足立系図」・尊3（清和源氏）。

【史料】「武家年代記」。

（鈴木）

あだち とおみつじょ　足立遠光女

生没年未詳

鎌倉中期の女性。父は足立氏の庶流遠光、母は未詳。時房流の北条朝直の妻となり、宣時を生んだ。

【解説】（1）「武家年代記」弘安十年（一二八七）の北条宣時条に「母足立右衛門遠光女」とあるので、朝直の妻になる。但し、朝直の正妻は北条泰時の女子である。（2）菊池紳一「鎌倉時代の足立氏」（『武蔵武士の諸相』、勉誠出版、二〇一七年）参照。

【系図】

【史料】「武家年代記」。

（鈴木）

あだち とおもと　足立遠元　　生没年未詳

鎌倉前期の武士。父は足立遠兼、母は豊島泰家の女。足立氏は藤原氏の後裔と伝え、父遠兼の時代には足立郡司職を継承していたと考えられる。遠元は平治元年（一一五九）、源義朝に従って在京しており、十二月十日の除目で右馬允に任ぜられた。しかし、平治の乱で敗れ、乱後、足立郡は平氏に没収されたと推定される。源頼朝の挙兵に当たり、治承四年（一一八〇）十月二日、病をおして隅田河右岸で下総から渡河した頼朝を出迎え、同八日本領足立郡（現埼玉県北足立郡域の市町村と東京都足立区）を安堵された。但し、足立郡は関東進止御領であって、頼朝が諸職の補任権を持っていた。元暦元年（一一八四）六月一日、頼朝が平頼盛の送別の宴を開いた時、遠元は「京都に馴れる輩」の一人として列席している。同年十月六日、幕府に公文所が開設されると、遠元は寄人に補任された。その後、奥州合戦には従軍しているが、武人としてより吏僚として活動する姿が散見する。鎌倉に館を持っていた。建久元年（一一九〇）十一月の頼朝の上洛に供奉し、十二月十一日には頼朝の推挙により左衛門尉に任ぜられた。正治元年（一一九九）頼朝の急逝後、有力御家人および事務官僚十三人による合議制がとられることになったが、遠元はその一人に選ばれている。承元元年（一二〇七）まで鎌倉での活動が知られる。遠元の女は北条時房の妻となり、時村・資時・朝直・時直・時定・房快を生んだ。

【解説】（1）父母は「足立系図」による。（2）「足立系図」は藤原北家勧修寺流、尊では藤原北家魚名流とする。（3）右馬允任官と平治の乱参加は「平治物語」による。（4）頼朝挙兵後の遠元の行動については「吾妻鏡」による。鎌倉に館をもっていたことは、文治二年（一一八六）正月二十八日条による。（5）桓武では北条時村に「母足立左衛門遠光女」と注記し、兄弟の資時・朝直・時定・房快に「母同上」とするが、世代と官途から遠元女の誤りと思われる。「関東評定衆伝」には建長三年（一二五一）の北条資時条に「母足立左衛門尉遠元女」とあり、纂要も同じ。「足立系図」は遠元女子に「修理権大夫平時房朝臣（妻也脱カ）遠江守時直等母也」と注記する。（6）菊池紳一「鎌倉時代の足立氏」（『武蔵武士の諸相』、勉誠出版、二〇一七年）参照。

【系図】桓武・纂要・「足立系図」・尊2（魚名流）。

【史料】「吾妻鏡」・「関東評定衆伝」。（鈴木）

あだちとおもとじょ　足立遠元女　生没年未詳

鎌倉初期の女性。父は武蔵国の御家人足立遠元、母は未詳。北条時房の妻となり、時村・資時・朝直・時直・時定・房快の母となる。


【解説】（1）桓武では時村・資時・朝直・時直・時定・房快の母を「足立左衛門遠光女」と注記する。但し、「関東評定衆伝」建長三年（一二五一）の北条資時条には「母足立左衛門尉遠元女」と注記する。纂要も同じ。「足立系図」は遠元女に「修理権大夫平時房朝臣（妻也脱カ）遠江守時直等母也、自父遠元手譲与足立領家職者也」と注記する。おそらく桓武の「遠光」は「遠元」の誤記と思われる。（2）菊池紳一「鎌倉時代の足立氏」（『武蔵武士の諸相』、勉誠出版、二〇一七年）参照。

【系図】桓武・纂要・「足立系図」。

【史料】「関東評定衆伝」。（鈴木）

あだちときあき　安達時顕　生年未詳〜正慶二・元弘三年（?〜一三三三）

鎌倉末期の寄合衆・引付頭人。父は弘安八年（一二八五）十一月十七日の霜月騒動の際に二十一歳で誅された安達宗顕。母は結城重光（山河上野五郎左衛門と称する）の女。通称は加賀兵衛尉・秋田城介。北条時雄（顕雄とも、実泰流）の女を妻とする。時顕が北条顕時・貞顕（時雄の兄）父子ら実泰流北条氏の人々と極めて親しい関係にあったことは「金沢文庫文書」からも知られる。子は高景・顕高と、得宗北条高時及び室町幕府政所執事の二階堂行直に嫁いだ女子二人が知られるが、母はいずれも不詳である。幼少にして父や一族を失った時顕が不遇な生活を送ったことは間違いなく、永仁元年（一二九三）四月、内管領として専権を振るった平頼綱が得宗北条貞時に滅ぼされ（平禅門の乱）、北条顕時（実泰流）ら霜月騒動に連座した人々が復権するなかで時顕の前途も開けてきたものと思われる。しかし、彼の前半生についてはまったく不明であり、その活動を初めて確認できるのは、徳治元年（一三〇六）二月に幕府の使者として上洛した時であり、同二年正月にも再び上洛した。同三年七月、皇族将軍久明親王が廃された際、親王は上洛する意志を時顕を介して北条氏に伝えている。延慶二年（一三〇九）以前に寄合衆となる。寄合衆とは得宗専制のもとで幕府の事実上の政策決定機関となった、得宗私邸での寄合(深秘の沙汰)の構成員である。応長元年(一三一一)十月に得宗北条貞時が死去したが、「保暦間記」よれば貞時は死の床で後事を内管領長崎円喜(高綱)と時顕に託したとある。しかし、時顕は当時まだ二十歳代後半と推測され、幕政を委任されるには若年であった。同書が「高時舅秋田城介時顕」、纂要が時顕女を「相模入道高時室」と載せるように、時顕が新得宗高時の外戚にやがてなる後年の立場から潤色された記事とも受け取れる。しかし、一方では正和五年(一三一六)七月の北条高時執権就任を議した寄合の席では、時顕と長崎円喜が指導的立場にあったことが知られ(『鎌倉遺文』㉞二五八八二)、同書の記事を裏付ける。正和二年(一三一三)七月、五番引付頭人となり、元徳元年(一三二九)五月まで勤めたが、これは北条氏一門が引付頭人をほぼ独占するなかで、彼の政治的地位の高さを物語るものである。文保元年(一三一七)十一月には父宗顕の三十三回忌の法要を営み、同二年には貞時の菩提のために、播磨国在田上庄を父祖景盛以来縁の深い高野山金剛三昧院に寄進した(『鎌倉遺文』㉟二六七六七)。能書家として知られ、元亨三年(一三二三)の北条貞時十三回忌供養に際し、一切経供養の願文を清書し、法華一品経一巻を調進し、砂金百両・銀剣一腰を進物とした。また正中元年(一三二四)五月には父母の菩提を弔うために大和の法華寺に一切経を施入し(『鎌倉遺文』㊲二八七五八)、そのうちの大般若経三百三十帖が今も同寺に伝わる。一切経は極めて高価であり、それを独力で寄進した時顕の財力がうかがえる。霜月騒動で族滅した安達氏の政治力・経済力は、時顕の時代に至って往年の力を回復したといってよい。そこには、得宗貞時の母(義景女)も妻(義景の孫大室泰宗の女)もともに安達一門の出身であったことが大きく作用しているであろう。ただし、時顕による家運の回復が得宗被官、とくに仇敵である平頼綱の甥長崎円喜との深い結びつきの上に実現したことを見逃すことはできない。同年十月の正中の変に際しては、後醍醐天皇の嫌疑を晴らすために鎌倉に下向した勅使万里小路宣房に対して、長崎円喜とともに問答している。元徳二年(一三三〇)以前、おそらく嘉暦元年(一三二六)三月の北条泰家出家に際して入道し、法名を延明といった。正慶二・元弘三年(一三三三)五月二十二日の鎌倉幕府滅亡の際に、鎌倉の東勝寺で高時ら北条一門や子息顕高らとともに自刃した。なお、元徳元年（一三二九）と推定される金沢貞顕書状（『鎌倉遺文』㊴三〇七七五）から、時顕の鎌倉での邸宅が安達氏ゆかりの甘縄にあったことが知られる。

【解説】（1）父母及び没年は尊2（魚名流）・纂要（魚名流）による。また、「太平記」巻一〇は北条高時とともに自害した人に「秋田城介入道延明」の名をあげる。（2）正の時雄女に「秋田城介時顕妻」の注記がある。（3）時顕の女が二階堂行直に嫁いだことは尊2（乙麿流）による。（4）徳治元年の上洛は「歴代皇紀」同年二月五日による。徳治二年の使者を『史料綜覧』は北条時顕としているが、田中氏は左記論文で安達時顕の誤りであろうと指摘している。（5）時顕の寄合衆就任は佐藤進一「鎌倉幕府職員表復元の試み（其三）」（『中央大学文学部紀要』史学科三〇）による。（6）「法華寺大般若経」には「施入法華寺　時顕」の墨書奥書があり、巻第一と第六百にはほぼ同文の元亨四年（一三二四）五月二十五日付奥書がある（『鎌倉遺文』㊲二八七五八）。それによると、この大般若経は時顕が父母の菩提を弔うために元から輸入して法華寺に施入した一切経の一部であることがわかる。（7）時顕に関係する論考には、細川重男「秋田城介安達時顕」（『白山史学』二四）、田中稔「秋田城介時顕施入の法華寺一切経について」（『鎌倉幕府御家人制度の研究』）、佐藤進一「鎌倉幕府政治の専制化について」（竹内理三編『日本封建制成立の研究』）などがある。

【系図】尊2（魚名流）・尊2（乙麿流）・纂要（魚名流）・正。

【史料】『鎌倉遺文』・『史料綜覧』、「保暦間記」・「歴代皇紀」・「太平記」・「法華寺大般若経」。（山野井）

あだちときあきじょ　安達時顕女　生没年未詳

鎌倉後期の女性。父は安達時顕、母は未詳。北条高時の妻。「保暦間記」に「高時舅秋田城介時顕」とあり、纂要（魚名流）は時顕女に「相模入道高時室」と注記する。元亨三年（一三二三）十月十九日、高時は円覚寺で亡父貞時十三回忌の法要を行った。法要は二十六日まで続くが、二十四日夜に高時室が施主となって経供養を行っている。二十五日は法華八講の結願で、安居院憲守が導師を勤め、将軍守邦親王からも自筆の法華経などの供物があった。その際、貞時後室（安達一門の大室泰宗女）や高時室をはじめとし、北条一門や御家人・御内人の主だった者が一品経を奉納した。

【解説】

【系図】纂要（魚名流）。

【史料】「保暦間記」。（山野井）

あだち むねあき　安達宗顕

文永二年～弘安八年（一二六五～八五）

鎌倉後期の武士。父は安達顕盛、母は北条政村の女。通称は太郎左衛門尉。結城重光（山河五郎左衛門と称する）の女を娶り、その所生に時顕がいる。弘安八年（一二八五）十一月十七日の霜月騒動により、伯父泰盛ら一門とともに滅んだ。宗顕は、遠江において自害した（21歳）。

【解説】（1）没年は尊2（魚名流）及び「自害者注文」（『鎌倉遺文』㉑一五七三八）による。この「自害者注文」によれば、遠江において自害したとある。（2）生年は没年からの逆算による。（3）父母は尊2（魚名流）による。纂要（魚名流）は宗顕母を北条時村女とするが、これは安達顕盛の項で述べたように時村の父である政村の誤りである。

【系図】尊2（魚名流）・纂要（魚名流）。

【史料】『鎌倉遺文』。（山野井）

あだち やすもり　安達泰盛

寛喜三年～弘安八年（一二三一～八五）

鎌倉中・後期の評定衆・引付頭人。父は安達義景、母は小笠原時長の女。通称は城九郎。安達氏は泰盛の曾祖父盛長がまだ流人であった源頼朝に仕えて以来、幕府草創の功臣として代々幕政の中枢に関与してきた。とくに宝治元年（一二四七）の三浦氏滅亡後は唯一の有力御家人として、さらには執権北条氏の外戚の地位を背景に幕府内部に確固たる地位を築き上げた。泰盛の叔母（松下禅尼）は北条時氏に嫁いで経時・時頼を生み、妹（父義景の死後養女とする）は北条時宗に嫁して貞時を生んでいる。さらに泰盛自身も北条重時の女を娶っている。また、

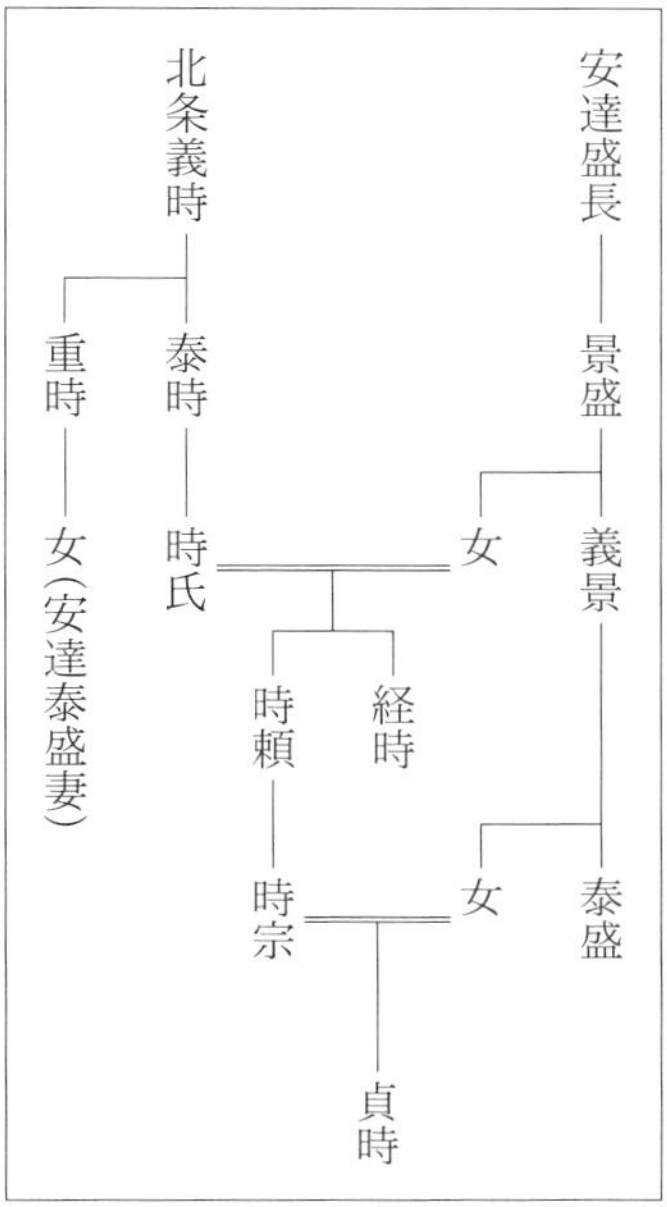

役を勤めた。

正嘉元年（一二五七）の時宗の元服、建治三年（一二七七）の貞時の元服の際には、泰盛はともに烏帽子を持参する役を勤めた。

泰盛の公職面での履歴は、寛元二年（一二四四）六月、上野国役であった京都大番役の番頭を勤めていたことが初見である（14歳）。上野国守護職は祖父景盛以来安達氏が勤めてきており、泰盛は父義景の代官としてこの役を勤めた。宝治元年（一二四七）六月の宝治合戦では、祖父景盛・父義景とともに出陣して先鋒を勤めた（17歳）。泰盛がこの頃すでに騎射に優れていたことは、同年十二月の将軍家遠笠懸御覧の際に射手を勤めたことからもわかる。「徒然草」にも彼が馬術に秀でていたとの記述がみられる。同二年九月に中原盛時・佐藤行幹とともに「番帳并御文清書」役に任じられ（18歳）、建長二年（一二五〇）十二月には摂家将軍九条頼嗣の近習に加えられ（20歳）、その後も御格子番衆・廂番衆・昼番衆・御鞠奉行などの交名に名を列ねている。昼番が「歌道・蹴鞠・管弦・右筆・弓馬・郢曲以下すべて一芸に堪えるの輩」であり、御鞠奉行が「堪能を選ばる」とあることから、泰盛が馬術や騎射に優れるだけでなく、文化的素養も身につけた武士であったことがうかがえる。世尊寺経朝から書論を贈られたり、後嵯峨天皇からは「三史（史記・漢書）」と「文選」を賜ったことも知られている。建長五年（一二五三）六月に父義景が死去すると、十二月に引付衆に任じられた（23歳）。同六年十二月、秋田城介となる（24歳）。康元元年（一二五六）四月、五番引付頭人となり、六月には評定衆に加えられた（26歳）。弘長元年（一二六一）四月二十三日には、泰盛の妹で十歳の堀内殿が十一歳の時宗に嫁し、泰盛は時宗の後見役的な存在となった（31歳）。同二年六月、引付の三方への編成替によって頭人を辞したが、文永元年（一二六四）六月には三番引付頭人に復帰し（34歳）、同年十月から北条実時（実泰流）とともに越訴奉行となり、同四年四月に廃止されるまで勤めた。越訴とは鎌倉幕府の訴訟法で、敗訴人が判決に過誤があるとして再度訴訟を起こすことをいった。同三年三月から同六年四月までは引付制度が廃止されたが、引付の復活とともに五番引付頭人となり、弘安七年（一二八四）四月に出家するまで評定衆兼五番引付頭人を勤めた。得宗専制政治の拠点となった「寄合」（深秘沙汰）にも泰盛は北条氏一門や御内人とともにその有力な構成員として出席し、とくに文永三年（一二六六）六月二十日には、得宗時宗・北条政村・北条実時と泰盛の四人だけで皇族将軍宗尊親王廃立を密議した。このように政村・時宗・貞時の三代執権のもとで泰盛は幕政に重きをなし、安達氏一門の最盛期を築いた。文永九年から同十一年の間に肥後守護職に任じられ、滅亡までその職にあったと思われる。弘安の役では子盛宗を守護代として九州に派遣し、泰盛自身は御恩奉行として鎌倉にあって恩賞の沙汰にあたった。文永の役で一番駆けの勲功をあげながら将軍への注進に漏れた肥後の御家人竹崎季長が鎌倉に赴いて御恩奉行の泰盛に訴え、その取り計らいで肥後国海東郷地頭職を賜ったことは有名である。季長が文永・弘安両役での活躍を子孫に伝えるために描かせた「蒙古襲来絵詞」にも、その際の泰盛の姿が描かれている。弘安五年（一二八二）二月、嫡子宗景が評定衆に加わり、七月には泰盛はこれまで北条一門に限られていた陸奥守に任じられる（52歳）など、「威勢先祖ニ越エテ人多ク随キ」といわれるほどの権勢を誇った。安達氏が北条氏と密接な外戚関係を累ねてきたことがその背景にあった。同年十月秋田城介を宗景に譲り、同七年四月、執権時宗の死により出家して法名を覚真（心）と名乗った（54歳）。しかし、その後も泰盛は十四歳で執権となった貞時の外祖父として政権の中枢にあり続け、「弘安徳政」と呼ばれる改革を推進していった。同年五月以降わずか一年半の間に集中的に出された法令は九十余箇条にのぼり、内容は将軍の権威による仏神事の興行、訴訟制度の整備、流通経済の統制などである。村井氏は左記論文の中で、元寇という国難に直面し、国制上の幕府の位置付けを飛躍的に高める必要と条件とが生まれ、その実現のために御家人支配の正統性すらもたない得宗に代わって泰盛が選択したのが、将軍を制度的にも実体的にも最高の権力を保持する主君として確立するという方向であったと指摘している。将軍権力の確立には、その根幹をなす主従関係＝御家人制の再建が不可欠である。御内人が得宗専制のもとで権勢をふるうようになると、泰盛は将軍権力を核に結集をはかる反得宗派御家人の代表的存在と仰がれるようになる。内管領平頼綱ら御内人が得宗との主従関係を基盤に寄合や得宗公文所など幕府の公式制度の外で勢力を伸ばしたのに対して、泰盛は得宗の外戚・後見人として幕府の公的な諸機関を拠点として実権を掌握した。両者の得宗権力とのあい異なる関係は両者の対立を惹起しながらも、時宗の時代には蒙古問題もあってかろうじて均衡が保たれていた。しかし、時宗の死により、両者は権勢を争って互いに幼い新執権貞時に讒言しあった。「保暦間記」によれば、宗景が源姓を名乗ったことから、頼綱は宗景に将軍を僭する謀叛の企てありと貞時に訴えたという。かくして同八年（一二八五）十一月十七日、霜月騒動（弘安合戦・奥州禅門合戦ともいう）が起こった。貞時を擁した頼綱以下の御内人勢力と泰盛ら安達氏一族与党との戦いは安達氏の鎌倉塔ノ辻の館を中心に行なわれ、将軍の御所まで焼失する激戦となったが安達氏側の敗北に終り、泰盛以下子息宗景・弟長景・時景らは自害・討死した（55歳）。この時の自害者の交名から安達氏に味方した人々を知ることができるが、安達氏一門やその庶流である大曾禰氏をはじめ泰盛の母の実家である甲斐の小笠原一族や引付衆の二階堂行景・武藤景泰、伯耆国守護の佐原頼連、越前国守護の吉良満氏など五百余人にのぼり、この他に安達氏が守護を勤めていた武蔵・上野両国の御家人で自害した者は「注進に及ばず」とある。騒動は鎌倉だけで収まらず、地方にも波及した。泰盛の弟重景は常陸で、小笠原一門の伴野彦二郎は信濃で自害し、肥後国では守護代であった泰盛の子盛宗をめぐって合戦があった。盛宗は博多で討たれたが、少弐景資が泰盛方に与して筑前の岩門で挙兵し、これに九州各国の御家人の一部が味方する岩門合戦が起こった。しかし、これも景資の兄少弐経資や肥前国守護北条時定の率いる大軍に鎮圧され、景資は自殺した。乱後の鎌倉では関係者の処罰が行なわれ、泰盛の女婿北条顕時（実泰流）、妹婿宇都宮景綱・長井時秀らが流罪または罷免となった。

泰盛の政治以外の活動では、高野山と京都の公家との関係に特筆すべき点がみられる。高野山との関係は、祖父景盛が将軍源実朝の菩提を弔うために高野山に入り、大蓮房覚智（地）と称して以来の特別なものであった。文永二年（一二六五）から始まった高野山参道の町石建立にあたっては、五基の町石を寄進している。また弘安三年（一二八〇）九月、同山金剛三昧院寺務職の法爾（醍醐寺遍智院の実勝法印？）から鎌倉で潅頂を受けている。公家との交流では先にあげたものの他に、弘安二年に関白鷹司兼平に剣一腰・馬二疋・砂金五〇両を贈ったことなどが知られる。また、将軍実朝の未亡人（坊門信清女）は夫の菩提のために建立した京都の遍照心院に宛てた置文に、寺の維持を泰盛に委嘱したことを記している。嫡子宗景が歌道を家業とする六条家の一門紙屋河顕氏の女を妻に迎えたのも、こうした公家社会との縁によるものであろう。

【解説】（1）没年および父母は尊2（魚名流）・纂要（魚名流）による。生年は没年からの逆算による。（2）泰盛の妻については「関東往還記」弘長二年（一二六二）六月二十日条による。（3）時宗の元服は「吾妻鏡」同年二月二十六日条、貞時の元服は「建治三年記」同年十二月二日条による。（4）霜月騒動での自害者の交名は「梵網戒本疏日珠抄裏文書」にある（『鎌倉遺文』㉑一五七三四～八号）。（5）源実朝夫人の置文は「大通寺文書」に残る（『鎌倉遺文』㉕一一七二号）。（6）宗景が紙屋河顕氏の女を妻としたことは尊2（魚名流）・纂要（魚名流）による。（7）安達泰盛及び弘安徳政・霜月騒動に関係する主な研究には次のものがある。多賀宗隼「秋田城介安達泰盛」・「北条執権政治の意義」（以上は『鎌倉時代の思想と文化』）、佐藤進一『鎌倉幕府訴訟制度の研究』、同『増訂鎌倉幕府守護制度の研究』、藤原猶雪『日本仏教史研究』、水原尭栄『高野山金石図説』、網野善彦『蒙古襲来』（小学館『日本の歴史』一〇）、安田元久『鎌倉幕府――その政権を担った人々――』、村井章介「安達泰盛の政治的立場」（『中世東国史の研究』）、鈴木宏美「安達泰盛の支持勢力――高野山町石を注進に――」（『埼玉地方史』一〇）、石井進「霜月騒動おぼえがき」（『神奈川県史だより』資料編二、後に『鎌倉武士の実像』に再録）、武井尚「安達泰盛の政治的立場」（『埼玉民衆史研究』一）、渡辺晴美「北条貞時政権の研究」（『中世史学』七）、五味文彦「執事・執権・得宗」（『中世の人と政治』）。（8）鈴木由美「白河集古苑所蔵白河結城家文書所収「安達氏系図」の記載内容について」（『古文書研究』八七号）、守護論考・守護国別参照。

【系図】尊2（魚名流）・纂要（魚名流）・「安達氏系図」（福島県白河市集古苑所蔵）。

【史料】「吾妻鏡」・「関東評定衆伝」・「関東往還記」・「建治三年記」・「保暦間記」・「梵網戒本疏日珠抄裏文書」・「大通寺文書」、『鎌倉遺文』。

（山野井）

あだち やすもりじょ　安達泰盛女

生年未詳〜永仁六年（?〜一二九八）

鎌倉後期の女性。父は安達泰盛、母は未詳。北条顕時（実泰流）の正室で、名は千代野、法名は如大禅師無着。顕時は金沢文庫を創立したことで有名な北条実時の子で、通称は越後四郎。顕時の子には顕弁・顕実・時雄（顕雄）・貞顕・顕景の五人の男子と女子三人が知られる。このうち、泰盛女を母とする女子（釈迦堂殿）が足利貞氏に嫁ぎ、高義を生んだとされる。男子のうち顕弁・顕実・時雄・貞顕の四人、女子一人は別の女性を母とする。男子では顕景のみが母未詳であるが、他の兄弟と比べて目立った経歴もなく、正室である泰盛女の所生とみなす決め手はない。顕時は妻の縁から霜月騒動で出家して法名を恵日（慧日）と名乗った。泰盛女の出家の時期については不明だが、おそらく夫と同時期であろう。円覚寺開山である無学祖元に師事し、京都の資寿院・正脈庵（院）・景愛寺などの創建に関わり、禅宗の興隆に努めたことが知られている。鎌倉市扇ヶ谷四丁目の海蔵寺山門脇にあり鎌倉十井に数えられる底抜けノ井には、彼女にまつわる次のような逸話が残る。尼となった彼女が自分で井戸の水を汲んだところ、頭上の桶の底が抜けて水を頭から浴びてしまった。その時に彼女が詠んだ和歌が「千代能（野）がいたゞく桶の底脱けて　水たまらねば月もやどらず」というもので、そこから底抜けノ井と呼ばれるようになったという。

【解説】（1）「延宝伝灯録」（『大日本仏教全書』所収）によれば、永仁六年（一二九八）十一月二十八日、無着は七十六歳で没したという。しかし、この没年と年令に従うと、父の泰盛よりも六歳上、夫の顕時よりも二十五歳上ということになってしまう。この点については、山家浩樹「無外如大の創建寺院」（『三浦古文化』五三）に従い、年齢に誤りがあるものとする。（2）群Bは顕時の女に「足利讃岐守源貞氏妻、母城安達陸奥守藤泰盛女千代野、所謂如大禅師無着也」と注記する。また、貞和五年（一三四九）六月十一日の夢窓疎石資寿院置文は、無着について「城奥州禅門（安達泰盛）息女、金沢越州禅門慧日（北条顕時）後室」と載せる。さらに、「釈迦堂殿者無着息女、足利讃岐入道殿（貞氏）内房」ともある。（3）高義は早世したため、異母弟の高氏（尊氏）が足利氏の家督を継いだ。（4）顕時の子については北条氏研究会編『北条氏系図考証』（『吾妻鏡人名総覧』）による。

【系図】群B・「足利系図」・「安達氏系図」（福島県白河市集古苑所蔵）。

【史料】「延宝伝灯録」、貞和五年六月十一日の夢窓疎石資寿院置文。（山野井）

あだちよしかげ　安達義景

承元四年～建長五年（一二一〇～五三）

鎌倉中期の評定衆・引付頭人。安達景盛の嫡子、母は武藤頼佐の女。通称は城太郎。「城」は父景盛が秋田城介であったことによる。妻には小笠原時長女、飛鳥井雅経女（城尼）、北条時房女らが知られる。子は頼景・景村・泰盛（嫡男）・時盛・重景・顕盛・長景・時景らと女子三人が知られる。女子はそれぞれ評定衆の長井時秀と宇都宮景綱、得宗北条時宗に嫁した。義景の活動が初めて史料上で確認できるのは安貞元年（一二二七）三月のことで（18歳）、その後は将軍九条頼経出御の際の随兵や笠懸・犬追物・流鏑馬の射手、正月の埦飯の儀での行騰や調度調進の役などで『吾妻鏡』に頻繁に登場する。嘉禎三年（一二三七）十一月、父景盛の出家により、譲りを受けて従五位下秋田城介となる（28歳）。暦仁元年（一二三八）正月、将軍九条頼経が上洛する際に、出門のために義景の甘縄邸に臨んだ。頼経の上洛は同年十一月に及び、義景もこれに随っている。なお、義景はその後も甘縄邸に将軍（頼経・頼嗣）やその御台所らをしばしば迎えている。延応元年（一二三九）、評定衆となって幕政に参画し（30歳）、仁治二年（一二四一）六月、従五位上に叙された（32歳）。同三年正月には幕府の使者として二階堂行義とともに上洛し、邦仁親王（後の後嵯峨天皇）を四条天皇の後嗣とする幕府の意志の実現に成功した（33歳）。鎌倉を出立するにあたって、義景はすでに朝廷において皇嗣が決定している場合の対応を泰時に質した。その問題を考えていなかった泰時は、義景の深慮に感嘆したという。甥にあたる北条経時・時頼兄弟が相次いで執権に就任すると、執権の外戚として幕政の枢機にあずかり、寛元四年（一二四六）三月の執権就任直後から時頼がその邸でしばしば開いた「深秘の沙汰（寄合）」にも北条実時（実泰流）や北条政村らとともに出席している。同年五月に北条光時（朝時流）らが前将軍九条頼経を擁して時頼打倒を謀った宮騒動は機先を制した時頼の勝利に終るが、この時義景は光時派の鎮圧にあたっている。義景が執権の外戚として権勢を高めていく上で、雄族三浦氏との対決は避けられないものとなった。宝治元年（一二四七）四月、父景盛が高野山から鎌倉に戻ると、景盛と義景は執権時頼を動かし、六月、三浦氏を滅ぼすことに成功した（38歳）。この宝治合戦で安達氏の地位は盤石のものとなり、御家人のなかで安達氏に比肩しうるものはなく、義景は執権時頼の右腕として幕政を主導した。また乱の直後には、時頼とはかって六波羅探題の北条重時を連署に迎えることとし、自ら上洛して重時にその決定を伝えた。建長四年（一二五二）四月、五番引付頭人に任じられた（43歳）。しかし、同五年五月に病となる。「吾妻鏡」によれば病状は喘息と脚気で、食事もとれなかったという。そのため出家して高野山に入った。法名は願智。同年六月三日に死去した（44歳）。

【解説】（1）没年は「吾妻鏡」による。生年は没年からの逆算による。（2）父母は尊2（魚名流）・纂要（魚名流）による。なお、纂要は母を「武藤武蔵守頼任女」と記す。妻は尊2（魚名流）が嫡子泰盛母として小笠原時長女を、顕盛母として飛鳥井雅経女（城尼）を、桓武・野辺・野津・群A・群B・纂要が北条時房女を載せる。ただし、纂要はさらに「後千葉介時胤室」と注記する。（3）義景の女子のうち二人が長井時秀と宇都宮景綱に嫁いだことは、尊2（魚名流）・纂要（魚名流）による。（4）義景に関する論考には、『鎌倉市史』総説編、三浦周行『鎌倉時代史』（『日本時代史』五）、安田元久『鎌倉幕府――その政権を担った人々――』、龍粛「鎌倉時代概観」（『鎌倉時代』下）などがある。（5）守護論考・守護国別参照。

【系図】尊2（魚名流）・桓武・野辺・野津・群A・群B・纂要。

【史料】「吾妻鏡」・「関東評定衆伝」。

（山野井）

あだちよしかげじょ　安達義景女

建長四年～徳治元年（一二五二～一三〇六）

鎌倉後期の女性。父は安達義景、母は未詳。得宗北条時宗の妻。建長四年（一二五二）七月四日に誕生し、堀内殿、後には松岡殿と称された。同五年、父義景が死去したため二十一歳年上の兄である泰盛の養女となった（2歳）。弘長元年（一二六一）四月二十三日、十歳で十一歳の時宗に嫁し、文永八年（一二七一）十二月十二日に貞時を生んだ（20歳）。弘安七年（一二八四）四月に夫時宗が三十四歳という若さで死去すると、出家して潮（滝）音院覚山志道尼と号し、円覚寺開山の無学祖元に師事した（33歳）。同八年、貞時を開基として鎌倉の松岡山東慶寺を創建し、自らは開山となった（34歳）。なお、同年十一月には霜月騒動が起こり、兄泰盛以下安達一門は滅亡している。「東慶寺由緒書写」によれば、彼女が執権となった貞時に申し入れて、同寺を駆込寺（縁切寺）としたという。後世の史料であるため信憑性は低いが、江戸時代には同寺は上野国世良田の満徳寺とともに駆込寺として知られ、駆け込んだ女性は足かけ三年の奉公を経て夫と離別できる決まりであった。また、円覚寺や建長寺とも関わりが深かったようで、円覚寺の仏日庵に出羽国寒河江庄を寄進した（『鎌倉遺文』㉔一八七五九・㊱二七六六七）。さらに、建長寺の正続庵（後に正続院と改称し、さらに円覚寺に移る）には丹波国成松保を寄進し、この寄進は貞時によって確認された（『鎌倉遺文』㉚二三一一〇・㊱二七五八三）。徳治元年（一三〇六）十月九日卒す（55歳）。墓は東慶寺の裏山の墓所の一角にある。小さいながらもよく整った五輪の石塔である。なお、「鎌倉五山記」によれば貞時・高時の墓とともに、円覚寺の仏日庵にも慈氏殿と呼ばれる彼女の墓堂があったことが知られる。

【解説】（1）生年は「吾妻鏡」、没年は「北条九代記」による。（2）尊2（魚名流）は義景女に「平貞時朝臣母、号潮音院尼」と注記する。なお、纂要の北条氏の項は貞時の母を「秋田泰盛女〈弘安八年十ノ九卒〉」と記すが、纂要（魚名流）では安達義景女に「平貞時母、号潮音院尼」と注記する。尊・野津・群B・前はいずれも貞時母を安達義景女とする。この相違は本文に示した事情による。なお、この点については川添昭二「安達泰盛とその兄弟」（『棲神』五三）に拠った。

【系図】尊2（魚名流）・纂要（魚名流）。

【史料】「吾妻鏡」・「北条九代記」・「東慶寺由緒書写」・「鎌倉五山記」、『鎌倉遺文』。

（山野井）

あだちよしかげじょ　安達義景女　生没年未詳

鎌倉後期の女性。父は安達義景、母は未詳。朝時流、北条時兼（朝時五男）の妻。子に女子二人、朝時流の北条篤時室と北条宗教室がいる。

【解説】入ウのみに見える人物。北条時兼女の注記に「平篤時室」「母城義景女」とある。前者は朝時流の北条篤時、後者は安達義景と推定した。

【系図】入ウ。

【史料】

（菊池）

あだちよしかげじょ　安達義景女
生没年未詳

鎌倉中期の女性。父は安達義景、母は未詳。時房流の北条時直に嫁した。

【解説】安達氏系図のみに見える女性。「武蔵守朝直妻」と注記がある。鈴木由美「白河集古苑所蔵白河結城家文書所収「安達氏系図」の記載内容について」（『古文書研究』八七、二〇一九年）参照。

【系図】安達氏系図。

【史料】

（菊池）

あたみせいはん　阿多見聖範
生没年未詳

平安中期の武士。平直方の子。権律師。通称は阿多見四郎禅師、熱海禅師。通称から走湯権現との関係が想定されるが詳細は不明。

【解説】（1）野津では雲範、桓では聖家とする。（2）父直方は長元元年（一〇二八）六月二十一日平忠常の追討使に任じられたが、乱を平定できないまま同二年十二月一日更迭された。その後能登守・上野介等を歴任し、源頼義を婿とした。義家は直方の外孫にあたる。なお、野辺・桓武は維方の子盛方の子とする。（3）名字の地は現在の静岡県熱海市。

【系図】尊・前・正・野津・桓・野辺・桓武。

【史料】

（菊池）

あねこうじさねぶみ　姉小路実文

→　藤原実文（ふじわらさねぶみ）

あねのこうじただとき　姉小路忠時
生没年未詳

鎌倉中期の公家。父母は未詳。時房流の北条資時の婿。姉小路兵衛佐と称した。「吾妻鏡」建長二年（一二五〇）三月二十六日条に初見。それから文応元年（一二六〇）四月三日まで鎌倉での活動が知られ、殿上人として、幕府の行事に参加する。将軍藤原頼嗣の御鞠衆の一人。頼嗣および宗尊親王の鶴岡八幡宮参詣に供奉、また蹴鞠の会に出席したりしている。

【解説】（1）北条資時女子を妻とすることは、桓武のみに見える。六人いる女子の長女で「兵衛佐忠時妻」とある。（2）兵衛佐忠時を姉小路とするのは「吾妻鏡」正嘉二年（一二五八）一月十日条による。

【系図】桓武。

【史料】「吾妻鏡」。（鈴木）

あの きんなか　阿野公仲

↓藤原公仲（ふじわらきんなか）

あの さねなお　阿野実直

↓藤原実直（ふじわらさねなお）

あの ぜんじょう　阿野全成

仁平三年～建仁三年（一一五三～一二〇三）

鎌倉初期の僧侶。源義朝の子で、母は常盤。頼朝の異母弟、義経の同母兄にあたる。北条時政の女婿。愛智・阿野法橋・阿野禅師と称す。幼名は今若。平治の乱後平家に捕らえられたが一命を助けられ（8歳）、醍醐寺に入って出家した。法名は全成。のち法橋に叙せられる。勇力があり悪禅師と称された。治承四年（一一八〇）八月に兄頼朝の挙兵のことを聞き関東に下向、箱根山中で佐々木兄弟と出逢い、渋谷重国のもとに保護された（28歳）。十月一日下総国鷺沼（現千葉県習志野市）で頼朝と再会した。同年十一月、武蔵国長尾寺の別当職を与えられ、先例にまかせ祈祷を行うよう命じられている。のちに駿河国阿野（現静岡県沼津市）を拝領してそこに居住し阿野氏を称したとされるが、詳細は不明である。北条時政の女で三代将軍実朝の乳母であった阿波局を妻としたことから、頼朝没後は時政に近い立場であったと考えられる。建仁三年（一二〇三）五月、突然謀反の嫌疑をかけられ、武田信光によって捕らえられ、宇都宮朝業に預けられてまもなく常陸国に流された（51歳）。翌六月二十三日頼家の命を受けた八田知家のため下野国で誅された。七月十六日には京都東山延年寺にいた子の播磨公頼全も討たれたが、他の子には及ばなかった。阿波局との間に時元と女子（藤原公佐妾）をもうける。時元は承久元年（一二一九）二月十一日、反幕府の兵を挙げたが、北条義時の派遣した金窪行親等のため誅された。なお、娘婿公佐は閑院流藤原氏の阿野氏の祖である。

【解説】（1）読みは『国史大辞典』に従った。尊には「成」に「サイ」と読みをふる。（2）生年は平治元年（一一五九）に八歳（尊）であることから逆算。（3）父母は尊に、通称は「吾妻鏡」・尊等による。（4）『駿河志料』によると、駿東郡井出の曹洞宗大泉寺は全成の館跡と伝える。遺骨は同寺の仏殿に安置されたという。

【系図】尊・野辺・野津・桓武・正・桓・群A・群B・纂要・入ウ。

【史料】「吾妻鏡」。また、『大日本史料』第四編之七（建仁三年五月二十五日条）参照。

（菊池）

あの ぜんじょうじょ　阿野全成女　生没年未詳

鎌倉前期の女性。父は源頼朝の異母弟全成、母は北条時政の女で源実朝の乳母阿波局。夫は藤原（三条）実国の子公佐（実父藤原成親）で、子の実直は阿野または中御門を称した。

【解説】（1）夫公佐は、文治元年（一一八五）六月二十五日佐々木成綱を源頼朝にとりなし、同十月二十四日の勝長寿院供養に参列、同十二月六日には頼朝が右馬頭に推挙するなど（同二十七日任）、頼朝の信任が篤かった。建久三年（一一九二）九月五日には讒言で除籍されたことを書状で頼朝に訴え、同五年十二月二十六日の永福寺供養に参列している。鎌倉に滞在してい た期間が長かったものと思われる。（2）子の実直（一二〇九～五一）は祖父全成の名字を継いだらしく阿野と号している。「吾妻鏡」では建長二年（一二五〇）三月一日条、同三年七月四日条に「中御門三位（侍従）」と見え、同年九月十日没した、享年四十三歳（尊）。

【系図】尊。

【史料】「吾妻鏡」。

（菊池）

あの ときもと　阿野時元　生年未詳～承久三年（?～一二二一）

鎌倉前期の武士。父は源頼朝の異母弟全成、母は北条時政の女で源実朝の乳母阿波局。通称は阿野冠者。承久元年（一二一九）二月十一日駿河国安野郡で宣旨を賜り東国を管領しようとして挙兵したが、十九日北条政子の命により執権北条義時が金窪行親以下の御家人を派遣、二十二日阿野方は敗北し、時元は自害した。

【解説】（1）尊では名を隆元とする。（2）「吾妻鏡」では「安野郡」と表記するが未詳。現在の静岡県沼津市付近。（3）「吾妻鏡」承久元年二月二十二日条に「安野次郎、同三郎入道」が見えるが、前者が兄頼隆、後者が時元にあたるか。

【系図】尊。

【史料】「吾妻鏡」。

（菊池）

あぼ さねかず　安保実員　生没年未詳

鎌倉前期の武士。父は安保実光、母は未詳。女が北条泰時の妻となる。通称は馬允・主馬允・右馬允・七郎左衛門尉。承久三年（一二二一）五月北条泰時に従って上洛し、六月十三日の宇治橋の戦いで負傷した。この戦いは激戦で、父実光以下一族四人が翌十四日の宇治橋合戦で討死した。この勲功で播磨の守護代（守護は北条泰時）となり、同国須富庄（現兵庫県加西市）地頭職を与えられた。没後、寛喜三年（一二三一）八月二十一日、遺領武蔵国安保郷別所村（現埼玉県上里町・神川町）・播磨国須富庄・近江国箕浦庄（現滋賀県）内村一所の地頭職が子の信員に安堵されている。

【解説】（1）父は「党家系図（丹党）」による。実光は武蔵七党のうち丹党の安保氏の祖。元暦元年（一一八四）に一の谷合戦、文治五年（一一八九）の奥州合戦に勲功をあげ、承久の乱で討死した。埼玉県神川町の安保山吉祥院真光寺の開基。『埼玉人物辞典』。（2）播磨の守護代は、（承久三年）九月十四日の六波羅御教書、同年閏十月七日の六波羅施行状等（「久我家文書」：『鎌倉遺文』⑤二八三一・二八六六）参照。佐藤進一『増訂鎌倉幕府守護制度の研究』・守護国別参照。（3）勲功賞については、建武元年（一三三四）四月日の安保信阿代成田基員申状（「八坂神社文書」）参照。（4）遺領の譲与については、寛喜三年八月二十一日の将軍藤原頼経袖判下文（「八坂神社文書」）参照。なお、安保氏については、伊藤一美『武蔵武士団の一様態――安保氏の研究――』参照。

【系図】「党家系図（丹党）」・群A・群B。

【史料】「吾妻鏡」・「久我家文書」・「八坂神社文書」。

（菊池）

あぼ さねかずじょ　安保実員女

生没年未詳

鎌倉前期の女性。父は安保実員、母は未詳。得宗北条泰時の妻、時実の母となる。通称は谷津殿。

【解説】

【系図】群A・群B。

【史料】

（菊池）

あぼ どうたん　安保道潭

生年未詳～正慶二・元弘三年（?～一三三三）

鎌倉末期の武士。父母・実名は未詳。義時流（得宗）の被官。左衛門入道と称す。元徳三・元弘元年（一三三一）九月、幕府は反旗を翻した後醍醐天皇に対して鎌倉より軍勢を上洛させるが、道潭はその幕府軍のに一族を率いて加わっている。正慶二・元弘三年五月、北条泰家に従って鎌倉から北上したが、新田軍との武蔵国分倍河原関戸合戦において子息とともに討死した。

【解説】安保氏について触れたものに伊藤一美『武蔵国武士団の一様態――安保氏の研究――』がある。

【系図】

【史料】「光明寺残編」・「太平記」・「梅松論」。（末木）

あまなわ ときあき　甘縄時顕
→**北条時顕**（ほうじょう ときあき）

あまなわ むねあき　甘縄宗顕
→**北条宗顕**（ほうじょう むねあき）

あまの まさかげ　天野政景　生没年未詳

鎌倉前期の武士。父は天野遠景、母は工藤介茂光の女。通称は天野六郎。法名浄念。北条実泰の義父。「吾妻鏡」は、治承四年（一一八〇）八月二十日条の石橋山合戦出陣の交名が初見。その後、建久六年（一一九五）の源頼朝上洛に供奉。元久二年（一二〇五）の牧氏事件では、北条政子の命令によって将軍源実朝を時政邸から迎え取った。建保六年（一二一八）六月二十七日の源実朝右大将拝賀行列に随兵として参列、承久元年（一二一九）正月二十七日の源実朝右大臣拝賀行列、同年七月十九日の九条頼経鎌倉下向行列、嘉禄元年（一二二五）十二月二十日将軍九条頼経新造御所移徙行列などに供奉人として見える。承久の乱（一二二一）では、北条泰時の指揮で東海道を上洛した幕府主力軍に属した。貞応元年（一二二二）に、長門守護に補任。寛喜二年（一二三〇）二月八日、和泉守に補任された。これ以後、鎌倉では諸大夫の待遇を受けるようになる。貞永元年（一二三二）正月一日には、将軍家鶴岡八幡宮社参の御剣役。同年閏九月十日の変異御祈では八字文殊壇沙汰、同二十日には変異御祈のための将軍家社参に供奉した。嘉禎三年（一二三七）四月二十二日の将軍家新造御所御移徙供奉、同年六月二十三日の大慈寺供養では御後に参列した。暦仁元年（一二三八）二月十七日の将軍九条頼経入洛行列供奉及び春日社参に供奉した。延応元年（一二三九）五月五日の将軍家御不例御祈では陰陽師安倍晴賢が行う呪詛祭沙汰を沙汰した。天野政景の生前の記述はここまでである。宝治元年（一二四七）十二月二十九日の京都大番役沙汰では、「天野和泉守跡職」に賦課されている。

【解説】（1）[入ウ]の北条実時の注に「母和泉守政直（景カ）女」とある。（2）関靖『金沢文庫の研究』。佐藤進一『増訂鎌倉幕府守護制度の研究』、菊池紳一「鎌倉時代の天野氏の系図について」（『吾妻鏡人名総覧』）、同「鎌倉時代の天野氏について」（鎌倉遺文研究会編『鎌倉遺文研究Ⅱ　鎌倉時代の社会と文化』）。（3）守護国別参照。

【系図】入ウ・尊・尊経閣文庫所蔵「天野系図」・群A・群B。

【史料】「吾妻鏡」・「明月記」・「承久記」・「長門国守護職次第」。　（永井）

あまの まさかげじょ　天野政景女

生年未詳～建長六年（?～一二五四）

鎌倉中期の女性。父は天野政景、母は三浦義村の女。北条実泰の妻となり、嫡子実時の母となる。通称は六浦殿。「吾妻鏡」建長六年（一二五四）三月十六日条に「掃部助実時母儀卒去」と卒伝を載せる。

【解説】（1）入ウの北条実時の注に「母和泉守政直（景カ）女」とある。（2）関靖『金沢文庫の研究』、菊池紳一「尊経閣文庫所蔵『天野系図』について」（『ぐんしょ』三二）、同「鎌倉時代の天野氏について」（鎌倉遺文研究会編『鎌倉遺文研究Ⅱ　鎌倉時代の社会と文化』）。

【系図】入ウ・「関東往還記（裏書）」・「天野系図」。

【史料】「吾妻鏡」・「関東往還記」・「関東評定衆伝」。　（永井）

あわのつぼね　阿波局

生年未詳～安貞元年（?～一二二七）

鎌倉前期の女性。父は北条時政（三女）、母は未詳。源頼朝の異母弟阿野全成の妻、時元の母。通称は阿波局。建久三年（一一九二）八月九日、源頼朝の子千万（実朝）が誕生すると、その御乳付に参上し、以降乳母として実朝を扶持した。正治元年（一一九九）十月、梶原景時の讒言を結城朝光に告げたため、三浦義村以下の御家人が鶴岡八幡宮で景時弾劾状を認める原因となった。建仁三年（一二〇三）五月、阿野全成は謀反の疑いで誅されるが、阿波局は姉北条政子に擁護され許された。同年九月、実朝が北条政子亭から時政亭に移るとき同輿し、時政の後妻牧方の策謀を政子に告げ、実朝は再び政子亭に保護された。安貞元年（一二二七）十一月四日没。

【解説】（1）没年は「吾妻鏡」・群Bによる。（2）父母は野辺・野津・桓武・正・桓・群A・群B・纂要による。野津・群Bが三女とする。群Bに「二位殿姉」とあり、政子の姉である可能性もある。

【系図】野辺・野津・桓武・正・桓・群A・群B・纂要・入ウ。

【史料】「吾妻鏡」。（菊池）

あわのつぼね　阿波局　生没年未詳

鎌倉前期の女性。父母は未詳。北条義時の妻で、泰時の母。

【解説】泰時の母について、纂要のみが「官女阿波局」と記す。

【系図】纂要。

【史料】（菊池）

あんどう えんこう　安藤円光　生没年未詳

鎌倉末期の武士。父母・実名は未詳。義時流（得宗）の被官。藤内左衛門尉と称す。正慶二・元弘三年（一三三三）正月、楠木正成等の立てこもる赤坂・千早両城攻めの際の軍奉行を勤めた。

【解説】（1）安東とも書いた。同氏については、豊田武「安東氏と北条氏」（弘前大学『国史研究』三〇）などがある。（2）元弘の乱に関するものとして、網野善彦『蒙古襲来』がある。

【系図】

【史料】「鎌倉年代記（裏書）」・「正慶乱離志」・「太平記」。（末木）

あんどう かげつな　安東景綱　生没年未詳

鎌倉末期の武士。父母は未詳。実泰流の被官。安東四郎左衛門尉と称す。大隅国守護北条（金沢）時直の守護代。正和元年（一三一二）八月二十二日、北条時直家雑掌が安東景綱に、禰寝郡司清次の申請によって河成になった私領の桑代減免を命じている。文保元年（一三一七）には、大隅国台明寺の訴えた目代盛範の狼藉について守護代の景綱が調査し、報告している。

【解説】水上一久「南北朝内乱に関する歴史的考察――特に薩摩・大隅地方について――」（『中世の荘園と社会』）、守護国別。

【系図】

【史料】『鎌遺』㉜四六四〇、㉞二六一六九・二六一七〇・二六三八一。（菊池）

あんどう ごろうたろう　安東五郎太郎　生没年未詳

鎌倉中期の武士。父母・実名は未詳。義時流（得宗）の被官。得宗北条時頼の近臣。宝治二年（一二四八）十二月、翌年正月に行なわれる弓始の射手選定にあたり、時頼の使者として小侍所別当北条（金沢）実時のもとを訪れている。また、建長三年（一二五一）五月の時宗出生の時には、同じく御使として若宮法印別当隆弁のもとを訪れている。

【解説】佐藤進一『鎌倉幕府訴訟制度の研究』参照。

【系図】

【史料】「吾妻鏡」。　（末木）

あんどう さだすえ　安藤貞季

生年未詳〜嘉暦二年（?〜一三二七）

鎌倉末期の武士。父母は未詳。義時流（得宗）の被官。又太郎と称す。実名を季長・資長とも伝える。前九年の合戦で敗れた安倍貞任の後裔ともいわれる安藤氏は、奥羽北部の得宗領代官職を継承し、嫡流を継いだ貞季は十三湊に新城（福島城：現青森県市浦村）を築いて下国家を称した（津軽安藤氏）。一方、次郎太郎宗季・五郎三郎季久の系統は小泊など西海岸を占めて上国家を興した（秋田安藤氏）。両者の対立は、「保暦間記」によると、内管領長崎高資が賄賂を取って双方に下知したため、元亨二年（一三二二）春に合戦となったとしている。しかし、この合戦は、安藤氏が治めていた蝦夷の反抗を根元としていた。そこに安藤一族の争いが結びついたものと考えられる。正中二年（一三二五）六月、貞季の代官職が季久に代えられるが紛争はやまず、翌年三月に工藤祐貞が征伐に下向、資長（貞季）は七月に捕らえられた。しかし、紛争は再燃し、嘉暦二年（一三二七）六月、幕府は宇都宮高貞・小田高知を蝦夷追討使として再び下向させた。この安藤氏の乱は、御内人の内紛を自力で処理できずに御家人の力を借りねばならなかったところに得宗専制体制の崩壊が象徴されているといえる。

【解説】安東とも書いた。同氏については、豊田武「安東氏と北条氏」（弘前大学『国史研究』三〇）、佐々木慶市「中世の津軽安藤氏の研究」（『東北学院大学東北文化研究所紀要』一六）、小口雅史「中世十三湊の繁栄と安藤氏」（『新都市』四五）、同「安藤（東）氏の乱」（『歴史と地理』五一七）などがある。

【系図】

【史料】「保暦間記」・「北条九代記」・「鎌倉年代記（裏書）」・「諏訪大明神絵詞」。　（末木）

あんどう しげつな　安東重綱

生没年未詳

鎌倉後期の武士。父母は未詳。義時流（得宗）の被官。左衛門尉と称す。永仁元年（一二九三）、平禅門の乱の際、平宗綱が父頼綱の謀反を訴えた時、北条貞時の申次を勤めた。また、永仁三年、南都合戦の際の使者を勤めている。

【解説】佐藤進一『鎌倉幕府訴訟制度の研究』参照。

【系図】

【史料】「親玄僧正日記」・「永仁三年記」。（末木）

あんどう しょうしゅう　安東聖秀

生年未詳〜正慶二・元弘三年（?〜一三三三）

鎌倉後期の武士。父母・実名は未詳。義時流（得宗）の被官。左衛門入道と称す。新田義貞の妻の伯父。正中元年（一三二四）、正中の変で捕らえられた日野資朝・俊基らを尋問する奉行人を勤めた。正慶二・元弘三年（一三三三）五月、新田義貞が鎌倉を攻めた時、稲村ヶ崎で新田軍との戦いに敗れ、義貞の妻が降伏を勧める手紙を送るも、これを拒否して北条高時邸の焼跡で自害した。

【解説】安東氏については、豊田武「安東氏と北条氏」（弘前大学『国史研究』三〇）、佐々木慶市「中世の津軽安藤氏の研究」（『東北学院大学東北文化研究所紀要』一六）、小口雅史「中世十三湊の繁栄と安藤氏」（『新都市』四五）、同「安藤（東）氏の乱」（『歴史と地理』五一七）などがある。

【系図】

【史料】「太平記」・「鎌倉年代記（裏書）」。（末木）

あんどう すえなが　安藤季長

↓安藤貞季（あんどう さだすえ）

あんどう すえひさ　安藤季久

生没年未詳

鎌倉後期の武士。父母は未詳。義時流（得宗）の被官。五郎三郎と称す。正中二年（一三二五）、代官職補任。安藤（東）氏は、奥羽北部の得宗領代官職を継承し、嫡流を継いだ貞季は十三湊に新城（福島城：現青森県市浦村）を築いて下国家を称し、次郎太郎宗季・五郎三郎季久の系統は小泊など西海岸を占めて上国家を興した。両者の対立は「保暦間記」によると、内管領長崎高資が賄賂を取って双方に下知したため、元亨二年（一三二二）春に合戦となったとする。しかし、この合戦は、安藤氏が治めていた蝦夷の反抗を根元としており、そこに安藤氏一族の争いが結びついたものと考えられる。正中二年（一三二五）六月、貞季の代官職が季久に代わるが紛争はやまず、翌年三月に工藤祐貞が征伐に下向、七月に資長（貞季）を捕らえて鎌倉にもどった。しかし紛争は再燃し嘉暦二年（一三二七）六月、幕府は宇都宮高貞・小田高知を蝦夷追討使として下向させた。この乱は、御内人の内紛を自力で処理できずに御家人の力を借りねばならなかったところに得宗専制体制の崩壊が象徴されているといえる。なお、建武元年（一三三四）三月に北畠顕家に津軽平賀郡上柏木郷を与えられた安東五郎太郎高資は、上国家季久の子と思われる。

【解説】安東とも書いた。同氏については、豊田武「安東氏と北条氏」（弘前大学『国史研究』三〇）、佐々木慶市「中世の津軽安藤氏の研究」（『東北学院大学東北文化研究所紀要』一六）、小口雅史「中世十三湊の繁栄と安藤氏」（『新都市』四五）、同「安藤（東）氏の乱」（『歴史と地理』五一七）などがある。

【系図】

【史料】「保暦間記」・「北条九代記」・「鎌倉年代記（裏書）」・「諏訪大明神絵詞」。　（末木）

あんどう すけなが　安藤資長

→　**安藤貞季**（あんどう さだすえ）

あんどう すけやす　安東助泰　生没年未詳

鎌倉後期の武士。父は安東蓮聖、母は未詳。義時流（得宗）の被官。五条檀那と称された。父と同じく六波羅を拠点に活躍し、京都五条に宿所を構えていた。法名南叟円恵。

【解説】森幸夫「六波羅探題職員ノート」（『三浦古文化』四二）、納富常夫「金沢文庫蔵久米田寺関係資料について」（『金沢文庫研究』一六四）、同「泉州久米田寺について」（『金沢文庫研究紀要』七）、田中一松「南叟慧居士寿像と蓮聖居士像」（『日本絵画史論集』）。

【系図】

【史料】「金沢文庫文書」・「南叟慧居士寿像」。　（末木）

あんどう ただいえ　安東忠家　生没年未詳

鎌倉前期の武士。父母は未詳。義時流（得宗）の被官。安東次郎・安東兵衛尉と称す。建保元年（一二一三）二月十六日、安念法師の白状により謀反の輩が捕縛されるが、忠家は和田胤長を金窪行親とともに預かり、同四月二日北条義時から、和田胤長の旧領荏柄前屋地を行親とともに拝領した。同五月の和田義盛の乱後、義時の命により、金窪行親とともに死骸の実検を行い、亡卒・生虜の交名を作成した。承久元年（一二一九）正月、三浦義村が将軍実朝を害した公暁の首を北条義時邸に持参し、首実検を行った際は、忠家が指燭を取った。同三年、忠家は義時の命に背いて駿河国に籠居していたが、後鳥羽上皇の挙兵を聞いて京都に登る途中の北条泰時に加わっている。この時、泰時は忠宗の同道を断ったが、忠家は命を戦いに棄てる覚悟と述べて無理に加わったという。同六月十四日の宇治合戦では芝田兼義に従って浅瀬を渡り、手の者が伊予の武士玉井四郎を討ち取っている。

【解説】（1）安東氏については、佐藤進一『鎌倉幕府訴訟制度の研究』、豊田武「安東氏と北条氏」（『国史研究』三〇）参照。（2）忠家は、「吾妻鏡」に建保元年二月十六日から承久三年六月十八日まで見える。（末木）

【系図】

【史料】「吾妻鏡」、『鎌倉遺文』⑪七九一一。

あんどう どうじょう　安東道常　生没年未詳

鎌倉後期の武士。父母・実名は未詳。義時流（得宗）の被官。通称は平内右衛門入道。徳治二年（一三〇七）五月、円覚寺で催す毎月四日の北条時宗忌日斎会に九番衆として勤務するよう命じられる。応長元年（一三一一）五月には得宗貞時の使者として所見。正和四年（一三一五）六月、自分の死後、御内御恩の播磨五箇庄内の地を円覚寺に寄進するよう定めている。

【解説】道常に触れた論考に佐藤進一『鎌倉幕府訴訟制度の研究』がある。（森）

【系図】

【史料】「円覚寺文書」・「慈尊院権僧正日記」。

あんどう みつなり　安東光成　生没年未詳

鎌倉前期の武士。父母は未詳。義時流（得宗）の被官。新左衛門尉・左衛門尉・藤内左衛門尉・藤内・藤左衛門尉と称す。「吾妻鏡」の初見は承久三年（一二二一）六月二十四日条。元仁元年（一二二四）、北条義時没後におこった伊賀氏の変の際、平盛綱・尾藤景綱ら得宗の被官とともに対策を練った。天福元年（一二三三）九月、藻壁門院崩御に際しては、北条泰時の使者として上洛した。嘉禎二年（一二三六）十二月に完成した泰時亭の北土門の西脇に家屋を構えているが、建長六年（一二五四）に、右馬助親家の宿所出火によって類焼した光成の家がこれと同じかどうかは不明である。仁治元年（一二四〇）山内道路沿いに泰時亭を作る際は、その奉行をしている。建長四年（一二五二）五月、将軍宗尊親王の方違の際、宿所を選定する奉行人となる。同年十月、北条時頼室が着帯する帯を加持してもらうため、鶴岡別当隆弁のもとを訪れ、時頼室に女子が誕生した時は、奉行人を勤める。正嘉元年（一二五七）九月、勝長寿院造営について、工藤光泰とともに時頼の奉行を勤める。弘長三年（一二六三）十一月、時頼危篤の時には、尾藤浄心らとともに看病に伺候している。

【解説】安東氏については、豊田武「安東氏と北条氏」（『国史研究』三〇）などがある。

【系図】

【史料】「吾妻鏡」、『鎌倉遺文』⑮一一六六二。（末木）

あんどう れんしょう　安東蓮聖

延応元年～元徳元年（一二三九～一三二九）

鎌倉後期の武士。父母・実名は未詳。義時流（得宗）の被官。右衛門尉と称す。平右衛門・平右衛門入道・蓮性とも見え、五条・為条と号す。弘長三年（一二六三）、北条時頼の命により信濃国善光寺の不断経衆などのことを沙汰し（25歳）、文永十年（一二七三）には得宗領である摂津国多田院惣奉行（35歳）、弘安七年（一二八四）摂津守護代（46歳）、正慶元・元弘二年（一三三二）には得宗領豊後国佐賀郷の給主として見えるほか、昭慶門院領摂津国生魂新庄・福島庄・美作庄、和泉国山直郷などにも所領があった。その特徴は盛んな経済活動にあり、建治三年（一二七七）に得宗の権勢を背景に和泉国久米田寺の別当職を買得、和泉国山直郷下方を寄進するなどして同寺を華厳・律教学の道場として繁栄させた。一方、大量の銭貨の貸付けにかかわり、文永八年頃、幕府の禁制を破って山門の悪僧と結託し、近江堅田浦で年貢輸送船の積荷を点定したとして醍醐寺領越中国石黒庄山田郷雑掌から訴えられたが、そこでは「重代武家御家人」「当時奉公之仁」と呼ばれている。また「峯相記」には、乾元元年（一三〇二）播磨国福泊（現兵庫県姫路市的形町）に数百貫の銭財を尽くして、二町余の防波堤を築き良港としたため、多くの商人がここへ移り住み、兵庫と並んで繁栄したことが記されている。また高野山金剛三昧院蔵「仏説三亭厨経」によれば、蓮聖の宿所が鎌倉山ノ内にあった。元徳元年（一三二九）正月十九日没、九十一歳。蓮聖の復興した岸和田市久米田寺には、遺像（元徳二年明極楚俊賛）が伝存し重要文化財となっている。蓮聖は、主家北条氏の富力蓄財の現実面を担当しつつ、みずからも有徳人化していく御内人の一典型とされている。子息に五条檀那と呼ばれる助泰（法名円恵）がいる。

【解説】（1）生年は没年からの逆算による。（2）没年は、一説には元徳二年とする。（3）蓮聖については網野善彦『蒙古襲来』、豊田武「安東氏と北条氏」（『豊田武著作集』八所収）、石井進「九州諸国における北条氏領の研究」（竹内理三博士還暦記念会編『荘園制と武家社会』所収）、田中一松「南叟慧居士寿像と蓮聖居士像」（『日本絵画史論集』所収）、戸田芳実「播磨国福泊と安東蓮聖」（『兵庫県の歴史』一三）、納富常天「金沢文庫蔵久米田寺関係資料について」（『金沢文庫研究』一六四）、同「泉州久米田寺について」（『金沢文庫研究紀要』七）、森幸夫「六波羅探題ノート」（『三浦古文化』四二）などがある。

【系図】

【史料】「峯相記」・「仏説三亭厨経」・「祇園社記録」、『鎌倉遺文』㉙二二六六一・㊶三一六六一。（末木）

【い】

いいぬますけむね　飯沼助宗

文永四年～永仁元年（一二六七～九三）

鎌倉後期の武士。内管領平頼綱の次男、母は未詳。義時流（得宗）の被官。飯沼判官と称す。また資宗とも表記する。官途は安房守。御内人として初めて検非違使に任じられた。弘安二年（一二七九）父頼綱が日蓮信徒の百姓を捕らえた時、助宗は百姓たちを蟇目の矢でさんざん射てなぶり脅かしたという（13歳）。正応二年（一二八九）、北条貞時の使者として次期将軍久明親王を迎えるなど、得宗の使役を勤めた。同二～三年、鎌倉にいた尼僧二条を自邸に招き、連歌を共にし、「情ある人」と評されている。同五年三月に上洛した助宗は賀茂祭に供奉。その時の様子を「実躬卿記」は「大美麗」と評している。永仁元年（一二九三）四月二十二日、執権北条貞時の討手・武蔵七郎らの急襲をうけ、鎌倉経師ヶ谷で父平頼綱ら一族九十余人とともに滅ぼされた（27歳）。「保暦間記」では、助宗を将軍に擁立しようと企んだ頼綱が、嫡男宗綱に密告されて誅殺されたとしている。

【解説】（1）纂要には「頼盛」とある。（2）年齢等は網野善彦『蒙古襲来』による。

【系図】纂要。

【史料】「とはずかたり」・「鎌倉大日記」・「勘仲記」・「帝王編年記」・「新編追加」・「親玄僧正日記」・「実躬卿記」・「武家年代記（裏書）」。（末木）

いが ともみつ　伊賀朝光

生年未詳～建保三年（?～一二一五）

鎌倉前期の武士。父は藤原光郷、母は源邦業女。女は北条義時の後妻となり、政村を生んだ。通称は所六郎・所右衛門尉・佐藤伊賀前司。『吾妻鏡』の初見は文治元年（一一八五）十月二十四日条で、鎌倉の勝長寿院供養に随兵として従っている。以降文治五年六月九日の鶴岡塔供養の随兵や同年七月十九日の奥州進発の際の行列に散見する。奥州合戦では藤原泰衡の郎従を討ち取っている。建久元年（一一八九）十一月七日源頼朝に従って上洛、翌二年二月の頼朝の二所詣、同五年八月の頼朝の相模日向山参詣等にも供奉した。次いで同六年三月の東大寺供養や五月の天王寺参詣にも従っている。源頼朝没後の正治元年（一一九九）左衛門少尉に任じられ、同十月梶原景時の弾劾事件の時には、朝光も幕府宿老の一人として弾劾の連署に加わった。同二年二月の将軍頼家鶴岡八幡宮社参の時もこれに供奉した。この頃朝光は幕府政所に所属する公事奉行人の一人であったと推定され、同閏三月葉上房栄西に亀谷地（のち同地に寿福寺が建立された）が与えられた際これに供奉し、建仁二年（一二〇二）三月十三日の永福寺多宝塔供養でも奉行を勤めた。同九月の比企能員誅殺後の比企一族攻めや元久二年（一二〇五）六月の畠山重忠討伐、建保元年（一二一三）五月の和田合戦の時など北条氏方に加わって勲功を挙げ、建保合戦後は朝光が常陸国佐都を、子の光宗が甲斐国岩間を拝領している。建永元年（一二〇六）四月二十五日に検非違使、同二年四月十日には従五位下、同年五月二十三日に検非違使を辞任、承元四年（一二一〇）三月十九日には伊賀守に任じられた。同年四月後鳥羽上皇の姉坊門院が崩御したため将軍実朝の使者として上洛、五月末に鎌倉に帰った。朝光は永福寺の傍らに寺院を建立し、建暦元年（一二一一）十月に栄西を導師として供養を遂げたが、この供養には北条義時夫妻（妻は朝光の女）、同時房等が列席した。同二年八月、宿老で古物語をよく知っている者として和田義盛とともに近習の結番する御所北面三間所に祗候するよう命じられた。同十二月将軍の奉幣使として紀伊国熊野山に向かい、同十日には従五位上に叙された。以降、正月の儀式や将軍出向の際の供奉等にその名が散見する。建保三年（一二一五）九月十四日没し、翌日二階堂行政家の後山に葬られた。翌四年八月十九日、子の義時室・光季・光宗兄弟が施主、行勇を導師として朝光追福のため永福寺内の塔供養が行われた。

【解説】（1）父母は「吾妻鏡」による。なお、尊2（藤成流）では「或二階堂行政子」と注記する。（2）没年は「吾妻鏡」による。

【系図】尊・野辺・桓武・群A・群B・前・纂要・入ウ。

【史料】「吾妻鏡」。なお、『大日本史料』第四編之一三（建保三年九月十四日条）参照。 （菊池）

いが ともみつじょ　伊賀朝光女　生没年未詳

鎌倉前期の女性。父は伊賀朝光、母は未詳。北条義時に嫁し、子に政村・実泰・時尚と女子（承久元年十月二十日嫡女が一条実雅に嫁した）がいる。通称は相州室・右京兆室・奥州後室、あるいは伊賀氏。父朝光は永福寺の傍らに寺院を建立し、建暦元年（一二一一）十月に栄西を導師として供養を遂げたが、この供養には夫北条義時・時房兄弟とともに列席した。建保三年（一二一五）九月十四日父朝光が没するが、翌同四年八月十九日、兄弟の光季・光宗と施主になり、行勇を導師として父の追福のため、永福寺内に塔を建立して供養を行った。元仁元年（一二二四）六月十三日夫義時が没すると兄の政所執事伊賀光宗と謀議し、三浦義村を抱き込み、女婿の実雅を将軍に立てて子の政村を執権に就任させ、幕府の実権を握ろうとした。しかし、義村の翻意により失敗、八月政子の命により伊豆国北条に幽閉され、兄光宗は信濃国に、実雅は越前国に配流された。同年十二月危篤との連絡が鎌倉に届いている。

【解説】義時の死因については、伊賀氏の毒殺説（「明月記」）や近習による刺殺説（「保暦間記」）などがある。上横手雅敬『日本中世政治史研究』、安田元久『北条義時』（『人物叢書』八二）、奥富敬之『鎌倉北条氏の研究』等参照。

【系図】尊・野辺・桓武・群A・群B・前・纂要・入ウ。

【史料】「吾妻鏡」・「明月記」・「保暦間記」。 （菊池）

いが みつすけ　伊賀光資　生年未詳～元仁元年（?～一二二四）

鎌倉前期の武士。父は伊賀朝光（三男）、母は未詳。女が北条有時に嫁した。通称は伊賀三郎・伊賀三郎左衛門尉。稲葉氏の祖。建保元年（一二一三）正月二日、北条義時が垸飯を献じたとき、兄光宗とともに一の御馬を牽いた。下って、貞応二年（一二二三）五月十九日には後高倉院の崩御を訪らう使節として上洛した。元仁元年（一二二四）三月二十三日、日頃煩っていた脚気が悪化し、没した。

【解説】（1）通称は「吾妻鏡」と「秀郷流系図（佐伯氏）」による。後者は稲葉氏の祖とする。（2）没年は「吾妻鏡」による。

【系図】尊2（藤成流）・「秀郷流系図（佐伯氏）」。

【史料】「吾妻鏡」。 （菊池）

いが みつすけじょ　伊賀光資女　生没年未詳

鎌倉前期の女性。父は伊賀光資、母は未詳。北条有時の妻となる。

【解説】

【系図】「秀郷流系図（佐伯氏）」。

【史料】 （菊池）

いぐ かねよし　伊具兼義

→　北条兼義（ほうじょう かねよし）

いさ ともまさ　伊佐朝政　生没年未詳

鎌倉初期の武士。父母ともに未詳。通称は二郎。女子は北条義時に嫁し、有時を生む。

【解説】伊佐氏は藤原北家山陰流、常陸国新治郡伊佐庄（中世の伊佐郡の別称、現茨城県下館市）を名字の地とする武士で、鎌倉初期には「吾妻鏡」文治五年（一一八九）八月八日条等に常陸入道念西（伊達朝宗）の子に伊佐為宗が知られるが、朝宗については未詳である。あるいは朝政は朝宗のことか。

【系図】纂要・「伊達系図」。

【史料】 （菊池）

いさ ともまさじょ　伊佐朝政女　生没年未詳

鎌倉初期の女性。父は伊佐朝宗、母は未詳。北条義時に嫁し、有時を生む。

【解説】纂要に、北条義時の妻、有時の母として「伊佐二郎朝政女」と見える。

【系図】纂要。

【史料】

いしかわしんじさえもんのじょう

石河神次左衛門尉　生年未詳～文永九年（？～一二七二）

鎌倉中期の武士。父母・実名は未詳。義時流（得宗）の被官。文永九年（一二七二）二月、大蔵次郎左衛門尉・渋谷新左衛門尉・四方田滝口左衛門尉・薩摩左衛門三郎らとともに北条時章・教時を殺害した。しかし、時章は何の罪もなく誤殺されたことが判明したため、執権北条時宗は大蔵ら五人の刎首を命じた。いわゆる二月騒動である。

【解説】

【系図】

【史料】「武家年代記（裏書）」・「鎌倉年代記（裏書）」・「保暦間記」。 （末木）

いしざか ありまさ 石坂有政

↓ 北条有政（ほうじょう ありまさ）

いしざか ありもと 石坂有基

↓ 北条有基（ほうじょう ありもと）

いちあみだぶつ 一阿弥陀仏

生年未詳～正応六年（?～一二九三）

鎌倉後期の僧。朝時流。父母は未詳。時宗の祖一遍に従って諸国を巡った。名越氏の一族で鎌倉の極楽寺に住したという。正応六年（一二九三）五月四日没した。

【解説】（1）北条氏関係諸系図には見えない人物。（2）没年は「時宗過去帳」による。（3）「一遍上人絵伝」に「看病の為に相阿弥陀仏・弥阿弥陀仏・一阿弥陀仏近くあるべし」と見える。

【系図】

【史料】「一遍上人絵伝」・「時宗過去帳」・「浄土伝燈系譜」。 （菊池）

いちじょう さねまさ 一条実雅

正治元年～安貞二年（一一九九～一二二八）

鎌倉中期の公卿。一条能保の三男、母は家女房（藤原家恒女）。関東申次西園寺公経の養子、北条義時の女婿。通称は伊予少将・伊予中将・讃岐中将・宰相中将。建仁三年（一二〇三）正月従五位下（5歳）、建永元年（一二〇六）四月侍従（8歳）、承元四年（一二一〇）正月従五位上、越前介となり（12歳）、建保五年（一二一七）正月伊予守を兼任した（19歳）。同年十二月伊予守を止められたが、同六年三月還任、同四月左少将を兼任した。同六月十七日、将軍源実朝の神拝に従うため、花山院能氏とともに京都から鎌倉に下着。以降鎌倉に滞在し、実朝の拝賀の儀や藤原道家の子三寅（頼経）の鎌倉入りなどに殿上人として供奉した。承久元年（一二一九）正月正五位下（21歳）。同十月二十日北条義時女の嫁取りの儀が大蔵亭（義時亭の傍）で行われ、翌二年八月六日には男子（実顕か）が生まれている。以降義時の女婿として優遇され、幕府の主な年中行事に参列、また頼経の近臣として小笠懸等を行っている。承久二正月従四位下、同四月右中将。同三年七月讃岐守に遷任、八月二十三日鎌倉で讃岐国庁宣始を行った。同十一月従四位上、貞応元年（一二二二）二月十二日女子が生まれた（24歳）。同八月在鎌倉で参議となり公卿に列した。同十一月正四位下、同二年十月従三位。元仁元年（一二二四）六月十三日義父義時が没すると、義母伊賀氏が三浦義村を抱き込み、女婿の実雅を将軍に立てて子の政村を執権に就任させ、兄政所執事伊賀光宗に幕府の実権を握らせようとした。しかし、義村の翻意により失敗、八月十日鎌倉から入洛し、翌九月二十日所職を止められ、越前国に配流された（26歳）。安貞二年（一二二八）四月二十九日配流先の越前国で死去、享年三十歳。

【解説】（1）一条氏は藤原北家頼宗流。父能保は源頼朝の妹婿。（2）父母等は「吾妻鏡」・「公卿補任」・尊による。（3）「公卿補任」・尊では四月一日河に沈んで溺死、享年三十三歳とする。

【系図】尊・野津・桓・群A・群B・纂要・入ウ。

【史料】「公卿補任」・「吾妻鏡」。

（菊池）

いちじょう よしきよ　一条能清

嘉禄二年～永仁三年（一二二六～九五）

鎌倉中期の公家。父は一条頼氏、母は北条時房の女。時房流の北条時直の女婿。通称は一条大夫・一条少将・一条中将。文暦元年（一二三四）十月叙爵（9歳）。嘉禎二年（一二三六）八月四日将軍藤原頼経が新造の若宮大路御所に移徙した時、二条教定と共に祗候。以降鎌倉に在住した。同三年三月侍従（12歳）、仁治元年（一二四〇）正月従五位上（15歳）。同五月十二日御所で開かれた和歌会に参ず。同二年四月左少将、同十二月正五位下、寛元元年（一二四三）正月従四位下、同九月還任左少将（18歳）、宝治元年（一二四七）正月従四位上（22歳）、建長三年（一二五一）正月十一日将軍の鶴岡八幡宮参詣に供奉、同四年十一月十一日の将軍の新造御所移徙にも供奉。同六年九月正四位下（27歳）。正嘉元年（一二五七）二月二日将軍の鶴岡八幡宮参詣に供奉、同十月一日の大慈寺供養の時、兄能基と共に布施取を勤めた。翌二年六月四日の勝長寿院供養でも兄弟で布施取を勤めている。同年七月左中将（33歳）。文永二年（一二六五）七月十六日の将軍の北条政村亭御成に供奉、翌三年二月十日の御所での御馬御覧にも参列した。同六年五月従三位に叙せられる（44歳）。建治三年（一二七七）九月侍従（52歳）、弘安二年（一二七九）三月正三位（54歳）、同八年八月従二位、正応四年（一二九一）十二月正二位（66歳）、永仁元年（一二九三）十二月幕府将軍の推挙によって参議につらなる（68歳）。同二年三月参議を辞退し、同三年九月一日没す、享年七十。

【解説】（1）父母は尊1（頼宗流）による。（2）尊では同二年九月一日没、享年六十九とする。

【系図】尊・桓武・群A・群B・纂要。

【史料】「公卿補任」・「吾妻鏡」・「勘仲記」。

（菊池）

いちじょう よしもと　一条能基

承久三年～弘安八年（一二二一～八五）

鎌倉中期の公卿。父は一条頼氏、母は北条時房女。妻は北条義時の女。通称は一条中将。嘉禄元年（一二二五）四月叙爵（5歳）、文暦元年（一二三四）正月侍従（14歳）、嘉禎三年（一二三七）正月従五位上（17歳）、同四年閏二月右少将、同六月正五位下、仁治元年（一二四〇）十一月従四位下、同十二月更に右少将（20歳）、寛元二年（一二四四）正月従四位上（24歳）、建長五年（一二五三）十二月正四位下（33歳）、同六年十二月転任右中将。正嘉元年（一二五七）十月一日の大慈寺供養の時弟能清と共に鎌倉に下向し、布施取を勤めた（37歳）。翌年正月十日の将軍宗尊親王の鶴岡八幡宮参詣にも供奉、同六月四日の勝長寿院供養でも兄弟で布施取を勤めている。文永二年（一二六五）三月四日御所において行われた宗尊親王の童舞御覧にも列席した（45歳）。同五年正月従三位、同九年正月正三位、弘安二年（一二七九）十二月従二位、同八年正月二十一日没、享年六十六。

【解説】（1）父母は「公卿補任」・尊1（頼宗流）による。（2）妻は纂要・入ウによる。（3）尊では正月二十八日没、享年六十五とする。

【系図】尊・纂要・入ウ。

【史料】「公卿補任」。

（菊池）

いちじょう よりうじ　一条頼氏

建久九年～宝治二年（一一九八～一二四八）

鎌倉中期の公卿。一条高能の三男、母は入道前関白藤原基房の女。一条能保の孫にあたる。北条時房の女婿。一条能基・能清の父。建保三年（一二一五）正月叙爵（18歳）。同六年六月源実朝の左近衛大将任官に際して、鶴岡八幡宮への拝賀に参列する。また承久三年（一二二一）五月には鎌倉に参向し、北条政子と謁見し承久の乱直前の京都の情勢を伝えるなど親鎌倉的活動をする（24歳）。貞応二年（一二二三）正月右兵衛権佐に任じられ、元仁元年（一二二四）正月従五位上に叙される（27歳）。同二年正月二十三日兼越後介。嘉禄二年（一二二六）十二月正五位下となり、安貞二年（一二二八）正月従四位下に昇る。寛喜二年（一二三〇）正月周防権介を兼ね、天福元年（一二三三）正月従四位上となる。嘉禎元年（一二三五）八月右兵衛督に任官され、十一月十九日正四位下になる（38歳）。同二年十二月十八日従三位。暦仁元年（一二三八）閏二月皇后宮権大夫・正三位（41歳）。延応元年（一二三九）左兵衛督。宝治元年（一二四七）従二位。同二年四月五日卒去す（51歳）。

【解説】尊は没年月日を四月六日とし、享年五十三とする。

【系図】尊・桓武・野辺・野津・群A・群B・纂要。

【史料】「吾妻鏡」・「公卿補任」・『大日本史料』第五編之二六（宝治二年四月五日条）。

（川島）

いとうにゅうどうじょ　伊東入道女　生没年未詳

鎌倉前期の女性。父は伊東入道、母は未詳。北条時政に嫁し、義時を生む。

【解説】前に北条義時の母として「伊東入道女」と見える。義時の母が記載される系図は前だけである。真偽は未詳。「伊東入道」を伊東祐親に比定する考えもある。

【系図】前。

【史料】

（菊池）

いとだ　さだよし　糸田貞義

→　**北条貞義**（ほうじょう　さだよし）

いなげ　しげなり　稲毛重成　生年未詳～元久二年（?～一二〇五）

鎌倉前期の武士。父は小山田有重、母は未詳。妻は北条時政の女稲毛女房である。二人の間に女子（綾小路師季妻等）がいる。通称は小山田三郎・稲毛三郎・稲毛入道。治承四年（一一八〇）の源頼朝挙兵時は他の秩父一族同様平家方に付いたと思われるが、頼朝が武蔵国に入る頃には帰順し、本領を安堵された。元暦元年（一一八四）弟榛谷重朝・行重とともに源範頼に従軍、正月木曽義仲との勢多橋の合戦、二月平家軍との一の谷の合戦に参戦した。同六月十六日源頼朝が鎌倉で甲斐源氏の一条忠頼を誅した時、父有重や弟重朝と忠頼の縁者・家臣を討ち取った。さらに九月には源範頼に従って平家追討のため西国に下った。文治元年（一一八五）十月鎌倉の勝長寿院供養に参列、同三年八月土佐国の民部大夫行景から献じられた弓を頼朝が分給した時弓場御的を勤仕する輩の一人として三張を拝領した。同四年三月の鶴岡八幡宮における大般若経供養、同五年四月の北条時連（のち時房）元服、同六月の鶴岡八幡宮塔供養等に参列、同七月には奥州合戦に参戦した。建久元年（一一九〇）十一月及び同六年三月の源頼朝の上洛にも供奉している。その帰途、六月二十八日妻が危篤であるとの連絡を受けた重成は頼朝から駿馬（号三日黒）を拝領し急ぎ帰国した。同七月四日武蔵国で妻が他界したため出家、法名道全。同九年相模国相模川に架かる橋を新造し、橋供養の帰途源頼朝が落馬して没した。正治元年（一一九九）十月梶原景時の弾劾事件の時には、重成も幕府宿老の一人として弾劾の連署に加わった。元久二年（一二〇五）四月日頃武蔵国に蟄居していた重成は、岳父北条時政の招きで一族を率いて鎌倉に参陣した。この背景には時政とその後妻牧方による畠山重忠誅殺の謀議があった。同六月二十日重成によって重忠の子六郎重保が鎌倉に呼び出され、二十二日由比浜で三浦義村によって誅され、重忠も謀反の疑いで追討軍のため武蔵国二俣川で討たれた。しかし、その翌日（二十三日）これが重成と時政の謀略であったことが露見し、重成は大河戸行元のため討たれた。同日弟重朝親子は三浦義村に、子の小沢重政は宇佐美祐村に討たれている。遺領武蔵国小沢郷は元久二年十一月孫の綾小路師季女に与えられた。

【解説】（1）父は「千葉上総系図」等による。（2）名字の地小山田庄は現在の東京都町田市、稲毛庄は神奈川県川崎市中原区・高津区付近。

【系図】野辺・野津・桓武・桓・群B・纂要・入ウ・「千葉上総系図」。

【史料】「吾妻鏡」・「平家物語」。　（菊池）

いなげしげなりじょ　稲毛重成女　生没年未詳

鎌倉前期の女性。父は稲毛重成、母は北条時政の女稲毛女房。綾小路師季に嫁した女子を生んだ。

【解説】この女子については、元久二年（一二〇五）六月稲毛重成誅殺後、この女子（当時二歳）は乳母夫の小沢信重に匿われていたが、同十一月北条政子の命によって召し出され、政子の猶子となり、武蔵国小沢郷を与えられた。建保六年（一二一六）二月政子が上洛する時、伴われて上洛し、土御門通行に嫁した。当時十六歳。

【系図】

【史料】「吾妻鏡」。（菊池）

いなげ にょうぼう　稲毛女房

生年未詳～建久六年（？～一一九五）

鎌倉前期の女性。父は北条時政、母は未詳。武蔵の御家人稲毛重成に嫁し、女子（綾小路師季妻）を生む。建久六年（一一九五）三月源頼朝の上洛に供奉した夫重成が、その帰途、六月二十八日妻が危篤であるとの連絡を受けた。重成は頼朝から駿馬を拝領し急ぎ帰国したが、同七月四日武蔵国で他界、重成は出家した。

【解説】野津は時政四女とする。

【系図】野辺・野津・桓武・桓・群B・纂要・入ウ。

【史料】「吾妻鏡」。（菊池）

いなば みつすけ　稲葉光資

→ 伊賀光資（いがみつすけ）

いなば みつすけじょ　稲葉光資女

→ 伊賀光資女（いがみつすけじょ）

いわなでどの　岩難手殿

→ 北条実政女（ほうじょうさねまさじょ）

【う】

うつのみや かげつな　宇都宮景綱

嘉禎元年～永仁六年（一二三五～九八）

鎌倉後期の引付衆・評定衆で歌人。宇都宮検校。父は宇都宮泰綱、母は北条朝時の女。通称は下野四郎・下野四郎左衛門尉。これは父泰綱が下野守であったことによる。安達義景の女を妻に迎え、その所生に嫡子貞綱がいる。建長四年（一二五二）四月、皇族将軍として鎌倉に下向した宗尊親王に近仕する（18歳）。正嘉元年（一二五七）正月、垸飯の儀において二の御馬を進上する（23歳）。同年十二月、廂番衆・御格子番衆に、さらに文応元年（一二六〇）正月には蹴鞠に堪能であったことから昼番衆に加えられた（26歳）。弘長三年（一二六三）正月からは御鞠奉行を勤めた（29歳）。文永六年（一二六九）以前に下野守に任じられ、同九年頃まで勤めた。文永六年四月の引付復活にともなって引付衆に加えられ（35歳）、同十年六月、評定衆となった（39歳）。建治三年（一二七七）十一月の日吉祭における梨本衆徒と延暦寺衆徒の闘争に際しては、翌十二月に二階堂行忠とともに使者として上洛を命じられた（43歳）。また、この月に幕府は北条時村（政村嫡男）が六波羅探題北方として上洛するのを前に、六波羅における政務の条々を定めた。その中で景綱は過書・越訴・諸亭を奉行することを命じられた。しかし、景綱はその後も引き続き評定衆の地位にあるので、長く在京することはなかったようである。以上は「建治三年記」によるが、さらに同書はこの年の正月から六月にかけて、将軍惟康親王が方違のためにしばしば景綱亭に渡ったことを記している。弘安六年（一二八三）、家法である「宇都宮家弘安式条」を制定した（49歳）。これは武家家法の早い例であり、全七十箇条の内容は、訴訟・相続・市場統制・二荒山宇都宮社（下野国一宮）の修理・祭祀などに及ぶ。景綱が引付衆・評定衆を歴任して、鎌倉幕府法に精通していたことが制定の背景にあったと思われる。同七年四月、執権北条時宗の死に際して出家し、法名を蓮瑜といった（50歳）。同八年十一月、霜月騒動で安達泰盛とその一門は滅亡したが、景綱も妻の縁からこの事件に連座して一時的にだが失脚している。正応三年（一二九〇）三月、持明院・大覚寺両統の対立からか、甲斐源氏の小笠原氏の一族である浅原為頼父子が、内裏に乱入して持明院統の伏見天皇を殺害しようとする事件が起こった。景盛は二階堂行藤とともに幕府の使者として上洛し、事件の処理にあたった（56歳）。永仁元年（一二九三）十月、引付制度の廃止により新設された執奏に北条時村らとともに任じられ（59歳）、同二年十月の引付制度復活とともに五番引付頭人となり（60歳）、同六年正月頃まで勤めた。同年五月一日死去（64歳）。祖父頼綱の血を承けて歌道を好んだ。六九五首を収めた家集「沙弥蓮瑜集」があり、「続古今和歌集」・「続拾遺和歌集」・「新後撰和歌集」・「玉葉和歌集」・「続千載和歌集」・「続後拾遺和歌集」・「風雅和歌集」・「新千載和歌集」などの勅撰集に合計三一首が入集している。また、宇都宮一門の歌集「新和歌集」にも四八首が収められている。御子左家の為世・為兼・為相らに歌道の指南を受けた。

【解説】（1）没年は纂要（道兼流）及び「宇都宮系図」による。生年は没年からの逆算による。（2）父母は尊1（道兼流）・纂要（道兼流）および「宇都宮系図」による。（3）妻は尊2（魚名流）と纂要の（魚名流）及び（道兼流）による。（4）「宇都宮家弘安式条」は佐藤進一・池内義資・百瀬今朝雄共編『中世法制史料集』第三巻に収録されている。式条に関する論考には、豊田武『（増訂）中世日本商業史の研究』、石井進『日本中世国家史の研究』、佐々木銀弥『中世の商業』、笠松宏至「中世在地裁判権の一考察」（『日本中世法史論』）、永原慶二『日本の中世社会』、菊地卓「宇都宮弘安式条についての一考察」（『下野史学』二四）、同「宇都宮弘安式条の成立」（『国史学』七八）などがある。

【系図】尊1（道兼流）・纂要（道兼流）・「宇都宮系図」。

【史料】「吾妻鏡」・「関東評定衆伝」・「建治三年記」・「北条九代記」・「宇都宮家弘安式条」・「沙弥蓮瑜集」・「続古今和歌集」・「続拾遺和歌集」・「新後撰和歌集」・「玉葉和歌集」・「続千載和歌集」・「続後拾遺和歌集」・「風雅和歌集」・「新千載和歌集」・「新和歌集」。（山野井）

うつのみや さだつな　宇都宮貞綱

文永三年～正和五年（一二六六～一三一六）

鎌倉後期の引付衆。宇都宮検校。父は宇都宮景綱、母は安達義景女。弘安四年（一二八一）七月、蒙古軍の襲来により九州に出陣した（16歳）。引付衆に任じられ、備前権守・三河守を経て従五位上下野守に叙任されたらしいが、詳細は不明である。嘉元三年（一三〇五）五月、四月の嘉元の乱で連署の北条時村を謀殺した侍所別当北条宗方を、執権北条貞時の命により誅殺した（40歳）。徳治二年（一三〇七）七月、中原親鑑とともに関東使として上洛した（42歳）。出家して法名を蓮昇といった。正和五年（一三一六）七月二十五日に死去した（51歳）。貞綱の女が鎌倉幕府最後の連署北条茂時（政村流）に嫁したようである。

【解説】（1）父は尊1（道兼流）及び纂要（道兼流）・「宇都宮系図」に、母と没年は纂要（道兼流）及び「宇都宮系図」による。生年は没年からの逆算による。（2）貞綱の官歴は諸系図の注記による。また「実躬卿記」正安二年（一三〇〇）九月二十四日条に三河守として貞綱の名が見える。（3）貞綱の上洛は「歴代皇紀」同年七月十四・十六日条による。なお、上洛の任務は不明だが、森茂暁氏は『鎌倉時代の朝幕関係』の中で、大覚寺・持明院両統の皇位争いの調停が目的であったと推測されている。（4）「宇都宮系図」が貞綱女に「北条陸奥守茂時室」と注記することによる。時代的には合致するが、茂時が陸奥守であったことを示す史料は他にはない。

【系図】尊1（道兼流）・纂要（道兼流）・「宇都宮系図」。

【史料】「実躬卿記」・「歴代皇紀」。

（山野井）

うつのみや さだつなじょ　宇都宮貞綱女　生没年未詳

鎌倉後期の女性。父は宇都宮貞綱、母は未詳。鎌倉幕府最後の連署北条茂時（政村流）に嫁した可能性がある。

【解説】「宇都宮系図」が貞綱女に「北条陸奥守茂時室」と注記することによる。時代的には合致するが、茂時が陸奥守であったことを示す史料は他にはなく確証はない。

【系図】「宇都宮系図」。

【史料】

（山野井）

うつのみや つねつな　宇都宮経綱　生没年未詳

鎌倉中期の武士。父は宇都宮泰綱、母は北条朝時の女。通称は下野七郎、これは父泰綱が下野守であったことによる。北条重時の女を娶った。女子が二人（北条宗房妻と北条宗宣妻）がいる。史料上の初見は寛元三年（一二四五）八月、将軍九条頼嗣が鶴岡八幡宮の放生会に臨んだ際の随兵としてである。建長二年（一二五〇）十二月、将軍頼嗣の近習結番に加えられた。同三年正月には垸飯の儀で二の御馬を進上し、同四年四月には御格子番に加えられた。諸系図によれば従五位下尾張守に叙任されたようだが、詳細は不明である。

【解説】（1）父母は尊1（道兼流）・纂要（道兼流）・「宇都宮系図」による。（2）妻は尊1（道兼流）及び尊4（桓武平氏流）・桓武・群A・群Bによる。また、「吾妻鏡」康元元年（一二五六）六月二十七日条に「奥州禅門（重時）息女〈宇都宮七郎経綱妻〉卒去」とある。

【系図】尊1（道兼流）・纂要（道兼流）・「宇都宮系図」・桓武・群A・群B。

【史料】「吾妻鏡」。

（山野井）

うつのみや つねつなじょ　宇都宮経綱女　生没年未詳

鎌倉後期の女性。父は宇都宮経綱、母は未詳。北条政村の四男宗房に嫁いだ可能性が高い。

【解説】（1）父は尊1（道兼流）・纂要（道兼流）による。（2）尊1（道兼流）・纂要（道兼流）は宇都宮経綱女に「土左（佐）守平宗房上（室）」と注記する。「関東評定衆伝」弘安七年（一二八四）の引付衆には「相模右馬助平宗房」の名が見え、注記に「三月任土佐守。四月出家。法名道妙」とある。その引付衆就任は弘安元年(一二七八)三月十六日で、これらの通称・経歴などは纂要が載せる政村の四男宗房の記載と一致する。ただし、前・正は別に時隆(時房流)の子として宗房を載せ、前は「土佐守、法名道妙」、正は「土佐守」と注記する。経綱女が嫁いだ相手として、時代的にはどちらの宗房でも合致するが、政村の四男宗房である可能性が高い(詳しくは北条宗房の項を参照)。

【系図】尊1(道兼流)・纂要(道兼流)。

【史料】「関東評定衆伝」。

(山野井)

うつのみやつねつなじょ　宇都宮経綱女　生没年未詳

鎌倉後期の女性。父は宇都宮経綱、母は北条重時の女。北条宗宣(時房流)に嫁いだ。

【解説】父母は尊1(道兼流)による。

【系図】尊1(道兼流)・纂要(道兼流)。

【史料】

(山野井)

うつのみやつねふさ　宇都宮経総

→ **宇都宮経綱**(うつのみやつねつな)

うつのみややすつな　宇都宮泰綱

建仁三年~弘長元年(一二〇三~六一)

鎌倉中期の評定衆で歌人。宇都宮検校。父は宇都宮頼綱、母は北条時政の女。北条朝時の女を娶り、その所生に景綱と経綱がいる。また、女子二人がおり、一人は北条経時(義時流)に嫁いだが、若くして亡くなった。もう一人は小山時長に嫁して宗長を生んだ。泰綱の史料上の初見は藤原定家の日記「明月記」の嘉禄二年(一二二六)七月六日条で、泰綱の女子と北条時氏の嫡男(後の執権経時)との婚約の風聞を伝えている(24歳)。公的な活動の初見は「吾妻鏡」の寛喜元年(一二二九)九月十七日条で、将軍九条頼経が杜戸の浦に遊覧した際に行われた犬追物で射手を勤めた(27歳)。それ以前にすでに修理亮に任じられていた。天福元年(一二三三)六月、近衛基通薨去により弔問の使者として上洛した(31歳)。泰綱はその後も再三上洛しており、嘉禎元年(一二三五)六月には南都大衆と石清水八幡宮神人との闘争の鎮圧に、五百余騎を率いて向かった(33歳)。暦仁元年(一二三八)二月、将軍頼経に供奉して上洛し、同年閏二月、下野守に任じられた(36歳)。仁治二年(一二四一)四月、従五位上に叙され下野守を辞した(39歳)。寛元元年(一二四三)二月、評定衆に加えられ(41歳)、没年まで勤めた。

同四年、正五位下に叙され（44歳）、建長年間（一二四九～五六）頃、美濃国守護職に任じられた。建長三年（一二五一）正月からは垸飯の儀でしばしば行騰や調度の役を勤めている（49歳）。同四年三月、皇族将軍として鎌倉に下向する後嵯峨天皇の皇子宗尊親王に供奉した（50歳）。同八年六月には幕府から奥大道の沿道に所領を持つ御家人の一人として、夜討・強盗の追捕を命じられた（54歳）。泰綱は父頼綱とともに歌道に優れ、その作品は「続後撰和歌集」・「続拾遺和歌集」・「玉葉和歌集」・「新千載和歌集」などの勅撰集に五首、宇都宮一門の和歌集である「新和歌集」に四二首が入集しており、清明な歌風である。また蹴鞠にも秀で、正嘉元年（一二五七）四月、泰綱の進言により将軍宗尊親王の御所において御鞠会が開かれ、泰綱が燻鞠を鶏冠木に付けて将軍に献上したことが「吾妻鏡」に見える（55歳）。さらに「吾妻鏡」には執権北条時頼が長井泰秀の屋敷に渡り、泰綱や二階堂行義らと囲碁の勝負に興じたことを記し、泰綱が文武にわたり多芸であったことがうかがえる。出家して法名を順蓮といった。弘長元年（一二六一）十一月一日、京都で卒す（59歳）。「吾妻鏡」正嘉元年十一月二十二日条に、若宮大路の火災により下野前司（泰綱）他の御家人の屋敷が焼失したとの記事があり、泰綱の屋敷が若宮大路の一角にあったことがわかる。

【解説】（1）没年は「吾妻鏡」・「関東評定衆伝」・纂要（道兼流）・「宇都宮系図」による。生年は没年からの逆算による。（2）父母は尊1（道兼流）・纂要（道兼流）・「宇都宮系図」による。（3）妻は野辺・野津・尊1（道兼流）及び尊4（桓武平氏流）・桓武・纂要（道兼流及び平氏流）・「宇都宮系図」による。朝時の女については、北条氏に関する系図のうち野辺は「始武蔵次郎時実室、後嫁下野守泰綱妻、但被離別了。始武蔵総母」、桓武は「下野守泰綱妻」、野津は「宇都宮経次郎時実妻」、群A・群Bは「武蔵二郎時実妻」（泰綱に関する記載なし）と注記する。このうち野津の「宇都宮経総」については、尊・纂要・「宇都宮系図」が景綱・経綱の母を北条朝時女とすることから、経綱の誤記かと思われる。なお、武蔵次郎時実は北条泰時の次男で、「吾妻鏡」によれば安貞元年（一二二七）六月十八日に家人のために殺害された。十六歳であった。（4）泰綱女が小山時長に嫁いだことは、「小山系図」

及び「宇都宮系図」による。(5) 泰綱に関する論考には、井上宗雄『中世歌壇史の研究――南北朝期』などがある。(6) 守護国別参照。

【系図】尊・纂要・「宇都宮系図」・桓武・野辺・野津・「小山系図」。

【史料】「吾妻鏡」・「関東評定衆伝」・「明月記」・「続後撰和歌集」・「続拾遺和歌集」・「玉葉和歌集」・「新千載和歌集」・「新和歌集」。（山野井）

うつのみややすつなじょ　宇都宮泰綱女

寛喜三年～寛元三年（一二三一～四五）

鎌倉中期の女性。父は宇都宮泰綱、母は未詳。義時流（得宗）の北条経時の妻。寛元三年（一二四五）九月四日卒（15歳）。宇都宮一門の歌集である「新和歌集」には、彼女の病状を思いやる夫経時の和歌や、その死を嘆く父泰綱・祖父蓮生法師（頼綱）らの和歌が収められている。なお、藤原定家はその日記「明月記」嘉禄二年（一二二六）七月六日条に、「武蔵太郎嫡男〈五、六歳か〉、修理亮泰綱の聟〈女子二、三歳〉たるべきの由、泰時朝臣約束を成すと云々」と記すとともに、婚約した両人が余りに幼いことに驚いている。「武蔵太郎」とは執権北条泰時の嫡男で当時は六波羅探題であった時氏で、その嫡男は後に執権となる経時である。しかし、この「明月記」の記事は、泰綱の女子が寛元三年に十五歳で亡くなったとする「吾妻鏡」の記事とあわない。「吾妻鏡」の記事が正しいとすれば、最初に婚約した泰綱の女子は早くに病死し、その妹が改めて経時に嫁いだのであろう。なお、経時は元仁元年（一二二四）の生まれであるから、嘉禄二年では三歳である。

【解説】(1) 没年は「吾妻鏡」による。生年は没年からの逆算による。(2) 父は纂要・「宇都宮系図」による。(3)「吾妻鏡」寛元三年（一二四五）九月四日条に「武州（北条経時）室卒去（歳十五）、是宇都宮下野前司泰綱息女也」とある。また纂要に「武蔵守平経時朝臣妾」、「宇都宮系図」に「北条武蔵守室」と注記がある。

【系図】纂要（道兼流）・「宇都宮系図」。

【史料】「吾妻鏡」・「明月記」・「新和歌集」。（山野井）

うつのみややすつなじょ　宇都宮泰綱女　生没年未詳

鎌倉中期の女性。父は宇都宮泰綱、母は未詳。北条泰時の妻とされるが、時代的にあわない。

【解説】纂要に「相模守平泰時朝臣室」と注記がある。

父の生没年が建仁三年~弘長元年（一二〇三~六一）であり、夫とされる北条泰時の生没年が寿永二年~仁治三年（一一八三~一二四二）であるので、可能性がないわけではないが、不自然である。

（山野井）

【系図】纂要。

【史料】

うつのみや よりつな　宇都宮頼綱

承安二年~正元元年（一一七二~一二五九）

鎌倉前・中期の武将で歌人。宇都宮検校。父は宇都宮成綱（業綱とも）、母は新院蔵人長盛の女。北条時政の女を娶った。宇都宮氏は、家伝によれば関白藤原道兼の曽孫宗円が前九年の役のとき、安倍頼時調伏祈禱のため下野に下向し、下野一宮である宇都宮（現二荒山神社）の座主として土着したのに始まるという。頼綱の通称は弥三郎。文治五年（一一八九）、奥州合戦に小山政光の猶子として従軍した（18歳）。建久五年（一一九四）五月、祖父朝綱の公田掠領に連座して豊後国に配流されたが（23歳）、間もなく許されて家督を継いだ。正治元年（一一九九）十月の御家人らによる梶原景時弾劾では、頼綱も弾劾状に名を列ねている（28歳）。元久二年（一二〇五）六月には北条義時に従って畠山重忠を攻めた。しかし、同年八月の北条時政が後妻牧氏と謀って女婿平賀朝雅を将軍に擁立しようとした事件で、牧氏の女を妻としていたことから陰謀に加担したとの嫌疑を受け、北条政子に討手を差し向けられた。そのため頼綱は宇都宮において一族郎党六十余人とともに出家するとともに、直ちに鎌倉に至って叛意の無いことを陳弁することでことなきを得た（34歳）。出家後の頼綱は実信房蓮生と号し、浄土宗に帰依して法然の弟子証空に師事し、西山善峯堂・往生院の再興に協力した。また、安貞元年（一二二七）六月、延暦寺衆徒が大谷の法然廟堂を破却しようとしたとき、頼綱は郎等を率いて廟堂を守護した。頼綱は出家後も幕政に関与し、承久三年（一二二一）の承久の乱では、鎌倉に止まり関東の固めにあたった（50歳）。また、承久・嘉禎年間（一二一九~三八）頃、伊予国守護職に補されている。しかし頼綱の後半生はほとんどが京都にあり、歌道など風雅の道にいそしんだ。頼綱の京都での住まいであった嵯峨中院山荘と藤原定家の小倉山荘とは程近く、両者の親交は定家の日記「明月記」にしばしば見られるところであり、その縁から頼綱の女が定家の嫡子為家に嫁して為氏と為教を生んでいる。また、頼綱の別の女子も内大臣源通成に嫁いで通頼を生むなど、公家社会との関係が深い。なお、頼綱の弟朝業（信生法師）も歌道を好み、この傾向は子孫にも受け継がれて宇都宮歌壇を形成するに至った。頼綱の和歌は「新勅撰和歌集」・「続後撰和歌集」・「続古今和歌集」・「続拾遺和歌集」・「新後撰和歌集」・「玉葉和歌集」・「続千載和歌集」・「続後拾遺和歌集」・「新千載和歌集」・「新後拾遺和歌集」・「新続古今和歌集」というように、十三代集のほとんどに計三九首が入集している。また、宇都宮一門の歌集である「新和歌集」にも五九首が収められている。正元元年（一二五九）十一月十二日京都で卒す（88歳）。

【解説】（1）没年、父母は纂要（道兼流）・「宇都宮系図」による。生年は没年からの逆算による。しかしながら、正嘉元年（一二五七）二月十五日、京都で頼綱の八十賀が催されたことが「新和歌集」や「為家集」から知られる。この年が八十歳だったとすると、頼綱の享年は八十二で、生年は治承二年（一一七八）ということになる。（2）妻は野辺・野津・尊・群A・群B・纂要による。その所生に泰綱と女子一人（藤原為家室）がいる。なお、彼女は後に摂政藤原師家に再嫁した。また、諸系図の中には頼綱の妻として稲毛重成の女と梶原景時の女を載せるものもある。（3）宇都宮氏については『宇都宮市史』及び『栃木県史』に詳しい。また、宇都宮歌壇を扱った論考には、石田吉貞「宇都宮歌壇とその性格」（『新古今世界と中世文学・下』）、長崎健「蓮生法師年譜」（中央大学文学部紀要・昭和五六）などがある。（4）守護国別参照。

【系図】野辺・野津・尊・群A・群B・纂要・尊1（道兼流）・纂要（道兼流）・入ウ・「宇都宮系図」。

【史料】「吾妻鏡」・「明月記」・「新勅撰和歌集」・「続後撰和歌集」・「続古今和歌集」・「続拾遺和歌集」・「新後撰和歌集」・「玉葉和歌集」・「続千載和歌集」・「続後拾遺和歌集」・「新千載和歌集」・「新後拾遺和歌集」・「新続古今和歌集」・「新和歌集」・「為家集」。（山野井）

うつのみやよりつなじょ　宇都宮頼綱女　生没年未詳

鎌倉中期の女性。父は宇都宮頼綱。母は北条時政の女。藤原定家の子為家に嫁し、為氏・為教を生んだ。

【解説】群Bの時政の女の注記に「母牧野女房、宇都宮頼綱妻、為家卿室并泰綱女也、後、王寺摂政入道師家

公室」と見える。しかし、他の北条氏関係の系図や宇都宮氏・御子左家関係の系図、他の史料にも記載は見えないので、検討を要する。

【系図】群B。

【史料】

（菊池）

うぬまかげひろ　鵜沼景広　生没年未詳

鎌倉後期の武士。天野氏の庶流鵜沼国景の子、母は未詳。通称は鵜沼新左衛門尉。「天野系図」は「景弘」と表記とする。北条貞顕六波羅探題時代の在京被官。丹波守護代。徳治元年（一三〇六）から同二年まで在職が確認される。近江国柏木御厨内に知行地をもち、賀島左衛門尉と陸奥国玉造郡内の知行地の相論をしたことが記録されている。

【解説】佐藤進一『増訂鎌倉幕府守護制度の研究』。福島金治「金沢北条氏の被官について（増補版）」（『金沢北条氏と称名寺』所収）。菊池紳一「尊経閣文庫所蔵『天野系図』について」（『ぐんしょ』三二）。同「鎌倉時代の天野氏について」（『鎌倉遺文研究Ⅱ　鎌倉時代の社会と文化』）。永井晋「鎌倉時代後期における京都・鎌倉間の私的情報交換――六波羅探題金沢貞顕の書状と使者――」（『歴史学研究』七二六）。

【系図】尊経閣文庫所蔵「天野系図」。

【史料】『金沢文庫古文書』一九・五六七、「近衛家文書」。

（永井）

うぬまくにかげ　鵜沼国景　生没年未詳

鎌倉中期の武士。天野氏の庶流鵜沼泰景の子、母は未詳。北条氏実泰流の被官。名字の鵜沼は室町院領美濃国各務郡鵜沼庄に由来すると思われる。文永二年（一二六五）正月二日の垸飯では、北条顕時献上の馬の引手を勤めた。弘安元年（一二七八）から嘉元二年（一三〇四）にかけて伊勢国守護代の在職が確認される。

【解説】佐藤進一『増訂鎌倉幕府守護制度の研究』。福島金治「金沢北条氏の被官について（増補版）」（『金沢北条氏と称名寺』所収）。菊池紳一「尊経閣文庫所蔵『天野系図』について」（『ぐんしょ』三二）。同「鎌倉時代の天野氏について」（『鎌倉遺文研究Ⅱ　鎌倉時代の社会と文化』）。

【系図】尊経閣文庫所蔵「天野系図」。

【史料】『金沢文庫古文書』五二一七、「吾妻鏡」。

（永井）

うぬまさえもんにゅうどう　鵜沼左衛門入道
生没年未詳

鎌倉後期の武士。父母は未詳。実泰流の被官鵜沼氏の一族。北条貞顕が六波羅探題として上洛した折りに同行した在京被官。延慶二年（一三〇九）以前の金沢貞顕書状に、「鵜沼左衛門入道他界事、老躰之上、自去冬長病之間、雖無憑候、返々歎存候也」と見える。福島金治は鵜沼国景と同一人物の可能性を指摘している。

【解説】福島金治「金沢北条氏の被官について（増補版）」（『金沢北条氏と称名寺』所収）。

【系図】

【史料】『金沢文庫古文書』三二一。

（永井）

うぬまさねかげ　鵜沼実景
生年未詳～嘉元二年（?～一三〇四）

鎌倉後期の武士。天野氏の庶流鵜沼国景の子、母は未詳。六波羅探題北条貞顕の在京被官。嘉元二年（一三〇四）七月二日の金沢貞顕書状に「抑、実景事、不便無極候、在京之間、無人難治之處、殊に無申量次第候、」と見える。

【解説】福島金治「金沢北条氏の被官について（増補版）」（『金沢北条氏と称名寺』所収）。菊池紳一「尊経閣文庫所蔵『天野系図』について」（『ぐんしょ』三二）。

【系図】尊経閣文庫所蔵「天野系図」。

【史料】『金沢文庫古文書』三三三。

（永井）

うぬましんさえもんのじょう　鵜沼新左衛門尉
生年未詳～元亨二年（?～一三二二）

鎌倉後期の武士。父母は未詳。実泰流の被官鵜沼氏の一族。称名寺所蔵「恩愛□難段事」には、正中元年（一三二四）五月晦日に鵜沼新左衛門尉三回忌供養に使われたことを記す奥書がある。また、陸奥国玉造郡内賀島金吾知行分称名寺寺用の相論に関わっているので、同郡内に所領を持っていた可能性が指摘されている。

【解説】福島金治「金沢北条氏の被官について（増補版）」（『金沢北条氏と称名寺』所収）。

【系図】

【史料】『金沢文庫古文書』識一九二・一三六四・二八五七。

（永井）

うののりかげ　宇野則景
生没年未詳

鎌倉前期の武士。山田入道頼則の子、母は未詳。北条義時の女婿。子に家範がいる。播磨権守。太郎入道と号す。また、宇野権守・太田入道と称し、赤松を称するのは子の家範の時からという。源頼朝の時鎌倉に下向し、北条義時の婿となり、建久二年（一一九一）七月四日源頼朝から播磨国佐用庄地頭職を宛行う下文を賜ったという。

【解説】（1）父は尊によった。「赤松記」では子家範を「家則」と表記し、則景の四代目とする。なお、名字の地「山田」は現在の兵庫県佐用町の大字として残る。（2）妻は纂要九・「赤松系図」・「有馬系図」によった。（3）伝承は「赤松系図」によった。（4）佐用庄は播磨国佐用郡・赤穂郡・宍粟郡にまたがる広大な荘園である。本来平家没官領であったが、縁があり、北条政子・義時・泰時らの計らいによって九条家に寄進され、九条道家から子の忠家に譲与された（「九条家文書」）。のちの守護大名赤松氏の本拠地である。（5）名字の地「宇野」は佐用庄に北接する久我家領宇野庄（現兵庫県南光町・三日月町）、「太田」は佐用庄内太田（現兵庫県上月町）にあたる。（6）則景は古文書・古記録等の確実な史料には見えない。また、北条氏との関係は赤松氏関係の系図等にしか見えず、北条氏関係の系図等には所見がない。なお、『兵庫県史』参照。

【系図】尊・纂要九・「赤松系図」・「有馬系図」。

【史料】「赤松記」・「九条家文書」。

（菊池）

うりづら さだくに　瓜連貞国

→　北条貞国（ほうじょう さだくに）

【え】

えちご のぶ□□　越後宣□　生没年未詳

鎌倉中期の武士。父母は未詳。時房流、北条宣時の女を室とした。

【解説】入ウのみに見える人物。北条宣時女の注記に「越後弥太郎宣□」とある。越後宣□の妻の意味かもしれないが、未詳。

【系図】入ウ。

【史料】

（菊池）

えびな ひでつね　海老名秀経　生年未詳～嘉元三年（?～一三〇五）

鎌倉後期の武士。父母は未詳。義時流（得宗）の被官。左衛門次郎と称す。嘉元三年（一三〇五）四月二十三日、北条宗方が連署時村を誅殺した嘉元の乱の討手となり、翌五月二日、刎首された。

【解説】嘉元の乱については、細川重男「嘉元の乱と北条貞時政権」（『立正史学』六九）、高橋慎一朗「北条時村と嘉元の乱」（『日本歴史』五五三）などがある。

【系図】

【史料】「武家年代記（裏書）」・「鎌倉年代記（裏書）」。

（末木）

えま えちごしろう　江馬越後四郎　生没年未詳

鎌倉中期の武士。父母は未詳。北条実泰あるいは北条有時の娘婿。群A の北条実泰女六人を記載した欄及び群B の北条有時女六人を記載した欄に、「江馬越後四郎妻」の名前が見える。

【解説】（1）江馬（江間）は、北条義時が通称とした伊豆国の地名。越後は寛元四年（一二四六）の宮騒動まで朝時流が守護職をもった国であり、朝時・光時と二代にわたった越後守に在任した。江馬越後四郎はこの周辺の人物であろう。（2）群A・群B両方に、「江馬越後四郎妻」の名前が見え、混乱が見られる。

【系図】群A・群B。

【史料】

（永井）

えま えちぜんにゅうどう　江馬越前入道　生没年未詳

鎌倉後期の武士。朝時流。実名・父母は未詳。元徳三・元弘元年（一三三一）八月後醍醐天皇は三種の神器を持ち京都を脱出、奈良の笠置寺へ逃れた（元弘の変）。幕府は承久の例に任せ大軍を上洛させることを決定し、九月五日から七日にかけて軍勢が鎌倉を出発した。その中の大将軍として「江馬越前入道」が登場する。

【解説】「鎌倉年代記」元徳三年九月二日条による。

【系図】

【史料】「鎌倉年代記」。

（久保田）

えま しろう　江馬四郎　生没年未詳

鎌倉中期の武士。朝時流。実名は未詳。北条光時の四男、母は未詳。『日蓮上人遺文』に「えまの四郎殿」と呼ばれ、「御とも（供）のさふらい（侍）二十四五」を率いて幕府に出仕する人物が登場する。

【解説】（1）江馬四郎の通称から、光時の四男と考えられる。（2）江馬は父光時の所領であり、寛元の政変の結果、寛元四年（一二四六）六月十三日に光時が配流された伊豆国江間（静岡県田方郡伊豆長岡町）。（3）『日蓮上人遺文』は『鎌倉遺文』⑰一二九七一。

【系図】

【史料】『日蓮上人遺文』、『鎌倉遺文』。（久保田）

えま へいないひょうえ　江馬平内兵衛　生没年未詳

鎌倉後期の武士。朝時流。父母は未詳。正和四年（一三一五）四月二十二日、吉見孫三郎頼有が家人三人を召し上げられた事件で、御使として「江馬平内兵衛」が見える。

【解説】「武家年代記」正和四年（一三一五）四月二十二日条による。江馬平内兵衛は北条氏諸系図には見えず、その実体は未詳。

【系図】

【史料】「武家年代記」。（久保田）

えんちょう　円朝　文永九年～没年未詳（一二七二～？）

鎌倉後期の僧・歌人。朝時流。北条宗教の子、母は未詳。北条教時の孫にあたる。通称は遠江法印。これは父宗教が任官した遠江守による。園城寺の僧。法印。歌人でもあり、「玉葉和歌集」に入集している。文永九年（一二七二）二月十一日、祖父教時が得宗御内人に誅殺される二月騒動が起こるが、父宗教は元弘年中の楠木正成との合戦で紀伊手の大将軍として活躍している。

【解説】（1）円朝は[纂要]では時治の弟。（2）通称は[前]による。（3）[尊]・[纂要]の注記に「寺」「法印」と記されている。（4）[尊]・[群A]・[群B]の注記に「玉作者」と記されている。「玉」は伏見上皇の勅撰により、正和二年（一三一三）十月までに完成した「玉葉和歌集」（全二十巻）のことで、二十一代集の一つ。（5）平雅行「鎌倉山門派の成立と展開」（『大阪大学大学院文学研究科紀要』四〇）参照。

【系図】[尊]・[前]・[群A]・[群B]・[纂要]。

【史料】「玉葉和歌集」。（久保田）

えんどう ためとし　遠藤為俊　生没年未詳

鎌倉中期の武士。摂津国御家人遠藤家国の子。内蔵寮領摂津国大江御厨を統括する渡辺惣官を勤めた。また、九条家に仕えた関係から鎌倉に下向し、鎌倉幕府奉行人を勤めた。「遠藤系図」は為俊の娘が北条顕時の妾となり、顕実・時雄・貞顕の母となったと伝える。安貞元年（一二二七）十一月には、伊豆箱根二所詣の奉幣御使を勤めた。その後も、行列供奉や放生会相撲内取奉行などの役を勤めた。「吾妻鏡」に見られる記載は、もっぱら幕府奉行人としてのものである。

【解説】加地宏江・中原俊章著『中世の大阪――水の里

の兵たち――』。『新修大阪市史　第二巻』。

【系図】「遠藤系図」。

【史料】「吾妻鏡」。（永井）

えんどう ためとしじょ　遠藤為俊女　生年未詳～元亨三年（?～一三二三）

鎌倉後期の女性。鎌倉幕府奉行人遠藤為俊の娘で、北条顕時の妾となり、顕実・時雄・貞顕の母となった。通称は大仏殿。大夫僧都顕瑜が導師を勤めた「為大仏殿三七日廻向文」には元亨三年（一三二三）九月二十二日の日付がある。

【解説】加地宏江・中原俊章著『中世の大阪――水の里の兵たち――』。『新修大阪市史　第二巻』。

【系図】「遠藤系図」。

【史料】『金沢文庫古文書』六一三六。（永井）

【お】

おおえ あきもと　大江顕元　生没年未詳

鎌倉後期の武士。実泰流の被官。大江覚一の嫡子、母は未詳。父覚一が勤めていた御物奉行職を継承し、同料所丹後国大石庄を知行した。御物奉行の仕事は、北条貞顕が将軍御所旬雑掌を勤める際に使う白土器「村雲」の調達や、夏冬装束の調達などを行った。また、覚一の所領伊予国久米郡惣政所職・同野口保代官職を相伝した。また、称名寺領因幡国千土師郷の相論では散逸した文書を整え、守護と称名寺の調整を行っている。

【解説】山内譲「鎌倉時代の久米郡と北条氏」（『伊予史談』二七〇）。福島金治「金沢北条氏の被官について（増補版）」（『金沢北条氏と称名寺』）。

【系図】

【史料】『金沢文庫古文書』四一七・四二七・四二八・四三一・五三四九・五四九九。（永井）

おおえ かくいち　大江覚一　生没年未詳

鎌倉後期の武士。実泰流の被官。父母は未詳。大江顕元の父。分割相続の次第を記した正中二年（一三二五）十一月の大江顕元安堵申状案によって、北条貞顕の御物奉行を勤めて丹後国大石庄を料所としたこと、越中国太田保内赤田村・同布施村、伊予国久米郡惣政所職・同国野口保を所領としたことがわかる。

【解説】山内譲「鎌倉時代の久米郡と北条氏」（『伊予史談』二七〇）。福島金治「金沢北条氏の被官について

（増補版）」（『金沢北条氏と称名寺』所収）。

【系図】

【史料】『金沢文庫古文書』九八八・五三四九。（永井）

おおえちかひろ　大江親広

生年未詳～仁治二年（?～一二四一）

鎌倉前期の武士。父は大江広元、母は源仁綱の女。妻は北条義時の女。通称・官職・位階は源左近大夫将監・源大夫将監・遠江守・遠江右近大夫将監・武蔵守・前民部少輔入道等、正五位下。土御門通親の猶子となり源姓を称したという。「吾妻鏡」では正治二年（一二〇〇）二月二十六日の将軍源頼家の鶴岡八幡宮参詣に父や兄弟と供奉したのが初見。翌建仁元年（一二〇一）正月の的始や御所心経会でも将軍の側近として御簾上げや布施取を奉仕し、同三年五月の鶴岡別当坊での蹴鞠にも供奉した。頼家伊豆幽閉後の源実朝の元服の儀には父と共に列席、義時と共に陪膳役を勤めた。同十一月十五日鎌倉中の寺社奉行を定めたとき、千葉常秀・二階堂行光と共に永福寺薬師堂を担当した。将軍実朝の元久二年（一二〇五）三月一日の蹴鞠会や承元元年（一二〇七）三月三日の鶏闘会等にも参加。同三年正月、同十一月、建暦元年（一二一一）二月、同五月には鶴岡八幡宮への将軍の奉幣使を勤めた。その他和歌会に参加、将軍の鶴岡八幡宮参詣に供奉、将軍一家の三浦三崎御所渡御等にも北条義時・時房兄弟と父広元と共に供奉しており、将軍実朝の側近であった。この間承元三年七月二十八日以降将軍家政所下文に署名しており、幕府政所の別当でもあった。建保元年（一二一三）四月二十五日法勝寺の九重塔供養の守護のため上洛、和田義盛の乱後五月八日に帰鎌している。同三年四月十日幕府は在京御家人の洛中守護について、不法を犯せば罰する旨の将軍の御書を送ったが、これを親広が奉行し、同六年七月八日に幕府が侍所の所司五人を定めたときは、親広が将軍の指示を伝えた。同四年閏六月父広元が大江姓に復したとき、親広も大江姓に復した。承久元年（一二一九）正月二十七日将軍実朝が公暁に討たれると、翌日出家、法名蓮阿。同二月二十九日京都守護に任じられ上洛、伊賀光季と共に洛中警護にあたった。同三年五月十四日、後鳥羽上皇の召に応じて院御所に参り、六月十二日近江国供御瀬に向かったが、同十六日敗れて帰京した。乱後所領の出羽国寒河江庄に隠れ住み、仁治二年（一二四一）十二月十五日没したという。

【解説】（1）没年は一本「大江系図」による（『国史大辞典』大江親広の項）。（2）父は尊、母は「安中坊系譜」による。同系譜では建久三年（一一九二）八月外祖父仁綱を嗣ぎ出羽国寒河江庄を領し源姓を称したとする。（3）「吾妻鏡」には正治二年二月二十六日条から建暦二年三月九日条まで源姓で見える。源姓については、土御門通親の猶子となったとする説が有力。但し、「明月記」建保元年四月二十五日条には「遠江守中原親広」と見える。（4）承元三年七月二十八日の将軍家政所下文（『鎌倉遺文』③一七九七）の他、『鎌倉遺文』③一八二一・④二三三二等参照。（5）子の佐房は承久の乱で幕府方につき活躍している。『寒河江市史』上巻参照。

【系図】尊・群A・群B・纂要・「大江系図」・「安中坊系譜」。

【史料】「吾妻鏡」・「明月記」、『鎌倉遺文』。なお、『大日本史料』第四編之一六（承久三年六月十四日条）参照。

（菊池）

おおえ ひろとき　大江広時　生没年未詳

鎌倉中期の武士。大江親広の子、母は竹御所官女となった伯耆少将平時家の嫡女と伝える。北条実泰の女を妻とし、政泰が誕生した。法名願阿。民部少輔・木工助などの官職を勤め、鎌倉は将軍御所に出仕する諸大夫の待遇を受けた。「吾妻鏡」には、行列の供奉や法会の布施取などの仕事を勤めたことが記録される。

【解説】

【系図】尊・「天文本大江系図」・「大江氏系図」。

【史料】「吾妻鏡」。

（永井）

おおおか ときちか　大岡時親　生没年未詳

鎌倉初期の武士。父は牧宗親、母は未詳。妻は北条時政の女、妹に時政の後妻牧方がいる。通称は大岡判官・大岡備前守、官位は五位で検非違使尉。建仁三年（一二〇三）九月二日比企能員が誅され、鎌倉比企ヶ谷館で一幡と比企一族が滅亡したとき、北条時政の命で死骸の実検を行っている。元久二年（一二〇五）六月二十一日時政の妻牧方の使として北条義時の亭に行き、畠山重忠謀反のことについて談判に及び、これが重忠誅殺決定の引き金となった。畠山重忠の謀反が牧方の偽りであったことが露見し、幕府の実権が政子・義時兄弟に移ると、同閏七月十九日時政は出家し、翌二十日に伊豆国北条に下向、同八月五日時親も出家した。

【解説】（1）駿河国大岡牧（現静岡県沼津市）を名字の地とする。大岡牧は平家没官領として一旦没収されたが、寿永二年四月五日の源頼朝下文案（「久我家文書」）で頼盛に返却された。（2）父と妹については「愚管抄」六による。

【系図】群A・群B・入ウ。

【史料】「吾妻鏡」・「久我家文書」・「愚管抄」。

（菊池）

おおぎまちきんかげ　正親町公蔭

永仁五年～延文五・正平十五年（一二九七～一三六〇）

鎌倉後期・南北朝期の公家。本名忠兼。父は権大納言正親町実明、母は従三位藤原兼嗣の女。北条種子（重時流の六波羅探題北条久時の三女）を室とする。入道前大納言藤原為兼の猶子、ついで入道中納言公雄の猶子となる。嘉元三年（一三〇五）十二月三十日叙爵（9歳）。正和元年（一三一二）七月六日左少将（16歳、時に従四位下）、同四年八月二十六日蔵人頭（19歳）。同年十二月父為兼が幕府によって召し取られたとき同車していたが、すぐに赦免された。元徳二年（一三三〇）正月五日従三位（34歳）、翌同三・元弘元年（一三三一）十月五日参議に任じられた（35歳）。正慶元・元弘二年（一三三二）十月二十一日権中納言。翌年幕府が滅亡すると、同五月十七日職を止められた（37歳）。建武二年（一三三五）十一月二十六日修理大夫（39歳）。建武三・延元元年（一三三六）名を実寛と改めたが（40歳）、翌建武四・延元二年二月三十日公蔭と改名、同七月二十日参議となる（41歳）。暦応二・延元四年八月十二日権中納言（44歳、時に正三位）、貞和二・正平元年（一三四六）二月十八日権大納言となったが（50歳）、翌年九月十六日権大納言を辞し、十二月二十七日正二位に叙された。文和元・正平七年（一三五二）八月十二日、六日に大和国賀名生で光厳上皇が出家した知らせを受けて出家、法名空静（56歳）。延文五・正平十五年（一三六〇）十月十七日没す（64歳）。

【解説】室については、群A・群Bによった。群A及び群Bによれば、北条久時には三人の女があった。長女とされる人物が登子で、足利尊氏・直義兄弟の母、二女とされる人物が洞院公守の妾で正親町実明の母、三女とされる人物が種子で、この正親町公蔭室である（北条氏研究会「北条氏系図考証」〈安田元久編『吾妻鏡人名総覧』所収〉参照）。

【系図】尊・群A・群B。

【史料】「公卿補任」。なお、『大日本史料』第六編之二三（延文五・正平十五年十月十七日条）参照。　（下山）

おおぎまち きんかげじょ　正親町公蔭女　生没年未詳

南北朝期の女性。父は正親町公蔭、母は北条種子（重時流の六波羅探題北条久時の女）。忠季・実文の同母兄妹。徽安門院一条、後対御方。光厳上皇の妾となり、正親町宮義仁親王を生む。

【解説】母については尊1（公季流）による。

【系図】尊・「本朝皇胤紹運録」。

【史料】　（下山）

おおぎまち さねあき　正親町実明

文永九年～観応二・正平六年（一二七二～一三五一）

鎌倉後期・南北朝時代の公家。藤原北家閑院流、洞院公守の二男、母は六波羅探題北条久時（重時流）の女。兄の左大臣洞院実泰が洞院家を継ぎ、この実明が正親町家を起こした。建治三年（一二七七）正月五日従五位下に叙された（6歳）。以降、弘安三年（一二八〇）十一月十三日侍従（9歳）、同六年九月十三日従四位下（12歳）、同七年七月二十六日左少将（13歳）、同八年三月一日従四位上（14歳）、同九年四月十三日春宮権亮、同十一月十一日右中将（15歳）となった。正応二年（一二八九）四月十七日禁色を許され、同四年正月三日従三位中将となる（20歳）。永仁四年（一二九六）五月十五日参議（25歳）、同五年十月十六日権中納言（26歳）、同六年正月五日従二位（27歳）、正安元年（一二九九）正月五日正二位（28歳）、乾元元年（一三〇二）十一月二十二日権大納言（31歳）となったが、翌嘉元元年（一三〇三）八月二十八日辞任した（32歳）。元亨二年（一三二二）二月十七日出家（51歳）。観応二・正平六年（一三五一）正月十七日没した（80歳）。

【解説】（1）没年は「園太暦」・「公卿補任」観応二年条による。享年七十八とするが、同書正応四年条の二十歳に従った。（2）母については、群A・群Bによる。尊は法眼泰勝の女とする。群Aおよび群Bによれば、北条久時には三人の女があった。長女とされる人物が登子で、足利尊氏・直義兄弟の母、二女とされる人物が洞院公守の妾でこの正親町実明の母、三女とされる人物が種子で、正親町公蔭室である（北条氏研究会「北条氏系図考証」〈安田元久編『吾妻鏡人名総覧』所収〉参照）。

【系図】尊・群A・群B。

【史料】「園太暦」・「公卿補任」。なお、『大日本史料』第六編之一四（観応二・正平六年正月十七日条）参照。

（下山）

おおぎまち さねふみ　正親町実文　生没年未詳

南北朝期の公家。父は権大納言正親町公蔭、母は北条種子（重時流、六波羅探題北条久時の女）。権大納言正親町忠季の同腹の弟。暦応三・興国元年（一三四〇）七月十九日従五位上に叙される。康元元・興国三年四月十一日侍従。延文四・正平十四年（一三五九）正月五日従三位に叙され、三月二十五日弾正大弼となる。貞治元・正平十七年（一三六二）三月二十五日弾正大弼を止められる。応安二・正平二十四年（一三六九）出家した。

【解説】母については、群A・群Bのみならず尊も記している。

【系図】尊・群A・群B。

【史料】「公卿補任」。

（下山）

おおぎまち ただすえ　正親町忠季

元亨二年～貞治五・正平二十一年（一三二二～六六）

南北朝期の公家。父は権大納言正親町公蔭、母は北条種子（重時流、六波羅探題北条久時の女）。同腹の弟に正親町実文がいる。祖父権大納言正親町実明の猶子となる。嘉暦三年（一三二八）正月、従五位下（7歳）、元徳二年（一三三〇）二月十一日侍従（9歳）。暦応四・興国二年（一三四一）年十二月二十二日蔵人頭に補される（20歳、時に正四位下左中将）。康永元・興国三年（一三四二）十二月二十一日参議となる（21歳）。貞和三・正平二年（一三四七）九月十六日権中納言（26歳、時に従三位）、同十一月十六日右衛門督を兼ねた。延文二・正平十二年（一三五七）四月十五日権大納言（36歳）、延文四・正平十四年四月二十一日正二位に叙されたが、貞治二・正平十八年（一三六三）正月二十八日権大納言を辞任した（42歳）。貞治五・正平二十一年二月二十二日死去、頓死であったという（45歳）。

【解説】母については、群A・群Bのみならず尊も記している。

【系図】尊・群A・群B。

【史料】「公卿補任」。なお、『大日本史料』第六編之二七（貞治五・正平二十一年二月二十二日条）参照。

（下山）

おおくらじろうさえもんのじょう　大蔵次郎左衛門尉　生年未詳～文永九年（？～一二七二）

鎌倉中期の武士。父母・実名は未詳。義時流（得宗）の被官。文永九年（一二七二）二月、渋谷新左衛門尉・四方田滝口左衛門尉・石河神次左衛門尉・薩摩左衛門三郎らとともに北条時章・教時を殺害した。しかし、時章は何の罪もなく誤殺されたことが明確となったため、執権北条時宗は大蔵ら五人の刎首を命じた。いわゆる二月騒動である。

【解説】

【系図】

【史料】「武家年代記（裏書）」・「鎌倉年代記（裏書）」・「保暦間記」。

（末木）

おおせ これただ　大瀬惟忠　生没年未詳

鎌倉後期の武士。父母は未詳。義時流（得宗）の被官。左衛門尉と称す。「吾妻鏡」には、康元元年（一二五六）正月四日条をはじめ三回登場し、弓始の射手や将軍宗尊親王の行始の際の馬引を勤めている。飯沼助宗らとともに引付の監督を命じられた。

【解説】佐藤進一『鎌倉幕府訴訟制度の研究』。

【系図】

【史料】「吾妻鏡」・「新編追加」一七七条。

（末木）

おおとも よしなお　大友能直　承安二年〜貞応二年（一一七二〜一二二三）

鎌倉時代の鎮西奉行兼豊前・豊後・筑後国守護。父は武者所・左近将監近藤能成、母は波多野経家の女。北条朝時の岳父。能直の出自には諸説があり、尊をはじめとする諸系図では源頼朝の庶子とされる。波多野経家の三女利根局が頼朝に仕えて寵愛を受け、その胤を宿して近藤能成の妻となり能直を生んだという説である。能直は幼名一法師丸、通称は大友・古庄左近将監。母方の縁で中原親能の養子となり、相模国大友郷・古庄郷などを伝領した。文治四年（一一八八）十二月、十七歳で元服し左近将監に任官。同五年の奥州合戦では、頼朝に近仕しながら阿津賀志山で藤原国衡の近臣佐藤三・秀員父子を討ち取る手柄を立てる。また、建久四年（一一九三）五月富士の巻狩において、曾我兄弟が頼朝の旅宿を襲撃した際には身辺を警護するなど、頼朝の信頼を得た（22歳）。同五年侍所別当和田義盛・所司梶原景時が故障の場合には、御家人の着到を勤めることを命じられている（23歳）。同六年十月、将軍家持仏堂造営奉行。同七年正月豊前・豊後国守護兼鎮西奉行として九州に下向（25歳）。

承元元年（一二〇七）頃には筑後国守護をも兼ねるが（36歳）、「吾妻鏡」には鎌倉・京都における能直の活動が記録されている。建保元年（一二一三）七月、京都六波羅より鎌倉へ帰着（42歳）。同八月、山門・南都騒動のため幕府使節として上洛。同六年九月には山門僧兵の強訴から御所を守っている。貞応二年（一二二三）十一月二十七日、京都において五十二歳で死去。「吾妻鏡」によると、能直が死んだ場合、次男大友親秀に鎮西一方奉行の地位を継がせるよう遺言があったという。

【解説】（1）波多野経家の娘が中原親能の妻となり、その妹が近藤能成の妻となり能直を生んだ。この母方の縁で、能直は中原親能の養子となった。（2）大友郷は波多野経家から中原親能を経て能直へ、また近藤能成は古庄を名乗っており、古庄郷は実父近藤能成から能直へ伝領された。（3）参考文献に、渡辺澄夫「豊後大友氏の出自について」（『大分県地方史』二四）、同「豊後大友氏の下向土着と嫡子単独相続制の問題」（同二五）などがある。（4）守護論考・守護国別参照。

【系図】野津・尊・「宗家大友氏ノ系図」・「大友系図」。

【史料】「吾妻鏡」。

（久保田）

おおとも よしなおじょ　大友能直女

生没年未詳

鎌倉前期の女性。朝時流。父は大友豊前守能直、母は未詳。北条朝時の妻となり、光時・時章・時長・時幸・時兼を生んだ。

【解説】（1）田北学編『増補訂正編年大友史料』所収の「宗家大友氏ノ系図」により、大友能直の第二番目の女子は「名越越後入道之妻女」と記され、「尾張守、備前守、左近大夫、修理亮母也」と注記がある。すなわち、時章・時長・時幸・時兼の母である。この女性は「大友系図」では、光時の母でもある。（2）北条朝時の妻には、他に教時の母である北条時房の女が知られる。（3）桓武・関・纂要では、時章のみに「母大友豊前守能直女」の注記がある。

【系図】桓武・関・纂要・「宗家大友氏ノ系図」・「大友系図」。

【史料】

（久保田）

おおとも よりやす　大友頼泰

貞応元年～正安二年（一二二二～一三〇〇）

鎌倉中期の武士。父は大友親秀、母は三浦家連女。北条時盛女（時房流）を妻とした。童名薬師丸太郎。初名泰直。官途は従四位下、大炊助・式部大輔・出羽守・丹後守。法名は道忍。嘉禎二年（一二三六）に家督を継いだ（15歳）。「吾妻鏡」には二回登場する。通称は大友式部大夫。頼泰は、蔵人への補任を申請したが、寛元二年（一二四四）十二月二十日、幕府はこれを許さず、左右馬助に補任を内示した。建長四年（一二五二）四月三日、幕府は御格子番を定めるが、頼泰はその六番に結番されている。この頃は在鎌倉の御家人であった。文永九年（一二七二）の初めに豊後国に移住・下向し、豊後国守護・鎮西奉行として蒙古襲来に対処した。正安二年（一三〇〇）九月十七日に没した（79歳）。

【解説】（1）没年・父母は「大友系図」による。生年は没年からの逆算による。但し没年については、享年七十二歳。初名を泰忠とする説がある。（2）蔵人への補任については、頼泰が既に五位（式部大夫）であり、武士が五位蔵人に補任された例がないことから、子孫が六位の時申請するよう示したものと考えられる。（3）入ウのみに見える人物。北条時盛女（時房流）の注記に「大友頼泰室、離別、先父死」とある。

【系図】入ウ。・「大友系図」・尊2（藤成流）。

【史料】「吾妻鏡」・『鎌倉遺文』。

（菊池）

おおひめ　大姫

↓　源頼朝女（みなもとよりともじょ）

おおむろやすむね　大室泰宗　生没年未詳

鎌倉中期の武士。父は大室景村、母は未詳。女は北条貞時の妻。通称は太郎左衛門尉。

【解説】父・女・通称は尊による。父景村は安達義景の子で城三郎と称した。「吾妻鏡」に建長二年（一二五〇）八月十八日条から正嘉二年（一二五八）六月十七日条まで散見する。叔父に安達泰盛、叔母に北条時宗妻潮音尼（貞時母）がいる。

【系図】尊。

【史料】「吾妻鏡」。

（菊池）

おおむろやすむねじょ　大室泰宗女

生年未詳～貞和元・興国六年（?～一三四五）

鎌倉中期の女性。父は大室泰宗、母は未詳。北条貞時の妻となる。貞和元・興国六年（一三四五）八月十二日没した。法名は円成。

【解説】（1）尊では「貞時朝臣母」とするが、北条貞時の母は祖父景村の姉妹潮音尼であり、「保暦間記」の説に従った。（2）没年は「常楽記」康永四年（貞和元・興国六年）条に「同（八月）十二日、北条大方殿他界」とあるのによった。

【系図】[尊]。

【史料】「保暦間記」・「常楽記」、『鎌倉遺文』㊲二八五六二。

（菊池）

おぐしのりゆき　小串範行　生没年未詳

鎌倉後期の武士。父母は未詳。北条（常葉）範貞の被官。三郎左衛門尉。範貞が六波羅探題北方在職中の元亨年間（一三二一〜二四）、北方探題が兼補した守護国播磨の守護代を勤める。正中の変（一三二四）に際しては検断頭人として在京人らを率い、多治見氏を討った。播磨国佐与庄太田方の給主でもあった。一族の貞秀・貞雄・範秀らも範貞被官として所見する。

【解説】範行に触れた論考に佐藤進一『増訂鎌倉幕府守護制度の研究』、筧雅博「続・関東御領考」（『中世の人と政治』）、高橋慎一朗「六波羅探題被官と北条氏の西国支配」（『史学雑誌』九八―三）等がある。

【系図】

【史料】「離宮八幡宮文書」・「太平記」・「八塔寺文書」。

（森）

おさらぎさだむね　大仏貞宗

↓北条貞宗（ほうじょうさだむね）

おさらぎときなお　大仏時直

↓北条時直（ほうじょうときなお）

おさらぎのぶとき　大仏宣時

↓北条宣時（ほうじょうのぶとき）

おさらぎむねのぶ　大仏宗宣

↓北条宗宣（ほうじょうむねのぶ）

おのざわさねつな　小野沢実綱　生没年未詳

鎌倉後期の武士。父は小野沢実氏、母は未詳。義時流（得宗）の被官。次郎入道・亮次郎入道と称した。正応四年（一二九一）鎮西談義所の奉行人に偏頗、私曲があるという訴えが多くなってきたため、幕府の命により尾藤内左衛門入道とともに鎮西に下向した。翌五年六月十六日幕府は肥前国一宮河上社の造営及び神事の退転について両者に指示を下している。

【解説】（1）通称は父実氏が修理亮であったことに因む。（2）正応五年八月二十日に両名から目代沙汰人に宛てた施行状が残る。

【系図】[尊]3（清和源氏）。

【史料】「新編追加」二五八条・「河上山古文書」。（末木）

おのざわ ときなか　小野沢時仲　生没年未詳

鎌倉中期の武士。父は小野沢仲実、母は未詳。義時流（得宗）の被官。次郎と称す。式部丞。「吾妻鏡」の初見は嘉禎元年（一二三五）六月二十九日条で、五大尊堂明王院供養の際、随兵として登場する。弓の名手だったらしく、寛元二年（一二四四）・宝治二年（一二四八）に弓始の射手や弘長元年（一二六一）には笠懸の射手になっている。翌三年七月二十六日、北条時頼の妹檜皮姫が将軍藤原頼嗣へ輿入れの際、尾藤景氏らとともに付き従っている。また、宝治元年五月、檜皮姫死去の時には、葬送にも参列している。建長二年（一二五〇）十二月、将軍の近習結番では六番を勤める。同四年四月、前将軍頼嗣が帰洛する時に、路次奉行を勤める。弘長元年（一二六一）九月、工藤光泰が二所参詣の間、小侍所所司を勤めている。所司は被官が勤めているため、この行動からみると時仲は被官と考えられる。建長二年五月、時頼が「貞観政要」を将軍頼嗣に進めた時、時頼の使者を勤めている。

【解説】侍所所司については、森幸夫「北条氏と侍所」（『国学院大学大学院紀要』文学研究科一九号）。佐藤進一『鎌倉幕府訴訟制度の研究』、奥富敬之『鎌倉北条氏の基礎的研究』参照。

【系図】尊3（清和源氏）。

【史料】「吾妻鏡」。（末木）

おのざわ なかざね　小野沢仲実　生没年未詳

鎌倉中期の武士。父は源成国、母は未詳。義時流（得宗）の被官。蔵人・左近将監。左近大夫と称す。「吾妻鏡」の初見は、暦仁元年（一二三八）二月十七日条で、将軍藤原頼経上洛の際、随兵を勤めた。同年十月、死去した藤原師家弔問のために北条泰時の使者として上洛。また建長三年（一二五一）以降、文永二年（一二六五）まで保々奉行人として鎌倉中の町屋について沙汰している。建長三年十二月三日条では、左近大夫入道光蓮と号しているため。その間に出家したと思われる。

【解説】佐藤進一『鎌倉幕府訴訟制度の研究』、奥富敬之『鎌倉北条氏の基礎的研究』参照。

【系図】尊3（清和源氏）。

【史料】「吾妻鏡」・『鎌倉遺文』⑫八六二八。（末木）

おののみや ともうじ　小野宮具氏　生没年未詳

鎌倉後期の公家か。父母は未詳。北条光時（朝時流）の女を妻とした。

【解説】（1）入ウのみに見える人物。注記に「小野宮大夫具氏室」とある。（2）具氏については、同時期に中院具氏がいるが、この人物に当たるかは未詳。

【系図】入ウ。

【史料】

（菊池）

おののみや みちとし　小野宮通俊　生没年未詳

鎌倉中期の公家。父母は未詳。北条朝時の女婿。官途は侍従。

【解説】小野宮家は、摂政太政大臣藤原実頼を家祖とする家が著名だが、他にも数流有り、通俊がどの子孫か未詳。

【系図】纂要。

【史料】

（久保田）

おやま ながむら　小山長村

建保五年～文永六年（一二一七～六九）

鎌倉中期の武士。下野守護小山氏の嫡流。父は小山長朝、母は中条宗長の女。北条実泰の女を妻とした。女が北条時頼の妾となり、庶長子時輔の母となる。通称は小山五郎、左衛門尉に補任されて小山五郎左衛門尉と称した。弓馬の名手で、流鏑馬などの射手をたびたび勤めた。暦仁元年（一二三八）の将軍九条頼経上洛に供奉（22歳）。仁治二年（一二四一）十二月二十一日の将軍九条頼経若御前（頼嗣）の乗馬始の時には、扶持役を勤めた（25歳）。寛元元年（一二四三）七月十七日には、将軍家臨時出御供奉結番に選ばれる（27歳）。同二年八月十六日の鶴岡放生会では、流鏑馬役を勤めた（28歳）。同三年には検非違使に補任され、翌四年八月十五日には検非違使大夫尉として鶴岡放生会行列の最末廷尉を勤めた（30歳）。宝治元年（一二四七）十二月二十九日の京都大番役結番では一番に選ばれた（31歳）。翌宝治二年十二月十七日、検非違使巡によって出羽守補任（32歳）。建長二年（一二五〇）正月三日の垸飯では御行騰役を勤めた（34歳）。同年二月二十六日には、将軍九条頼嗣の弓馬の師に任じられた。同年十二月二十七日には、将軍御所に出仕する近習番に選ばれた。同年十二月二十八日には、小山家の惣領職である下野国大介職が伊勢神宮雑掌の訴訟によって解任されたが、朝村の陳謝によって許された。文応元年

（一二六〇）正月二十日には、昼番衆に選ばれている（44歳）。弘長三年（一二六三）正月十日には、将軍家旬御鞠奉行に選ばれた。文永六年（一二六九）八月十五日に五十三歳で卒去したと伝える。「琵琶血脈」は、左馬助藤原孝時の弟子のなかで、小山長村・三浦光村・二階堂行俊の三人に「関」の傍注（関東の者の意）を付ける。

【解説】（1）没年は「小山系図」による。（2）守護論考・守護国別参照。

【系図】尊・「小山系図」・「小山結城系図」。

【史料】「吾妻鏡」・「検非違使補任」・「琵琶血脈」。（永井）

おわり じろう　尾張次郎　生年未詳～建武二年（?～一三三五）

鎌倉後期の武士。朝時流か。父母・実名は未詳。建武二年（一三三五）八月十四日の駿河国国府台の戦いで敗れ自害した。

【解説】（1）北条氏関係諸系図には見えない人物。（2）通称から朝時流（名越流）と推定した。（3）合戦のことは足利尊氏関東下向宿次・合戦注文（「国立国会図書館所蔵文書」）による。

【系図】

【史料】「国立国会図書館所蔵文書」。（菊池）

【か】

かくうん　覚雲　生没年未詳

鎌倉中期の僧侶。時房流。父は北条時遠、母は未詳。

【解説】入ウのみに見える人物。時遠の子に「僧覚雲〈当時室〉』と見える。

【系図】入ウ。

【史料】（菊池）

かくきゅう　覚久　弘安七年～没年未詳（一二八四～?）

鎌倉中期の僧。義時流（得宗）。北条貞時の子、母は未詳。貞時の子であるが、得宗被官長崎光綱の養子となった。初名は頼救。公名は播磨。上智・契覚から受法して山内証菩提寺の別当となった。乾元二年（一三〇三）七月信濃法印政円の譲りにより鶴岡八幡宮の金銅薬師供僧となった。聖護院の覚助法親王から伝法灌頂を受け、嘉元三年（一三〇五）鶴岡八幡宮供僧（安楽坊）に補された。父貞時の逝去により供僧職を弟子の覚瑜に譲って遁世した。

【解説】（1）北条師関係の諸系図には見えない人物。（2）記述は平雅行「鎌倉山門派の成立と展開」（『大阪大学大学院文学研究家紀要』四〇）による。

【系図】

【史料】「園城寺伝法血脈」、『鶴岡八幡宮諸職次第』。

（菊池）

かさはらちかひさ　笠原親久　生没年未詳

鎌倉初期の武士。父母ともに未詳。北条時政の従兄弟時定の女を妻とする。笠原氏は武蔵国笠原郷（現埼玉県鴻巣市）を名字の地とする武士。「吾妻鏡」には、笠原六郎、笠原十郎親景の名が見える。「親」が共通しており、親久は親景の一族か。

【解説】群Bのみに見える人物。

【系図】群B。

【史料】

（菊池）

かざんいん みちまさ　花山院通雅　貞永元年～建治二年（一二三二～七六）

鎌倉中期の公家。父は花山院定雅、母は藤原定高女。後室は北条光時（朝時流）の女。後花山院太政大臣と称した。宝治元年（一二四七）正月五日従三位に叙された（同七日左中将如件、16歳）。建長二年（一二五〇）五月二十七日参議、同三年正月二十二日権中納言（20歳）、正嘉元年（一二五七）十一月二十六日権大納言となる（時に正二位、26歳）。弘長二年（一二六二）七月十六日右大将を兼任。文永五年（一二六八）十二月二日内大臣（37歳）、同六年四月二十三日右大臣に転任、同八年三月十日辞任し、子家長を権中納言に申任した。同十二年八月二十七日太政大臣、従一位に叙任。建治二年（一二七六）三月二十九日病により辞任し、四月三十日出家（法名空理）、五月五日に没した（44歳）。

【解説】（1）父母、没年は「公卿補任」・「尊卑分脈」による。「尊卑分脈」は没日を五月四日、享年を四十五とする。生年は没年からの逆算による。（2）入ウの北条光時女（朝時流）の注記に「花山院太政大臣通雅後室」とある。

【系図】入ウ・「尊卑分脈」。

【史料】「公卿補任」。

（菊池）

かしま さえもんのじょう　賀島左衛門尉　生没年未詳

鎌倉後期の武士。実泰流の被官。父母は未詳。駿河国賀島の出身と推定される一族。安達時顕書状の充所となっていること、称名寺との料足授受の担当になっていることなど、北条（金沢）貞顕の奉行人の一人と考えられる。実泰流の所領陸奥国玉造郡内に所領を持つ。

【解説】福島金治「金沢北条氏の被官について（増補版）」（『金沢北条氏と称名寺』所収）。

【系図】

【史料】『金沢文庫古文書』五六七・七〇三・一一四七・五三六二。

（永井）

かしますえざね　賀島季実　生没年未詳

鎌倉後期の武士。実泰流の被官。父母は未詳。通称は賀島五郎左衛門尉。北条（金沢）貞顕六波羅探題在任中の関東代官。北条貞顕が六波羅探題として上洛した時に随行して在京被官となる。徳治二年（一三〇七）二月に関東代官二宮覚恵が卒去したため鎌倉に下向、鎌倉の留守を預かった。北条貞顕が鎌倉に下向した後の剱阿書状には賀島五郎左衛門尉宛のものが見られる。貞顕の重臣の一人である。北条貞顕が出家した翌年、嘉暦二年（一三二七）九月二十七日に賀島入道が卒去している。季実の可能性が考えられる。

【解説】福島金治「金沢北条氏の被官について（増補版）」（『金沢北条氏と称名寺』所収）。

【系図】

【史料】『金沢文庫古文書』一二〇・二三三・二三七・二三八・三一四・三一五・五六七・六〇九・七〇三・九九一・一一二五・一一三六・一一三七・一一五一・二八六六・識二八五七。

（永井）

かしますえむら　賀島季村　生没年未詳

鎌倉後期の武士。実泰流の被官。父母は未詳。通称は賀島四郎左衛門尉。北条時直が大隅守護を勤めた時の守護代。永仁七年（一二九九）四月二十一日の大隅台明寺衆徒申状案に「守護御代官賀島四郎左衛門尉在国之時」と見える。

【解説】川添昭二「鎌倉時代の大隅守護」（『金沢文庫研究』一七九）、佐藤進一『増訂　鎌倉幕府守護制度の研究』、秋山哲雄「北条氏一門と得宗政権」（『日本史研究』四五八）。

【系図】

【史料】『鎌倉遺文』㉖二〇〇四五。

（永井）

かずさにょうぼう　上総女房　生没年未詳

鎌倉中期の女性。父母は未詳。実泰流の上総介北条実政の夫人と考えられる。与宇呂女房とも呼ばれた。「称名寺寺用配分状」にも名が見える。上総国与宇呂保と豊前国規矩郡内に所領を持つ。岩難手（岩撫）殿と呼ばれた女性の母である。

【解説】永井晋「金沢氏の夫人達」（『鎌倉時代の女性』神奈川県立金沢文庫特別展図録）。

【系図】

【史料】『金沢文庫古文書』一一七六・五二二八・五四二二・五四二三。 （永井）

かすやながよし　糟屋長義

文永八年～正慶二・元弘三年（一二七一～一三三三）

鎌倉後期の武士。父母は未詳。政村流の北条時敦・時益の被官。孫三郎。法名は道暁（道教）。正和四年（一三一五）頃、六波羅探題北方時敦の守護国摂津の守護代を勤める。ついで正慶元・元弘二年（一三三二）頃、時敦の子六波羅探題南方時益の守護国丹波の守護代を勤めた。時益の執事としても活躍し、正慶二・元弘三年五月九日、六波羅探題滅亡に殉じ、近江番場で自害した。六十三歳。

【解説】長義に触れた論考に佐藤進一『増訂鎌倉幕府守護制度の研究』、湯山学「鎌倉後期における相模国の御家人について（四）」（『鎌倉』二七）、高橋慎一朗「六波羅探題被官と北条氏の西国支配」（『史学雑誌』九八―三）等がある。

【系図】

【史料】「離宮八幡宮文書」・「近衛家文書」・「近江国番場宿蓮華寺過去帳」。 （森）

かすやむねあき　糟谷宗秋

生年未詳～元弘三年（？～一三三三）

鎌倉後期の武士。父母は未詳。六波羅南方北条時益（政村流）の被官。三郎と称す。天徳三・元弘元年（一三三一）、六波羅の検断役として、元弘の乱によって捕らえられた人々を諸大名に預ける沙汰を行なうなどしている。正慶二・元弘三年（一三三三）五月、六波羅勢が京都を落ちる際は先陣を勤めるが、その甲斐なく近江国番場宿で仲時とともに自害した。

【解説】湯山学「鎌倉後期における相模国の御家人について（四）」（『鎌倉』二七）・高橋慎一郎「六波羅探題被官と北条氏の西国支配」（『史学雑誌』九八―三）。

【系図】

【史料】「太平記」・「近江国番場蓮華寺過去帳」。 （末木）

かなくぼゆきちか　金窪行親

生没年未詳

鎌倉前期の武士。父母は未詳。義時流（得宗）の被官。太郎・兵衛尉・左衛門尉・左衛門大夫と称す。建仁三年

（一二〇三）九月二日、比企能員の乱の際に北条方として活動している。建保元年（一二一三）五月の和田義盛の乱後、和田胤長の旧領荏柄前屋地を北条義時から分給された。同年五月六日、義時が侍所別当になると、直ちに次官である所司に任じられた。以降、仁治二年（一二四一）八月十五日までその活動が見える。

【解説】行親については、佐藤進一『鎌倉幕府訴訟制度の研究』、奥富敬之『鎌倉北条氏の基礎的研究』、森幸夫「北条氏と侍所」（『国学院大学大学院紀要』文学研究科第一九輯）参照。

【系図】

【史料】「吾妻鏡」。

（末木）

かねざわ あきざね　金沢顕実

→ 北条顕実（ほうじょう あきざね）

かねざわ あきとき　金沢顕時

→ 北条顕時（ほうじょう あきとき）

かねざわ さだあき　金沢貞顕

→ 北条貞顕（ほうじょう さだあき）

かねざわ さだゆき　金沢貞将

→ 北条貞将（ほうじょう さだつき）

かねざわ ときかつ　金沢時雄

→ 北条時雄（ほうじょう ときかつ）

からはし みちきよ　唐橋通清　生没年不祥

鎌倉前期の公家。父は唐橋通時、母は北条義時の女。妻は北条重時の子為時の女。本名雅世、次いで雅視（親）と改めた。通称は唐橋中将。官位は従四位上左中将。「吾妻鏡」寛喜三年（一二三一）正月十四日条に見える。これは鎌倉の火災に関する記事で、唐橋中将（通清）邸も延焼したことが記されており、当時鎌倉に在住していた。

【解説】（1）唐橋家は村上源氏の一支流で、中院家・久我家と同門である。村上源氏の始祖具平親王の四代の孫雅実以降久我を称していたが、その孫雅通の次男通資に至って唐橋を称した。その長男雅親の系統は三代で子孫が絶えたが、通資の次男の通時の子が通清である。関東祇候の唐橋家は、湯山学「関東祇候廷臣」（『相模国の中世史 上』所収）参照。（2）父母は尊による。（3）野津は北条重時の子為時の女が唐橋中将室であることを載せている。（4）桓は北条実泰の女の一人に、「雅世・朝氏妻」の傍注を載せる。この雅世が通清にあたるか。

【系図】尊・野津・桓・群A・群B。

【史料】「吾妻鏡」。（下山）

からはし みちとき　唐橋通時
生年未詳～天福元年（?～一二三三）

鎌倉前期の公家。父は源（唐橋）通資、母は藤原長輔の女。北条義時の女を妾とする。その所生に通清がいる。通称は唐橋中将。元久二年（一二〇五）三月十日右少将に任じられ、承元元年（一二〇七）正月五日従四位下に叙された。「吾妻鏡」建保元年三月六日条に見え、近衛次将として二月二十七日の閑院遷幸に供奉した。嘉禄元年（一二二五）四月二十七日左中将に任じられた。寛喜三年（一二三一）七月三日鎌倉に下っていたため備後守頼俊と共に殿上を除籍された。天福元年（一二三三）十一月二十三日鎌倉で没した。享年五十余。次の除目で蔵人頭に補されるとの知らせが届く前に没したという。

【解説】（1）父母は尊による。唐橋氏は村上源氏で、京都の七条唐橋より起こったという。（2）尊の官位は正四位下右中将。（3）「明月記」に「為義時聟、而義村頻挙」とあり、鎌倉では三浦義村に近い存在であった。

【系図】尊・野津・桓・群A・群B・入ウ。

【史料】「吾妻鏡」・「明月記」。（菊池）

かりたあつとき　苅田篤時
→北条篤時（ほうじょう あつとき）

かりたときつぐ　苅田時継
→北条為時（ほうじょう ためとき）

かりたながしげ　苅田長重
→北条長重（ほうじょう ながしげ）

かりたへいざえもんにゅうどう　苅田平左衛門入道
→苅田義季（かりたよしすえ）

かりたよしすえ　苅田義季
生没年未詳

鎌倉前期の武士。父は中条成尋、母は未詳。中条家長の弟にあたる。女が北条重時に嫁し、為時を産んだ。和田義盛の子となって平姓に改姓し「平右衛門入道」と称された。義季は、「吾妻鏡」元久二年（一二〇五）六月二十二日条に見え、北条時政の命を受けて鎌倉を発向した畠山重忠討伐の軍勢の中に見える。また、貞応二年（一二二三）正月二日に垸飯の儀の後の手毬の会に重時とともに参加するなど「吾妻鏡」にも散見する。

【解説】重時流北条為時の母について、野津は「苅田平左衛門入道女」、桓は「中条平左衛門入道女」、野辺は「中道（条か）平左衛門入道女」としており、中条家長の弟、義季に比定できる。「小野氏系図」によれば、義季は和田義盛の子となって平姓に改姓し「平右衛門入道」と号したという。

【史料】「吾妻鏡」。

【系図】野津・桓・野辺・「小野氏系図」。

（下山）

かりたよしすえじょ　苅田義季女　生没年未詳

鎌倉中期の女性。父は苅田義季、母は未詳。北条重時に嫁し、為時の母となる。通称は荏柄尼西妙。

【解説】北条為時の母について、桓は「中条平左衛門入道女」、野辺は「中道平左衛門入道女」としている。菊池紳一「承久の乱京方についた武蔵武士――横山党の異端小野氏――」（『武蔵武士の諸相』勉誠出版、初出『埼玉地方史』二〇、一九八七年）。

【系図】野津・桓・野辺・「小野氏系図」。

【史料】

（下山）

かんかく　寛覚　生没年未詳

鎌倉後期の僧。時房流。北条宣時の子、母は未詳。法務大僧正。三十四代醍醐寺座主勝尊の弟子、法印。

【解説】（1）前のみに宣時の子として見え、他の諸系図には見えない。「法務大僧正　酉　座主」と注記する。「酉」は真言宗醍醐寺の略称である。法務とは仏教界または諸大寺の庶務を管轄する職であり、大僧正は僧綱で最高の職である。前は座主と記すが、『醍醐寺新要録』下「座主次第篇」には見えない。前の誤記であろう。四人の兄弟は、各々幕府の要職についている。（2）『醍醐寺新要録』「金剛王院篇」の「法流血脈事」に三十四代醍醐寺座主勝尊の弟子として寛覚法印が見える。（3）勝尊は「座主次第篇」によると藤原（松殿）師家（一一七二～一二三八）の子で、寛元三年（一二四五）から建長三年（一二五一）まで座主に在職。（4）尊によると西園寺季衡の子に寛覚がいるが、仁和寺と注記されており、時代も下るので、勝尊の弟子ではないと判断した。（5）「任僧綱土代」は、嘉元元年（一三〇三）条に「法眼　寛覚　功」とのせるが、正安四年（一三〇二）条に「法眼　寛覚　園城寺」とあるので、天台宗であり、別人である。

【系図】前。

【史料】赤松俊秀校訂『醍醐寺新要録』。

（鈴木）

【き】

きくたかまさ　規矩高政
→　**北条高政**（ほうじょう たかまさ）

きじょ　煕助　生年未詳～元亨元年（?～一三二一）

鎌倉後期の僧。父は北条煕時（政村流）、母は未詳。左々目煕助律師と称された。元弘元年（一三二一）十月二十二日に没した。

【解説】「常楽記」によれば、元弘元年（一三二一）十月二十二日に「左々目煕助律師他界、煕時息」とある。

【系図】

【史料】「常楽記」。

（山野井）

【く】

くじょう ただつぐ　九条忠嗣　建長五年～没年未詳（一二五三～?）

鎌倉中期の公家。父は摂政九条忠家、母は太政大臣藤原公房の女。北条実泰の女を妻とする。文永十年（一二七三）七月三日、元服。同日正五位下に叙し、禁色が許される（21歳）。同十一日、右近衛少将に補任。同十一月八日、従四位下に叙し、右少将の叙留が認められる。同十一年正月五日、従四位上に叙す（22歳）。同二十二日、備後介兼任。同四月五日、正四位下に叙す。建治元年（一二七五）六月九日、父忠家薨去によって服喪（23歳）。八月十六日、服喪があけ現任に戻る。同二年十二月二十日、従三位に叙され、右少将叙留が認められる（24歳）。同三年七月十二日、母の喪に服す（25歳）。同十二月二十六日、復任。弘安元年（一二七八）正月六日、正三位に叙す（26歳）。同二年二月二日、右中将に転任（27歳）。同三年三月十二日、伊予権守を兼任（28歳）。同七年正月六日、従二位に叙し、右中将叙留（32歳）。正応元年（一二八八）正月五日、正二位に叙す（36歳）。永仁四年（一二九六）十二月出家（44歳）。摂関家の子弟だけに位階は高いが、殿上人の待遇にとどまった。

【解説】

【系図】尊。

【史料】「公卿補任」。

（永井）

くどう こうぜん　工藤杲禅　生没年未詳

鎌倉後期の武士。父母・実名は未詳。義時流（得宗）の被官。右衛門入道と称す。飯沼助宗らとともに引付の監督を命じられた。得宗分国若狭の守護代でもあった。

【解説】（1）「若狭国今富名領主次第」によると、「法名」は、はじめ杲禅と称し、弘安九年（一二八六）に杲暁に改めたとある。（2）佐藤進一『鎌倉幕府訴訟制度の研究』、奥富敬之『鎌倉北条氏の基礎的研究』、同「得宗被官家の個別的研究（その二）」（『日本史攷究』一七）参照。

【系図】

【史料】「新編追加」一七七・「若狭国守護職次第」・「若狭国今富名領主次第」。（末木）

くどう さだすけ　工藤貞祐　生没年未詳

鎌倉後期の武士。工藤杲暁（杲禅）の子、母は未詳。義時流（得宗）の被官。通称は二郎右衛門尉。徳治二年（一三〇七）五月、円覚寺で催す毎月四日の北条時宗忌日斎会に二番衆筆頭として勤務するよう定められる。延慶二年（一三〇九）から正中元年（一三二四）まで得宗貞時・高時の守護国若狭の守護代。延慶元年から元徳三・元弘元年（一三三一）にかけて、摂津多田庄政所としても活躍。元亨三年（一三二三）十月の貞時十三回忌法要に際しては、一品経の妙音品や砂金五十両等を調進した。嘉暦元年（一三二六）三月、蝦夷鎮圧のため出陣し、七月安藤季長を捕らえ帰陣した。同二年九月七日、母が駿河で没している。

【解説】（1）貞祐の若狭守護代在職については佐藤進一『増訂鎌倉幕府守護制度の研究』参照。（2）貞祐に触れた論考に佐藤進一『鎌倉幕府訴訟制度の研究』、小田雄三「摂津国多田庄と鎌倉北条氏」（『名古屋大学教養部人文科学・社会科学紀要三四）等がある。

【系図】

【史料】「円覚寺文書」・「若狭国守護職次第」・「多田神社文書」・「鎌倉年代記（裏書）」・「金沢文庫文書」。（森）

くどう しんさえもん　工藤新左衛門　生没年未詳

鎌倉後期の武士。父母・実名は未詳。義時流（得宗）の被官。執権高時の乱行により政務の荒廃を憂い諫めたが、聞き入れられず、このため高野山に出家遁世した。正慶二・元弘三年（一三三三）、幕府滅亡に際して高時の死に接し、その菩提を弔ったという。のち諸国を遍歴したというが、その消息は不明。

【解説】佐藤進一『鎌倉幕府訴訟制度の研究』、奥富敬之『鎌倉北条氏の基礎的研究』、同「得宗被官家の個別的

研究（その二）」（『日本史攷究』一七）参照。

【系図】

【史料】

（末木）

くどう たかかげ　工藤高景

生没年未詳

鎌倉後期の武士。父母は未詳。義時流（得宗）の被官。二郎右衛門尉と称す。正慶二・元弘三年（一三三三）正月、楠木正成等の立てこもる赤坂・千早両城攻めの際の軍奉行を務めた。

【解説】佐藤進一『鎌倉幕府訴訟制度の研究』、同「得宗被官家の個別的研究（その二）」（『日本史攷究』一七）参照。

【系図】

【史料】『正慶乱離志』。

（末木）

くどう みつやす　工藤光泰

生没年未詳

鎌倉中期の武士。父母は未詳。義時流（得宗）の被官。三郎・左衛門尉と称す。文応元年（一二六〇）正月一日以降、故障した平岡左衛門尉実俊の代わりに小侍所所司を勤め、実俊復帰後も、ともにその任にあたった。

【解説】佐藤進一『鎌倉幕府訴訟制度の研究』、奥富敬之『鎌倉北条氏の基礎的研究』、同「得宗被官家の個別的研究（その二）」（『日本史攷究』一七）、森幸夫「北条氏と侍所」（『国学院大学大学院紀要』文学研究科一九）。

【系図】

【史料】『吾妻鏡』・『鎌倉遺文』⑫八五三四。

（末木）

くらす かねお　倉栖兼雄

生年未詳～文保二年（?～一三一八）

鎌倉後期の武士。父母は未詳。実泰流の被官で、北条（金沢）顕時・貞顕の二代に仕えた。官位は正六位上掃部助。『金沢文庫古文書』は、右筆倉栖兼雄の手になる金沢貞顕書状を多く収める。倉栖氏の本拠地は従来武蔵国久良岐郡倉巣屯倉と考えられてきたが、下総国幸島郡倉樔郷の可能性も考えられるようになった。倉樔郷は実泰流の所領下総国下河辺庄に隣接し、倉栖氏は南北朝時代になっても下河辺庄内に所領を保持していたことから後者の可能性は高い。北条貞顕が乾元元年（一三〇二）に六波羅探題として上洛した時、倉栖兼雄も随行して在京するようになる。京都では、北条貞顕の右筆として書状を作成し、また指示を受けて使節をつとめた。その際、多くの副状を作成したと思われる。『金沢文庫古文書』に倉栖兼雄書状として収められているものがそれである。金沢貞顕書状や倉栖兼雄書状にみられる兼雄の書風は世尊寺流であるが、自身は蘇東坡の書風を好んだという。北条貞顕が意思決定を行うにあたって召集された評定の一員で、重臣の一人と考えることができる。倉栖兼雄は、文保二年（一三一八）五月三日に卒去した。倉栖兼雄の母である「尼随了諷誦文」は、不惑をわずかにすぎたばかりで卒去したと伝える。この年、北条貞顕は四十一歳、貞顕と兼雄は同世代である。また、倉栖兼雄を卜部兼好の兄民部大輔卜部兼雄にあてる説が出されたことがあるが、この二人は官位によって表示される社会的地位があわないので、別人とするのが常識である。

【解説】倉栖兼雄の経歴は、福島金治「金沢北条氏の被官について（増補版）」（『金沢北条氏と称名寺』所収）。『金沢文庫文書目録』は右筆まで記載するので、倉栖兼雄筆の北条（金沢）貞顕書状は抽出することができる。北条（金沢）貞顕書状と倉栖兼雄書状の関係は、永井晋「鎌倉時代後期における京都・鎌倉間の私的情報交換――六波羅探題金沢貞顕の書状と使者――」（『歴史学研究』七二六）。

【系図】

【史料】『金沢文庫古文書』一六・二六・二九・三二・四四・四六・五四・五五・一二八・二四三・三六四・五四六・五四九〜五六三・六〇九・一一二六・一一五六・二三七〇・五二六九・五三三九・六一〇三。

（永井）

くらす かもんのすけしろう　倉栖掃部助四郎

生没年未詳

鎌倉後期の武士。倉栖兼雄の子、母は未詳。実泰流の被官。下総国下河辺庄築地郷の相論に名前が見える。尼常阿は、倉栖兼雄が文保元年（一三一七）十二月七日に築地郷年貢六か年分を二百貫文で自分に年期売りしたと主張したが、倉栖掃部助四郎は遺産相続を主張して相論となった。北条貞顕の公文所は倉栖掃部助四郎の主張を認めている。

【解説】福島金治「金沢北条氏の被官について（増補版）」（『金沢北条氏と称名寺』所収）。下河辺庄の倉栖氏は南北朝時代にも活動が確認できる（『八坂神社記録　一』「社家記録　一」康永二年九月十二日、同十月十二日条）。

【系図】

【史料】『金沢文庫古文書』五三三九。

（永井）

【け】

けんえ　顕恵　嘉元三年～没年未詳（一三〇五～？）

鎌倉後期の天台宗寺門派の僧。実泰流。北条（金沢）貞顕の子、母は未詳。文保二年（一三一八）に顕弁のもとで得度（14歳）。聖護院覚助法親王から嘉暦元年（一三二六）十二月二十二日に解脱寺で伝法灌頂を受けた（22歳）。

【解説】永井晋「北条氏実泰流出身の寺門僧」（『金沢文庫研究』三〇三）。生年は伝法灌頂を受けた年の俗齢から逆算した。

【系図】「三井寺灌頂脈譜」。

【史料】

（永井）

げんさい　厳斎　生年未詳～弘長元年（？～一二六一）

鎌倉中期の僧。父は北条政村、母は未詳。時村の兄。通称は相模禅師。これは父政村が相模守であったことによる。また大夫阿闍梨とも称された。仁和寺の僧。弘長元年（一二六一）六月二十三日死去した。

【解説】（1）父は群A・群Bによる。（2）「吾妻鏡」同年六月二十七日条に「新相模三郎（時村）辞放生会随兵。是去二十三日兄（阿）闍梨入滅軽服故也」とあることから、厳斎は時村の兄ということになる。また、この記述からみて、前及び入ウに見え「仁、大夫阿闍梨」「僧都」と注記がある厳政は厳斎と同一人物と考えられる。厳斎が時村の兄でありながら嫡子とならなかったのは、母の出自の関係か、あるいは病弱であったためであろうか。政村の妻には時村らを生んだ新妻の三浦重澄の女（大津尼）の他に、本妻として九条頼経に仕えていた女房の「中将」が知られる。厳斎が嫡子にならなかったのが母の出自の関係だとしたならば、母はこの「中将」である可能性が高い。（3）没年は「吾妻鏡」同日条に「相模禅師厳斎入滅畢」とあることによる。また群A・群Bにも同様の注記がある。（4）政村の妻については「関東往還記」弘長二年（一二六二）四月十三日条及び七月八日条による。

【系図】群A・群B・前・入ウ。

【史料】「吾妻鏡」。

（山野井）

けんじょ　顕助　永仁二年～元徳二年（一二九四～一三三〇）

鎌倉後期の真言僧。実泰流。北条貞顕の子、母は未詳。通称は大夫僧正。仁和寺真乗院主。深円法印から真乗院を譲られた時期は不明。東寺二長者。禅助法印に入室し、三条公茂の猶子となって得度した。応長元年（一三一一）二月二十九日権少僧都補任（18歳）。正和元年（一三一二）二月六日仁和寺観音院で伝法灌頂を受ける（19歳）。正中二年（一三二五）正月二十日東寺長者補任（22歳）。同三年十二月五日日蝕御祈賞により権僧正補任（23歳）。同二十三日法務補任。元徳二年（一三三〇）七月二十七日入滅した（37歳）。真乗院は弟貞助に譲られた。『金沢文庫古文書』には、北条貞顕が当時最高級とされた栂尾茶の入手をたびたび顕助に依頼していたことを伝える書状が残る。

【解説】平雅行「鎌倉幕府の宗教政策について」（『日本古代の葬制と社会関係の基礎的研究』）、同「鎌倉山門派の成立と展開」（『大阪大学大学院文学研究科紀要』四〇）。

【系図】前。

【史料】『金沢文庫古文書』一五・一二五・一六七・一九二・二一二・二三〇・二五七・三二九。「仁和寺諸院家記」・「東寺長者補任」・「常楽記」・「門葉記」・「仁和寺諸院家記」。

（永井）

げんじょ　元助

↓ **頼覚**（らいかく）

けんしょう　賢勝　生没年未詳

鎌倉後期の僧。実泰流。父は北条政顕、母は未詳。

【解説】入ウのみに見える人物。

【系図】入ウ。

【史料】

（菊池）

けんしょう　賢勝

↓ **北条時賢**（ほうじょう　ときかた）

けんしょう　賢性

↓ **北条時賢**（ほうじょう　ときかた）

げんせい　玄盛　寛元四年～没年未詳（一二四六～?）

鎌倉中期の僧。時房流。北条時盛の子、母は未詳。正元元年（一二五九）延暦寺で出家受戒した（14歳）。文永四年（一二六七）の法勝寺八講で聴衆を勤め、翌五年仙洞最勝講論匠等の聴衆を勤めた。

【解説】（1）記述は平雅行「鎌倉山門派の成立と展開」（『大阪大学大学院文学研究科紀要』四〇）による。（2）系図では入ウのみに見える人物。時盛の子政長の子とする。「山」「大夫阿闍梨」と注記する。

【系図】入ウ。

【史料】

（菊池）

げんせい　厳政

↓　厳斎（げんさい）

けんべん　顕弁

文永六年〜元徳三・元弘元年（一二六九〜一三三一）

鎌倉後期の天台宗寺門派の僧。実泰流。北条顕時の庶長子、母は未詳。通称は、師静誉の住坊に由来する実相院、父北条顕時の官途に由来する越後、鎌倉での住坊に由来する月輪院。月輪院は北条（名越）宗長の菩提寺長福寺の別当坊で、鶴岡八幡宮に次ぐ鎌倉の寺門派の重要拠点であった。弘安三年（一二八〇）、園城寺長吏と鶴岡若宮別当を兼務した宝昭院僧正隆弁のもとに入室（12歳）。弘安八年に隆弁が入滅したことにより、実相院僧正静誉のもとに遷る（19歳）。永仁元年（一二九三）十二月二十二日に園城寺唐院で伝法灌頂を受けた（25歳）。その後、鎌倉に戻ったが時期は未詳。文保二年（一三一八）に園城寺別当に補任されて入寺、園城寺戒壇院建立を熱望していた若手衆徒に隆弁の再来と期待され、前別当長乗とともに文保の園城寺戒壇問題の中心人物に祭りあげられていった。元応元年（一三一九）四月二十五日、園城寺戒壇勅許に反対する延暦寺は園城寺に焼討ちをかけ、全山を焼亡させた（51歳）。翌同二年、顕弁は園城寺別当を辞任、鎌倉に戻って右大将家法華堂別当に就任した（52歳）。元亨二年（一三二二）十月二十七日、鶴岡若宮別当に就任（54歳）。嘉暦二年（一三二七）には園城寺長吏を兼務した（59歳）。北条氏一門でははじめての補任である。翌同三年には園城寺長吏を辞任して鎌倉に戻った（60歳）。元徳三・元弘元年（一三三一）四月二十四日に入滅（63歳）。金沢に葬ったという。また、顕弁四十九日回向は顕弁の西御門御房で行われた。導師は甥の陸奥大夫法印顕瑜であった。

【解説】（1）年齢は没年からの逆算による。（2）平岡定海「園城寺の成立と戒壇問題」（『日本寺院史の研究　中世・近世編』）、永井晋「北条氏実泰流出身の寺門僧」（『金沢文庫研究』三〇三）、平雅行「鎌倉幕府の宗教政策について」（『日本古代の葬制と社会関係の基礎的研究』、『日本史学年次別論文集　中世2』に再録）同「鎌倉山門派の成立と展開」（『大阪大学大学院文学研究家紀要』四〇）。

【系図】野津・正・前・群B・入ウ・「三井寺灌頂脈譜」。

【史料】「花園天皇宸記」・「文保三年記」・「禅定寺文書」・「鶴岡社務記録」・「武家年代記（裏書）」・「三井続灯記」・「常楽記」・「寺門伝記補録」。　（永井）

けんぽう　顕宝　生没年未詳

鎌倉後期の僧。実泰流。北条（金沢）時雄の子、母は未詳。通称は大夫得業。東大寺西室院主顕実と同一人物か。

【解説】（1）正のみに見える人物。通称は注記による。（2）平雅行「鎌倉山門派の成立と展開」（『大阪大学大学院文学研究家紀要』四〇）。

【系図】正。

【史料】　（永井）

けんゆ　顕瑜　弘安九年～没年未詳（一二八六～？）

鎌倉後期の天台宗寺門派の僧。実泰流。越後左近大夫将監北条顕景の子、母は未詳。通称は陸奥大夫法印。正安元年（一二九九）に得度して園城寺に上る（14歳）。同三年十月二十一日には寺門流の唱導弁範本「智証大師画讃」を書写した（16歳）。その後、嘉元三年（一三〇五）四月には園城寺南院北林房で幸尊本「雑々見聞集　妙抄」・「北峯教義」・「十不二門指要抄」を書写した。北林房幸尊は鎌倉にたびたび下って北条時頼・時宗・貞時と歴代の得宗の信頼を得ていたので、顕瑜は本寺に入る前から幸尊のことをよく知っていたことが考えられる。同年閏十二月十五日に覚助法親王から伝法灌頂をうけた（20歳）。嘉元元年に幸尊が入滅したことにより、覚助法親王から灌頂を受けたのであろう。園城寺における顕瑜の活動は、延慶三年（一三一〇）十一月十一日に唐院で行われた道猷伝法灌頂の賛衆を勤めたのが最後である（25歳）。正和二年（一三一三）三月七日、顕瑜は覚助本の「鉢図并明心」を書写した（28歳）。鎌倉下向の時期は明かでない。元徳三・元弘元年（一三三一）六月十二日には、鎌倉の西御門御房で行われた顕弁四十九日廻向の導師を勤めた（46歳）。顕瑜の所領は、陸奥国玉造郡内知行分・下総国久吉保内買得地が確認される（『金沢文庫古文書』五三二一・五四一二）。その生存は正慶元・元弘二年（一三三二）まで確認できる。

【解説】永井晋「北条氏実泰流出身の寺門僧」（『金沢文庫研究』三〇三）、平雅行「鎌倉山門派の成立と展開」（『大阪大学大学院文学研究家紀要』四〇）。

【系図】「三井寺灌頂脈譜」。

【史料】『金沢文庫古文書』一二二三・一二二四・五三二二

一・五三二六・六一三六・六一四二、識一六五・八三七・九三三・一一二五・一七〇二・一九六二・二二三四。『鎌倉遺文』㊶三一八五四。（永井）

【こ】

こうき　公喜
→ 公義（こうぎ）

こうぎ　公義　仁治二年～没年未詳（一二四一～？）

鎌倉中期の僧。父は北条泰時、母は未詳。初名は公喜。僧都。無量寿大夫と称す。建長二年（一二五〇）十一月二十四日園城寺の如意寺法印円意に伝法灌頂を受けた。弘安五年（一二八二）十月十一日伊佐院八人長となる。子に泰茂・泰瑜がいる。

【解説】永井晋「北条氏実泰流出身の寺門僧」（『金沢文庫研究』三〇三）、平雅行「鎌倉山門派の成立と展開」（『大阪大学大学院文学研究家紀要』四〇）参照。

【系図】桓・群A・群B・前・纂要・入ウ。

【史料】「園城寺潅頂血脈」・「園城寺僧位血脈」（纂要所収）。

（菊池）

こうけい　公恵　建治二年～嘉暦元年（一二七六～一三二六）

鎌倉後期の僧。朝時流。北条公時の猶子、母は未詳。実父は大江広元の子章弁。建治二年（一二七六）に生まれる。公朝の弟子。通称は名越法印・名越摩美法印。永仁五年（一二九七）二月一日、敬宗より伝法灌頂を受ける。正安元年（一二九九）一月十四日権律師に補任。嘉暦元年（一三二六）五月二十四日に没した。

【解説】（1）北条氏関係諸系図には見えない人物。（2）公恵の生年は没年から逆算した。（3）通称は「大江系図」の注記及び「常楽記」による。没年は「常楽記」による。（4）参考文献に、永井晋「北条氏実泰流出身の寺門僧」（『金沢文庫研究』三〇三）がある。

【系図】「大江系図」。

【史料】「常楽記」。

（久保田）

こうしゅそ　かう首座　生年未詳～正慶二・元弘三年（？～一三三三）

鎌倉後期の僧。実泰流。北条（金沢）顕実の子、母は未詳。鎌倉幕府滅亡時の東勝寺長老。湛睿書状に「先代甘縄駿州之御息かう首座とて、世上転変之折節は、東勝寺長老にて御坐けるなる」と見える。

【解説】

【系図】

【史料】『金沢文庫古文書』九三七前半。　（永井）

ごうだとおさだ　合田遠貞

→　合田遠貞（あいだとおさだ）

こうちょう　公朝　生年未詳～永仁四年（?～一二九六）

鎌倉前期の僧侶・歌人。北条朝時の養子。実父は従三位藤原実文で、母は未詳。通称は遠江法印・遠江僧都・詑麻僧正。建長二年（一二五〇）十一月二十二日、如意寺法印円意より灌頂を受ける。関東に住し、新阿弥陀堂・法華堂別当に任ぜられ、弘長三年（一二六三）三月十日には大倉薬師堂供養の導師を勤めるなど、鎌倉における密教僧の重鎮であった。鎌倉在住のまま園城寺別当に補任され、正応五年（一二九二）二月二十五日に拝堂を遂げた。歌にも秀で、「新続古今和歌集」以下の勅撰集にその歌が収められ、将軍宗尊親王周辺の有力歌人で、幕府歌壇にも重きをなしていた。永仁四年（一二九六）に卒した。

【解説】（1）公朝は尊の頭注に「公季孫、実父藤実文卿」と記されており、朝時の実子ではなく養子である。このため、尊・群Bでは朝時男子の最初に、その他の系図では最後に配されている。実父藤原実文は、尊によると三条大納言藤原実房の孫・八条権大納言公宣の子で、母は権中納言藤原兼光の女である。（2）通称の「遠江」は養父朝時の官職遠江守による。また「詑麻」は、鎌倉の地名宅間谷に由来する。（3）尊の注記に「続古以下作者」、正に「歌人」と見える。（4）参考文献に、中川博夫「僧正公朝について――その伝と歌壇的位置――」（『国語と国文学』七一―六）、永井晋「北条氏実泰流出身の寺門僧」（『金沢文庫研究』三〇三）がある。

【系図】野辺・野津・桓武・尊・前・群A・群B・正・入・入ウ。

【史料】「吾妻鏡」・「三井寺灌頂脈譜」・「親玄僧正日記」・「新続古今和歌集」。　（久保田）

こうづけ さぶろう　上野三郎

→　畠山泰国（はたけやまやすくに）

こうの みちすえ　河野通末　生没年未詳

鎌倉前期の武士。父は河野通信、母は北条時政の女。

通称は河野弥太郎・河野八郎。承久の乱で父と共に京方に属し、敗れて信濃国伴野庄に流された。

【解説】（1）「予章記」と「越智姓系図」は通末の母を二階堂信濃民部大夫（輔）女とする。（2）「越智姓系図」は通称を弥二郎とする。

【系図】「越智系図」・「越智姓系図」・「河野系図」。

【史料】「予章記」。


（菊池）

こうの みちのぶ　河野通信

保元元年～貞応二年（一一五六～一二二三）

平安後期・鎌倉前期の武士。父は河野通清、母は未詳。北条時政の女を妻とし、通久・通政・通末・女子をもうける。幼名若松丸、通称は河野四郎・河野大夫・河野入道。父と共に治承四年（一一八〇）冬頃から平家に背き、伊予国高縄城（現愛媛県北条市）に拠ったが、父通清が備中国住人奴可（額）入道西寂のため討たれた（25歳）。養和元年（一一八一）九月通信以下の伊予国在庁が平家に反したため、阿波国の豪族田口成良が平家の使としてこれを平定した。元暦元年（一一八四）平教盛の子通盛・教経兄弟が通信を攻めに下向してきたとき、母方の叔父沼田次郎と共にその居城沼田城に籠城したが敗れ、伊予に逃げ帰ったという。同十二月通信は安芸国沼田郷に渡り、沼田次郎に兵船を借り、備後国鞆浦で酒宴中の奴可西寂を捕らえ高縄城の通清の墓の前で処刑したという。文治元年（一一八五）正月平家方の高市秀則と戦い、次いでその父俊則と鷺小山に破った（30歳）。同二月屋島の戦いでは、通信が兵船三十艘を率いて源氏方に参戦した。そして壇浦の戦いでも兵船百五十艘を率いて参戦し、源氏勝利の要因となった。「予章記」は同年七月、これらの功により通信が伊予国道後七郡を守護として管領することを認められたとする。同五年七月奥州合戦に参戦し、通信は土器を持参し食事の度毎度これを用い賞賛されたという。この時の勲功賞として陸奥国三ノ迫を給り、伊予国喜多郡の替として久米郡を給ったという。源頼朝没後の正治元年（一一九九）十月の梶原景時の弾劾事件の時には、通信も幕府宿老の一人として弾劾の連署に加わっており、鎌倉に滞在していた（44歳）。

建仁三年（一二〇三）四月、幕府は帰国直前の通信に、伊予国守護佐々木盛綱の支配を受けず、これまで通り国中の近親や郎従を従えることを許した（48歳）。さらに元久二年（一二〇五）閏七月には伊予国御家人三十二名に対する守護所の沙汰を止め通信の沙汰とすることを命じている（50歳）。これによると河野氏の勢力範囲は、風早郡河野郷（現愛媛県北条市）を中心に、東は越智郡、西は和気郡・温泉郡・浮穴郡・伊予郡に広がっていた。承久三年（一二二一）の承久の乱では後鳥羽上皇方に属し（66歳）、四月二十八日の城南寺の仏事には守護のため参列し、六月九日子太郎通政と共に山城国広瀬に布陣した。しかし、官軍は敗北したため、通信は帰国して高縄城に籠城した。六月二十八日北条泰時は通信追討の命を下し、反河野氏の伊予国御家人をはじめ阿波・讃岐・土佐、さらに備後国太田庄の三善康継等を動員して攻めたてた。そのため七月十四日落城し、通信・通政父子は捕らえられた。所領五十三か所、公田六十余町は没収されたが、五男通久の戦功によって死一等を減じられて陸奥国平泉に流され、葛西氏に預けられた。貞応二年（一二二三）五月十九日没、享年六十八。出家の日時は未詳、法名は観光。東漸寺殿という。

【解説】（1）没年・父は「越智系図」による。（2）子については、「越智系図」・「河野系図」（『続群書類従』七上）・「越智姓系図」・「河野系図」（『系図総覧』下）による。なお、「予章記」と「越智姓系図」は通末の母を二階堂信濃民部大夫女とする。（3）通清の挙兵については「吾妻鏡」養和元年閏二月十二日条に見え、通清が討たれたことは「吉記」養和元年八月二十三日条に伝聞として見える。（4）通信の挙兵のことは「吾妻鏡」養和元年閏二月十二日条に見える。（5）通信が京方に属した要因は未詳だが、『愛媛県史』古代Ⅱ・中世は諸説をまとめた後、伊予国御家人支配に関して、伊予国守護と河野氏との間で緊張関係が生じた可能性があるという山内譲の説を載せる。（6）通信の三男通広の子が一遍上人である。

【系図】群A・群B・纂要・入ウ・「越智系図」・「河野系図」（『続群書類従』七上）・「越智姓系図」・「河野系図」（『系図総覧』下）。

【史料】「予章記」・「平家物語」・「吾妻鏡」・「吉記」・「承久記」。

（菊池）

こうの みちのぶじょ　河野通信女　生没年未詳

鎌倉前期の女性。父は河野通信、母は北条時政の女。鎌倉で将軍源頼家に仕え、竹御所（将軍藤原頼経室）を生む。通称美濃局。美濃国二木郷（現岐阜県墨俣町）、肥後国砥河・木崎両郷（現熊本県益城町）の本主という。

【解説】（1）父母は「越智系図」・「河野系図」（『系図総覧』下）による。[尊]では竹御所の母を木曽義仲の女とする。（2）通称・所領は「河野系図」（『系図総覧』下）による。

【系図】「越智系図」・「河野系図」（『系図総覧』下）。

【史料】

（菊池）

こうの みちひさ　河野通久　生没年未詳

鎌倉前期の武士。父は河野通信、母は北条時政の女。妻は工藤祐経の女。通称は河野九郎左衛門尉。承久の乱の時、父や兄弟が院方に属したが、一人鎌倉方に属し、宇治川の戦いで先陣を進み勲功を挙げた。父通信以下兄弟が京方に属し配流・処刑されたが、北条氏との縁から通久が河野氏を嗣ぎ、また勲功賞として阿波国富田庄（現徳島県徳島市）を給った。しかし、その後替わりに伊予国久米郡石井郷（現愛媛県松山市）を申請し、貞応二年（一二二三）九月石井郷地頭に補された。通久は郷内に縦淵城を築き、河野氏の拠点とした。

【解説】石井郷地頭補任のことは、貞応二年九月二十二日の六波羅施行状（「早稲田大学所蔵文書」：『鎌倉遺文』⑤三一五九）と貞応三年正月二十九日の関東下知状（「保坂潤治氏所蔵文書」：『鎌倉遺文』⑤三二〇七）参照。

【系図】「越智系図」・「河野系図」（『続群書類従』七上）・「越智姓系図」・「河野系図」（『系図総覧』下）。

【史料】「予章記」、『鎌倉遺文』。

（菊池）

こうの みちまさ　河野通政　生年未詳～承久三年（?～一二二一）

鎌倉前期の武士。父は河野通信、母は北条時政の女。通称は河野太郎・新大夫・河野四郎太郎。後鳥羽院の西面武者所に祗候した。承久の乱では後鳥羽上皇方に属し、承久三年（一二二一）六月九日父通信と共に山城国広瀬に布陣した。しかし、官軍は敗北したため、帰国して高縄城に籠城した。六月二十八日北条泰時は通信追討の命を下し、四国の御家人等による追討軍のため七月十四日落城し、通信・通政父子は捕らえられ、通政は配流先の信濃国葉広で誅された。

【解説】通政は、後鳥羽上皇の寵愛を受けて姫宮を給り、太郎政氏・弥太郎通行の二人をもうけたという（「予章記」）。一族の中で一人処刑されたのは、後鳥羽上皇との関係が深かったためであろう。

【系図】「越智系図」「河野系図」（『続群書類従』七上）・「越智姓系図」（『系図総覧』下）。

【史料】「予章記」。

（菊池）

こうゆう　公有　生没年未詳

鎌倉中期の僧。有時流。父は北条有義、母は未詳。北条有時の孫にあたる。僧都。

【解説】匡のみに見え、「僧都」と注記する。

【系図】匡。

【史料】

（末木）

ごだいいんむねしげ　五大院宗繁　生没年未詳

鎌倉後期の武士。父母は未詳。義時流（得宗）の被官。右衛門尉・右衛門太郎と称す。北条高時の嫡子邦時の伯父。元亨二年（一三二二）十月の円覚寺法堂上棟の時に禄役人をつとめる。正慶二・元弘三年（一三三三）新田義貞軍による鎌倉攻めの際、高時より邦時を預けられるが、幕府滅亡後これを裏切り、邦時は捕らえられ刎首された。その後、宗繁は世人の糾弾を受けて困窮の中で飢え死にしたという。

【解説】

【系図】

【史料】「円覚寺文書」・「太平記」・「北条九代記」。

（末木）

【さ】

さいおんじさねあり　西園寺実有

→　**藤原実有**（ふじわらさねあり）

さくらだぜんじ　桜田禅師

→　**時厳**（じげん）

ささきのぶつな　佐々木信綱

養和元年～仁治三年（一一八一～一二四二）

鎌倉前期～中期の武士。御家人。父は佐々木定綱（四男）。母は未詳。通称及び官途は佐々木四郎・佐々木左近将監・佐々木四郎右（左）衛門尉・佐々木判官・佐々木大夫判官・近江守・近江前司・近江入道。定綱の四男であったが信綱の家系が近江佐々木氏の嫡流となった。妻は川崎為重女、北条義時女。「吾妻鏡」の初見は、建仁元年（一二〇一）五月十七日条で、父の近江国守護定綱の代官として、同国住人柏原弥三郎を誅殺している。建暦元年（一二一一）十月十二日任左近将監。建保元年（一二一三）正月二日、北条義時が将軍源実朝に垸飯を献じた際の馬の引手を勤め、以降実朝の外出に随兵を勤めるなど、在鎌倉での活動が確認できる。承久三年（一二二一）四月十六日任右衛門尉。同年の承久の乱の際、在鎌倉の信綱は北条泰時・北条時房が率いる幕府軍に加わって上洛。同六月十四日の宇治川合戦では、芝田兼義・中山重継・安東忠家らと先陣を進んで、泰時の嫡男時氏とともに川を渡って活躍した。乱後は兄広綱に代わって近江佐々木氏の嫡流として、近江国守護職と同国佐々木荘などの所職・所領を手中にした。貞応元年（一二二二）十月十六日転左衛門尉。

安貞元年（一二二七）九月二十二日、承久の乱における宇治川合戦先陣の勲功賞として、近江国佐々木豊浦（現滋賀県近江八幡市上豊浦・下豊浦付近）と羽爾（現滋賀県大津市の旧志賀町域）・堅田（現大津市堅田付近）両荘、栗本北郡（滋賀県栗東《りっとう》市付近）などの地頭職を賜った。同年十一月に使宣旨を蒙り、翌二年十二月叙留（従五位下）。寛喜二年（一二三〇）八月、園城寺の中院・南院の衆徒と北院の衆徒との戦いに際して、幕府の使節として上洛した。翌三年正月二十九日に成功（使廻年中宮御産祈進三万五千疋功）によって近江守に補任。国司と守護とを兼任した。貞永元年（一二三二）正月、近江守を辞して従五位上に叙される。天福元年（一二三三）には、正月一日に北条時房が、同三日に北条朝時が垸飯を献じたが、両日とも信綱は一族として弓矢を献上した。文暦元年（一二三四）、評定衆に加えられた。同七月出家、法名は虚假（または経仏）。

翌同二年の将軍家政所下文で、信綱は承久の乱の勲功賞近江国豊浦庄（薬師寺に返却）の替えとして、尾張国長尾岡庄地頭職を宛行われた。嘉禎元年（一二三五）七月二十三日には、信綱の子高信が日吉神人を殺害したため、再び佐々木氏と延暦寺の間に紛争が発生した。延暦寺衆徒らが日吉社の神輿を奉じて入京し、高信らの死罪を要求したのである。朝廷の要請により、執権北条泰時は、この時の強訴を防いだ足立遠政・遠信父子は流刑、高信を豊後国に配流に処した。一方、建久年間の事件とは異なり、衆徒らの首謀者の処罰についても強く要求している。

嘉禎二年（一二三六）九月、信綱は突然評定衆を辞任し上洛する。「吾妻鏡」は密かに遁世する企てがあったと記す。暦仁元年（一二三八）九月、幕府は近江国守護信綱に対して賀茂別雷社領安曇川御厨（滋賀県高島市安曇川町一帯）内藤江村への守護使入部の停止を命じ、同年十月十三日関東に下向する途中の将軍頼経に対し、信綱は小脇《おわき》駅（滋賀県東近江市小脇）に御所を設けて盛大に饗応した。守護としての活動は続いていた。仁治二年（一二四一）同年六月八日、信綱は念願の遁世を果たし、子孫のことについて今後は関与しないことを幕府に言上している。同三年三月六日、高野山において六十二歳で死去した。

【解説】（1）没年は尊・「佐々木系図」（巻第百三十二）・纂要による。生年は没年からの逆算による。「関東評定衆伝」は「仁治二年三月六日於高野卒。年六十二」と載せる。（2）父は「吾妻鏡」及び諸系図による。（3）入ウの北条義時女の注記に「佐々木近江守信綱妻」とある。尊・纂要は泰綱と氏信の母を川崎為重女、「佐々木系図」（『続群書類従』巻第百三十二）は泰綱の母を北条泰時女、氏信の母を川崎為重女、「佐々木系図」（『続群書類従』巻第百三十三）は泰綱の母を北条泰時の妹（義時女）、「佐々木系図」（『続群書類従』巻第百三十四）は泰綱と氏信の母を北条泰時女と載せる。泰綱と氏信が兄らを差し置いて佐々木氏の嫡流である六角氏と京極氏の祖となったのは、二人の母が北条得宗家の女性であったからだとみるのが妥当であろう。泰綱の名も泰時の偏諱を賜ったものであり、得宗家との関係の深さがうかがえる。ただし、泰時女では泰時三十一歳の時に外孫泰綱が生まれたことになり、若干の無理がある。（4）官歴は「関東評定衆伝」などによる。（5）嘉禎元年（一二三五）の事件は「明月記」七月二十七・二十九日条、「百練抄」七月二十三・二十七日、八月八日条、「天台座主記」等に詳しい。（6）地名は『角川日本地名大辞典』による。

【系図】尊（第三篇）・「佐々木系図」（『続群書類従』五下）・纂要（宇多源氏）。

【史料】「吾妻鏡」・「関東評定衆伝」・「民経記」・「明月記」・「玉蘂」・「百錬抄」・「華頂要略」・「天台座主記」・「金剛三昧院文書」。

（菊池）

さじ しげいえ　佐治重家　生没年未詳

鎌倉中期の武士。父母は未詳。重時流北条氏の被官。左衛門尉。天福元年（一二三三）頃から重時の側近として活動し、重時・時茂父子の守護国和泉の守護代を勤める。長時・時茂兄弟の六波羅探題在職期（一二四七～七〇）には奉行人としても活躍し、建長三年（一二五一）六月には幕府が造進した閑院内裏の作所奉行人を勤めた。公武交渉における探題使者としても重用された。弘長二年（一二六二）五月には重家法師と見えるので、前年十一月の重時死去に伴い出家したらしい。重時流北条氏被官中で、最も有力者とみられる。

【解説】重家に触れた論考に佐藤進一『増訂鎌倉幕府守護制度の研究』、森幸夫「六波羅探題職員ノート」（『三浦古文化』四二）、同「六波羅探題職員ノート・補遺」（『国学院雑誌』九一―八）、高橋慎一朗「六波羅探題被官と北条氏の西国支配」（『史学雑誌』九八―三）等がある。

【系図】

【史料】「松浦山代文書」・「久米田寺文書」・「経俊卿記」・「葉黄記」・「近衛家本追加」・「吾妻鏡」。（森）

さすけさだむね　佐助貞宗

→北条貞宗（ほうじょう さだむね）

さすけたかなお　佐助高直

→北条高直（ほうじょう たかなお）

さすけときはる　佐介時治

→北条時治（ほうじょう ときはる）

さたけよしつぐ　佐竹義継　生没年未詳

鎌倉後期の武士。父母は未詳。政村流、北条為時の岳父。

【解説】正は北条為時（政村の三男時村の子）を「帯刀先生義賢ノ孫、佐竹四郎義継婿」とする。義賢は「帯刀先生」の注記から源義仲の父の源義賢のことと思われるが、その孫に該当する人物は確認できない。また、管見の限りでは、佐竹氏関係の諸系図に義継に該当する名はない。

【系図】正。

【史料】（山野井）

さたけよしつぐじょ　佐竹義継女　生没年未詳

鎌倉後期の女性。父は佐竹義継、母は未詳。政村流の北条為時（政村の三男時村の子）の妻となる。

【解説】父佐竹義継は正の為時の注記にその名が見えるが、詳細は不明である。

【系図】正。

【史料】（山野井）

さつまさえもんさぶろう　薩摩左衛門三郎　生年未詳～文永九年（?～一二七二）

鎌倉中期の武士。父母・実名は未詳。義時流（得宗）

の被官。文永九年（一二七二）二月、大蔵次郎左衛門尉・渋谷新左衛門尉・四方田滝口左衛門尉・石河神次左衛門尉らとともに北条時章・教時を殺害した。しかし、時章は何の罪もなく誤殺されたことが判明したため、執権北条時宗は大蔵ら五人を刎首を命じた。いわゆる二月騒動である。

【解説】

【系図】

【史料】「武家年代記（裏書）」・「鎌倉年代記（裏書）」・「保暦間記」。（末木）

さとう なりつら　佐藤業連　生年未詳～弘安十年（?～一二八七）

鎌倉中期の武士。父母は未詳。義時流（得宗）の被官。民部次郎と称す。建治二年（一二七六）四月、引付衆を経ず評定衆に加えられた。当時は中務丞であった。弘安三年（一二八〇）十一月十三日任民部少丞。同十二月十二日大丞に転ず。弘安六年正月叙爵し、二月二十三日加賀権守に任ず。弘安七年頃寺社奉行として高野山衆徒の訴訟を奉行した。また「建治三年記」には寄合衆として見え、平頼綱らとともに時宗御内の要人であった。弘安十年四月没した。

【解説】（1）父は不明だが、通称から推定するに佐藤業時（民部大夫）か。（2）佐藤進一『鎌倉幕府訴訟制度の研究』参照。

【系図】

【史料】「吾妻鏡」・「関東評定衆伝」・「金剛三昧院文書」・「建治三年記」。（末木）

さぬき　讃岐　生没年未詳

鎌倉中期の女性。父は讃局執行大夫、母は未詳。義時流（得宗）の北条経時の妻となり、権律師隆政を生む。将軍家女房讃岐と称された。

【解説】（1）父は野辺による。通称は纂要による。（2）経時の弟時頼の妻にも将軍家女房讃岐がおり、同一人物の可能性がある。

【系図】野辺・野津・群A・群B・前・纂要。

【史料】（菊池）

さぬき　讃岐　生年未詳～正和二年（?～一三一三）

父は讃岐執行□□、母は未詳。義時流（得宗）の北条時頼の妻となり、三郎時輔を生む。将軍家讃岐と称された。時輔は時頼の長男で時宗の異母兄。讃岐が正室でなかったため、得宗家を継げなかった。時輔没後、延慶二年（一三〇九）～正和二年（一三一三）にかけて、出雲国横田庄内の岩屋寺に同庄内の田地を寄進した。岩屋堂禅尼妙音と称された。正和二年十二月二十八日没した。

【解説】（1）父は野辺による。通称は「鎌倉年代記」による。（2）時頼の兄経時の妻にも将軍家女房讃岐がおり、同一人物の可能性がある。（3）岩屋寺については、康永元年（一三四二）十一月十日の岩屋寺院主祐円目安状案（「東京大学史料編纂所所蔵岩屋寺文書」）による。

【系図】野辺・野津・尊・正・桓・群A・群B・前・纂要。

【史料】「鎌倉年代記」、「東京大学史料編纂所所蔵岩屋寺文書」、『南北朝遺文』中国四国編②一二〇六。（菊池）

さぶりちかきよ　佐分親清　生没年未詳

鎌倉中期の武士。高棟流桓武平氏信親の子、母は未詳。参議平親範の孫にあたる。重時流北条氏の被官。蔵人。加賀守。法名親願。伯（叔）父の従三位基親の娘が北条重時に嫁し、長時・時茂を生んだ関係から、重時と関係を持ち被官的存在となる。重時・時茂の守護国若狭の守護代を勤め、守護領佐分郷の経営に関与し、佐分氏を名乗る。長時・時茂の六波羅探題在職期（一二四七～七〇）六波羅評定衆として活動。また歌人としても著名で、「新続古今和歌集」に二首入集し、「平親清集」と呼ばれる家集もあった。弘長三年（一二六三）八月、将軍宗尊親王主催の連歌会にも参加している。旧妻の「権中納言実材卿母集」や娘の「平親清四女集」・「平親清五女集」もある。佐分氏は鎌倉末期には得宗家に仕えた。

【解説】親清に関する論考に、森幸夫「六波羅評定衆考」（『日本中世政治社会の研究』）、同「御家人佐分氏について」（『金沢文庫研究』二九三）、井上宗雄『鎌倉時代歌人伝の研究』等がある。

【系図】尊。

【史料】「北条時政以来後見次第」・「若狭国守護職次第」・「東寺百合文書」ノ・「吾妻鏡」・「経俊卿記」・「中山法華経寺所蔵双紙要文紙背文書」・「新続古今和歌集」・「実隆公記」・「権中納言実材卿母集」・「平親清集」・「平親清四女集」・「平親清五女集」・「円覚寺文書」。（森）

さんじょうさねのぶ　三条実宣　治承元年～安貞二年（一一七七～一二二八）

鎌倉前期の公卿。父は三条公時、母は藤原（吉田）経房の女。北条時政の女婿。妻は政範と同母兄弟である。

滋野井と称した。養和元年（一一八一）正月五日叙爵（5歳）。文治四年（一一八八）十月十四日侍従に任じられた（12歳）。建久五年（一一九四）正月五日従五位上、同六年正月五日正五位下に叙される（19歳）。同四月七日左近少将に任じられる。同八年正月五日従四位下、正治二年（一二〇〇）正月二十二日従四位上、建仁二年（一二〇二）十一月十九日正四位下に叙される。同三年正月十三日権中将に転任。承元元年（一二〇七）二月十六日蔵人頭に補される（31歳）。十月二十九日参議。同二年十二月九日従三位、同四年七月二十一日正三位に叙される。建暦元年（一二一一）九月八日右兵衛督を兼任し、検非違使別当となる（35歳）。九月八日権中納言に任じられる。同二年正月十三日右兵衛督・検非違使別当を辞任。建保元年（一二一三）正月六日従二位、同五年正月二十八日正二位に叙され、承久元年（一二一九）三月四日中納言に転じる（43歳）。同年二月二十七日、閑院遷幸に供奉した。同二年四月六日左衛門督となり、貞応元年（一二二二）十一月十五日これを辞した。元仁元年（一二二四）十二月二十五日権大納言となり（48歳）、嘉禄元年（一二二五）七月六日辞任したが、安貞元年（一二二七）十月四日、これに還任。同二年十一月九日五十二歳で没した。

【解説】父母は尊、官位は「公卿補任」による。妻のことは「明月記」元久元年四月十三日条による。

【系図】野辺・野津・尊・桓・群A・群B・纂要・入ウ。

【史料】「吾妻鏡」・「公卿補任」・「明月記」。（遠山）

【し】

しあくうこん　塩飽右近　生没年未詳

鎌倉後期の武士。父母・実名は未詳。義時流（得宗）の被官。永仁元年（一二九三）三月十日、当時病がちだった得宗北条貞時のため、親玄の持参した撫物の授受を行った。同五月二十三日には使者として仏眼法を始行する親玄のもとに砂金五十両を持参している。同九月二十一日、使者として昨夜の光ものについて祈祷を行うよう依頼した。また、若狭国恒枝保の代官でもあった。

【解説】

【系図】

【史料】「親玄僧正日記」・「東寺百合文書」。（末木）

しあくさぶろうひょうえ　塩飽三郎兵衛　生没年未詳

鎌倉後期の武士。父母・実名は未詳。義時流（得宗）

の被官。正応五年（一二九二）六月十三日得宗北条貞時の使者として親玄の宿所を訪れ、孔雀経護摩の依頼をした。徳治二年（一三〇七）五月には北条時宗の忌日大斎結番に名を連ねている。

【解説】

【系図】

【史料】「親玄僧正日記」・「円覚寺文書」。　（末木）

しあくしょうえん　塩飽聖遠　生年未詳～正慶二・元弘三年（?～一三三三）

鎌倉後期の武士。父母・実名は未詳。義時流（得宗）の被官。正慶二・元弘三年（一三三三）五月、新田義貞軍による鎌倉攻めの際、子息三郎左衛門忠頼、四郎とともに自害した。その時、聖遠は辞世の頌「提持吹毛、切断虚空、大火聚裡、一道清風」を書いた。

【解説】

【系図】

【史料】「太平記」・「北条九代記」。　（末木）

しあくむねとお　塩飽宗遠　生没年未詳

鎌倉後期の武士。父母は未詳。義時流（得宗）の被官。正応五年（一二九二）七月七日、北斗曼陀羅を持って親玄の宿所を訪れ今夜から七日間の供養を依頼した。

【解説】

【系図】

【史料】「親玄僧正日記」。　（末木）

しおだくにとき　塩田国時

→**北条国時**（ほうじょう　くにとき）

しおだたねとき　塩田胤時

→**北条胤時**（ほうじょう　たねとき）

しおだふじとき　塩田藤時

→**北条藤時**（ほうじょう　ふじとき）

しおだむつはちろう　塩田陸奥八郎　生没年未詳

鎌倉後期の武士。重時流。父は北条時国か、母は未詳。建武二年（一三三五）八月十四日の駿河国国府台の合戦で敗れ、諏訪次郎とともに生虜された。

【解説】（1）北条師関係諸系図に見えない人物。（2）通称から重時流と推定した。（3）合戦のことは足利尊氏関東下向宿次・合戦注文（「国立国会図書館所蔵文書」）による。

【系図】

【史料】「国立国会図書館所蔵文書」。　（菊池）

しおだよしまさ　塩田義政
→　北条義政（ほうじょう よしまさ）

しげのい さねのぶ　滋野井実宣
→　三条実宣（さんじょう さねのぶ）

じげん　時厳　生年未詳～応長元年（?～一三一一）

鎌倉後期の僧。義時流（得宗）。父は北条時頼、母は未詳。桜田禅師と称す。左大臣法印厳忠弟子。応長元年（一三一一）十月二十六日没す。子に師頼・兼貞・貞国・篤貞・頼覚・貞源・綱栄・貞宗がいる。

【解説】（1）前は「時教」とし、「内供奉、号桜田禅師」と注記する。（2）没年は群A・群Bによる。（3）通称は正・群A・群B・前・入ウによる。纂要は相模禅師とする。（4）群A・群B・纂要は「教恵法印弟子」と注記する。

【系図】野辺・正・桓・群A・群B・前・纂要・入ウ。

【史料】

（菊池）

じじょ　時助　生没年未詳

鎌倉後期の僧。政村流。父は政村の三男時村、母は未詳。権少僧都。佐々目と称した。

【解説】正に「権少僧都、佐々目」と注記がある。時村の子為時の子にも同名の人物がおり、同一人物の可能性もある。

【系図】正。

【史料】

（山野井）

じじょ　時助　生没年未詳

鎌倉後期の僧。政村流。父は政村の三男時村の子為時、母は未詳。仁和寺の僧、権少僧都。

【解説】前に「仁、権少僧都」と注記がある。時村の子にも同名の人物がおり、同一人物の可能性もある。

【系図】前。

【史料】

（山野井）

しじょう よりもと　四条頼基　生没年未詳

鎌倉中期の武士。父は四条頼員、母は未詳。北条（名越）光時の被官。四条中務三郎左衛門・四条金吾と称す。法名は日頼。父とともに北条光時に仕えた。日蓮に深く帰依し、文永八年（一二七一）九月の龍ノ口の法難では、日蓮に殉じようとした。捕らえられた頼基は、得宗被官の宿屋光則に預けられた。日蓮の著した「開目鈔」は、日蓮が配流先の佐渡より鎌倉の頼基に送って、門下に示されたもので、頼基宛の日蓮消息が多く残されている。頼基はまた医家としてもすぐれ、光時や日蓮の晩年には看護・投薬を施している。日蓮寂後は甲斐国八代郡内船村の所領に隠棲し、七十一歳で没したという。

【解説】（1）父中務頼員は、寛元四年（一二四六）北条光時が伊豆に流されたとき、随従している。（2）頼基に宛てた日蓮の書状は文永八年五月七日のものを始めとして約四〇通ある。（3）没年については、永仁四年（一二九六）六十七歳没他の説がある。（4）高木豊『日蓮とその門弟』、奥富敬之『鎌倉北条氏の基礎的研究』。

【系図】

【史料】「開目鈔」・「日蓮遺文」。

（末木）

じちょう　時朝　生没年未詳

鎌倉中期の僧。時房流。北条時盛の子、母は未詳。園城寺の僧。

【解説】群A・群Bともに「寺法師」との記載がある。

【系図】群A・群B。

【史料】

（川島）

じつい　実位　弘安六年〜没年未詳（一二八三〜？）

鎌倉後期の僧。朝時流。北条親時の子、母は未詳。北条光時の孫にあたる。天台宗寺門派の僧。通称は大夫。弘安六年（一二八三）に生まれ、正安元年（一二九九）に得度（17歳）。正和二年（一三一三）四月二十四日、花台院僧正定顕を大阿闍梨として伝法灌頂を受けた（31歳）。

【解説】（1）北条氏諸系図には見えない人物。（2）参考文献に、永井晋「北条氏実泰流出身の寺門僧」（『金沢文庫研究』三〇三）。

【系図】

【史料】「三井寺灌頂脈譜」。

（久保田）

じつじょ　実助　建治三年〜没年未詳（一二七七〜？）

鎌倉後期の僧。朝時流。北条宗長の子、母は未詳。北条長頼の孫にあたる。初名は朝誉・長誉。建治三年（一二七七）に生まれ、永仁五年（一二九七）二月十八日、園城寺別当覚助法親王より伝法灌頂を受ける（21歳）。時期は明確でないが鎌倉に下向して長福寺別当となった。

【解説】（1）実助の生年は、「三井寺灌頂脈譜」の注記に伝法灌頂を受けた年齢が二十一歳であると記されていることから逆算した。（2）実助は前・正に宗長の子として見え、前では春時・家政・貞宗・公長の弟、長助の兄。正では家貞・貞宗・宗朝の弟、長助の兄に配されている。(3) 実助は〔前〕の注記に「寺　法印本名朝□」と記されている。また「三井寺灌頂脈譜」の長誉の注記に「改実助」と記されていることから、長誉・朝誉・実助は同一人物と思われる。(4) 寛元の政変で曾祖父時長は得宗北条時頼に野心無き旨を陳謝し、以後北条得宗家と協調し、幕府内で一定の地位を築いた。祖父長頼も将軍宗尊親王に近臣として仕え、その一方で、北条得宗家にも親しく仕え、名越亭などを継承した。父宗長は能登・安芸・豊前の三か国の守護職を兼務し、幕府内でも有力な人物であった。(5)「三井寺灌頂脈譜」の注記に「関東住　山伏　長福寺」と記されている。(6) 参考文献に、遠藤巌「平泉惣別当譜考」(『国史談話会雑誌』一七)、永井晋「北条氏実泰流出身の寺門僧」(『金沢文庫研究』三〇三) などがある。

【系図】〔前〕・〔正〕。

【史料】「三井寺灌頂脈譜」・「中尊寺文書」。

(久保田)

しば いえうじ　斯波家氏

→ 足利家氏 (あしかが いえうじ)

しば いえさだ　斯波家貞　生没年未詳

鎌倉後期の武士。父は斯波宗家、母は重時流の北条為時(時継)の女。家貞は本名を宗氏といい、通称は尾張二郎。長井時秀の女を娶り、その所生に高経がいる。早世したという。

【解説】(1) 父母は〔尊〕3(清和源氏)・「武衛系図」による。前者に母として「式部大輔平時継女」と注記がある。斯波氏は足利氏の庶流で、足利義兼が北条時政の女を娶って以来、義氏(得宗泰時女)―泰氏(得宗時氏女および義時次男朝時女)―斯波家氏(重時流為時女)というように代々必ず北条一門から妻を迎え、姻戚関係を重ねてきた(足利氏・斯波氏と北条氏との姻戚関係は〔尊〕3〈清和源氏〉による)。したがって、家貞の母も北条一門の女の可能性が高い。北条一門で時継を名乗るのは、諸系図から①時房流の時親の子、②時房流の宣房の子、③重時の子(為時とも)、④政村流の時村の子(公村とも)、⑤実泰流の政顕の子、⑥有時流の兼義の子らが確認できる。このうち、式部大夫(輔)の注記がみられるのは③・④のみで、年代的には③がより近いと思われる。なお、「最上系図」は宗家・家貞父子の母をいずれも「平為時女」と載せる。宗家の母は得宗時頼の弟の為時の女であり、妻にも同じ為時の女を迎えることはあり得ないであろう。しかし、これを別人と考えれば、宗家の妻となり家貞を生んだのは③の重時流の時継（為時）の女であったことがほぼ確実になる。（2）尊3（清和源氏）・「武衛系図」は家貞の兄弟に宗氏を載せ、「最上系図」・「山野辺氏系図」には家貞の名はなく宗氏を載せる。尊の家貞の注記には「本名宗氏」とあり、「武衛系図」の二人の通称はいずれも「尾張又三郎」である。さらには家貞の注記に「或為高経之実父（高経は尊では家貞の子、「武衛系図」・「最上系図」・「山野辺氏系図」では宗氏の子）」とある。また、「最上系図」の宗氏の注記に「改家員（貞の誤りか）」とあるなど、系図によって異同が多い。以上の点からみると、家貞と宗氏は同一人物かと思われる。（3）尊3（清和源氏）には「早世」とある。

【系図】尊3（清和源氏）・「武衛系図」・「最上系図」・「山野辺氏系図」。

【史料】

（山野井）

しば むねいえ　斯波宗家

生没年未詳

鎌倉後期の武士。父は斯波家氏で、母は義時流（得宗）の北条時定（為時、時頼の弟）の女。宗家も重時流の北条時継（為時ともいう）の女を娶った。諸系図から知られる通称は尾張孫三郎、官職名は従五位下左近将監。

【解説】（1）父母は尊3（清和源氏）による。宗家の注記に「母平為時女」「為時平時頼之弟」とあることによる。「最上系図」によれば家氏の三男である。（2）足利氏・斯波氏と北条氏との姻戚関係は尊による。斯波氏は足利氏の庶流で、足利義兼が北条時政の女を娶って以来、義氏（得宗泰時女）―泰氏（得宗時氏女および義時次男朝時女）―斯波家氏（為時女）というように代々必ず北条一門から妻を迎え、姻戚関係を重ねていった。

【系図】尊・「武衛系図」・「最上系図」・「山野辺氏系図」。

【史料】

（山野井）

しば むねうじ　斯波宗氏

→　斯波家貞（しば いえさだ）

しぶかわ さだより　渋川貞頼

生没年未詳

鎌倉後期の武士。父は渋川義春、母は時房流の北条時広の女。彦三郎、丹波守。子に義季がいる。

【解説】父母・通称等は[尊]に、官途は「渋川系図」による。

【系図】[尊]・「渋川系図」。

【史料】

（菊池）

しぶかわなおより　渋川直頼　生没年未詳

南北朝期の武士。父は渋川義季、母は時房流の北条朝房の女。通称は渋川太郎。中務大輔。

【解説】父母・官途は「渋川系図」による。通称は[尊]による。

【系図】[尊]・「渋川系図」。

【史料】

（菊池）

しぶかわよしあき　渋川義顕　生没年未詳

鎌倉中期の武士。父は足利泰氏（次男）、母は北条（名越）朝時の女。北条為時（重時流）女を妻とした。本名兼氏。通称は足利次郎。上野国群馬郡渋川庄（現群馬県渋川市）を領し、渋川氏を称した。「吾妻鏡」には寛元三年（一二四五）八月十五日条を初見として、十七回登場する。初見は、鶴岡八幡宮放生会に出向する将軍藤原頼嗣に御後五位の一人として供奉している。翌年八月十五日にも先陣の随兵として供奉、以降も在鎌倉の御家人として、将軍出御の随兵役や垸飯の際等の馬引役を勤める姿が散見される。終見は康元元年（一二五六）八月二十三日条で、将軍宗尊親王が北条政村第に御出の供奉人で、騎馬の一人として随っている
【解説】（1）[尊]3（清和源氏）の渋川義春（義顕子）の注記に「母平為時女、文永九・三、配佐渡国、」と見える。熊谷隆之「ふたりの為時――得宗専制の陰翳――」（『日本史研究』六一一号）参照。（2）通称は「吾妻鏡」による。（3）義顕の外祖父は、二月騒動で嫌疑のかけられた北条時章・教時の父朝時である。義春の流罪がこの事件に関係している可能性が高い。熊谷隆之「ふたりの為時――得宗専制の陰翳――」（『日本史研究』六一一号）参照。熊谷隆之は、義顕を将軍の近習と評価するが疑問。

【系図】[尊]3（清和源氏）・[纂要]。

【史料】「吾妻鏡」。

（菊池）

しぶかわよしすえ　渋川義季　正和二年～建武二年（一三一三～三五）

鎌倉後期の武士。父は渋川貞頼、母は未詳。時房流の北条朝房の女を娶り、直頼と女子（足利義詮室）をもうけた。姉妹が足利直義の室となる。通称は渋川又三郎・渋

川刑部大夫。官位は刑部権大輔・式部丞、従五位。建武二年（一三三五）の中先代の乱の時、南下する北条時行軍を迎え討つため鎌倉から北上したが、七月二十二日の武蔵国女影原の戦いで敗れ自害した。時に二十三歳であった。

【解説】通称・官位は「太平記」・尊3（清和源氏）、他の記述はすべて「渋川系図」による。

【系図】尊3（清和源氏）・「渋川系図」。

【史料】「太平記」。

（菊池）

しぶかわよしすえじょ　渋川義季女

正慶二・元弘三年～明徳三年（一三三三～九二）

鎌倉後期・南北朝期の女性。父は渋川義季、母は時房流の北条朝房の女。名は幸子。足利義詮に嫁いだ。香厳院殿と号す。従二位。明徳三年（一三九二）六月二十六日没した（60歳）。

【解説】名は尊3（清和源氏）、他の記述はすべて「渋川系図」による。義詮の室とあるが、嫡子足利義満の母ではない。なお、父義季の姉妹は足利直義の室である。

【系図】尊3（清和源氏）・「渋川系図」。

【史料】

（菊池）

しぶかわよしはる　渋川義春

生没年未詳

鎌倉後期の武士。父は渋川義顕、母は北条為時（重時流）の女。妻は時房流の北条時広の女、子に貞頼がいる。通称は渋川二郎。苅田小柴を相伝した。文永九年（一二七二）三月佐渡国に流され、翌年許された。

【解説】（1）尊3（清和源氏）の渋川義春（兼氏子）の注記に「母平為時女、文永九・三、配佐渡国、」と見える。熊谷隆之「ふたりの為時――得宗専制の陰翳――」（『日本史研究』六一一号）参照。（2）義春の父義顕の外祖父は、二月騒動で嫌疑のかけられた北条時章・教時の父朝時である。義春の流罪がこの事件に関係している可能性が高い。熊谷隆之「ふたりの為時――得宗専制の陰翳――」（『日本史研究』六一一号）参照。

【系図】尊3（清和源氏）・「渋川系図」。

【史料】

（菊池）

じぶきょう　治部卿

生没年未詳

鎌倉中期の女性。父は平基親、母は未詳。北条重時に嫁し、長時を生んだ。

【解説】（1）長時の母については、森幸夫「御家人佐分氏について」（『金沢文庫研究』二九三）参照。「関東評定衆伝」は「入道大納言家治部卿、中宮大夫平時親女」、前は「中宮大夫平時親女」、野辺は「入道大納言家、後年治部」、纂要は「入道大納言平時親女」と注記するが、この時期大納言になった人物で「時親」はいない。（2）長時の弟時茂の母について、野辺は備後局とするが、「鎌倉年代記」・「北条九代記」は、長時と同母とする。

【系図】前・野辺・纂要。

【史料】

（菊池）

しぶやしんさえもんのじょう　渋谷新左衛門尉

生年未詳〜文永九年（?〜一二七二）

鎌倉中期の武士。父母・実名は未詳。義時流（得宗）の被官。文永九年（一二七二）二月、大蔵次郎左衛門尉・薩摩左衛門三郎・四方田滝口左衛門尉・石河神次左衛門尉らとともに北条時章・教時を殺害した（二月騒動）。しかし、時章は何の罪もなく誤殺されたことが判明したため、執権北条時宗は大蔵ら五人の刎首を命じた。

【解説】

【系図】

【史料】「武家年代記（裏書）」・「鎌倉年代記（裏書）」・「保暦間記」。

（末木）

じほう　時宝

生没年未詳

鎌倉後期の僧。重時流。北条久時の子、母は未詳。守時の弟。通称は中納言僧都。正和四年（一三一五）信忠の伝法灌頂を受ける。建武政権崩壊後の暦応元・延元三年（一三三八）東大寺の寺務代に任じられた。

【解説】（1）久時の子というのは前よる。正は久時の弟とする。（2）通称は正による。（3）平雅行「鎌倉山門派の成立と展開」（『大阪大学大学院文学研究家紀要』四〇）参照。

【系図】正・前。

【史料】

（下山）

しほうでん かげつな　四方田景綱

生没年未詳

鎌倉中期の武士。父は四方田高綱、母は未詳。北条政村の被官。三郎左衛門尉と称す。四方田氏は武蔵七党の児玉党に属す。武蔵国四方田（現埼玉県本庄市）を名字の地とする。暦仁元年（一二三八）二月将軍藤原頼経の上洛に先陣として供奉した。正嘉元年（一二五七）九月、北条政村の被官として勝長寿院造営の雑掌をつとめた。平泉寺内毛越円隆寺（岩手県平泉町）六口供僧の地頭であったが、四十年あまりにおよぶ押領を供僧に訴えられた。

【解説】

【系図】「党家系図（児玉党）」・「四方田系図」。

【史料】『吾妻鏡』、『鎌倉遺文』⑫九〇三九。（末木）

しほうでん ときつな　四方田時綱

生年未詳～文永九年（?～一二七二）

鎌倉中期の武士。父は四方田景綱、母は未詳。義時流（得宗）の被官。滝口左衛門尉と称す。文永九年（一二七二）二月、大蔵次郎左衛門尉・薩摩左衛門三郎・渋谷新左衛門尉・石河神次左衛門尉らとともに北条時章・教時を殺害した（二月騒動）。しかし、時章は何の罪もなく誤殺されたことが判明したため、執権北条時宗は大蔵ら五人の刎首を命じた。現在神奈川県横浜市金沢区にある称名寺には、子息重綱らが父を供養するために奉納した「大方広仏華厳経」が残されている。

【解説】

【系図】「党家系図（児玉党）」・「四方田系図」。

【史料】「武家年代記（裏書）」・「鎌倉年代記（裏書）」・「保暦間記」。（末木）

しゅうかん　宗観

生没年未詳

鎌倉中期の浄土宗西山派の僧。朝時流、名越流の一族という。父母は未詳。通称は宗観房。修観とも表記される。証空の弟子。北条重時の六波羅在京中に縁があり鎌倉極楽寺に招かれた。弘長三年（一二六三）十月二十六日、極楽寺で行われた故重時の三回忌に導師を勤めた。

【解説】（1）北条氏関係諸系図には見えない人物。（2）修観は「浄土九品之事」（日蓮著）による。日蓮は「極楽寺ノ御師」と記す。（3）高橋慎一郎『中世の都市と武士』第Ⅱ部（都市鎌倉における武士と寺院）参照。

【系図】

【史料】「吾妻鏡」・「浄土宗惣系図」・「浄土九品之事」。（菊池）

しゅんじょ　春助

正安三年～嘉暦三年（一三〇一～二八）

鎌倉後期の僧。朝時流。北条夏時（春時）の子、母は未詳。北条宗長の孫にあたる。寛元の政変以後、時長流は得宗家と協調し、祖父宗長は能登・安芸・豊前の三か国の守護職を兼務し、幕府内でも有力な人物であった。春助は祖父宗長が名越に建立した名越長福寺別当・平泉惣別当職を管領した。嘉暦三年（一三二八）二月七日二十六歳で没した。

【解説】（1）春助は[正]にのみ兵庫頭宗長の子として見え、時友・春顕の弟である。父宗長は夏時（春時）の誤記と思われるので、この三人も夏時（春時）の子供として記述する。（2）春助の生年は没年から逆算。（3）年欠正続院雑掌申状事書案（円覚寺文書）に「長福寺者、名越備前禅門代々墳墓之地」という記述がある。（4）「常楽記」嘉暦三年（一三二八）二月七日条に記されている「長福寺坊主亮僧都他界、二十六」は春助のことと思われる。（5）参考文献に、遠藤巌「平泉惣別当譜考」（『国史談話会雑誌』一七）、永井晋「北条氏実泰流出身の寺門僧」（『金沢文庫研究』三〇三）などがある。

【系図】[正]。

【史料】「常楽記」・「円覚寺文書」・「中尊寺文書」。

（久保田）

しょうかん　勝観　生没年未詳

鎌倉中期の僧。朝時流。北条光時の子、母は未詳。勝観は「吾妻鏡」に一度も登場しない。

【解説】（1）勝観は、[前]にのみ光時の子、親時・盛時・政俊・政通の弟として見える。（2）寛元四年（一二四六）閏四月、四代執権経時が死去すると、父光時・叔父時幸らは将軍藤原頼経と提携して幕府権力の奪取をはかるが、新執権時頼によって未然に防がれた。張本とされた光時・時幸は出家して、寛元の政変は得宗家の勝利で終わった。六月十三日、光時は伊豆国江間に配流となり、以後光時の子息等は幕府政治の舞台から全く姿を消していく。（3）[入ウ]の光時の子に勝願が見え、勝観に比定される。

【系図】[前]・[入ウ]。

【史料】

（久保田）

しょうくう　昭空　生没年未詳

鎌倉中期の僧侶。時房流。父は北条時遠、母は未詳。

【解説】[入ウ]のみに見える人物。時遠の子に「出家昭空」と見える。

【系図】[入ウ]。

【史料】

（菊池）

じょうせい　乗清　文永十年～没年未詳（一二七三～？）

鎌倉後期の僧。時房流。北条清時の子、母は未詳。園城寺の僧。公名は安芸。通称は花台房。弘安十年（一二八七）出家（15歳）。永仁元年（一二九三）四月七日に上乗院で実円から伝法灌頂を受けた（21歳）。延慶元年（一三〇八）伏見院の子恵助が、聖護院覚助から伝法灌頂を受けた時に、色衆十六口の一人であった。

【解説】（1）野津に「寺」と傍注がある。「三井寺潅頂脈譜」に見え、父・通称はこれによる。生年は、永仁元年（一二九三）に二十一歳であったことから逆算した。（2）永井晋「北条氏実泰流出身の寺門僧」（『金沢文庫研究』三〇三）、平雅行「鎌倉山門派の成立と展開」（『大阪大学大学院文学研究家紀要』四〇）参照。

【系図】野津・前。

【史料】「三井寺潅頂脈譜」・「園城寺伝法血脈」。（川島）

しょうなごんのつぼね　少納言局　生没年未詳

鎌倉中期の女性。父母・実名は未詳。北条重時の妻。義政の母。

【解説】（1）義政の母については、「関東往還記」・野辺による。なお、重時の女（安達泰盛妻）の母については、福島金治「野辺本北条氏系図について」（『宮崎県史』史料編中世1付属の「宮崎県史しおり」）によると、母は北条教時室（四女）と同じ「遊女」とし、その下に「米政」と注記するが、『鹿児島県史料』（旧記雑録拾遺）家わけ七所収の「野辺文書」七平氏並北条氏系図には「母同□（義）政」、すなわち女房少納言局とあり、検討を要する。（2）「関東往還記」に所見があり、六月二十日条に「故奥州禅門（重時）後家〈少納言、左近大夫義政母〉」、六月二十三日条に「奥州禅門（重時）後家〈少納言、号小御所〉」とある。

【系図】野辺。

【史料】「関東往還記」。（菊池）

しりん　師琳　生没年未詳

鎌倉後期の僧。義時流。父は時厳、母は未詳。

【解説】入ウのみに見える人物。

【系図】入ウ。

【史料】（菊池）

しんが　親雅　生没年未詳

鎌倉中期の僧。政村流。北条時敦の子、母は未詳。正応五年（一二九二）六月覚雅から印可を受けた。その弟子運雅の弟子となり、京都の六条八幡宮別当と醍醐寺蓮蔵院とを相承した。しかし、蓮蔵院をめぐって隆舜と相論し、六条八幡宮の相論では有助に敗れた。運雅の没後俊雅から印可受けたと考えられる。

【解説】（1）北条氏関係の諸系図には見えない人物。

（2）記述は平雅行「鎌倉山門派の成立と展開」（『大阪大学大学院文学研究家紀要』四〇）による。

【系図】

【史料】「六条八幡宮別当次第」・「親玄僧正日記」正応五年六月十五日条。

（菊池）

じんごさえもんのじょう　神五左衛門尉　生没年未詳

鎌倉後期の武士。実名・父母は未詳。義時流（得宗）の被官。鎌倉末期、安東蓮聖・助泰父子とともに、得宗家の在京被官として活躍した。元徳三・元弘元年（一三三一）八月、後醍醐天皇の京都脱出を六波羅探題よりも早く察知し、これを急報した。また元亨三年（一三二三）十月の北条貞時十三回忌法要に際しては、銭五十貫を進めている。

【解説】神五左衛門尉に関する論考に森幸夫「六波羅探題職員ノート」（『三浦古文化』四二）がある。

【系図】

【史料】「金沢文庫文書」・「光明寺残篇」・「円覚寺文書」。

（森）

【す】

すうぎょう　崇暁　生没年未詳

鎌倉後期の僧。義時（得宗）流。父は北条貞時、母は未詳。

【解説】尊にのみ見え、「イニハ真時トアリ」と注記する。

【系図】尊。

【史料】

（菊池）

すわじきしょう　諏訪直性　生年未詳～正慶二・元弘三年（?～一三三三）

鎌倉後期の武士。諏訪盛経の子、母は未詳。実名は宗経か。義時流（得宗）の被官。左衛門尉・左衛門入道。宗経は北条貞時の女の乳母夫となっている。正安元年（一二九九）六月侍所職員として所見し、同二年十月、執権貞時家人として越訴奉行となる。徳治二年（一三〇七）五月、円覚寺で催す毎月四日の北条時宗忌日斎会に八番衆筆頭として勤務するよう定められる。同年から元応二年（一三二〇）にかけて、得宗公文所奉行人連署奉書に名を連ねる。正和年間（一三一二～一七）頃、鶴岡八幡宮の評定衆として別当や供僧の事を沙汰したという。元亭三年（一三三三）十月の貞時十三回忌法要に際しては、一品経の徳行品や銭百貫を調進した。正慶二・元弘三年（一三三三）五月二十二日、幕府滅亡の際、高時ら北条一門とともに鎌倉東勝寺で自害した。

【解説】直性に関する論考に細川重男「諏訪左衛門入道直性について」（『白山史学』三二）がある。

【系図】尊・纂要。

【史料】「武家年代記（裏書）」・「小早川家文書」・「鎌倉年代記（裏書）」・「平川文書」・「円覚寺文書」・「大石寺文書」・「宗像神社文書」・「香蔵院珍祐記録」・「太平記」。

（森）

すわむねつね　諏訪宗経

→ **諏訪直性**（すわじきしょう）

すわもりしげ　諏訪盛重　生没年未詳

鎌倉中期の武士。父は諏訪信綱、母は未詳。本姓金刺氏。義時流（得宗）の被官。信濃国諏訪社大祝職。兵衛尉・兵衛入道と称す。法名蓮仏。「吾妻鏡」には承久三年（一二二一）六月十一日条以降、二十五回登場する。嘉禎二年（一二三六）十二月十九日、北条泰時の新造邸の南角に家を構え、寛元四年（一二四六）六月十日には、尾藤景氏、平盛時とともに北条時頼邸で行なわれた深秘沙汰に参候、宝治二年（一二四八）六月には時頼息・宝寿丸の乳母夫となるなど、得宗被官の要人であった。建長五年（一二五三）十一月、故泰時追福のため山内に堂を建てている。

【解説】佐藤進一『鎌倉幕府訴訟制度の研究』、奥富敬之『鎌倉北条氏の基礎的研究』、山岸啓一郎「得宗被官に関する一考察――諏訪氏の動向について――」（『信濃』二四―一）、鎌田純「中世における諏訪氏の活躍」（『神道史研究』二三―五・六）参照。

【系図】尊3（清和源氏）。

【史料】「吾妻鏡」。

（末木）

すわもりつね　諏訪盛経　生没年未詳

鎌倉中期の武士。父は諏訪盛重、母は未詳。義時流（得宗）の被官。三郎・左衛門尉と称す。法名は真性。文永三年（一二六六）六月以前に出家している。「吾妻鏡」の初見は建長三年（一二五一）十一月二十七日条で、将軍藤原頼嗣の祖母が死去したため、時頼の使者として上洛している。「建治三年記」には寄合衆として見え、平頼綱・佐藤業連とともに北条時宗の被官の要人である。

【解説】佐藤進一『鎌倉幕府訴訟制度の研究』、奥富敬之『鎌倉北条氏の基礎的研究』、小林計一郎『信濃中世史考』、山岸啓一郎「得宗被官に関する一考察――諏訪氏の動向について――」（『信濃』二四―一）、鎌田純一「中世における諏訪氏の活躍」（『神道史研究』一三―五・六）。

【系図】尊3（清和源氏）。

【史料】「吾妻鏡」・「建治三年記」・「香取神宮文書」。

（末木）

【せ】

せいじょ　政助　文永二年～嘉元元年（一二六五～一三〇三）

鎌倉中期の東寺系の僧。義時流。父は北条宗政、母は未詳。法印権大僧都。通称は亮法印。祖父時頼の甥頼助に入室、潅頂を受法。永仁元年（一二九三）五月二十八日鶴岡八幡宮で大仁王会が行われ、社務頼助の代わりに講師を勤めた。同四年二月二十七日頼助の譲りで鶴岡八幡宮別当となる（32歳、在任八年）。翌五年十月二十一日の大仁王会の講師を勤めたが、嘉元元年閏四月十六日の大仁王会の時は病であったらしく代官聖瑜法印が講師を勤めた。同六月二日寅刻没す、享年三十九。

【解説】

【系図】尊・群A・群B・前・纂要。

【史料】「鶴岡社務記録」・「鶴岡八幡宮寺社務次第」。

（菊池）

せいちょう　盛朝　生年未詳～正応五年（?～一二九二）

鎌倉中期の僧侶。時房流。北条時盛の子、母は未詳。通称は亮法印。園城寺の僧。権大僧都。建治三年（一二七七）平泉惣別当となる。正応五年（一二九二）九月没した。

【解説】（1）正は盛時の子とする。（2）通称は正による。（3）野津に「亮法印権大僧都」と注記がある。（4）遠藤巌「平泉惣別当譜考」（『国史談話会雑誌』一七）、平雅行「鎌倉山門派の成立と展開」（『大阪大学大学院文学研究家紀要』四〇）。

【系図】野津・前・正・入ウ。

【史料】

（川島）

せいべん　盛弁　暦仁元年～永仁元年（一二三八～九三）

鎌倉中期の鶴岡八幡宮供僧。長崎時綱の子、母は未詳。

のち祖父盛綱の子となる。通称駿河僧都・駿河法印。隆弁の弟子で、弘長二年（一二六二）六月円智の譲りを得、安楽坊供僧となる。文永二年（一二六五）五月御所大般若経転読経衆として参仕。同八年学頭職に補し、建治三年（一二七七）六月執行職に任ぜられた。弘安四年（一二八一）十一月、八幡宮の遷宮に参仕。正応三年（一二九〇）七月執行職を辞した。永仁元年（一二九三）二月二十七日没。五十六歳。

【解説】

【系図】

【史料】「鶴岡八幡宮寺供僧次第」・「吾妻鏡」・「八幡宮執行職次第」・「鶴岡八幡宮御遷宮記」・「弘安四年鶴岡八幡遷宮記」・「親玄僧正日記」。（森）

せきさねただ　関実忠　生没年未詳

鎌倉中期の武士。父は関国盛、母は未詳。義時流（得宗）の被官。判官代、左近大夫将監と称す。伊勢関氏の祖。纂要によれば、建久四年（一一九三）に伊勢国鈴鹿郡関谷を拝領し、関氏を称したとする。「吾妻鏡」の初見は、承久三年（一二二一）五月二十二日条で、承久の乱で北条泰時とともに上洛している。元仁元年（一二二四）、泰時が新たに建てた亭内に宅を構えていた。

【解説】（1）纂要では、父を国房とする。（2）細川重男「内管領長崎氏の基礎的研究」（『日本歴史』四七九）、渡辺晴美「得宗被官平氏および長崎氏の世系について」（『政治経済史学』一一五）。

【系図】纂要。

【史料】「吾妻鏡」・「伊勢国司伝記」・「勢州四家記」・「関岡家始末」・「藩翰譜」・「家伝史料」。（末木）

せんかく　宣覚　生没年未詳

鎌倉中期の僧。重時流、北条時継の子で、時房流の宣時の養子になった。公名は武蔵。正応三年（一二九〇）以前に律師か。弘安九年（一二八六）阿闍梨、法印権大僧都。乾元元年（一三〇二）以降、醍醐寺におり、僧正と称し、嘉元三年（一三〇五）以前に別当となっている。延慶二年（一三〇九）醍醐寺座主、権僧正。この時は鎌倉におり、同三年四月二十日に上洛した。五十四代座主として正和元年（一三一二）八月十五日まで在職。五十五代座主でもあった。同三年十二月十三日関東に下向した。金堂を再建しなかったこと、鎌倉にいたことを、不儀として訴えられた。北条氏出身で醍醐寺座主になったのは、他に例がない。正中二年（一三二五）大僧正となる。北条関係諸系図には見えない。

【解説】（1）時継の子であることは「醍醐寺座主次第篇」（『醍醐寺新要録』）に「式部大輔時継子」とあることによる。時継は北条氏関係の諸系図に六名いるが、重時の子時継（為時）が「吾妻鏡」建長二年（一二五〇）及び同六年に「相模式部大夫」と見え、桓武・正にも式部大夫、前は式部大輔とする。（2）宣時の養子であることは、「血脈類集記」（『真言宗全書』三九）に「陸奥守平宣時猶子」とあり「醍醐寺座主次第篇」に「奥州宣時猶子」とあるによる。宣時は文永元年（一二六四）十二月十二日陸奥守在任（『鎌倉遺文』⑫九一九三）。なお、時村の子時継（公村）も式部大輔であるが、時代が合わない。入には宣時の子として見える。（3）正応三年（一二九〇）三月三十日の後深草上皇院宣案の前書に「随心院中前大僧正御管領之時、宣覚律師申下問状之院宣」とある。随心院は真言系である点では同じであるが、或いは別人の宣覚であるかもしれない。なお、時村の子時継（公村）も式部大輔であるが、時代が合わない。（4）「血脈類集記」に「于時阿闍梨、法印権大僧都（中略）弘安九年十二月二十八日庚申受之」とある。（5）乾元元年（一三〇二）以降と推定される僧正宣覚書状が「醍醐寺初度具書」の中にある。また、これに関係する年欠の後宇多上皇院宣案（同具書所収）中にも宣覚僧正とある。（6）別当については「浄光坊手継本券目録」（『醍醐寺文書』）の目録の中に、天福二年（一二三四）と嘉元三年に挟まって「一通　山別当宣覚置文」とある。（7）醍醐寺座主については（1）に述べた「醍醐寺座主次第篇」による。（8）平雅行「鎌倉山門派の成立と展開」（『大阪大学大学院文学研究家紀要』四〇）参照。

【系図】入。

【史料】「醍醐寺文書」・「醍醐寺座主次第篇」・「血脈類集記」。『鎌倉遺文』⑫九一九三、㉒一七二九八、㉗二一〇五二・二一〇五三、㊳二九五八七。

（鈴木）

ぜんしゅう　禅秀　正応四年～没年未詳（一二九一～？）

鎌倉後期の僧。朝時流。北条秀時の子、母は未詳。僧正。正和四年（一三一五）に仁和寺禅助から灌頂を受ける。正慶二・元弘三年（一三三三）東寺三長者となる。

【解説】（1）禅秀は前にのみ秀時の子として見え、時如の弟。前の注記に「僧正」と記されている。（2）平雅行「鎌倉山門派の成立と展開」（『大阪大学大学院文学研究家紀要』四〇）参照。（3）曾祖父時章は得宗北条時頼に野心無き旨を陳謝し、以後名越氏の嫡流となる。時章の子孫は評定衆・引付頭人の家格を有し、幕政の中枢に位置した。しかし禅秀は他の北条氏諸系図には見えず、その実体は未詳である。

（久保田）

【系図】前。

【史料】

せんゆ　宣瑜　生没年未詳

鎌倉後期の僧。時房流。父は北条時景の子時顕、母は未詳。嘉元三年（一三〇五）十二月、園城寺唐院で実円から伝法灌頂を受ける。

【解説】（1）北条氏関係の諸系図には見えない人物。（2）記述は平雅行「鎌倉山門派の成立と展開」（『大阪大学大学院文学研究家紀要』四〇）による。

【系図】

【史料】「園城寺伝法血脈」。

（菊池）

ぜん□□　全□　生没年未詳

鎌倉後期の僧侶か。実泰流。父は北条政顕、母は未詳。

【解説】入ウのみに見える人物。

【系図】入ウ。

【史料】

（菊池）

【そ】

そがこれしげ　曽我惟重　生没年未詳

鎌倉前期の武士。父は曽我小五郎真光、母は未詳。義時流（得宗）の被官。小次郎・五郎次郎と称す。得宗領陸奥国平賀郡で、平賀郷・岩楯郷・大平賀郷などの地頭代職を北条義時・泰時・経時から任じられた。兄の曽我助光が平賀郡大光寺楯に拠って大光寺曽我氏の祖となったのに対し、岩楯郷を本拠にして岩楯曽我氏の祖となった。

【解説】

【系図】

【史料】『鎌倉遺文』⑤三一四四・三二八五。

（末木）

【た】

たいゆ　泰瑜　弘安二年～没年未詳（一二七九～？）

鎌倉中期の園城寺の僧。義時流。父は北条泰時の子公義、母は未詳。通称は亮僧都。延慶元年（一三〇八）三月八日聖護院覚助法親王に潅頂を授けられた（30歳）。

【解説】（1）通称は前による。（2）永井晋「北条氏実泰流出身の寺門僧」（『金沢文庫研究』三〇三号）。

【系図】桓・群A・群B・前。

【史料】「三井寺潅頂脈譜」（国立公文書館内閣文庫蔵）。

（菊池）

たいらしろうひょうえのじょう　平四郎兵衛尉

生没年未詳

鎌倉中期の武士。実名・父母は未詳。義時流（得宗）の被官。纂要の平光盛に比定する説があるが、確証はない。平盛綱が平左衛門尉と呼ばれた時期に、平左衛門四郎と「吾妻鏡」に記されるから、盛綱の子であろう。長崎時綱・平盛時の弟とみられる。延応元年（一二三九）正月、弓始射手を勤仕。以後正月の北条氏献上の垸飯に例年候じ、馬の曳手を勤める。北条経時使者としても活躍し、建長五年（一二五三）元旦には平四郎兵衛尉として「吾妻鏡」に所見する。

【解説】四郎兵衛尉の系譜については、山川智應「平左衛門尉頼綱の父祖と其の位地権力及び信仰」（『日蓮上人研究』一）、細川重男「内管領長崎氏の基礎的研究」（『日本歴史』四七九）、森幸夫「平・長崎氏の系譜」（『吾妻鏡人名総覧』）等が検討している。

【系図】

【史料】「吾妻鏡」。

（森）

たいらまさはる　平政春

生没年未詳

鎌倉後期の武士。北条氏か。父母は未詳。妻は朝時流の北条時長女。

【解説】入ウのみに見える人物。入ウの場合、注記にある「平○○」の多くは北条氏であり、朝時流の北条政春の可能性がある。北条政春を参照されたい。

【系図】入ウ。

【史料】

（菊池）

たいらまさもと　平政基

生没年未詳

鎌倉後期の武士。北条氏か。父母は未詳。妻は朝時流の北条時春女。

【解説】入ウのみに見える人物。入ウの場合、注記にある「平○○」の多くは北条氏であり、朝時流の北条政基の可能性がある。北条政基を参照されたい。

【系図】入ウ。

【史料】

（菊池）

たいらむねつな　平宗綱　生没年未詳

鎌倉後期の武士。平頼綱の子、母は未詳。義時流（得宗）の被官。内管領。左衛門尉。正応二年（一二八九）八月、鶴岡八幡宮放生会に際し、侍所所司として出仕する。同四年八月、寺社・京下訴訟について、審理に遅滞がある時、弟飯沼助宗や叔父長崎光綱らとともにこれを監督することを命ぜられる。永仁元年（一二九三）四月二十二日、父頼綱が弟助宗を将軍に擁立する陰謀を執権貞時に密告したが、佐渡へ流された。同二年六月、無罪を誓う願文を捧げ赦免を願っている。嘉元元年（一三〇三）六月までには配流を許され、内管領に就任した。しかし後にまた上総へ流罪となったという。

【解説】（1）侍所所司在職については森幸夫「北条氏と侍所」（『国学院大学大学院紀要』文学研究科一九）参照。（2）宗綱に触れた論考に佐藤進一『鎌倉幕府訴訟制度の研究』、網野善彦『蒙古襲来』、細川重男「嘉元の乱と北条貞時政権」（『立正史学』六九）、同「得宗家執事と内管領」（『前近代の日本と東アジア』）、同「得宗家公文所と執事」（『古文書研究』四七）、高橋慎一朗「『親玄僧正日記』と得宗被官」（『日記に中世を読む』）等がある。

【系図】纂要。

【史料】「とはずがたり」・「新編追加」・「保暦間記」・「親玄僧正日記」・「金沢文庫文書」・「常陸奥郡散在文書」・「円覚寺文書」。

（森）

たいらむねつら　平宗連　生没年未詳

鎌倉中期の武士。父母は未詳。肥前前司。女が時房流の北条時直に嫁し清時・時通を生んだ。

【解説】桓武の清時の注記に「母肥前前司平宗連女」とある。

【系図】桓武。

【史料】

（川島）

たいらむねつらじょ　平宗連女　生没年未詳

鎌倉中期の女性。平宗連の子、母は未詳。時房流の北条時直に嫁し、清時・時通を生む。

【解説】桓武の清時の注記に「母肥前前司平宗連女」とある。

【系図】桓武。

【史料】

（川島）

たいらもとちか　平基親　生没年未詳

鎌倉前期の公卿。父は平親範、母は高階泰重の女。女

（入道大納言家頼経家の女房治部卿）は北条重時の妻となり、長時を生んだ。保元三年（一一五八）正月蔵人に補されたが、すぐに叙爵。同四月二日出雲守、平治元年（一一五九）閏五月二十八日伯耆守に遷任した。安元元年（一一七五）十二月八日五位蔵人となり、治承三年（一一七九）十月九日には右少弁を兼任したが、同十一月十七日の平清盛のクーデターで解官された。寿永二年（一一八三）十二月十日右少弁に還任、以降順調に権右中弁・従四位下・左右大弁を経て、建久元年（一一九〇）十月二十七日従三位に叙され、兵部卿に任じられた。以降建永元年（一二〇六）に出家するまで兵部卿であった。弟の信親は重時流の被官佐分氏の祖である。

【解説】（1）父母・官途は「公卿補任」・尊等による。（2）長時の母について、「関東評定衆伝」は「入道大納言家治部卿、中宮大夫進平時親女」、前は「中宮大夫平時親女」、野辺は「入道大納言家、後年治部」、纂要は「入道大納言平時親女」と注記する。しかし、「北条時政以来後見次第」には「入道大納言家治部卿局、中宮大夫進平基親」とあり、平基親の誤記と考えられる。森幸夫「御家人佐分氏について」（『金沢文庫研究』二九三）参照。（3）長時の弟時茂の母について、野辺は備後局とするが、「鎌倉年代記」・「北条九代記」は、長時と同母とする。

【系図】前・野辺・纂要・尊。

【史料】「公卿補任」・「鎌倉年代記」・「北条九代記」・「関東評定衆伝」。

（菊池）

たいら もとちかじょ　平基親女

↓ **治部卿**（じぶきょう）

たいら もりかた　平盛方　生没年未詳

平安中期の武士。父は平維方、母は未詳。左衛門尉。違勅の罪で処刑されたという。

【解説】（1）父については、奥富敬之『鎌倉北条氏の基礎的研究』第一章治承四年以前の北条氏参照。（2）官途については各系図まちまちで、ここでは尊に従った。野辺は「左兵衛尉」、桓武は「使、右衛門尉」、纂要は「五郎左衛門尉」とする。

【系図】尊・野辺・桓武・群A・纂要。

【史料】

（菊池）

たいら もりつな　平盛綱　生没年未詳

鎌倉中期の武士。平資盛の子とも、平国房の子ともされるが未詳。母は未詳。義時流（得宗）の被官。北条氏家令。『吾妻鏡』承久三年（一二二一）五月二十二日条に平三郎兵衛尉と見えるのが初見。この日、後鳥羽上皇軍と戦うため、北条泰時に従い上洛した。当時侍所所司であった。侍所所司在職は文暦元年（一二三四）七月にも確認され、のちに御家人の騒擾事件鎮圧などに活動するのはこの職掌に基づくものであろう。承久の乱後の貞応二年（一二二三）、巡検使として安芸に下向して戦後処理にあたり、寛喜元年（一二二九）には播磨に派遣された。元仁元年（一二二四）六月伊賀氏の陰謀事件鎮圧に活躍し、同年八月二十八日泰時家の政所吉書始と家務条々の制定を尾藤景綱とともに奉行した。『吾妻鏡』嘉禄二年（一二二六）十月十二日条からは平三郎左衛門尉として所見する。文暦元年六月二十一日景綱に代わり家令に任ぜられた。泰時期の元仁元年から時頼期の建長元年（一二四九）まで得宗家の安堵状等の奉者として見える。仁治三年（一二四二）六月泰時の死去に伴い出家したらしい。法名盛阿。『吾妻鏡』建長二年三月一日条の閑院内裏造営雑掌目録には平右（左）衛門入道跡と見え、これ以前に死去したことがわかる。建長元年末から同二年初めの間に没したとみられる。

【解説】（1）尊は平資盛の子とし、纂要は平国房の子とする。盛綱の出自については山川智應「平左衛門尉頼綱の父祖と其の位地権力及び信仰」（『日蓮上人研究』二）、細川重男「内管領長崎氏の基礎的研究」（『日本歴史』四七九）、森幸夫「平・長崎氏の系譜」（『吾妻鏡人名総覧』）等が検討している。（2）侍所所司在職については森幸夫「北条氏と侍所」（『国学院大学大学院紀要』文学研究科一九）参照。（3）巡検使については石井進『日本中世国家史の研究』参照。（4）盛綱に触れた論考に佐藤進一『鎌倉幕府訴訟制度の研究』、入間田宣夫「延応元年五月廿六日平盛綱奉書について」（『山形史学研究』一三・一四）、奥富敬之『鎌倉北條氏の基礎的研究』、細川重男「得宗家執事と内管領」（『前近代の日本と東アジア』）、同「得宗家公文所と執事」（『古文書研究』四七）、小泉聖恵「得宗家の支配構造」（『お茶の水史学』四〇）等がある。

【系図】尊・纂要。

【史料】「吾妻鏡」・「承久記」・「深堀家文書」・「小早川家文書」・「熊谷家文書」・「神護寺文書」・「曽我文書」・

「阿蘇文書」。（森）

たいらもりとき　平盛時

生没年未詳

鎌倉中期の武士。平盛綱が平左衛門尉と呼ばれた時期に、平左衛門三郎と「吾妻鏡」に記されることから、盛綱の子であろう。母は未詳。義時流（得宗）の被官。北条氏家令か。「吾妻鏡」安貞二年（一二二八）十月十五日条に、執権泰時が将軍九条頼経に進上した馬の曳手を勤めているのが初見。以後正月の北条氏献上の垸飯に例年候じる。左衛門尉に任官して、「吾妻鏡」延応元年（一二三九）正月三日条からは平新左衛門尉、正嘉二年（一二五八）三月一日条からは平三郎左衛門尉として所見する。寛元二年（一二四四）四月、頼経の将軍譲補を奏請する使者として上洛し、翌月頼嗣を将軍とする宣旨を持ち帰った。宝治合戦（一二四七）の戦後処理に当たり、弘長元年（一二六一）六月には三浦氏残党を捕らえた。「吾妻鏡」正嘉二年三月一日条に侍所所司として見え、文応元年（一二六〇）八月や弘長二年正月にも同職としての徴証がある。また「三島神社文書」弘長元年六月六日付の得宗公文所奉行人連署奉書の最上位に署判する左衛門尉は盛時の可能性がある。日蓮が文永五年（一二六八）年四月五日付で書状を送った法鑒御房を盛時とみる説もある。

【解説】（1）盛時の系譜については山川智應「平左衛門尉頼綱の父祖と其の位地権力及び信仰」（『日蓮上人研究』一）、渡辺晴美「得宗被官平氏および長崎氏の世系について」（『政治経済史学』一一五）、細川重男「内管領長崎氏の基礎的研究」（『日本歴史』四七九）、森幸夫「平・長崎氏の系譜」（『吾妻鏡人名総覧』）等が検討している。（2）侍所所司在職については森幸夫「北条氏と侍所」（『国学院大学大学院紀要』文学研究科一九）参照。（3）盛時に触れた論考に佐藤進一『鎌倉幕府訴訟制度の研究』、奥富敬之『鎌倉北條氏の基礎的研究』、細川重男「得宗家執事と内管領」（『前近代の日本と東アジア』）、同「得宗家公文所と執事」（『古文書研究』四七）等がある。

【系図】

【史料】「吾妻鏡」・「深堀家文書」・「都甲文書」・「三島神社文書」・「日蓮聖人遺文」。（森）

たいらよりつな　平頼綱

生年未詳～永仁元年（?～一二九三）

鎌倉後期の武士。纂要では平盛綱の子とするが、平盛時が平新左衛門尉と呼ばれた時期に、平新左衛門三郎と「吾妻鏡」に記されるから、盛時の子とみられる。母は未詳。義時流（得宗）の被官。内管領。左衛門尉。康元元年（一二五六）正月、幕府弓始射手の候補に選ばれ、弘長三年（一二六三）元旦、将軍宗尊親王の北条時頼亭への御行始において、馬の曳手を勤める。文永六年（一二六九）七月には侍所所司在職が確認される。同八年当時、日蓮は頼綱を「天下之棟梁」と呼んでいる。同年九月日蓮を鎌倉で捕らえ、龍口で斬ろうとするが、佐渡へ流す。同九年十一月三日付で得宗北条時宗袖判の執事奉書を発しているのが内管領としての初見。建治三年（一二七七）には時宗亭での寄合に出席し、六波羅探題の人事等の幕府の重要政務決定に関わっている。また北条貞時の乳母夫としても勢力を得る。弘安八年（一二八五）十一月、執権貞時の外戚で外様御家人の雄安達泰盛一族を滅ぼし、幕政の実権を握った。「城入道（安達泰盛）誅せらるの後、彼の仁（頼綱）一向執政、諸人恐懼の外、他事なし」と「実躬卿記」はその恐怖政治を伝えている。弘安九年正月から十二月の間に出家した。法名杲円。以後平入道・平禅門などと呼ばれる。正応年間（一二八八～九三）には律僧禅空を通じ、持明院統の後深草院政・伏見親政下の朝廷政治に介入する。正応二年十月の後深草皇子久明親王の将軍下向もその主導によるものである。永仁元年（一二九三）四月二十二日、大地震後の混乱のなかで、貞時の討手武蔵七郎らの急襲をうけ、鎌倉経師ケ谷で次男飯沼助宗ら一族九〇余人とともに滅ぼされた。「保暦間記」は、助宗を将軍に擁立する陰謀を嫡男宗綱に密訴され、討伐されたとする。

【解説】（1）頼綱の系譜については山川智應「平左衛門尉頼綱の父祖と其の位地権力及び信仰」（『日蓮上人研究』二）、渡辺晴美「得宗被官平氏および長崎氏の世系について」（『政治経済史学』一一五）、細川重男「内管領長崎氏の基礎的研究」（『日本歴史』四七九）、森幸夫「平・長崎氏の系譜」（『吾妻鏡人名総覧』）等が検討している。（2）侍所所司在職については森幸夫「北条氏と侍所」（『国学院大学大学院紀要』文学研究科一九）参照。（3）頼綱が貞時の乳母夫であることは重見一行『教行信證の研究』参照。（4）頼綱に関する論考に佐藤進一『鎌倉幕府訴訟制度の研究』、網野善彦『蒙古襲来』、奥富敬之『鎌倉北條氏の基礎的研究』、今井雅晴「平頼綱とその信仰の周辺」（『仏教史学研究』三四―二）、森幸夫「平頼綱と公家政権」（『三浦古文化』五四）、細川重男「得宗家執事と内管領」（『前近代の日本と東アジア』）、同「得宗家公文所と執事」（『古文書研究』四七）、小泉聖恵「得宗家の支配構造」（『お茶の水史学』四〇）、高橋慎一朗「『親玄僧正日記』と得宗被官」（『日記に中世を読む』）等がある。

【系図】纂要。

【史料】「吾妻鏡」・「深堀家文書」・「東寺百合文書」ア・「建治三年記」・「保暦間記」・「実躬卿記」・「勘仲記」・「とはずがたり」・「鎌倉年代記（裏書）」・「親玄僧正日記」、『日蓮聖人遺文』。 （森）

たけやすもと　武康幹　生没年未詳

鎌倉後期の武士。父母は未詳。実泰流の北条（金沢）貞顕・貞将の被官。弥五郎。法名寂仙。正和三年（一三一四）頃、六波羅探題貞顕の下で検断奉行を勤める。貞顕の子貞将にも仕え、嘉暦三年（一三二八）頃、六波羅探題貞将の「管領之仁」と呼ばれた。和泉山直郷下久米多里地頭（地頭代か）であった。

【解説】康幹に触れた論考に福島金治「金沢北条氏の被官について」（金沢文庫研究』二七七）、森幸夫「六波羅探題職員ノート」（『三浦古文化』四二）、湯山学『相模国の中世史』下、等がある。

【系図】

【史料】「金沢文庫文書」・「山内首藤家文書」・「久米田寺文書」。 （森）

たけだまさつな　武田政綱　生没年未詳

鎌倉中期の武士。父は武田信政、母は未詳。義時流（得宗）の被官。五郎三郎と称す。「吾妻鏡」には、仁治二年（一二四一）正月二十三日条以降二十一回見えるが、その多くは鶴岡放生会などの供奉人と笠懸、流鏑馬、犬追者、弓始の射手として登場している。弘長三年（一二六三）十一月、北条時頼臨終に際しては看病にあたっている。

【解説】「吾妻鏡」弘長三年（一二六三）八月九日条には、「政直」とあるが誤記と思われる。

【系図】尊3（清和源氏）・「武田系図」。

【史料】「吾妻鏡」。 （末木）

たけどの　竹殿

↓　北条義時女（ほうじょう よしときじょ）

【ち】

ちば さだたね　千葉貞胤

正応四年〜観応二・正平六年（一二九一〜一三五一）

鎌倉後期の武士。千葉介胤宗の子、母は北条顕時の女。鎌倉幕府・室町幕府のもとで、下総守護を勤めた。また、伊賀・遠江守護職の在職も確認される。元徳三・元弘元年（一三三一）九月、後醍醐天皇挙兵討伐のため、在京を命じられる。正慶二・元弘三年（一三三三）五月の新田義貞の鎌倉攻めでは、鎌倉街道下道を北上する北条貞将の軍勢と鶴見川で遭遇し、これをやぶった（43歳）。建武政権が成立すると、千葉胤貞が足利尊氏支持の立場を早くから鮮明にしたため、千葉貞胤は新田義貞に属した。建武二年（一三三五）、千葉氏惣領をめぐる対立から、千田庄に本拠を置く千葉胤貞は相馬親胤とともに千葉貞胤の千葉城を攻撃した（45歳）。ところが、同年十一月に足利高氏の檄文が到着したことによって胤貞と親胤は上洛、下総国の戦いは貞胤側が優勢になって千田庄の土橋城を攻め落とした。建武三・延元元年（一三三六）十月、千葉貞胤は新田義貞の北国落ちに従い、吹雪に襲われた木目峠で斯波高経に降参した（46歳）。その後、下総国に帰ろうとした千葉胤貞が急死したため、下総国守護職は千葉貞胤に安堵された。室町幕府での立場が安定すると、千葉貞胤・氏胤父子は京都と下総を往復する生活が始まる。貞和四・正平元年（一三四八）八月、上洛していた千葉貞胤は四条畷の戦いで楠正行の軍勢と戦った（58歳）。観応の擾乱では足利尊氏側にたつことをいち早く鮮明にした。

【解説】（1）佐藤進一『増訂鎌倉幕府守護制度の研究』。同『室町幕府守護制度の研究　上』。小笠原長和「建武期の千葉氏と下総千田荘」（『史観』六五〜六七合冊）。千野原靖方『南北朝動乱と千葉氏』。山田邦明「千葉氏と足利政権――南北朝期を中心に――」（『千葉史学』一二）。（2）守護論考・守護国別参照。

【系図】「拾珠抄」・「千葉大系図」。

【史料】「光明寺残篇」・。「園太暦」・「太平記」・「源威集」、『金沢文庫古文書』八五一。

（永井）

ちば たねむね　千葉胤宗

生年未詳～延慶二年（?～一三〇九）

鎌倉後期の武士。千葉介頼胤の子、母は未詳。父頼胤がモンゴルとの戦いで負った傷がもとで亡くなった後、嫡子宗胤は異国警固番役のため肥前国小城に在国、大隅守護職に補任されるにおよんで、弟胤宗が下総国の留守を預かることとなった。六浦庄地頭職をもつ実泰流は下総守護職を持つ千葉氏とは縁を重ねており、北条顕時は女を胤宗に嫁がせることによって関係を深めた。延慶二年（一三〇九）に卒去した。

【解説】（1）「千葉大系図」は胤宗の生没年を「文永五年戊申九月廿四日誕生、建治元年相続家督（中略）、正和元年壬子三月二十八日卒、年四十五」と伝えるが、「千葉貞胤亡母卅五日表白」は貞胤母の夫が延慶二年（一三〇九）に卒去したと記す。（2）小笠原長和「建武期の千葉氏と下総千田荘」（『史観』六五～六七合冊）。川添昭二「肥前千葉氏について」（『対外関係と社会経済』）。

【系図】「拾珠抄」・「千葉大系図」。

【史料】

（永井）

ちば ときたね　千葉時胤

建保六年～仁治二年（一二一八～四一）

鎌倉中期の武士。千葉介胤時の子、母は未詳。建保六年（一二一八）八月十一日に生まれた。妻は北条時房の女で、もとは安達義景室であったがのち千葉時胤に嫁したという。子に頼胤がいる。「吾妻鏡」には寛喜三年十月十九日条から建長二年三月一日条まで見える。仁治二年（一二四一）九月十七日二十四歳で没した。

【解説】（1）生年・父は「千葉大系図」による。没年は同系図が仁治二年九月十七日とするも「松蘿館本千葉系図」は仁治二年八月二十七日、「千学集抜粋」は仁治三年九月十七日とする。「大応」と称した（「千学集抜粋」）。（2）実名は、桓武には「千葉有時胤（マヽ）」、野辺には「千葉介時衡」、纂要には「千葉介時胤」とあり、系図によって一定しない。「千葉系図別本」では仁治□年九月七日二十四歳で没したとする。（3）守護論考・守護国別参照。

【系図】桓武・野辺・野津・纂要・「千葉大系図」・「千葉系図」・「千葉系図別本」・「松蘿館本千葉系図」。

【史料】「吾妻鏡」・「千学集抜粋」。

（川島）

ちばときひら　千葉時衡

→ 千葉時胤（ちばときたね）

ちばやすたね　千葉泰胤

生年未詳〜建長三年（?〜一二五一）

鎌倉中期の武士。千葉介成胤の子、母は未詳。千葉介胤綱の弟にあたる。女が実泰流の北条（金沢）顕時の妻となった。通称は千葉次郎。「吾妻鏡」には、将軍出御行列の供奉や犬追物射手などの記事が見える。建長二年（一二五〇）十二月二十七日に定められた将軍近習結番では三番に選ばれた。将軍の側近くで仕えることのできた小侍所簡衆である。千葉泰胤のもつ肥前国小城郡地頭職は娘を通じて婿千葉頼胤に伝領され、肥前千葉氏の根拠地となっていく。建長三年（一二五一）正月卒す。

【解説】（1）桓武に建長三年正月卒と記す。（2）湯浅治久「肥前千葉氏に関する基礎的考察」（『千葉県史研究』五）参照。（3）守護論考・守護国別参照。

【系図】「拾珠抄」・桓武・「千葉大系図」。

【史料】「吾妻鏡」・「岩蔵寺過去帳」。

（永井）

ちばやすたねじょ　千葉泰胤女

生没年未詳

鎌倉後期の女性。父は千葉泰胤、母は未詳。実泰流、北条（金沢）顕時の妻となり、女が千葉胤宗に嫁いで嫡子貞胤の母となる。房仙撰「拾珠抄」巻第十五の「千葉介貞胤亡母卅日」に関係系図が収められている。六浦嶺松寺の開基と伝えられる。

【解説】熊原政夫「六浦嶺松寺について」（『金沢文庫研究紀要』七）。

【系図】「拾珠抄」・「千葉大系図」。

【史料】

（永井）

ちばよりたね　千葉頼胤

暦仁元年〜文永十一年（一二三八〜七四）

鎌倉中期の武士。千葉介時胤の子、母は北条時房の女。幼名亀若丸。下総・伊賀両国の守護で、下総国萱田・吉橋・神保郷・印東庄等の地頭。「吾妻鏡」には宝治元年（一二四七）十二月二十九日条から弘長元年（一二六一）八月十五日条まで見える。建長二年（一二五〇）十一月二十八日、幕府の命によって博打禁止令を施行した。法名は長春常善。文永十一年（一二七四）八月二十六日三十七歳で没した。

【解説】（1）父母・生没年は「千葉系図」による。「千葉系図別本」では建治元年八月十四日六十七歳で没したとする。幼名は「千学集抜粋」による。(2) 守護については佐藤進一『増訂鎌倉幕府守護制度の研究』参照。(3) 入ウによれば、子牛王丸が北条朝直(時房流)の養子となった。(4) 守護論考・守護国別参照。

【系図】入ウ・「千葉系図」・「千葉系図別本」。

【史料】「吾妻鏡」・「千学集抜粋」。

(川島)

ちゅうげん　忠源　生没年未詳

鎌倉中期の僧。時房流。北条時房の子、母は未詳。延暦寺の僧で僧正。

【解説】前には「山　僧正」と注記がある。時盛の子に同名の延暦寺の僧侶がおり、同一人物の可能性がある。平雅行「鎌倉山門派の成立と展開」(『大阪大学大学院文学研究科紀要』四〇) 参照。

【系図】前。

【史料】

(川島)

ちゅうげん　忠源　寛元四年～正応元年（一二四六～一三一九）

鎌倉中期の延暦寺の僧。時房流。北条時盛の猶子。実父は中山(藤原)忠定。通称は大納言僧都・相模法印・大夫僧正房・城興寺大僧正。通称のうち相模法印・大夫僧正房は時盛の父相模守北条時房にちなむ名称であろう。正嘉二年(一二五八)延暦寺で出家受戒した(13歳)。承源法印の弟子で、延暦寺石泉院を相承した。日吉社権別当。顕教に長じ、数多くの顕教法会に出仕した。永仁三年(一二九五)二月～正安三年(一三〇一)二月にかけて鎌倉に下向していたと考えられる。正安三年三月三日の関東下知状(「鹿島神宮文書」)では、大夫僧正坊忠源が祈祷の功によって常陸国大窪郷(現茨城県日立市大久保)内田在家を賜ったと訴えている。嘉元元年(一三〇三)十二月二十日僧正、延慶元年(一三〇八)十一月二十二日大僧正となる。

【解説】(1) 前には「山　大夫　大僧正　越奥寺」と記載がある。(2) 事跡については、平雅行「鎌倉山門派の成立と展開」(『大阪大学大学院文学研究科紀要』四〇) 参照。時房の子に同名の延暦寺の僧侶がおり、同一人物の可能性がある。(3)「任僧綱土代」に「僧正　忠源　嘉元元年(一三〇三)十二月二十日」・「大僧正　忠源　延慶元年(一三〇八)十一月二十二日」とある。(4) 関東下知状(「鹿島神宮文書」)は『鎌倉遺文』㉗

二〇七二三。

【系図】前。

【史料】「鹿島神宮文書」、『鎌倉遺文』㉓一八二一八、㉗二〇七二三、㉘二一八九五、同㉙二二二七六、㉚二二九九九、㉝二三四九二・二三四九七。

（川島）

ちゅうげん　忠源　生没年未詳
鎌倉中期の僧。時房流。北条時村の子、母は未詳。延暦寺の僧。僧正。

【解説】系図には諸本によって異なり、「律師大夫」・「権律師」・「山」・「大僧正」・「小僧都」などの記載がみえる。時房の子と時盛の子に同名の延暦寺の僧侶がおり、同一人物かもしれない。

【系図】桓武・野津・前・正・入・入ウ。

【史料】

（川島）

ちゅうげん　忠源　生没年未詳
鎌倉後期の僧。時房流。父は北条時房の子朝直、母は未詳。
【解説】正のみに見える僧。父朝直は文永元年（一二六四）五十九歳で没した。
【系図】正。
【史料】
（鈴木）

ちゅうじょう へいさえもん　中条平左衛門
→　苅田義季（かりたよしすえ）

ちゅうぜん　忠禅　生没年未詳
鎌倉後期の僧。時房流。父は北条時房の子朝直、母は未詳。延暦寺の僧。法印・権大僧都。通称は武蔵。

【解説】前のみに見え、注記に「山　武蔵　法印・権大僧都」とある。天台宗であるから、文保三年（一三一九）の後七日御修法請僧交名（「東寺百合文書」ろ・『鎌倉遺文』㉟二六九三〇）に見える忠禅とは別人であろう。

【系図】前。

【史料】

（鈴木）

ちょうげん　朝源　生没年未詳
鎌倉中期の僧。時房流。父は北条時房の子朝直、母は未詳。阿闍梨。「任僧綱土代」の応長元年（一三一一）閏六月九日条に見える「法橋　朝源」はこの人か。

【解説】正のみに見える。注記の「阿闍梨」とは真言・天台で密教の潅頂をうけ、授法ができる人をいう。

【系図】正。

【史料】「任僧綱土代」。

（鈴木）

ちょうじょ　長助

弘安元年～嘉元二年（一二七八～一三〇四）

鎌倉後期の僧。朝時流。北条宗長の子、母は未詳。北条長頼の孫にあたる。仁和寺の僧、権少僧都。正応六年（一二九三）頼助の如法尊勝法で脂燭役を勤める。

【解説】（1）長助は前・正に宗長の子として見え、前では春時・家政・貞宗・公長・実助の弟、正では家貞・貞宗・宗朝・実助の弟に配されている。（2）父宗長は能登・安芸・豊前の三か国の守護職を兼務し、幕府内でも有力な人物であった。（3）長助は前の注記に「仁　僧都」と記されている。（4）平雅行「鎌倉山門派の成立と展開」（『大阪大学大学院文学研究家紀要』四〇）参照。

【系図】前・正。

【史料】「親玄僧正日記」正応六年十月十八日条。

（久保田）

ちょうそう　朝宗

生没年未詳

鎌倉後期の僧。朝時流。北条夏時の子、母は未詳。朝宗は祖父宗長が名越に建立した長福寺別当・平泉惣別当職を管領した。年欠正続院雑掌申状事書案（「円覚寺文書」）によると、鎌倉幕府が滅亡すると、朝宗は没収を免れるため、長福寺及び山内庄内信濃村を師の兼助に寄進した。

【解説】（1）北条氏関係の諸系図には見えない人物。（2）寛元の政変以後、時長流は得宗家と協調し、祖父宗長は能登・安芸・豊前の三か国の守護職を兼務し、幕府内でも有力な人物であった。（3）年欠正続院雑掌申状事書案（「円覚寺文書」）に「長福寺者、名越備前禅門代々墳墓之地」という記述がある。（4）参考文献に、遠藤巌「平泉惣別当譜考」（『国史談話会雑誌』一七）、永井晋「北条氏実泰流出身の寺門僧」（『金沢文庫研究』三〇三）などがある。

【系図】

【史料】「中尊寺文書」・「円覚寺文書」。

（久保田）

ちょうべん　長弁

生没年未詳

鎌倉中期の僧。重時流。北条長時の子、母は未詳。義宗の兄弟。通称は武蔵僧都。文永元年（一二六四）八月父長時の死去後、同五年正月五日、園城寺長吏隆弁より灌頂を授けられた。僧正となり北条時頼が鎌倉に建立した聖福寺の別当となった。

【解説】聖福寺（正福寺）については、貫達人・川副武胤著『鎌倉廃寺事典』が詳しいが、北条時頼が正寿丸（時宗）・福寿丸（宗政）の二人の子の息災・延命を祈念して建立しその名をとって寺号にしたという。建長六年（一二五四）五月八日、隆弁を大勧進として聖福寺神験殿において舞楽が行われている。
【系図】野津・前・桓・群A・正・纂要・入ウ。
【史料】

（下山）

ちょうよ　長誉
→　実助（じつじょ）

ちょうよ　朝誉
→　実助（じつじょ）

【つ】

つちみかどだいふ　土御門大夫　生没年未詳
鎌倉中期の公家。父母は未詳。北条時遠（時房流）の女を妻とした。
【解説】入ウのみに見える人物。時遠の女子に「土御門大夫室」と見える。
【系図】入ウ。
【史料】

（菊池）

つちみかどさだみち　土御門定通
文治四年～宝治元年（一一八八～一二四七）
鎌倉前期の公卿。父は土御門通親、母は藤原範兼の女則子。兄通宗の養子となる。北条義時の女婿。後土御門内大臣と号した。文治五年（一一八九）正月五日叙爵（2歳）、建久六年（一一九五）正月五日従五位上（宣陽門院御給）、同七年十二月二十五日侍従に任じられた（9歳）。正治元年（一一九九）正月五日正五位下（宣陽門院御給）、同六月十四日従四位下（父通親の中院第への行幸賞）、同二年正月五日従四位上（宣陽門院御給）と昇進。建仁元年（一二〇一）正月二十九日右中将に任じられた（14歳）。同四月二十四日正四位下、同五月二十日春宮権亮を兼任、同二年八月二十六日土御門天皇の蔵人頭に補された（15歳）。同十月二十九日従三位、元久元年（一二〇四）十月二十六日正三位。承元元年（一二〇七）十二月九日参議に任じられた（20歳）。同二年七月二十三日左衛門督を兼任し、また検非違使別当も兼ねた。同三年四月十日権中納言、十一月四日左衛門督と検非違使別当を辞す。建暦元年（一二一一）正月十九日従二位（24歳）。同十月四日、中納言に転任。建保二年（一二一四）二月十四日正二位（27歳）。同六年十月八日権大納言。承久三年（一二二一）の承久の乱では京方であった。土御門院の土佐遷幸の時には御車を寄せた。元仁元年（一二二四）十二月二十五日大納言に転任（37歳）。嘉禎二年（一二三六）六月九日内大臣となる（49歳）。翌三年十二月十八日内大臣を辞任した（50歳）。宝治元年（一二四七）九月二十八日、六十歳で没した。詠歌は「新勅撰和歌集」以下の勅撰集に選ばれている。

【解説】土御門家は村上源氏。父母・官途は[尊]・「公卿補任」による。妻は北条重時と同母兄妹である。

【系図】[尊]・[群A]・[群B]・[纂要]・[入ウ]

【史料】「公卿補任」・「吾妻鏡」。なお、『大日本史料』第五編之二二（宝治元年九月二十八日条）参照。（遠山）

【て】

ていげん　貞源　生没年未詳

鎌倉中期の山門系の僧。義時流（得宗）。父は北条時頼の子時厳、母は未詳。法印。

【解説】（1）[前]は父を時教とする。（2）山門系は[前]に、官途は[正]による。（3）平雅行「鎌倉山門派の成立と展開」（『大阪大学大学院文学研究家紀要』四〇）は、兄頼覚同様梶井門徒と推定している。

【系図】[正]・[前]。

【史料】（菊池）

ていじょ　定助　生年未詳〜元徳元年（?〜一三二九）

鎌倉後期の僧。朝時流。北条夏時の子、母は未詳。定助は祖父宗長が名越に建立した長福寺別当・平泉惣別当職を管領した。元徳元年（一三二九）に没した。

【解説】（1）北条氏関係の諸系図には見えない人物。（2）寛元の政変以後、時長流は得宗家と協調し、祖父宗長は能登・安芸・豊前の三か国の守護職を兼務し、幕府内でも有力な人物であった。（3）年欠正続院雑掌申状事書案（「円覚寺文書」）に「長福寺者、名越備前禅門代々墳墓之地」という記述がある。（4）没年は建武元年（一三三四）八月日中尊寺衆徒等申状案（「中尊寺文書」）に、兄春助死去の翌年に他界と記されている（5）参考文献に、遠藤巌「平泉惣別当譜考」（『国史談話会雑誌』一七）、永井晋「北条氏実泰流出身の寺門僧」（『金沢文庫研究』三〇三）などがある。

【系図】

【史料】「中尊寺文書」・「円覚寺文書」。（久保田）

ていじょ　貞助　生没年未詳

鎌倉後期の僧。実泰流、北条（金沢）貞顕の子、母は未詳。兄顕助の入滅によって仁和寺真乗院を継承する。正慶元・元弘二年（一三三二）十二月晦日に将軍守邦親王息災を祈願した北斗供壇所祈祷巻数が、「早稲田大学所蔵文書」に残る。「仁和寺諸院家記」は鎌倉幕府滅亡の時に真乗院を逐電し、行方知れずになったと伝える。

【解説】平雅行「鎌倉幕府の宗教政策について」（『日本古代の葬制と社会関係の基礎的研究』、『日本史学年次別論文集』）、同「鎌倉山門派の成立と展開」（『大阪大学大学院文学研究家紀要』四〇）参照。

【系図】前。

【史料】「早稲田大学所蔵文書」・「仁和寺諸院家記」、『鎌倉遺文』㊶三一九四三。（永井）

ていしょう　貞昭　永仁六年～没年未詳（一二九八～？）

鎌倉後期の僧。朝時流。北条公貞の子、母は未詳。永仁六年（一二九八）に生まれる。正和五年（一三一六）八月二日鶴岡別当房海より若王子乗々院別当職を譲与され、同年十一月六日、浄雅より伝法灌頂を受ける。また正中二年（一三二五）十一月二十二日得宗北条高時愛妾の常磐前の御産御持の祈祷、元徳三・元弘元年（一三三一）八月二十一日に鶴岡で行われた尊皇王法の伴僧を勤めた。

【解説】（1）北条氏関係の諸系図には見えない人物。（2）参考文献に、永井晋「北条氏実泰流出身の寺門僧」（『金沢文庫研究』三〇三）がある。

【系図】

【史料】「三井続燈記」。（久保田）

【と】

とういん きんもり　洞院公守　建長元年～文保元年（一二四九～一三一七）

鎌倉後期の公家。父は左大臣洞院実雄、母は法印公審の女。重時流の北条久時の女を妾とした。洞院家は、藤原氏北家閑院流の一支流西園寺家の庶流である。洞院家の家祖実雄の子であり、三人の姉妹はそれぞれ後宇多・伏見・花園三天皇の生母となった。公守の孫が公賢である。建長五年（一二五三）従五位下（5歳）。侍従・皇后宮権亮・左近衛中将を経て、文永七年（一二七〇）権中納言（22歳）、正応三年（一二九〇）内大臣となったが（42歳）、翌年これを辞した。永仁四年（一二九六）従一位（48歳）。正安元年（一二九九）六月、太政大臣（51歳）。十月これを辞した。嘉元二年（一三〇四）出家して洞院と号した（56歳）。文保元年（一三一七）七月十日死去（69歳）。

【解説】（1）群A及び群Bによれば、北条久時には三人の女があった。長女とされる人物が登子で、足利尊氏・直義兄弟の母、二女とされる人物がこの洞院公守の妾で正親町実明の母、三女とされる人物が種子で、正親町公蔭室である（北条氏研究会「北条氏系図考証」〈安田元久編『吾妻鏡人名総覧』所収〉参照）。（2）洞院家については、西山恵子「中世の公家と家文書――洞院家文書をめぐって――」（『京都市史編さん通信』一九九）等がある。

【系図】尊・群A・群B。

【史料】「公卿補任」。

（下山）

どうけん　道顕　生没年未詳。

鎌倉後期の天台宗寺門派の僧。実泰流、北条（金沢）貞顕の子、母は未詳。隆恵法印の弟子。兄弟である北条貞将の六波羅探題時代の書状に道顕律師書状のことが見え、在京が確認される。

【解説】永井晋「北条氏実泰流出身の寺門僧」（『金沢文庫研究』三〇三）。

【系図】前。

【史料】『金沢文庫古文書』三四六。

（永井）

とおとうみしゅりたかとき　遠江修理高時　生没年未詳

鎌倉前期の武士。父母は未詳。北条有時の女婿。

【解説】桓武のみに見え、有時女の注記に「遠江修理高時者妻」とある。

【系図】桓武。

【史料】

（末木）

ときさだちか　土岐定親　生年未詳～嘉元三年（?～一三〇五）

鎌倉後期の武士。父は土岐光定、母は北条貞時の女。同母兄弟に頼重・頼貞がいる。蜂屋氏の祖。通称は隠岐孫太郎。法名は鏡円。嘉元三年（一三〇五）四月二十三日、当時連署の北条時村が侍所所司で得宗北条宗方の陰謀によって討たれた事件（嘉元の乱）が起きるが、定親はその討手十二人の一人で、同日即刻処刑された。

【解説】（1）「武家年代記（裏書）」には「土岐孫太郎入

道行円」と見える。（2）嘉元の乱については、高橋慎一郎「北条時村と嘉元の乱」（『日本歴史』五五三）、細川重男「嘉元の乱と北条貞時政権」（『鎌倉政権得宗専制論』所収）、菊池紳一「嘉元の乱に関する新史料について――嘉元三年雑記の紹介――」参照。（3）母を北条貞時の女とすることについては、年代的に疑問。また谷口研語『美濃・土岐一族』参照。

【系図】尊3（清和源氏）・「土岐系図」・「舟木系図」。

【史料】「武家年代記（裏書）」。　（菊池）

ときみつさだ　土岐光定　生没年未詳

鎌倉後期の武士。光貞とも表記する。父は土岐光行、母は千葉頼胤の女。妻は義時流、北条貞時の女（法名は美州比丘尼覚曇大姉）。土岐五郎と称す。従五位下。悪党讃岐十郎を捕らえた功により隠岐守に任じられた。土岐氏の惣領。出家後の法名は定光、興源寺と号した。貞時女との間に定親・頼貞・頼重をもうけた。

【解説】（1）『続群書類従』第五輯下に三本の「土岐系図」が掲載されている。このうち最初の系図の注記が詳細で、本文の多くはこれに拠った。尊もほぼ同じ注記である。（2）正和二年（一三一三）子頼貞によって光貞の三十三回忌の法要が定林寺（現岐阜県土岐市）で行われたと伝えられており、弘安年間（一二七八〜八八）の中頃に没したと思われる。（3）興源寺は伊予国荏原郷（現愛媛県松山市）にあった寺院。同郷は南北朝期から戦国初期まで土岐氏の所領であった。（4）諸系図では光貞の妻で頼重を生んだ女性を北条貞時の女とするが、貞時と頼重の生年が共に文永八年（一二七一）と推定され、矛盾がある。なお、貞時女の法名は、定林寺に残る一山一寧の応長元年（一三一一）朧月十一日の年紀を有する画像賛（明叔慶浚の「明叔語録」：愚渓寺蔵）による。また谷口研語『美濃・土岐一族』参照。

【系図】尊・纂要・「土岐系図」・「舟木系図」。

【史料】「大徳寺文書」・「大野文書」。　（菊池）

ときよりさだ　土岐頼貞　文永八年〜暦応二・延元四年（一二七一〜一三三九）

鎌倉後期・南北朝期の武士。美濃国守護。父は土岐光定、母は北条貞時の女と伝える。同母兄弟に定親・頼重がいる。通称は隠岐孫二郎。伯耆守。歌人、弓馬の上手。正中元年（一三二四）九月に起きた正中の変の時、頼貞は後醍醐天皇方と見られ、鎌倉の唐笠辻子にあった屋敷を捜索されたが、当時在国中であったという。鎌倉幕府滅亡の時、頼貞が六波羅攻めに加わっていたかどうかは不明であるが、足利方に属していたことは確かであろう。建武二年（一三三五）八月、中先代の乱（北条時行の乱）鎮圧のため関東に下向した尊氏に従った。その後も後醍醐天皇に反旗を翻した尊氏に従って転戦したと考えられ、翌年正月に上洛、二月に九州に下向、五月の湊川合戦を経て六月に入洛した。九州から上洛する途中の備後国尾道の浄土寺に奉納した法楽和歌三十三首の中には頼貞・道謙父子の歌が残る。頼貞は尊氏から信任が篤く、建武三・延元元年九月にはすでに美濃国の守護であったことが確認できる。歌人としても多くの歌を残しており、その歌は「玉葉和歌集」・「風雅和歌集」・「新千載和歌集」・「新拾遺和歌集」・「新後拾遺和歌集」・「夢窓国師御詠草」等に見える。法名存孝。暦応二・延元四年（一三三九）二月二十二日、美濃国土岐郡高田で没した。享年四十。定林寺殿と号した。

【解説】（1）母を北条貞時の女とすることについては、年代的に疑問。（2）正中の変に頼貞が荷担していたかどうかは定かではない。「太平記」は「土岐伯耆十郎頼貞」を挙げるが、通称から頼員のことと思われる。「花園天皇宸記」正中元年九月十九日条には「土岐左近蔵人頼員」の名が見える。「太平記」の頼貞はこの人物か。「太平記」で京都の宿所で討たれたとされる十郎頼貞は、「花園天皇宸記」では十郎五郎頼有とする。また谷口研語『美濃・土岐一族』参照。（3）頼貞が尊氏の信任が篤かったことは、尊氏の言葉として、「家中竹馬記」に「御一家の次、諸家の頭たるべし」とか、「土岐家聞書」に「土岐たえば足利たゆべし」が残されている（佐藤進一『室町幕府守護制度の研究上』）。（4）美濃守護については、建武三年九月三日の将軍家執事施行状案（「佐竹本古簡雑纂」）から確認できるが（佐藤進一前掲書）、秋元信英「土岐一族の抬頭」（『国史学』七五号）によれば建武二年正月にはすでに守護であったとする。

【系図】尊3（清和源氏）・「土岐系図」・「舟木系図」。

【史料】「藤島神社文書」（『鎌倉遺文』㊲二八八三五）・「太平記」・「花園天皇宸記」・「佐竹本古簡雑纂」・「家中竹馬記」・「土岐家聞書」・「玉葉和歌集」・「風雅和歌

集」・「新千載和歌集」・「新拾遺和歌集」・「新後拾遺和歌集」・「夢窓国師御詠草」。なお、『大日本史料』第六編之五（暦応二・延元四年二月二十二日条）参照。　（菊池）

とき よりしげ　土岐頼重　生没年未詳

鎌倉後期・南北朝期の武士。父は土岐光定、母は北条貞時の女。同母兄弟に定親・頼貞がいる。船木氏の祖。通称は隠岐孫三郎。従五位下、右衛門、右近将監、蔵人。後醍醐天皇に従い、讃岐国高松庄に住したという。

【解説】（1）通称等については尊3（清和源氏）・「土岐系図」による。（2）母を北条貞時の女とすることについては、年代的に疑問。また谷口研語『美濃・土岐一族』参照。（3）高松庄は現在の香川県高松市。この記事は「舟木系図」による。

【系図】尊3（清和源氏）・「土岐系図」・「舟木系図」。

【史料】　（菊池）

ときわ さだうじ　常葉貞氏

→ 北条貞氏（ほうじょう さだうじ）

ときわ さだもち　常葉貞茂

→ 北条貞茂（ほうじょう さだもち）

ときわ しげたか　常葉重高

→ 北条重高（ほうじょう しげたか）

ときわ たかのり　常盤高範

→ 北条高範（ほうじょう たかのり）

ときわ ときのり　常葉時範

→ 北条時範（ほうじょう ときのり）

ときわ ときもち　常葉時茂

→ 北条時茂（ほうじょう ときもち）

ときわ のりさだ　常葉範貞

→ 北条範貞（ほうじょう のりさだ）

ときわ まさもち　常葉政茂

→ 北条政茂（ほうじょう まさもち）

とみがや さえもんにゅうどう　富谷左衛門入道　生没年未詳

鎌倉後期の武士。実名・父母は未詳。実泰流の被官。北条（金沢）顕時から子の貞顕を養君として預かり、養育した乳母夫。「富谷一周廻向」には、「夜ハ懐中ニコレヲ懐キ、昼ハ膝ノ上ニコレヲ遊バス」と記される。貞顕が家督を嗣いだ後、富谷左衛門入道は六浦庄政所を勤めた。没年は、北条貞顕が連署に就任した正和四年（一三一五）から武蔵守を離れた元応元年（一三一九）の間である。

【解説】（1）名字の富谷は下総国埴生西条富谷郷に由来すると思われる。（2）福島金治「武蔵国久良岐郡六浦荘について」（『金沢文庫研究』二六五・二六六、『金沢北条氏と称名寺』に再録）。テーマ展図録『金沢貞顕』（神奈川県立金沢文庫）。福島金治「金沢北条氏の被官について（増補版）」（『金沢北条氏と称名寺』所収）。阪田雄一「金沢氏と成田周辺の荘園――その存在意義の再検討――」（『成田市史研究』一九）。

【系図】

【史料】『金沢文庫古文書』五二六九・六一六五。（永井）

とみがや ひでたか　富谷秀高　生没年未詳

鎌倉後期の武士。父母は未詳。乳母夫富谷左衛門入道の縁者であろう。実泰流、北条（金沢）貞顕の被官。貞顕が六波羅探題北方在任中の正和三年（一三一四）五月一日、六波羅検断頭人向山敦利とともに新日吉社に使者として赴き、闘乱の中心的役割を果たした。

【解説】テーマ展図録『金沢貞顕』（神奈川県立金沢文庫）、福島金治「金沢北条氏の被官について（増補版）」（『金沢北条氏と称名寺』所収）。

【系図】

【史料】『金沢文庫古文書』三三四、「元徳二年三月日吉社并叡山行幸記」。（永井）

とみやす ときつぐ　富安時嗣

→ **北条時嗣**（ほうじょう ときつぐ）

とみやす まさよし　富安政義

→ **北条政義**（ほうじょう まさよし）

【な】

ながい さだひで　長井貞秀　生年未詳～延慶二年（?～一三〇九）

鎌倉後期の武士。評定衆長井宗秀の嫡子、母は北条（金沢）実時の女。永仁二年（一二九四）三月五日に六位蔵人として蔵人所に初参した。叙爵後、中務少輔・兵庫頭と昇進した。徳治元年（一三〇六）四月二十五日、将軍久明親王の代官として二所詣を勤めた。北条貞顕や劔阿と親交があり、「鎌倉治記」・「家務簡要抄」・「世間雑事抄」・「太神宮日記」・「朝野群載」・「地理図」・「頓医抄」・「日本記」・「北斗祭文」・「六代勝事記」などの典籍の貸借や劔阿との漢詩文の会合が確認される。三十歳前後で亡くなったと考えられる。

【解説】小泉宜右「御家人長井氏について」(『古記録の研究』)。神奈川県立金沢文庫編『金沢文庫資料図録 書状編Ⅰ』、永井晋「鎌倉時代後期における京都・鎌倉間の私的情報交換――六波羅探題金沢貞顕の書状と使者――」(『歴史学研究』七二六)。

【系図】尊・「天文本大江氏系図」・「大江氏系図」。

【史料】『金沢文庫古文書』・「勘仲記」・「鎌倉年代記裏書」・「実躬卿記」。

(永井)

ながいしゅりのすけ　長井修理亮

生没年未詳

鎌倉後期の武士。父母は未詳。女が朝時流、北条長頼の養女となった。

【解説】入ウのみに見える人物。注記に「長井修理亮女」とあり、養女と判断した。

【系図】入ウ。

【史料】

(菊池)

ながいときひで　長井時秀

生没年未詳

鎌倉中期の評定衆。評定衆長井泰秀の嫡子、母は近江守佐々木信綱の女。女が政村流の北条政長に嫁ぎ、時敦の母となる。宝治元年(一二四七)十一月十五日延引されていた鶴岡放生会において後陣随兵を勤めたのが初見。建長二年(一二五〇)十二月二十七日将軍近習番に撰ばれる。同四年四月三日には、将軍宗尊親王御格子番に撰ばれる。同六年十二月一日引付衆に加えられる。正元元年(一二五九)閏十月宮内権大輔に補任。文応元年(一二六〇)正月二十日将軍御所昼番衆に撰ばれる。同年二月二十日廂番衆に撰ばれる。文永二年(一二六五)六月十一日評定衆に昇進。同八年十一月備前守補任。弘安七年(一二八四)四月北条時宗卒去を機に出家。法名西規。

【解説】小泉宜右「御家人長井氏について」(『古記録の研究』)。

【系図】尊・「天文本大江氏系図」・「大江氏系図」。

【史料】「吾妻鏡」・「関東評定衆伝」・「鎌倉年代記」。

(永井)

ながいときひでじょ　長井時秀女

生没年未詳

鎌倉中期の女性。父は長井時秀、母は未詳。政村流の北条政長に嫁し、時敦を生んだ。

【解説】「鎌倉年代記」は、六波羅探題北条時敦の母を「備前守時秀女」と記す。

【系図】

【史料】「鎌倉年代記」。

(永井)

ながい ときひろ　長井時広

生年未詳～仁治二年（?～一二四一）

鎌倉中期の武士。大江広元の子、母は未詳。妻は北条時房の女。武蔵国長井庄によって、長井を称した。建保六年（一二一八）五月十七日六位蔵人に補任。同年五月二十八日将軍源実朝右大将拝賀に参列するため、鎌倉に下向。同年十月十一日検非違使大夫尉叙留。承久元年（一二一九）正月二十七日源実朝右大臣拝賀に参列。翌日実朝の死を悼んで出家し、法名を斎阿とした。承久の乱後、備後守護職を賜った。仁治二年（一二四一）五月二十八日没した。

【解説】（1）「吾妻鏡」仁治二年五月二十八日条は「長井散位従五位上大江朝臣時広法師卒」と卒伝を載せる。（2）小泉宜右「御家人長井氏について」（『古記録の研究』）参照。

【系図】尊・「天文本大江氏系図」・「大江氏系図」。

【史料】「吾妻鏡」。

（永井）

ながい むねひで　長井宗秀

生没年未詳

鎌倉後期の引付頭人・寄合衆。評定衆長井時秀の嫡子、母は未詳。北条実時の女婿。弘安五年（一二八二）四月二十六日引付衆加任。同年十月二十五日宮内権大輔補任。永仁元年（一二九三）十月執奏補任。翌二年執奏廃止。同六年正月十三日宇都宮蓮瑜の死闕により引付頭人補任となる。正安年間（一二九九～一三〇二）に掃部頭補任。乾元元年（一三〇二）頃に出家、法名道雄。延慶二年（一三〇九）三月十五日の引付改編で、引付頭人をはずれる。後任は北条貞顕。同時期、寄合衆在任が確認される。「新後撰和歌集」・「玉葉和歌集」・「続千載和歌集」・「続後拾遺和歌集」に収められた勅撰歌人。

【解説】小泉宜右「御家人長井氏について」（『古記録の研究』）。佐藤進一「鎌倉幕府職員表復元の試み」（『増補版　鎌倉幕府訴訟制度の研究』）。神奈川県立金沢文庫編『金沢文庫資料図録　書状編Ⅰ』。

【系図】尊・「天文本大江氏系図」・「大江氏系図」。

【史料】『金沢文庫古文書』、「関東評定衆伝」・「鎌倉年代記」・「新後撰和歌集」四七〇、「玉葉和歌集」二〇〇・三八〇・四三一・五九八・六九一・一二一三・二二五六、「続千載和歌集」八二〇・一六五六・二〇六九、「続後拾遺和歌集」四七七・一〇三八。（永井）

ながさき しげん　長崎思元

生年未詳～正慶二・元弘三年（?～一三三三）

鎌倉後期の武士。父母は未詳であるが、実名は纂要に見える長崎光綱の兄弟高光（入道昌元）か。義時流（得宗）の被官。徳治二年（一三〇七）五月、円覚寺で催す毎月四日の北条時宗忌日斎会に四番衆として勤務するよう命じられる。正和年間（一三一二～一七）頃、鶴岡八幡宮の評定衆として別当や供僧の事を沙汰したという。元亨元年（一三二一）から同二年にかけて陸奥行方郡内の地につき、相馬重胤と争う。同三年十月の北条貞時十三回忌法要に際しては、布施取り役の公卿・殿上人らを催促している。正中二年（一三二五）十一月、高時の子邦時が誕生した時、妻深沢殿は尼乳母となる。正慶二・元弘三年（一三三三）五月二十二日、幕府滅亡の際、高時ら北条一門や高綱ら一族とともに鎌倉東勝寺で自害した。「太平記」に思元・為基父子が新田義貞軍と奮戦した様子が描かれている。

【解説】

【系図】纂要。

【史料】「円覚寺文書」・「香蔵院珍祐記録」・「相馬文書」・「金沢文庫文書」・「太平記」。

（森）

ながさきしょうこう　長崎性杲

生没年未詳

鎌倉後期の武士。父母・実名は未詳。六波羅・鎮西探題北条兼時の被官。通称新左衛門入道。正応二年（一二八九）頃、六波羅探題兼時の下で奉行人を勤める。同元年から四年にかけて兼時の守護国摂津守護代として所見。同四年六月、律僧禅空の朝政口入に関連し、鎌倉へ下向。永仁元年（一二九三）五月、鎮西探題兼時雑掌として肥後阿蘇社に大般若経転読・神楽用途を送っている。

【解説】性杲に触れた論考に森幸夫「六波羅探題職員ノート」（『三浦古文化』四二）、同「平頼綱と公家政権」（『三浦古文化』五四）等がある。

【系図】

【史料】「小早川家文書」・「勝尾寺文書」・「実躬卿記」・「阿蘇文書」。

（森）

ながさき たかさだ　長崎高貞

生年未詳～建武元年（?～一三三四）

鎌倉後期の武士。長崎高綱の子、母は未詳。義時流（得宗）の被官。「鎌倉殿中問答記録」文保二年（一三一八）九月十五日の記事に高資の弟四郎左衛門として見える。元徳三・元弘元年（一三三一）九月幕府軍とともに上洛し、軍奉行として御家人を指揮し後醍醐天皇の籠もる笠置山を攻めた。当時侍所頭人（所司）であったとみられる。正慶二・元弘三年（一三三三）六月、阿曾治時の軍奉行として千早城包囲中に六波羅探題滅亡を知り、治時らとともに出家して宮方に降伏した。建武元年（一三三四）三月二十一日京都阿弥陀峯で斬られた。

【解説】（1）侍所頭人（所司）在職については森幸夫「北条氏と侍所」（『国学院大学大学院紀要』文学研究科一九）参照。（2）没年月日は「近江国番場宿蓮華寺過去帳」による。「太平記」は建武元年七月九日とする。（3）高貞に触れた論考に網野善彦『蒙古襲来』がある。

【系図】纂要。

【史料】「鎌倉殿中問答記録」・「鎌倉年代記（裏書）」・「光明寺残篇」・「太平記」・「小松文書」・「近江国番場宿蓮華寺過去帳」。

（森）

ながさき たかすけ　長崎高資

生年未詳〜正慶二・元弘三年（?〜一三三三）

鎌倉後期の武士。長崎高綱の子、母は未詳。義時流（得宗）の被官。内管領。左衛門尉。正和五年（一三一六）七月高時が執権に就任した頃、父の譲りを受け内管領となる。高綱・安達時顕とともに幕政の中枢にあった。内管領就任後、蝦夷管領安藤氏の内紛が起こると、対立する双方から賄賂を取って、紛争を激化させたという。安藤氏の乱は約十年にも及び、幕府の権威を低下させ、反幕勢力の胎動を促した。嘉暦元年（一三二六）三月、高時が病により出家すると、高時弟泰家の執権就任を阻止するため、金沢貞顕を執権に擁立するが、貞顕は十日余りで出家。次いで赤橋守時を執権に立てた。元徳三・元弘元年（一三三一）八月、余りの専横振りに怒った高時が、長崎高頼らに高資を討たせようとするが失敗、高時は関与を否定してどうにか追求を逃れたという。同年の元弘の変に際しては、後醍醐天皇や護良親王の配流等を主張したと「太平記」に見える。正慶二・元弘三年（一三三三）五月二十二日、幕府滅亡の際、高時ら北条一族や父高綱・子高重らとともに鎌倉東勝寺で自害した。内管領としての発給文書十数点が、「多田神社文書」・「宗像神社文書」・「円覚寺文書」等に残っている。

【解説】高資に関する論考に佐藤進一『鎌倉幕府訴訟制度の研究』、高梨みどり「得宗被官長崎氏の専権」

（『歴史教育』八―七）、北村美智子「得宗被官長崎高資の活動とその政治意識について（上）」（『日本史攷究』一八）、網野善彦『蒙古襲来』、奥富敬之『鎌倉北條氏の基礎的研究』、細川重男「嘉暦の騒動と北條高時政権」（『白山史学』二七）、同「得宗家執事と内管領」（『前近代の日本と東アジア』）、同「得宗家公文所と執事」（『古文書研究』四七）、小泉聖恵「得宗家の支配構造」（『お茶の水史学』四〇）等がある。

【系図】纂要。

【史料】「多田神社文書」・「保暦間記」・「金沢文庫文書」・「鎌倉年代記（裏書）」・「太平記」・「宗像神社文書」・「円覚寺文書」。

（森）

ながさき たかつな　長崎高綱

生年未詳～正慶二・元弘三年（?～一三三三）

鎌倉後期の武士。長崎光綱の子、母は未詳。義時流（得宗）の被官。内管領。左衛門尉。法名円喜。「親玄僧正日記」永仁二年（一二九四）二月十六日条に執権北条貞時の母覚山尼の使者として長崎新左衛門と見えるのが初見。同年四月には貞時妾播磨局の着帯の儀に父光綱とともに祇候する。同五年八月光綱が死去した後長崎氏は振るわず、内管領に平宗綱や北条宗方らが任じられ、雌伏の時を過ごす。嘉元元年（一三〇三）高時が誕生し、その乳母夫となる。同三年五月に宗方が討たれた後、内管領に任命されたらしい。徳治二年（一三〇七）五月には、円覚寺で催す毎月四日の北条時宗忌日斎会に一番衆筆頭として勤務するよう定められる。同年六月には内管領兼侍所頭人（所司）として鎌倉和賀江住人による関米運取等狼藉の沙汰を命じられる。延慶元年（一三〇八）八月、平（中原）政連から得宗貞時への諫状の取り次ぎとして所見。同二年四月には寄合の合奉行を勤める。同三年二月以前に出家した。以後長入道・長崎禅門などと呼ばれる。正和年間（一三一二～一七）頃、鶴岡八幡宮の評定衆として別当や供僧の事を沙汰したという。正和五年七月高時が執権に就任した頃、子高資に内管領職を譲る。「保暦間記」は「老耄」のため、内管領を辞したとするが、高時政権下においても安達時顕とともに幕政の中枢に位置し、人事等に関与した。時顕子高景には娘が嫁していた。正中の変（一三二四）後、後醍醐天皇の使節として鎌倉に下向した万里小路宣房を時顕とともに事情聴取する。元亨三年（一三二三）十月の貞時十三回忌法要に際しても御内宿老として上席を占めた。土佐の陰山孫五郎のように、地頭御家人でありながら、その家人となる者も存在した。正慶二・元弘三年（一三三三）五月二十二日、幕府滅亡の際、高時ら北条一族や子高資・孫高重らとともに鎌倉東勝寺で自害した。

【解説】（1）侍所頭人（所司）在職については森幸夫「北条氏と侍所」（『国学院大学大学院紀要』文学研究科一九）参照。（2）高綱に関する論考に佐藤進一『鎌倉幕府訴訟制度の研究』、高梨みどり「得宗被官長崎氏の専権」（『歴史教育』八―七）、網野善彦『蒙古襲来』、筧雅博「道蘊・浄仙・城入道」（『三浦古文化』三八）、細川重男「嘉元の乱と北条貞時政権」（『立正史学』六九）、同「嘉暦の騒動と北条高時政権」（『白山史学』二七）、同「得宗家執事と内管領」（『前近代の日本と東アジア』）、同「得宗家公文所と執事」（『古文書研究』四七）、小泉聖恵「得宗家の支配構造」（『お茶の水史学』四〇）、高橋慎一朗「『親玄僧正日記』と得宗被官」（『日記に中世を読む』）等がある。

【系図】纂要。

【史料】「親玄僧正日記」・「鎌倉殿中問答記録」・「円覚寺文書」・「金沢文庫文書」・「平政連諫草」・「香蔵院珍祐記録」・「保暦間記」・「常楽記」・「花園天皇日記」・「土佐国古文叢」・「太平記」。（森）

ながさき たかより　長崎高頼　生没年未詳

鎌倉後期の武士。長崎光綱の子で高綱の弟か。母は未詳。義時流（得宗）の被官。通称は三郎左衛門尉。元徳元年（一三二九）に幕府奉行人として活動。元徳三・元弘元年（一三三一）八月、北条高時の密命を受け、工藤七郎右衛門入道らとともに、内管領長崎高資を討とうとするが失敗、配流された。

【解説】高頼に触れた論考に奥富敬之『鎌倉北條氏の基礎的研究』、網野善彦『蒙古襲来』等がある。

【系図】纂要。

【史料】「金沢文庫文書」・「保暦間記」・「鎌倉年代記（裏書）」。（森）

ながさき ときつな　長崎時綱　生没年未詳

鎌倉中期の武士。平盛綱の子で、盛時の庶兄。母は未詳。義時流（得宗）の被官。左兵衛尉。初めは平左衛門次郎と称し、嘉禎二年（一二三六）正月と宝治二年（一二四八）正月の北条氏献上の垸飯に際し、馬の曳手を勤める。文永九年（一二七二）から弘安五年（一二八二）にかけて、得宗公文所奉行人連署奉書に名を連ねている。建治二年（一二七六）十二月には得宗家の守護国備中の守護代として確認される。弘安二年と推定される十月一日付日蓮書状に長崎次郎兵衛尉時縄（綱）と見え、長崎を名乗ったことがわかる。なお、鶴岡八幡宮安楽坊供僧の盛弁は実子であり、父盛綱の子となった。

【解説】（1）時綱の系譜については森幸夫「平・長崎氏の系譜」（『吾妻鏡人名総覧』）が検討している。（2）時綱の備中守護代在職については佐藤進一『増訂鎌倉幕府守護制度の研究』参照。（3）時綱に触れた論考に細川重男「得宗家公文所と執事」（『古文書研究』四七）がある。

【系図】

【史料】「鶴岡八幡宮寺供僧次第」・「吾妻鏡」・「多田神社文書」・「三聖寺文書」・『日蓮聖人遺文』。（森）

ながさき みつつな　長崎光綱

生年未詳～永仁五年（?～一二九七）

鎌倉中期の武士。纂要では長崎光盛の子とするが、「保暦間記」から平頼綱兄弟（弟カ）とわかり、平盛時の子とみられる。母は未詳。義時流（得宗）の被官。内管領。左衛門尉。文永十年（一二七三）・同十一年には侍所所司として活動している。正応四年（一二九一）八月、寺社・京下訴訟について、審理に遅滞がある時、堺飯沼助宗・平宗綱らとともにこれを監督することを命じられる。永仁元年（一二九三）四月、頼綱誅死後、内管領に就任し、得宗家執事として所領寄進等の文書を発給する。同三年には執権貞時代官として二所に参詣した。同五年八月六日に死去した。

【解説】（1）光綱の系譜については渡辺晴美「得宗被官平氏および長崎氏の世系について」（『政治経済史学』一一五）、細川重男「内管領長崎氏の基礎的研究」（『日本歴史』四七九）、森幸夫「平・長崎氏の系譜」（『吾妻鏡人名総覧』）等が検討している。（2）侍所所司在職については森幸夫「北条氏と侍所」（『国学院大学大学院紀要』文学研究科一九）参照。（3）光綱に触れた論考に佐藤進一『鎌倉幕府訴訟制度の研究』、網野善彦『蒙古襲来』、細川重男「得宗家執事と内管領」（『前近代の日本と東アジア』）、同「得宗家公文所と執事」（『古文書研究』四七）、小泉聖恵「得宗家の支配構造」（『お茶の水史学』四〇)、高橋慎一朗「『親玄僧正日記』と得宗被官」(『日記に中世を読む』)等がある。

【系図】纂要。

【史料】「保暦間記」・「新編追加」・「証菩提寺文書」・「永仁三年記」・「鶴岡社務記録」。 (森)

ながさきもくさえもんのじょう　長崎木工左衛門尉　生没年未詳

鎌倉後期の武士。父母・実名は未詳。義時流(得宗)の被官。執権北条貞時に近侍し、その使者として活躍、永仁二年(一二九四)には貞時の妾播磨局の出産に際し奉行を勤める。永仁二年から五年頃、貞時の守護国肥後の守護代として所見。徳治二年(一三〇七)五月には、円覚寺で催す毎月四日の北条時宗忌日斎会に一番衆として勤務するよう命じられる。同年七月、成寿(北条高時)の矢開の儀に際し、鳥の切手を勤めた。

【解説】木工左衛門尉に触れた論考に佐藤進一『鎌倉幕府訴訟制度の研究』、高橋慎一朗「『親玄僧正日記』と得宗被官」(『日記に中世を読む』)等がある。

【系図】

【史料】「親玄僧正日記」・「大慈寺文書」・「円覚寺文書」・「蜷川家文書」。 (森)

ながさきやすみつ　長崎泰光　生没年未詳

鎌倉後期の武士。纂要では長崎光綱の兄弟高泰の子とするが確証はない。母は未詳。義時流(得宗)の被官。通称は孫四郎左衛門尉。徳治元年(一三〇六)正月、幕府弓始射手を勤め、延慶二年(一三〇九)正月、北条高時元服に際し、馬を献上する。正和四年(一三一五)と同五年東使として上洛し、山門の紛争処理等にあたる。元弘元年(一三三一)五月にも日野俊基らの逮捕のため上洛した。正慶二・元弘三年(一三三三)五月、新田義貞が挙兵した時、時宗の守護国上野の守護代であった。所領として伊勢国芝田郷が知られる。

【解説】

【系図】纂要。

【史料】「御的日記」・「金沢文庫文書」・「花園天皇日記」・「続史愚抄」・「武家年代記(裏書)」・「鎌倉年代記(裏書)」・「梅松論」・「御鎮座伝記紙背文書」。 (森)

なかのくないじろうにゅうどう　中野宮内二郎入道　生没年未詳

鎌倉後期の武士。父母は未詳。実泰流の被官。北条貞顕が六波羅探題として上洛した折り、鎌倉に留まって公文所奉行人を勤めた。公文所のなかで重きをなしたとみられ、関東代官二宮覚恵との意見の対立によって京都にいる貞顕を悩ませていたとみられる書状が残る。

【解説】福島金治「金沢北条氏の被官について（増補版）」（『金沢北条氏と称名寺』所収）。

【系図】

【史料】『金沢文庫古文書』二四三・五六一。（永井）

なかはらすえとき　中原季時

生年未詳～嘉禎二年（?～一二三六）

鎌倉前期の武士・吏僚。父は中原親能、母は未詳。北条義時の女を妻とした。「吾妻鏡」の初見は建久五年（一一九四）四月三日条で鶴岡八幡宮臨時祭の時、将軍源頼朝の奉幣使を勤めており、当時右京進であった。同五月頼朝から寺社に関することを担当するよう命じられており、政所に属する公事奉行人の一人であったと考えられる。同十月永福寺供養の導師として東大寺別当勝賢を招くための使節として上洛。同十二月頼朝が鎌倉中の御願寺社の奉行人を定めたときは大庭景能・安達盛長らとともに鶴岡八幡宮の奉行となっている。以降幕府の吏寮として、将軍の出向や御願寺の供養等に供奉、鶴岡八幡宮への奉幣使を勤める記事が散見する。元久元年（一二〇四）には従五位下駿河守として見える。同二年十月京都守護として上洛、承久元年（一二一九）正月までその任にあった。建暦元年（一二一一）三月山門（延暦寺）騒動の時、佐々木広綱と共に園城寺警護を命じられた。建保六年（一二一八）六月には帰鎌して将軍源実朝の任左大将拝賀の儀に参列、承久元年正月の任右大臣拝賀の儀にも参列したが、実朝が没したため正月二十八日大江親広・安達景盛ら御家人百余人とともに出家した。法名行阿。同三年の承久の乱の時は他の宿老と共に鎌倉の留守を守った。安貞元年（一二二七）三月には地震の御祈の奉行人を、貞永元年（一二三二）閏九月には変気の御祈の雑掌を、嘉禎元年（一二三五）十二月にも御祈の沙汰人を勤めた。また将軍藤原頼経夫人竹御所（源頼家の女）の方違の所として季時邸が利用されている。同二年三月二十七日から病気になり（時行と脚気）、四月六日没した。

【解説】（1）父は「鎌倉年代記」・「諸家系図纂」一六下による。（2）妻は野津・群A・群B・纂要による。（3）京都守護については「鎌倉年代記」による。

【系図】「諸家系図纂」一六下・野津・群A・群B・纂要。

【史料】「吾妻鏡」・「鎌倉年代記」。なお、『大日本史料』第五編之一〇（嘉禎二年四月六日条）参照。

（菊池）

なかはらちかひろ　中原親広
→大江親広（おおえちかひろ）

なかみちへいさえもんにゅうどう　中道平左衛門入道
→苅田義季（かりたよしすえ）

なごえときあき　名越時章
→北条時章（ほうじょうときあき）

なごえときかね　名越時兼
→北条時兼（ほうじょうときかね）

なごえともとき　名越朝時
→北条朝時（ほうじょうともとき）

なごえほういん　名越法印
→公恵（こうけい）

なごえみまさかのかみ　名越美作守
→北条時家（ほうじょうときいえ）

なごえむねなが　名越宗長
→北条宗長（ほうじょうむねなが）

なごえむねのり　名越宗教
→北条宗教（ほうじょうむねのり）

なわたろう　那波太郎　生没年未詳
鎌倉中期の武士。父母は未詳。朝時流、北条朝時女を妻とした。

【解説】（1）入ウのみに見える人物。入ウの朝時女の注記に「号南殿、那波太郎室」と見える。（2）那波氏は上野国の武士と推定され、「吾妻鏡」建久六年（一一九五）三月十日条及び同書康元元年（一二五六）六月二十九日条に那波太郎が見える。年代的には後者に比定される可能性がたかい。

【系図】入ウ。

【史料】「吾妻鏡」。

（菊池）

なんじょうさえもんのじょう　南条左衛門尉　生没年未詳
鎌倉後期の武士。父母・実名は未詳。義時流（得宗）の被官。徳治二年（一三〇七）五月の故時宗忌日大斎結番に名を連ねている。延慶二年（一三〇九）七月、熊野悪党の件について東使として上洛した。
【解説】佐藤進一『鎌倉幕府訴訟制度の研究』、奥富敬之

「得宗被官家の個別的研究（その二）」（『日本史攷究』一四）。

【系図】

【史料】「円覚寺文書」・「武家年代記（裏書）」。（末木）

なんじょう ときかず　南条時員　生没年未詳

鎌倉前期の武士。父母は未詳。義時流（得宗）の被官。七郎・左衛門尉と称す。「吾妻鏡」には、建保元年（一二一三）正月二日条以降十二回登場する。承久三年（一二二一）五月の承久の乱にともない、北条泰時とともに京都へ進軍した。嘉禎二年（一二三六）十二月、泰時の新造邸の北土門西脇に安東左衛門尉と並んで家を構えている。

【解説】奥富敬之「得宗被官家の個別的研究（その二）」（『日本史攷究』一四）。

【系図】

【史料】「吾妻鏡」。（末木）

なんじょう よりかず　南条頼員　生没年未詳

鎌倉中期の武士。父母は未詳。義時流（得宗）の北条時輔の被官。新左衛門尉と称した。建治年間、京都六波羅探題北条時輔の後見人であった。

【解説】

【系図】

【史料】「吾妻鏡」・「高野山文書」。（末木）

【に】

にかいどう ゆきあり　二階堂行有　承久二年～正応五年（一二二〇～九二）

鎌倉中期の評定衆・引付衆。二階堂行義の次男、母は未詳。朝時流の北条時章の岳父。通称は出羽次郎兵衛尉、出羽次郎左衛門尉、出羽大夫判官、尾張守、備中守、前備中守と変化するが、出羽は父行義が嘉禎三年（一二三七）十月二十七日に任じられた出羽守による。行有が尾張守に任官した弘長元年（一二六一）八月以降は、自身の官途名が通称となる。承久二年（一二二〇）に生まれる。官職は、兵衛尉、左衛門尉。「吾妻鏡」正嘉二年（一二五八）六月四日条には「大夫判官」と記されているので、この時期までに従五位下に叙され、検非違使となった。弘長元年八月十日以降は尾張守、同三年正月十日以降は備中守、文永七年（一二七〇）以降は前備中守と見える。なお、尊の注記には従五位上と記されている。

「吾妻鏡」の初見は寛元元年（一二四三）七月十七日条で、以後文永三年三月二十九日条に至るまで六十二か所に見える。「吾妻鏡」で行有に関する記事を拾っていくと、行有は藤原頼経・頼嗣、宗尊親王など歴代将軍に仕え、建長二年（一二五〇）十二月二十七日近習結番三番、正嘉元年十二月二十四日廂衆結番一番、同二十九日御格子番一番、文応元年（一二六〇）二月二十日廂御所衆四番などを歴任し、将軍近臣として活動している。また、将軍・御台所の二所・鶴岡参詣、方違、放生会など出行時の供奉人を勤め、将軍頼嗣が帰洛する際には路次奉行を勤めている。行有は京下官人・幕府官僚二階堂氏出身でありながら武芸に優れ、寛元二・三年八月十六日鶴岡八幡宮馬場で行われた流鏑馬の射手、正嘉二年六月四日勝長寿院供養の寺門守護などを勤めている。一方で、弘長三年正月十日鞠奉行に選ばれ、御所鞠会・鞠始に参加し、文応元年正月二十日御所中に歌道・蹴鞠・管弦・右筆・弓馬など諸芸能に堪能な御家人を昼番衆として編成した際に二番衆に選定されるなど、文武両道に優れた人物であった。

文永二年（一二六五）六月十一日引付衆、同七年十月には評定衆に加えられた。同年二月二十九日安堵奉行に任じられた。弘安七年（一二八四）四月得宗北条時宗の死去により出家、法名は道証。正応五年（一二九二）六月五日に七十二歳で死去した。

【解説】（1）通称・官職は「吾妻鏡」・「関東評定衆伝」による。（2）「吾妻鏡」に「出羽次郎」と記されていることから、二階堂行義の次男と考えられる。（3）安堵奉行は「建治三年記」による。（4）出家は「関東評定衆伝」による。（5）没年は尊の注記による。生年は没年から逆算。

【系図】関・尊2（乙麿流）・「工藤二階堂系図」。

【史料】「吾妻鏡」・「建治三年記」。

（久保田）

にかいどう ゆきありじょ　二階堂行有女

生没年未詳

鎌倉中期の女性。父は二階堂行有、母は未詳。朝時流の北条時章の妻となり、公時を生んだ。

【解説】（1）関の公時の注記に、「母隠岐守行有女」と記されている。（2）北条時章は朝時の次男で、鎌倉中期の評定衆・引付頭人。

【系図】関。

【史料】

（久保田）

にかいどう ゆきかた　二階堂行方

建永元年〜文永四年（一二〇六〜六七）

鎌倉中期の評定衆・引付頭人。二階堂行村の五男、母は未詳。朝時流の北条時章の岳父。通称は隠岐五郎左衛門尉、大蔵少輔、隠岐前大蔵少輔、和泉前司と変化するが、隠岐は父行村が建保六年（一二一八）十一月十九日に任じられた隠岐守による。行方が和泉守に任官した寛元二年（一二四四）四月五日以降は、自身の官途名が通称となる。建永元年（一二〇六）に生まれる。官途は、嘉禎二年（一二三六）以前は左衛門尉、同年十一月二十二日式部少丞に任官、同三年正月五日従五位下に叙す。同二十四日大和権守、仁治元年（一二四〇）十二月十八日大蔵少輔、同二年四月七日式部少丞の巡により従五位上に叙され、寛元二年四月五日和泉守に任官した。

『吾妻鏡』の初見は嘉禎元年六月二十九日条で、以後文永三年（一二六六）三月六日条に至るまで一四七か所に見える。『吾妻鏡』で行方に関する記事を拾っていくと、行方は藤原頼経・頼嗣、宗尊親王など歴代将軍に仕え、将軍出行時の供奉人を勤め、祈雨法・止雨法・北斗法・七瀬祓など諸祈祷の奉行、大慈寺・勝長寿院供養など寺社に関する奉行、御所造営の作事奉行、湯殿始・的始・祈祷始・御鞠始など幕府諸行事の奉行など、さまざまな奉行人として登場する。また将軍家酒宴で猿楽を演じ、文応元年（一二六〇）正月二十日御所中に歌道・蹴鞠・管弦・右筆・弓馬など諸芸能に堪能な御家人を昼番衆として編成した際にも二番衆に選定されるなど、京下官人・幕府官僚として有能な人物であったことがわかる。

宝治元年（一二四七）六月五日に起こった三浦一族との合戦においても、行方は兄の行義とともに、永福寺から法華堂に向かう三浦光村の軍勢と遭遇し、両軍の軍勢負傷者多数という激戦を演じるなど、武士としても活躍している。

建長四年（一二五二）二月、行方は武藤景頼とともに京都使節として上洛し、将軍藤原頼嗣を廃し、代わりの新将軍として宗尊親王の下向を奏請した。以後、同年四月三日御格子番帳、文応元年二月二十日廂御所衆番帳、同年七月二十五日・十一月八日小侍番帳の作成、将軍・御息所の二所・鶴岡参詣、方違、放生会など出行時の供奉人の選定、諸事の小侍所への伝達など、宗尊親王の近臣として活動している。幕府機関では、建長三年六月五日六方引付五番、同二十日三方引付一番、同四年四月三日五方引付四番を歴任し、同五年十二月二十二日、従兄二階堂行盛死去の替として四番引付頭人に就任する。正元元年（一二五九）九月評定衆にも加えられ、幕府宿老としての地位を確立した。文永元年十二月十日、去年十月八日以来の中風のため出家、法名は道照。以後病気のため籠居。同四年六月八日、六十二歳で死去した。

【解説】（1）行方は「吾妻鏡」に「隠岐五郎」と記されていることから、二階堂行村の五男と考えられる。（2）通称は「吾妻鏡」・「関東評定衆伝」による。（3）官途は「関東評定衆伝」による。（4）行方の生年は没年から逆算。

【系図】尊2（乙麿流）・「工藤二階堂系図」。

【史料】「吾妻鏡」・「関東評定衆伝」。

（久保田）

にかいどう ゆきかたじょ　二階堂行方女

生没年未詳

鎌倉中期の女性。父は二階堂行方、母は未詳。朝時流の北条時章の妻となる。

【解説】（1）尊の行方女の注記に「尾張守時章室」と記される。（2）北条時章は朝時の次男で、鎌倉時代中期の評定衆・引付頭人。

【系図】尊2（乙麿流）・纂要。

【史料】

（久保田）

にかいどう ゆきひさ　二階堂行久

元久二年～文永三年（一二〇五～六六）

鎌倉中期の吏僚。父は二階堂行村、母は未詳。女が北条時基（朝時流）に嫁し、朝貞を生んだ。通称は隠岐四郎左衛門尉・隠岐判官・隠岐大夫判官・常陸入道・常陸介入道である。「吾妻鏡」には寛喜二年（一二三〇）十二月九日条～弘長三年（一二六三）正月十八日条まで二十八回登場する。初見の寛喜二年十二月九日条は将軍藤原頼経と竹御所の婚姻の記事で、行久は兄行義等と共に竹御所に供奉している。その後は正月の馬引や二所詣・将軍の鶴岡八幡宮御参・方違等の供奉人を勤める姿が散見する。嘉禎元年（一二三五）四月六日、将軍頼経の兄摂政九条教実が没したため弔問使として上洛、同五月四日に帰還した。延応元年（一二三九）四月十三日、使宣旨を受ける。時に左衛門尉。仁治二年（一二四一）四月九日叙留。同七月二十六日従五位上に叙された。寛元元年（一二四三）四月九日常陸介に補任。同七月十七日に定められた将軍臨時出御の供奉人結番では中旬の中に見える。同三年九月出家した。法名行日。建長三年（一二五一）六月五日五方の引付を改め六方に結番された際には、一番に加えられたが、同二十日に引付が三方に縮められた際は三番に結番されている。正嘉元年（一二五七）閏三月二日に引付人数を結番した時には、引き続き三番に結番されている。同十月一日に行われた大慈寺供養では惣奉行を務めている。弘長元年（一二六一）三月二十日、評定衆を罷免された。病気に伏していた可能性が高い。文永三年（一二六六）十二月十七日六十二歳で卒した。

【解説】（1）父は尊2（乙麿流）による。（2）女については、入ウの北条朝貞（朝時流）の注記に「母常陸入道行日女」とある。（3）官途・没年は「関東評定衆伝」による。（4）通称は「吾妻鏡」による。生年は没年からの逆算による。

【系図】入ウ・尊2（乙麿流）・「工藤二階堂系図」・「二階堂系図」。

【史料】「吾妻鏡」・「関東評定衆伝」。

（菊池）

にかいどう ゆきひさじょ　二階堂行久女

生没年未詳

鎌倉後期の女性。父は二階堂行久、母は未詳。朝時流、北条時基に嫁し、朝貞を生んだ。

【解説】入ウのみに見える人物。北条朝貞の注記に「母常陸入道行日女」とある。

【系図】入ウ。

【史料】

（菊池）

にかいどう ゆきよし　二階堂行義

建仁三年～文永五年（一二〇三～六八）

鎌倉時代中期の評定衆・引付衆。二階堂行村の三男、母は未詳。政村流の北条時村の岳父。通称は隠岐三郎左衛門尉、出羽守、出羽前司と変化するが、隠岐は父行村が建保六年（一二一八）十一月十九日に任じられた隠岐守による。行義が出羽守に任官した嘉禎三年（一二三七）十月二十七日以降は、自身の官途名が通称となる。建仁三年（一二〇三）に生まれる。官途は、嘉禎二年二月三十日、三十四歳で使宣旨を蒙り、検非違使・左衛門尉に任官。同三年二月二十八日従五位下、同年十月二十七日出羽守。延応元年（一二三九）九月九日従五位上、寛元三年（一二四五）十一月二日には正五位下に叙される。「吾妻鏡」の初見は嘉禄元年（一二二五）十二月二十日条で、以後文永三年（一二六六）三月六日条に至るまで一〇八か所に見える。「吾妻鏡」で行義に関する記事を拾っていくと、行義は藤原頼経・頼嗣、宗尊親王など歴代将軍に仕え、将軍出行時の供奉人を勤め、泰山府君祭・鬼気祭・鶴岡水天供・祈雨・七瀬祓など諸儀式の奉行、明王院五大堂・大慈寺供養など寺社に関する奉行、御所移転・小御所・御所の作事奉行など、さまざまな奉行人として登場する。また舞楽・鞠会・連歌会にも参加し、京下官人・幕府官僚として有能な人物であったことがわかる。宝治元年（一二四七）六月五日に起こった三浦一族との合戦においても、行義は弟の行方とともに、永福寺から法華堂に向かう三浦光村の軍勢と遭遇し、両軍の軍勢負傷者多数という激戦を演じるなど、武士としても活躍している。

　暦仁元年（一二三八）二月父行村が伊勢国益田庄で死去すると、その代わりとして同年四月二日評定衆に加えられる。仁治三年（一二四二）正月、四条天皇がわずか十二歳で急死すると、朝廷は皇嗣を幕府に諮問し、幕府は土御門天皇の子である後嵯峨天皇の践祚を決定し、それを伝えるため行義は安達義景とともに使節として上洛した。同年二月二十六日訴論成敗結番の二番に就任、以後、建長三年（一二五一）六月五日六方引付四番、同月二十日三方引付二番、同四年四月三十日五方引付二番、正嘉元年（一二五七）閏三月二日引付一番と、引付衆を歴任する。文応元年（一二六〇）七月二十日病気により出家、法名は道空。文永五年（一二六八）閏正月二十五日、六十六歳で死去した。

【解説】（1）行義は「吾妻鏡」に「隠岐三郎」と記されていることから、二階堂行村の三男と考えられる。（2）通称は「吾妻鏡」・「関東評定衆伝」による。（3）官途は「関東評定衆伝」による。（4）行義の生年は没年から逆算した。（5）行義の出家の理由は、「吾妻鏡」弘長三年十月十四日条に「此一両年依病籠居」、「関東評定衆伝」弘長三年条に「四五ヶ年依所労籠居之処」と記されていることから、自身の病気が原因であった。

【系図】尊2（乙麿流）・「工藤二階堂系図」。

【史料】「吾妻鏡」・「関東評定衆伝」。

（久保田）

にかいどう ゆきよしじょ　二階堂行義女

生没年未詳

鎌倉中期の女性。父は二階堂行義、母は未詳。政村流の北条時村の妻となる。

【解説】（1）尊の行義女の注記に「左京大夫時村妻」、纂要の行義女の注記に「左京大夫時村室」と記されている。（2）北条時村は政村の三男で、鎌倉時代後期の評定衆・六波羅探題・連署。

【系図】尊2（乙麿流）・纂要。（久保田）

にったまさよし　新田政義　生没年未詳

鎌倉中期の武士。父は新田義房（新田氏本宗家）、母は未詳。本名を義政という。妻としては、重時流、北条為時女と足利義氏女（嫡子政氏母）が知られる。通称は新田太郎。「吾妻鏡」に五回登場する。初見は嘉禎三年（一二三七）四月十九日条で、この日大倉新御堂上棟が行われた。将軍藤原頼経は帰る途中足利義氏亭で酒宴、相撲等が行われ、政義は引出物の役人を務めている。仁治二年（一二四一）四月二十五日には、事情は不明であるが、預かった囚人逐電の過料として三千疋が課されている。寛元二年（一二四四）、政義は大番役で在京していたが、六波羅や上野国の番頭安達泰盛に触れずに、突然病気のため出家した。そのため六月十五日、幕府によって所領を没収された。その後、しばらく所見は無く、「吾妻鏡」建長六年（一二五四）七月十七日条が終見で、将軍宗尊親王の鶴岡八幡宮放生会参宮の供奉人の催促を受けている。政義は、由良郷別所（群馬県太田市）にあった館の傍に、円福寺を開き、円福寺殿と称された。

【解説】（1）父母と本名は尊3（清和源氏）による。（2）入ウの重時流、北条為時女の注記に「新田太郎室」とある。熊谷隆之「ふたりの為時――得宗専制の陰翳――」（『日本史研究』六一一号）参照。（3）没収された所領は、「新田実城応永記」によれば世良田義季と岩松時兼母に半分ずつ与えられたという（『新田町誌』第四巻）。（4）円福寺については『新田町誌』第四巻参照。

【史料】「吾妻鏡」。

【系図】尊3（清和源氏）・入ウ。（菊池）

にったよりうじ　新田頼氏　生没年未詳

鎌倉中期の武士。父は世良田義季、母は未詳。北条朝時の女婿。官途は三河守。新田頼氏は新田氏の祖義重の孫にあたり、新田氏惣領の政義が、寛元二年（一二四四）大番役で在京中に突然出家し、幕府から所領没収の処分を受けると惣領の地位を占め、鎌倉中期において新田一族を代表する人物となる。「吾妻鏡」によると、将軍の鶴岡八幡宮参詣・二所参詣、方違・御行始などの供奉人として多くの記事に登場する。また、建長二年（一二五〇）十二月将軍頼嗣の近習番（四番）、同四年四月将軍宗尊親王御格子番（五番）、正嘉元年（一二五七）十二月廂番（三番）、文応元年（一二六〇）一月昼番衆（五番）、弘長三年（一二六三）一月御鞠奉行など将軍の近臣としての活動が見られ、特に昼番衆・御鞠奉行は歌道・蹴鞠・管弦・右筆・弓馬など文武一芸に堪能な御家人の一人として選抜されている。

長楽寺所蔵「源氏系図」によると、頼氏の注記に「文永九　月　被勘気流罪佐渡畢」とあり、文永九年（一二七二）佐渡へ流罪となっている。同年二月、執権北条時宗の庶兄で、当時六波羅探題南方であった北条時輔が、反逆の罪で同北方北条義宗に殺害される事件が起こった（二月騒動）。二月騒動では、新田頼氏の妻の兄弟である名越一族の北条時章・教時にも嫌疑がかけられており、頼氏の佐渡流罪がこの事件と関係していることは明らかであろう。新田頼氏のその後の動向は、「吾妻鏡」の記事が文永三年七月で終わっていることなどにより、よくわからない。

【解説】（1）新田氏は足利氏と同族で、源義家の孫義重が開発した上野国新田庄を発祥の地とした。しかし、源頼朝の挙兵に義重が自立行動をとったため、幕府が成立すると、足利氏が幕府中枢を占めたのに対し、新田氏は上野の一御家人にすぎない存在となった。（2）参考文献に、新田町誌編さん室編『特集編　新田荘と新田氏』（『新田町誌』第四巻、新田町発行）、川添昭二「二月騒動と日蓮――自界叛逆難――」（『前進座』四）がある。

【系図】野辺・入ウ・長楽寺所蔵「源氏系図」。

【史料】「吾妻鏡」。

（久保田）

にのみや かくえ　二宮覚恵

生年未詳～徳治二年（?～一三〇七）

鎌倉後期の武士。実名、父母は未詳。実泰流被官。北条貞顕が六波羅探題として上洛した後、鎌倉の留守を預かる関東代官を勤めた。称名寺の堂舎の修理・瀬戸橋造営の棟別銭徴収など、貞顕が京都から出す細かな指示を忠実に実施した。また、明忍房釼阿が貞顕のもとに書状を送る際に便宜をはかった。二宮覚恵の館が京都から下ってきた使者向山敦利と剣阿の密談の場所になるなど、家政の中枢に位置した人である。徳治二年（一三〇七）正月の卒去と考えられれる。北条貞顕は、二宮覚恵の卒去を「代官は当時その器なきの間、思い煩らい候」と悼んでいる。

【解説】福島金治「金沢北条氏の被官について（増補版）」（『金沢北条氏と称名寺』所収）。永井晋「鎌倉時代後期における京都・鎌倉間の私的情報交換――六波羅探題金沢貞顕の書状と使者――」（『歴史学研究』七二六）。

【系図】

【史料】『金沢文庫古文書』四・五・二五・三三・三五・四四・五三九・五五三・五五五・五五六・五六一・五九六・九九五・九九八。

（永井）

【の】

のだ あきもと　野田顕基

生没年未詳

鎌倉後期の武士。父母は未詳。実泰流被官。通称は野田左衛門四郎。北条貞将が六波羅探題として在京した時代に、京都と鎌倉の間を往復した使者の一人。「加賀国軽海郷年貢済物結解状」は、鎌倉に戻る野田顕基が届けた軽海郷年貢為替を元徳二年（一三三〇）八月二十一日付で振り出したことを記している。

【解説】福島金治「金沢北条氏の被官について（増補版）」（『金沢北条氏と称名寺』所収）。

【系図】

【史料】『金沢文庫古文書』二三七九・五三九三。

（永井）

【は】

はたけやましげただ　畠山重忠

長寛二年～元久二年（一一六四～一二〇五）

鎌倉前期の武士。父は畠山重能、母は三浦義明の女あるいは江戸重継の女の両説があるが後者であろう。通称は庄司次郎・畠山次郎。妻は足立遠元の女、北条時政の女がいる。前者の子に重保・重末、後者の子に時重がいる。現在の埼玉県川本村字畠山で生まれ、幼名を氏王丸と伝える。

治承四年（一一八〇）八月伊豆で源頼朝が挙兵したとの知らせを受けた（17歳）。あいにく父重能と叔父小山田有重が京都大番役のため上洛中であったため、重忠は武蔵国軍の先陣として相模国に向かって南下し、相模国国府付近（現神奈川県大磯町付近）まで進んだ。その後同二十四日相模国酒匂川から三浦に引き返す途中の三浦氏と、鎌倉の由比ヶ浜で合戦となった。緒戦は三浦方の勝利となり、重忠は一旦相模国海老名付近まで退いた。翌日重忠は、後続する秩父一族の河越重頼や江戸重長、村山・金子等の武蔵武士らの武蔵国軍とともに再度三浦氏を攻め、三浦氏の居城の衣笠城（現神奈川県横須賀市）を攻め落とした。

同年十月源頼朝が房総半島をめぐって下総国から武蔵国に入ったのち、重忠は河越・江戸両氏らとともに隅田川河畔の長井渡で頼朝に帰順した。頼朝は武蔵国府を経て鎌倉に入るにあたり、重忠に先陣を命じている。元暦元年（一一八四）正月宇治川合戦では搦め手の源義経に従い、入洛後義経に従って院御所に参上した（21歳）。同年二月の一ノ谷合戦では大手の範頼に従い、郎等本田近親が平師盛を討ち取った。同年九月源範頼に従って西国に下向し、文治元年（一一八五）正月の屋島合戦では、源義経に従って二番船に乗り渡海したという。同三年九月所領である伊勢国沼田御厨地頭代の押妨のため所領を没収され、千葉胤正に預けられたが、翌十月胤正のとりなしにより許され、武蔵の菅谷館に帰った。同十一月梶原景時はこの下向を謀反の用意と頼朝に讒言したが、使者下河辺行平の計らいでことなきを得ている。同五年七月頼朝の奥州藤原氏征伐に従軍し、大手の先陣を勤めた。阿津賀志山合戦では、引き連れてきた匹夫に命じて堀を埋めさせ、門客大串重親が西木戸国衡を討ち取った。九月この時の勲功賞として陸奥国葛岡郡を拝領した。建久元年（一一九〇）九月頼朝上洛に供奉するため武蔵国から参上し、その先陣を命じられた（27歳）。入洛の際の重忠のいでたちは、黒糸威の甲を着し家子一人・郎等十人を従えていた。同四年二月丹党・児玉党の確執を頼朝の命によって鎮めている。同五月頼朝の富士野の夏狩に従い、この時曽我兄弟に工藤祐経が討たれ、弟時致の尋問に立ち会った。同六年二月頼朝の東大寺供養上洛にも先陣を勤めた。

建仁三年（一二〇三）九月北条政子の命により比企一族の討伐に参加（40歳）。同年十一月鎌倉中の寺社奉行の一人として永福寺を担当した。元久元年（一二〇四）十一月源実朝室となる坊門信清の女を迎えに上洛した子の重保は、当時京都守護であった在京中の武蔵守平賀朝雅第で亭主朝雅と争論を起こした。それが原因となり、翌二年六月には朝雅の訴えを受けた北条時政の後妻牧方が時政に讒訴した。時政の相談を受けた義時・時房は重忠の忠勤を述べて諫めたが、時政夫妻は重忠の討伐を命じ、同二十二日北条義時以下の幕府軍は、武蔵国畠山から菅谷を経て鎌倉に向かう途中の重忠を武蔵国二俣川付近で待ち受け、合戦となり、重忠は愛甲季隆のため討たれた。享年四十二であった。この事件の背景には北条時政の先妻の子と後妻の子との対立の他に、比企の乱後、北条時政が武蔵国の御家人に対する指揮権を得たことや、元久元年（一二〇四）には武蔵・越後等関東御分国の内検が命じられたことなど、北条氏による武蔵国支配の強化と畠山一族との軋轢があったものと考えられる。

重忠は大力の持ち主で、それに関わる逸話が「吾妻鏡」・「平家物語」・「源平盛衰記」等に数多く見られる。元暦元年の宇治川合戦では烏帽子子の大串重親を川から投げ上げて重親が徒歩だち先陣と名乗った話や、一ノ谷合戦の鵯越の坂落としで馬を担いで下りた話などがあるが、事実かどうかは疑問。また、建久三年六月建立中の永福寺の梁棟を運び、その力は力士数十人にあたると評され、同九月には永福寺の堂前池の大石を一人で運び据え付け、同十一月それを置き直したという。一方、京都に馴れる者として、元暦元年六月の平頼盛餞別の宴に列席。歌舞音曲にも通じ、同十一月の鶴岡八幡宮別当坊での宴に今様を歌い、文治二年四月静御前が鶴岡社頭で舞を舞ったとき銅拍子をつとめた。男衾郡畠山村は畠山の故地と伝え、村内満福寺観音堂裏には重忠の墓があり、また重忠の城跡と伝える古城跡があったという。

【解説】（1）貫達人『畠山重忠』（人物叢書）・『新編埼玉県史』通資編中世・『鎌倉と北条氏』（歴史読本別冊）等参照。（2）墓地等は「新編武蔵風土記稿」による。（3）母については「延慶本平家物語」・「源平盛衰記」等は三浦義明の女、「小代系図」は江戸重継の女とする。（4）「吾妻鏡」は、畠山重忠が武蔵国留守所惣検校職に任じたとするが、検討を要する。菊池紳一「武蔵国留守所惣検校職の再検討――「吾妻鏡」を読み直す――」（『鎌倉遺文研究』二五号）、同「武蔵国留守所惣検校職の再検討」（『秩父平氏の盛衰――畠山重忠と葛西清重――』所収）、同「鎌倉幕府の政所と武蔵国務」（『埼玉地方史』六五号）、同「平姓秩父氏の性格――系図の検討を通して――」（『埼玉地方史』六六号）、同「大

蔵合戦・畠山重忠の乱再考」（北条氏研究会編『武蔵武士の諸相』所収）・清水亮「中世武士 畠山重忠――秩父平氏の嫡流――』（吉川弘文館、二〇一八年）等参照。（5）守護論考・守護国別参照。

【系図】野辺・野津・桓武・桓・群A・群B・前・纂要・入・入ウ・「千葉上総系図」・「足立系図」・「小代系図」。

【史料】「吾妻鏡」・「平家物語」・「源平盛衰記」。『新編埼玉県史』資料編5・7、『大日本史料』第四編之八（元久二年六月二十二日条）参照。　（菊池）

はたけやましげやす　畠山重保

生年未詳〜元久二年（?〜一二〇五）

鎌倉前期の武士。父は畠山重忠、母は足立遠元の女。通称は畠山六郎。元久元年（一二〇四）十月将軍源実朝の室となる坊門信清の女を迎えに北条時政の子政範らとともに上洛した。十一月当時京都守護として在京していた武蔵守平賀朝雅第における酒宴の際、亭主朝雅と争論をした。翌年六月秩父一族の稲毛重成の招きで武蔵国から鎌倉に参上した。これは時政の後妻牧方が娘婿の平賀朝雅の訴えを讒訴したため、時政が重忠・重保親子を誅伐しようとした謀略であった。六月二十二日鎌倉の由比浦に誘い出された重保は、三浦義村の手勢に囲まれそこで討たれた。

【解説】（1）母については桓武・「足立系図」による。なお、「佐野本系図」（『大日本史料』第四編之八〈元久二年六月二十二日条〉）では母を北条時政女とする。（2）『新編埼玉県史』通史編中世、菊池紳一「大蔵合戦・畠山重忠の乱再考」（『武蔵武士の諸相』、二〇一七年、勉誠出版）参照。

【系図】桓武・「足立系図」・「千葉上総系図」・「佐野本系図」。

【史料】「吾妻鏡」。　（菊池）

はたけやまやすくに　畠山泰国

生没年未詳

鎌倉中期の武士。父は足利義兼の子義純、母は北条時政の女。母は畠山重忠の妻であったが、元久二年（一二〇五）重忠没後岩松義純に再嫁し、泰国を生んだ。義純は承元四年（一二一〇）五月前後に畠山の名跡を継承したが、同年十月七日三十五歳で没している。泰国の生年は建永元年（一二〇六）から承元四年の間と推定される。泰国はそのあとを継ぎ、畠山三郎・上野三郎と称した。妻は時房流の北条資時の女。官途は上野介。「吾妻鏡」

には寛元二年（一二四四）六月十三日条から弘長三年（一二六三）八月八日条に見える。寛元二年六月十三日には、将軍藤原頼嗣の御行始に随兵として供奉、その後も鶴岡八幡宮放生会の将軍御出や御行始・方違等の供奉人として見えるので、ほとんど鎌倉に居住していたものと思われる。建長二年（一二五〇）十二月二十七日には将軍近習の四番に結番された。その活動は、将軍家の随兵・供奉人・近習としての活動および御家人としての造営役負担に限られており、得宗家との結びつきはなく、幕府政治の枢機からは排除されていた。御家人役の負担の史料から推定すると、足利本宗からは一応独立した御家人としての地位を与えられていた。また、その家格は、武家儀礼の実態から判断して、北条氏庶流一門の当主とほぼ同格であった。法名空連。弘長三年（一二六三）から建治元年（一二七五）の間に死亡した。

【解説】（1）父母については「両畠山系図」による。なお、母（北条時政の女）について、野辺・前には「畠山庄司次郎重忠妻、後嫁遠江守義純」、群A・群Bには「畠山重忠妻、後源義純室、此子孫号畠山」と注記がある。（2）「吾妻鏡」承元四年五月十四日条で、幕府が重忠後家の所領改易を止めているので、畠山家の再興はこの頃か。（3）通称等については、「吾妻鏡」・尊・「畠山系図」・「両畠山系図」参照。（4）父の死亡は「両畠山系図」による。（5）桓武には、資時女の三番目に「上野三郎源之妻」と記し、尊には泰国の子義生に「母相模三郎平資時女」と注記する。（6）官途の上野介について、「吾妻鏡」で泰国は一貫して上野前司と呼ばれている。「両畠山系図」には上野介とある。尊が上総介とするのは誤り。（7）足利本家からの独立について。泰国とその相続人は「吾妻鏡」建長二年三月一日条の閑院内裏造営注文と建治元年五月の「六条八幡宮造営注文」で、共に足利義氏とその相続人とは別に御家人役を負担している。（8）没年については、（7）の「六条八幡宮造営注文」に畠山上野入道跡とあるので、これ以前に死亡していることがわかる。（9）法名は「両畠山系図」による。なお『室町幕府守護職家事典』下 畠山氏 今谷明執筆参照。

【系図】尊・桓武・入ウ・「畠山系図」・「両畠山系図」。

【史料】「吾妻鏡」・「六条八幡宮造営注文」。

（菊池）

はたけやま よしなお　畠山義生　　生没年未詳

鎌倉中期の武士。父は畠山泰国、母は時房流の北条資時の女。美濃国仲北庄（現岐阜県岐阜市鶉）ならびに鶉田郷（現在地不明）の地頭職を与えられ、美濃国に移住し、有力な畠山庶流家を構成した。

【解説】（1）資時の女は桓武に五人、正に一人見え、桓武の三番目に「上野三郎源之妻」とある。尊には義生に「母相模三郎平資時女」と注記する。（2）「両畠山系図」では、義直の注記に「母相模三郎資時女」とあるが、尊によると義直は泰国の五男で義生の養子となるといい、又三郎と注記される。母の記載はない。尊をとる。（3）地頭職については尊による。（4）『室町幕府守護職家事典』下　畠山氏（今谷明執筆）参照。

【系図】桓武・尊・「両畠山系図」。

【史料】

（鈴木）

はたの よししげ　波多野義重　　生年未詳～正嘉二年（?～一二五六）

鎌倉中期の武士。波多野忠綱の子、母は未詳。重時流北条氏の被官。初名は宣政。通称は五郎。出雲守。法名は如是。北条重時の女を妻としたことから、重時流北条氏の被官的存在となる。承久三年（一二二一）の承久の乱の時、美濃国筵田の戦いで、右目に矢を受けながらも敵に矢を射返し奮戦した。重時やその子長時・時茂の六波羅探題在職期（一二三〇～七〇）には、六波羅評定衆として活躍し、京都新日吉神社小五月会の流鏑馬を勤仕した。道元に深く帰依し、寛元二年（一二四四）七月、檀越として領地越前志比庄に招聘し永平寺を建立したことは有名。正嘉元年（一二五七）二月二十日、右手にできた腫れ物により死去した。

【解説】義重に関する論考に高橋一郎「鎌倉時代の波多野氏について」（『秦野市史研究』四）、高橋慎一朗「六波羅探題被官と北条氏の西国支配」（『史学雑誌』九八―三）、森幸夫「六波羅評定衆考」（『日本中世政治社会の研究』）、藤井豊久「波多野出雲氏考」（『波多野市史研究』一二）、湯山学『波多野氏と波多野庄』等がある。

【系図】尊・「秀郷流系図（松田）」。

【史料】「吾妻鏡」・「葉黄記」・「経俊卿記」・「厳島野坂文書」・「永平開山道元和尚行録」・「永平寺高祖行状建撕記」。（森）

【ひ】

ひき ともむね　比企朝宗　生没年未詳

平安末期・鎌倉前期の武士。父は比企遠宗、母は比企尼。女が北条義時に嫁した。比企能員は比企尼の養子で、義弟にあたる。内舎人に任じられ、比企藤内と称した。元暦元年（一一八四）正月の木曽義仲の滅亡後まもなく、北陸道勧農使に任じられたものと推定され、同四月頃には若狭国西津、越前国河和田庄に下知している。このほか越前国鮎川庄・志比庄、越中国般若野庄に関与する史料が残る。但し、勧農使は建久二年（一一九一）二月以前に免ぜられた。元暦元年八月源範頼に従って西海に下向した。文治二年（一一八六）八月源頼朝の使として上洛、後白河院の熊野参詣用途を届けた。同九月京都守護一条能保の命により南都興福寺に赴き、源義経の与党聖弘得業坊を捜索し堀弥太郎らを捕らえた。同五年九月、奥州藤原氏攻めに従軍、岩井郡内の仏閣について沙汰するよう命じられている。建久三年（一一九二）御所に仕えていた女（幕府官女、号姫前）が北条義時に見初められ、九月に嫁取りの儀が行われた。朝時・重時の母である。同四年三月の後白河院の一周忌の仏事の奉行人を勤めた。同年十一月の永福寺薬師堂供養に参列、翌五年二月の北条泰時の元服にも列席した。同十二月越前国志比庄の領家から押領を訴えられたが、頼朝に無実であるという請文を提出している。

【解説】（1）父母は「比企系図」・「比企系図鬼簿」による。前者の注に「比企藤内、補内舎人、頼朝君御近奉之臣也、短命」、後者の注に「藤内、補内舎人、遠宗長男也」とある。（2）北陸道勧農使については、佐藤進一『改訂鎌倉幕府守護制度の研究』、浅香年木『治承・寿永の内乱序説』及び守護論考・守護国別等参照。

【系図】桓武・纂要・「比企系図」・「比企系図鬼簿」。

【史料】「吾妻鏡」、『鎌倉遺文』①五三九・②一〇三〇。

（菊池）

ひき ともむねじょ　比企朝宗女　生没年未詳

鎌倉前期の女性。父は比企朝宗、母は未詳。幕府官女、姫前と号す。容顔がたいへん美麗で、源頼朝の覚えが良く、「権威無双之女房」と称された。北条義時に見初められ、建久三年（一一九二）九月に嫁取りの儀が行われた。この時頼朝は義時に離別しないという起請文を書かせて嫁取りを認めたという。同五年朝時、同九年重時を生んでいる。

【解説】（1）通称は「吾妻鏡」による。（2）朝時の母として、桓武に「比企殿内之女」、纂要に「藤内朝宗女」とある。

【系図】桓武・纂要。

【史料】「吾妻鏡」。

（菊池）

びぜんくないだいふ　備前宮内大夫

生没年未詳

鎌倉中期の武士。父母・実名は未詳。朝時流の北条光時の女婿となる。

【解説】野津の光時女の注記に「備前宮内大夫妻」とあるが、詳細は不明。

【系図】野津。

【史料】

（久保田）

びぜんしんしきぶだいふにゅうどう　備前新式部大夫入道

生年未詳～建武二年（?～一三三五）

鎌倉後期の武士。朝時流か。父母は未詳。建武二年（一三三五）八月十二日の遠江国小夜中山の戦いで、足利尊氏方の佐竹貞義のため討たれた。

【解説】（1）北条氏関係諸系図には見えない人物。（2）通称から朝時流（名越流）と推定した。（3）合戦のことは足利尊氏関東下向宿次・合戦注文（「国立国会図書館所蔵文書」）による。

【系図】

【史料】「国立国会図書館所蔵文書」。

（菊池）

びとう かげうじ　尾藤景氏

生没年未詳

鎌倉中期の武士。父は尾藤景信、母は未詳。景綱の養子。義時流（得宗）の被官。尾藤太、尾藤太郎と称す。「吾妻鏡」には、寛喜二年（一二三〇）正月四日条以降、弘長三年（一二六三）まで七回登場する。嘉禎二年（一二三六）十二月十九日条によると、北条泰時の新造邸の南門東脇に家を構え、寛元四年（一二四六）六月十日には、諏訪入道蓮仏、平盛時とともに北条時頼邸で行なわれた深秘沙汰に参候するなど、被官の中でも重要な位置にあったと思われる。弘長三年十一月、時頼臨終に際しては看病にあたった。これ以前に出家し、法名を浄心という。

【解説】（1）尊は、景氏を景綱の子としているが、注記に「実者景信子云々」とある。（2）御家人制研究会編『吾妻鏡人名索引』では、寛元四年五月二十五日、六月十日条の「尾藤太平三郎左衛門尉」を景氏として いるが、これは景氏と平盛時の二人である。（3）尾藤氏については、岡田清一「御内人〝尾藤氏〟に就いて」（『武蔵野』五二―二）、井上恵美子「北条得宗家の御内人について――尾藤氏の場合――」（『白山史学』二六）がある。

【系図】尊・「秀郷流系図（尾藤）」。

【史料】「吾妻鏡」。

（末木）

びとう かげつな　尾藤景綱

生年未詳～文暦元年（?～一二三四）

鎌倉前期の武士。父は尾藤知景、母は未詳。義時流（得宗）の被官。次郎と称す。法名道然。「吾妻鏡」には建保元年（一二一三）五月三日条から見える。和田合戦以前から北条泰時の側近であり、承久三年（一二二一）の承久の乱では泰時に従って上洛している。元仁元年（一二二四）閏七月二十九日、得宗家の初代家令となり、同年八月二十八日に泰時が家務条々を定めた時は平盛綱とともに奉行を勤めた。以降、泰時邸や評定所の警護、義時法華堂建立の奉行、泰時の使者として御家人の統轄および上洛など腹心として活躍した。安貞元年（一二二七）六月十八日、妻が乳母をしていた泰時の次男時実が横死した時に出家するが、その後も寛喜二年（一二三〇）正月二十六日得宗領武蔵国太田庄の開発奉行を務めるなどの活躍をした。文暦元年（一二三四）八月二十一日、病により家令職を平盛綱に譲り、翌二十二日に死去。鎌倉尾藤ヶ谷に住んでいたというが、宅は泰時の邸内にあった。

【解説】佐藤進一『鎌倉幕府訴訟制度の研究』、奥富敬之『鎌倉北条氏の基礎的研究』、佐藤進一「鎌倉幕府政治の専制化について」（竹内理三編『日本封建制成立の研究』所収）、岡田清一「御内人〝尾藤氏〟に就いて」（『武蔵野』五二ノ二）。

【系図】尊。

【史料】「吾妻鏡」、『大日本史料』第五編之九（文暦元年八月二十一日条）。

（末木）

びとう ときつな　尾藤時綱

生没年未詳

鎌倉後期の武士。尾藤頼景の子で、景氏の孫。母は未詳。義時流（得宗）の被官。左衛門尉・二郎左衛門入道。法名は演心。嘉元元年（一三〇三）十一月、豊前門司関の過書を発給している。徳治二年（一三〇七）五月、円覚寺で催す毎月四日の北条時宗忌日斎会に九番衆筆頭として勤務するよう定められる。延慶二年（一三〇九）四月には寄合合奉行として活動し、同三年から正和五年（一三一六）にかけて、得宗公文所奉行人連署奉書に名を連ねる。正和年間（一三一二～一七）頃、鶴岡八幡宮の評定衆として別当や供僧の事を沙汰したという。元亨三年（一三二三）十月の貞時十三回忌法要に際しては、一品経の阿弥陀経や砂金五十両等を調進した。

【解説】時綱に関する論考に井上恵美子「北條得宗家の御内人について――尾藤氏の場合――」（『白山史学』二六）、細川重男「尾藤左衛門入道演心」（『立正史学』八〇）等がある。

【系図】尊・「尾藤系図」。

【史料】「金剛三昧院文書」・「円覚寺文書」・「金沢文庫文書」・「多田神社文書」・「香蔵院珍祐記録」。　（森）

びとう ないさえもんにゅうどう　尾藤内左衛門入道　生没年未詳

鎌倉後期の武士。父母・実名は未詳。義時流（得宗）の被官。妻は河村政家女。正応四年（一二九一）鎮西談義所の奉行人に偏頗、私曲があるという訴えが多くなってきたため、幕府の命により小野沢実綱とともに鎮西に下向、翌五年六月十六日幕府は筑前国一宮河上社の造営及び神事の退転について両者に指示を下している。

【解説】妻は「秀郷流系図（尾藤）」による。

【系図】「秀郷流系図（尾藤）」・「秀郷流系図（河村）」。

【史料】「新編追加」二五八条・「河上山古文書」。　（末木）

ひらおか さねとし　平岡実俊　生没年未詳

鎌倉中期の武士。父母は未詳。北条実時が小侍所別当を勤めた時代の小侍所司。『吾妻鏡』寛元三年（一二四五）八月十五日条に記載された鶴岡放生会供奉人行列の直垂役が初見。建長三年（一二五一）十一月十二日に定められた「問見参結番」の番衆に撰ばれている。小侍所司の初見は、将軍御行始の供奉人催促を行った『吾妻鏡』建長五年正月二日条。その後の『吾妻鏡』の記述は小侍所司の職務内容に関するものである。鎌倉幕府の階層秩序における平岡実俊の地位は、行列の直垂役を勤めることのできる侍である。小侍所における役職上の上下関係が、被官の関係に転化していったのであろう。

【解説】福島金治「金沢北条氏の被官について（増補版）」

（『金沢北条氏と称名寺』所収）。永井晋「鎌倉幕府の的始」（『金沢文庫研究』二九六）。永井晋「『吾妻鏡』に見える鶴岡八幡宮放生会」（『神道宗教』一七二）。「日蓮遺文紙背文書」との関係は、石井進「鎌倉時代中期の千葉氏——法橋長専を中心に——」（『千葉県史研究』創刊号）

【系図】

【史料】「吾妻鏡」。

（永井）

ひらおか ためとき　平岡為時

生没年未詳

鎌倉中期の武士。父母は未詳。実泰流の被官。北条実政が長門守護職を勤めた時期の守護代。

【解説】川添昭二「鎮西評定衆及び同引付衆・引付奉行人」（『九州中世史研究　第一輯』）。佐藤進一『増訂版　鎌倉幕府守護制度の研究』。福島金治「金沢北条氏の被官について（改訂版）」（『金沢北条氏と称名寺』所収）。

【系図】

【史料】「長門国守護職次第」。

（永井）

ひらおか ためひさ　平岡為尚

生没年未詳

鎌倉後期の武士。父母は未詳。実泰流の被官。鎮西探題北条実政時代の引付衆で肥前守護代。通称は平岡右衛門尉。青方四郎に肥前国要害石築地乱杭破損の修理を命じた永仁五年（一二九七）六月二十二日の肥前守護代平岡為尚書下案が初見である。和泉左衛門次郎への守護代職交代は正安三年（一三〇一）頃である。

【解説】川添昭二「鎮西評定衆及び同引付衆・引付奉行人」（『九州中世史研究』第一輯）。佐藤進一『増訂版　鎌倉幕府守護制度の研究』。福島金治「金沢北条氏の被官について（増補版）」（『金沢北条氏と称名寺』所収）。

【系図】

【史料】『青方文書』六八・七六・七七。『鎌倉遺文』㊵三一〇九九。

（永井）

ひらおか ためまさ　平岡為政

生没年未詳

鎌倉後期の武士。父母は未詳。実泰流の被官。鎮西探題北条政顕時代の引付衆で肥前守護代。守護代在任は、正安四年（一三〇二）十月十五日の肥前国守護代平岡為政覆勘状案が初見。徳治二年（一三〇七）三月二十三日の異国警固番役覆勘状まで守護代在任が確認される。

【解説】川添昭二「鎮西評定衆及び同引付衆・引付奉行人」（『九州中世史研究』第一輯）。佐藤進一『増訂版　鎌倉幕府守護制度の研究』。福島金治「金沢北条氏の被官について（増補版）」（『金沢北条氏と称名寺』所収）。

【系図】
【史料】『青方文書』八六・一〇八・一〇九。『鎌倉遺文』㊵三一〇九九D。（永井）

ひらが ともまさ 平賀朝雅

生年未詳〜元久二年（?〜一二〇五）

鎌倉前期の武士。父は平賀（源）義信、母は源頼朝の乳母比企尼の三女。北条時政の後妻牧方の女婿。朝政とも表記される。官途は武蔵守・右衛門権佐。「吾妻鏡」には正治二年（一二〇〇）二月二十六日条から見え、二代将軍源頼家の鶴岡八幡宮御出の供奉人の御後衆二十人の中に見える（武蔵守朝政とある）。建仁三年（一二〇三）九月二日、比企能員追討の時には北条義時・時房に次いで朝雅の名が見られ、当時幕府の中で有力視されていたことがわかる。同年十月三日、京都守護として西国に所領を持つ者とともに上洛している。元久元年（一二〇四）伊賀・伊勢の平氏残党の反乱を鎮定し、追討の賞として伊賀・伊勢両国の守護に補任される。同年十一月二十日、京都の六角東洞院第（朝雅の邸宅）において畠山重保と争論を起こす。翌年六月二十一日、朝雅は北条時政の室牧方に重保の悪口を讒訴、これが原因となり畠山重忠父子の謀反が疑われ、結局畠山氏は滅亡した。しかし、この事件の背景に、朝雅を将軍としようとする時政・牧方の陰謀があることが発覚し、閏七月二十日時政は伊豆へ下向させられ、朝雅は同二十六日京都で山内首藤経俊の子通基によって誅された。

【解説】（1）「吾妻鏡」建仁三年十一月二十日条に「武蔵前司」と見えることから、この年武蔵守を退いていると考えられる。同年六月二十三日条から誅される二十六日条まで「右衛門権佐」と称されている。（2）守護国別参照。

【系図】尊・「清和源氏系図」（「諸家系図纂」）・「佐々木系図」（「諸家系図纂」）。

【史料】「吾妻鏡」・「百練抄」・「明月記」・「愚管抄」・「六代勝事記」・「北条九代記」・「保暦間記」・「鎌倉年代記」・「武家年代記」・「鎌倉大日記」。なお、『大日本史料』第四編之八（元久二年閏七月二十六日条）参照。（遠山）

びんごのつぼね 備後局

生没年未詳

鎌倉中期の女性。父・母は未詳。北条重時の妻で、時茂・業時の母となる。

【解説】（1）野辺にのみ見える人物。野辺によれば、所生に時茂・業時・女子（北条公時室）がいる。（2）時茂の母について、「鎌倉年代記」・「北条九代記」は、「同長時」とする。長時と同母とすれば、時茂の母は平基親の女（治部卿）である。（3）業時の母について、前は単に家女房とする。

【系図】野辺。

【史料】　（下山）

【ふ】

ふおんじもとどき　普恩寺基時
→　北条基時（ほうじょう もとどき）

ふじわらきんなお　藤原公直
承久元年～没年未詳（一二一九～？）

鎌倉中期の公卿。左中将藤原実忠の子。母は中納言藤原家経の女。時房流の北条時村の女婿で、藤原実直に嫁した女と再婚した。康元元年（一二五六）十二月従三位に叙せられる（38歳）。元右中将。正元元年（一二五九）正月正三位（41歳）、文永四年（一二六七）二月従二位（49歳）、弘安元年（一二七八）七月三日出家、法名は道照（60歳）。

【解説】尊では「公斉」とする。

【系図】尊・桓武・纂要。

【史料】「公卿補任」。　（川島）

ふじわらきんなか　藤原公仲
生没年未詳
鎌倉中期の公家。父は藤原北家閑院流の藤原実直、母は未詳。時房流の北条資時の女婿。官位は正四位、左中将。父実直の母は阿野全成（源頼朝の異母弟）の女であり、通称は阿野少将・中御門少将。「吾妻鏡」には建長三年（一二五一）正月二十日条から文永三年（一二六六）二月十日条まで見える。同年正月二十日には将軍藤原頼嗣の二所詣に従っており、当時鎌倉に下向していたことがわかる。翌四年十一月十一日の将軍宗尊親王の新御所移徙には殿上人として従い、以降将軍の仏事・神事等の儀式には布施取りを勤めた。正嘉元年（一二五七）十二月二十四日には廂衆に結番され、文応元年（一二六〇）二月二十日にも再結番された。法名は心円。
【解説】（1）父母は尊による。藤原公仲は尊に九人見えるが、藤原北家閑院流の藤原（阿野）公仲と推定した。尊によると、父実直は建長三年（一二五一）に四十三歳で没しており時代が合うこと、実直の注に「母悪禅師女」とあり、鎌倉とのつながりを考えうるからである。(2)桓武によると資時には五人の女がおり、その四番目が「少将公仲妻」である。尊の注記に「正四位　左中将」とあり、桓武と相違するが、最終官と理解する。(3)通称は「吾妻鏡」、法名は尊による。(4)公仲の孫実廉は元亨三年(一三二三)以前から鎌倉にいて、将軍守邦親王に仕えた。

(鈴木)

【系図】桓武・尊・入ウ。
【史料】「吾妻鏡」。

ふじわらきんふじ　藤原公藤

嘉禎元年～弘安四年(一二三五～八一)

鎌倉中期の公卿。父は藤原実有、母は北条義時の女。左中将。建長六年(一二五四)十二月七日従三位(20歳)、康元元年(一二五六)十二月十三日正三位、正嘉二年(一二五八)十二月十四日従二位(24歳)。文応元年(一二六〇)三月二日、参議に任じられ、同時に左中将を兼ねた(26歳)。弘長二年(一二六二)正月五日正二位。この年七月十六日、花山院通雅が右大将に任じられたため、兄公持は閏七月二十三日権大納言を辞退し、家伝の文書等は弟公藤に譲った。文永二年(一二六五)閏四月二十五日権中納言(31歳)、同十月五日中納言に転じた。同五年正月二十九日、権大納言に任じられる(34歳)。同八月二十四日、皇后宮大夫を兼任したが、同九年八月九日皇后宮大夫を辞した。同十年十二月八日、権大納言を辞退する(39歳)。弘安四年(一二八一)四月二十八日、出家。同五月二十一日四十三歳で没した。

【解説】父母・官途は尊・「公卿補任」による。
【系図】尊。
【史料】「公卿補任」。

(遠山)

ふじわらきんもち　藤原公持

安貞元年～文永五年(一二二七～六八)

鎌倉中期の公卿。父は藤原実有、母は北条義時の女。寛喜二年(一二三〇)正月五日叙爵(4歳)。嘉禎二年(一二三六)二月三十日侍従に任じられる(10歳)。同三年十月二十七日左少将。延応元年(一二三九)九月九日左中将。仁治三年(一二四二)正月五日従三位に叙され、同四月九日権中納言に任じられる(16歳)。同四年閏七月一日正三位に叙される。宝治元年(一二四七)九月二十七日中宮権大夫を兼任、同二年六月十八日中宮権大夫を辞す。同十月二十九日従二位。建長四年(一二五二)十一月十三日権大納言に任じられる（26歳）。同五年十二月二十二日正二位。正嘉元年（一二五七）正月二十九日中宮大夫を兼任。弘長二年（一二六二）七月十六日花山院通雅が右大将に任じられたため、閏七月二十三日公持は権大納言を辞退、家伝の文書等は弟公藤に譲り、子息すべては仏門に帰依させている。文永五年（一二六八）十月二十八日四十二歳で没した。頓死であったという。

【解説】父母・官途等は尊・「公卿補任」による。

【系図】尊。

【史料】「公卿補任」・「吾妻鏡」。

（遠山）

ふじわら さだふじ　藤原定藤

生年未詳～正和四年（?～一三一五）

鎌倉中期の公卿。藤原北家勧修寺流の葉室定嗣の嫡子で、母は春日権神主時継の女である。時房流の北条時親の女婿。時親には二人の女子があり、その一番目が定藤室である。建長二年（一二五〇）叙爵、その後、順次昇進し、丹波守、阿波守、豊後守、讃岐守を歴任した。弘安六年（一二八三）蔵人頭、春宮亮となり、出羽守でもあった。弘安七年、参議となる。最終官は正二位であった。正和四年（一三一五）十一月八日没。父定嗣は後嵯峨天皇の近臣として重用され、日記「葉黄記」を残した。また叡尊に帰依し、叡尊が鎌倉に下向した時、それを喜ぶ使を鎌倉に派遣したりしている。嫡子光定は時親の女を母とする。

【解説】（1）時親女が定藤室であることは尊に「参木定藤卿室、光定母」とあることによる。群A・群B・纂要にも同様の記述がある。（2）定藤については尊および「公卿補任」弘安七年条による。（3）出羽守であったことは、「公卿補任」には見えないが、「北野社文書」に「弘安六年十二月、出羽国司頭亮定藤」とあることによる。あるいは知行国か。（4）最終官は尊には正三位とあるが、「公卿補任」正和四年条による。没年も同条による。

【系図】尊・群A・群B・纂要。

【史料】「公卿補任」・「関東往還記」、『鎌倉遺文』補遺③一六八五・一六九一。

（鈴木）

ふじわら さねあり　藤原実有

元久元年～文応元年（一二〇四～六〇）

鎌倉中期の公卿。父は西園寺（藤原）公経、母は権少僧都範雅の女。北条義時の女婿。建保二年（一二一四）

三月二十八日叙爵（11歳）。同三年正月十三日侍従に任じられる。同四年正月五日従五位上。同七年正月二十二日左少将に任じられる。承久三年（一二二一）正月五日正五位下、同十一月二十九日従四位下。同十二月一日皇后宮権亮を兼任。同四年正月十二日従四位上。同二十四日左中将に任じられる。貞応元年（一二二二）十一月二十二日正四位下。同三年八月四日皇后宮権亮を辞す。嘉禄元年（一二二五）正月五日従三位（22歳）、安貞元年（一二二七）四月二十日正三位。寛喜三年（一二三一）四月二十六日参議に任じられる（28歳）。同二十九日右衛門督を兼任し、検非違使別当になる。また同日中宮権大夫も兼任。貞永元年（一二三二）正月五日従二位。同三十日権中納言に任じられる（29歳）。同五月十日別当を辞し、六月二十九日には右衛門督も辞した。天福元年（一二三三）四月一日中宮権大夫を止める。嘉禎元年（一二三五）六月十七日正二位に叙される。暦仁元年（一二三八）二月二十四日権大納言に任じられる（35歳）。仁治二年（一二四一）十一月十日左大将を兼ねる。翌三年四月九日両職を辞した（39歳）。文応元年（一二六〇）二月十五日出家、法名は源爾。同四月十七日五十八歳で没した。

【解説】父母・官途は「公卿補任」による。尊は母を源雅頼の女とする。
【系図】野津・尊・群A・群B・纂要。
【史料】「公卿補任」・「吾妻鏡」。

（遠山）

ふじわら さねなお　藤原実直

承元三年～建長三年（一二〇九～五一）

鎌倉中期の公卿。前信濃守藤原公佐の子、母は悪禅師源全成の女。時房流の北条時村の女婿。通称は中御門三位・中御門三位侍従。承久三年（一二二一）十二月叙爵（13歳）。元仁元年（一二二四）正月従五位下（16歳）、嘉禄二年（一二二六）十二月左近少将（18歳）、同三年正月尾張介を兼ねる。安貞二年（一二二八）四月正五位下（20歳）、寛喜二年（一二三〇）正月従四位下（22歳）、貞永元年（一二三二）正月出羽介を兼ねる（24歳）。嘉禎元年（一二三五）正月従四位上（27歳）、同三年正月正四位下（29歳）、同四年二月右中将、仁治二年（一二四一）二月備中権介を兼ね（33歳）、宝治元年（一二四七）正月常陸権介を兼ねる（39歳）。建長元年（一二四九）十一月従三位に叙せられる（41歳）。同二年三月一日幕府が造閑院殿雑掌目録を京都に進覧した時、御家人に混じって船一艘を負担している。これは母から伝領した地頭職にかかわるものであろう。同三年九月十日出家後薨ず（43歳）。阿野または中御門と号す。曾孫に後醍醐天皇の妾となった阿野廉子がいる。

【解説】（1）通称は「吾妻鏡」による。（2）纂要に「本実名」とある。

【系図】尊・桓武・野辺・野津・正・纂要・入ウ。

【史料】「公卿補任」・「吾妻鏡」。

（川島）

ふじわら さねはる　藤原実春　生没年未詳

鎌倉前期の公家。藤原北家閑院流徳大寺家から分かれた藤原公国の子、母は未詳。北条泰時の女を妻とした。寛喜二年（一二三〇）正月六日従五位上に叙され、嘉禎元年（一二三五）正月二十四日正五位下に叙された。「吾妻鏡」には建長三年（一二五一）七月四日条に近衛中将で見え、同年六月二十七日の後深草天皇の閑院遷幸に子の新少将公春と共に供奉している。

【解説】（1）群A・群Bでは泰時の女の注記に「中将実春室」とするが、野津・纂要は「実春中将室、但離別」「参木中将実春卿室」とする。実春は参議になった徴証はなく、父公国が建保六年（一二一八）九月十日に五十六歳で没しており、年代から後者を混入と判断し、泰時の女と推定した。（2）叙位は「明月記」による。

【系図】群A・群B・野津・纂要・尊。

【史料】「吾妻鏡」・「明月記」。

（菊池）

ふじわら さねぶみ　藤原実文　生没年未詳

鎌倉中期の公家。父は正二位八条権大納言藤原公宣、母は権中納言藤原兼光の女。北条朝時の養子公朝の実父。太政大臣藤原公季の子孫で、三条大納言藤原実房の孫にあたる。姉小路と称した。建暦元年（一二一一）正月五日叙爵、貞応元年（一二二二）正月二十四日侍従に任じられた。仁治元年（一二四〇）十一月十二日正四位下に叙され、寛元元年（一二四三）二月二日右近衛少将、同二年十二月十七日中将に転任した。建長二年（一二五〇）正月十三日従三位に叙された。文永四年（一二六七）六月出家した。

【解説】子の公朝は北条朝時の養子となり、関東に下り、鎌倉における密教僧の重鎮として活躍した。

【系図】尊1（公季流）。

【史料】「公卿補任」。

（久保田）

ふじわら さねまさ　藤原実雅(政)
↓　一条実雅（いちじょう さねまさ）

ふじわら ためいえしつ　藤原為家室
↓　宇都宮頼綱女（うつのみや よりつなじょ）

ふじわら ためうじ　藤原為氏

貞応元年～弘安九年（一二二二～八六）

鎌倉中期の公卿、歌人。父は藤原為家、母は宇都宮頼綱の女。北条資時（時房流）の女を妻とした。嘉禄二年（一二二六）正月五日叙爵（5歳）。寛喜二年（一二三〇）正月二十四日侍従（9歳）。建長二年（一二五〇）正月十三日蔵人頭。同三年正月二十二日参議（30歳）。正嘉二年（一二五八）十一月一日権中納言（37歳）。弘長元年（一二六一）三月二十七日中納言（40歳）。文永四年（一二六七）二月二十三日権大納言（46歳）。同五年正月二十九日権大納言を辞退した。亀山上皇の信任・庇護を受け、勅撰集『続拾遺和歌集』を撰進した。弘安八年（一二八五）八月二十日出家、法名覚阿（64歳）。同九年九月十四日没した（65歳）。

【解説】[入ウ]のみに見える人物。注記に「為氏卿室、元公家卿室」と見える。

【系図】[入ウ]。

【史料】

（菊池）

ふじわら みつさだ　藤原光定

文永十一年～嘉元三年（一二七四～一三〇五）

鎌倉後期の公卿。父は藤原（葉室）定藤、母は時房流の北条時親の女。建治三年（一二七七）従五位下、正応二年（一二八九）から同三年まで備後守、永仁五年（一二九七）治部少補及び蔵人。この年から嘉元元年（一三〇三）まで、伏見天皇、伏見上皇、後伏見天皇、後宇多上皇の綸旨、院宣を奉じたり、施行したりした文書が全国に十五通残る。治部少（小）輔光定、蔵人、権左中弁、左中弁などと署名している。伏見、後伏見は持明院統、後宇多は大覚寺統であるから、光定は両統に仕えたことになる。嘉元元年正四位下、参議となり、公卿に列するが、同三年七月三日、三十二歳で没した。その子光顕は南朝方につき、出羽国で斬首され、光定流は力を失い、葉室家は宗頼流が主流となる。

【解説】（1）時親の女子が藤原定藤の室となり、その子光定が葉室家の当主となった。（2）生年は「公卿補任」嘉元元年条に三十とあることから逆算。没年は同嘉元三年条による。（3）母が北条時親の女子であることは、尊による。（4）官職歴は「公卿補任」嘉元元年条による。

【系図】尊2（高藤流）・尊4。

【史料】「公卿補任」。光定に関する文書は『鎌倉遺文』㉕一九三五一、㉖一九四八四・一九六六五・一九七一二・一九七七六・一九八七三・一九八九三、㉗二〇四三三・二〇四四九・二〇五一一、㉘二一二六一・二一四一九・二一五九一・二一六三〇・二一七三八。（鈴木）

ふじわら むねちか　藤原宗親

→　**牧宗親**（まきむねちか）

ふじわら もろいえ　藤原師家

承安二年～暦仁元年（一一七二～一二三八）

鎌倉前期の公卿。父は藤原（松殿）基房（三男）、母は藤原忠雅の女忠子。北条時政の女婿。松殿、後天王寺摂政と称された。治承二年（一一七八）四月二十六日元服し、正五位下に叙された（7歳）。同六月七日左少将に、十月左中将に任じられる。同三年三月十一日正四位下、同十月七日従三位に叙される（8歳）。同十月九日権中納言に任じられ、同二十一日正三位に叙され、藤原基通（平清盛の女婿）の官位を越える。同十一月十七日平清盛のクーデターにより父とともに解官された。寿永二年（一一八三）七月、源（木曽）義仲が都に入り平氏が都落ちすると、父基房は義仲と結び、同八月二十五日権大納言に任じられる（12歳）。義仲のクーデター後、同十一月二十一日の除目で、内大臣に任じられ、同日摂政并びに氏長者となる。同八日従二位、翌元暦元年（一一八四）正月六日正二位に叙されたが、義仲の敗走とともに同二十二日職を止められ、摂政は基通に替えられた。「かる（借）の大臣」と称された。貞永元年（一二三二）九月六日天王寺で出家、法名大心（52歳）。暦仁元年（一二三八）十月四日六十七歳で没した。

【解説】父母・官途は尊・「公卿補任」による。妻ははじめ宇都宮頼綱に嫁し、のち師家の妾となった。

【系図】野辺・野津・尊・群A・群B・纂要。

【史料】「吾妻鏡」・「公卿補任」・「鎌倉年代記」・「武家年代記」。なお、『大日本史料』第五編之一二（暦仁元年十月四日条）参照。（遠山）

ふじわら よしきよ　藤原能清

→　**一条能清**（いちじょうよしきよ）

ふじわら よりつぐ　藤原頼嗣

延応元年～康元元年（一二三九～五六）

鎌倉幕府第五代将軍。父は四代将軍藤原頼経、母は藤原親能の女大宮局（二棟御方）。義時流の北条時氏の女婿。通称は三位中将、前将軍三位中将家。延応元年（一二三九）十一月二十一日、鎌倉薬師堂の丹波良基宅で生まれる。寛元二年（一二四四）四月二十一日元服し、頼嗣と名乗った。同二十八日従五位上右少将、征夷大将軍（父頼経の譲り）に叙任される（6歳）。同年八月二十四日には正五位上、翌三年正月十七日近江介を兼任した。同年七月二十六日、執権北条経時の妹（時氏の女、檜皮姫、当時十六歳）を室に迎えた（7歳）。北条氏が将軍家との絆を深めようとした婚姻であった。その後の官位の昇進は順調で、同四年十一月二十三日従四位下、宝治二年（一二四八）八月二十五日従四位上、同三年正月二十三日正四位下。同年六月十六日には左中将に補任され、建長二年（一二五〇）正月十三日美濃権守を兼任。同三年六月二十七日従三位に叙され、公卿となった（12歳）。しかし、寛元三年の寛元の政変で、朝時流の北条（名越）光時が配流となり、父の前将軍頼経も京都に送還された。また、宝治元年（一二四七）の宝治合戦で三浦氏が滅亡し、この年の五月室の檜皮姫が没するなど、幕府内における頼嗣の孤立化が進んだ。建長三年（一二五一）十二月、僧了行らの幕府転覆の陰謀が露顕した際、前将軍頼経が絡んでいるとの嫌疑が生じたところから、北条氏は、この機会に頼嗣を廃して九条家と絶縁する方針を採り、皇族将軍を実現しようとした。こうして同四年四月一日、宗尊親王が将軍として鎌倉に下着するのと入れ違いに、同三日頼嗣は母大宮局と子息を伴って帰洛の途についた（13歳）。康元元年（一二五六）八月十一日父頼経が亡くなると、翌九月二十五日十八歳で没した。

【解説】（1）父母・通称・誕生日は「吾妻鏡」による。（2）官途は「吾妻鏡」・「公卿補任」による。（3）没日は「公卿補任」・「百練抄」による。なお、「吾妻鏡」は九月二十四日とし、早世と記す。「鎌倉年代記」・「武家年代記」は八月二十四日とする。

【系図】尊。

【史料】「公卿補任」・「吾妻鏡」・「鎌倉年代記」・「武家年代記」・「百練抄」。

（遠山）

【へ】

べんき　弁基　正安元年〜没年未詳（一二九九〜？）

鎌倉後期の僧。朝時流。北条宗基の子、母は未詳。北条時基の孫にあたる。通称は月輪院。元応元年（一三一九）四月十七日、園城寺別当顕弁より伝法灌頂を受ける。建武元年（一三三四）五月には覚助法親王によって園城寺で行われた尊星王法の伴僧を勤めており、鎌倉幕府滅亡後も生き延びている。

【解説】（1）北条氏関係諸系図には見えない人物。（2）祖父時基は名越一族の中では得宗家と関係が深く、評定衆・引付頭人の家格を有し、幕政の中枢に位置していた。（3）参考文献に、永井晋「北条氏実泰流出身の寺門僧」（『金沢文庫研究』三〇三）がある。

【系図】

【史料】「三井寺灌頂脈譜」。　（久保田）

【ほ】

ぼうかい　房快　生没年未詳

鎌倉中期の僧。時房流。北条時房の子、母は足立左衛門遠光（元カ）の女。比叡山延暦寺の僧。権律師。

【解説】（1）母は桓武による。（2）桓武・野津には「権律師」との注記がある。

【系図】桓武・野辺・野津・群A・群B・入・入ウ。

【史料】　（川島）

ほうじょうあいつるまる　北条愛鶴丸　生没年未詳

鎌倉後期の人物。実泰流。父は北条政顕、母は未詳。

【解説】入ウのみに見える人物。

【系図】入ウ。

【史料】　（菊池）

ほうじょうあきか　北条顕香　生没年未詳

鎌倉後期の武士。実泰流、北条（甘縄）顕実の子。通称は、北条顕実の官途駿河守にちなんだ「駿河」。元徳二年（一三三〇）の鶴岡臨時祭で御輿寄役の欠員補充の候補にあげられる。この時の官職は修理亮であった。早歌「日精徳」・「随身競馬興」の作者。

【解説】外村久江『早歌の研究』、同『鎌倉文化の研究——早歌創造をめぐって——』。

【系図】正。

【史料】『金沢文庫古文書』、「撰要目録」、『鎌倉遺文』㊴

三〇九一七。

（永井）

ほうじょう あきかげ　北条顕景

生年未詳～文保元年（?～一三一七）

鎌倉後期の武士。実泰流。北条顕時の子、母は未詳。貞顕の庶兄。官途は兵部大輔、伊予守。通称は越後左近大夫将監。文保元年（一三一七）没。子に顕瑜がいる。

【解説】（1）官途は入ウによる。（2）永井晋「北条氏実泰流出身の寺門僧」（『金沢文庫研究』三〇三）。

【系図】正・入・入ウ。

【史料】「三井寺灌頂脈譜」、『金沢文庫古文書』六一三六。

（永井）

ほうじょう あきかつ　北条顕雄

→ **北条時雄**（ほうじょう ときかつ）

ほうじょう あきざね　北条顕実

文永十年～嘉暦二年（一二七三～一三二七）

鎌倉後期の武士。実泰流、父は北条（金沢）顕時、母は鎌倉幕府奉行人遠藤為俊の女。顕実・時雄・貞顕の三人は同母兄弟。正安三年（一三〇一）に顕時が卒去した時は二十九歳。弟貞顕の家督継承は兄を超越したものと理解された。通称は「甘縄駿河入道」。「甘縄殿」の通称は、北条実時の甘縄館に由来するものと思われる。徳治二年（一三〇七）正月二十八日に引付六番頭人に補任された（31歳）。以後、引付頭人を勤め、嘉暦二年三月二十六日に卒去（55歳）。官職は、兵部権大輔・伊予守・駿河守。子に宗顕・顕茂・顕香・顕益・顕義・かう首座がいる。

【解説】永井晋「金沢貞顕と甘縄顕実」（『六浦文化研究』三）。

【系図】桓・群A・群B・前・正・入・入ウ。「遠藤系図」。

【史料】『金沢文庫古文書』、「鎌倉年代記」・「常楽記」、『鎌倉遺文』㉟二七一四六・㊴三〇七〇二。

（永井）

ほうじょう あきとき　北条顕時

生没年未詳

鎌倉後期の武士。時房流。北条時方の子、母は未詳。通称は四郎。

【解説】この人物は纂要のみに見え、通称から考えると実泰流の顕時が混入したものかもしれない。

【系図】纂要。

【史料】

（川島）

ほうじょう あきとき　北条顕時

宝治二年～正安三年（一二四八～一三〇一）

鎌倉後期の評定衆。実泰流、北条実時の子、母は北条政村の女。鶴岡八幡宮赤橋前の屋敷を居所としたため、赤橋殿を通称とした。正室は、安達泰盛の女。正嘉元年（一二五七）十一月二十三日、元服（10歳）。初名は時方。ほどなく、小侍所別当に補任、小侍所司は被官平岡実俊が勤める。弘長元年（一二六一）以前に、顕時に改名する。文永四年（一二六七）ないし五年に引付衆に補任された（20歳）。この頃、左近将監補任。弘安元年（一二七八）二月に評定衆に転任（31歳）。同年、従五位下に叙され、左近将監に任じ叙留が認められた。また、弘安元年から伊勢国守護職在任も確認できる。同三年十一月、越後守補任（33歳）。同四年十月に引付頭人に任じられる（34歳）。顕時の前半生は、順調そのものである。弘安六年二月、大休正念のために「伝心法要」を開版した（36歳）。同八年十一月に起きた霜月騒動では、安達泰盛の女婿にあたることから縁坐が適用され、下総国埴生庄に流罪とされた（38歳）。この時に出家し、法名を恵日と名乗る。永仁元年（一二九三）の平禅門の乱によって鎌倉の体制が変わると、帰参が許されて、執奏に任命された（46歳）。翌永仁二年、執奏が廃止されると引付頭人に補任され、亡くなる正安三年（一三〇一）まで在職した。称名寺梵鐘には、北条顕時が正安三年二月に修理を完成させた再鋳銘がある（54歳）。北条顕時十三回忌諷誦文には、晩年胃の病に悩んでいたことが記されている。北条顕時の書写本には、「少學書」・「施氏尉繚氏解義」・「春秋経伝集解」がある。子の貞顕は父の三十三回忌供養の時に亡父の遺筆を漉き返して料紙をつくり、「円覚経」をつくった。子に顕弁・顕実・時雄・貞顕・顕景と女三人がいる。

【解説】（1）関靖『金沢文庫の研究』・佐藤進一『増訂鎌倉幕府守護制度の研究』・永井晋「北条顕時十三回忌諷誦案とその紙背文書」（『郷土かながわ』三八）。（2）守護論考・守護国別参照。

【系図】野津・尊・前・正・桓・群A・群B・関・入・入ウ。

【史料】『金沢文庫古文書』、「吾妻鏡」・「鎌倉年代記」・「関東往還記」・「建治三年記」、『鎌倉遺文』⑭一〇五二三、⑳一五二五三・一五六八七、㉑一五七六六、㉗

二〇七五〇。（永井）

ほうじょう あきときじょ　北条顕時女　生没年未詳

鎌倉後期の女性。実泰流。北条顕時の女、母は未詳。足利貞氏の正室となり、高義の母となる。釈迦堂殿と称した。

【解説】

【系図】入ウ・「足利系図」。

【史料】（永井）

ほうじょう あきときじょ　北条顕時女　文永十一年～建武四・延元二年（一二七四～一三三七）

鎌倉後期の女性。実泰流。北条顕時の女、母は千葉泰胤の女。千葉胤宗に嫁ぎ、嫡子貞胤を産む。「拾珠抄」には、建武四・延元二年（一三三七）三月七日に行われた千葉介貞胤亡母三十五日表白を収める。それによると、顕時の女は北条顕実より一歳下、貞顕より四歳上になる。延慶元年（一三〇八）に出家（35歳）、翌二年に夫を失ったという（36歳）。ここで伝える亡夫は千葉胤宗と考えられるが、千葉氏系図諸本の中には胤宗の没年を正和元年（一三一二）と伝えるものもある。建武四・延元二年（一三三七）二月三日戌刻、六十四歳で入滅した。

【解説】関靖『金沢文庫の研究』。「拾珠抄」の解題は、山崎誠「三井寺流唱導遺響――『拾珠抄』を繞って――」（『国文学研究資料館紀要』一六）参照。

【系図】

【史料】「拾珠抄」。（永井）

ほうじょう あきときじょ　北条顕時女　生年未詳～元徳二年（?～一三三〇）

鎌倉後期の女性。実泰流。北条顕時の女、母は未詳。北条（名越）時如の妻。由比尼是心（天野景茂姑）の養女となる。名越殿と称された。越後国奥山庄金山郷の相伝文書に名前が見える。

【解説】貞和二年（一三四六）七月十九日の室町幕府下知状案（反町英作氏所蔵三浦和田氏文書）に「前中務権大輔時如妻、越後入道恵日女」と見える。佐藤博信「越後国奥山荘と金沢称名寺」（『神奈川県史研究』二一）。

【系図】

【史料】「反町英作氏所蔵三浦和田氏文書」。（永井）

ほうじょう あきときじょ　北条顕時女　生没年未詳

鎌倉後期の女性。実泰流。父は北条顕時、母は未詳。北条時宗（義時流）の養女となり、所領を継承した。

【解説】入ウのみに見える人物。注記に「為時宗子、譲所領」とある。

【系図】入ウ。

【史料】

（菊池）

ほうじょう あきとも　北条顕朝　生没年未詳

鎌倉後期の武士。朝時流。北条朝賢の次男、母は未詳。北条時基の孫にあたる。時香の弟。父朝賢と兄時香は、正慶二・元弘三年（一三三三）の北条氏滅亡の時、自害しているので、顕朝も運命を共にしたか。

【解説】（1）正にのみ見える人物。注記に「二郎」と記されていることから、朝賢の次男と考えられる。（2）祖父時基は名越一族の中では得宗家と関係が深く、評定衆・引付頭人の家格を有し、幕政の中枢に位置していた。しかし、顕朝については他の北条氏関係の諸系図に見えず、その実体は未詳である。

【系図】正。

【史料】

（久保田）

ほうじょう あきなり　北条顕業　生没年未詳

鎌倉後期の武士。父母は未詳。元弘三年（一三三三）七月十九日の後醍醐天皇綸旨によって岩松経家に与えられた地頭職の中に「出羽国会津（顕業跡）」が見える。

【解説】北条氏関係の諸系図には見えない人物。この後醍醐天皇綸旨（「由良文書」：『鎌倉遺文』㊶三二三七一）には、維貞跡・泰家法師跡・高家跡とともに列記されており、顕業も北条氏の一族と判断した。

【系図】

【史料】「由良文書」、『鎌倉遺文』㊶三二三七一。

（菊池）

ほうじょう あきひで　北条顕秀　生年未詳～正慶二・元弘三年（？～一三三三）

鎌倉後期の武士。時房流。北条貞直の子、母は未詳。官途は左馬頭。京で卒したという。おそらく、正慶二・元弘三年（一三三三）の六波羅探題の滅亡と同時に没したのであろう。

【解説】（1）纂要のみに見え、注記に「左馬頭　卒於京」とある。（2）父貞直は、正慶二・元弘三年（一三三三）二万騎を率いて鎌倉極楽寺の切通しを守り、五月二十二日、そこで討死した（「太平記」巻一〇「大仏貞直并金沢貞将討死事」参照）。

【系図】纂要。

【史料】「太平記」

（鈴木）

ほうじょう あきまさ　北条顕政　生没年未詳

鎌倉後期の武士。実泰流。父は北条時雄、母は未詳。

【解説】正には北条顕雄の子として見えるが、本稿では時雄子に読み替える。北条時雄の項参照。

【系図】正。

【史料】

（永井）

ほうじょう あきまさ　北条顕政　生没年未詳

鎌倉後期の武士。政村流。父は北条政村の六男政頼の子政公、母は未詳。官途は修理亮。

【解説】正のみに見える人物。「修理亮」と注記する。

【系図】正。

【史料】

（山野井）

ほうじょう あきます　北条顕益　生年未詳～正慶二・元弘三年（?～一三三三）

鎌倉後期の武士。実泰流。北条顕実の子、母は未詳。通称は左近大夫将監。鎌倉の外郭で攻防が行われていた正慶二・元弘三年（一三三三）五月十八日、北条顕茂とともに討死した。

【解説】正にのみ見え、「左近大夫将監　同時自害」の注記がある。

【系図】正。

【史料】

（永井）

ほうじょう あきもち　北条顕茂　生年未詳～正慶二・元弘三年（?～一三三三）

鎌倉後期の武士。実泰流。北条顕実の子、母は未詳。官途は修理亮。鎌倉の外郭で攻防が行われていた正慶二・元弘三年（一三三三）五月十八日、北条顕益とともに討死した。

【解説】正にのみ見え、「元弘三年五月十八日自害」と記す。

【系図】正。

【史料】

（永井）

ほうじょう あきもち　北条顕茂　生没年未詳

鎌倉後期の武士。実泰流。北条政顕の子、母は未詳。

【解説】正のみに見える人物。注記はない。

【系図】正。

【史料】

（永井）

ほうじょう あきよし　北条顕義　生没年未詳

鎌倉後期の武士。実泰流。北条顕実の子、母は未詳。官途は左近将監。叙留によって駿河左近大夫将監と称する。摂関家領河内国楠葉牧を知行した。元徳二年（一三三〇）五月には、後輩の北条貞冬が右馬助を辞退した昇進にあわせ、位階が一階昇進した。従五位上であろう。

【解説】通称は父顕実が駿河守であったことによる。

【系図】正。

【史料】『金沢文庫古文書』四一五、『金沢文庫研究』二八三所収「岡田忠久旧蔵金沢称名寺文書」四、『鎌倉遺文』㉟二七三五三・㊴三〇九三〇。 （永井）

ほうじょう あきよし　北条顕義　生没年未詳

鎌倉後期の武士。実泰流。北条政顕の子、母は未詳。通称は上総兵部大輔。豊前守護。文保元年（一三一七）から元応元年（一三一九）まで在職が確認される。

【解説】（1）通称は父政顕が上総介であったことによる。（2）守護については佐藤進一『増訂鎌倉幕府守護制度の研究』参照。（3）守護国別参照。

【系図】正・入ウ。

【史料】『鎌倉遺文』㉟二七〇九五・二七三五二。 （永井）

ほうじょう あぐり　北条阿久利　生没年未詳

鎌倉後期の人物（女性か）。実泰流。父は北条政顕、母は未詳。

【解説】入ウのみに見える人物。

【系図】入ウ。

【史料】 （菊池）

ほうじょう あついえ　北条篤家　生没年未詳

鎌倉後期の武士。朝時流。北条家政（家貞）の子、母は未詳。北条宗長の孫にあたる。高家・宗春・宗長・宗政の弟で、高長の兄。

【解説】（1）正にのみ見える人物。父を正は家貞とする。注記はない。同名の高家が関・正には時家の子として、桓・群A・群B・纂要には、時家の孫貞家の子として見えるが、両人の関係は未詳。なお、父家政は宗長の子として前にのみ見える人物。兄弟として春時・貞宗・公長・実助・長助が記される。正では貞宗・宗朝・実助・長助の兄として家貞を配しているが、家政・家貞ともに両系図の注記に「備前守」と記されていることから、同一人物と思われる。家政・家貞を併記する系図がないことも、両人が同一人物であることの傍証となる。（2）寛元の政変以後、時長流は得宗家と協調し、祖父宗長は能登・安芸・豊前の三か国の守護職を兼務し、幕府内でも有力な人物であった。し

かし篤家については他の北条氏関係の諸系図に見えず、その実体は未詳である。（久保田）

【系図】正。
【史料】

ほうじょう あつさだ　北条篤貞　生没年未詳

鎌倉後期の武士。義時流（得宗）。時厳の子、母は未詳。北条時頼の孫にあたる。従兄弟の宗方の養子となったという。平太と称した。

【解説】前にのみ見える人物。父は「時教」と記されるが、「時厳」の誤記である。「号平太、宗方為子」と注記がある。

【系図】前。
【史料】（菊池）

ほうじょう あつとき　北条篤時　生没年未詳

鎌倉中期の武士。実泰流。父は北条実時、母は越州旧妻と呼ばれた実時の妾。実村の同母弟。通称は越後二郎。弘長二年（一二六二）三月十二日に、西大寺から鎌倉に下向した叡尊のもとを訪れる。文永五年（一二六八）から六年にかけて清原俊隆から「春秋経伝集解」の講義を受け、翌文永七年には「毛詩」の講義を受けた。

【解説】関靖著『金沢文庫の研究』。
【系図】野津・正・前。
【史料】『金沢文庫古文書』、「関東往還記」・宮内庁書陵部本「春秋経伝集解」奥書・久原文庫旧蔵本「毛詩」奥書。（永井）

ほうじょう あつとき　北条篤時　生年未詳～正応五年（?～一二九二）

鎌倉後期の武士。朝時流。北条時章の四男、母は未詳。妻は北条時兼の女（朝時流）。通称は尾張四郎・苅田式部大夫。尾張は父時章が寛元三年（一二四五）四月八日に任官した尾張守による。篤時が遠江守に任官以降は、自身の官途名が通称となったと思われる。官位は従五位下、左近大夫・式部大夫・遠江守。寛元の政変で父時章は叔父時長・時兼とともに野心無き旨を得宗時頼に陳謝し、時章は以後名越氏の嫡流となる。

篤時は文永三年（一二六六）七月四日、将軍宗尊親王が更迭されて帰洛する際の供奉人として、「吾妻鏡」に一か所のみ見える。同九年二月十一日、父時章が叔父教時とともに得宗御内人に誅殺される二月騒動が起こるが、「鎌倉年代記」によると、まもなく時章の嫌疑は晴れ、討手の得宗御内人五人は斬首された。弘安十年（一二八七）九月二十一日遠江守に任ず。法名は元心。正応五年（一二九二）二月二十六日没した。子に秀時・公篤・時見・時成がいる。

【解説】（1）篤時は「吾妻鏡」に「尾張四郎」と記されていることから、時章の四男と考えられる。妻は入ウによる。（2）通称・官位は「吾妻鏡」・「太平記」一〇と北条氏関係の諸系図による。なお、「兼仲卿記」弘安十年九月二十一日条の除目聞書で遠江守に任じられたことがわかる。（3）寛元の政変とは、寛元四年（一二四六）閏四月、四代執権経時が死去後、篤時の叔父光時・時幸らは将軍藤原頼経と提携して幕府権力の奪取をはかるが、新執権時頼によって未然に防がれた事件をいう。この事件の結果、得宗家と肩を並べた雄族名越氏は大きな打撃をこうむり、以後反主流派として鎌倉時代を送ることになる。張本とされた光時・時幸は出家して、時幸は六月一日に自害、光時は六月十三日に伊豆国江間に配流された。（4）苅田は『角川日本地名大辞典』によると、讃岐国・陸奥国に「刈田郡」、豊前国京都郡・日向国臼杵郡に「刈田郷」、美作国に「苅田荘」、摂津国住吉郡に「刈田」の地名があるが、名越流に関係のあった陸奥国刈田郡に比定される。（5）纂要の注記には、元弘三年（一三三三）五月、楠木正成の河内国千早城の城外で、兄公時の子時家と争い死亡したと記されているが、「親玄僧正日記」正応五年（一二九二）二月二十六日条に「遠江前司篤時俄他界」と記されているので、前者は誤りである。（6）法名は纂要の注記に「苅田、入道元心」とある。（7）参考文献に、豊田武・遠藤巌・入間田宣夫「東北における北条氏の所領」（『東北大学日本文化研究所報告』別巻七）がある。

【系図】野津・尊・前・桓・群A・群B・正・纂要・入ウ。

【史料】「吾妻鏡」・「親玄僧正日記」・「兼仲卿記」・「太平記」。

（久保田）

ほうじょう あつとき　北条敦時　生没年未詳

鎌倉後期の武士。実泰流。北条（金沢）貞将の子、母は未詳。金沢貞将請文案（『金沢文庫古文書』五四一四）は「淳時」とする。正慶二・元弘三年（一三三三）二月に、実泰流が守護職をもつ伊勢国に派遣された（『金沢文庫古文書』)。正慶元・元弘二年六月、伊勢国は大塔宮令旨を持つ竹原八郎入道が守護代宿所を襲撃して焼き払ったように、宮方による攪乱によって治まらなくなっていた(『花園天皇宸記』)。正慶二・元弘三年五月二十五日、足利高氏(尊氏)は吉見円忠に対して伊勢国凶徒退治の事を命じた。同国守護を勤めていた実泰流の人々に対する討伐の命令である。

【解説】

【系図】前・正。

【史料】『金沢文庫古文書』五四一四、「花園天皇宸記」・「光明寺残篇」、『鎌倉遺文』㊶三二九七四。　(永井)

ほうじょう あつなが　北条篤長　生没年未詳

鎌倉後期の武士。朝時流。北条長頼の子、母は未詳。北条時長の孫にあたる。宗長の弟。官途は修理亮。

【解説】(1)父は前・正・入ウによる。前・正の注記に「修理亮」、入ウの注記に「備前七郎」とある。(2)寛元の政変で祖父時長は得宗北条時頼に野心無き旨を陳謝し、以後北条得宗家と協調し、幕府内で一定の地位を築いた。しかし篤長は他の北条氏諸系図には見えず、その実体は未詳である。

【系図】前・正・入ウ。

【史料】　(久保田)

ほうじょう ありかげ　北条有景

→ **北条通時**(ほうじょう みちとき)

ほうじょう ありきみ　北条有公　生年未詳～正慶二・元弘三年(?～一三三三)

鎌倉後期の武士。朝時流。北条公貞の子、母は未詳。時章の曾孫にあたる。時有の弟。官途は修理亮。正慶二・元弘三年(一三三三)五月、兄時有と同時に没した。

【解説】(1)纂要にのみ見える人物。「修理亮、同兄被誅」と注記がある。(2)寛元の政変で、北条時章は得宗北条時頼に野心無き旨を陳謝し、以後名越氏の嫡流となる。時章の子孫は評定衆・引付頭人の家格を有し、幕政の中枢に位置した。しかし有公は他の北条氏諸系図には見えず、その実体は未詳である。

【系図】纂要。

【史料】　(久保田)

ほうじょう ありたか　北条有隆　生没年未詳

鎌倉後期の武士。有時流。父は北条政有、母は未詳。北条有時の孫にあたる。通称は六郎。

【解説】正のみに見え、「六郎」と注記する。
【系図】正。
【史料】

（末木）

ほうじょう ありとき　北条有時

正治二年〜文永七年（一二〇〇〜七〇）

鎌倉前期の武士。有時流の祖。父は北条義時、母は伊佐朝政の女。妻は稲葉（伊賀）光資の女。通称は陸奥六郎。承久三年（一二二一）五月、承久の乱にともない兄北条泰時とともに京都へ進発し、八月二日に鎌倉へ帰着した（20歳）。貞応元年（一二二二）任大炊助。翌二年には将軍の近習番を勤めた。嘉禄二年（一二二六）九月鶴岡八幡宮奉幣使、寛喜二年（一二三〇）正月には二所奉幣使となっている。貞永元年（一二三二）叙爵、民部少輔となる。嘉禎三年（一二三七）、従五位上駿河守に叙任。仁治二年（一二四一）正五位下に叙され、また評定衆となる。同十一月三十日、評定衆の辞退を申し出るが認められず、寛元元年（一二四三）以後は所労により出仕することはなかった。文永七年（一二七〇）に出家、法名蓮忍。同日卒した（71歳）。宝治二年（一二四八）〜文永五年（一二六八）まで讃岐守護であり、同職は曾孫時邦まで相伝された。所領は陸奥国伊具庄（現宮城県丸森町）と武蔵国石坂郷（現埼玉県鳩山町）がある。子には時基・兼時・有泰・時景・通時・有義・有秀・時秀・兼義・国時・時盛・政有・宗兼・頼任のほか女子が数人いる。

【解説】（1）生年は「関東評定衆伝」の没年より逆算した。「吾妻鏡」正治二年五月二十五日条には「江間殿（義時）妾男子平産云々」とあり、この男子が有時と考えられる。本条によれば、去二十四日夜より若宮別当が義時の大倉亭で加持を行っており、生まれた男子には将軍源頼家から馬が、叔母北条政子からは産着が贈られている。（2）母・没年は纂要による。（3）讃岐守護については、宝治合戦後、三浦氏の旧職を受け継いだものと考えられる。『香川県史』8古代・中世史料所収（七一号文書）。宝治二年五月十五日の関東御教書案（「石清水八幡宮旧記抄」）、文永五年は『鎌倉遺文』⑬九八八三参照。守護論考・守護国別も参照。（4）伊具庄については、三好俊文「幕府指令伝達者としての陸奥国留守職と諸国守護」（東北学院大学中世史研究会『六軒町中世史研究』七）の注（46）参照。（5）石坂郷については『鎌倉遺文』⑰一二六六〇参照。

【系図】野辺・桓武・尊・正・桓・群A・群B・前・纂要・入・入ウ。

【史料】「吾妻鏡」・「関東評定衆伝」、『鎌倉遺文』⑦四五〇三、⑬九八八三、補③一四〇三・一四一四。（末木）

ほうじょう ありとき　北条有時　生没年未詳

鎌倉後期の武士。有時流。父は北条有政、母は未詳。北条有時の玄孫にあたる。

【解説】正のみに見えるが、注記はない。

【系図】正。

【史料】（末木）

ほうじょう ありとき　北条有時　生没年未詳

鎌倉後期の武士。実泰流。父は北条実時、母は未詳。

【解説】入ウのみに見える人物。

【系図】入ウ。

【史料】（菊池）

ほうじょう ありときじょ　北条有時女　生没年未詳

鎌倉中期の女性。有時流。北条有時の子、母は未詳。江間越後四郎の妻となる。

【解説】（1）江間越後四郎室は、群Bの注記「女子六人、所謂、一江間越後四郎妻、二号田中殿、三号阿野殿、四福頼、五面乙御前、六号戸守」によった。この注記は、群Aの北条実泰の注記に同じものがあり、どちらかの注記が混同したものと思われる。（2）江間越後四郎は未詳である。（3）有時の女子は、野津に二人、群Bに六人、桓武に一人、正に二人見える。

【系図】群B。

【史料】（末木）

ほうじょう ありときじょ　北条有時女　生没年未詳

鎌倉中期の女性。有時流。北条有時の子、母は未詳。田中殿と号す。

【解説】田中殿は、群Bの注記「女子六人、所謂、一江間越後四郎妻、二号田中殿、三号阿野殿、四福頼、五面乙御前、六号戸守」によった。この注記は、群Aの北条実泰の注記に同じものがあり、どちらかの注記が混同したものと思われる。

【系図】群B。

【史料】（末木）

ほうじょう ありときじょ　北条有時女　生没年未詳

鎌倉中期の女性。有時流。北条有時の子、母は未詳。阿野殿と号す。

【解説】阿野殿は、群Bの注記「女子六人、所謂、一江間越後四郎妻、二号田中殿、三号阿野殿、四福頼、五面乙御前、六号戸守」によった。この注記は、群Aの北条実泰の注記に同じものがあり、どちらかの注記が混同したものと思われる。

【系図】群B。

【史料】

（末木）

ほうじょう ありときじょ　北条有時女　生没年未詳

鎌倉中期の女性。有時流。北条有時の子、母は未詳。福頼と称す。

【解説】福頼は、群Bの注記「女子六人、所謂、一江間越後四郎妻、二号田中殿、三号阿野殿、四福頼、五面乙御前、六号戸守」によった。この注記は、群Aの北条実泰の注記に同じものがあり、どちらかの注記が混同したものと思われる。

【系図】群B。

【史料】

（末木）

ほうじょう ありときじょ　北条有時女　生没年未詳

鎌倉中期の女性。有時流。北条有時の子、母は未詳。面乙御前と称す。

【解説】面乙御前は、群Bの注記「女子六人、所謂、一江間越後四郎妻、二号田中殿、三号阿野殿、四福頼、五面乙御前、六号戸守」によった。この注記は、群Aの北条実泰の注記に同じものがあり、どちらかの注記が混同したものと思われる。

【系図】群B。

【史料】

（末木）

ほうじょう ありときじょ　北条有時女　生没年未詳

鎌倉中期の女性。有時流。北条有時の子、母は未詳。戸守と号す。

【解説】戸守は、群Bの注記「女子六人、所謂、一江間越後四郎妻、二号田中殿、三号阿野殿、四福頼、五面乙御前、六号戸守」によった。この注記は、群Aの北条実泰の注記に同じものがあり、どちらかの注記が混同したものと思われる。

【系図】群B。

【史料】

（末木）

ほうじょう ありときじょ　北条有時女　生没年未詳

鎌倉中期の女性。有時流。北条有時の子、母は未詳。遠江修理高時の室となる。

【解説】桓武にのみ見え、「遠江修理高時者妻」の注記がある。

【系図】桓武。

【史料】

（末木）


ほうじょう ありときじょ　北条有時女　生没年未詳
鎌倉中期の女性。有時流。北条有時の子、母は未詳。堀口孫次郎家貞の室、貞義の母となる。

【解説】（1）尊3（清和源氏）にのみ見え、堀口貞義の注記に「母駿河守有時女」とある。（2）堀口氏は、上野国新田郡堀口郷より起った新田氏の一族。

【系図】尊3（清和源氏）。

【史料】

（末木）


ほうじょう ありときじょ　北条有時女　生没年未詳
鎌倉中期の女性。有時流。北条有時の子、母は未詳。朝時流の北条時幸の室、時春（時相）の母となる。

【解説】前にのみ見える人物。北条時春の注記に「母駿河守有時女」とある。

【系図】前。

【史料】

（末木）

ほうじょう ありときじょ　北条有時女　生没年未詳
鎌倉後期の女性。有時流。父は北条有時、母は未詳。
【解説】入ウのみに見える人物。注記に「号恩女房」とある。
【系図】入ウ。
【史料】
（菊池）

ほうじょう ありなお　北条有直　生没年未詳
鎌倉後期の武士。有時流。父は北条有義、母は未詳。北条有時の孫にあたる。四郎と称す。

【解説】正にのみ見え、「四郎」と注記がある。

【系図】正。

【史料】

（末木）


ほうじょう ありひで　北条有秀　生没年未詳
鎌倉中期の武士。有時流。父は北条有時、母は未詳。通称は七郎。

【解説】前にのみ見え、通称はその注記によった。有時の子で北条氏関係の諸系図に「七郎」の注記がある人物は、有秀のほかに時秀がいる。混同、あるいは同一か。

【系図】前。

【史料】

（末木）

ほうじょう ありまさ　北条有政　生没年未詳

鎌倉中期の武士。有時流。父は北条有基、母は未詳。有時の曾孫にあたる。駿河彦四郎と称す。建治三年（一二七七）正月日の裁許状によると、有政は姉弥鶴と父の遺領武蔵国比企郡南方石坂郷内（現埼玉県鳩山村）の田地・在家について相論し、弥鶴が領知する旨沙汰されている。子に光時・有時がいる。

【解説】（1）通称は前・正による。（2）「朽木文書」によれば亡父時賢とあるが、法名か。

【系図】前・正。

【史料】「朽木文書」、『鎌倉遺文』⑰一二六九〇。（末木）

ほうじょう ありまさ　北条有政　生年未詳～正慶二・元弘三年（?～一三三三）

鎌倉後期の武士。有時流。父は北条宗有、母は未詳。北条有時の曾孫にあたる。官途は右近大夫将監。正慶二・元弘三年（一三三三）五月の鎌倉陥落の時、父宗有とともに東勝寺で自害した。

【解説】纂要にのみ見える人物。官途は纂要による。

【系図】纂要。

【史料】

（末木）

ほうじょう ありもと　北条有基　生没年未詳

鎌倉後期の武士。有時流。父は北条時基、母は未詳。有時の孫にあたる。石坂太郎と称す。子に有政・国政・貞澄がいる。

【解説】（1）通称は前によった。また正の注記には「孫太郎」とある。（2）「朽木文書」によれば有政の父は時賢とあり、或いは法名か。

【系図】前・正。

【史料】

（末木）

ほうじょう ありもとじょ　北条有基女　生没年未詳

鎌倉後期の女性。有時流。父は北条有基、母は未詳。弥鶴と称す。有時の曾孫にあたる。建治三年（一二七七）正月日付の裁許状によると、弥鶴は弟有政と父の遺領武蔵国比企郡南方石坂郷内（現埼玉県鳩山村）の田地・在家について相論し、弥鶴が領知する旨沙汰されている。

【解説】北条氏関係の諸系図には見えない。「朽木文書」によれば亡父時賢とあり、或いは法名か。

【系図】

【史料】「朽木文書」、『鎌倉遺文』⑰一二六六〇。（末木）

ほうじょう ありやす　北条有泰　生没年未詳

鎌倉中期の武士。有時流。父は北条有時、母は未詳。

【解説】（1）野津に「四郎」の注記があるが、「吾妻鏡」の記事から、四郎は有泰の兄弟の兼時と思われる。（2）有時流の通時の子の時景は、初名を有泰と称しているが、両者の関係は不明である。あるいは混同したのであろうか。

【系図】野津・桓武。

【史料】

（末木）

ほうじょう ありやす　北条有泰

→　**北条時景**（ほうじょう ときかげ）

ほうじょう ありよし　北条有義　生年未詳～弘長三年（?～一二六三）

鎌倉中期の武士。有時流。父は北条有時、母は未詳。妻は北条時隆の女、その所生に貞有・恒兼がいる。官位は従五位上、丹後守。通称は六郎。弘長三年（一二六三）六月十三日没した。子に貞有・有直・公有・恒兼がいる。

【解説】（1）官位は前・正の注記による。（2）通称は野津・群A・群Bによる。有時の子の中で北条氏関係諸系図で「六郎」の注記がある人物は、時基・兼時・有義の三人である。このうち兼時は「駿河四郎」を称したことが「吾妻鏡」より明らかなことであり、また時基は「太郎」という注記を付す系図もあるので、「六郎」とはあるいは有義のことではないだろうか。そして、「吾妻鏡」弘長三年（一二六三）六月十三日条にある「駿河六郎卒」は、有義に比定できよう。

【系図】野津・前・群A・群B・正。

【史料】「吾妻鏡」。

（末木）

ほうじょう あり□□　北条有□　生没年未詳

鎌倉後期の武士か。有時流。父は北条時方、母は未詳。

【解説】入ウのみに見える人物。「有□〈越前□□〉」とある。

【系図】入ウ。

【史料】

（菊池）

ほうじょう いえさだ　北条家貞

→　**北条家政**（ほうじょう いえまさ）

ほうじょう いえとき　北条家時　正和元年～正慶二・元弘三年（一三一二～三三）

鎌倉後期の評定衆。時房流。連署北条維貞の子、母は未詳。通称は陸奥右馬助。兄高宣が早世したためか家督を嗣ぐ。元徳元年（一三二九）十一月十一日評定衆となる（18歳）。時に右馬権助。鎌倉末期、北条氏一門出身者が、議事能力の疑われる年少で評定衆に任じられる傾向を代表する例である。家が扇谷にあり、元徳元年十一月十日その門前から火事が出た。火元は家時の家人秋庭入道と高橋某の家であったが、家時の家は焼けなかったという。正慶二・元弘三年（一三三三）二月、楠木正成の拠る金剛山千早城攻めの大将の一人。同五月二十二日、鎌倉東勝寺で自害した（22歳）。なお、父維貞から常陸国吉田郡吉田郷（現茨城県水戸市吉田）と恒富郷（現茨城県常澄村）を相伝している。

【解説】（1）生年は、元徳元年と推定される十一月二十一日の崇顕（金沢貞顕）書状に「家時十八歳候乎」とあることから逆算した。評定衆就任も同文書による。（2）評定衆の年齢低下については佐藤進一「鎌倉幕府政治の専制化について」（『日本中世史論集』）による。（3）火事については、元徳元年と推定される十一月十一日の崇顕（金沢貞顕）書状による。（4）千早城攻めは「太平記」巻六による。（5）死亡は尊に「正慶二五廿二自害」とあることによる。「太平記」巻一〇「高時并一門以下於東勝寺自害事」参照。なお纂要に「正慶二年四ノ廿二討死東勝寺」、群A・群Bに「高時滅亡時於京討死」と注記がある。（6）所領については、延元四年（一三三九）の北畠親房袖判御教書（「吉田薬王院文書」）及び「石川氏文書」（『新編常陸国誌』所収）による。なお、石井進「鎌倉時代の常陸国における北条氏所領の研究」（『茨城県史研究』一五）参照。

【系図】尊・前・纂要・群A・群B。

【史料】「皇代記」・「太平記」・「吉田薬王院文書」。崇顕書状は、『金沢文庫古文書』①四四三（『鎌倉遺文』㊴三〇七七九）と『金沢文庫古文書』①四四六（『鎌倉遺文』㊴三〇七七五）がある。

（鈴木）

ほうじょう いえまさ　北条家政　生没年未詳

鎌倉後期の武士。朝時流。北条宗長の子、母は未詳。北条長頼の孫にあたる。官途は備前守。子に高家・宗春・宗長・宗政・篤家・高長がいる。

【解説】（1）家政は前・入ウに見える人物。春時の弟、貞宗・公長・実助・長助の兄として記される。正では貞宗・宗朝・実助・長助の兄として家貞を配しているが、家政・家貞ともに両系図の注記に「備前守」と記されていることから、同一人物と思われる。家政・家貞を併記する系図がないことも、両人が同一人物であることの傍証となる。(2)寛元の政変で曾祖父時長は得宗北条時頼に野心無き旨を陳謝し、以後北条得宗家と協調し、幕府内で一定の地位を築いた。祖父長頼も将軍宗尊親王に近臣として仕え、その一方で、北条得宗家にも親しく仕え、名越亭などを継承した。父宗長は能登・安芸・豊前の三か国の守護職を兼務し、幕府内でも有力な人物であった。しかし家政(家貞)についてはは他の北条氏諸系図に見えず、その実体は未詳である。

【系図】前・正・入ウ。

【史料】

(久保田)

ほうじょう いえまさ　北条家政　生没年未詳

鎌倉後期の武士。実泰流。北条政顕の子、母は未詳。官途は上総介。

【解説】正にのみ見え、「上総介」の注記がある。

【系図】正。

【史料】

(永井)

ほうじょう いやつる　北条弥鶴

→　北条有基女(ほうじょう ありもとじょ)

ほうじょう いやつるまる　北条弥鶴丸　生没年未詳

鎌倉後期の武士。時房流。父は北条政俊、母は未詳。

【解説】入ウのみに見える人物。

【系図】入ウ。

【史料】

(菊池)

ほうじょう うしおうまる　北条牛王丸　生没年未詳

鎌倉後期の武士。父は千葉頼胤、母は未詳。北条朝直(時房流)の養子。通称は千葉太郎。

【解説】入ウのみに見える人物。注記に「字千葉太郎、千葉介頼胤子タリ」とある。頼胤の妻は北条時房の女である。「千葉系図」(『続群書類従』六上)頼胤の子に胤賢の注記に「北条之家督続」とあり、この人物の可能性がある。

【系図】入ウ。

【史料】

(菊池)

ほうじょう かねさだ　北条兼貞　生年未詳～正慶二・元弘三年(?～一三三三)

鎌倉後期の武士。義時流(得宗)。時厳の子、母は未詳。

北条時頼の孫にあたる。従兄弟の兼時の養子となったという。通称は五郎。治部太輔入道とも称された。正慶二・元弘三年（一三三三）に没したと推定される。

【解説】（1）前に父は「時教」と記されるが、時厳の誤記である。（2）養子は前の注記「兼時為子」による。（3）通称は群A・群B及び正による。（4）正の注記に「西郷川（門）、兼光、治部太輔入道、元弘三閏（円）人也」とあり、正慶二・元弘三年（一三三三）に没したものと考えられる。

【系図】前・群A・群B・正・入ウ。

【史料】

（菊池）

ほうじょう かねじゅまる　北条金寿丸

生年未詳～嘉元三年（?～一三〇五）

鎌倉後期の武士。義時流（得宗）。父は北条貞時、母は未詳。嘉元三年（一三〇五）七月十六日若くして没した。

【解説】（1）尊に「早世」と注記がある。「鎌倉年代記（裏書）」嘉元三年七月十六日条に、「金寿御前逝去訖」とある。（2）群A・群Bには貞時の子泰家の子として同名の人物が記されているが、関係は不明。あるいは同一人物か。

【系図】尊・纂要。

【史料】「鎌倉年代記（裏書）」。

（菊池）

ほうじょう かねじゅまる　北条金寿丸

生没年未詳

鎌倉後期の武士。義時流（得宗）。父は北条貞時の子泰家、母は未詳。

【解説】群A・群Bだけに見える人物。尊・纂要には貞時の子として同名の人物が記されているが、関係は不明。あるいは同一人物か。

【系図】群A・群B。

【史料】

（菊池）

ほうじょう かねじゅまる　北条兼寿丸

生没年未詳

鎌倉後期の武士。義時流（得宗）。父は北条貞時の子泰家、母は未詳。早世した。

【解説】群Aだけに見える人物。「早世」と注記がある。

【系図】群A。

【史料】

（菊池）

ほうじょう かねとき　北条兼時

文永元年～永仁三年（一二六四～九五）

鎌倉後期の鎮西探題・評定衆。義時流（得宗）。父は北条時宗の弟宗頼、母は未詳。妻は北条業時（重時流）の女。はじめ相模七郎時業と称した。宗方の兄。父宗頼は長門の守護であったが、弘安二年（一二七九）に没した。兼時はこれを継承したが（16歳）、在職僅か一年余で去り、従兄弟の師時が就任した。同四年には幕府の命により異賊警固のため播磨国に下向、賀古河（現兵庫県加古川市）に滞在している（播磨の守護就任、18歳）。翌五年十一月五日には修理亮に任じられ、同日叙爵した（19歳）。同七年には摂津の守護として見え、正月二十九日兼時が、守護代と思われる安東平右衛門入道に、幕府からの異国降伏祈祷命令を摂津国中の寺社に下達している（「勝尾寺文書」）。摂津守護としては正応六年（一二九三）正月五日の摂津国中社寺僧社司に宛てた法橋慶意（守護代か）奉書案（「勝尾寺文書」）があり、九州に下向するこの年三月まで摂津の守護に兼時が在職した可能性がある。弘安七年（一二八四）十二月二日播磨守護を罷め、賀古河から六波羅に入り、南方探題に就任した（21歳）。同十年八月、北方に転じた（24歳）。正応元年（一二八八）三月十二日越後守に任ず。同二年六月二十六日従五位上に叙す。永仁元年（一二九三）正月十八日鎌倉に下向したが、異賊警固のため鎮西下向の指示を受け、同二月七日出立、三月七日京都を出て鎮西に向かった（鎮西探題就任、30歳）。初代の鎮西探題には北条時家とともに就任したが、両者の違いは軍事指揮権を兼時に付属させたことであった。初期の鎮西探題には終局的判決権は与えられなかったが、その下に訴訟審理機関「引付」が設定されていたことは確認できる。両人は同三年四月二十三日関東に帰り、北条実政が後任に就任した。同五月十一日評定衆となる。同九月十九日、三十二歳で没した。

【解説】（1）改名の時期は未詳であるが、弘安四年七月十一日の寺田入道宛関東御教書（「東寺文書」）に「相模七郎時業」を播磨に差し置いたとある。（2）兼時は弘安三年七月十二日に長門国赤間関阿弥陀寺に免田安堵状を下付している（「毛利元雄氏所蔵文書」：『鎌倉遺文』⑱一四〇一五は「長府毛利文書」）。（3）「帝王編年記」永仁元年三月七日下向、同三年四月参関東、「実躬卿記」永仁元年三月七日条に京都出発の記事がある。（4）妻は入ウ、没年は「鎌倉年代記」・「武家年代記」による。（5）佐藤進一『増訂鎌倉幕府訴訟制度の研究』・同『鎌倉幕府守護制度の研究』参照。（6）守護論考・守護国別参照。

【系図】野津・尊・正・桓・群A・群B・前・纂要・入ウ。

【史料】「鎌倉年代記」・「武家年代記」・「長門国守護職次第」・「毛利元雄氏所蔵文書」・「東寺文書」・「六波羅守護次第」・「勝尾寺文書」・「帝王編年記」「実躬卿記」、『鎌倉遺文』。

（菊池）

ほうじょう かねとき　北条兼時　生没年未詳

鎌倉中期の武士。有時流。父は北条有時、母は未詳。通称は駿河四郎。「吾妻鏡」には建長四年（一二五二）四月十四日条から見える。この日将軍宗尊親王の鶴岡参詣の随兵を勤めた。以降弘長三年（一二六三）正月一日条まで十二回登場しているが、いずれも将軍の鶴岡社参や垸飯の際の供奉人を勤めている。子に時澄・宗兼がいる。

【解説】（1）通称は、前・群A・群B・入ウ・「吾妻鏡」による。纂要には「駿河六郎」の注記があるが、あるいは四郎と六郎を混同したのであろうか。（2）『鎌倉・室町人名辞典』では、兼時の没年を弘長三年六月十三日としているが、「吾妻鏡」の同日条には「駿河六郎卒」とあり、これは有義に比定できる。『鎌倉・室町人名辞典』では纂要の注記を採用していると思われ、両者を混同しているのではなかろうか。

【系図】前・桓・群A・群B・正・纂要・入ウ。

【史料】「吾妻鏡」。

（末木）

ほうじょう かねときじょ　北条兼時女　生没年未詳

鎌倉後期の女性。義時流（得宗）。父は北条兼時、母は未詳。北条宗方の妻となったというが、宗方は叔父にあたり疑問。

【解説】正にのみ見える人物。「宗方妻」と注記がある。

【系図】正。

【史料】

（菊池）

ほうじょう かねよし　北条兼義　生没年未詳

鎌倉中期の武士。有時流。父は北条有時、母は未詳。伊具八郎と称す。子に時嗣・政義・宗有・有助がいる。

【解説】（1）通称は、前・群A・群B・纂要・入ウによった。正には「五郎」とあるがこれは兼義の兄弟である通時の通称であり、正の注記は通時と混同しているものと思われる。（2）通称の「伊具」は、陸奥国伊具荘のことで、兼義の父・有時が所領としていたので、通称となったのであろう。（3）入ウには「早世」とある。

【系図】前・桓・群A・群B・正・纂要・入ウ。

【史料】

（末木）

ほうじょう きくじゅまる　北条菊寿丸　永仁六年～乾元元年（一二九八～一三〇二）

鎌倉後期の武士。義時流（得宗）。父は北条貞時（嫡子）、母は未詳。乾元元年（一三〇二）九月三十日没す、早世であった。

【解説】（1）死没について、「吉続記」乾元元年十月五日条に「関東相州禅門嫡子（生年五歳歟）去月卅日他界之由、飛脚着六波羅云々、本自足モ不立、不息災之由有其聞、存内之由人以存之歟」とある。尊に「早世」と注記があるだけで、詳細は未詳。（2）群Bには貞時の子泰家の子として同名の人物が記されているが、関係は不明。あるいは同一人物か。

【系図】尊・纂要。

【史料】「吉続記」。

（菊池）

ほうじょう きくじゅまる　北条菊寿丸　生没年未詳

鎌倉後期の武士。義時流（得宗）。父は北条貞時の子泰家、母は未詳。早世した。

【解説】群Bだけに見える人物。「早世」と注記がある。尊・纂要には貞時の子として同名の人物が記されているが、関係は不明。あるいは同一人物か。

【系図】群B。

【史料】

（菊池）

ほうじょう きみあつ　北条公篤　生年未詳～正慶二・元弘三年（？～一三三三）

鎌倉後期の武士。朝時流。北条篤時の子、母は未詳。北条時章の孫にあたる。官途は遠江守。江間を称した。正慶二・元弘三年（一三三三）五月二十二日鎌倉の東勝寺で没した。歌人でもあり、「玉葉和歌集」にその歌が入集されている。子に朝宣がいる。

【解説】（1）尊・群A・群Bでは時見の兄、前では秀時の弟、時成の兄。正では秀時の弟、纂要では時見の弟として見える。（2）寛元の政変で、祖父時章は得宗北条時頼に野心無き旨を陳謝し、以後名越氏の嫡流となる。時章の子孫は評定衆・引付頭人の家格を有し、幕政の中枢に位置した。（3）官途は諸系図の注記による。（4）纂要の注記に「江間」と記されている。江間は初代時政以来の北条氏の所領である伊豆国江間（現静岡県田方郡伊豆長岡町）のこと。（5）没年については、纂要の注記に「与高時同死」とあるので、北条高時とともに自害したものと思われる。(6)尊・群Bの注記に「玉作者」と記されていることから、歌人でもあった。「玉」は伏見上皇の勅撰により、正和二年十月までに完成した「玉葉和歌集」(全二〇巻)のことで、二十一代集の一つ。「勅撰作者部類」には「五位、遠江守、江島遠江守平為時男」とあるが、未詳。

(久保田)

【系図】尊・前・群A・群B・正・纂要。

【史料】「玉葉和歌集」。

ほうじょう きみさだ　北条公貞

生年未詳～延慶二年(?～一三〇九)

鎌倉後期の武士。朝時流。北条公時の子、母は未詳。時章の孫にあたる。時家の弟、時綱の兄。官位は、従五位下、左近将監・民部少輔・弾正少弼。延慶二年(一三〇九)七月十九日没した。子に時有・有公・貞昭がいる。

【解説】(1)公貞は纂要に時章の子として記されているが、尊・前・群A・群B・正などから、時章の孫・公時の子である。正では公時の子時有の父が公時と記されているが、民部少輔の注記から公貞の誤まりである。諸系図は時家の弟とし、前のみは時家の弟、時綱の兄と記している。(2)官位は諸系図による。尊には従五位上・民部大輔の注記がある。(3)寛元の政変で、祖父時章は得宗北条時頼に野心無き旨を陳謝し、以後名越氏の嫡流となる。時章の子孫は評定衆・引付頭人の家格を有し、幕政の中枢に位置した。公貞の父公時は名越氏嫡流の地位を継承し、祖父朝時以来の越後・越中・大隅三か国の守護職を兼務し、鎌倉後期の評定衆・引付頭人・寄合衆として鎌倉幕府の重鎮となる。(4)没年は、「武家年代記(裏書)」に「(延慶二年七月)十九、民部少輔公貞卒」とあることによる。なお、正の注記に「元弘三年(一三三三)於金剛山為一俣被討」と記されているが、誤記か。(5)守護国別参照。

(久保田)

【系図】尊・前・群A・群B・正・纂要。

【史料】「武家年代記(裏書)」。

ほうじょう きみとき　北条公時

嘉禎元年～永仁三年(一二三五～九五)

鎌倉後期の評定衆・引付頭人・寄合衆。朝時流。北条時章の次男、母は二階堂行有の女。妻は時家の母である北条重時の女が知られる。通称は尾張次郎・尾張左近大夫将監・尾張守・前尾張守と変化するが、尾張は父時章が寛元三年(一二四五)四月八日に任官した尾張守による。公時が尾張守に任官した文永十一年（一二七四）一月以降は、自身の官途名が通称となる。公時は嘉禎元年（一二三五）に生まれ、康元元年（一二五六）従五位下・左近将監に叙任（22歳）、文永十一年一月尾張守に任じられた（40歳）。正五位下まで至った。

寛元四年（一二四六）閏四月、四代執権経時が死去すると、叔父の光時・時幸らは将軍藤原頼経と提携して幕府権力の奪取をはかるが、新執権時頼によって未然に防がれた。この事件の結果、得宗家と肩を並べた雄族名越氏は大きな打撃をこうむり、以後反主流派として鎌倉時代を送ることになる。張本とされた光時・時幸は出家して、時幸は六月一日に自害、光時は六月十三日に伊豆国江間に配流された。寛元の政変で父時章は叔父時長・時兼とともに野心無き旨を得宗時頼に陳謝し、時章は以後名越氏の嫡流となる。

公時の「吾妻鏡」の初見は宝治二年（一二四八）四月二十日条で、百番小笠懸の射手として見える（14歳）。建長二年（一二五〇）五月十日の馬場殿での笠懸、同年八月十八日犬追物の射手にも選抜されており、射芸の名手であったことがわかる。また弘長三年（一二六三）正月十日には鞠奉行に任じられるなど、蹴鞠の技術にも優れていた。公時は将軍頼嗣時代の建長二年十二月二十七日に近習番五番、将軍宗尊親王の時代には、正嘉元年（一二五七）十二月二十四日廂御所衆三番、同二十九日御格子番三番、文応元年（一二六〇）正月二十日昼番衆一番、同年二月二十日廂御所衆一番に選抜されるなど、将軍の近臣として立場を強めていった。その一方で、北条得宗家にも親しく仕え、正嘉元年二月二十六日の時宗元服の際には、鎧を献上している。

弘長三年十一月二十二日、得宗北条時頼の死去により父時章が出家すると、公時は名越氏嫡流の地位を継承し、祖父朝時以来の越後・越中・大隅三か国の守護職を兼務した（29歳）。幕府内における地位も次第に向上し、文永二（一二六五）年六月十一日引付衆に加えられた（31歳）。同九年二月十一日、父時章が叔父教時とともに得宗御内人に誅殺される二月騒動が起こるが、「鎌倉年代記」によると、まもなく故時章の嫌疑は晴れ、討手の得宗御内人五人は斬首された。公時はその後同十年六月二十一日に評定衆に加わり（39歳）、建治元年（一二七五）七月六日に四番引付頭人、弘安四年（一二八一）十月に三番引付頭人、同六年四月には二番引付頭人となる。同七年四月四日、得宗北条時宗の死去により出家（50歳）、法名は道鑒。永仁元年（一二九三）十月二十日に引付が廃止されると、二番引付頭人を辞し執奏に就任。翌永仁二年十月二十四日に引付が復活すると、二番引付頭人に再任された。「永仁三年記」によると、同三年に寄合衆であることが確認され、公時は鎌倉幕府の重鎮となる。永仁三年十二月二十八日、六十一歳で没した。子に時家のほか、公貞・時綱・公恵がいる。

【解説】（1）公時は関・「吾妻鏡」に「尾張次郎」と記されていることから、時章の次男と考えられる。入ウには「本名時直」と注記する。（2）母は関・野津による。尊・纂要の「二階堂系図」では、二階堂行方の女を時章の妻とする。（3）妻については前・関の注記による。（4）通称は「吾妻鏡」・「関東評定衆伝」・入による。（5）尊・群A・群Bに正五位下とあり、昇進したものと考えられる。（6）公時の守護職については、佐藤進一『増訂鎌倉幕府守護制度の研究』による。（7）公時の生年は没年から逆算。没年は、尊・群A・群B・纂要に永仁二年十二月二十八日、関のみは同三年十二月二十八日と記されているが、「永仁三年記」に同三年の生存が確認されるため、前者は誤りと思われる。纂要の注記に「被誅」とあるが、未詳。没年齢は「佐野本北条系図」に永仁二年六十一歳没とあるが、上記の理由から永仁三年六十一歳没とした（細川重男『鎌倉政権得宗専制論』参照）。群A・群Bに没年齢は二十八歳とあるが、公時が引付衆となった文永二年が生年の前年となり、明らかに誤りである。（8）参考文献には、川添昭二「北条氏一門名越（江馬）氏について」（『日本歴史』四六四）、細川重男『鎌倉政権得宗専制論』（吉川弘文館）などがある。（9）守護論考・守護国別参照。

【系図】野辺・野津・尊・前・関・桓・群A・群B・正・纂要・入・入ウ、尊2（乙麿流）・纂要（二階堂氏）・「佐野本北条系図」。

【史料】「吾妻鏡」・「関東評定衆伝」・「鎌倉年代記」・「永仁三年記」、『鎌倉遺文』⑩七二五九、⑪八一一七・八一八二・八四六七・八四八〇。

（久保田）

ほうじょう きみなが　北条公長　生没年未詳

鎌倉後期の武士。朝時流。北条宗長の五男、母は未詳。北条長頼の孫にあたる。春時・家政・貞宗の弟、実助・

長助の兄。

【解説】（1）公長は前にのみ見える人物。注記に「五郎」と記されていることから、宗長の五男と考えられる。（2）寛元の政変で曾祖父時長は得宗北条時頼に野心無き旨を陳謝し、以後北条得宗家と協調し、幕府内で一定の地位を築いた。祖父長頼も将軍宗尊親王に近臣として仕え、その一方で、北条得宗家にも親しく仕え、名越亭などを継承した。父宗長は能登・安芸・豊前三か国の守護職を兼務し、幕府内でも有力な人物であった。しかし公長については他の北条氏諸系図に見えず、その実体は未詳である。

【系図】前。

【史料】　（久保田）

ほうじょう きみのり　北条公教　生没年未詳
鎌倉中期の武士。朝時流。北条教時の八男、母は未詳。宗教・宗氏の弟。

【解説】（1）公教は前の注記に「八郎」と記されていることから、教時の八男と考えられる。（2）他の北条氏関係の諸系図には見えない人物。「吾妻鏡」にも記述が無く、その実体は未詳である。

【系図】前・正・入ウ。

【史料】　（久保田）

ほうじょう きみむら　北条公村　生没年未詳
鎌倉後期の武士。政村流。父は北条政村の三男で第九代連署の時村、母は未詳。のちに時継と改名する。官途は式部大輔。

【解説】前のみに見える人物。「式部大輔」と注記する。

【系図】前。

【史料】　（山野井）

ほうじょう きよとき　北条清時　生没年未詳
鎌倉中期の武士。時房流。北条時直の子、母は肥前前司平宗連の女。妻は時房流の北条朝直の女（清時の従姉妹）。通称は遠江太郎。右馬助。建長二年（一二五〇）十二月二十七日の将軍近習結番交名注文や同四年四月三日の将軍御所御格子上下結番交名・文応元年（一二六〇）二月二十日の廂御所結番などに名を連ねているように、将軍宗尊親王の近習の一人として活動する。正嘉元年（一二五七）正月には将軍宗尊親王の北条時頼亭への御行始めにも随行した。また和歌にすぐれ、文応元年正月二十日将軍宗尊親王が歌道・蹴鞠・管弦・右筆・弓馬・郢曲以下の一芸に堪える者を昼番衆に編成した時にも、その一員となった。「弘長元年将軍宗尊親王家百五十番歌合」の寄人の一人にもなっており、勅撰和歌集である「続拾遺和歌集」にも入集している。また藤原基政の私撰集であり、正嘉二年（一二五八）～正元元年（一二五九）に成立したといわれる「東撰和歌六帖」にその和歌がおさめられている。さらに弘長三年（一二六三）八月将軍の庇御所で開かれた連歌五十韻にも参会している。子に時俊・時久・時藤・房清・乗清・房朝がいる。

【解説】（1）母は桓武のみに記されている。妻は桓武のみに記されており、「清時妻」と注記がある。通称も纂要のみによる。官途は野津・前・群A・群Bは安芸守とし、正は近江守とする。また前は従五位下の位階も記す。なお「勅撰作者部類」に「五位、右馬助、大仏駿河守平時直男」と見えている。（2）『未刊中世歌合集』下所収。なお大谷雅子『和歌が語る吾妻鏡の世界』参照。

【系図】桓武・野津・尊・前・正・桓・群A・群B・纂要・入・入ウ。

【史料】「吾妻鏡」・「東撰和歌六帖」・「勅撰作者部類」、『鎌倉遺文』⑨六二〇二、⑩七二五九・七四二八・八一八二・八四六七・八四八〇、⑫八九一二等。（川島）

ほうじょうくにとき　北条邦時

正中二年～正慶二・元弘三年（一三二五～三三）

鎌倉後期の武士。義時流（得宗）。父は北条高時、母は五大院宗繁の妹。正中二年（一三二五）十一月二十二日生まれる。童名は万寿丸、相模太郎と称した。乳母は「ふかさわ殿（長崎思元妻）」。元徳三・元弘元年（一三三一）十二月十五日元服（7歳）。鎌倉陥落後の正慶二・元弘三年（一三三三）五月二十七日、五大院宗繁に騙された邦時は鎌倉を去って伊豆山へ向かったが、途中相模川の渡し場で舟田入道のため生虜され、翌二十八日鎌倉で処刑された。享年九歳。

【解説】（1）母は「太平記」による。纂要は宗繁の女とする。（2）童名は正・群A・群B・纂要による。通称は尊・桓・群A・群B・纂要による。（3）乳母は金沢貞顕書状（『金沢文庫古文書』三六八・『鎌倉遺文』㊳二九二五五）による。（4）「太平記」巻一一（五大院右衛門宗繁賺相模太郎事）に、宗繁のため騙されて殺されたことが見える。（5）没年齢は群A・群Bが十五歳とするが、『太平記』一（古典文学大系）の頭注では「花園天皇宸記」正中二年十一月三十日条に見える高時の男子誕生を邦時誕生に比定し、当時九歳とする。また、（正中二年と推定）十一月二十二日の金沢貞顕書状によれば、この日誕生とする。その他、『鎌倉遺文』㊴三〇八五三・三〇八五四参照。

【系図】尊・正・桓・群A・群B・前・纂要。

【史料】「北条九代記」・「太平記」、『金沢文庫古文書』・『鎌倉遺文』。

（菊池）

ほうじょうくにとき　北条国時

生年未詳～正慶二・元弘三年（?～一三三三）

鎌倉後期の評定衆・引付頭人。重時流。北条義政の子、母は未詳。義政が信濃国塩田庄に隠遁したため、義政流は塩田氏を称した。駿河守。徳治二年（一三〇七）正月二十八日に引付二番頭人、応長元年（一三一一）十月二十五日には引付一番頭人となり、正和二年（一三一三）までその任にあった。出家後は「塩田陸奥入道」と称した。いわゆる元弘の乱に際しては信濃勢を率いて、河内国の赤坂城攻撃や武蔵国関戸の防衛に奮闘するが、鎌倉幕府の滅亡と運命を共にした。正慶二・元弘三年（一三三三）五月二十二日に得宗北条高時一門最期の場となった東勝寺で自刃した。この時の様子は「太平記」に「塩田父子自害事」として載せられているが、子息俊時が親の自害を勧めて自刃した後、子の菩提と自らの逆修のためいつも身から離さなかった法華経を読誦しようとしたが、果たせずにその途中で腹を十文字に切って果てた。ここには、年来仕えていた狩野重光が殉死せずにその遺品を奪い遁走するなど不忠をはたらいたことも記されている。現在、長野県上田市東前山の塩田城跡には国時の墓と伝えられる石碑がある。また、国時が、正慶二・元弘三年、鎌倉に馳せ参じる折りに形見に自刻したという伝承をもつ剃髪・甲冑姿の像高二七センチメートル小像が、別所温泉の常楽寺に残されている。また和歌もよくし、勅撰集の「玉葉和歌集」にその歌が三首入撰している。子には俊時・藤時がいる。

【解説】（1）義政の子としたのは、桓武・尊・前・群B・正・入・入ウによる。群Aは時茂の子、纂要は時茂の孫とするが、これは何らかの理由で、時茂流が義政流と入れ替わってしまったためと思われる。（2）引付各番は二～五名程度の評定衆と同じ程度の人数の右筆奉行人、及び引付衆から構成された。このうち評定衆の一人を引付頭人とした。ここから考えると、国時は当然評定衆であったはずであるが、その任免の時期は不詳である。（3）正和二年七月二十九日には、北条守時が国時の後を受けて一番引付頭人となっている。これは同じ重時流内での交替という面が強い。評定衆・引付頭人を勤めている時期は、鎌倉在住と考えたい。（4）「勅撰作者部類」には「五位、陸奥守、左近大夫平時国男」とあるが、未詳。（5）入ウには「平左衛門入道没倒之時、浴本領勲功賞」とある。（6）国時の男としては、他に陸奥国安積郡佐々河城に拠って宮方と戦い、正慶二・元弘三年（一三三三）五月に敗れた「陸奥六郎」や、建武二年（一三三五）八月の駿河国府合戦で生け捕られた「塩田陸奥八郎」も知られる（細川重雄『鎌倉政権得宗専制論』参照）。（7）国時に関する論考としては、黒坂周平「塩田北条氏の研究」（『信濃の歴史と文化の研究Ⅰ』所収）、湯山学「北条重時とその一族」（『相模国の中世史』）等がある。

【系図】桓武・尊・前・群A・群B・正・纂要・入・入ウ。

【史料】「太平記」、『鎌倉遺文』㊴三〇九一〇。

（下山）

ほうじょう くにとき　北条国時　生没年未詳

鎌倉中期の武士。有時流。父は北条有時、母は未詳。官途は修理亮。通称は九郎。

【解説】（1）官途は前・入ウの注記による。（2）通称は正によった。（3）入ウに「早世」とある。

【系図】前・正・入ウ。

【史料】

（末木）

ほうじょう くにときだん　北条邦時男　生没年未詳

鎌倉後期の武士。義時流（得宗）。父は北条邦時、母は未詳。相模太郎と称した。

【解説】尊のみに見える人物。「相模太郎」と注記がある。父邦時の没年齢は、群A・群Bが十五歳とするが、『古典文学大系　太平記　一』の頭注では当時九歳としており、前者なら子のいる可能性があるが、後者ではいる可能性は低い。

【系図】尊。

【史料】

（菊池）

ほうじょう くにふさ　北条国房　生没年未詳

鎌倉後期の武士。時房流。北条時国の子、母は未詳。官途は式部大夫。

【解説】正のみに見える人物。注記に「高谷」とある。

【系図】正。

【史料】

（川島）

ほうじょうくにまさ　北条国政　生没年未詳

鎌倉中期の武士。有時流。父は北条有基、母は未詳。北条有時の曾孫にあたる。通称は彦五郎。

【解説】正にのみ見える人物。注記に「彦五郎」とある。

【系図】正。

【史料】

（末木）

ほうじょうくろうど　北条蔵人　生没年未詳

鎌倉後期の武士。政村流。父は北条政村の五男政長の子の重村（政泰）、母は未詳。父重村から常陸国信太荘内の所領を譲られた。

【解説】北条氏関係の諸系図には見えない人物。（2）蔵人が所領を譲られたことは、年月日欠の崇顕（金沢貞顕）書状（「金沢文庫文書」：『鎌倉遺文』㊴三〇七三〇）及び元徳元年（一三二九）十二月日の常陸国信太庄年貢注文（「白河本東寺百合文書」一〇五：『鎌倉遺文』㊴三〇八五二）による。前者によれば、父重村は「早世」であり、「当腹三郎」が嫡子に立てられ、その他に妾腹の「小童次男、式部大夫三男、蔵人四男」らの子がいた。後者には「三郎殿」・「殊（珠）鶴殿」・「式部大夫」・「蔵人殿」らの名が見え、前者の記述と一致する。三郎は北条政国、式部大夫は北条政憲参照。

【系図】正。

【史料】「金沢文庫文書」・「白河本東寺百合文書」、『鎌倉遺文』。

（山野井）

ほうじょうごうざぶろう　北条郷三郎　生没年未詳

鎌倉後期の武士。朝時流。父は北条盛時、母は未詳。兄に通時（孫次郎）がいる。

【解説】入ウのみに見える人物。

【系図】入ウ。

【史料】

（菊池）

ほうじょうこうづけしろう　北条上野四郎　生年未詳～建武二年（?～一三三五）

鎌倉後期の武士。実泰流。北条時直の子と推定される。母は未詳。建武二年（一三三五）正月十日に長門国府付近の下山で越後左近将監入道とともに挙兵し、正月十八日に鎮圧された。規矩高政・糸田貞義が北九州で挙兵した規矩・糸田の乱に呼応したものである。

【解説】北条時直は上野介となり、「上野殿」「上州」を通称とするので、その子と推定した。

【系図】

【史料】『南北朝遺文』中国四国篇①一〇一～一〇六・一〇八・一一〇。

（永井）

ほうじょう これさだ　北条維貞

弘安八年～嘉暦二年（一二八五～一三二七）

鎌倉後期の連署。時房流。北条（大仏）宗宣の子で、母は北条重時の子時茂の女。初名は貞宗。通称は陸奥五郎、北条左近太郎。正安三年（一三〇一）七月十五日式部少丞。同八月二十日従五位下（17歳）。嘉元元年（一三〇三）五月十八日右馬助、同二年七月十日引付衆に加えられた（20歳）。北条宗方が討たれた嘉元の乱の後、嘉元三年五月六日小侍所奉行に任ぜられる。徳治元年（一三〇六）八月四日評定衆となり、同年十二月六日引付頭人（五番）となる（22歳）。祖父・父と比べて、叙爵や幕府要職への就任年齢が若くなっており、大仏家の家格の確立を示している。延慶元年（一三〇八）七月十九日従五位上、同二年三月十五日引付頭人（六番）に転じるが、八月五番に戻る。応長元年（一三一一）十月二十五日四番に転じ、正和二年（一三一三）頭人を辞任。北条（大仏）貞宣が任じられた。同三年閏三月二十五日正五位下に叙せられ、同年十月二十一日陸奥守に任じられた。同四年三月八日に鎌倉で大火事があり、維貞の屋敷も焼けた。同年九月二日六波羅南方となる（31歳）。当時の六波羅北方は、維貞の上洛前に南方から北方に転じた北条時敦で、元応二年（一三二〇）没した。その後二年間は欠員で、元亨元年（一三二一）十一月に北条範貞が任じられた。本来、六波羅探題は北方の家格が高かったのであるが、維貞は意欲的な政策を行い、とくに西国の悪党・海賊の取締まりに当たった。この間、六波羅南方の管轄である丹波国の守護も兼任した。

元亨元年七月三日、維貞はにわかに鎌倉に下向したが、北条高時（当時十九歳）の意向が不快であったため、二日後に帰洛した。正中元年（一三二四）八月十七日、探題の職を北条貞将に譲り鎌倉に下向し、同三十日に到着した。十月三十日、評定衆に復帰する（40歳）。嘉暦元年（一三二六）北条（金沢）貞顕が執権に任ぜられ、一か月で辞任する騒動があり、四月二十四日、北条守時が執権に、維貞が連署になった（42歳）。内管領長崎高資の意向による人事という。修理大夫に任じられ、同二年七月従四位下、九月七日四十三歳で病死した。八月二十三日まで関東下知状に加判しているので、急病であったと思われる。死に先立ち官を辞し出家、法名は慈昭。維貞の所領は、常陸国那珂郡那珂東（現茨城県那珂郡東部）・遠江国谷和郷・同国周智郡宇狩郷（国衙領、現静岡県袋井市宇刈）・伊予国久米良郷が判明している。父から常陸国吉田郡吉田郷（現茨城県水戸市吉田）・同国恒富郷（現茨城県常陸村）を伝領した。和歌にも秀で、「玉葉和歌集」・「続千載和歌集」・「続後拾遺和歌集」・「風雅和歌集」・「新千載和歌集」などの勅撰集にその和歌が載せられている。子に高宣・家時・貞宗・高直のほか、女子一人がいる。

【解説】（1）父は尊・前・関・群A・群B・正・纂要による。（2）母は「鎌倉年代記」に「陸奥守時茂女」とある。時茂は北条氏の諸系図に三人見えるが、重時の子の時茂に比定できる。（3）初名は「鎌倉年代記」による。なお桓は貞直の子経貞とし、尊の注記には「惟貞」とある。（4）通称は関・纂要による。（5）引付衆・評定衆・官位への補任については「鎌倉年代記」による。（6）「鎌倉年代記」の維貞の履歴に「同二十二六為引付頭」とあるが、同徳治二年条の「正月二十八日引付頭、一熙時・・・五維貞・・・」とあるのと抵触する。佐藤進一「鎌倉幕府職員表復原の試み」（『鎌倉幕府訴訟制度の研究』所収）に従い「同二」の「二」を衍字とみる。（7）六番に転じたことは「鎌倉年代記」、五番に戻ったことは「武家年代記（裏書）」による。四番頭人就任は「鎌倉年代記」、翌三年に三番に転じたと推定される。正和二年（一三一三）七月二十六日に三番頭人を辞したことは「鎌倉年代記」による。（8）なお尊は「武蔵・陸奥等守」とし、前は「両国司」とするが、武蔵守であった徴はない。（9）鎌倉の大火は「公衡公記」正和四年三月十五日条による。（10）六波羅探題任命の日付は「鎌倉年代記」による。「将軍執権次第」には八月日、纂要では八月六日とする。維貞が六波羅発給文書に加判した初見は十月十一日である（『鎌倉遺文』㉝二五六三六）。（11）維貞在任中の六波羅発給文書は五十余通に及ぶ。維貞の活動は、関東中次西園寺実衡御教書が、維貞のみに宛てられていること（『鎌倉遺文』㊲二八四一五・二八四七九）、関東御教書が同じく維貞のみに宛てられていること

（『鎌倉遺文』㉟二七一〇四）から推定。維貞が悪党・海賊の鎮圧の推進者であったことは、「峯相記」に「両年ハ静謐ノ由ニテ有シカドモ、奥州〈惟貞〉下向ノ後ハ彌蜂起シ」とあることによる。（12）丹波守護については佐藤進一『増訂鎌倉幕府守護制度の研究』による。（13）元亨元年の関東下向については「将軍執権次第」による。（14）出京と鎌倉着は「将軍執権次第」、評定衆に復した月日は「鎌倉年代記」による。（15）連署になった日付は「鎌倉年代記」及び「将軍執権次第」による。群A・群Bは「嘉暦元年四月二十四日ヨリ加判」とし、尊は「正中三三、補執事」という。（16）修理大夫任命について、「鎌倉年代記」が「同年（嘉暦二年）十月兼修理大夫」というのは没後になるので誤りである。纂要は「嘉暦元年四ノ二十四修理大夫」とする。「修理大夫平朝臣」と署判する初見は嘉暦元年十二月二十三日（『鎌倉遺文』㊳二九六九八）で、同年十月十二日にはまだ陸奥守を称しているので（『鎌倉遺文』㊳二九六三二）、「鎌倉年代記」の「同年十月」というのが、嘉暦元年の誤りなのではないかと思われる。（17）享年について「将軍執権次第」・群A・群B・纂要は四十二歳とし、「鎌倉年代記」・「常楽記」は四十三歳とする。（18）法名を「北条時政以来後見次第」では慈眼とする。（19）所領は「比志島文書」による。（20）父からの伝領は、延元四年（一三三九）三月二十三日の北畠親房袖判御教書（「吉田薬王院文書」）及び「石川氏文書」（『新編常陸国誌』所収）。なお石井進「鎌倉時代の常陸国における北条氏所領の研究」（『茨城県史研究』一五）参照。（21）和歌については尊による。（22）「勅撰作者部類」には「四位、修理権大夫、陸奥守平宗宣男」とある。（23）守護国別参照。

【系図】尊・前・関・桓・群A・群B・纂要。

【史料】「将軍執権次第」・「鎌倉年代記」・「武家年代記（裏書）」・「公衡公記」・「常楽記」・「峯相記」・「保暦間記」・「北条時政以来後見次第」・「比志島文書」・「玉葉和歌集」・「続千載和歌集」、『鎌倉遺文』。

（鈴木）

ほうじょう これさだじょ　北条維貞女　生没年未詳

鎌倉後期の女性。時房流。父は北条維貞、母は未詳。（姓未詳）泰時の妻となる。

【解説】北条維貞には四人の男子と一人の女子がいるが、女子は正のみに見える。正に「泰時妻」と注記があるが、この泰時は時代からいって得宗の北条泰時でないことは明らかである。[尊]には他に六名の泰時が見えるが、いずれも該当する人物が確定できない。

【系図】[正]。

【史料】

（鈴木）

ほうじょう これもと　北条維基　生没年未詳

鎌倉後期の武士。朝時流。北条宗基の子、母は未詳。北条時基の孫にあたる。基明の兄。官職は上野介。遁世したという。

【解説】（1）[正]にのみ見える人物。「上野介、遁世」と注記がある。（2）祖父時基は名越一族の中では得宗家と関係が深く、評定衆・引付頭人の家格を有し、幕政の中枢に位置していた。しかし、維基については他の北条氏関係の諸系図に見えず、その実体は未詳である。

【系図】[正]。

【史料】

（久保田）

ほうじょう これ□□　北条維□　生没年未詳

鎌倉後期の武士か。実泰流。父は北条政顕、母は未詳。

【解説】[入ウ]のみに見える人物。

【系図】[入ウ]。

【史料】

（菊池）

ほうじょう ごろう　北条五郎　生年未詳〜承久三年（?〜一二二一）

鎌倉前期の武士。北条時綱の子、母は未詳。北条時政の従兄弟にあたる。承久の乱の際、討ち死にしたと伝える。

【解説】[群A]・[群B]のみに見える人物。「承久兵乱討死」と注記する。

【系図】[群A]・[群B]。

【史料】

（菊池）

ほうじょう ごろう　北条五郎　生没年未詳

鎌倉後期の武士。政村流。父は北条時通、母は未詳。

【解説】[入ウ]のみに見える人物。父時通は、[正]に見える通時と同一人物の可能性がある。

【系図】[入ウ]。

【史料】

（菊池）

ほうじょう ごろう　北条五郎　生没年未詳

鎌倉後期の武士。朝時流。父は北条盛時、母は未詳。兄に通時（孫次郎）がいる。

【解説】[入ウ]のみに見える人物。

【系図】入ウ。
【史料】
（菊池）

ほうじょう さだあき　北条貞顕

弘安元年～正慶二・元弘三年（一二七八～一三三三）

鎌倉後期の執権。実泰流。北条顕時の嫡子。母は幕府奉行人遠藤為俊の女。六浦庄政所代官を勤めた重臣富谷左衛門入道に傅育された。同母兄弟には、顕実・時雄（顕雄）の二人の兄がいる。父顕時が失脚した弘安七年（一二八四）の霜月騒動は、元服以前であった（7歳）。父顕時の鎌倉復帰は、永仁元年（一二九三）の平禅門の乱によってかなった（16歳）。翌年十二月十六日、貞顕は左衛門尉・東二条院蔵人に補任された（17歳）。同四年四月十日に叙爵（20歳）。同五月十五日に左近将監に補任された。正安二年（一三〇〇）十月一日、従五位上に加叙された（23歳）。同三年三月二十八日に北条顕時が卒去すると、三人の兄を超越して家督を継承した（24歳）。貞顕の兄は、庶長子顕弁、異母兄顕景、同母兄顕実・時雄の四人が確認される。僧籍にある顕弁を除いた三人が超越の対象となったのであろう。

乾元元年（一三〇二）七月七日、六波羅探題に補任されて上洛（25歳）。得宗北条貞時の抜擢人事によって、実泰流としてははじめて六波羅探題に補任された。同年八月四日、貞顕は、称名寺の明忍房劒阿に鎌倉の情報を収集して報告することを依頼した。『金沢文庫古文書』の重要な一群となる鎌倉幕府関係文書は、劒阿が北条貞顕・北条貞将父子やその被官人と情報交換をした往復書簡が聖教の書写に利用されて残ったものである。

延慶元年（一三〇八）十二月、貞顕は六波羅探題南方の任を終えて鎌倉に下った（31歳）。この間、京都に大きな事件はなく、貞顕は無難に六波羅探題の職務を遂行することができた。官位は、乾元元年八月十一日に中務大輔補任（25歳）、嘉元二年（一三〇四）六月二日に越後守補任（27歳）、徳治二年（一三〇七）正月二十九日に正五位下加叙と順調に進んでいった（30歳）。正五位下加叙の時は、北条氏一門の上臈を超越するので、先任の人々を共に昇進させたという。一方、実泰流は六波羅探題の職務に関わるノウハウを持たないため、貞顕は公家文化に関わる典籍の収集を熱心に行った。祖父実時の時からのつながりをもつ明経道清原氏から漢籍を学ぶとともに、六波羅評定衆水谷清有が所持した「侍中群要」をはじめ、

「一代要記」・「院号定部類記」・「たまきはる」など、公家社会の基本テキストの収集を熱心に行った。貞顕は、在任中に六波羅探題を重代の職として勤められるようにノウハウの蓄積を行なったのである。また、貞顕は六波羅にありながらも鎌倉や金沢の動向には注意を払い、嘉元三年には鎌倉と金沢を結ぶ道を隔てていた瀬戸入海に瀬戸橋を架けた（28歳）。

延慶二年（一三〇九）三月、貞顕は引付三番頭人に補任された（32歳）。長井宗秀辞退による異動で、鎌倉に居た兄顕実はこの時に五番頭人から六番頭人に移った。この人事によって、貞顕が顕実の上位にあることが明確となった。同年八月、貞顕は引付二番頭人に遷る。

同三年六月二十五日、六波羅探題北方に就任、同二十八日には右馬権頭に補任された。応長元年（一三一一）正月十六日、鵜沼孫左衛門尉と鵜沼八郎が滝口平有世と諍いをおこして御所で自害する不祥事を起こした（34歳）。この事件の報告は鎌倉に伝えられたものの、貞顕に対するとがめはなかった。同十月二十四日、貞顕は武蔵守に補任されている。正和三年（一三一四）五月、七条室町に住む成仏法師の馬上役賦課の問題をめぐって、六波羅探題と新日吉社神人が衝突、六波羅検断の向山敦利と富谷秀高は新日吉社に乱入した（37歳）。六波羅探題と延暦寺はともに軍勢を集め、京都は一触即発の緊張に包まれた。この事件では、張本となった悪僧が処分されたが、貞顕の被官人に対して罪過の追求はなされなかった。同年十一月、鎌倉に下向した。

翌四年七月十一日には十三代執権北条基時の連署に就任した（38歳）。同五年七月、北条高時が執権に就任、この時、貞顕は連署に残留した（39歳）。北条高時政権は、虚弱体質の北条高時を重臣達が北条貞時政権時代の先例を踏襲しながら運営することを共通のコンセンサスとした体制をとった。重臣たちの合意が意思決定の前提であり、安定しているが重要な問題を先送りして回避していく弱さも併せ持つことになった。この政権のなかで北条貞顕は北条氏一門を代表する宿老であり、温厚な常識人として振る舞うことによって、政権内部のよき調整役を勤めた。

嘉暦元年（一三二六）三月十三日、北条高時は大病を理由に出家を遂げた（50歳）。貞顕は高時とともに出家を遂げることを望んだが、長崎高資をはじめとした御内人や摂津親鑒をはじめとする幕府吏僚に高時の嫡子邦時が成人するまでの中継ぎを依頼され、三月十六日に十五代執権に就任した。しかし、北条高時の外戚安達氏は得宗被官五大院宗繁の妹を母とする邦時が家督を継ぐことを快しとせず、高時の同母弟泰家の家督継承を望んだ。安達氏の攻撃の矛先が邦時擁立をはかる長崎高資ではなく、執権に就任した北条貞顕に向けられたことにより、貞顕は三月二十六日に出家を遂げた。法名は崇顕。その後、得宗専制は北条高時と長崎高資の対立を経て、長崎高資が専権をふるう最終段階に入り、得宗家は支持勢力の離反を招いて自壊していく。出家して間もない元徳年間（一三二九〜三一）には、貞顕は子供達の栄達に関心を払い、貞将がつまらないことで失敗しないように注意深い指示を与えていた書状が残される。貞顕は鎌倉幕府が揺らいでいることは十分承知していたが、その日を眼にするとは思っていなかったであろう。正慶二・元弘三年（一三三三）五月の新田義貞の鎌倉攻めでは、実泰流の人々は鎌倉の諸所で防戦につとめたが相続いて討死し、五月二十二日、貞顕は北条高時とともに東勝寺で自害を遂げた（56歳）。子に貞将・貞冬・貞匡・貞高・顕助・貞助・道顕等がいる。

【解説】守護論考・守護国別参照。

【系図】尊・桓・群A・群B・正・前・入・入ウ。

【史料】「太平記」・「関東開闢皇代并年代記」・「北条時政以来後見次第」、『金沢文庫古文書』・『鎌倉遺文』㊵三一二二八〜三一一二九、㊶三二一八九〜三二一九七等。

（永井）

ほうじょう さだあきそんじょ　北条貞顕孫女

生没年未詳

鎌倉後期の女性。実泰流。北条貞顕の孫、父母は未詳。執権北条高時の正室となる。

【解説】北条（金沢）貞顕の「為祖母廻向文」に「玄孫為副将軍之夫人、国母之佳運、数年相待」とあり、貞顕の孫娘が執権北条高時の正室となっていたことがわかる。

【系図】

【史料】『金沢文庫古文書』六一三七。

（菊池）

ほうじょう さだあきだん　北条貞顕男

生年未詳〜徳治二年（?〜一三〇七）

鎌倉後期の男性。実泰流。北条貞顕の子、母は未詳。貞顕が六波羅探題南方を勤めていた徳治二年（一三〇七）

の書状に、「愚息少童、去六日辰刻他界候了、」と見える。京都で側近く仕えた夫人との間に誕生した子が亡くなったことを伝えたもので、六波羅探題館に出仕していた僧智円が遺骨を預かって金沢に下向、北条顕時墓の側に葬られた。

【解説】北条氏関係の諸系図には見えない人物。

【系図】

【史料】『金沢文庫古文書』二一・五一・一六七・一七一。

（永井）

ほうじょう さだあり　北条貞有

生年未詳～正慶二・元弘三年（?～一三三三）

鎌倉後期の武士。有時流。父は北条有義、母は時房流の北条時隆の女。有時の孫、時房の玄孫にあたる。式部大夫、越前守。法名は真性。正慶二・元弘三年（一三三三）五月、幕府滅亡の際、子息高有とともに没した。

【解説】（1）式部大夫、越前守は前・正の注記による。（2）母は群A・群Bによる。（3）没年・法名は「常楽記」元徳五年（正慶二・元弘三）条の「五月廿二日越前前司貞有禅門（真性）、同子息式部丞（高有）」とあるのによる。

【系図】前・群A・群B・正。

【史料】「常楽記」。

（末木）

ほうじょう さだいえ　北条貞家

生没年未詳

鎌倉後期の武士。朝時流。北条時家の子、母は未詳。時章の曾孫にあたる。官途は遠江守。子に周時・高家がいる。

【解説】（1）時家の子は、諸系図から貞家・周時・高家の三人の男子が知られる。しかし、桓・纂要は高家を、群A・群Bは周時・高家を貞家の子と記しており、貞家と周時・高家を兄弟とする系図がないため、周時・高家は父貞家が早世したため、祖父時家の養子となったと推定しておく。（2）官途は群A・群B・纂要の注記による。（3）寛元の政変で、北条時章は得宗北条時頼に野心無き旨を陳謝し、以後名越氏の嫡流となる。時章の子孫は評定衆・引付頭人の家格を有し、幕政の中枢に位置した。父時家も永仁元年（一二九三）四月八日、軍勢五百余騎を率いて西国に下向、鎮西惣奉行所と呼ばれた。しかし貞家の実体は未詳である。

【系図】桓・群A・群B・纂要。

【史料】

（久保田）

ほうじょう さだうじ　北条貞氏　生没年未詳

鎌倉後期の武士。重時流。北条貞茂の子、母は未詳。通称は六郎。祖父時茂から鎌倉の常盤に邸宅を構え、常盤（常葉）氏と称した。

【解説】諸系図のうち正のみが載せる。通称は正による。

【系図】正。

【史料】

（下山）

ほうじょう さだくに　北条貞国　生年未詳～正慶二・元弘三年（?～一三三三）

鎌倉後期の武士。義時流（得宗）。父は桜田禅師時厳、母は未詳。桜田治部大輔・瓜連備前入道・入道浄心と称した。官途は治部大輔とも式部大輔とも伝える。正慶二・元弘三年（一三三三）五月、南下する新田・足利連合軍を迎え討つため、同十日、貞国は一方の大将として、長崎高重以下の軍勢を率いて鎌倉街道上道を北上し入間河に向かった。しかし、翌十一・十二両日の小手差原の合戦で敗北し、鎌倉に戻った。同二十二日、鎌倉の東勝寺で北条高時等とともに自害した。

【解説】（1）前は父を「時教」とするが、誤記であろう。（2）通称は「太平記」・正・纂要による。（3）官途は前・纂要による。（4）死没については「太平記」・正による。纂要に「討死于番場」とあるのは誤記。（5）「勅撰作者部類」に「五位、平」とある貞国がこの人物かは未詳。

【系図】正・群A・群B・前・纂要・入ウ。

【史料】「太平記」。

（菊池）

ほうじょう さだまさ　北条貞政　生没年未詳

鎌倉後期の武士。政村流。父は北条政長、母は未詳。

【解説】入ウのみに見える人物。前・正には叔父の政頼の子に貞政が見え、同一人物の可能性がある。

【系図】入ウ。

【史料】

（菊池）

ほうじょう さだまさ　北条貞政　生没年未詳

鎌倉後期の武士。実泰流。父は北条貞顕、母は未詳。官途は左近将監。

【解説】入ウのみに見える人物。注記に「左近将監」とある。

【系図】入ウ。

【史料】

（菊池）

ほうじょう さだしげ　北条貞重　生没年未詳

鎌倉後期の武士。重時流。北条親時の子、母は未詳。重時の曾孫にあたる。官途は左近大夫将監。

【解説】諸系図のうち前・正が載せる。

【系図】前・正。

【史料】

（下山）

ほうじょう さだすけ　北条貞資　生没年未詳

鎌倉後期の武士。時房流。北条時国の子、母は未詳。官位は従五位下・式部大夫・備前守。元亨三年（一三二三）北条貞時の十三年忌供養に際して、砂金・銀剱を献じる。また和歌が「続千載和歌集」に収められている。

【解説】（1）官職について、前は式部大夫、群Bは備前守と記す。また「勅撰作者部類」に「五位、備前守、左近大夫平時国男」と見えている。（2）元亨三年十月の北条貞時十三年忌供養記（「円覚寺文書」）に「佐介備前前司殿」と見えている。

【系図】尊・前・群A・群B・纂要。

【史料】元亨三年十月の北条貞時十三年忌供養記（「円覚寺文書」：『神奈川県史』資料編2・古代中世2）、「続千載和歌集」・「勅撰作者部類」。

（川島）

ほうじょう さだすみ　北条貞澄　生没年未詳

鎌倉後期の武士。有時流。父は北条有基、母は未詳。北条有時の曾孫にあたる。

【解説】正にのみ見える人物。前には、有時流、北条時澄の子に同名の人物がいるが、あるいは混同したものか。

【系図】正。

【史料】

（末木）

ほうじょう さだすみ　北条貞澄　生没年未詳

鎌倉後期の武士。有時流。父は北条時澄、母は未詳。北条有時の曾孫にあたる。弾正左衛門尉と称す。

【解説】（1）前にのみ見える人物。通称は前によった。（2）正には、有時流、北条有基の子に同名の人物がいるが、あるいは混同したものか。

【系図】前。

【史料】

（末木）

ほうじょう さだたか　北条貞高　生没年未詳

鎌倉後期の武士。時房流。北条盛房の子、母は未詳。官途は左近大夫・丹波守。

【解説】官途について、前は左近大夫、正は丹波守とする。

【系図】前・正・入ウ。

【史料】 （川島）

ほうじょう さだたか　北条貞高

生年未詳〜正慶二・元弘三年（?〜一三三三）

鎌倉後期の武士。実泰流。北条貞顕の子、母は未詳。官途は右馬助。正慶二・元弘三年（一三三三）五月二十一日に山内で討死にした北条貞将と同時に自害したという。

【解説】正にのみ見え、北条貞将と同時に自害したと記す。

【系図】正。

【史料】 （永井）

ほうじょう さだたか　北条貞隆

生没年未詳

鎌倉後期の武士。時房流。北条泰宗の子、母は未詳。官途は修理亮・土佐守。

【解説】官途について、前は修理亮、正は土佐守とする。

【系図】前・正。

【史料】 （川島）

ほうじょう さだちか　北条貞親

生没年未詳

鎌倉後期の武士。重時流。北条親時の子、母は未詳。重時の曾孫にあたる。官途は左近大夫将監。

【解説】諸系図のうち正のみが載せる。官途は正による。

【系図】正。

【史料】 （下山）

ほうじょう さだつな　北条貞綱

生没年未詳

鎌倉後期の武士。時房流。北条時綱の子、母は未詳。官途は掃部助。

【解説】正には五男とある。

【系図】前・正。

【史料】 （川島）

ほうじょう さだとお　北条貞遠

生没年未詳

鎌倉後期の武士。時房流。北条宣遠の子、母は未詳。通称は五郎。

【解説】正にのみ見える人物。

【系図】正。

【史料】 （鈴木）

ほうじょう さだとき　北条貞時

文永八年〜応長元年（一二七一〜一三一一）

鎌倉後期の執権。義時流（得宗）。父は北条時宗、母は安達義景の女（兄泰盛の養女となる）。従兄弟の北条宗政の女を妻とした。妾の大室泰宗の女との間に高時が生まれた。文永八年（一二七一）十二月十二日誕生。幼名は幸寿丸。建治三年（一二七七）十二月二日元服、貞時と名乗った（7歳）。弘安五年（一二八二）六月二十七日、左馬権頭に任じ、同日叙爵した（12歳）。同七年四月四日、父時宗が三十四歳で死去すると、貞時は家督を継ぎ、この時武蔵・伊豆・駿河・若狭・美作等の得宗分国（守護）も継承したと考えられる。同七月七日、十四歳の若さで執権に就任した。そして翌八年四月十八日には相模守に任じ、同二十三日左馬権頭を兼任した。

父時宗の弘安年間は得宗専制政治の成立期にあたり、外様勢力の代表である安達泰盛が、また得宗の外戚・後見人として、権力を専らにしていた。一方、内管領平頼綱を中心とする御内人（得宗被官）勢力が隠然たる勢力を持ち泰盛に対抗しており、時宗政権はこの両者の微妙な均衡の上に成り立っていたのである。泰盛は、時宗没後も貞時の外祖父・後見人として政権の中枢にあり、「弘安徳政」と称される改革を押し進めていた。しかし、時宗が没するとこの均衡は破れ、両者は権勢を争って互いに幼い新執権貞時に讒言しあうようになる。その結果同年十一月十七日、霜月騒動（弘安合戦・奥州禅門合戦ともいう）が起こった。執権貞時を擁した平頼綱以下の御内人勢力と安達泰盛を中心とする安達一族与党との戦いは、将軍の御所まで焼失する激戦となったが、安達氏側の敗北に終り、泰盛以下子息宗景・弟長景・時景らは自害・討死した。乱後の鎌倉では、関係者の処罰が行なわれ、泰盛の女婿北条顕時（実泰流）や妹婿宇都宮景綱・長井時秀らが流罪または罷免となっている。この騒動以降、まだ十五歳の貞時には頼綱を統御する力はなく、「城入道被誅之後、彼仁一向執政、諸人恐懼外無他事之処」（「実躬卿記」）という内管領平頼綱専権の時代が来ることになった。

その後、貞時は、弘安十年（一二八七）正月五日従五位上に昇進し（17歳）、正応元年（一二八八）二月一日、初めて評定所に出仕した（18歳）。翌二年正月五日正五位下、同六月二十五日従四位下に叙し、左馬権頭を辞している。この間、幕府政治は内管領頼綱の主導のもとに行われた。幕府が京都の持明院統の政治に介入し、また同十月九日、将軍惟康親王を廃して、後深草天皇の皇子久明親王を新将軍に迎えたのもその現われであろう。同四年二月三日、鎮西談義所の調査のため九州に派遣された尾藤内左衛門入道・小野沢実綱は御内人であり、同八月二十日に奉行人と引付の監督を命じられたのも飯沼助宗・大瀬惟忠・長崎光綱・工藤杲禅・平宗綱等の御内人であった。

永仁元年（一二九三）二十三歳になった貞時は、大陸の元への防禦体制を強化するため鎮西談義所を廃止して鎮西探題を設置し、その初代に北条兼時と同時家を就任させた。両者の違いは軍事指揮権を兼時に付属させたことであった。初期の鎮西探題には終局的判決権は与えられなかったが、その下に訴訟審理機関「引付」が設置されていたことは確認できる。両人は同三年四月に関東に帰り、その後任には北条実政が就任している。

永仁元年四月二十二日、鎌倉経師谷の平頼綱邸に討手を派遣し、その一族九十余人を討ち取った（平禅門の乱）。この原因は、「余ニ驕過之故歟」（「実躬卿記」）とも、「逆意」の故（「親玄僧正日記」）とも、頼綱が己の子を将軍にしようと企てたがため（「保暦間記」）とも伝えており、何か貞時を脅かすような陰謀があったことは事実と思われる。だが、その背景に外様勢力の動きは見い出せず、一時的な反動現象が見られるだけで、実際は得宗専制政治の強化、御内人勢力の増大につながったのである。

乱後、実権を握った貞時は、父時宗時代の政治体制の復帰を目指して幕政改革を進めていった。まず引付の改革が行われ、永仁元年六月番数は三番となり（「鎌倉年代記」）、十月には廃止となった。そして新たに執奏の職が置かれ、北条時村・北条道鑑（公時）・北条師時・北条恵日（顕時）・北条宗宣・宇都宮蓮瑜（景綱）長井宗秀が新執奏に就任した。執奏の権限は、基本的に訴訟判決上必要な参考資料の提出及び意見の具申であり、一切の最終決定権は貞時が握っていたのである。同三年十月引付が復活し、もとのように五方となったが、重要事項は貞時の直断とされた。この引付の復活の背景には、外様、すなわち御家人勢力が得宗専制政治の対抗勢力として存在していたことを暗示している。同五年三月には質入れ売買の禁止や金銭貸借に関する訴訟の停止を定めた徳政令が発布された。これは貧窮する御家人の保護政策であり、また訴訟の迅速化をねらったものである。正安二年（一三〇〇）十月には越訴方が廃され、貞時の被官五人がその機能を代行することになった（「鎌倉年代記」）。

翌同三年四月十二日、貞時は従四位上に叙されたが、同八月二十二日執権を従兄弟で女婿にあたる師時に譲り、翌二十三日にわかに出家した（31歳）。法名は崇暁、のち崇演と改めた。この年正月二十二日に北条時基に嫁していた女子に先立たれたこと（「武家年代記」）が原因かもしれない。しかし、その後も寄合衆を自邸に集めて幕府政治の実権を握っていた。嘉元三年（一三〇五）四月二十三日夜、幕政の主導権をめぐって対立する侍所頭人北条宗方（得宗貞時の従兄弟）のため、連署の北条時村が貞時の命と偽って殺害されるという事件が起きた。この背景には、かねてから執権の地位を望んでいた宗方が、貞時の女婿であることから先に執権となった師時を恨み、これを亡き者にしようと考えた。そして、連署の時村と師時と同じく貞時の女婿である時村の孫熙時をも滅ぼそうとし、まずは長老として経験と人望を兼ね備えた時村から討ったという「保暦間記」の説がある。貞時は、五月二日、時村のもとへ討手として向かった御家人・御内人十二人の首を刎ねさせ、さらに四日には宗方も誅している（嘉元の乱）。この事件は、得宗貞時を中心とする権力のもと、その継承者を目指す者たちの対立が表面化したものといえよう。延慶元年（一三〇八）八月四日には将軍久明親王を京都に返還し、十日にはその子守邦王を将軍とした。

貞時は歌人でもあり、その歌は「玉葉和歌集」・「続千載和歌集」・「新後撰和歌集」等に入集されている。また円覚寺をはじめとする仏寺の保護に熱心で、しばしば所領を寄進している。永仁四年（一二九六）鎌倉に覚園寺を建て、同五年三月に元の使者として国書を持参した一山一寧を日本に留めて優遇している。応長元年（一三一一）十月二十六日、四十一歳で病死した。その跡は九歳の高時が嗣いでいる。最勝園寺と号した。元亨三年（一三二三）円覚寺で貞時の十三年忌の法要が盛大に催された。

【解説】（1）母は野津・群B・前・「鎌倉年代記」等による。纂要は「秋田泰盛女」とし、「武家年代記」は養女となったことを示す。（2）誕生は「武家年代記」に、幼名は桓・群A・纂要による。（3）元服は「建治三年記」・「武家年代記」による。「鎌倉年代記」は三日とする。（4）官途等は「鎌倉年代記」・「武家年代記」等による。（5）佐藤進一『増訂鎌倉幕府守護制度の研究』による。得宗分国としては、正応五年（一二九二）十月五日の関東御教書（「東寺百合文書」り）で武蔵・伊豆・駿河・若狭・美作・上野・肥後等七か国が、延慶三年（一三一〇）二月二十九日の関東御教書（「住吉勇三郎氏所蔵文書」）で駿河・伊豆・武蔵・上野・若狭等五か国が確認できる。後者は守護貞時に宛てられた幕府の祈祷施行命令書である。このうち若狭の守護は、弘安八年から正安元年まで在職し、その後宗方・宣時をへて、延慶二年から応長元年の死去まで在職した。また守護論考・守護国別参照。（6）出家・没年については「常楽記」・「鎌倉年代記」・「武家年代記」による。尊・纂要は八月二十二日出家とし、享年については、尊（十月二十六日卒）・群A（十月七日卒）が四十とする。（7）「勅撰作者部類」に「四位、相模守、相模守平時宗男」と見える。（8）安達泰盛及び弘安徳政・霜月騒動に関係する主な研究としては、多賀宗隼「秋田城介安達泰盛」・「北条執権政治の意義」（以上は『鎌倉時代の思想と文化』所収）、佐藤進一『鎌倉幕府訴訟制度の研究』、同『増訂鎌倉幕府守護制度の研究』、網野善彦『蒙古襲来』（小学館『日本の歴史』一〇）、安田元久『鎌倉幕府――その政権を担った人々――』、村井章介「安達泰盛の政治的立場」（『中世東国史の研究』）、鈴木宏美「安達泰盛の支持勢力――高野山町石を中心に――」（『埼玉地方史』一〇）、石井進「霜月騒動おぼえがき」（『神奈川県史だより』資料編二付録、後に『鎌倉武士の実像』に再録）、武井尚「安達泰盛の政治的立場」（『埼玉民衆史研究』一）、渡辺晴美「北条貞時政権の研究」（『中央史学』七）、五味文彦「執事・執権・得宗」（『中世の人と政治』）等がある。また、平頼綱に関する主な研究には、上記のほかに、奥富敬之『鎌倉北條氏の基礎的研究』、今井雅晴「平頼綱とその周辺の信仰」（『仏教史学研究』三四―二）、森幸夫「平頼綱と公家政権」（『三浦古文化』五四）、細川重男「得宗家執事と内管領」（『前近代の日本と東アジア』）、小泉聖恵「得宗家の支配構造」（『お茶の水史学』四〇）等がある。また、嘉元の乱について触れた主な研究には、細川重男「嘉元の乱と北条貞時政権」（『立正史学』六九）、高橋慎一朗「北条時村と嘉元の乱」（『日本歴史』五五三）などがある。

【系図】野津・尊・正・桓・群A・群B・前・纂要・入・入ウ。

【史料】「実躬卿記」・「親玄僧正日記」・「鎌倉年代記」・「保暦間記」・「玉葉和歌集」・「続千載和歌集」・「新後撰和歌集」・「武家年代記」・「東寺百合文書」・「住吉勇

三郎氏所蔵文書」、『鎌倉遺文』。（菊池）

ほうじょう さだときじょ　北条貞時女　生没年未詳

鎌倉後期の女性。義時流（得宗）。父は北条貞時、母は未詳。父貞時の従兄弟にあたる北条師時に嫁した。

【解説】

【系図】正・桓・群A・群B・纂要。

【史料】

（菊池）

ほうじょう さだときじょ　北条貞時女　生没年未詳

鎌倉後期の女性。義時流（得宗）。父は北条貞時、母は未詳。政村流の北条熈時に嫁し、茂時を生んだ。通称は南殿。

【解説】（1）茂時の母については『鎌倉室町人名辞典』参照。（2）南殿は、『鎌倉遺文』㉘二一一四九・㉜二五四一九に見える。

【系図】正・桓・群A・群B・纂要。

【史料】『鎌倉遺文』㉘二一一四九・㉜二五四一九。

（菊池）

ほうじょう さだときじょ　北条貞時女　生没年未詳

義時流。鎌倉後期の女性。父は北条貞時、母は未詳。土岐光定に嫁し、定親・頼貞・頼重の三人を生んだ。夫光定は弘安年間（一二七八～八八）の中頃に没したが、その後無学祖元に入門、鎌倉で出家した。法名美州比丘尼覚曇大姉。定林寺（現岐阜県土岐市）の前身である定林庵を建立したという。

【解説】谷口研語『美濃・土岐一族』参照。

【系図】尊・纂要・「土岐系図」・「舟木系図」。

【史料】

（菊池）

ほうじょう さだときじょ　北条貞時女　生年未詳～正安三年（?～一三〇一）

鎌倉後期の女性。義時流（得宗）。父は北条貞時、母は未詳。（姓未詳）宗経の養子となり、朝時流の北条時基に嫁した。正安三年（一三〇一）正月二十二日没した。

【解説】北条氏関係の諸系図には見えない女性。「武家年代記（裏書）」の正安三年条に「正安三正廿二日、時基室（貞時女、宗経養君）逝去」とある。

【系図】

【史料】「武家年代記（裏書）」。

（菊池）

ほうじょう さだときじょ　北条貞時女　生年未詳～延慶二年（?～一三〇九）

鎌倉後期の女性。義時流（得宗）。父は北条貞時、母は未詳。延慶二年（一三〇九）十月六日夭逝した。

【解説】北条氏関係の諸系図には見えない女性。「園太暦」延慶二年十月六日条による。

【系図】

【史料】「園太暦」。

（菊池）

ほうじょう さだときじょ　北条貞時女

永仁五年～永仁五年（一二九七～九七）

鎌倉後期の女性。義時流（得宗）。父は北条貞時、母は未詳。永仁五年八月六日誕生したが、同日他界した。

【解説】北条氏関係の諸系図には見えない女性。「鶴岡社務記録」永仁五年条（政助）に「八月六日太守女子誕生、他界」とある

【系図】

【史料】「鶴岡社務記録」。

（菊池）

ほうじょう さだとし　北条貞俊

生没年未詳

鎌倉後期の武士。時房流。北条時俊の子、母は未詳。官途は上野介・安芸守・左京亮。法名は寿阿弥陀仏。正慶二・元弘三年（一三三三）六波羅探題が陥落すると、金剛寺を攻略する陣を解き北条（阿曽）時治らとともに奈良・般若寺にて出家し律僧に身を変えたが降人となる。貞俊自身は自己の武勇・軍略兼ね備えていると自信をもっていたが、得宗北条高時には認めてもらえず不満・憤りを感じつつ、楠木正成の立てこもる金剛山に向かっていった。その後貞俊は阿波国へ配流となるが、結局斬首された。死に臨み、「最期ノ十念勧ケル聖」に形見として自分の腰刀を故郷の妻子へ送って欲しいと頼み、一首の和歌を詠じつつ閑かに首を打たれる。聖は鎌倉の妻に形見の腰刀と貞俊最期の時に着けていた小袖をわたすと、妻はその小袖に一首の和歌を書き付け、形見の腰刀で自害をするという悲話が伝えられている。このように融通念仏に深く帰依し、時宗二祖・他阿真教とのやりとりを示す書状も残されている。また歌人としての才もあり、その和歌は二条派の歌風であり「続千載和歌集」・「続後拾遺和歌集」・「新千載和歌集」の勅撰和歌集をはじめ、元徳三・元弘元年（一三三一）四月～九月頃に成立したと思われ、浄弁の撰になるといわれている「松花和歌集」や同じ頃に成立したといわれる「臨永和歌集」（作者は当時現存の人々）・元亨三年（一三二三）成立の二条為世撰の「続現葉和歌集」、さらに「拾遺現藻集」などに載せられている。子に宣俊・時俊がいる。

【解説】（1）母について『鎌倉遺文』㊳二九五五四に「佐介上野守殿母儀」とみえる（2）官途について、前は上野介・安芸守とし、正は安芸守、纂要は左京亮とある。（3）法名は「他阿上人家集」による。（4）今井雅晴「時房流北条氏と時宗」（大隅和雄編『鎌倉時代文化伝播の研究』所収）参照。（5）『時宗二祖・他阿上人法語』には「佐竹安芸守貞俊」と見えるが、「佐介」の誤記である。なお橘俊道『時宗史論考』・金井清光『一遍と時宗教団』参照。（6）「勅撰作者部類」に「五位、佐介、左京亮、安芸守平時俊男」と見える。

【系図】尊・前・正・群A・群B・纂要。

【史料】「太平記」・「勅撰作者部類」・「続千載和歌集」・「続後拾遺和歌集」・「新千載和歌集」・「松花和歌集」・「臨永和歌集」・「続現葉和歌集」・「拾遺現藻集」・「他阿上人家集」、『鎌倉遺文』㉙五五〇一。

（川島）

ほうじょう さだとも　北条貞朝

生年未詳～正慶二・元弘三年（?～一三三三）

鎌倉後期の武士。時房流。北条貞房の子、母は未詳。正五位下、式部大輔、遠江守。坂上と称した。正慶二・元弘三年（一三三三）五月二十二日、鎌倉東勝寺で自害した。

【解説】（1）式部大甫（輔）、正五位下は前による。北条氏の官職昇進コースの一つに式部丞→叙爵（叙従五位下）→国守があり、そのコースをたどったのであろう（青山幹哉「王朝官職からみる鎌倉幕府の秩序」：『年報中世史研究』一〇）。（2）遠江守は正・纂要によるが、傍証はない（3）死亡については纂要に「討死東勝寺」とあり、「太平記」巻一〇「高時并一門以下於東勝寺自害事」にも名が見える。（4）坂上と称したことは纂要による。

【系図】尊・前・正・纂要・群A・群B。

【史料】「太平記」。

（鈴木）

ほうじょう さだな　北条貞名

生没年未詳

鎌倉後期の武士。重時流。北条長重の子。母は未詳。重時の曾孫にあたる。通称は六郎。

【解説】北条氏関係の諸系図のうち前・正が載せる。

【系図】前・正。

【史料】

（下山）

ほうじょう さだなお　北条貞直

生没年未詳

鎌倉後期の武士。時房流。北条時藤の子、母は未詳。通称は陸奥左馬助。官途は兵庫助。

【解説】前のみに見える人物。注記に「兵庫助、陸奥左馬助」とある。
【系図】前。
【史料】
（川島）

ほうじょう さだなお　北条貞直

生年未詳～正慶二・元弘三年（?～一三三三）

鎌倉後期の引付頭人。時房流、大仏家の傍流。北条宗泰の嫡子、母は未詳。右馬助、左馬助、式部大輔、左近大夫将監、駿河守を経て、陸奥守となる。遠江・佐渡守護。遠江守護は暦仁元年（一二三八）以降、佐渡守護は文永八年（一二七一）以前から大仏氏が相伝していた。佐渡の国務も兼帯していた。元応二年（一三二〇）五月、死没した叔父貞宣に代わって引付頭人となる。その以前から引付衆であったのであろう。以後正慶元・元弘二年（一三三二）まで引付頭人であり、おそらく正慶二・元弘三年にも在職していたと思われる。貞直の所領として判明するのは尾張国中島郡玉江庄（現愛知県一宮市旧尾西市付近）・駿河国駿東郡佐野庄（現静岡県裾野市佐野）・伊豆国那賀郡仁科（現静岡県西伊豆町仁科）・同国同郡宇久須郷（現静岡県加茂村宇久須）・相模国大住郡糟屋庄（現神奈川県伊勢原市）・同国同郡田村郷（現神奈川県平塚市）・同国三浦郡治須（沼浜カ）郷（現神奈川県逗子市沼間）・同国高座郡絃間郷（現神奈川県相模原市上鶴間・大和市下鶴間）・同国同郡懐嶋（現神奈川県茅ヶ崎市円蔵・浜之郷）・三河国碧海郡重原庄（現愛知県刈谷市重原）・近江国広瀬庄（現滋賀県安曇川町）・佐渡国羽持（羽茂カ）郡（現新潟県羽茂町）・同国吉岡（現新潟県真野町吉岡）でこの他にもあったか。元徳二・元弘元年（一三三一）九月、幕府軍の大将軍の一人として上洛、笠置山、赤坂城を落す。正慶二・元弘三年（一三三三）五月、鎌倉極楽寺口防衛軍の将として討死。和歌が「続後拾遺和歌集」・「続千載和歌集」に各一首収録されている。また、時宗の呑海上人との交流もあり、「呑海上人法語」にその返事が見える。子に顕秀がいる。

【解説】（1）右馬助は群A・群Bによる。なお、文保二年（一三一八）の北条（大仏）貞直書状（『鎌倉遺文』㉞二六五八三）に「散位（花押）」とあり、任官はこの年以後であることがわかる。（2）左馬助は（a）元亨三年（一三二三）十二月十六日の「西蓮寺文書」（『鎌倉遺文』㊲二八六一五は案文で花押がない）に「左馬助平朝臣（花押）」とあり、花押が貞直と断定できる（佐藤進一

『鎌倉幕府守護制度の研究』佐渡の項、『花押かがみ』四―二九六九)。(b)北条(金沢)貞顕書状(『金沢文庫古文書』①一六五、『鎌倉遺文』㊳二九三三一)に陸奥左馬助に男子が生まれたということによる。(3)式部大甫(輔)は前による。(4)左近大夫将監は佐藤進一「鎌倉幕府職員表復元の試み」(『鎌倉幕府訴訟制度の研究』)元応二年条によるが、典拠は明らかでない。(5)駿河守は、嘉暦二年(一三二七)十月八日の「市河文書」に見える引付頭人「駿河守(花押)」奉書の花押が、貞直であることによる(この文書は『鎌倉遺文』に未収録)。なお、嘉暦元年三月十六日、金沢貞顕が執権となり(「将軍執権次第」)、同日評定始が行われた(金沢貞顕書状:『金沢文庫古文書』①三七四、『鎌倉遺文』㊳二九三九〇)。その評定衆の中に駿河守が見えるが、これは北条顕実である。顕実は翌嘉暦二年三月二十六日死没(「常楽記」)するので、その後貞直が駿河守となったか。(6)陸奥守については、元徳元年(一三二九)と推定される十二月二十二日の崇顕書状(『鎌倉遺文』㊴三〇八三二)に「奥州拝任」とある。なお、「花園天皇宸記」元弘元年(一三三一)十一月五日条に「陸奥守貞直」と見え、諸系図もすべて陸奥守と記す。(7)守護については、佐藤進一『鎌倉幕府守護制度の研究』遠江・佐渡の項による。(8)引付頭人については佐藤進一「鎌倉幕府職員表復原の試み」(『鎌倉幕府訴訟制度の研究』所収)による。(9)所領については、「比志島文書」(『神奈川県史資料編』古代・中世三上)による。(10)死亡については、桓・群A・群B・纂要・「太平記」巻一〇に同内容の記述がある。(11)和歌については群Bに「続後及千載作者」とある。「続後選和歌集」は建長三年(一二五一)成立であるから、嘉暦元年(一三二六)完成の「続後拾遺和歌集」であり、「千載集」は文治四年(一一八八)完成であるから、元応二年(一三二〇)完成の「続千載和歌集」である。「勅撰作者部類」に「六位、大仏左馬助、民部少輔平宗泰男」とある。(12)今井雅晴「時房流北条氏と時衆」(大隅和雄編『鎌倉時代文化伝播の研究』所収)、橘俊道『時宗史論叢』。(13)守護論考・守護国別参照。

【系図】前・正・桓・群A・群B・纂要。

【史料】古文書は解説に引用したもの(「西蓮寺文書」・「市河文書」・「比志島文書」、『金沢文庫古文書』)の他、元亨三

年十月二十一日（袖判奉書が貞直である：『鎌倉遺文』㊲二八五六一）、元徳三年四月七日の関東下知状（『鎌倉遺文』㊵三一四〇六）の継目裏花押が貞直である。「鎌倉年代記（裏書）」・「北条九代記」・「保暦間記」巻五・「将軍執権次第」・「常楽記」・「花園天皇宸記」・「続後拾遺和歌集」・「続千載和歌集」・「呑海上人法語」。　（鈴木）

ほうじょう さだなが　北条定長　生没年未詳

鎌倉中期の武士。朝時流。北条時長の長男、母は未詳。宗長と記すものもある。通称は備前太郎・備前守と変化するが、備前は父時長が仁治元年（一二四〇）一月三日以前に任官した備前守による。定長が備前守に任官すると、自身の官途名が通称となる。官位は正五位上・備前守。東漸寺と号し、富岡に住したという。

寛元四年（一二四六）の寛元の政変で、父時長は叔父時章・時兼とともに野心無き旨を得宗時頼に陳謝した。時長は政変以後、北条得宗家と協調し、幕府内で一定の地位を築いたが、建長四年（一二五二）八月二十六日に死去した。定長は「吾妻鏡」弘長三年（一二六三）正月一日条に供奉人として一か所見えるのみで、その実体は未詳であるが、父時長の地位を継承したと思われる。

【解説】（1）定長は纂要の注記に「備前太郎」と記されていることから、時長の長男と考えられる。（2）群A・群Bの注記に「又号宗長」と記されている。（3）通称は群A・群B・纂要の注記による。（4）官位は群A・群Bの注記による。（5）群A・群Bの注記に「号東漸寺、住富岡」とある。東漸寺は現在も横浜市磯子区杉田に所在する臨済宗の寺院で、『新編武蔵国風土記稿』に「正安三年（一三〇一）北条備前守宗長開基」と記されている。富岡は武蔵国久良岐郡六浦庄（現神奈川県横浜市金沢区）内の地名。（6）寛元の政変とは、寛元四年閏四月、四代執権北条経時の死去後、叔父の光時・時幸らが将軍藤原頼経と提携して幕府権力の奪取をはかるが、新執権時頼によって未然に防がれた事件である。この事件の結果、得宗家と肩を並べた雄族名越氏は大きな打撃をこうむり、以後反主流派として鎌倉時代を送ることになる。張本とされた光時・時幸は出家して、時幸は六月一日に自害、光時は六月十三日に伊豆国江間に配流された。（7）「武家年代記（裏書）」延慶二年（一三〇九）条に、「七月二十三日名越備前々司宗長法師〈法名定証〉逝去」とあるが、宗長の弟長頼の子に同名の人物がおり、区別がつかない。

【系図】桓・群A・群B・纂要。

【史料】「吾妻鏡」・「武家年代記」、『新編武蔵国風土記稿』。

（久保田）

ほうじょう さだのぶ　北条貞宣　生年未詳～元応二年（?～一三二〇）

鎌倉後期の引付頭人。時房流で、大仏家の傍系。北条宣時の子、母は未詳。官途は丹波守。正和二年（一三一三）七月二十六日、北条維貞に代わって引付頭人となり、元応二年（一三二〇）五月十五日に死亡するまで在職した。甥貞直（大仏家の嫡流）が代わって引付頭人となった。和歌にも秀で「続千載和歌集」・「続後拾遺和歌集」に各一首その歌が収められる。子に時英・貞芙・高貞・女子がいる。

【解説】（1）父は前・正による。宣時の四男である。群A・群Bは政忠の子とする。（2）丹波守は、「公衡公記」正和四年三月十六日条に鎌倉大火の焼失個所を列挙した中に「丹波守貞宣」とあることによる。前・正にも丹波守と傍注する。（3）引付頭人については、佐藤進一「鎌倉幕府職員表復元の試み」（『鎌倉幕府訴訟制度の研究』所収）による。（4）死亡は「常楽記」元応二年条に「五月十五日陸奥丹波守他界」とあることによる。父宣時は陸奥守を先途として出家し、当時なお存命で陸奥入道と呼ばれていた。（5）「勅撰作者部類」に「五位、武蔵守平宣時男」とある。

【系図】前・正・群A・群B・入ウ。

【史料】「鎌倉年代記」・「常楽記」・「公衡公記」・「続千載和歌集」・「続後拾遺和歌集」。

（鈴木）

ほうじょう さだのぶじょ　北条貞宣女　生没年未詳

鎌倉後期の女性。時房流。北条貞宣の子、母は未詳。北条貞直の妻となる。

【解説】北条貞宣には諸系図に三人の男子と一人の女子が見える。女子は正のみに見え、「貞直妻」と注記がある。北条貞直は時藤の子と宗泰の子と二人おり、世代としては両人とも該当し、決められない。もし宗泰の子の貞直なら従兄弟に嫁いだことになる。

【系図】正。

【史料】

（鈴木）

ほうじょう さだのり　北条貞規　永仁六年～元応元年（一二九八～一三一九）

鎌倉後期の武士。義時流（得宗）。父は北条師時、母は未詳。妻は重時流の北条久時の女で、足利尊氏とは義兄弟にあたる。官位は従四位上、左近将監・左馬権頭。通称は相模左近大夫。文保元年（一三一七）一番引付頭人。元応元年（一三一九）六月十四日、二十二歳で早世した。

【解説】（1）正に「尊氏将軍ニハアイムコ也、武州久時ノ聟也」とある。なお、『鎌倉遺文』㊴三〇七七五に「貞規後室」が見える。（2）官位は正・前の注記によった。（3）没年については「武家年代記（裏書）」による。正に「早世廿二」とある。（4）妻については、正のみに見え、「貞規室」と注記がある。

【系図】正・桓・群A・群B・前。

【史料】「武家年代記（裏書）」。

（菊池）

ほうじょう さだひさ　北条貞久　生没年未詳

鎌倉後期の武士。時房流。北条時久の子、母は未詳。通称は七郎。

【解説】正に「—冬カ」との注記があり、また金沢左馬助との傍注があり実泰流の貞冬と関係するか。

【系図】前・正。

【史料】

（川島）

ほうじょう さだひさ　北条貞尚　生没年未詳

鎌倉後期の武士。時房流。北条盛房の子、母は未詳。官位は従五位下・丹波守。

【解説】

【系図】尊・群A・群B・纂要。

【史料】

（川島）

ほうじょう さだひろ　北条貞熈　生没年未詳

鎌倉後期の武士。政村流。父は北条政村の三男で第九代連署の時村、母は未詳。通称・官途は左（右）近大夫将監・武蔵左近将監・左京大夫。

【解説】（1）正は「貞濫」と載せるが、貞熈の誤りであろう。（2）前に「武蔵左近将監、左京大夫」と、正に「左（右）近大夫将監」と注記がある。

【系図】前・正。

【史料】

（山野井）

ほうじょう さだひろ　北条貞熈　生没年未詳

鎌倉後期の武士。政村流。父は第十二代執権の北条熈時、母は未詳。官途は左近将監。勅撰集である「続千載和歌集」に入集している。

【解説】（1）群Bにのみ見える人物。「左近将監、千載作者」と注記する。（2）「勅撰作者部類」には「五位、武蔵将監、相模守平熈時男」とある。

【系図】群B。

【史料】「続千載和歌集」。

（山野井）

ほうじょう さだふ　北条貞芙

生年未詳～正慶二・元弘三年（?～一三三三）

鎌倉後期の武士。時房流。北条貞宣の子、母は未詳。通称は右近大夫将監。正慶二・元弘三年（一三三三）五月、北条一門滅亡の時、自害した。

【解説】正のみに見え、記述はすべてそれによる。

【系図】正。

【史料】

（鈴木）

ほうじょう さだふさ　北条貞房

生没年未詳

鎌倉後期の武士。時房流、大仏家の庶流。北条朝房の子、母は未詳。通称は四郎。官途は掃部助。子に房宣がいる。

【解説】通称は前による。正は「定房」と表記し、「掃部助」と注記がある。

【系図】前・正。

【史料】

（鈴木）

ほうじょう さだふさ　北条貞房

文永九年～延慶二年（一二七二～一三〇九）

鎌倉後期の評定衆・六波羅探題。時房流。北条宣時の子、母は未詳。正応二年（一二八九）十二月二十九日式部大丞、同三年三月七日従五位下（18歳）。大仏家の叙爵年齢低下を示す。永仁三年（一二九五）十二月二十九日刑部少輔、正安三年（一三〇一）八月二十三日引付衆（30歳）。徳治元年（一三〇六）七月十九日越前守に任じ、延慶元年（一三〇八）十一月二十三日以前に辞任する。徳治二年十二月十三日引付頭人を経ず評定衆となる（36歳）。兄である嫡子宗宣は二十九歳で評定衆になっている。延慶元年二月七日従五位上。同十一月、北条時範の代わりに六波羅探題南方として上洛、同十二月七日京都到着。同じく六波羅探題であった北条貞顕が、同十二月に鎌倉に帰った後は一人で職務にあたった。同二年十二月二日、京都で没した。三十八歳。和歌が「玉葉和歌集」・「続千載和歌集」に各一首入集している。子に貞朝・宣朝・貞政がおり、貞朝は坂上を称する。

【解説】（1）生年は没年と享年から逆算。（2）父は前・正・関・桓・纂要・入ウ・「武家年代記」・「将軍執権次第」による。なお、尊・群A・群Bは宗宣の子とする。(3)「武家年代記」は宣時三男とし、「将軍執権次第」は二男とする。(4)官職は「鎌倉年代記」による。尊・「将軍執権次第」と多少の異同がある。越前守辞任については、延慶元年十二月二十三日の六波羅下知状(『鎌倉遺文』㉛二三四九〇)に「前越前守平朝臣」と署判していることによる。(5)前・正・「武家年代記」は越後守とするが、この時期の越後守は北条久時と貞顕であるから(『国司一覧』:『日本史総覧』Ⅱ所収)誤りである。(6)六波羅探題については当時南方であった貞顕が、貞房が上洛してきて自分が北方に移ることに不満をのべているので、当初は南方であり、貞顕が鎌倉に戻ってから北方になったものか。京都到着の日付は、北条貞顕書状(『鎌倉遺文』㉛二三四七四)による。正・関・「鎌倉年代記」は南方とするが、『国史大辞典』『日本史総覧』Ⅱの六波羅探題一覧表はともに北方とする。(7)貞顕の帰東について、延慶元年十二月までの六波羅発給文書は、貞顕・貞房の連署であるのに(『鎌倉遺文』㉛二三四九〇・二四四九二)、翌二年二月二十一日には貞顕の位記のみで花押がなくなる(『鎌倉遺文』㉛二三五九六)ことによる。六波羅御教書案(『鎌倉遺文』㉛二三六二九)には「越後守々御判」とあるが、誤写であろう。以後貞房は一人で署判し、関東御教書も一人に宛てられている(『鎌倉遺文』㉛二三六三三・二三六七一・二三六九三)。なお、延慶三年八月二十三日の六波羅御教書案(『鎌倉遺文』㉛二四〇四七)に「越前守判」とあるのは貞房の後任北条時敦の誤りであろう。(8)死亡日は「鎌倉年代記」による。尊は同十二月六日とする。(9)和歌については「玉葉和歌集」・「続千載和歌集」による。「勅撰作者部類」に「五位、越後守、陸奥守平定(宣カ)時男」とある。

【系図】前・正・関・桓・纂要・尊・群A・群B・入・入ウ。

【史料】「鎌倉年代記」・「武家年代記」・「将軍執権次第」・「勅撰作者部類」・「玉葉和歌集」・「続千載和歌集」、『鎌倉遺文』。

(鈴木)

ほうじょう さだふゆ　北条貞冬

生没年未詳

鎌倉後期の評定衆。実泰流。北条貞顕の子、母は未詳。通称は武蔵左馬助。元徳元年(一三二九)に引付衆補任、同年十二月四日に評定衆に転任、同日付で官途奉行に任じられた。翌二年閏六月には左馬助を辞任して昇叙された。この時貞冬の上席にいた北条氏一門の人々もあわせて昇叙された。同三年九月、笠置で挙兵した後醍醐天皇討伐のため上洛を命じられ、後醍醐天皇の拠った笠置城を攻め落とした。同十月三日には、貞冬の家人が逃走中の尊良親王を河内国で捕らえた。その後、貞冬は楠正成の籠もる赤坂城攻撃の大将軍の一人に撰ばれ、これを攻め落とした。同年十一月二日に出京し、鎌倉に戻った。

【解説】

【系図】前。

【史料】「花園天皇宸記」・「光明寺残篇」・「鎌倉年代記（裏書）」・「和田助家代助泰目安案」・「太平記」、『金沢文庫古文書』五〇四、『金沢文庫研究』二八三所収「岡田忠久旧蔵金沢称名寺文書」四・六、『鎌倉遺文』㊲二八五四四、㊳二九三一三、㊴三〇六三五。（永井）

ほうじょう さだふゆ　北条貞冬　生没年未詳

鎌倉後期の武士。有時流。父は北条時澄、母は未詳。北条有時の曾孫にあたる。五郎と称す。

【解説】前にのみ見える人物。通称は前によった。

【系図】前。

【史料】（末木）

ほうじょう さだふゆ　北条貞冬

↓ **北条貞久**（ほうじょう さだひさ）

ほうじょう さだまさ　北条貞匡　生没年未詳

鎌倉後期の武士。実泰流。北条貞顕の子、母は未詳。父貞顕の鶴岡放生会流鏑馬役の射手を勤めたこと、北条時行誕生の時に野剱を献上したことなどが『金沢文庫古文書』に見える。

【解説】（1）系図では正のみに見える。（2）従来、「貞将」は「さだまさ」の訓があてられていたが、「貞将」の訓が「さだゆき」と確定したことにより、仮名の「さだまさ」は「貞匡」があてられるようになった。

【系図】正。

【史料】『金沢文庫古文書』。（永井）

ほうじょう さだまさ　北条貞政　生没年未詳

鎌倉後期の武士。時房流。北条貞房の子、母は未詳。

【解説】（1）貞政の見える四本の系図は、貞房に貞朝・宣朝・貞政の三人の男子があったと記すのみである。父貞房は延慶二年（一三〇九）に三十八歳で死亡しており、鎌倉幕府滅亡まで生存していたら六十二歳になるので、三人の子息は正慶二・元弘三年（一三三三）には成年に達していたであろう。長兄貞朝は正慶二・元弘三年東勝寺で自害しているので、貞政も恐らくこの年に死亡したと推定される。（2）貞朝の死については纂要と「太平記」巻一〇による。

【系図】尊・群A・群B・纂要。

【史料】

（鈴木）

ほうじょう さだまさ　北条貞政　生没年未詳

鎌倉後期の武士。政村流。父は北条政頼（三男）、母は未詳。官途は掃部介。子に師政がいる。

【解説】（1）前の注記に「三郎」とあり、政頼の三男とみられる。（2）貞政の子の師政が、正では政国の子となっており、貞政と政国は同一人物と考えられる。（3）正の注記に「掃部介」とある。

【系図】前・正。

【史料】

（山野井）

ほうじょう さだむね　北条定宗　生年未詳〜永仁三年（?〜一二九五）

鎌倉後期の肥前守護。義時流（得宗）。父は北条時頼の子時厳、母は未詳。叔父北条時定（為時）の養子となった。諸系図で、時厳の子としては「貞宗」と表記する。通称は六郎。官位は修理亮、従五位下。父時定は肥前の守護に在職していたが、正応二年（一二八九）五月以降に定宗に譲り、翌年十月十五日に没した。その後定宗の在職は永仁二年（一二九四）十月までたどることができる。法名は道円。同三年八月十九日鎮西で没した。

【解説】（1）北条氏関係の諸系図のうち、尊・群A・群B・纂要は時定の子として「定宗」を載せ、正・群A・群B・前は時厳の子として「貞宗」を記載する。すなわち群A・群Bは両方を記載している。なお、『花押かがみ』三の北条定宗項では「遠江六郎　法名道円　時厳男　遠江為時猶子　修理亮　従五位下　肥前守護　永仁三年八月十九日卒〈異説七月二十九日卒〉」とする。（2）通称・官位はこれら系図の注記による。（3）纂要には「或作為時子」と、前には「時宗（定カ）為子」と注記がある。前者の為時は、養父時定の改名後の名である。（4）肥前守護については佐藤進一『増訂鎌倉幕府守護制度の研究』、瀬野精一郎「鎮西探題と北条氏」（『歴史の陥穽』）参照。なお、纂要は「九州探題、永仁三年五ノ下向、同年八ノ十九卒于鎮西」とするが、前年には肥前守護の在職が確認できる。相田二郎「異国警固番役の研究」下（『歴史地理』五八―二）参照。

【系図】尊・群A・群B・纂要・正・前・入ウ。

【史料】「満願寺年代記」、『鎌倉遺文』㉔一八四九九・一八五〇八。

（菊池）

ほうじょう さだむね　北条定宗

生没年未詳

鎌倉後期の武士。政村流。父は第九代連署の北条時村、母は未詳。子に九郎随時がいる。

【解説】群A・群Bのみに見え、注記はない。義時流（得宗）の北条時定（為時）の子孫に「定宗―随時」がおり、誤記か、それとも養子関係とも考えられる。

【系図】群A・群B。

【史料】

（山野井）

ほうじょう さだむね　北条貞宗

生年未詳～建武元年（?～一三三四）

鎌倉後期の武士。時房流。北条維貞の子、母は未詳。通称は大仏右馬助・佐助右馬助・右馬助入道。正慶二・元弘三年（一三三三）二月から五月まで、北条軍は楠木正成の築いた千早城を攻囲したが攻めあぐんでいた。同年五月、六波羅探題が落ちると、金剛山包囲軍の将たちは、奈良に撤退、出家して降伏したが、建武元年（一三三四）三月二十一日京都東山の阿弥陀峯で処刑された。

【解説】（1）維貞には諸系図に四人の男子と一人の女子がいるが、貞宗は正のみに見え、「向金剛山建武元誅」と傍注がある。金剛山は楠木正成の築いた千早城の別名。（2）処刑日について、「太平記」巻一一「金剛山寄手等被誅事」は降伏直後の正慶二・元弘三年七月九日、「近江国番場宿蓮華寺過去帳」は建武元年三月二十一日、「梅松論」は三月頃、「保暦間記」は四月頃とし、同年三月九日（「将軍執権次第」）に北条氏の残党本間・澁谷が鎌倉を襲い、敗れた余波とする。「近江国番場宿蓮華寺過去帳」に従った。（3）金剛山包囲軍には、兄弟の北条高直も加わっており、「大仏右馬助」と諸史料にあるのは、どちらか判断しかねる。但し、「近江国番場宿蓮華寺過去帳」には「佐助式部大夫」「同右馬助」二人があるので、前者を高直、後者を貞宗と考える。（4）尊経閣文庫蔵金沢文庫本「古語拾遺」裏文書に二通の貞宗書状がある。年欠二月二十八日と三月八日付で伊達乗一房にあてたもの（『鎌倉遺文』㉜二四三五二・二四三五三）。乗一が応長元年（一三一一）と比定できる書状を残しているので、『鎌倉遺文』は同年にかけて収める。別氏の貞宗である可能性はあるが、後考を待つ。（5）守護論考・守護国別参照。

【系図】尊・群A・群B・纂要。

【史料】「近江国番場宿蓮華寺過去帳」・「梅松論」・「保暦間記」・「太平記」、『鎌倉遺文』。

（鈴木）

ほうじょう さだむね　北条貞宗

生年未詳～嘉元三年（？～一三〇五）

鎌倉後期の武士。朝時流。北条宗長の子、母は未詳。北条長頼の孫にあたる。官途は掃部助。嘉元三年（一三〇五）の嘉元の政変の時、四月二十三日に連署北条時村が北条宗方に殺され、五月四日貞時は北条宗宣・北条熈時・宇都宮貞綱らに命じて宗方を討つが、貞宗はこの時討っての一員に加わり、討死にした。

【解説】（1）貞宗は前・正に宗長の子として見え、前では春時・家政の弟、公長・実助・長助の兄。正では家貞の弟、宗長・実助・長助の兄に配されている。（2）官途は前の注記による。（3）寛元の政変で曾祖父時長は得宗北条時頼に野心無き旨を陳謝し、以後得宗家と協調し、幕府内で一定の地位を築いた。祖父長頼も将軍宗尊親王に近臣として仕え、その一方で、得宗家にも親しく仕え、名越亭などを継承した。父宗長は能登・安芸・豊前の三か国の守護職を兼務し、幕府内でも有力な人物であった。しかし貞宗については他の北条氏関係の諸系図に見えず、その実体は未詳である。（4）「鎌倉年代記（裏書）」嘉元三年五月四日条に「於御方討死人々、備前掃部助貞宗…」と見える。なお、「武家年代記（裏書）」の同日条では「備前掃部助貞光」とあるが、北条氏に貞光という人物は見えず、通称から貞宗の誤記と考えてよいと思う。

【系図】前・正。

【史料】「鎌倉年代記（裏書）」・「武家年代記（裏書）」。

（久保田）

ほうじょう さだむね　北条貞宗

→　北条維貞（ほうじょう これさだ）

ほうじょう さだむね　北条貞宗

→　北条定宗（ほうじょう さだむね：義時流）

ほうじょう さだむら　北条貞村

生年未詳～嘉元三年（？～一三〇五）

鎌倉後期の武士。政村流。父は第九代連署の北条時村、母は未詳。父時村が嘉元三年（一三〇五）四月二十三日、侍所頭人北条宗方に攻められて討死にした嘉元の乱で、父とともに殺された。

【解説】没年は群A・群Bに「同父被誅」とあることによる。

【系図】群A・群B。

【史料】

（山野井）

ほうじょう さだもち　北条貞持

生年未詳～正慶二・元弘三年（？～一三三三）

鎌倉後期の武士。朝時流。北条頼章の子、母は未詳。北条時章の孫にあたる。官途は兵庫助。正慶二・元弘三年（一三三三）五月十七日討死にしたという。

【解説】（1）纂要にのみに見える人物。「兵庫助、元弘三年五月十七討死」と注記する。（2）寛元の政変で、祖父時章は得宗北条時頼に野心無き旨を陳謝し、以後名越氏の嫡流となる。時章の子孫は評定衆・引付頭人の家格を有し、幕政の中枢に位置した。しかし貞持の父頼章は、野津によると十二歳で夭折。貞持も他の北条氏関係の諸系図には見えず、その実体は未詳である。

【系図】纂要。

【史料】

（久保田）

ほうじょう さだもち　北条貞茂

生没年未詳

鎌倉後期の武士。重時流。北条時茂の子、母は未詳。父時茂から鎌倉の常盤に邸宅を構え、常盤（常葉）氏と称した。官途は右馬助とあるが、詳細は不明。子に貞氏がいる。

【解説】（1）諸系図のうち前・正・入ウが載せる。入ウには「号常葉七郎」とある。（2）父時茂は、文永七年（一二七〇）正月二十七日、六波羅探題在任中に京都において三十歳で死去している。

【系図】前・正・入ウ。

【史料】

（下山）

ほうじょう さだやす　北条貞泰

生没年未詳

鎌倉後期の武士。時房流。父は北条泰房、母は未詳。通称は孫三郎。

【解説】正のみに見える人物。この家系は、祖父頼房の代から前・正に記されるのみで、他に史料がない。

【系図】正。
【史料】
（鈴木）

ほうじょう さだやす　北条貞泰

↓北条煕時（ほうじょう ひろとき）

ほうじょう さだゆき　北条貞将

乾元元年～正慶二・元弘三年（一三〇二～三三）

鎌倉後期の評定衆。実泰流。北条貞顕の子、母は未詳。文保二年（一三一八）六月二十六日と推定される北条（金沢）貞顕書状に、子息貞将が評定衆に加えられ、同時に官途奉行に補任されたことが記されている（17歳）。同年十二月の引付改編で、貞将は引付五番頭人に補任された。翌元応元年（一三一九）閏七月十三日、引付四番頭人に遷る（18歳）。同二年五月の引付改編で、引付頭人をはずれたが、元亨三年（一三二三）八月には引付三番頭人の在任が確認される。正中の変後の、正中元年（一三二四）十一月に六波羅探題南方に補任されて上洛（23歳）。嘉暦元年（一三二六）八月一日、武蔵守補任（25歳）。元徳二年（一三三〇）七月二十四日、引付一番頭人に補任（29歳）。正慶二・元弘三年（一三三三）五月、新田義貞が上野国で挙兵すると、貞将は防衛のため鎌倉街道下道を下総国下河辺荘に向けて軍勢を進めたが、武蔵国鶴見で千葉貞胤の軍勢と遭遇し、敗北して鎌倉に引き返した。鎌倉外郭線の防衛では山内方面の守備に就き、同五月二十一日に討死した（32歳）。子に忠時・敦時がいる。

【解説】（1）妻については『鎌倉遺文』㉟二七一四五に見える。（2）佐藤進一「鎌倉幕府職員表復元の試み」（『鎌倉幕府訴訟制度の研究』所収）参照。（3）守護論考・守護国別参照。

【系図】尊・桓・群A・群B・正・前・関。

【史料】『金沢文庫古文書』・「花園天皇宸記」・「鎌倉年代記」・「太平記」・「源威集」、『鎌倉遺文』㊲二九一一八・二九一八九、㊳二九九一八・二九九七四、㊴三〇一三一。

（永井）

ほうじょう さだよし　北条貞義

生年未詳～建武元年（?～一三三四）

鎌倉後期の武士。実泰流。父は北条政顕、母は未詳。通称は糸田左近将監。豊前国の守護。元亨三年（一三二三）から在職が確認される。正慶二・元弘三年（一三三三）三月に博多合戦が起きると、鎮西探題館に参集。鎮西探題滅亡後は雌伏したが、建武元年（一三三四）正月に兄北条（規矩）高政とともに挙兵。豊前国三池郡堀口城を本拠として戦うが、同年三月に落城、討死にした（規矩・糸田の乱）。

【解説】（1）政顕の子は「深堀系図証文記録」「鎮西志」による。（2）通称は、豊前国田河郡糸田庄に由来する。（3）佐藤進一『増訂鎌倉幕府守護制度の研究』。森茂暁「建武政権と九州」（『九州中世史研究』第二輯）。（4）守護国別参照。

【系図】

【史料】「博多日記」、『南北朝遺文』九州編①八一・八三・八五・八七・八九・九一～九九・一〇一・一〇九。

（永井）

ほうじょう さねとき　北条実時

元仁元年～建治二年（一二二四～七六）

鎌倉時代中期の評定衆・引付頭人。実泰流。北条実泰の嫡子、母は和泉守天野政景の女。天福元年（一二三三）十二月二十九日に北条泰時邸で元服（10歳）。文暦元年（一二三四）六月三十日には、北条泰時の後見を条件に、出家した父実泰の後任として小侍所別当職に補任された（11歳）。このことは、実時が得宗家の一員に加えられたことを意味していた。暦仁元年（一二三八）三月十八日、掃部助と宣陽門院蔵人に補任された（15歳）。北条泰時は、実時が学問を好むことを認め、嫡子時氏早世によって後継者と考えていた嫡孫経時のブレーンに選んだ。寛元四年（一二四六）四月十九日に北条経時は弟時頼に家督を譲り、まもなく卒去した。同五月二十五日、北条時頼はクーデターを起こして、得宗家に対抗する勢力に成長していた大殿藤原（九条）頼経を京都に送還した（宮騒動）。その後、北条時頼は自邸に北条政村・北条実時・安達義景を招いて深秘沙汰と呼ばれた秘密会を開き、事件の後始末を話し合った（23歳）。寄合の源流である。翌年に起きた宝治合戦では、実時は将軍御所の守備につき、勝敗が定まった後に六浦庄に敗走した敵の掃討にあたった。宝治二年（一二四八）、正室として迎えた北条政村の女（金沢殿）との間に嫡子顕時が誕生（25歳）、翌建長元年（一二四九）には実政が誕生した（26歳）。この頃から、実時は清原教隆から漢籍の訓読を学び、北条政村を中心としたサークルの中で和歌や「源氏物語」といった日本の古典を学んでいく。実時の詠んだ和歌は後藤基政撰「東撰和歌六帖」に収められている。同四年四月三十日、引付衆補任（29歳）。翌五年二月には評定衆に遷った（30歳）。同七年十二月十三日、越後守補任（32歳）。翌康元元年（一二五六）四月二十九日、引付三番頭人に補任された（33歳）。北条重時が出家を遂げたことによって北条政村が連署に昇格したことによる欠員補充の人事である。寛元四年から康元元年にいたる十年間、実時はまさにスピード出世を遂げている。この後、実時は引付頭人の序列をあげ、文永十年（一二七三）には引付一番頭人となった（50歳）。政治家としての実時は、第一に得宗家に対して忠実に振舞う分家の当主であり、その有能さ故に宿老として重く用いられたと考えてよい。

実時の学問は、清原教隆から漢文の世界を、北条政村から和文の世界を学んだことに特徴がある。清原教隆は明経道清原氏の庶流、四代将軍九条頼経の父九条道家の命によって鎌倉に下向、鎌倉幕府の奉行人となり、五代将軍九条頼嗣の侍読を勤めた。実時の学んだ書には、日本法制の基本書「律」と「令義解」、歴代天皇が学ぶ帝王学の基本書「群書治要」、儒教の基本図書の注釈書「古文孝経」・「春秋経伝集解」などがある。実時は、清原教隆から、国を治める者はいかにあるべきかという政治家の最も基本的な部分を学んでいたのである。ちなみに、清原教隆が学んだ清原氏の家学は後漢の大学者鄭玄の註に代表される漢唐の儒学であり、後醍醐天皇が熱心に学んだ宋学ではなかった。他にも、北条実時は後藤基政・豊原奉政・中原師員・藤原俊国・藤原頼定・藤原広範・藤原茂範・北条時宗・三善康有の所持本を収集している。建治二年（一二七六）十月二十三日金沢別業で没した（53歳）。子に実村・篤時・顕時・実政のほか、女子三人がいる。

【解説】（1）没年は「関東評定衆伝」による。関靖『金沢文庫の研究』。（2）守護論考・守護国別参照。

【系図】尊・野津・関・桓・群A・群B・前・正・入・入ウ。

【史料】「吾妻鏡」・「関東評定衆伝」・国宝「北条実時像」・「東撰和歌六帖」、『金沢文庫古文書』、『鎌倉遺文』⑨六二〇二、⑩七二三九・七四三七、⑪八〇八八・八四六七。

（永井）

ほうじょう さねときじょ　北条実時女

文永七年～正中元年（一二七〇～一三二四）

鎌倉後期の女性。実泰流。父は北条実時、慈性を法名とした女性を母とする。長井宗秀に嫁ぎ、嫡子貞秀の母となる。慈性ははじめ貞秀母に下総国埴生庄山口郷并南栖立村を譲与したが、延慶二年（一三〇九）に貞秀が卒去すると、正和四年（一三一五）に悔い返して貞秀墓所供養料として称名寺に寄進した（46歳）。「常楽記」正中元年（一三二四）六月二日条に見える「洒掃禅門妻室他界　五十五才」はこの人のことと考えてよいであろう。

【解説】関靖『金沢文庫の研究』。永井晋「金沢氏の夫人達」（『鎌倉時代の女性』神奈川県立金沢文庫特別展図録）。

【系図】

【史料】『金沢文庫古文書』五二八五、「常楽記」。（永井）

ほうじょう さねときじょ　北条実時女　生没年未詳

鎌倉後期の女性。実泰流。父は北条実時、母は未詳。北条長頼の妻。

【解説】野津・群A・群Bに「備前三郎長頼妻」と見え、北条（名越）長頼妻と考えられる。

【系図】野津・群A・群B。

【史料】（永井）

ほうじょう さねときじょ　北条実時女　生没年未詳

鎌倉後期の女性。実泰流。父は北条実時、母は未詳。飛鳥井雅有の妻となる。

【解説】野津・群A・群B・尊1（師実流）は飛鳥井雅有妻と伝える。母とする説は、北条実時が元仁元年（一二二四）生、飛鳥井雅有が仁治二年（一二四一）生であることから世代が合わない。

【系図】野津・群A・群B・尊1（師実流）。

【史料】「公卿補任」。（永井）

ほうじょう さねまさ　北条実政

建長元年～乾元元年（一二四九～一三〇二）

鎌倉後期の鎮西探題。実泰流。北条実時の子、北条政村の女を母とする。顕時の同母弟。通称は越後六郎。建治元年（一二七五）十一月、異国警固の大将として九州に下向（27歳）。異国征伐の計画は同二年三月実施の予定で準備が進められたが、実施には至らなかった。『金沢文庫古文書』には、父実時が鎮西に下向する実政に対して授けた家訓の書状が残る。弘安六年（一二八三）九月八日に上総介に補任される（35歳）。同年十月、長門守護に補任されて同国に遷る。永仁四年（一二九六）、鎮西探題に補任されて博多に遷る（48歳）。鎮西探題北条実政の発給文書は、永仁五年九月七日の鎮西裁許状が初見である。正安三年（一三〇一）九月に出家、法名は実道（53歳）。探題は、嫡子政顕の継承が認められた。乾元元年（一三〇二）十二月七日に卒去（54歳）。子に政顕・義政・政基・岩難手殿がいる。

【解説】（1）川添昭二「鎮西探題北条実政について」（『金沢文庫研究』五六〜五八）。（2）守護論考・守護国別参照。

【系図】野津・尊・桓・群A・群B・正・関・入ウ。

【史料】「吾妻鏡」・「帝王編年記」、『金沢文庫古文書』一・七・『鎌倉幕府裁許状集』下（六波羅鎮西裁許状集）、『鎌倉遺文』㉗二〇四一六・二〇四三四・二〇四七六等。

（永井）

ほうじょう さねまさじょ　北条実政女　生没年未詳

鎌倉後期の女性。実泰流。父は北条実政、母は上総女房。通称は岩難手（岩撫）殿。近江国麻井御厨を押領されたことを伝える剱阿書状がある。

【解説】（1）通称は、上総国与宇呂保内の所領にちなむ。（2）永井晋「金沢氏の夫人達」『鎌倉時代の女性』（神奈川県立金沢文庫特別展図録）。

【系図】

【史料】『金沢文庫古文書』一一七六。

（永井）

ほうじょう さねむら　北条実村　生没年未詳

鎌倉中期の武士。実泰流。北条実時の庶長子、母は越州旧妻とよばれた女性。通称は越後太郎。弘長二年（一二六二）三月七日に、西大寺から鎌倉に下向した叡尊のもとを訪れている。

【解説】関靖『金沢文庫の研究』参照。なお、『鎌倉遺文』⑲一四四九二に見える「越州嫡男」は実村にあたるか。

【系図】尊・群A・群B・野津・正・前・入・入ウ。

【史料】「関東往還記」。

（永井）

ほうじょう さねやす　北条実泰　承元二年〜弘長三年（一二〇八〜六三）

鎌倉中期の武士。実泰流。北条義時の子、母については、伊賀朝光の女をはじめ諸説がある。建保二年（一二一四）十月三日に元服、通称は陸奥五郎（7歳）。貞応二年（一二二三）十月十三日には、将軍の側近くに仕える祇候番に選ばれる（16歳）。安貞二年（一二二八）以後、鎌倉幕府が正月儀礼として行う垸飯の役を勤めるようになる（21歳）。寛喜二年（一二三〇）三月四日、北条重時が六波羅探題として上洛するにともない、その後任として小侍所別当に就任した（23歳）。文暦元年（一二三四）六月三十日、北条実泰は子息実時に小侍所別当職を譲って出家を遂げた（27歳）。法名浄仙。弘長三年（一二六三）九月二十六日、五十六歳で卒去した。後藤基政撰「東撰和歌六帖」に六首撰ばれている。

【解説】（1）桓武・入ウは伊賀朝光の女を母とするが、「明月記」文暦元年七月十二日条は、西園寺公経の子実有の妻と同腹とする。（2）出家については、京都に広まった風聞が「明月記」に収められている。（3）卒日は「吾妻鏡」による。

【系図】尊・桓・群A・群B・野津・正・前・関・入・入ウ。

【史料】「吾妻鏡」・「東撰和歌六帖」・「明月記」文暦元年七月十二日条。

（永井）

ほうじょう さねやすじょ　北条実泰女　生没年未詳

鎌倉中期の女性。実泰流。父は北条実泰、母は未詳。朝時流の名越氏の一族と思われる江間越後四郎に嫁いだ。

【解説】群Aに「江間越後四郎妻」と見える。群Bの北条有時の注記にも「女子六人、所謂、一江間越後四郎妻、二号田中殿、三号阿野殿、四福頼、五面乙御前、六号戸守」とある。この注記は、群Aの北条実泰の注記と同じであり、系線の引き方でどちらかの注記が混同したものと思われる。

【系図】群A。

【史料】

（永井）

ほうじょう さねやすじょ　北条実泰女　生没年未詳

鎌倉中期の女性。実泰流。父は北条実泰、母は未詳。田中殿と称された。

【解説】（1）群Aに「号田中殿」と見える。群Bの北条有時の注記にも「女子六人、所謂、一江間越後四郎妻、二号田中殿、三号阿野殿、四福頼、五面乙御前、六号戸守」とある。この注記は、群Aの北条実泰の注記と同じであり、系線の引き方でどちらかの注記が混同したものと思われる。（2）『金沢文庫古文書』に見える田中殿は正中二年（一三二五）二月十四日に亡くなっているので、群Aと同一人物の可能性は薄い。

【系図】群A。

【史料】『金沢文庫古文書』識語篇九一二・一〇四一・二一三九。

（永井）

ほうじょう さねやすじょ　北条実泰女　生没年未詳

鎌倉中期の女性。実泰流。父は北条実泰、母は未詳。阿野殿と称された。

【解説】群Aに「号阿野殿」と見える。群Bの北条有時の注記にも「女子六人、所謂、一江間越後四郎妻、二号田中殿、三号阿野殿、四福頼、五面乙御前、六号戸守」とある。この注記は、群Aの北条実泰の注記と同じであり、系線の引き方でどちらかの注記が混同したものと思われる。

【系図】群A。

【史料】

（永井）

ほうじょう さねやすじょ　北条実泰女　生没年未詳

鎌倉中期の女性。実泰流。父は北条実泰、母は未詳。福頼と称された。

【解説】群Aに「福頼」と見える。群Bの北条有時の注記にも「女子六人、所謂、一江間越後四郎妻、二号田中殿、三号阿野殿、四福頼、五面乙御前、六号戸守」とある。この注記は、群Aの北条実泰の注記と同じであり、系線の引き方でどちらかの注記が混同したものと思われる。

【系図】群A。

【史料】

（永井）

ほうじょう さねやすじょ　北条実泰女　生没年未詳

鎌倉中期の女性。実泰流。父は北条実泰、母は未詳。面乙御前と称された。

【解説】群Aに「面乙御前」と見える。群Bの北条有時の注記にも「女子六人、所謂、一江間越後四郎妻、二号田中殿、三号阿野殿、四福頼、五面乙御前、六号戸守」とある。この注記は、群Aの北条実泰の注記と同じであり、系線の引き方でどちらかの注記が混同したものと思われる。

【系図】群A。

【史料】

（永井）

ほうじょう さねやすじょ　北条実泰女　生没年未詳

鎌倉中期の女性。実泰流。父は北条実泰、母は未詳。戸守と称された。

【解説】群Aに「号戸守」と見える。群Bの北条有時の注記にも「女子六人、所謂、一江間越後四郎妻、二号田中殿、三号阿野殿、四福頼、五面乙御前、六号戸守」とある。この注記は、群Aの北条実泰の注記と同じであり、系線の引き方でどちらかの注記が混同したものと思われる。

【系図】群A。

【史料】

（永井）

ほうじょう さねやすじょ　北条実泰女　生没年未詳

鎌倉中期の女性。実泰流。父は北条実泰、母は未詳。小山長村に嫁ぎ、後に後松殿良嗣に嫁ぐ。

【解説】野津にのみ、後に後松殿良嗣に嫁ぐと記す。

【系図】野津・群A・群B。

【史料】

（永井）

ほうじょう さねやすじょ　北条実泰女　生没年未詳

鎌倉中期の女性。実泰流。父は北条実泰、母は未詳。唐橋通時の子通清に嫁いだ。

【解説】（1）群A・群Bは唐橋通時、野津・桓はその子通清に嫁ぐと記す。世代から推測すれば、通清の夫人であろう。（2）桓武にのみ見える実泰の女に「雅世・朝氏妻」という注記があるが、雅世は唐橋通清の初名であり、この実泰の女に比定できる。

【系図】野津・桓・群A・群B・桓武。

【史料】

（永井）

ほうじょう さねやすじょ　北条実泰女　生没年未詳

鎌倉中期の女性。実泰流。父は北条実泰、母は未詳。大江広時に嫁ぎ、政泰の母となる。

【解説】

【系図】野津・群A・群B。

【史料】

（永井）

ほうじょう さねやすじょ　北条実泰女　生没年未詳

鎌倉中期の女性。実泰流。父は北条実泰、母は未詳。九条忠嗣に嫁いだ。

【解説】纂要のみに見える人物。

【系図】纂要。

【史料】

（永井）

ほうじょう さねやすじょ　北条実泰女　生没年未詳

鎌倉中期の女性。実泰流。父は北条実泰、母は未詳。姓未詳の朝氏に嫁いだ。

【解説】桓武のみに見える人物。

【系図】桓武。

【史料】

（永井）

ほうじょう さぶろう　北条三郎　生没年未詳

鎌倉後期の武士。政村流。父は北条政長、母は未詳。

【解説】入ウのみに見える人物。

【系図】入ウ。

【史料】

（菊池）

ほうじょうさぶろう　北条三郎
　→　**北条政国**（ほうじょうまさくに）

ほうじょうしげさだ　北条重貞
生年未詳～正慶二・元弘三年（?～一三三三）

　鎌倉後期の武士。重時流。北条時治の子、母は未詳。官途は式部大夫。祖父義政が信濃国塩田庄に隠遁したため、義政流は塩田氏を称した。正慶二・元弘三年（一三三三）鎌倉で討死したと推定される。

【解説】（1）官途は尊・前・正・纂要による。（2）纂要には「式部大夫、討死鎌倉」とあるので、正慶二・元弘三年に新田義貞軍によって攻め落とされた時に討死したものと推定した。

【系図】尊・前・群A・群B・正・纂要。

【史料】

（下山）

ほうじょうしげたか　北条重高
生没年未詳

　鎌倉後期の武士。重時流。北条範貞の子、母は未詳。祖父時茂から鎌倉の常盤に邸宅を構え、常盤（常葉）氏と称した。父範貞は正慶二・元弘三年（一三三三）の新田義貞の鎌倉攻略に際して東勝寺で北条高時に殉じているが、重高については不明である。あるいは運命を共にしたものか。通称は纂要が越後三郎とする。越後守範貞の三男という意味か。但し、群A・群Bは通称を次（二）郎としている。

【解説】（1）範貞の子は、諸系図に重高のみが見える。名について、諸系図のうち正のみは「高重」とする。（2）正には「北六波羅、於当処自害」とあるが、最後の六波羅探題北方は北条仲時なので、何らかの誤りであろう。

【系図】尊・前・群A・群B・正・纂要。

【史料】

（下山）

ほうじょうしげとき　北条茂時
生年未詳～正慶二・元弘三年（?～一三三三）

　鎌倉幕府最後の連署（第十四代）。政村流。北条熙時の長男、母は義時流（得宗）の北条貞時の女。左近将監を経て従五位下右馬権頭に任じられる。小侍所別当となり、正和四年（一三一五）、父から和泉国守護職を譲られ、嘉暦元年（一三二六）五月、一番引付頭人に任じられた。

茂時の引付頭人在任中の活動を示すものとして、元徳二年（一三三〇）閏六月、金沢称名寺雑掌の訴えにより、下総国守護の千葉介に対して遵行を命じた文書が残っている（『鎌倉遺文』㊵三一一一三）。同年七月七日、執権北条守時のもとで二年間空位であった連署に就任した。この頃までに位階は正五位下に進んでいる。正慶二・元弘三年（一三三三）二月には、執権守時と連署で東大寺衆徒に対して御教書（『鎌倉遺文』㊶三二〇〇三）を発し、護良親王と楠木正成の誅伐に当たるよう求めるなど、討幕勢力の鎮圧を指揮した。同年五月二十二日の鎌倉幕府滅亡の際に、得宗北条高時とともに鎌倉東勝寺で自害した。茂時の遺骸は被官の手で藤沢の清浄光寺に運ばれ、他阿弥陀仏（安国）によって弔われた。本堂の裏に南部茂時と被官の墓という石塔があるが、恐らくは北条茂時の誤りであろう。鎌倉の宝戒寺にも茂時の廟所がある。同年十二月の陸奥国宣案（『鎌倉遺文』㊷三二七七四）は「右馬権頭茂時跡」として同国糠部郡九戸（現岩手県九戸郡九戸村）を結城親朝に宛行っており、茂時がこの地を知行していたことが知られる。なお、「宇都宮系図」は宇都宮貞綱の女として「北条陸奥守茂時室」を載せる。時代的には合致するが、茂時が陸奥守であったことを示す史料は他にない。

【解説】（1）「将軍執権次第」は茂時を「熈時一男」とする。（2）母は「北条時政以来後見次第」による。（3）没年は尊・関・桓・群A・群B・纂要・「鎌倉大日記」による。なお、系図によっては自害の日に若干の違いがある。「太平記」巻一〇は東勝寺において北条高時とともに自害した人として「南部右馬頭茂時」をあげるが、諸系図の北条茂時の注記などから、これも南部ではなく北条の誤りであると思われる。（4）守護国別参照。

【系図】尊・前・関・桓・群A・群B・正・纂要。

【史料】「将軍執権次第」・「鎌倉大日記」・「太平記」巻一〇、『鎌倉遺文』。

（山野井）

ほうじょう しげとき　北条重時

建久九年～弘長元年（一一九八～一二六一）

鎌倉中期の連署・六波羅探題。重時流。執権北条義時の三男、母は比企朝宗の女。兄に泰時・（名越）朝時、弟に政村・有時・（金沢）実泰らがいる。通称は陸奥三郎、陸奥修理亮、駿河守（駿州）、相模守（相州）、陸奥守（奥州）、陸奥入道、奥州禅門、極楽寺殿等。建久九年（一一九八）六月六日出生。『吾妻鏡』の初見は、承久元年（一二一九）七月十九日で、新将軍九条頼経の東下に際しての先陣随兵の中にその名がある。また、同年七月二十八日には小侍所別当となった（22歳）。小侍所とは和田合戦に際して、幕府が焼けて侍所が復興しなかったために設置された部署で、宿直・供奉人の催促、弓始射手の選定等を司った。この頃、将軍側近として年中行事などを勤めているのはその関係と思われる。この小侍所別当の職は六波羅に赴任するまで続けている。承久二年（一二二〇）十二月十五日、修理権亮任官（23歳）。同三年の承久の乱に際して、兄泰時、叔父時房は幕府軍を率いて京都に攻め上ったが、重時は鎌倉にいたと思われる。

貞応二年（一二二三）四月十日、従五位下に叙せられ、駿河守に任じた（26歳）。嘉禄元年（一二二五）九月には、信濃守護在職の徴証が見られるが、この信濃守護職は父義時から譲られたものであろう。信濃守護職は重時の後も義宗―久時―基時―仲時と重時流に伝えられている。寛喜二年（一二三〇）三月二日、北条時氏の後任として六波羅探題北方となり上洛した（33歳）。時氏が鎌倉に戻って三か月ほどで亡くなっていることを考えるとこの交替は時氏の病によるものと考えられる。南方は北条時房の子（佐介）時盛がそのまま残った。上洛の時、将軍頼経は重時のために由比浜で犬追物を行って送別したという。以後、六波羅探題の在職は十七年に及び、兄の執権泰時と連携して承久の乱以降の幕府による全国支配体制確立のための基礎を築いた。とりわけ、仁治三年（一二四二）五月に時盛が鎌倉に下向してからの五年間の六波羅探題は重時一人であった。執権泰時からの信任も厚く、貞永元年（一二三二）に制定された御成敗式目の添状（仮名消息）は、泰時から重時にあてたものであった。この趣旨のもとに重時は西国の諸事件の解決にあたった。この時期に重時が発給した六波羅御教書や六波羅下文が多く残されている。六波羅探題は京都の朝廷との交渉や監視もその役割であったが、洛中守護（警察業務）に関しては、京都の貴族たちからの信頼も厚かったようで、寛喜二年（一二三〇）六月、北条時氏の死去に際して鎌倉に帰ろうとした重時が止められたほどであった。

宝治元年（一二四七）七月、六波羅探題の在職を終えて鎌倉に帰る時には、後嵯峨上皇が法勝寺の御八講御幸を取り止めて惜しんだという話もある。京都の文化も大いに摂取したようである。役目柄、貴族たちとの私的な交渉も多かったと思われるが、特に歌人藤原定家とは親密であり、和歌や「源氏物語」を学んだ。定家が信濃国の知行国主、重時が信濃守護職ということも影響していたもかもしれない。定家の選んだ「新勅撰和歌集」をはじめ「続後撰和歌集」・「続古今和歌集」・「続拾遺和歌集」・「玉葉和歌集」・「続千載和歌集」・「続後拾遺和歌集」・「風雅和歌集」・「新千載和歌集」・「新後拾遺和歌集」と代々の勅撰集にその歌が採られている。重時の子長時、時茂、義政、孫の義宗、時範、時治、国時らが歌をよくするのもこうした重時の影響があるのであろう。また、六波羅探題として上洛した翌年の寛喜三年（一二三一）からは若狭守護職在職の徴証がある。この若狭守護は亡くなる直前の正元元年（一二五九）まで在職したようである。

嘉禎三年（一二三七）十一月二十九日、相模守に任じられた（40歳）。武蔵守・相模守・陸奥守は、執権や連署につながるということから鎌倉幕府においても別格の扱いを受けた官職で、この時期の重時の地位の向上を象徴的にあらわしている。寛元元年（一二四三）閏七月二十二日、従四位下（46歳）、翌同二年六月二十二日には従四位上に叙せられる（47歳）ように官位も順調に昇進している。

宝治元年（一二四七）六月五日の宝治合戦で開幕以来の名族三浦氏が滅亡するが、重時は京都でこの情勢の推移を見守っていたと思われる。乱の勃発する直前に子息長時が将軍頼嗣室の不例を理由として鎌倉に下向しているのも、重時による情報収集の一環と見ることもできよう。乱の終結後には、執権北条時頼の命を受けて、乱について後嵯峨上皇に奏上し、また畿内・鎮西の三浦氏余党の逮捕にあたった。この乱の前年、寛元四年（一二四六）九月に、時頼が重時の鎌倉召喚（恐らくは連署就任のため）を三浦泰村に相談したが反対されたために実現しなかったという経緯があるが、これを宝治合戦前夜の緊迫した政治状況とする見方もある。幕府からの命令を飛脚がもたらし、七月三日、鎌倉に下向した。後任の六波羅探題北方には子の長時が就任した。七月二十七日連署に就任（50歳）。執権時頼は重時の女婿であり、この時二十一歳であった。老練ともいえる重時の政治手腕は幕府の中で重きをなしたことであろう。建長元年（一二四九）六月十四日、陸奥守に任官（52歳）。同四年には、朝廷に申請し宗尊親王を将軍として鎌倉に迎えた。

康元元年（一二五六）三月十一日、職を辞し、覚念上人を戒師として出家（59歳）。法名を観覚という。重時の出家とともに、六波羅探題北方であった長時が鎌倉に戻り、同じく重時の子（三男）時茂が後任となって京都に上った。時頼も次いで出家して執権を辞し、その子時宗はまだ幼少であったので、長時が執権に就任した。出家後は政治の第一線からは退いたものの、年中行事等には参加した。また文応元年（一二六〇）四月三日、岡屋禅定（藤原兼経）の女が将軍宗尊親王に嫁入りする時に重時邸に入っているなど、相変わらず鎌倉において重きをなしていた。弘長元年（一二六一）四月には極楽寺亭が完成し、将軍宗尊親王が御息所とともに入っている。しかし、同年六月から発病、若宮僧正隆弁の加持祈祷のかいもなく、十一月三日、極楽寺亭において死去した（64歳）。将軍宗尊親王はその死を悼み、次の歌を子の長時に贈っている。「思ひ出づるけふしも空のかきくれてさこそ涙の雨と降るらめ」。

さて、重時には「六波羅殿御家訓」と「極楽寺殿御消息」という二つの家訓がある。いずれも子孫にあてられた政務や日常生活に関する教訓であり、貴重な文献である。これらがいつ書かれ、誰に宛てられたものであるか、明記されているわけではないので、その解明は重要な問題とされてきたが、諸研究により、「六波羅殿御家訓」は壮年期に書かれ、六波羅探題の交替時に子の長時に与えられたもの、「極楽寺殿御消息」は出家し、念仏に帰依した晩年に書かれ、やはり六波羅探題として上京する時茂に与えられたものと考えることができよう。子には長時・時茂のほか為時・義政・業時・忠時・女子十一人が知られる。

【解説】（1）相模守任官について、「鎌倉年代記」は嘉禎二年（一二三六）とする。（2）法名は諸系図及び「鎌倉年代記」に従った。「関東評定衆伝」は親覚とする。（3）「勅撰作者部類」に「四位、陸奥守、左京大夫平義時男」とある。（4）重時に関する論考としては、桃裕行『武家家訓の研究』、筧泰彦『中世武家家訓の研究』、上横手雅敬「六波羅探題の北条重時」（同『鎌倉時代――その光と影――』）、石井清文「北条重時と三浦宝治合戦Ⅰ・Ⅱ」（『政治経済史学』二三二・二九八）、同「弘長元年三浦騒動と鎌倉政界」（『政治経済史学』二九〇）、同「小侍所別当北条重時の六波羅探題就任事情」（『政治経済史学』三三九）、湯山学「北条重時とその一族」（『相模国の中世史』）、西岡芳文「北条重時家訓」（石井進編『もののふの都鎌倉と北条氏』所収）、森幸夫『北条重時』（吉川弘文館、二〇〇九年）等がある。（5）守護論考・守護国別参照。

【系図】野辺・野津・桓武・尊・正・桓・群A・群B・前・纂要・入。

【史料】「吾妻鏡」・「関東評定衆伝」・「鎌倉年代記」・「鎌倉年代記裏書」・「武家年代記」・「北条九代記」・「玉葉」・「明月記」・「百練抄」・「平戸記」・「民経記」・「葉黄記」・「門葉記」・「新編追加」・「侍所沙汰編」等、『鎌倉遺文』⑤三四〇三、⑩七五四四、⑪七八一八・七八二一、⑬九三三七他。（下山）

ほうじょう しげとき　北条重時　生年未詳～建武二年（?～一三三五）

南北朝期の武士。重時流。北条宗時の子、母は未詳。久時の孫にあたる。通称は駿河太郎。建武二年（一三三五）二月に、伊予国風早郡立烏帽子城にこもり、在地武士の協力のもとに後醍醐天皇に反旗を翻した。しかし、戦いに利あらず、河野通綱と連携をとった土居通増によって立烏帽子城は落とされ、重時は自害した。中先代の乱の五か月前のことである。

【解説】（1）群A・群Bは、父宗時を駿河守とし、重時を駿河太郎とする。駿河守宗時の太郎（長男）という意味であるが、宗時の駿河守在職の徴証は他の史料にはない。（2）北条（赤橋）重時の挙兵については、『愛媛県史　古代Ⅱ・中世編』が触れている。

【系図】群A・群B。

【史料】「太平記」・「忽那一族軍忠次第」。（下山）

ほうじょう しげときじょ　北条重時女　生没年未詳

鎌倉中期の女性。重時流。北条重時の子、母は未詳。野津の記載順によれば長女にあたる。執権北条時頼に嫁して、時宗・宗政と女子一人を産んだ。時宗は建長三年（一二五一）五月十五日に甘縄の安達邸を産所として生まれた。その前年つわりがひどかったものと見え、「吾妻鏡」には父重時の見舞いや隆弁の祈祷の記事が散見する。宗政は建長五年正月二十八日に生まれた。女子は建長六年十月六日に生まれたが、康元二年（一二五七）三歳で死去している。

【解説】北条重時の女については、諸系図のうち野辺が五人、野津が六人、桓武が五人、桓が四人、群Aが一人、纂要が三人を載せている（北条氏研究会「北条氏人名考証」〈安田元久編『吾妻鏡人名総覧』所収〉参照）。他氏系図も参照しながら、本書では重時女子八人についての項目を立てた。

【系図】野津・桓武・纂要・入ウ。

【史料】「吾妻鏡」。　（下山）

ほうじょう しげときじょ　北条重時女

生年未詳～康元元年（?～一二五六）

鎌倉中期の女性。重時流。北条重時の子、母は未詳。野津の記載順によれば二女にあたる。宇都宮経綱に嫁して、女子一人を産んだ。「吾妻鏡」康元元年（一二五六）六月二十七日条に死去の記事がある。原因は流産の後赤痢を患ったためとしている。

【解説】（1）野津は「性綱妻」とするが、これは「経綱妻」の誤りであろう。「宇都宮系図」によれば、経綱は従五位下尾張守。父は泰綱、母は北条（名越）朝時の女とある。宇都宮氏は、父泰綱以外にも、祖父頼綱が北条時政女子を妻とするというように代々北条氏から妻を娶っている。（2）諸系図のうち、纂要のみ重時の女に宇都宮貞綱室を載せるが、貞綱は文永三年（一二六六）生まれであり、重時が没した弘長元年（一二六一）より後になってしまうので、この婚姻は考えにくい。恐らくは経綱の誤りであろう。

【系図】野辺・野津・桓・群A・纂要・入ウ。

【史料】「吾妻鏡」。　（下山）

ほうじょう しげときじょ　北条重時女　生没年未詳。

鎌倉中期の女性。重時流。北条重時の子。母は遊女。野津の記載順によれば三女にあたる。姉（康元元年：一二五六没）の夭折によって宇都宮経綱に嫁した。

【解説】（1）野辺に「尾張権守経綱妻、依姉死去妹嫁」とある。この姉は前項で述べた康元元年（一二五六）没の二女のことであろう。（2）母は、野辺に「母は（四女の）教時室に同じ」とあるから「遊女」ということになる。

【系図】野辺・野津・桓・群A・纂要。

【史料】「吾妻鏡」。　（下山）

ほうじょう しげときじょ　北条重時女　生没年未詳

鎌倉中期の女性。重時流。北条重時の子、母は遊女。野津の記載順によれば四女にあたる。北条（名越）朝時の子教時に嫁した。若くして亡くなったという。

【解説】母は野辺による。野辺に「夭亡了」とある。

【系図】野辺・野津・桓武・入ウ。

【史料】

（下山）

ほうじょう しげときじょ　北条重時女　生没年未詳

鎌倉中期の女性。重時流。北条重時の子、母は女房備後局。業時の同母姉妹。野津の記載順によれば五女にあたる。北条（名越）朝時の子公時に嫁した。

【解説】母は野辺による。

【系図】野辺・野津・桓武・入ウ。

【史料】

（下山）

ほうじょう しげときじょ　北条重時女　生没年未詳

鎌倉中期の女性。重時流。北条重時の子、母は未詳。野津の記載順によれば六女にあたる。

【解説】北条氏関係の諸系図で、注記のない重時の女を載せるのは野辺だけである。

【系図】野辺。

【史料】

（下山）

ほうじょう しげときじょ　北条重時女　生没年未詳

鎌倉中期の女性。重時流。北条重時の子、母は遊女。安達泰盛に嫁した。安達泰盛は寛喜三年（一二三一）生まれである。

【解説】（1）母について、野辺（『宮崎県史』史料編中世1付属の「宮崎県史しおり」福島金治「野辺本北条氏系図について」）によると、母は北条教時室（四女）と同じ「遊女」とし、その下に「米政」と注記するが、『鹿児島県史料』（旧記雑録拾遺）家わけ七所収の「野辺文書」七平氏並北条氏系図には「母同□（義）政」、すなわち女房少納言局とあり、検討を要する。（2）野辺・桓武とも、北条教時室の妹、宇都宮経綱妻の姉として記載されている。

【系図】野辺・桓武・入ウ。

【史料】「関東往還記」。

（下山）

ほうじょう しげときじょ　北条重時女　生没年未詳

鎌倉中期の女性。重時流。北条重時の子、母は未詳。波多野義重に嫁し、宣時を産んだ。

【解説】夫波多野義重は相模国の御家人であったが、承久の乱に活躍した後、六波羅評定衆を勤めた。重時・長時・時茂に仕えた被官であった。

【系図】纂要・「秀郷流系図（松田）」。

【史料】

（下山）

ほうじょう しげときじょ　北条重時女　生没年未詳

鎌倉中期の女性。重時流。北条重時の子、母は未詳。村上源氏の源具親に嫁し、輔道を産んだ。

【解説】北条氏関係系図には見えず尊3（村上源氏）・「赤松系図」に見え、輔道に「平重時妻」と注記する。具親の兄妹が歌人であり、後鳥羽院の女房宮内卿である。

【系図】尊3（村上源氏）・「赤松系図」。

【史料】

（下山）

ほうじょう しげなが　北条重長

→　**北条業時**（ほうじょう なりとき）

ほうじょう しげまさ　北条重政　生没年未詳

鎌倉中期の武士。義時流（得宗）。父は北条政頼、母は未詳。時頼の孫にあたる。通称は相模四郎。

【解説】纂要のみに見える人物。「相模四郎」と注記がある。

【系図】纂要。

【史料】

（菊池）

ほうじょう しげむら　北条重村

生年未詳～元徳元年（?～一三二九）

鎌倉後期の武士。政村流。父は北条政村の五男政長、母は未詳。別名は政泰。諸系図から知られる官職名は刑部権少輔・土佐守。また、子に政憲・政国がいたことがわかる。通称は「経師谷土州」。年月日未詳の崇顕（金沢貞顕）書状によれば、重村は「早世」であり、「当腹三郎」が嫡子に立てられ、その他に妾腹の「小童次男、式部大夫三男、蔵人四男」らの子がいた。元徳元年（一三二九）十二月日の常陸国信太庄年貢注文には、「土佐前司（重村）跡」として上茂呂・竹末青谷方地頭「三郎殿」、高井口地頭「殊（珠）鶴殿」、矢作郷地頭「式部大夫」、郷不明「蔵人殿」らの名が見え、先の文書の記述と一致する。このうち「当腹三郎」が政国、「式部大夫」が正が載せる政憲のことと思われる。元徳元年九月十九日に卒した。

なお、重村は歌人としても知られ、勅撰集である「新後撰和歌集」・「玉葉和歌集」・「続千載和歌集」に計四首が入集している。また、遠藤巌氏は「東北地方における北条氏の所領」（『日本文化研究所研究報告』別巻七）の中で、陸奥国興田保内の興田神社に元徳二年三月一日付の鰐口があり、その銘に「願主平重村」とあることをあげ、この重村が政村流の重村である可能性が強いと指摘されている。しかしながら、それでは死後の奉納ということになる。

【解説】（1）前は政長の子に政泰を載せるが、注記に「改重村」とあり、政泰と重村は同一人物である。（2）通称・早世以下の記述は、年月日未詳の崇顕（金沢貞顕）書状（「金沢文庫文書」：『鎌倉遺文』㊴三〇七三〇）による。（3）元徳元年十二月日の常陸国信太荘年貢注文は「白河本東寺百合文書」一〇五（『鎌倉遺文』㊴三〇八五二）。（4）没年は「常楽記」元徳元年条の「九月十九日、経師谷重村土佐前司他界」による。（5）「勅撰作者部類」に「五位、刑部少輔、駿河守平政長男」とある。

【系図】尊・前・群A・群B・正・纂要。

【史料】「金沢文庫文書」・「白河本東寺百合文書」・「常楽記」・「新後撰和歌集」・「玉葉和歌集」・「続千載和歌集」、『鎌倉遺文』。

（山野井）

ほうじょう しげむら　北条茂村

生年未詳～嘉元三年（？～一三〇五）

鎌倉後期の武士。政村流。父は北条時村、母は未詳。式部大夫と称した。嘉元の乱で父と共に亡くなった。

【解説】入ウのみに見える人物。注記に「式部大夫、同時討死」とある。なお、正に見える時村の子義村は官途が同じで、また「義」と「茂」が筆記体では似た形態になる。同じ人物の可能性が高い。

【系図】入ウ・正。

【史料】

（菊池）

ほうじょう しちろう　北条七郎

生没年未詳

鎌倉中期の武士。朝時流。実名は未詳。北条光時の七男、母は未詳。親時・盛時・備前宮内大夫妻の弟。通称は越後式部。越後は祖父朝時が嘉禄元年（一二二五）九月十七日に、父光時が寛元元年（一二四三）に任官した越後守による。

【解説】（1）野津にのみ見える人物。「七郎」と記されていることから、光時の七男と考えられる。通称はその注記による。（2）寛元四年閏四月、四代執権経時が死去すると、父光時・叔父時幸らは将軍藤原頼経と提携して幕府権力の奪取をはかるが、新執権時頼によって未然に防がれた。張本とされた光時・時幸は出家して、寛元の政変は得宗家の勝利で終わった。六月十三日、光時は伊豆国江間に配流となり、以後光時の子息等は幕府政治の舞台から全く姿を消していく。七郎は「吾妻鏡」に所見がなく、その実体は未詳である。

【系図】野津。

【史料】

（久保田）

ほうじょうしゅし　北条種子

生年未詳～延文二・正平十二年（?～一三五七）

鎌倉後期・南北朝期の女性。重時流。北条久時（徳治二年：一三〇七没）の子、母は未詳。守時の妹にあたる。正親町実明の子公陰（蔭）室となり、忠季・実文を産んだ。延文二・正平十二年（一三五七）十一月没した。

【解説】（1）子については群A・群B及び尊1（公季流）による。（2）没年については「公卿補任」延文二年条による。十一月二十七日忠季が母の喪に服している。

【系図】尊・桓・群A・群B。

【史料】「公卿補任」。

（下山）

ほうじょうしょうじゅまる　北条松寿丸

↓北条友時（ほうじょう ともとき）

ほうじょうじゅうろう　北条十郎

生没年未詳

鎌倉後期の武士。義時流（得宗）。父は北条貞国、母は未詳。早世したという。

【解説】正のみに見える人物。「早世」と注記がある。

【系図】正。

【史料】

（菊池）

ほうじょうしろう　北条四郎

生没年未詳

鎌倉後期の武士。朝時流。父は北条盛時、母は未詳。兄に通時（孫次郎）がいる。

【解説】入ウのみに見える人物。

【系図】入ウ。

【史料】

（菊池）

ほうじょうしろう　北条四郎

生没年未詳

鎌倉後期の武士。時房流。父は北条朝氏、母は未詳。

【解説】入ウのみに見える人物。

【系図】入ウ。

【史料】

（菊池）

ほうじょうしろうまる　北条四郎丸
→**北条胤時**（ほうじょうたねとき）

ほうじょうすえとき　北条季時
→**北条秀時**（ほうじょうひでとき）

ほうじょうすけとき　北条資時

正治元年～建長三年（一一九九～一二五一）

鎌倉前期の評定衆。時房流。北条時房の三男、母は足立遠元の女。野津では「輔時」と表記する。通称は相模三郎。妻は大友親秀の女。承久二年（一二二〇）正月十四日、二十二歳で兄時村と共に出家、突然のことで世を騒がせた（22歳）。しかし遁世したのではなく、嘉禎三年（一二三七）四月十一日、三十九歳で評定衆に任じられ、建長元年（一二四九）十二月三番引付頭人となり、死亡の時まで在任した。北条一門で評定衆になったのは、嘉禎二年の北条（名越）朝時が最初であるが、就任直後に辞任しており、実質的には資時が最初であった。出家したためか、生涯無官であった。評定衆としては暦仁元年（一二三八）九月二十七日、御家人任官のことを専管するよう命ぜられ、宝治二年（一二四八）には問注記の遅滞を咎められている。

資時の本領は和歌であり、天福元年（一二三三）藤原定家を訪れ、その歌才を認められたという。「吾妻鏡」に資時が現れるのは、ほとんどが将軍の歌会の出席者としてである。蹴鞠の会にも参加している。その歌は「新勅撰和歌集」（五首）・「続後撰和歌集」（三首）・「続古今和歌集」（四首）・「続拾遺和歌集」（二首）・「玉葉和歌集」（二首）・「続千載和歌集」（一首）・「続後拾遺和歌集」（一首）・「新千載和歌集」（一首）・「新後拾遺和歌集」（三首）と九種の勅撰和歌集に合計二十二首入集している。

評定衆としての着席順は、宝治元年には北条政村に次ぎ、同二年には老座として重時の次におり、年齢のためか高位にいるが、素質は文人であって、政治的手腕には恵まれていなかったのではあるまいか。建長三年（一二五一）五月五日死去。五十三歳。法名は真照または真昭。子に時成と六人の女子がおり、多く有力者に嫁いでいる。

【解説】（1）生年は没年と享年から逆算した。（2）時房の三男であることは、「吾妻鏡」建長三年五月五日条による。諸系図もすべて通称を三郎とする。（3）母は「関東評定衆伝」建長三年条および纂要による。他の諸系図は母を記さない。（4）通称は「吾妻鏡」

および諸系図が一致して相模三郎または相模三郎入道とする。(5)妻は「大友系図」による。(6)出家は「吾妻鏡」同日条による。(7)評定衆就任は「吾妻鏡」同日条および「関東評定衆伝」嘉禎三年条による。(8)引付頭人については「関東評定衆伝」建長元年条による。(9)死亡は「吾妻鏡」建長三年五月五日条、「関東評定衆伝」建長三年条による。(10)評定衆としての活動は「吾妻鏡」による。(11)藤原定家の評は、「明月記」天福元年(一二三三)四月二十一日条による。和歌の会への出席は「吾妻鏡」天福元年四月十七日条、同五月五日条、嘉禎三年三月九日条その他に見える。(12)蹴鞠の会への出席は「吾妻鏡」寛喜三年(一二三一)九月二十五日条による。(13)法名を真照とするのは「吾妻鏡」承久二年正月十四日条・関・群A・入ウ、真昭とするのは桓武・尊・桓・纂要・「関東評定衆伝」、群Bには直照とする。

【系図】桓武・野津・尊・前・正・関・群A・群B・纂要・入・入ウ・「大友系図」。

【史料】「吾妻鏡」・「関東評定衆伝」・「新勅撰和歌集」・「続後撰和歌集」・「続古今和歌集」・「続拾遺和歌集」・「玉葉和歌集」・「続千載和歌集」・「続後拾遺和歌集」・「新千載和歌集」・「新後拾遺和歌集」。

(鈴木)

ほうじょう すけとき　北条相時　生没年未詳

鎌倉後期の武士。時房流。北条朝房の子、母は未詳。通称は七郎。

【解説】朝房には諸系図から六人の男子が知られるが、相時は正のみにみえ、末子である。父朝房は永仁三年(一二九五)死亡しているので、生年はそれ以前と推定できる。

【系図】正。

【史料】

(鈴木)

ほうじょう すけとき　北条亮時　生没年未詳

鎌倉後期の武士。時房流の大仏家の庶流で、北条宣直の子、母は未詳。式部大輔。

【解説】前・正のみに見え、前には式部大輔、正には式部大夫と注記がある。正には弟として高宣がいる。

【系図】前・正。

【史料】

(鈴木)

ほうじょう すけとき　北条輔時

→　北条資時(ほうじょう すけとき)

ほうじょう すけときじょ　北条資時女　生没年未詳

鎌倉中期の女性。時房流。北条資時の子、母は未詳。姉小路忠時の妻となる。夫の姉小路忠時は「吾妻鏡」建長二年（一二五〇）三月二十六日条に初見。それから少なくとも文応元年（一二六〇）四月三日までは鎌倉におり、殿上人として幕府の行事に参加している。

【解説】（1）資時の女には、桓武に五人、正に一人の女子が見える。桓武の一番目に見える女性。「兵衛佐忠時妻」と注記がある。（2）忠時を姉小路とするのは「吾妻鏡」正嘉二年（一二五八）一月十日条に「姉小路兵衛佐忠時」とあることによる。（3）北条資時の女子のもう一人は藤原公仲の妻であり、娘二人が公家に嫁ぐのは珍しい。資時は和歌と蹴鞠にすぐれ、評定衆として御家人が朝廷の官位を受ける事務を担当するなど、公家文化に親しみ、朝廷との接触が多かったためであろう。

【系図】桓武。

【史料】「吾妻鏡」。

（鈴木）

ほうじょう すけときじょ　北条資時女　生没年未詳

鎌倉中期の女性。時房流。北条資時の子、母は未詳。時房流の北条時広の妻。資時の女は西大寺の叡尊に帰依しており、弘長二年（一二六二）七月三十日、武蔵国佐江土郷（現神奈川県横浜市緑区佐江戸）に殺生禁断の命を出している。佐江土郷は同女が領有していたのであろう。なお、正安元年（一二九九）五月八日に称名寺開山の審海から西大寺流の法をさずかった佐江土無量寿福寺の尼性観を、資時女またはその縁者と推定する説がある。

【解説】（1）資時には諸系図から桓武に五人、正に一人の女子が知られるが、そのうち二番目で桓武のみに見える人物。桓武には「時弘妻」と注記があるだけであるが、「関東往還記」弘長二年七月三十日条に「越前守時広妻、北条資時女」とあるので、北条時弘とわかる。「吾妻鏡」は時弘と時広を混用するが、官職からみて同一人物である。（2）佐江土無量寿福寺の尼性観の受法は、『金沢文庫古文書』六四七六による。『横浜緑区史』資料編一は、性観を資時の女またはその縁者と推定している。無量寿寺は『金沢文庫古文書』でみると、かなりの規模の寺である（同文書五八六一、識語篇二四九〇・二七四二）。（3）夫時広（貞応元年～建治元年：一二二二～七五）は北条時村の子で、資時女とは従

兄妹に当たる。文永二年（一二六五）六月評定衆、同六年四月四番引付頭人、建治元年六月二十五日卒。享年五十四歳。

【系図】桓武。

【史料】「関東往還記」、『金沢文庫古文書』。　（鈴木）

ほうじょう すけときじょ　北条資時女　生没年未詳

鎌倉中期の女性。時房流。北条資時の子、母は未詳。畠山泰国の妻となり、義生を生む。夫泰国は畠山重忠の名跡をついだ足利義純と重忠後家（北条時政の女）の間に生まれた。

【解説】（1）資時の女子は桓武に五人、正に一人見え、桓武の三番目に「上野三郎源之妻」と注記がある。尊では畠山義生に「母相模三郎平資時女」と注記するので、資時女は父泰国の妻となる。「両畠山系図」の義直の注記に「母相模三郎資時女」とあるが、尊をとる。（2）入ウの注記に「安木守紀明室、改畠山刑部少輔」と見える。

【系図】桓武・尊・入ウ・「両畠山系図」。

【史料】「吾妻鏡」。　（鈴木）

ほうじょう すけときじょ　北条資時女　生没年未詳

鎌倉中期の女性。時房流。北条資時の子、母は未詳。藤原北家閑院流の阿野公仲の妻となる。夫の公仲は通称が「阿野少将」（「吾妻鏡」）、建長四年（一二五二）から文応元年（一二六〇）まで鎌倉におり、殿上人として将軍宗尊親王に仕えた。

【解説】（1）資時の女子は桓武に五人、正に一人が見える。桓武の四番目に「少将公仲妻」の注記がある。（2）尊には公仲の父実直に「母悪禅師女」とあり、公仲は悪禅師阿野全成（源頼朝の異母弟）の外曾孫になる。早期からの阿野家と鎌倉との繋がりを考えうる。また公仲の孫実廉は元亨三年（一三二三）以前から鎌倉にいて、将軍守邦親王に仕えた。（3）資時の女子のもう一人は姉小路忠時の妻であり、娘二人が公家に嫁ぐのは珍しい。資時は和歌と蹴鞠にすぐれ、評定衆として御家人が朝廷の官位を受ける事務を担当するなど、公家文化に親しみ、朝廷との接触が多かったためであろう。（4）入ウは、資時女に安野少将室と少将公仲室の二人を載せるが、同一人物か。

【系図】桓武・尊・入ウ。

【史料】「吾妻鏡」。

（鈴木）

ほうじょう すけときじょ　北条資時女　生没年未詳

鎌倉中期の女性。時房流。父は北条資時、母は未詳。従兄弟の時房流の北条時治の妻となる。

【解説】資時には桓武に五人、正に一人の女子が見えるが、正に記されたただ一人の女性で「時治妻」と注記がある。北条時治は①義時流の随時の子、②時房流の時盛の子、③朝時流の宗教の子、④重時流の義政の子の四人がいるが、①③④は時代が下がりすぎるので、②に比定した。夫の時治は「吾妻鏡」弘長三年（一二六三）八月十五日条に放生会の随兵として「佐介越後四郎時治」と見える。通称は、父時盛が佐介の祖といわれ、越後守でもあったためである。

【系図】正。

【史料】

（鈴木）

ほうじょう すけときじょ　北条資時女　生没年未詳

鎌倉中期の女性。時房流。北条資時の子、母は未詳。

【解説】資時には諸系図から桓武に五人、正に一人の女子が知られる。そのうち桓武のみで五番目に見える女性。何も傍注がなく、姻戚関係は不明である。

【系図】桓武。

【史料】

（鈴木）

ほうじょう すけときじょ　北条資時女　生没年未詳

鎌倉後期の女性。時房流。父は北条資時、母は未詳。北条頼直（時房流）に嫁した。

【解説】入ウのみに見える人物。注記に「平頼直（室脱カ）」と見える。

【系図】入ウ。

【史料】

（菊池）

ほうじょう すけときじょ　北条資時女　生没年未詳

鎌倉後期の女性。時房流。父は北条資時、母は未詳。（姓未詳）藤氏に嫁した。

【解説】入ウのみに見える人物。注記に「従二位藤氏室」と見える。ただし、公卿になった藤氏という人物は確認できない。

【系図】入ウ。

【史料】

（菊池）

ほうじょう すけときじょ　北条資時女　生没年未詳

鎌倉後期の女性。時房流。父は北条資時、母は未詳。（姓未詳）憲信に嫁した。

【解説】入ウのみに見える人物。注記に「左少将憲信（室脱カ）」と見える。

【系図】入ウ。

【史料】

（菊池）


ほうじょう すけときじょ　**北条資時女**　生没年未詳
鎌倉後期の女性。時房流。父は北条資時、母は未詳。最初（姓未詳）公家、のち（姓未詳）為氏に嫁した。

【解説】入ウのみに見える人物。注記に「為氏卿室、元公家卿室」と見える。

【系図】入ウ。

【史料】

（菊池）

ほうじょう すけときじょ　**北条資時女**　生没年未詳
鎌倉後期の女性。時房流。父は北条資時、母は未詳。最初（姓未詳）経明に嫁した。
【解説】入ウのみに見える人物。注記に「安木守経明室、改畠山刑部少輔」と見える。
【系図】入ウ。
【史料】
（菊池）

ほうじょう せんじゅまる　**北条千手丸**　生没年未詳
鎌倉後期の武士。義時流。父は北条定宗、母は未詳。兄に随時がいる。
【解説】入ウのみに見える人物。
【系図】入ウ。
【史料】
（菊池）

ほうじょう だいしまる　**北条大師丸**　生没年未詳
鎌倉中期の女性。朝時流。父は北条篤時、母は未詳。
【解説】入ウのみに見える人物。
【系図】入ウ。
【史料】
（菊池）

ほうじょう たかあり　**北条高有**　生没年未詳
鎌倉後期の武士。有時流。父は北条斉時、母は未詳。北条有時の曾孫にあたる。右京大夫と称す。

【解説】通称は前による。

【系図】前・正。

【史料】

（末木）

ほうじょう たかあり　**北条高有**
生年未詳～正慶二・元弘三年（?～一三三三）
鎌倉後期の武士。有時流。父は北条貞有、母は未詳。北条有時の曾孫にあたる。官途は式部丞。正慶二・元弘三年（一三三三）五月二十二日、幕府滅亡の際、父貞有ともに没した。

【解説】（1）父・官途は「常楽記」元徳五年（正慶二・元弘三年）条の「五月廿二日越前前司貞有禅門（真性）、同子息式部丞（高有）」とあるのによった。（2）前及び正には、有時流、北条斉時の子に同名の人物が見えるが、官途が相違する。

【系図】

【史料】「常楽記」。

（末木）

ほうじょう たかいえ　北条高家

生年未詳～正慶二・元弘三年（?～一三三三）

鎌倉後期の武士。朝時流。北条貞家の子、母は未詳。父が早世したため祖父時家の養子となったと考えられる。周時の弟。官途は遠江守、尾張守。曾祖父北条時章は、寛元の政変の際、得宗北条時頼に野心無き旨を陳謝し、以後名越氏の嫡流となる。時章の子孫は評定衆・引付頭人の家格を有し、幕政の中枢に位置した。祖父時家も永仁元年（一二九三）四月八日、軍勢五百余騎を率いて西国に下向、鎮西惣奉行所と呼ばれた。

高家は嘉暦元年（一三二六）に評定衆であることが確認される。正慶二・元弘三年（一三三三）閏二月、後醍醐天皇の隠岐脱出の報告に接した幕府は、同年四月足利高氏・名越高家を総大将とする大軍を上洛させるが、同二十七日高家は後醍醐方の千種忠顕らと山城国の久我畷で戦い討死した。子に高邦がいる。

【解説】（1）時家の子は、諸系図から貞家・周時・高家の三人の男子が知られる。しかし、桓・纂要は高家を、群A・群Bは周時・高家を貞家の子と記しており、貞家と周時・高家を兄弟とする系図がないため、周時・高家は父貞家が早世したため、祖父時家の養子となったと推定しておく。高家は関・正では時家の子として、桓・群A・群B・纂要では時家の孫、貞家の子として記されている。（2）周時との関係は群A・群B・正による。（3）官途は諸系図の注記による。（4）参考文献に、細川重男『鎌倉政権得宗専制論』がある。

【系図】関・桓・群A・群B・正・纂要。

【史料】「太平記」・「梅松論」、『鎌倉遺文』㊳二九三九〇、㊶三二三七一。

（久保田）

ほうじょう たかいえ　北条高家

生没年未詳

鎌倉後期の武士。朝時流。北条家政の子、母は未詳。北条宗長の孫にあたる。宗春・宗長・宗政・篤家・高長の兄。

【解説】（1）正にのみ見える人物。注記はない。正は父を家貞とする。父家政は宗長の子として前にのみ見える人物。兄弟として春時・貞宗・公長・実助・長助が記される。正では貞宗・宗朝・実助・長助の兄として家貞を配しているが、家政・家貞ともに両系図の注記に「備前守」と記されていることから、同一人物と思われる。家政・家貞を併記する系図がないことも、両人が同一人物であることの傍証となる。同名の高家が関・正には時家の子として、桓・群A・群B・纂要には、時家の孫貞家の子として見えるが、両人の関係は未詳。（2）寛元の政変以後、時長流は得宗家と協調し、祖父宗長は能登・安芸・豊前の三か国の守護職を兼務し、幕府内でも有力な人物であった。しかし高家については他の北条氏関係の諸系図に見えず、その実体は未詳である。

【系図】正。

【史料】

（久保田）

ほうじょう たかくに　北条高邦

生没年未詳

鎌倉後期の武士。朝時流。北条高家の子、母は未詳。通称は尾張左近将監・左近大夫将監。尾張は時章が寛元三年（一二四五）四月八日尾張守に任官して以降、時章流に共通する通称となる。官位は従五位下、左近将監。

【解説】（1）群A・群Bには「高郡」と記されているが、誤記と思われる。（2）通称は纂要の注記による。（3）官位は諸系図の注記による。（4）寛元の政変で、北条時章は得宗北条時頼に野心無き旨を陳謝し、以後名越氏の嫡流となる。時章の子孫は評定衆・引付頭人の家格を有し、幕政の中枢に位置した。しかし、高邦の実体は未詳である。

【系図】関・群A・群B・纂要。

【史料】

（久保田）

ほうじょう たかさだ　北条高貞

生没年未詳

鎌倉後期の武士。時房流。北条貞宣の子、母は未詳。官途は左衛門尉。おそらく北条氏滅亡の折、兄時実・貞芙同様、死亡したのであろう。

【解説】正のみに見え、記述はすべてそれによる。

【系図】正。

【史料】

（鈴木）

ほうじょう たかとき　北条高時

嘉元元年～正慶二・元弘三年（一三〇三～三三）

鎌倉後期の執権。義時流（得宗）。父は北条貞時（二男）、母は大室泰宗の女。嘉元元年（一三〇三）十二月二日生まれる。童名は成寿丸。延慶二年（一三〇九）正月二十一日元服し、高時と名乗る（7歳）。応長元年（一三一一）正月十七日小侍奉行となる（9歳）。同六月二十三日左馬権頭に任じ、同日叙爵。同十月二十六日父貞時が没したため服解し、正和元年（一三一二）二月四日復任した。得宗家を嗣いだ高時は当時九歳の若年であり、執権に北条宗宣（時房流）、連署に北条熙時（政村流）が就任し、内管領長崎高綱（のちの入道円喜）、御内人で高時の岳父である安達時顕らとともにが幕政を運営する体制がとられた。また、駿河・伊豆・武蔵・若狭・上野・土佐等の守護は貞時の没後、子の高時に伝えられ、以降幕末に及んだと考えられる。その後執権は熙時から基時（重時流）へと交替した。

高時は同五年正月五日従五位上に叙し、同月十三日但馬権守を兼任した。そして同年七月十日執権となり、判始が行われた（14歳）。高時は「保暦間記」に「頗亡気ノ体ニテ、将軍家ノ執権モ難叶カリケリ」と記される虚弱体質であり、政治に専念できる状態ではなかった。高時政権は、内管領長崎高綱と岳父安達時顕を中心とする得宗被官が、父貞時の時の先例を踏襲するという方針で若年の高時を補佐していく体制であった。御内人たちの合意が意思決定の前提であり、一見安定的ではあるが、重要な問題に関しては対応できない弱さを持っていた。文保元年（一三一七）三月十日相模守に任じ、左馬権頭を兼ねた（15歳）。同三月二十七日但馬権守を辞任、同四月十九日正五位下に叙された。元応元年（一三一九）二月高時は左馬権頭を辞し（17歳）、同十月三日には意見始めが行われた。

高時の執権就任前後、京都では皇位継承をめぐる大覚寺・持明院両統の対立抗争があり、幕府は、文保元年四月摂津親鑑を上洛させて、両統の迭立について立坊順序に従って譲位するよう朝廷に建議している（文保の和談）。この結果、翌二年三月尊治親王（後醍醐天皇）の践祚が実現し、後宇多上皇の院政、後二条上皇の第一皇子邦良親王の立太子が決まった。そして元亨元年（一三二一）からは院政が停止され、後醍醐天皇による親政が始まるのである。この間長崎高綱は出家して長崎入道円喜と号し、内管領にはその子高資が就任している。高時は、同二年二月八日評定始のため政所に着し、同十二日引付・評定の出仕始が行われた（19歳）。同三年十月十九日から鎌倉の円覚寺で、高時の父貞時の十三回忌の法要が行われた。

一方、文保二年頃から、奥州の蝦夷の管領安東季久と一族の安東季長との間で所領をめぐる争いが起きていた。内管領長崎高資はこの両者から賄賂をとって両方に適当に下知し、事態を混乱させてしまった。そのため幕府は、元亨二年には武力鎮圧のため追討軍を派遣しなければならなくなった。再三追討使を派遣した結果、嘉暦三年（一三二八）十月に至って和談が成立したが、幕府の権威はまったく地に落ちてしまうことになった。

正中元年（一三二四）九月にはいわゆる正中の変が起きる。すなわち後醍醐天皇の近臣日野資朝・俊基らが中心となって、無礼講という集会を通じて美濃国の土岐・多治見等の武士と幕府の転覆計画を練るという事件が起きた。天皇は幕府に信用のある吉田定房を関東に派遣して事情を陳弁させた。これに対し幕府は、天皇の関与について追求することなく、首謀者の日野資朝を佐渡に配流するだけで、穏便に処置している。高時は嘉暦元年（一三二六）三月十三日、病気のため出家、法名は崇鑑（24歳）。執権には、高時には子がないため弟の泰家が就任すると見られていたが、連署の北条（金沢）貞顕が就任したのである。この人事の背景には内管領長崎高資の意向が反映していた。「保暦間記」には「舎弟左近大夫将監泰家、宜執権ヲモ相継グベカリケルヲ、高資修理権大夫貞顕ニ語テ、貞顕ヲ執権トス」と記されている。しかし、貞顕は就任後まもなく出家し、四月二十四日には北条守時（重時流）・北条維貞（時房流）が執権・連署に就任した。この人事も高資の意向であったという。これ以降、幕政の実権は高資が握り、高時は田楽・闘犬・遊宴に耽ることが多くなったという。元徳二年（一三三〇）の秋、高時は長崎高頼以下の者に命じて高資を討とうとしたが、事前に発覚したため、高時は関知せずとして高頼らを配流に処している。

元徳三・元弘元年（一三三一）四月、後醍醐天皇の倒幕計画露見すると、幕府は首謀者の日野俊基・文観・円観らを捕らえて鎌倉に送り、俊基は斬罪、他は流罪に処した。しかし、同八月二十四日後醍醐天皇は奈良に潜幸し、同二十六日笠置に立て篭もった。天皇に応じて楠正成が赤坂城に挙兵した。同九月二日幕府は北条（大仏）貞直・北条（金沢）貞冬・足利高氏らに大軍をつけて上洛させた（「光明寺残編」）。多勢に無勢で、九月中には赤坂城ついで笠置が落ち、脱出して吉野を目指した天皇も捕らえられ、六波羅に送られた。この間幕府は皇太子の践祚を行って光厳天皇を擁立している。翌年三月後醍醐天皇は隠岐島に配流となった。

しかし、翌正慶元・元弘二年（一三三二）十一月には、吉野で護良親王が、千早城で楠正成が挙兵し、翌年正月には播磨の赤松則村もこれに応じて挙兵した。これに対し幕府も大軍を上洛させたが、五月七日足利高氏（尊氏）のために六波羅が陥落し、関東では新田義貞を主将とする討幕軍が鎌倉を囲み、同二十一日大挙して攻め入った。同二十二日、高時は鎌倉の葛西谷東勝寺において自害した（31歳）。「太平記」によれば、東勝寺で高時とともに自害した者は八百七十余人といわれる。高時は日輪寺殿と称され、法界寺（宝戒寺）と号した。子に邦時・時行がおり、随時の子治時を養子とした。墓所は東勝寺跡にある。

【解説】（1）生年月日は「北条時政以来後見次第」による。群A・群Bは「嘉元元年癸卯誕生」と注記する。正は貞時の二男とする。（2）童名は桓・群A・群B・纂要による。（3）元服は「鎌倉年代記」・「北条時政以来後見次第」による。（4）服解・復任は「鎌倉年代記」による。（5）執権就任は「鎌倉年代記」による。「武家年代記（裏書）」には「七十ヨリ判始、相州（重時流の北条基時）辞退、武州（実泰流の北条貞顕）如元上判」とある。尊は「正和五七十執事」、纂要は「正和五年七ノ十執権」、「武家年代記」は「正和五七十出仕」と記す。（6）相模守補任は「花園天皇宸記」同日条・「鎌倉年代記」に、但馬権守辞任は「関東開闢并皇年代記事」に、正五位下叙位は「鎌倉年代記」による。なお、極位を尊・纂要は従四位下、「鎌倉年代記」は正五位下とするが未詳。（7）評定始等は「鎌倉年代記」に、左馬権頭辞任は「北条時政以来後見次第」に、意見始は「武家年代記」による。なお、纂要は「元慶元年正ノ修理権大夫」とするが未詳。（8）出家のことは「鎌倉年代記」・「武家年代記」・前による。「鎌倉年代記（裏書）」には「三月十三日、正五位下行相模守平朝臣高時依所労出家（廿四）、其後世間聊騒動」とある。尊は「正中三三十五出家（崇監）」、纂要は「嘉暦元年二ノ十三出家」とする。（9）日輪寺殿は正・桓に、法界寺（宝戒寺）は群A・群Bによる。（10）子については、尊・正・桓・群A・群B・前・纂要・「保暦間記」による。なお、嘉暦元年（一三二六）三月十四日には高時に男子が生まれたという（「鎌倉年代記（裏書）」）。「常楽記」元徳元年条に見える「竹寿丸他界」は高時の子か。（11）安田元久編『鎌倉将軍執権列伝』、細川重男『鎌倉政権得宗専制論』、佐藤進一『増訂鎌倉幕府守護制度の研究』、同『鎌倉幕府訴訟制度の研究』・守護論考・守護国別参照。

【系図】尊・正・桓・群A・群B・前・纂要・入ウ。

【史料】「北条時政以来後見次第」・「鎌倉年代記」・「武家年代記」・「花園天皇宸記」・「関東開闢并皇年代記事」・「保暦間記」・「光明寺残編」・「太平記」、『鎌倉遺文』㉞二五八八二・二五八九一、㊳二九二五六・二九二八〇。

（菊池）

ほうじょう たかときじょ　北条高時女

正中元年～嘉暦元年（一三二四～二六）

鎌倉後期の女性。義時流（得宗）。父は北条高時、母は未詳。嘉暦元年（一三二六）四月二十一日三歳で没した。

【解説】「常楽記」正中三年条に「四月廿一日相州息女（三歳）他界」とある。

【系図】

【史料】「常楽記」。

（菊池）

ほうじょう たかとも　北条高朝

生年未詳～正慶二・元弘三年（？～一三三三）

鎌倉後期の武士。時房流。北条高直の子、母は未詳。通称は治部大夫、式部大夫、陸奥式部太輔。正慶二・元弘三年（一三三三）五月二十二日、北条氏滅亡の時、鎌倉東勝寺で自害した。

【解説】纂要のみに見える。通称・討死については纂要に「治部大夫、式部大夫、同高時討死」とあるほか、「太平記」巻一〇「高時并一門以下於東勝寺自害事」のなかに「陸奥式部太輔高朝」が見える。祖父維貞が陸奥守であったので、陸奥と呼ばれたのであろう。

【系図】纂要。

【史料】「太平記」。

（鈴木）

ほうじょう たかなお　北条高直　生年未詳～建武元年（?～一三三四）

鎌倉後期の武士。時房流。北条維貞の子、母は未詳。評定衆北条家時の弟にあたる。右馬助、左馬助、式部大夫。佐助式部大夫と称した。正慶元・元弘二年（一三三二）上洛した幕府軍の中におり、正慶二・元弘三年五月には楠木正成の河内千早城包囲軍の将の一人であったが、六波羅が陥落すると囲みを解いて奈良に撤退、出家して降伏した。翌建武元年（一三三四）三月二十一日、京都東山阿弥陀峯で処刑された。子に高朝がいる。

【解説】（1）高直は桓・纂要のみに見える。（2）官位は、桓に「右馬助」、纂要に「式部大夫・左馬助」と注記がある。（3）死亡については、桓に「於南都被虜、於京都被誅」、纂要に「元弘三年於阿弥陀寺所誅」とある。なお「太平記」巻六「関東大勢上洛事」に見える「大仏前陸奥守貞直」、同書巻一一「金剛山寄手等被誅并佐介貞俊事」に見える「大仏右馬助貞直」は高直の誤りである（日本古典文学大系三四『太平記』巻六の補注三）（4）処刑日については「太平記」は降伏直後の正慶二・元弘三年七月九日、「近江国番場宿蓮華寺過去帳」は建武元年三月二十一日、「梅松論」は三月頃、「保暦間記」は四月頃とする。原因について「太平記」は同年三月九日に北条氏の残党本間・渋谷が鎌倉を襲い（「将軍執権次第」）、敗れた余波とする。「近江国番場宿蓮華寺過去帳」に「佐助式部大夫」とあるのを採る。

【系図】桓・纂要。

【史料】「近江国番場宿蓮華寺過去帳」・「梅松論」・「保暦間記」・「将軍執権次第」・「太平記」。

（鈴木）

ほうじょう たかなが　北条高長　生没年未詳

鎌倉後期の武士。朝時流。北条家政の子、母は未詳。北条宗長の孫にあたる。高家・宗春・宗長・宗政・篤家の弟。

【解説】（1）正のみに見える人物。父を正は家貞とする。注記はない。（2）父家政は宗長の子として前にのみに見える人物。兄弟として春時・貞宗・公長・実助・長助が記される。正では貞宗・宗朝・実助・長助の兄として家貞を配しているが、家政・家貞ともに両系図の注記に「備前守」と記されていることから、同一人物と思われる。家政・家貞を併記する系図がないことも、両人が同一人物であることの傍証となる。（3）寛元の政変以後、時長の子孫は得宗家と協調し、祖父宗長は能登・安芸・豊前の三か国の守護職を兼務し、幕府内でも有力な人物であった。しかし高長については他の北条氏諸系図に見えず、その実体は未詳である。

【系図】正。

【史料】

（久保田）

ほうじょう たかなが　北条高長　生没年未詳

鎌倉後期の武士。政村流。父は北条政村の五男政長の子政村、母は未詳。官途・通称は式部大夫・駿河式部大夫。鎌倉末期の常陸国信太庄大岩田・安見郷地頭である。

【解説】（1）正にのみ見える人物。注記に「式部大夫」とある。（2）通称は「金沢文庫文書」による（『鎌倉遺文』㊵三二四三三）。（3）政長の子として、正のみが政長と政村を載せるが、父や祖父と同名というのは疑問である。同時期の信太庄内の地頭職には、諸系図から知られる政村流の人々と同名が複数みえることから、石井進はこれを政村流の高長に比定している。正の記載に若干の誤記がある可能性はあるが、高長は実在したとみてよい。石井進「鎌倉時代の常陸国における北条氏所領の研究」（『茨城県史研究』一五）参照。

【系図】正。

【史料】『鎌倉遺文』。

（山野井）

ほうじょう たかなり　北条高成　生没年未詳

鎌倉後期の武士。時房流。大仏流の庶流北条高基の子、母は未詳。官途は左馬助。

【解説】父高基と高成は纂要のみに見える。官途は纂要による。

【系図】纂要。

【史料】

（鈴木）

ほうじょう たかのぶ　北条高宣　生没年未詳

鎌倉後期の武士。時房流。大仏家の庶流で、父は北条宣直、母は未詳。兄に亮時がいる。通称は三郎。

【解説】高宣は正のみに見え、通称も正による。

【系図】正。

【史料】

（鈴木）

ほうじょう たかのぶ　北条高宣　生年未詳～嘉暦三年（？～一三二八）

鎌倉後期の武士。時房流。連署北条維貞の長男、母は未詳。式部大輔。大仏家の嫡子であったと考えられるが、嘉暦三年（一三二八）四月、早世したため、家督は弟家時に代わった。死亡時は二十歳前後と推定される。

【解説】（1）父は、尊・前・正・群A・群Bによる。（2）官途は尊と前が式部大甫（輔）、正・群A・群Bが式部大夫とする。（3）没年は尊に見え、正に「早世」とある。（4）嫡子であったと判断するのは、高宣の死の翌年の元徳元年（一三二九）に弟家時が右馬権助で、高宣より官位が低いことによる。家時はこの年の十一月二十一日、十八歳で評定衆になるので、兄高宣は二十歳くらいかと考える。ちなみに父維貞は、高宣の死の前年、四十三歳で病没している。

【系図】尊・前・正・群A・群B。

【史料】『金沢文庫古文書』①四四三。 （鈴木）

ほうじょう たかのり　北条高則　生没年未詳

鎌倉後期の武士。重時流。北条義宗の子、母は未詳。久時の弟。下野守。

【解説】纂要にのみに見え、「下野守」と注記がある。但し、高則の下野守在職の徴証は纂要以外にはない。

【系図】纂要。

【史料】 （下山）

ほうじょう たかのり　北条高範　生没年未詳

鎌倉後期の武士。重時流。北条時範の子、母は未詳。官途は修理亮。祖父時茂から鎌倉の常盤に邸宅を構え、常盤（常葉）氏と称した。

【解説】諸系図のうち正のみに載せ、注記に「修理亮」とある。

【系図】正。

【史料】 （下山）

ほうじょう たかふさ　北条高房　生没年未詳

鎌倉後期の武士。時房流。北条時賢の子、母は未詳。官途は式部大夫。

【解説】正のみに見える人物。注記に「式部大夫」とある。

【系図】正。

【史料】 （川島）

ほうじょう たかまさ　北条高政　生年未詳～建武元年（?～一三三四）

鎌倉後期の武士。実泰流。北条政顕の子、母は未詳。鎮西探題北条英時の猶子。通称は上総掃部助、規矩殿、規矩掃部助。嘉暦二年（一三二七）から肥後国守護の在職が確認される。博多合戦（正慶二・元弘三年〈一三三三〉

三月）の後、肥後国に軍勢を進めて菊池氏の鞍岡城を落とし、菊池氏・阿蘇大宮司の残党を掃討した。鎮西探題滅亡後は雌伏し、建武元年（一三三四）正月に豊前国規矩郡の帆柱城で挙兵、北条氏の残党を糾合することに成功して北九州から長門・伊予に広がりをみせる大きな反乱となったが（規矩・糸田の乱）、同七月に帆柱城は落城し、北九州の反乱は鎮圧された。高政もこの時没した。

【解説】（1）通称は豊前国規矩郡に由来する。規矩郡は金沢北条氏領であった。（2）佐藤進一『増訂鎌倉幕府守護制度の研究』、森茂暁「建武政権と九州」（『九州中世史研究』二）、北九州歴史博物館展示図録『関門の潮流』参照。（3）守護国別参照。

【系図】

【史料】「楠合戦注文并博多日記」・「歴代鎮西志」、『鎌倉遺文』㊴三〇一七七・三〇一七八、『南北朝遺文』九州編①八一・八三・八五・八七・八九・九一〜九九・一〇一・一〇九。

（永井）

ほうじょう たかまさ　北条高政

生没年未詳

鎌倉後期の武士。政村流。父は北条政村の三男時村の子義村、母は未詳。官途は左近大夫将監。

【解説】正にのみ見える人物。「左近大夫将監」と注記する。

【系図】正。

【史料】

（山野井）

ほうじょう たかまさ　北条高政

生没年未詳

鎌倉後期の武士。実泰流か。父は駿州（北条顕実カ）、母は未詳。通称は五郎。

【解説】北条氏関係の諸系図に見えない人物。年欠崇顕（金沢貞顕）書状（「金沢文庫文書」:『鎌倉遺文』㊴三〇七〇二）に「駿州子息五郎高政官途事」と見える。

【系図】正。

【史料】『鎌倉遺文』。

（菊池）

ほうじょう たかまさ　北条隆政

生没年未詳

鎌倉後期の武士。朝時流。北条宗朝の四男、母は未詳。北条光時の曾孫にあたる。通称は孫四郎。

【解説】（1）前にのみ見える人物。注記に「孫四郎」と記されていることから、宗朝の四男と考えられる。（2）寛元四年（一二四六）に曾祖父光時が将軍藤原頼経と提携して幕府権力の奪取をはかり、失敗した寛元の政変以後、光時の子孫は幕府政治の舞台から全く姿を消していく。隆政も他の北条氏関係の諸系図に見えず、その実体は未詳である。

【系図】前。

【史料】

（久保田）

ほうじょう たかもと　北条高基　生没年未詳

鎌倉後期の武士。時房流。父は北条時貞、母は未詳。兄に時親がいる。評定衆朝直の孫にあたる。官途は右馬助。子に高成がいる。

【解説】（1）纂要のみに見える人物。注記に「右馬助」とある。（2）「太平記」巻一〇「高時并一門以下於東勝寺自害事」に見える「相模右馬助高基」は、年代等から重時流の高基である。

【系図】纂要。

【史料】

（鈴木）

ほうじょう たかもと　北条高基

生年未詳～正慶二・元弘三年（?～一三三三）

鎌倉後期の武士。重時流。執権北条基時の子、母は未詳。最後の六波羅探題（北方）仲時の弟。通称は相模右馬助。正慶二・元弘三年（一三三三）五月二十二日に鎌倉の東勝寺で自害した

【解説】（1）北条氏関係の諸系図の中で、正にのみ見える人物。注記に「元弘自害」とある。（2）兄仲時が正慶二・元弘三年に二十八歳で死去していることや、右馬助の官途から高基も十代後半から二十代の青年武将であったと思われる。（3）「太平記」巻一〇「高時并一門以下於東勝寺自害事」で、正慶二・元弘三年五月二十二日に、北条氏一門最期の場となった鎌倉東勝寺において自害した人々の交名に「相模右馬助高基」を載せている。

【系図】正。

【史料】「太平記」。

（下山）

ほうじょう たけつるまる　北条竹鶴丸　生没年未詳

鎌倉時代中期の武士。朝時流。父は北条幸継（政章）、母は未詳。

【解説】入ウのみに見える人物。入ウでは系線が幸継（政章）とその弟政基、両方から引かれ、どちらの子とも判断が付きにくいが、前によれば、政章の子に基家・政基・政家・為明の四人が記載されており、幸継（政章）の子と判断した。政家の幼名かもしれない。

【系図】入ウ。

【史料】

（菊池）

ほうじょう ただとき　北条忠時

生年未詳〜正慶二・元弘三年（?〜一三三三）

鎌倉後期の武士。実泰流。北条貞将の子、母は未詳。通称は武蔵左近将監。北条（金沢）貞顕書状のひとつに、忠時が将軍守邦親王御所及び北条高時邸に初参したことを伝える書状がある。正中二年（一三二五）ないし嘉暦元年（一三二六）と推定される。元徳元年（一三二九）、忠時は鎌倉の北条貞顕邸の東向に宿所を設けた。正慶二・元弘三年（一三三三）五月、北条高時とともに東勝寺で自害したと伝える。

【解説】自害のことは、群A・群Bによる。

【系図】群A・群B・関。

【史料】『金沢文庫古文書』三四二一・三六九・三八六、『鎌倉遺文』㊳二九三一三・三〇五一一等。（永井）

ほうじょう ただとき　北条忠時

建長元年〜弘安七年（一二四九〜八四）

鎌倉中期の武士。重時流。北条重時の子（十男）、母は未詳。通称は陸奥十郎。「吾妻鏡」によれば、弘長三年（一二六三）正月、垸飯の儀式に参列し、また、将軍宗尊親王が鶴岡八幡宮に参拝した時に供奉人を勤めている。建治三年（一二七七）十二月十二日、従五位下に叙せられ、左近将監となる（27歳）。また、同年十二月二日、北条貞時の元服にあたっては馬を牽いている。弘安四年（一二八一）十一月十一日、引付衆となる（31歳）。兄の業時が連署に就任したのと同じ年であった。同七年十月二日死去（36歳）。歌もよくし、「続拾遺和歌集」にその歌が一首入撰している。子に親時がいる。

【解説】（1）重時の十男ということについては、通称によった。七男業時との間に八男・九男にあたる人物がいると思われる。（2）「陸奥八郎」と名乗っているのは北条長重である。為時の子であるが父の夭折のためか重時の養子となった。九男にあたる人物は、早世のため名が残らなかったのではなかろうか。（3）「勅撰作者部類」に「六位、坂田十郎、陸奥守平重時男」とある。（4）忠時に触れた論考としては、湯山学「北条重時とその一族」（『相模国の中世史』）等がある。

【系図】野辺・野津・前・桓・群A・群B・正・纂要・入ウ。

【史料】「関東評定衆伝」・「吾妻鏡」・「建治三年記」・「勅撰作者部類」。（下山）

ほうじょう ただなお　北条忠直　生没年未詳

鎌倉後期の武士。時房流。北条政忠の子、母は未詳。通称は五郎。

【解説】前のみに見える人物。

【系図】前。

【史料】

（川島）

ほうじょう たつつる□□　北条辰鶴□　生没年未詳

鎌倉後期の人物。実泰流。父は北条政顕、母は未詳。

【解説】入ウのみに見える人物。

【系図】入ウ。

【史料】

（菊池）

ほうじょう たねとき　北条胤時　生没年未詳

鎌倉後期の武士。重時流。北条義政の子、母は未詳。国時の弟。通称は四郎。父義政が信濃国塩田庄に隠遁したため、義政流は塩田氏を称した。義政は、弘安四年（一二八一）十一月二十七日、籠居していた塩田庄で没した。

【解説】正にその名が見え、通称を「四郎」としている。入ウは「四郎丸」とし、「修理亮」と注記する。

【系図】正・入ウ。

【史料】

（下山）

ほうじょう たねとき　北条胤時　生没年未詳

鎌倉後期の武士。政村流。父は第十二代執権の北条煕時、母は未詳。

【解説】正にのみ見える人物。注記はない。

【系図】正。

【史料】

（山野井）

ほうじょう たねとき　北条種時　生年未詳〜正慶二・元弘三年（？〜一三三三）

鎌倉後期の武士。実泰流。北条政顕の子、母は未詳。父政顕が鎮西探題の任を離れた正和四年（一三一五）十月から同五年十二月にかけて鎮西探題を代行した文書が現存する。北条英時着任によって任を離れ、その後の事績は未詳。正慶二・元弘三年（一三三三）に鎮西探題が滅亡したときに自害したと伝える。

【解説】（1）川添昭二「北条種時について」（『金沢文庫研究』一〇〇）。（2）守護国別参照。

【系図】尊・群A・群B・前・正・関・入ウ。

【史料】『鎮西探題史料集』上（四二一〜四二五）、『鎌倉遺文』㉝二五六八八・二五六八九・二五六九二他。

（永井）

ほうじょう たねとき　北条種時　生没年未詳

鎌倉後期の武士。重時流。北条久時の子、母は未詳。英時の兄弟。官位は従五位下、修理亮。

【解説】（1）種時といえば、実泰流の北条（金沢）政顕の子が知られ、関はこちらしか載せていない。逆に桓のように重時流の種時しか載せていない系図もあるので、立項とした。久時の子種時が、北条政顕の猶子となったという可能性もある。（2）川添昭二「北条種時について」（『金沢文庫研究』一〇〇）参照。

【系図】尊・桓・群A・群B・正・纂要。

【史料】

（下山）

ほうじょう たまつる　北条珠鶴　生没年未詳

鎌倉後期の武士。政村流。父は北条政村の五男政長の子の重村（政泰）、母は未詳。父重村から常陸国信太庄高井口地頭職を譲られた。

【解説】（1）北条氏関係の諸系図には見えない人物。（2）珠鶴が高井口地頭であったことは、崇顕（金沢貞顕）書状（「金沢文庫文書」：『鎌倉遺文』㊴三〇七三〇）及び常陸国信太庄年貢注文（「白河本東寺百合文書」一〇五：『鎌倉遺文』㊴三〇八五一）による。前者によれば、父重村は「早世」であり、「当腹三郎」が嫡子に立てられ、その他に妾腹の「小童次男、式部大夫三男、蔵人四男」らの子がいた。後者には「三郎殿」・「殊（珠）鶴殿」・「式部大夫」・「蔵人殿」らの名が見え、前者の記述と一致する。

【系図】正。

【史料】「金沢文庫文書」・「白河本東寺百合文書」、『鎌倉遺文』。

（山野井）

ほうじょう ためあき　北条為明　生没年未詳

鎌倉後期の武士。朝時流。北条幸継の子、母は未詳。北条時幸の孫にあたる。基家・政基・政家の弟。官途は掃部助。

【解説】（1）前にのみ見える人物。「掃部助」と注記する。なお、政明の子として見えるが、この政明は次郎と考えられ、野辺・野津に見える幸継と通称が一致し、幸継・政明を併記する系図がないことから、同一人物と思われる。（2）寛元四年（一二四六）に祖父時幸が将軍藤原頼経と提携して幕府権力の奪取をはかり、失敗した寛元の政変以後、時幸の子孫は幕府政治の舞台から全く姿を消していく。為明も他の北条氏関係の諸系図には見えず、その実体は未詳である。
【系図】前。
【史料】

ほうじょう ためとき　北条為時　生没年未詳

（久保田）

鎌倉中期の武士。重時流。北条重時の子。初名時継。長子であるが、極楽寺流の家督は弟の長時が継いだ。母は苅田義季の女（荏柄尼西妙）。従五位下、式部大夫。母方の所領を継承して苅田を称した。「吾妻鏡」にも登場せず、その足跡は不明であるが、諸系図によれば、子に長重・為宗・時俊・時久・時親・宣覚の男子六名、唐橋通清室・北条（阿曽）宗時室・北条時遠室・足利（斯波）家氏室・斯波宗家室・渋川兼氏室・新田政義室の女子七人が知られる。

【解説】（1）諸系図のうち、野辺・桓武・正・入は為時を載せずに時継を載せるが、野津の注記に「苅田時継改」とあり、改名したと考えられる。為時から時継に改名したとする解釈と時継から為時に改名したとする解釈があるが、熊谷隆之「ふたりの為時——得宗専制の陰翳——」（『日本史研究』六一一号、二〇一三年）は後者と見る。（2）母について、野津は苅田平左衛門入道女、野辺は中道（条カ）平左衛門入道女、桓は中条左衛門入道女とする。苅田義季の女に比定できる。苅田義季は中条家長の弟である。「小野氏系図」には義季女として「荏柄尼西妙、苅田式部殿母」と見える。森幸夫『北条重時』（吉川弘文館、二〇〇九年）参照。（3）諸系図の記載と、長時が二男と考えられることから、為時を長子とした。しかし、野辺が為時の子長重を「次郎八郎」としていることからは、為時は重時の太郎（長男）ではなく次郎（次男）である可能性もある。長時は寛喜二年（一二三〇）生まれである。重時の子は、為時のほか、長時・時茂・義政・業時・忠時・女子数人が知られるが（北条氏研究会「北条氏系図考証」〈安田元久編『吾妻鏡人名総覧』所収〉）、このうち呼び名に相模を冠するのは為時と長時のみで、他の兄弟は陸奥を冠している。父重時が相模守から陸奥守に遷任したことに対応している。（4）没年についてははっきりしないが、群A・群Bには「太郎早世」としている。「明月記」には嘉禎元年（一二三五）十月、重時の長男（為時カ）が疱瘡で死に、二男（長時カ）も死んだという噂が流れたという記事が見える。しかし、これでは諸系図に見える男子六名、女子七名の子の存在との整合性が取れない。重時の男子の中で幕府の要職等に就いていないのは為時だけであり、若年で死去したか、そうでなければ何らかの理由で政治的に失脚したことも考えられる。(5)野津には「物狂」という注記があり、精神的な疾患と読めるが、これを「謀叛」と同義とする解釈もある。(6)官途について、纂要はこれに甲斐守も加える。また纂要は、宝治元年七月六日の六波羅北方在職を加えるが、これは隣の長時の記載がずれて書写されたものと考えられる。(7)森幸夫『北条重時』(吉川弘文館)、熊谷隆之「ふたりの為時——得宗専制の陰翳——」(『日本史研究』六一一号)参照。

【系図】野津・野辺・桓武・尊・前・桓・群A・群B・正・纂要・入・入ウ。

【史料】

(下山)

ほうじょう ためとき　北条為時

文永二年~弘安九年(一二六五~八六)

鎌倉後期の武士。政村流。父は第九代連署の北条時村、母は未詳。佐竹義継の女を妻とする。初名は時定。通称は武蔵四郎。官位は従五位下、左近将監。弘安九年(一二八六)十月六日、二十二歳で没した。六波羅探題であった父時村に従って在京中の死であったようである。子には諸系図から煕時(貞泰)・時仲・時助が知られるが、母はいずれも未詳である。和歌にも秀で、勅撰集である「新後撰和歌集」・「玉葉和歌集」にそれぞれ入集している。

【解説】(1)初名については群A・群Bによる。また、得宗北条時氏の子にも時定がおり、後に為時と改名しているので、若干の誤記があるかもしれない。(2)通称は関に「武蔵四郎」と注記する。(3)官位は尊・前・纂要・群A・群B・関・「北条九代記」による。(4)正は為時に「帯刀先生義賢ノ孫、佐竹四郎義継聟」と註記するが、佐竹義継の名は佐竹氏関連の系図では確認できない。(5)生年は没年からの逆算による。没年及び享年は尊・群A・群B・纂要による。正・桓は「早世」と注記する。(6)「勅撰作者部類」に「五位、常盤左近将監、右京大夫平時村男」とある。

【系図】尊・前・関・桓・群A・群B・正・纂要。

【史料】「北条九代記」・「新後撰和歌集」・「玉葉和歌集」。

(山野井)

ほうじょう ためとき　北条為時

→ **北条時定**（ほうじょう ときさだ）

ほうじょう ためときじょ　北条為時女　生没年未詳

鎌倉中期の女性。重時流。北条為時の子、母は未詳。重時の孫にあたる。唐橋通時の子通清に嫁いだ。通清の母は義時の女である。

【解説】（1）北条為時女子については、入ウに五人、野津に三人、群A・群B・正・纂要には各一人載せられている。（2）諸系図のうち、野津・入ウには「唐橋中将室」とある。唐橋中将とは、「吾妻鏡」寛喜三年（一二三一）正月十四日条に見える唐橋通清であろう。この条は、鎌倉の火災に関するもので、唐橋中将邸も延焼したことが記されている。（3）尊3（村上源氏）によれば、唐橋通清は北条義時の女を母としている。

【系図】野津・群A・群B・正・纂要・入ウ。

【史料】

（下山）

ほうじょう ためときじょ　北条為時女　生没年未詳

鎌倉中期の女性。重時流。北条為時の子、母は未詳。重時の孫にあたる。足利家氏の子斯波宗家に嫁ぎ、家貞を生んだ。宗氏の母は北条義時の女である。

【解説】（1）北条為時の女子については、入ウに五人、野津に三人、群A・群B・正・纂要には各一人載せられている。（2）尊3（清和源氏）に見える渋川義顕の妻（義春の母）となった為時の女と、「武衛系図」・「最上系図」や纂要に見える斯波（足利）家氏の妻（義利・宗家の母）である為時の女は、重時流ではなく、北条時頼の弟である為時（時定）の女であろう。（3）入ウは「足利中務大輔（家長）室」とするが、混乱があるか。

【系図】尊3（清和源氏）・入ウ。

【史料】

（菊池）

ほうじょう ためときじょ　北条為時女　生没年未詳

鎌倉中期の女性。重時流。父は北条為時、母は未詳。北条（阿曽）宗時（重時流）に嫁し、のち離別したという。

【解説】入ウのみに見える人物。注記に「号宗時室、離別」とある。熊谷隆之「ふたりの為時——得宗専制の陰翳——」（『日本史研究』六一一号）参照。

【系図】入ウ。

【史料】

（菊池）

ほうじょう ためときじょ　北条為時女　生没年未詳

鎌倉中期の女性。重時流。父は北条為時、母は未詳。

足利（斯波）家氏に嫁し、宗家を生んだ。

【解説】（1）入ウのみに見える人物。注記に「足利中務大輔室、義氏」とある。（2）熊谷隆之「ふたりの為時――得宗専制の陰翳――」（『日本史研究』六一一号）参照。（3）北条時定女も参照。

【系図】入ウ。

【史料】

（菊池）

ほうじょう ためときじょ　北条為時女　生没年未詳

鎌倉中期の女性。重時流。父は北条為時、母は未詳。北条時遠（時房流）に嫁した。

【解説】入ウのみに見える人物。注記に「平時遠室」とある。熊谷隆之「ふたりの為時――得宗専制の陰翳――」（『日本史研究』六一一号）参照。

【系図】入ウ。

【史料】

（菊池）

ほうじょう ためときじょ　北条為時女　生没年未詳

鎌倉中期の女性。重時流。父は北条為時、母は未詳。新田政義に嫁した。

【解説】入ウのみに見える人物。注記に「新田太郎室」とある。熊谷隆之「ふたりの為時――得宗専制の陰翳――」（『日本史研究』六一一号）参照。

【系図】入ウ。

【史料】

（菊池）

ほうじょう ためときじょ　北条為時女　生没年未詳

鎌倉後期の女性。重時流。父は北条為時、母は未詳。渋川義顕に嫁し、義春を生んだ。

【解説】（1）尊3（清和源氏）の渋川義春（兼氏子）の注記に「母平為時女、文永九・三、配佐渡国、」と見える。北条時定女も参照。（2）熊谷隆之「ふたりの為時――得宗専制の陰翳――」（『日本史研究』六一一号）参照。

【系図】尊3（清和源氏）。

【史料】

（菊池）

ほうじょう ためなお　北条為直　生没年未詳

鎌倉中期の武士。重時流。北条為宗の子、母は未詳。重時の曾孫にあたる。官途は式部大夫。

【解説】名について、前は為冬とする。注記の官職から同一人物と判断した。

【系図】前・正。

【史料】

（下山）

ほうじょう ためなが　北条為長　生没年未詳

鎌倉後期の武士。重時流。北条長重の子、母は未詳。重時の曾孫にあたる。通称は八郎三郎・三郎。

【解説】通称について、前は「八郎三郎」とする。父長重が八郎とよばれていたことを考えると、その三男ということか。正は単に「三郎」とする。

【系図】前・正。

【史料】

（下山）

ほうじょう ためひさ　北条為久　生没年未詳

鎌倉後期の武士。重時流。父は北条為宗、母は未詳。

【解説】入ウのみに見える人物。

【系図】入ウ。

【史料】

（菊池）

ほうじょう ためひで　北条為秀　生没年未詳

鎌倉後期の武士。重時流。北条時秀の子、母は未詳。為時の曾孫。重時から見れば玄孫にあたる。通称は陸奥三郎。

【解説】前のみに見え、「陸奥三郎」と注記する。

【系図】前。

【史料】

（下山）

ほうじょう ためむね　北条為宗　生没年未詳

鎌倉中期の武士。重時流。北条為時の子、母は未詳。重時の孫にあたる。通称は九郎。子に為直・久宗がいる。

【解説】通称について、野津・前・正とも「九郎」とする。為時の九男ということか。

【系図】野津・前・正・入ウ。

【史料】

（下山）

ほうじょう ためふゆ　北条為冬

→　**北条為直**（ほうじょう ためなお）

ほうじょう ちかとき　北条周時

生年未詳～延慶二年（?～一三〇九）

鎌倉後期の武士。朝時流。北条貞家の子、母は未詳。祖父時家の養子となったと考えられる。高家の兄。官位は従五位下、左近将監。通称は美作左近将監。延慶二年（一三〇九）六月八日没した。

【解説】（1）時家の子は、諸系図から貞家・周時・高家の三人の男子が知られる。しかし、桓・纂要は高家を、群A・群Bは周時・高家を貞家の子と記しており、貞家と周時・高家を兄弟とする系図がないため、周時・高家は父貞家が早世したため、祖父時家の養子となったと推定しておく。(2)官位は前・正の注記による。(3)寛元の政変で、北条時章は得宗北条時頼に野心無き旨を陳謝し、以後名越氏の嫡流となる。時章の子孫は評定衆・引付頭人の家格を有し、幕政の中枢に位置した。祖父時家も永仁元年(一二九三)四月八日、軍勢五百余騎を率いて西国に下向、鎮西惣奉行所と呼ばれた。(4)没年は「武家年代記」による。

【系図】前・群A・群B・正。

【史料】「武家年代記」。

(久保田)

ほうじょう ちかとき　北条親時　生没年未詳

鎌倉中期の武士。朝時流。北条光時の長男、母は未詳。初名は頼平。通称は越後太郎・江馬太郎・周防右馬助。越後は祖父朝時が嘉禄元年(一二二五)九月十七日に、父光時が寛元元年(一二四三)に任官した越後守による。江馬は父光時の所領であり、寛元の政変の結果、寛元四年六月十三日に光時が配流された伊豆国江間(現静岡県田方郡伊豆長岡町)にこと。親時は「吾妻鏡」に四か所見えるが、いずれも将軍藤原頼経の随兵としてであり、暦仁元年(一二三八)二月十七日を最後に見えなくなる。

【解説】(1)親時は前・「吾妻鏡」に江馬太郎・越後太郎と記されていることから、光時の長男と考えられる。(2)初名は正による。(3)通称は前・「吾妻鏡」・纂要による。纂要の注記に「周防右馬助」とある。(4)寛元三年(一二四五)四月六日に朝時が死去すると、朝時の子息らはその遺言に従って、翌四年三月十四日に信濃国善光寺で父の供養を行った。将軍藤原頼経のもとに名越一族を結集し、得宗家打倒の計画を立てる目的で開催されたといわれている。この計画の中心は父光時であった。同年閏四月、四代執権北条経時が死去すると、父光時・叔父時幸らは将軍頼経と提携して幕府権力の奪取をはかるが、新執権時頼によって未然に防がれた。この事件の結果、得宗家と肩を並べた雄族名越氏は大きな打撃をこうむり、以後反主流派として鎌倉時代を送ることになる。以後、光時の子息等は幕府政治の舞台から全く姿を消していく。

【系図】野津・前・桓・群A・群B・正・纂要・入・入ウ。

【史料】「吾妻鏡」。

(久保田)

ほうじょうちかとき　北条親時　生没年未詳

鎌倉後期の武士。重時流。北条忠時の子、母は未詳。重時の孫にあたる。官途は修理亮・尾張守。子に貞重・貞親がいる。

【解説】系図の注記は、前に「尾張守」。正には「尾張守、修理亮」とある。

【系図】前・正。

【史料】

（下山）

ほうじょうちかときじょ　北条親時女　生没年未詳

鎌倉後期の女性。朝時流。父は北条親時、母は未詳。北条政道に嫁した。

【解説】入ウのみに見える人物。注記に「政道室」とある。

【系図】入ウ。

【史料】

（菊池）

ほうじょうちかふさ　北条親房　生没年未詳

鎌倉後期の武士。時房流。北条時親の子、母は未詳。通称は大進大夫。

【解説】前のみに見える人物。

【系図】前。

【史料】

（川島）

ほうじょうちかもり　北条親盛　生没年未詳

鎌倉中期の武士。朝時流。北条親時の長男、母は未詳。北条光時の孫にあたる。通称は越後孫太郎。越後は祖父光時が寛元元年（一二四三）に任官した越後守による。

【解説】（1）前・入・入ウに見える人物。前・入ウの注記に「越後孫太郎」と記されていることから、親時の長男と考えられる。（2）通称は前の注記による。（3）寛元四年（一二四六）に祖父光時が将軍藤原頼経と提携して幕府権力の奪取をはかり、失敗した寛元の政変以後、光時の子孫は幕府政治の舞台から全く姿を消していく。親時も他の北条氏関係の諸系図に見えず、その実体は未詳である。

【系図】前・入・入ウ。

【史料】

（久保田）

ほうじょうちよじゅまる　北条千代寿丸　生没年未詳

鎌倉後期の武士。義時流（得宗）。父は北条貞時、母は未詳。

【解説】尊・纂要だけに見える人物。群A・群Bには貞時の子泰家の子として千代丸が記されているが、関係は不明。あるいは同一人物か。

【系図】尊・纂要。

【史料】

（菊池）

ほうじょうちよつる　北条千代鶴　生年未詳〜正応三年（?〜一二九〇）

鎌倉後期の武士か。朝時流。父は北条教時、母は未詳。正応三年（一二九〇）配流先の常陸国の所領で没したという。

【解説】入ウのみに見える人物。注記に「配所常陸所領、正応三死」とある。

【系図】入ウ。

【史料】

（菊池）

ほうじょうちよまる　北条千代丸　生没年未詳

鎌倉後期の武士。義時流（得宗）。父は北条貞時の子泰家、母は未詳。

【解説】群A・群Bだけに見える人物。尊・纂要には貞時の子として千代寿丸が記されているが、関係は不明。あるいは同一人物か。

【系図】群A・群B。

【史料】

（菊池）

ほうじょうつなさだ　北条綱貞

→北条綱栄（ほうじょうつなひで）

ほうじょうつなひで　北条綱栄　生没年未詳

鎌倉中期の武士。義時流（得宗）。父は時厳、母は未詳。通称は平太。

【解説】正にのみ見える人物。「栄」の右に「貞」とあり、「平太」と注記する。

【系図】正。

【史料】

（菊池）

ほうじょうつねかね　北条恒兼　生没年未詳

鎌倉後期の武士。有時流。北条有義の子、母は時房流の北条時隆の女。北条有時の孫にあたる。

【解説】群A・群Bのみに見える人物。有時流には記載がなく、時房流の時隆の女の子として記される。

【系図】群A・群B。

【史料】

（川島）

ほうじょうつねとき　北条経時　元仁元年〜寛元四年（一二二四〜四六）

鎌倉中期の執権。義時流（得宗）。北条時氏の長男、母は安達景盛の女（松下禅尼）。妻は宇都宮泰綱の女で、寛元三年（一二四五）九月四日に十五歳で没するが、宇都宮一門の歌集である「新和歌集」には、彼女の病状を思いやる経時の和歌が収められている。幼名は藻上御前。通称は弥四郎・大夫将監・左近大夫将監・左親衛・武州等である。中武蔵・中武州とも称した。幼時は京都で過ごしており、寛喜二年（一二三〇）三月、父時氏に伴われとともに京都から鎌倉に戻った。文暦元年（一二三四）三月五日に将軍藤原頼経邸で元服し、弥四郎経時と名乗る（11歳）。加冠役を将軍みずからが勤めた。同年八月一日に小侍所別当に就任し、嘉禎二年（一二三六）十二月二十六日まで務めた（13歳）。同三年二月二十八日、左近将監（14歳）、同二十九日叙爵。寛喜元年（一二三九）より同三年まで若狭守護。仁治二年（一二四一）八月十二日、従五位上に叙される（18歳）。同年六月より翌三年六月まで評定衆であった。同三年六月十五日、祖父である三代執権北条泰時が没すると、父時氏が早世していたため嫡孫として四代執権となる（19歳）。寛元元年（一二四三）二月、評定衆を三番とし、番ごとに沙汰日を定めた。同六月十二日、正五位下に叙され、同七月八日、武蔵守に補任される。この時前任の武蔵守大仏朝直は遠江守に遷任させられている。同二年四月二十八日、第四代将軍藤原頼経を廃して、その子頼嗣（6歳）を五代将軍に擁立、同七月には妹の檜皮姫（16歳）をその室とした。将軍家との関係を密にし、政局の安定を計ったものと思われる。同三年五月、病気に罹り、翌四年三月二十三日には病気が重くなったため、執権を弟時頼に譲り、同四月十九日出家した。約十日後の閏四月一日、二十三歳で死去した。法名は月輪寺安楽。墓は鎌倉の光明寺（佐介谷の蓮華寺を改めた）にある。それにちなみ蓮華寺とも号した。

【解説】（1）野津は幼名を薬上とする。通称は「吾妻鏡」による。「弥五郎」とも見えるが誤記であろう。（2）官位は「鎌倉年代記」による。（3）安田元久編『鎌倉将軍執権列伝』参照。（4）守護論考・守護国別参照。

【系図】野辺・野津・尊・正・桓・群A・群B・前・入・入ウ。

【史料】「吾妻鏡」・「百練抄」・「葉黄記」・「岡屋関白記」・「勘仲記」・「関東評定伝」・「鎌倉年代記（裏書）」・「武家年代記」・「鎌倉大日記」・「若狭国守護職次第」・「若狭国志」・「花押彙纂」・「新編鎌倉志」・「新

編相模国風土記稿」、『鎌倉遺文』⑦五一五九・五二八四、⑧五九二三・六一一一他、『大日本史料』第五編之二〇（寛元四年四月一日条）参照。（遠山）

ほうじょう つるおうまる　北条鶴王丸　生没年未詳

鎌倉後期の武士。義時流（得宗）。父は北条時尚、母は未詳。

【解説】入ウのみに見える人物。

【系図】入ウ。

【史料】

（菊池）

ほうじょう つるまさ□□　北条鶴正□　生没年未詳

鎌倉後期の人物。実泰流。父は北条政顕、母は未詳。

【解説】入ウのみに見える人物。

【系図】入ウ。

【史料】

（菊池）

ほうじょう とうし　北条登子

徳治元年～貞治四・正平二十年（一三〇六～六五）

鎌倉後期・南北朝期の女性。重時流。北条久時の女、母は未詳。守時の妹。父久時は徳治二年（一三〇七）十一月死去（2歳）。足利尊氏に嫁し、足利義詮・基氏を産む。従二位に叙され「二位家」、剃髪して「二位（二品）禅尼」と称した。「太平記」によれば、正慶二・元弘三年（一三三三）三月、高氏（尊氏）が幕府軍を率いて上洛する際には幼い千寿（義詮）とともに鎌倉に留め置かれたという（28歳）。貞治四・正平二十年（一三六五）五月四日没（60歳）。仁和寺等持院に葬られた。追贈従一位。

【解説】登子が産んだ子について、足利義詮・基氏のほかに群Bは宮妃の母を載せている。群Bは名を示していないが、「足利系図」は崇光院后妃としている。

【系図】尊・桓・群A・群B・正・纂要・「足利系図」・「古河公方系図」・「喜連川判鑑」。

【史料】「太平記」。

（下山）

ほうじょう ときあき　北条時章

建保三年～文永九年（一二一五～七二）

鎌倉中期の評定衆・引付頭人。朝時流。北条朝時の次男、母は大友能直の女。時章の妻には、次男公時の母である二階堂行有の女が知られるが（関の注記による）、尊2（乙麿流）・纂要（二階堂系図）では、二階堂行方の女を妻とする。通称は、越後二郎・遠江式部大夫・尾張守・尾張前司と変化するが、越後から遠江への変化は、父朝時が嘉禎二年（一二三六）七月二十日に越後守から遠江守に遷任したことに対応する。時章が尾張守に任官した寛元三年（一二四五）四月八日以降は、自身の官途名が通称となる。

時章は建保三年（一二一五）に生まれた。暦仁元年（一二三八）閏二月十五日大炊助、同二十七日式部少丞、九月一日大丞に転任し、同日従五位下に叙爵された（24歳）。『吾妻鏡』仁治二年（一二四二）六月十六日条に、「筑後国守護人遠江式部大夫」と見える。寛元三年（一二四五）四月六日に父朝時が死去すると、大隅国守護職を継承（31歳）。また建長五年（一二五三）九月五日には肥後国守護である徴証もあり、時章は九州の筑後・大隅・肥後三か国の守護職を兼務した。『関東評定衆伝』によると、寛元三年四月八日尾張守に任じ、同四年二月二十二日に辞任と記されているが、『吾妻鏡』同年五月二十五日条に「尾張守時章」と見える。翌宝治元年（一二四七）十二月五日条には「名越尾張前司」と記されているので、この間に起こった寛元の政変によって辞任したと思われる。

元仁元年（一二二四）六月十三日北条義時の死後、執権泰時・連署時房を中心とする執権政治が確立すると、父朝時は次第に幕府政治の中枢から疎外され、これに対抗して将軍藤原頼経との関係を強めた。時章も父朝時・兄光時とともに将軍家に仕え、将軍出行時の随兵・御剣役などを勤めた。仁治元年（一二四〇）一月に連署時房、同三年六月には執権泰時が相次いで死去すると、得宗家と名越流との対立は次第に深まった。寛元三年（一二四五）四月六日に父朝時が死去すると、朝時子息らはその遺言に従って、翌四年三月十四日に信濃国善光寺で父の供養を行った。将軍頼経のもとに名越一族を結集し、得宗家打倒の計画を立てる目的で開催されたといわれている。この計画の中心は兄光時であった。同二十三日、執権北条経時の病により弟の時頼に執権職が譲られると、鎌倉は異常な緊張につつまれ、近国御家人が続々と鎌倉に結集した。かかる危機に対して、時頼方は敵対勢力の分断を図り、名越氏と同じく将軍勢力の中心であった三浦一族との提携をはかった。五月二十四日、時頼は先手を打って鎌倉を戒厳下におき、名越一族を孤立させることに成功した。翌二十五日、時章は弟時長・時兼とともに野心無き旨を執権時頼に陳謝し、名越一族の中から脱落者が出るに及んで勝敗は決した。張本とされた光時・時幸は出家し、寛元の政変は得宗家の勝利で終わった。

六月十三日、兄光時は伊豆国江間に配流となり、得宗家に肩を並べた雄族名越氏は大きな打撃を被った。七月二日、前将軍頼経も京都に送還され、北条時頼政権はここに確立した。

時章は政変以後、名越氏の嫡流となり、宝治元年（一二四七）七月評定衆に加えられ（33歳）、建長三年（一二五一）六月二十日三番引付頭人（37歳）、康元元年（一二五六）四月二十九日に二番引付頭人となる（42歳）。弘長三年（一二六三）十一月二十二日、得宗北条時頼の死去により出家、法名見西。以後、尾張入道と称する。文永元年（一二六四）六月十六日一番引付頭人（50歳）、同三年三月引付衆の廃止により一番頭人を辞任するが（52歳）、同六年四月に引付衆が再設置されると、再び一番引付頭人となる（55歳）。時章は北条得宗家と協調し、幕府の重鎮となるが、同九年二月十一日、弟教時とともに得宗御内人に誅殺される。五十八歳であった。同十五日、執権北条時宗の庶兄で、当時六波羅探題南方であった北条時輔が、反逆の罪で同北方北条義宗に殺害される事件（二月騒動）が起こるが、かつて反得宗勢力の中心であった名越一族として、この事件への関与を疑われたためである。「鎌倉年代記」によると、まもなく時章の嫌疑は晴れ、討手の得宗御内人五人は斬首された。しかし、弟の教時の討手には賞罰がなく、二月騒動への関与が推定される。

【解説】（1）時章は野辺・関に「三郎」「遠江三郎」と記されていることから、朝時の次男と考えられる。（2）母は桓武・関・纂要・「宗家大友氏ノ系図」などによる。（3）通称は「吾妻鏡」による。（4）時章の守護職については、佐藤進一『増訂鎌倉幕府守護制度の研究』による。（5）「吾妻鏡」建長三年六月五日条では、六方引付の三番頭人として時章が見える。（6）参考文献には、川添昭二「北条氏一門名越（江馬）氏について」（『日本歴史』四六四）、同「二月騒動と日蓮――自界叛逆難――」（『前進座』四）、磯川いづみ「北条氏庶家名越氏と宮騒動」（『鎌倉』八六）、細川重男『鎌倉政権得宗専制論』、磯川いづみ「北条時章・教時について」（北条氏研究会編『北条時宗の時代』）などがある。（7）守護論考・守護国別参照。

【系図】野辺・野津・桓武・尊・前・関・桓・群A・群B・正・纂要・入・入ウ・「宗家大友氏ノ系図」・「大

友系図」。

【史料】「吾妻鏡」・「関東評定衆伝」・「鎌倉年代記」・「武家年代記」・「肥後詫摩文書」。（久保田）

ほうじょう ときあき　北条時顕　生没年未詳

鎌倉後期の武士。時房流。北条時景（本名朝盛）の子、母は未詳。本名は時信。官位は従五位下・美作守。子に政忠・盛信・政国がいる。

【解説】父の名について、時顕の記載される前・群A・群B・野津・尊・桓・纂要は時景とするが、桓武・尊・正は朝盛とする。

【系図】前・群A・群B。

【史料】（川島）

ほうじょう ときあき　北条時顕　生年未詳～正慶二・元弘三年（?～一三三三）

鎌倉後期の武士。実泰流。北条宗顕の子。通称は甘縄。正慶二・元弘三年（一三三三）五月二十二日、北条家の菩提寺、鎌倉の東勝寺において、父宗顕とともに自害した。

【解説】

【系図】桓・群A・群B。

【史料】「太平記」。（永井）

ほうじょう ときあつ　北条時敦　弘安四年～元応二年（一二八一～一三二〇）

鎌倉後期の引付衆・六波羅探題。政村流。父は北条政村の五男政長、母は長井時秀の女。通称は駿河四郎。正安元年（一二九九）六月、従五位下修理権亮に叙任され（19歳）、嘉元元年（一三〇三）四月、左近将監に任じられた（23歳）。徳治元年（一三〇六）八月、引付衆となる（26歳）。同二年十二月には弾正少弼を兼ね、延慶三年（一三一〇）五月、従五位上に叙された（30歳）。同年七月、六波羅探題南方に任じられ、八月、越後守となる。越後守は文保元年（一三一七）五月頃まで務めた。正和四年（一三一五）六月、六波羅探題北方に転じた（35歳）。なお、正和年間（一三一二～一七）頃、六波羅探題北方兼補の職とみられる摂津・播磨両国の守護を務めていたようである。時敦が六波羅探題を務めていた時期には、持明院統と大覚寺統の皇位をめぐる対立が一応の和解をみた文保の和談（文保元年：一三一七）があった。六波羅探題の政治的比重は当然重くなり、時敦は南方探題の維貞（時房流）とともに朝廷と関東の交渉の仲介にあたった。元応二年（一三二〇）五月二十四日、京都において卒した（40

歳)。子は諸系図から時益が知られる。勅撰集の「玉葉和歌集」・「続千載和歌集」に計四首が入集している。

【解説】(1)没年は尊・纂要・「鎌倉年代記」・「武家年代記」・「将軍執権次第」・「北条九代記」・「常楽記」による。生年は没年からの逆算による。なお、前は死去の日を四月二十四日、「北条九代記」は五月四日とする。(2)母は「北条九代記」による。(3)佐藤進一氏は『鎌倉幕府守護制度の研究』において、守護代糟屋氏と時敦流北条氏との譜代関係をもとに、時敦が摂津・播磨両国守護の職にあったと推論している。また、同様の根拠から、時敦流北条氏が加賀国守護であった可能性も指摘している。(4)「勅撰作者部類」に「五位、越前守、駿河守平政長男」とある。(5)守護論考・守護国別参照。

【系図】尊・前・関・桓・群A・群B・正・纂要。

【史料】「将軍執権次第」・「鎌倉年代記」・「武家年代記」・「常楽記」・「北条九代記」・「玉葉和歌集」・「続千載和歌集」・「勅撰作者部類」、『鎌倉遺文』㉛二四〇六一・二四〇八四、㉜二四三八〇他。

(山野井)

ほうじょう ときあり　北条時有　生没年未詳

鎌倉後期の武士。時房流。北条宣房の子、母は未詳。通称は弥四郎・尾張左近大夫、五位。その和歌は「続千載和歌集」に収められている。

【解説】「勅撰作者部類」に「五位、尾張左近大夫、左近将監平宣房男」と見える。

【系図】尊・群A・群B・纂要。

【史料】「続千載和歌集」・「勅撰作者部類」。

(川島)

ほうじょう ときあり　北条時有　生没年未詳

鎌倉中期の武士。朝時流。北条時基の子、母は未詳。宗基・時賢・朝貞の弟。通称は左近蔵人。

【解説】(1)前にのみ見える人物。「左近蔵人」と注記する。(2)時有の父時基は名越一族の中では得宗家と関係が深く、評定衆・引付頭人の家格を有し、幕政の中枢に位置していた。しかし、時有については他の北条氏関係の諸系図・「吾妻鏡」に記述が無く、その実体は未詳である。

【系図】前。

【史料】

(久保田)

ほうじょう ときあり　北条時有

生年未詳～正慶二・元弘三年（?～一三三三）

鎌倉後期の武士。朝時流。北条公貞の子、母は未詳。有公の兄、子に時兼がいる。官位は、従五位下、左近将監、遠江守。越中国守護。歌人でもあったことが知られ、「続千載和歌集」に入集している。正慶二・元弘三年（一三三三）五月誅された。

【解説】（1）纂要では有公の兄として記載される。（2）官位は尊・前・正・纂要の注記による。（3）越中守護は纂要の注記と「太平記」による。佐藤進一『増訂鎌倉幕府守護制度の研究』参照。（4）尊の注記に「続千作者」と記されている。「続千」は後宇多法皇の勅撰により、元応二年（一三二〇）七月二十五日に完成した「続千載和歌集」（全二十巻）のことで、二十一代集の一つである。（5）纂要の注記に、「元弘三年五月被誅」と記されている。（6）寛元の政変で、北条時章は得宗北条時頼に野心無き旨を陳謝し、以後名越氏の嫡流となる。時章の子孫は評定衆・引付頭人の家格を有し、幕政の中枢に位置した。（7）守護論考・守護国別参照。

【系図】尊・前・正・纂要。

【史料】「太平記」・「続千載和歌集」。

（久保田）

ほうじょう ときいえ　北条時家

生没年未詳

平安後期の武士。北条時方の子、母は未詳。通称は北条四郎大夫。従五位下、伊豆大介と伝える。子に時政がいる。

【解説】（1）時方と時家、時家と時兼の世代が逆になっている系図が野津・野辺・桓武・尊と古いものに多いが、奥富敬之説（奥富敬之『鎌倉北条氏の基礎的研究』）に従った。注記は前に「北条四郎大夫　伊豆大介」とあるのを始めほぼ同様の注記が見える。なお、野辺・桓武に時家の子として見える時兼は、「号北条四郎大夫」とあることから時家注記の誤記であろう。なお、北条氏研究会「北条氏人名考証」（安田元久編『吾妻鏡人名総覧』所収）参照。（2）通称は前記の奥富氏の説に従った。

【系図】桓・群A・群B・前・入。

【史料】

（菊池）

ほうじょう ときいえ　北条時家

生没年未詳

鎌倉中期の武士。義時流（得宗）。父は北条時定、母は未詳。のち時氏と改名した。官途は左近将監。

【解説】纂要のみに見える人物。注記に「後時氏、左近将監」とある。

【史料】

【系図】纂要。

（菊池）

ほうじょう ときいえ　北条時家 生没年未詳

鎌倉中期の武士。時房流。北条時盛の子、母は未詳。

【解説】（1）野津のみに見える人物。注記はない。（2）纂要の時房流の北条時親の子に同名の人物が見え、同一人物の可能性がある。

【系図】野津。

【史料】

（川島）

ほうじょう ときいえ　北条時家 生没年未詳

鎌倉後期の武士。時房流。北条時親の子、母は未詳。通称は五郎。

【解説】纂要のみに見える人物。「五郎」と注記する。野津の時房流の北条時盛の子に同名の人物が見え、同一人物の可能性がある。

【系図】纂要。

【史料】

（川島）

ほうじょう ときいえ　北条時家 生没年未詳

鎌倉後期の武士。朝時流。北条公時の次男、母は北条重時の女。北条時章の孫にあたる。弟に公貞・時綱がいる。通称は尾張次郎・名越左近大夫。尾張は、父公時が文永十一年（一二七四）正月に任じられた尾張守による。官位は従五位下、左近将監、兵庫頭、美作守。寛元の政変で、祖父時章は得宗北条時頼に野心無き旨を陳謝し、以後名越氏の嫡流となる。時章の子孫は評定衆・引付頭人の家格を有し、幕政の中枢に位置した。時家の父公時は名越氏嫡流の地位を継承し、祖父朝時以来の越後・越中・大隅等三か国の守護職を兼務し、鎌倉時代後期の評定衆・引付頭人・寄合衆として鎌倉幕府の重鎮となる。

正応五年（一二九二）七月、元の江浙行省燕公南が和好を求めて日本商船に託した牒状が到来し、三度目の蒙古襲来という対外的緊張が高まる中で、同年十一月二十四日の幕府寄合において異国打手大将軍の人選が決定し、永仁元年（一二九三）三月七日六波羅探題北方北条兼時が多数の軍勢を率いて西国に下向、同年四月八日には時家が軍勢五百余騎を率いて関東より西国に下向した。兼時・時家両人は鎮西惣奉行所と呼ばれ、異賊警固・防戦のため、鎮西守護の上位に立つ九州現地最高指揮官として特派された。同三年四月二十二日兼時が鎮西より鎌倉に帰着、同月二十九日には時家も帰鎌した。

九州から鎌倉に戻った時家は、同年五月引付衆、正安三年（一三〇一）八月には三番引付頭人に就任。乾元元年（一三〇二）二月十八日に三番引付頭人を辞職するが、同年九月十一日には五番引付頭人に復帰。嘉元二年（一三〇四）九月二十五日に五番引付頭人を辞職。以後、史料上で確認できない。子に貞家・周家・高家がいる。

【解説】（1）関に通称が「尾張次郎」と記されていることから、公時の次男と考えられる。（2）母は前・関の注記による。（3）時家は諸系図では公貞の兄。前のみは公貞・時綱の兄と記している。（4）官位は、北条氏関係の諸系図による。尊・纂要に従五位上、纂要に兵庫助の注記がある。（5）「帝王編年記」によると、時家の九州下向は永仁元年七月二十四日、関東参向は同三年四月と記されている。（6）没年は纂要の注記によると、正慶二・元弘三年（一三三三）五月楠木正成の河内国千早城の城外で、父公時の弟篤時と争い死亡したと記されているが、「親玄僧正日記」正応五年二月二十六日条に「遠江前司篤時俄他界」と記されているので、篤時と争ったとする纂要の注記は誤りである。（7）参考文献に、川添昭二「鎮西惣奉行所——北条兼時・時家の鎮西下向——」（『金沢文庫研究』二〇〇）、瀬野精一郎「鎮西採題と北条氏」（同二五六）、友成和弘「鎌倉時代における鎮西統治機関についての一考察——北条兼時・時家の鎮西下向を中心に——」（同二七五）・細川重男『鎌倉政権得宗専制論』などがある。（8）北条時最も参照。入ウには、宗政の女に「時家室」が見える。（9）守護国別参照。

【系図】野津・尊・前・関・群A・群B・正・纂要・入。

【史料】「北条九代記」・「親玄僧正日記」・「帝王編年記」・「永仁三年記」・「鎌倉年代記」、『鎌倉遺文』㉑一六〇八一、㉙二二〇二四。

（久保田）

ほうじょう ときいえ　北条時家

↓ **北条時元**（ほうじょう ときもと）

ほうじょう ときうじ　北条時氏

建仁三年〜寛喜二年（一二〇三〜三〇）

鎌倉中期の六波羅探題。義時流（得宗）。父は北条泰時、母は三浦義村の女（矢部禅尼）。室は安達景盛の女松下禅尼、経時・時頼等の母である。通称は武蔵太郎・六波羅修理亮・六波羅匠作。建仁三年（一二〇三）生まれる。「吾妻鏡」の初見は建保元年（一二一三）正月三日条で、北条時房の担当する垸飯の儀に際し一御馬を牽いている（11歳）。承久の乱の時には、承久三年（一二二一）五月二十二日父泰時に従って鎌倉を発し、東海道を京に向かった（19歳）。同六月六日には叔父有時とともに摩免戸を渡って官軍を攻め、筵田に至り戦っている。同六月十四日の宇治合戦では父の命によって先頭を切って渡河し、勝利の要因となった。この時時氏の秘蔵の愛馬が矢傷を負ったが、生虜された院の西面の武士友野遠久が手当し快方に向かったという。また、時氏は、同十九日宇治合戦の時に自分に従って戦った武士六人を招き盃と賜物を与えてこれを賞したという。元仁元年（一二二四）六月十三日祖父である執権北条義時が没すると、同二十六日には六波羅にいた父泰時と大叔父時房が急遽鎌倉に下向し、義時後家伊賀氏の陰謀を未然に防いだ。同二十九日泰時・時房は、洛中の警衛のため急遽時氏と時房の子時盛を上洛させ、同閏七月には時氏は六波羅探題北方、時盛は同南方に就任した（22歳）。

安貞元年（一二二七）四月二十日修理亮に任じられ、同日叙爵（25歳）。同五月十四日には六波羅で男子（のちの時頼）が生まれている。同七月十一日の鎌倉丈六堂供養に結縁するため鎌倉に下向し、同八月十八日帰洛した。寛喜二年（一二三〇）四月十一日北条重時と交替して鎌倉に下向（28歳）。同五月の末には病状が重くなり、父泰時は仏法や陰陽道の祈祷を行ったが、その甲斐なく同六月十八日戌刻に没した（28歳）。法名は観阿。大慈寺のそばの山麓に葬られた。

【解説】（1）母は野辺・野津・正・群A・群B・「帝王編年記」・「浅羽本北条系図」・「佐野本北条系図」・「三浦系図」等による。桓武は母を「駿河守義有女」とするが、義村の誤記であろう。また「鎌倉年代記」元仁元年条は「三浦泰村女」とする。（2）通称は「吾妻鏡」等による。（3）生年は没年より逆算した。（4）六波羅北方就任は「吾妻鏡」同日条による。（5）没日は「吾妻鏡」による。（6）纂要によれば月輪寺禅阿と称されたという。（7）守護論考・守護国別参照。

【系図】野辺・野津・尊・正・桓・群A・群B・前・纂要・桓武・入・入ウ・「浅羽本北条系図」・「佐野本北

条系図」・「三浦系図」。

【史料】「吾妻鏡」・「北条九代記」・「帝王編年記」・「鎌倉年代記」・「関東往還記」、『鎌倉遺文』⑤二九一九〇・三五三三、⑥三五七四他。

（菊池）

ほうじょう ときうじ　北条時氏

→ 北条時家（ほうじょう ときいえ）

ほうじょう ときうじじょ　北条時氏女

生年未詳～寛元四年（?～一二四六）

鎌倉中期の女性。義時流（得宗）。父は北条時氏、母は未詳。足利泰氏に嫁し、頼氏を生んだ。寛元四年（一二四六）二月に没した。

【解説】（1）足利泰氏に嫁したことは野辺・尊・群A・群B・纂要による。（2）頼氏の生母であることは桓による。（3）没年は野辺による。

【系図】野辺・尊・桓・群A・群B・纂要・入ウ。

【史料】

（菊池）

ほうじょう ときうじじょ　北条時氏女

生年未詳～寛元四年（?～一二四六）

鎌倉中期の女性。義時流（得宗）。父は北条時氏、母は安達義景の女。時房流、北条時房の子時定に嫁した。寛元四年（一二四六）八月十八日に没した。

【解説】（1）北条時定に嫁したことは野辺・纂要による。（2）母については野辺による。（3）没年は野辺による。

【系図】野辺・纂要。

【史料】

（菊池）

ほうじょう ときうじじょ　北条時氏女

寛喜二年～宝治元年（一二三〇～四七）

鎌倉中期の女性。義時流（得宗）。父は北条時氏、母は安達義景の女。経時の妹にあたる。檜皮姫公と称した。寛元三年（一二四五）七月二十六日将軍藤原頼嗣の室となり御所に参じ、佐々木氏信・小野沢時仲・尾藤景氏・下河辺宗光等が扈従した（16歳）。翌四年正月四日の御行始めでは、将軍頼嗣の母（近子）とともに安達義景邸に入っている。同年二月には体調を崩し、「吾妻鏡」には同四日以降御祈や灸治のことが見えており、同十八日には本復した。同五月十四日、天変・月食等のことにより、前将軍頼経・将軍頼嗣・御台所の名のもとに御祈が行われた。翌宝治元年（一二四七）四月頃から再び体調を崩し、同十四日頃から修法や御祈が行われている。しかし、祈療の効果なく、五月十三日に十八歳で早世した。翌十四日、故兄経時の佐々目谷の墓のそばに葬られた。

【解説】（1）母については野辺による。なお、「城介藤景女」とするが義景女の誤記であろう。（2）将軍藤原頼嗣に嫁したことは野辺・桓・群A・群B・纂要・入ウによる。（3）没年は野辺に、没年齢は桓による。

【系図】野辺・桓・群A・群B・纂要・入ウ。

【史料】「吾妻鏡」。

（菊池）

ほうじょう ときうじじょ　北条時氏女　生没年未詳

鎌倉中期の女性。義時流（得宗）。父は北条時氏、母は未詳。時房流、北条時村の子時隆に嫁した。

【解説】野辺・入ウの注記に「時隆妻」とある。

【系図】野辺・纂要・入ウ。

【史料】

（菊池）

ほうじょう ときうじじょ　北条時氏女　生没年未詳

鎌倉中期の女性。義時流（得宗）。父は北条時氏、母は未詳。

【解説】野津には、注記のない時氏の女三人が見える。

上記の時氏の女の比定することも可能であるが、念のためまとめて立項した。なお、正にも時氏の女が見え、「時頼女ト誤」と注記する。

【系図】野津。

【史料】

（菊池）

ほうじょう ときおき　北条時興

→　北条泰家（ほうじょうやすいえ）

ほうじょう ときおさ　北条時修

→　北条時兼（ほうじょうときかね）

ほうじょう ときか　北条時香　生没年未詳

鎌倉後期の武士。時房流。北条泰宗の子、母は未詳。歌人としてその和歌は元亨三年（一三二三）成立の二条為世撰の「続現葉和歌集」に収められている。

【解説】「勅撰作者部類」に「時香（五位、平）」と見えており、「続千載和歌集」・「新後拾遺和歌集」に和歌が載せられていることが知られるが、朝時流にも同名の時香がおり、どちらに該当するのかは定かではない。

【系図】群A・群B。

【史料】「続現葉和歌集」・「勅撰作者部類」・「続千載和歌集」・「新後拾遺和歌集」。（川島）

ほうじょう ときか　北条時香

生年未詳～正慶二・元弘三年（?～一三三三）

鎌倉後期の武士。朝時流。北条朝賢の長男、母は未詳。

北条時基の孫にあたる。顕朝の兄。官位は従五位下、左近将監。正慶二・元弘三年（一三三三）五月、鎌倉の小町口で父朝賢とともに自害した。

【解説】（1）正にのみ見える人物。「従五位下、左近将監」と注記する。（2）弟の顕朝が朝賢の次男と考えられるので、時香は長男とした。（3）時香の祖父時基は名越一族の中では得宗家と関係が深く、評定衆・引付頭人の家格を有し、幕政の中枢に位置していた。しかし、時香については他の北条氏関係の諸系図に見えず、その実体は未詳である。（4）没年は正による。父朝賢の注記に「小町口元弘三五自害」、時香の注記に「同時自害」と記されている。（5）「勅撰作者部類」に「五位、平」とあり、「続千載和歌集」・「新後拾遺和歌集」に入選した時香が見えるが、同一人物かは未詳。

（久保田）

【系図】正。

【史料】

ほうじょう ときかげ　北条時景

建永元年～寛元元年（一二〇六～四三）

鎌倉中期の武士。時房流。北条時盛の子、母は（姓欠）基貞の孫女。本名朝盛、時景と改める。通称は越後太郎・越後掃部助。妻は三浦泰村の女。官位は正六位上・掃部助・越後守。「吾妻鏡」の初見は仁治二年（一二四一）八月二十五日条で、北斗堂供養に参堂した将軍藤原頼経の御後に供奉、寛元元年（一二四三）七月十七日には将軍の臨時出御の際の供奉人に結番された。同年九月二十七日卒す（38歳）。子に信時・時顕・時綱がいる。

【解説】（1）名を桓武・尊・正・入・入ウは朝盛とし、野津・尊・前・桓・群A・群B・纂要は時景とする。桓武は朝盛の官途である掃部助に線を引く。また野津には「本名朝盛」とあり、前にも「改朝盛」とある。（2）母は野津による。（3）通称は尊・纂要・「吾妻鏡」による。（4）妻は「佐野本系図」一三・三浦上（『大日本史料』第五編之二二〈宝治元年六月五日条〉所引）に「北条掃部助時景室、野本太郎信時養母（ママ）、以故号野本尼」とあり、また「浅羽本三浦系図」（『大日本史料』第五編之二二〈宝治元年六月五日条〉所引）に「掃部介時景室、上総介信時母」と見える。（5）位は群A・群B・纂要による。掃部助は正・野津・前・群A・群B・纂要にあり、越後守は纂要にある。（6）

尊には「配流」とある。(7)没年は群A・群Bが寛元元年(一二四三)九月二十五日とするが、纂要・「吾妻鏡」は同年九月二十七日とする。

【系図】桓武・尊・正・野津・前・桓・群A・群B・纂要・入・入ウ・「佐野本系図」・「浅羽本三浦系図」。

【史料】「吾妻鏡」。

(川島)

ほうじょう ときかげ　北条時景　生没年未詳

鎌倉中期の武士。有時流。父は北条通時、母は未詳。北条有時の孫にあたる。はじめ有泰と称す。子に信時がいる。

【解説】(1)初名は群A・群Bによる。(2)時景・有泰とも有時の子に同名の人物がいるが、関連は不明である。

【系図】群A・群B。

【史料】

(末木)

ほうじょう ときかげ　北条時景　生没年未詳

鎌倉中期の武士。有時流。父は北条有時、母は未詳。

【解説】(1)野津には「式部大夫」、前には「五郎」の注記がある。しかし「吾妻鏡」から、式部大夫・五郎を称したのは、時景の兄弟の通時であり、両注記は通時のものと混同したものと思われる。(2)有時流の通時の子に同名の人物がいるが、両者の関係は不明であり、あるいは混同したものであろうか。入ウの通時の注記に「本名有景、又時景」とあり、時景は有時のことかもしれない。

【系図】野津・桓武・前・入ウ。

【史料】

(末木)

ほうじょう ときかげ　北条時景

↓ **北条時基**(ほうじょう ときもと)

ほうじょう ときかげ　北条時景

↓ **北条義政**(ほうじょう よしまさ)

ほうじょう ときかず　北条時員　生没年未詳

鎌倉中期の武士。重時流。北条長重の子、母は未詳。重時の曾孫にあたる。通称は十郎

【解説】北条氏関係の諸系図のうち正のみに載せ、「十郎」と注記がある。

【系図】正。

【史料】

(下山)

ほうじょう ときかず　北条時員　生没年未詳

鎌倉中期の武士。時房流。北条時盛の子、母は未詳。

通称は五郎・越後次郎・越後五郎。官途は修理亮。「吾妻鏡」には寛元三年（一二四五）八月十五日条から建長五年（一二五三）三月十八日条まで見える。法名は行然。子に時国・時綱・幸時・時雄と三浦盛時に嫁した女がいる。

【解説】（1）群A・群B・纂要は時貞とし、尊の異本には時俊とする。（2）正は父を盛時とする。（3）通称は桓武・野津は五郎、尊は越後二郎、群A・群Bは越後次郎、「吾妻鏡」は越後五郎とする。（4）官途については、群Bは時貞に越後守と注記する。なお、「勅撰作者部類」には時綱の父として「越前守平時貞」が見える。（5）法名は群Aに行全と表記する。

【系図】桓武・野津・尊・正・桓・群A・群B・入ウ。

【史料】「吾妻鏡」・「勅撰作者部類」。

（川島）

ほうじょう ときかず　北条時員　生没年未詳

鎌倉後期の武士。時房流。北条時隆の子、母は未詳。通称は太郎。子に政宗・政房・時元がいる。

【解説】前は時貞とし、通称を茂木太郎とする。

【系図】野津・正・前・群A・群B。

【史料】

（川島）

ほうじょう ときかず　北条時員

↓　北条時兼（ほうじょう ときかね）

ほうじょう ときかずじょ　北条時員女　生没年未詳

鎌倉後期の女子。時房流。北条時員の女、母は未詳。三浦盛時の妻となる。

【解説】正のみに見える人物。

【系図】正。

【史料】

（川島）

ほうじょう ときかた　北条時方　生没年未詳

平安後期の武士。父は阿多見聖範、母は未詳。祖父直方の養子となる。初めて伊豆国北条に住し、北条四郎と称したという。時政の祖父にあたる。子に時家・時綱・時兼等がいる。

【解説】（1）時方は群Aに「祖父為子、実聖範男」と注記がある。諸系図によると時方と子時家には記載に混乱があるようで、親子関係を野津・尊は「時直―時家―時方」、野辺・桓武は「聖範―時家―時兼」、前・入は「直方―時方―時家」、桓・群A・纂要は「直方―維方―時方―時家」としている。なお、奥富敬之『鎌倉北条氏の基礎的研究』、北条氏研究会「北条氏人名考証」（安田元久編『吾妻鏡人名総覧』所収）参照。（2）通称は前記の奥富氏の説に従った。

【系図】尊・正・桓・群A・群B・前・入。

【史料】

（菊池）

ほうじょう ときかた　北条時方　生没年未詳

鎌倉後期の武士。時房流。父は北条房忠、母は未詳。大仏家の庶流で、評定衆北条朝直の曾孫にあたる。正慶元・元弘二年（一三三二）八月三日、山城国上久世庄公文職補任状を出している人物に（姓欠）時方がいる。当時久世庄は得宗領であるので、あるいはこの時方か。おそらく北条氏滅亡時に死亡したと思われる。

【解説】（1）正のみに見える人物。注記はない。（2）正慶元年八月三日の北条時方上久世庄公文職補任状案（「東寺百合文書」を：『鎌倉遺文』㊶三一七九九）参照。

【系図】正。

【史料】『鎌倉遺文』。

（鈴木）

ほうじょう ときかた　北条時方　生没年未詳

鎌倉後期の武士。時房流。北条時親の子、母は未詳。通称は越後四郎。子に顕時がいる。

【解説】（1）時方は纂要のみに見える人物。（2）通称から推定すると、子として見える顕時は実泰流の顕時のことと思われる。

【系図】纂要。

【史料】

（川島）

ほうじょう ときかた　北条時方　生没年未詳

鎌倉後期の武士か。有時流。父は北条時基、母は未詳。

【解説】入ウのみに見える人物。

【系図】入ウ。

【史料】

（菊池）

ほうじょう ときかた　北条時方

↓　**北条時遠**（ほうじょう ときとお）

ほうじょう ときかた　北条時賢　生没年未詳

鎌倉後期の武士。時房流。北条時光の子、母は未詳。通称は四郎。子に高房がいる。

【解説】（1）正のみに見える人物。（2）纂要（第二下・藤原氏五）の二階堂行久の女の注記に「時賢室」が見える。時賢は他に朝時流・時章の子、朝時流・時基の子、政村流・義村の子の計四名が見えるが、いずれに該当するかは未定である。

【系図】正。

【史料】（川島）

ほうじょう ときかた　北条時賢　生没年未詳

鎌倉中期の武士。朝時流。北条時章の子、母は未詳。時通の弟。

【解説】（1）桓武・入ウに見える人物。桓武に注記はない。「吾妻鏡」にも記述が無く、その実体は未詳である。（2）入ウの頼章の注記に「本名時賢」とあり、頼章と同一人物か。

【系図】桓武・入ウ。

【史料】（久保田）

ほうじょう ときかた　北条時賢　生年未詳～正慶二・元弘三年（?～一三三三）

鎌倉後期の武士。朝時流。北条時基の子、母は未詳。妻として二階堂行久の女が知られる。兄弟に宗基・朝貞・時有・朝賢がいる。官位は従五位下、修理亮、中務少輔。法名は賢性（顕勝）。時賢の父時基は名越一族の中では得宗家と関係が深く、評定衆・引付頭人の家格を有し、幕政の中枢に位置していた。歌人であり、「新後撰和歌集」・「新続古今和歌集」に入集している。正慶二・元弘三年（一三三三）五月二十二日、得宗北条高時以下の北条一族とともに、鎌倉の東勝寺で自害した。

【解説】（1）妻は尊2（乙麻呂流）・纂要（二階堂系図）による。（2）時賢は前・正に時基の子として見えるが、群Bの賢性の注記に「俗名時賢」と記されているので、時賢と賢性は同一人物と考えた。また、纂要にのみ時基の子として見える顕勝も、賢性と音が一致するため同一人物と考えた。顕勝は朝貞の兄で、兵庫助の注記がある。時賢・賢性・顕勝を同一人物と推定したが、三名を併記する系図がないことも傍証となる。（3）前では宗基の弟、朝貞・時有の兄、正では宗基の弟、朝賢の兄。賢性は尊・群A・群Bに時基の子として見え、尊では朝貞の弟、群Aでは朝貞の兄、群Bでは時高・朝貞の兄。（4）官位は前・正による。（5）尊・群A・群Bの賢性の注記に、「新後作者」「新続作者」と記されており、歌人であったことが知られる。「新後」は後宇多上皇の勅撰により、嘉元元年（一三〇三）十二月十九日に完成した「新後撰和歌集」（全二十巻）、「新続」は後花園天皇の勅撰により、永享十一年（一四三九）六月二十七日に完成した「新続古今和歌集」（全二十巻）のことで、いずれも二十一代集のひとつ。（6）没年は、顕勝の纂要の注記に「於東勝寺死」と記されていることから、得宗高時以下の北条一族が鎌倉の東勝寺で自害した正慶二・元弘三年（一三三三）五月二十二日と推定できる。

【系図】前・正・尊・群A・群B・纂要・入ウ。

【史料】「新後撰和歌集」・「新続古今和歌集」。

（久保田）

ほうじょう ときかた　北条時賢　生没年未詳

鎌倉後期の武士。政村流。父は北条義村（四男）、母は未詳。父義村は、政村の嫡男時村の子にあたる。

【解説】（1）正のみに見える人物。「四郎」と注記があり、義村の四男と思われる。（2）尊2（乙麿流）・纂要（乙麿流）には、二階堂行久の女に「時賢妻」と注記するが、この時賢であるという確証はない。

【系図】正。

【史料】

（山野井）

ほうじょう ときかた　北条時賢

→　**北条盛時**（ほうじょう もりとき）

ほうじょう ときかつ　北条時雄　生没年未詳

鎌倉後期の武士。政村流。父は北条為時、母は未詳。別名政仲。左近大夫と称した。長門に下向した。

【解説】入ウのみに見える人物。注記に「政仲、左近大夫、下長門」とある。

【系図】入ウ。

【史料】

（菊池）

ほうじょう ときかつ　北条時雄　生没年未詳

鎌倉後期の武士。実泰流。北条顕時の子、幕府奉行人遠藤為俊の女を母とする三兄弟の二番目。官途は式部丞、叙爵後は式部大夫を通称とするようになる。嘉元三年（一三〇五）七月六日の北条（金沢）貞顕書状には、「式部殿御跡事」が見える。没年は明らかでない。墓所は常葉の□慈院と伝えられる。子に盛時・行実・時知・顕政・顕宝の他、女に安達時顕の妻がいる。

【解説】（1）前・「遠藤系図」に見える時雄と、正に見える顕雄は同一人物と考えられる。（2）関靖『金沢文庫の研究』。北条氏研究会「北条氏系図考証」（『吾妻鏡人名総覧』）参照。

【系図】前・正・「遠藤系図」。

【史料】『金沢文庫古文書』二五・四三七五・五四〇九。

（永井）

ほうじょうときかつじょ　北条時雄女　生没年未詳

鎌倉後期の女性。実泰流。北条時雄の子、母は未詳。秋田城介安達時顕の妻となる。

【解説】[正]にのみ見え、「秋田城介安達時顕妻」の傍注がある。

【系図】[正]。

【史料】

（永井）

ほうじょうときかね　北条時兼　生没年未詳

平安後期の武士。北条時方の子、時家の弟、母は未詳。北条介と称した。官途は左衛門尉。

【解説】（1）[群A]・[群B]は時方の子に時兼を載せる。[纂要]・[入]は時家の子に載せるが、子時定の年齢から考えて、時方の子と判断した。なお、「吾妻鏡」建久四年二月二十五日条に北条時定の卒伝を載せるが、そこに「北条介時兼男」と見える。北条氏研究会「北条氏人名考証」（安田元久編『吾妻鏡人名総覧』所収）参照。（2）[群A]・[群B]の注記に「北条介」、[纂要]に「北条介、左衛門尉」、[入]に「北条時政父」とある。

【系図】[群A]・[群B]・[纂要]・[入]。

【史料】「吾妻鏡」。

（遠山）

ほうじょうときかね　北条時兼　生年未詳～建長四年（?～一二五二）

鎌倉中期の武士。朝時流。北条朝時の五男、母は大友能直の女。別名時員。通称は、陸奥五郎・遠江五郎・遠江右近大夫将監・遠江左近大夫将監。遠江は父朝時が嘉禎二年（一二三六）七月二十日に任官した遠江守による。官位は従五位下、右近大夫将監・左近大夫将監。

元仁元年（一二二四）六月十三日北条義時の死後、執権泰時・連署時房を中心とする執権政治が確立すると、父朝時は次第に幕府政治の中枢から疎外され、これに対抗して将軍藤原頼経との関係を強めた。時兼も父朝時・兄光時・時章とともに将軍家に仕え、将軍出行時の随兵・御剣役などを勤めた。暦仁元年（一二三八）十二月二十五日、将軍頼経が父朝時の名越亭より還御の際には、引出物の馬を兄時幸とともに引いている。仁治元年（一二四〇）一月に連署北条時房、同三年六月には執権北条泰時が相次いで死去すると、得宗家と名越流との対立は次第に深まった。

寛元三年（一二四五）四月六日に父朝時が死去すると、朝時の子息らはその遺言に従って、翌四年三月十四日に

信濃国善光寺で父の供養を行った。将軍頼経のもとに名越一族を結集し、得宗家打倒の計画を立てる目的で開催されたといわれている。この計画の中心は兄光時であった。同二十三日、執権北条経時の病により弟の時頼に執権職が譲られると、鎌倉は異常な緊張につつまれ、近国御家人が続々と鎌倉に結集した。かかる危機に対して、時頼方は敵対勢力の分断を図り、名越氏と同じく将軍勢力の中心であった三浦一族との提携をはかった。五月二十四日、時頼は先手を打って鎌倉を戒厳下におき、名越一族を孤立させることに成功した。翌二十五日、時兼は兄時章・時長とともに野心無き旨を執権時頼に陳謝し、名越一族の中から脱落者が出るに及んで勝敗は決した。張本とされた光時・時幸は出家し、寛元の政変は得宗家の勝利で終わった。六月十三日、兄光時は伊豆国江間に配流となり、得宗家と肩を並べた雄族名越氏は大きな打撃を被った。七月二日、前将軍頼経も京都に送還され、北条時頼政権はここに確立した。

　時兼は政変以後、北条得宗家と協調し、建長二年（一二五〇）十二月二十二日には将軍藤原頼嗣の近習結番帳の一番に登録されるなど、幕府内で一定の地位を築いていたが、建長四年五月二十二日に死去した。没年齢は未詳。

【解説】（1）時兼は纂要・「吾妻鏡」に「遠江五郎」と記されていることから、朝時の五男と考えられる。（2）母は「宗家大友氏ノ系図」による。（3）野辺・桓武に朝時の子として記される時員は、「右近大夫将監」の注記があり、時兼・時員を併記する系図がないことから、同一人物と考えられる。（4）通称は「吾妻鏡」による。（5）「吾妻鏡」の卒伝に「従五位下行右近将監平朝臣時兼」とある。（6）諸系図の時兼の注記には、正に「名越ノ太郎、二十日先代時北国大将トテ越中・能登ノ勢ヲ催ス」、纂要に「於北国大聖寺討死」と記され、時有長男の時兼の注記が混入している。（7）参考文献には、川添昭二「北条氏一門名越（江馬）氏について」（『日本歴史』四六四）がある。

【系図】野津・前・桓・群A・群B・正・纂要・野辺・桓武・入・入ウ・「宗家大友氏ノ系図」。

【史料】「吾妻鏡」。

（久保田）

ほうじょう ときかね　北条時兼

生年未詳～建武二年（?～一三三五）

鎌倉後期の武士。朝時流。北条時有の長男、母は未詳。

通称は名越太郎。寛元の政変で、北条時章は得宗北条時頼に野心無き旨を陳謝し、以後名越氏の嫡流となる。時章の子孫は評定衆・引付頭人の家格を有し、幕政の中枢に位置した。建武二年（一三三五）八月北国で蜂起し、加賀・能登・越中の軍勢を催して上洛の途中、加賀国大聖寺で戦死した。

【解説】（1）時兼は「昔日北華録」（『加能史料』南北朝I所収）に、「名越遠江守が嫡子時兼」と記されている。この「名越遠江守」が時有にあたる。（2）時兼は北条氏関係の諸系図には見えない。しかし、北条朝時五男の時兼と同名であるため、[正]の注記に「名越ノ太郎、二十日先代時北国大将トテ越中能登ノ勢ヲ催ス」、[纂要]の注記に「於北国大聖寺討死」と記されており、これは時有長男の時兼の注記が混入したと思われる。（3）戦死は「太平記」巻一三による。

【系図】[正]・[纂要]。

【史料】「太平記」・「昔日北華録」。　（久保田）

ほうじょう ときかね　北条時兼

文永三年～永仁四年（一二六六～九六）

鎌倉後期の評定衆。重時流。北条業時の子、母は北条政村の女。文永三年（一二六六）三月十一日生まれる。通称は陸奥三郎。従五位下、右近将監・尾張守と小侍所の在職が諸系図から知られる。弘安九年（一二八六）六月、四番引付頭人・評定衆となる（20歳）。引付頭人についていえば、弘安八年十一月の霜月騒動で四番頭人の北条顕時が失脚し、五番頭人の安達宗景が滅ぼされたことによる昇格であろう。父業時は弘安十年六月に死去している。永仁四年（一二九六）六月十四日死去（31歳）。子に基時がいる。

【解説】（1）生年については没年からの逆算による。没年は[尊]の永仁四年六月十四日を採った。享年は三十一歳。父業時が仁治二年（一二四一）生まれと考えられるから、これとも符合する。また、「吾妻鏡」文永三年三月十一日条とも一致する。[纂要]は建長四年（一二五二）四月二十二日とする（享年は同じ三十一歳）が、これは朝時流の時兼（時員）の記事が混入したものであろう。（2）引付各番は二～五名程度の評定衆と同じ程度の人数の右筆奉行人、及び引付衆から構成された。このうち評定衆の一人を引付頭人とした。ここから考えると、時兼は当然評定衆であったはずであるが、その任免の時期は不詳である。但し、「永仁三年記」により、永仁三年（一二九五）の評定衆在職は知られる（佐藤進一「鎌倉幕府職員表復元の試み」〈『鎌倉幕府訴訟制度の研究』附録〉参照）。（3）官途について、「鎌倉年代記裏書」から永仁三年には、「前尾張守」と呼ばれていることが分かる。（4）守護国別参照。

【系図】尊・前・桓武・群A・群B・関・正・纂要・入・入ウ。

【史料】「吾妻鏡」・「永仁三年記」・「鎌倉年代記（裏書）」。


（下山）

ほうじょう ときかね　北条時兼　生没年未詳

鎌倉後期の武士。重時流。北条長重の子、母は未詳。重時の曾孫にあたる。別名は時修。通称は八郎五郎・五郎。

【解説】（1）名について、前は「時修」とするが、通称から同一人物と判断した。（2）通称について、前は「八郎五郎」とする。父長重が八郎とよばれていたことを考えると、その五男ということか。正は単に「五郎」とする。

【系図】前・正。

【史料】


（下山）

ほうじょう ときかねじょ　北条時兼女　生没年未詳

鎌倉後期の女性。朝時流。父は北条時兼（朝時五男）、母は安達義景女。朝時流の北条篤時（時章の子）に嫁した。

【解説】入ウのみに見える人物。注記に「平篤時室」「母城義景女」とある。前者は朝時流、北条篤時、後者は安達義景と推定した。

【系図】入ウ。

【史料】


（菊池）

ほうじょう ときかねじょ　北条時兼女　生没年未詳

鎌倉後期の女性。朝時流。父は北条時兼（朝時五男）、母は安達義景女。朝時流の北条宗教（教時の子）に嫁した。

【解説】入ウのみに見える人物。注記に「平宗教室」「母同（城義景女）」とある。前者は朝時流、北条宗教、後者は安達義景と推定した。

【系図】入ウ。

【史料】


（菊池）

ほうじょう ときさよ　北条時清　生没年未詳

鎌倉後期の武士。有時流。父は北条斉時、母は未詳。北条有時の曾孫にあたる。

【解説】群Bのみに見える人物。注記はない。

【系図】群B。

【史料】

（末木）

ほうじょう ときくに　北条時邦

生没年未詳

鎌倉後期の武士。有時流。父は北条斉時、母は未詳。北条有時の曾孫にあたる。通称は、左近大夫・左近将監。正慶二・元弘三年（一三三三）讃岐守護として軍勢を率いて上洛した。この讃岐守護は曾祖父有時から代々継承したものと考えられる。歌もよくし、「玉葉和歌集」・「続千載和歌集」に入集している。


【解説】（1）通称は前・群A・纂要によった。（2）讃岐守護については『香川県史』2中世（通史編）による。（3）「勅撰作者部類」には「五位、左近将監、駿河守平斉時男」とある。（4）守護国別参照。

【系図】尊・前・群A・群B・正・纂要。

【史料】「勅撰作者部類」・「玉葉和歌集」・「続千載和歌集」。

（末木）

ほうじょう ときくに　北条時国

弘長三年～弘安七年（一二六三～八四）

鎌倉後期の武士。時房流。北条時員の子、母は未詳。祖父時盛の猶子となる。通称は孫四郎。官位は従五位下、左近大夫・左近将監・越後守。建治元年（一二七五）十二月祖父時盛とともに上洛し、同三年十月左近将監・従五位下に叙任された。十二月六波羅探題南方に正式に就任するが、九月より実質的な役割を果たしていた（15歳）。同年十二月二十五日幕府評定にて北条時村とともに、代官をして番役・篝屋のことを奉行するように命じられている。越後左近大夫将監・陸奥左近大夫将監とも称される。弘安七年（一二八四）北条時宗の没後、六月二十日悪行により六波羅探題を罷免され、常陸国にて出家。法名は親縁（22歳）。同年十月三日誅された。これによって時房―時盛―時国と継承されてきた丹波守護職も佐介家より離れたようである。この時国事件に続いて、時盛の次男時光が同年八月陰謀露見のため、土佐国に配流されるという事件が起こる。この二つの弘安七年事件によって佐介家は没落し、時房流では大仏家の優位が確立していった。子に時元・貞資・国房がいる。

【解説】（1）「鎌倉年代記」・「北条九代記」は五郎時兼男とし、「将軍執権次第」は義政二男とする。また前・「帝王編年記」は時俊、正・関は政俊とする。

（２）妻については、纂要（第一・清和源氏一）の吉良満氏の女の注記に「阿波守平時国室」とあるが、諸系図の時国の官途には阿波守は見えず、同一人物であるか定かではない。（３）「勅撰作者部類」の貞資の項に「左近大夫時国」、時元の項に「越後守平時国」と見えている。（４）森茂暁『鎌倉時代の朝幕関係』第三章第一節六波羅探題の「洛中警固」。（５）「勘仲記」弘安三年五月九日条・弘安四年五月九日条。（６）佐藤進一『増訂鎌倉幕府守護制度の研究』。（７）この七月事件については、渡辺晴美「得宗専制体制の成立過程Ⅱ」（『政治経済史学』一三九）・奥富敬之『鎌倉北条一族』・細川重男『鎌倉政権得宗専制論』第一部第一章北条氏の家格秩序。（８）野津は「依物狂誅了」、関は「自害」、群A・群B・纂要・「武家年代記」は「誅」、「鎌倉年代記」・「北条九代記」は「卒」、「将軍執権次第」は「被害」とある。またその月日についても、尊・群A・群B・纂要は八月十三日、「将軍執権次第」は十月二日、「鎌倉年代記」・「武家年代記」・「北条九代記」は十月三日とする。（９）守護論考・守護国別参照。

【系図】野津・尊・前・正・関・群A・群B・纂要・入ウ。

【史料】「鎌倉年代記」・「武家年代記」・「鎌倉大日記」・「将軍執権次第」・「建治三年記」・「北条九代記」・「帝王編年記」・「勘仲記」・「勅撰作者部類」、『鎌倉遺文』⑱一三八六四・一三八六七、⑲一四〇五六他。

（川島）

ほうじょう ときくに　北条時国　生没年未詳

鎌倉後期の武士。時房流。北条時元の子、母は未詳。

【解説】群A・群Bのみに見える人物。注記はない。

【系図】群A・群B。

【史料】

（川島）

ほうじょう ときくに　北条時国　生没年未詳

鎌倉後期の武士。朝時流、北条時長の子。通称は備前四郎。実泰流の北条実時の養子となり所領を譲られた。妹に北条政春の室がいる。

【解説】入ウのみに見える人物。

【系図】入ウ。

【史料】

（菊池）

ほうじょう ときくに　北条時国

→ **北条国時**（ほうじょう くにとき）

ほうじょう ときこ　北条時子

→北条時政女（ほうじょう ときまさじょ）

ほうじょう ときさだ　北条時定

久安元年～建久四年（一一四五～九三）

平安後期・鎌倉前期の武士。北条時兼の子、母は未詳。北条時政の甥。平六左衛門尉と称した。この時定系を北条氏の惣領家と称する説もある。久安元年（一一四五）生まれた。治承四年（一一八〇）八月、源頼朝の挙兵に参加（35歳）。文治元年（一一八五）十一月、源義経追討のため時政とともに上洛し、同二年三月二十七日、時政が鎌倉に下ったあとも在京し、その代官として義経追捕や洛中警衛にあたった。同年五月十二日、和泉国で源行家を討ち、翌十三日その子光家を、六月十六日大和国で義経の女婿源有綱を誅した。その勲功により、頼朝の推挙を得て同七月十八日、左兵衛尉に任じられる（42歳）。その後、検非違使とも見える。九月十三日、時政の地頭代として、最勝寺領越前国大蔵荘での押領を頼朝に咎められた。また、伊賀国若林御園・河内国領などの押領なども訴えられている。文治五年四月十日、賀茂臨時祭および御祈の功により左衛門尉に任じられたが、翌建久元年（一一九〇）七月十八日辞退。同四年二月二十五日在京中に四十九歳で没した。

【解説】（1）上横手雅敬「吾妻鏡文治三年九月十三日条をめぐる諸問題」（『鎌倉時代政治史研究』）参照。（2）没年・享年は「吾妻鏡」による。

【系図】群A・群B・纂要。

【史料】「吾妻鏡」、『鎌倉遺文』①一三三・四七二・四七三他、『大日本史料』第四編之四（建久四年二月二十五日条）。

（遠山）

ほうじょう ときさだ　北条時定

生年未詳～弘安元年（?～一二七八）

鎌倉中期の武士。時房流。北条時房の子、母は未詳。義時流（得宗）の北条時氏の女を妻とした。通称は六郎・相模六郎・相模右近大夫将監・高野左近大夫入道。官位は従五位下、左衛門大夫将監・右近大夫将監。延応元年（一二三九）八月鶴岡放生会の時父時房の奉弊に兄朝直・時直とともに付き従っている。所領を時宗の二男に譲与し出家。康元元年（一二五六）十月二十三日出家、法名は恵仁。高野山に住し高野左近大夫入道と号す。弘安元年（一二七八）閏十月十五日寂す。

【解説】（1）出家の月日は「吾妻鏡」・纂要による。なお関は十一月二十二日、群A・群Bは二月十三日とする。（2）妻は野辺・纂要による。（3）法名は野辺による。なお関・群B・「関東往還記」は慈仁とする。
【系図】桓武・野辺・野津・前・関・桓・群A・群B・纂要・入・入ウ。
【史料】「吾妻鏡」・「関東往還記」。（川島）

ほうじょう ときさだ　北条時定

生年未詳～正応三年（?～一二九〇）

鎌倉後期の武士。義時流（得宗）。北条時氏の子、母は安達景盛の女（松下禅尼）。経時・時頼と同母兄弟である。阿蘇家の祖。「吾妻鏡」には寛元二年（一二四四）正月一日条から康元元年（一二五六）七月十七日条まで見え、通称は北条六郎である。のちに弘安九年（一二八六）頃、為時と改名した。官位は従五位下、左衛門尉、遠江守。「吾妻鏡」の記事の多くは、幕府の年中行事である正月の垸飯の儀に馬を牽いたり、将軍の御行始め・鶴岡八幡宮放生会参向・方違等に供奉することであった。宝治元年（一二四七）の宝治合戦では、六月五日兄時頼の命により、大手の大将軍として鎌倉塔辻から出陣し功があった。建長二年（一二五〇）十二月二十七日には将軍藤原頼嗣の近習に結番されている。弓芸も堪能であったらしく、笠懸や犬追者の射手としても散見する。同四年四月一日、宗尊親王が鎌倉に入るときには弓矢を帯びた狩装束で供奉し、同三日に定められた御格子上下の番帳にも結番されている。

「満願寺歴代并旧記」によれば、建長七年に肥後国阿蘇に下向したという。文永十一年（一二七四）、相伝した得宗領の肥後国阿蘇郡小国郷（現熊本県小国町）に満願寺を建立した。現在同寺には時定のものという五輪塔と北条時定・時宗の像と伝える肖像画（現在は時定・定宗親子の肖像画といわれる）が残る。元の襲来に備えるため九州に下向し、弘安四年（一二八一）八月十日には肥前の守護として確認できる（「松浦文書」）ので、弘安四年二月～八月の間に就任したと考えられる。正応二年（一二八九）守護職を子の定宗に譲り、翌年十月十五日博多で没した。

弘安九年に時定の所領として確認できる蒙古襲来の時の恩賞地肥前国高来郡山田庄（現長崎県吾妻町）は、時定—定宗—随時—治時と相伝されて幕末に至った。

【解説】（1）野辺・野津・尊・正・桓・群A・群B・

前・纂要は時定を載せる。尊・桓・群A・群B・纂要は時定の兄弟に為時を載せる。時定は弘安八年（一二八五）十一月から同九年閏十二月までの、約一年二か月の間に為時と改名しており、これらの系図は別人として誤って載せたものであろう。入ウは「後為時」とする。改名については『花押かがみ』三、細川重男『鎌倉政権得宗専制論』参照。（2）母は尊・纂要による。尊は「城介藤景成女」とするが、これは「景盛女」の誤記であろう。なお、母について、野辺は「重」、野津は「京人」とするが未詳。（3）通称・官位は北条氏関係の諸系図と「吾妻鏡」による。なお、野津は「配流肥後国安曽郡配所送年序畢、弘安七年遠江守ニ任ス、肥前国守護、於鎮西死去了」とする。（4）満願寺と肖像画については、川添昭二『九州の中世社会』参照。（5）守護については佐藤進一『増訂鎌倉幕府守護制度の研究』、同『鎌倉幕府訴訟制度の研究』、村井章介「蒙古襲来と鎮西探題の成立」（『アジアの中の中世日本』所収）、守護論考・守護国別参照。参照。（6）没年については諸説があり、尊は「正応二八於筑前国卒」、纂要は「正慶三年卒于鎮西」、入ウは「正応二十一於姪浜卒」とするが、「満願寺歴代并旧記」は正応三年十二月十五日、時定が建立したという筑前国早良郡姪浜興徳寺の「興徳寺所蔵記」は同年十月十五日とする。瀬野精一郎『鎮西御家人の研究』、同「鎮西探題と北条氏」（『歴史の陥穽』所収）参照。（7）山田庄については細川重男『鎌倉政権得宗専制論』参照。（8）時定（為時）に始まる阿蘇家は、同氏の氏寺肥後国満願寺の寺伝「満願寺歴代并旧記」によれば、時定から定宗―随時―治時と継承された（9）熊谷隆之「ふたりの為時――得宗専制の陰翳――」（『日本史研究』六一一）参照。

【系図】野辺・野津・尊・正・桓・群A・群B・前・纂要・入ウ。

【史料】「吾妻鏡」・「満願寺歴代并旧記」、『鎌倉遺文』⑨六七七八、⑰一三〇八九、㉑一六一三〇。（菊池）

ほうじょう ときさだ　北条時定

↓ **北条為時**（ほうじょう ためとき：政村流）

ほうじょう ときさだ　北条時貞　生没年未詳

鎌倉中期の武士。時房流。評定衆北条朝直の子、母は未詳。時房の孫にあたる。兄宣時が嫡子で、時貞は庶流である。通称は武蔵九郎。官途は下野守。子に時親・高基がいる。

【解説】（1）纂要には「朝貞」とあるが、下野守の官職が共通するので、同一人物と判断する。また、群A・群B・纂要では時盛の子に時貞がいる。（2）通称は纂要による。兄朝房が武蔵太郎、時仲が武蔵左近大夫、宣時が武蔵五郎、頼直が武蔵八郎とある。これらは、父朝直が武蔵守であったため。（3）「下野守」との傍注は尊・群A・群B・纂要に共通する。

【系図】尊・群A・群B・纂要。

【史料】

（鈴木）

ほうじょう ときさだ　北条時貞　生没年未詳

鎌倉後期の武士。時房流。父は北条時隆、母は未詳。通称は太郎。

【解説】入ウのみに見える人物。注記に「太郎、死」と記される。

【系図】入ウ。

【史料】

（菊池）

ほうじょう ときさだじょ　北条時定女　生没年未詳

鎌倉前期の女性。義時流（得宗）。父は北条時氏の子時定（為時）、母は未詳。笠原親久の妻となった。

【解説】群Bのみに見える女性で、確証はない。

【系図】群B。

【史料】

（菊池）

ほうじょう ときさだじょ　北条時定女　生没年未詳

鎌倉中期の女性。義時流（得宗）。父は北条時氏の子時定（為時）、母は未詳。足利（斯波）家氏の妻となり、宗家を生んだ。

【解説】北条為時女も参照。

【系図】「武衛系図」・「最上系図」・纂要。

【史料】

（菊池）

ほうじょう ときさだじょ　北条時定女　生没年未詳

鎌倉中期の女性。義時流（得宗）。父は北条時氏の子時定（為時）、母は未詳。渋川義顕に嫁し、義春を生んだ。

【解説】北条為時女も参照。

【系図】尊3（清和源氏）・纂要。

【史料】

（菊池）

ほうじょう ときさと　北条時郡　生没年未詳

鎌倉後期の武士。朝時流。北条時高の子、母は未詳。北条時基の孫にあたる。官途は左近将監。歌人でもあり、「玉葉和歌集」に入集している。

【解説】（1）群Bにのみ見える人物。注記に「左近将監、玉葉作者」とある。（2）「玉葉」は伏見上皇の勅撰により、正和二年（一三一三）十月までに完成した「玉葉和歌集」（全二十巻）のことで、二十一代集の一つ。（3）時郡の祖父時基は名越一族の中では得宗家と関係が深く、評定衆・引付頭人の家格を有し、幕政の中枢に位置していた。しかし、時郡については他の北条氏関係の諸系図に記述が無く、その実体は未詳である。

（久保田）

【系図】群B。

【史料】「玉葉和歌集」。

ほうじょう ときざね　北条時実

建暦二年～安貞元年（一二一二～二七）

鎌倉中期の武士。義時流（得宗）。父は北条泰時（次男）、母は安保実員の女。武蔵次郎（三郎）と称した。妻は朝時流の北条朝時の女。「吾妻鏡」の初見は嘉禄元年（一二二五）十二月二十日条で、若君（藤原頼経）の移徙に際して、父泰時とともに供奉した。翌同二年十二月二十一日、父泰時・大叔父時房とともに新造された邸宅に移った。安貞元年（一二二七）六月十八日、家人である高橋二郎のため、殺害された。享年十六であった。この時傍輩二三人も殺害されたという。

【解説】（1）母は群A・群Bによる。（2）通称は「吾妻鏡」・野辺・野津・群A・群B・前による。纂要は「武蔵三郎」とする。（3）没年・享年については、「吾妻鏡」による。犯人の高橋二郎は即日腰越付近で処刑された。前には「為高橋左衛門□宅光繁被害了」、纂要には「安貞元年六ノ十八為高橋某所殺（十七）」、入ウには「安貞元六十八、為高橋次郎被害了、十七歳」と注記がある。なお、「武家年代記（裏書）」では殺害者を高橋六郎、享年を十八とする。

【系図】野辺・野津・桓・群A・群B・前・纂要・入ウ。

【史料】「吾妻鏡」・「鎌倉年代記（裏書）」・「武家年代記（裏書）」。

（菊池）

ほうじょう ときすけ　北条時相

生没年未詳

鎌倉中期の武士。朝時流。北条時幸の長男、母は駿河守北条有時の女。時相の妻としては、北条時長の女が知られる。別名時春。官途は修理亮。子に通時がいる。

【解説】（1）時相は野辺・野津・正の注記に「太郎」と記されていることから、時幸の長男と考えられる。

（2）母は前による。（3）妻は野辺による。（4）時幸の子として前・入ウに見える時春は、「太郎」「亮太郎」の注記があり、時相と通称が一致し、時相・時春を併記する系図がないことから、同一人物と思われる。時幸の子は、野辺・野津・前に各四人、正に二人の男子が記されているが、諸系図により実名が異なり、確定することが難しい。通称が一致する場合は同一人物と考えた。（5）官途は、野辺の「北条時長女子」の注記による。（6）寛元四年（一二四六）閏四月、四代執権経時が死去すると、叔父の光時・父時幸らは将軍藤原頼経と提携して幕府権力の奪取をはかるが、新執権北条時頼によって未然に防がれた（寛元の政変）。以後、時幸の子息等は幕府政治の舞台から全く姿を消していく。時相は「吾妻鏡」に記述が無く、その実体は未詳である。

【系図】野辺・野津・正・前・入・入ウ。

【史料】

（久保田）

ほうじょう ときすけ　北条時輔

宝治二年～文永九年（一二四八～七二）

鎌倉中期の武士。義時流（得宗）。父は北条時頼（一男）、母は女房将軍家讃岐（のちに岩屋堂禅尼妙音と称す）。通称は北条三郎・相模三郎。宝治二年（一二四八）生まれる。幼名は宝寿丸。康元元年（一二五六）八月十一日、元服、加冠の足利利氏の一字を受けて相模三郎時利と称した。その後、幕府の行事の役や廂番として見られる。正嘉二年（一二五八）四月十五日、小山長村の女を娶る（11歳）。「吾妻鏡」には文応元年（一二六〇）正月一日条の記事から「時輔」と見え、この頃改名したと思われる。しかし、「吾妻鏡」では以降も時利と混用されている。弘長元年（一二六一）正月四日、父時頼の命により、兄弟の序列を太郎時宗・四郎宗政・三郎時輔の順に改められた（14歳）。時輔は時頼の第一番目の男子であったが、嫡出子でなかったため「三郎」を通称とし、弟宗政の次ぎに位置づけられた。文永元年（一二六四）十月九日、六波羅探題（南方）に任じられて上洛（17歳）。以降没する文永九年まで六波羅探題を勤めた。同二年四月二十一日、従五位下式部丞に叙任（18歳）。のち治部大輔を経て式部大輔となる。同五年三月五日弟時宗が執権に就任するとこれに不満を持ち、北条氏庶流の名越一族に接近していたとみられ、同九年二月に北条（名越）時章・教時が討たれると、時輔は同月十五日に、時宗の命を受けた六波羅探題北方北条義宗に攻められ敗死した（二月騒動）。享年二十五。なお、この時討たれず吉野山中に逃げ込んだという説もある。この時伯耆国守護でもあった。

【解説】（1）母は「鎌倉年代記」による。「武家年代記」には「讃岐局、御所女房」、野辺には「讃岐局執行□□」、群Bには「家女房」とある。母の通称については『南北朝遺文』中国四国編②一二〇六号参照。（2）通称は野辺・「吾妻鏡」・群A・群B・纂要に、童名は纂要による。（3）伯耆の守護については、佐藤進一『増訂鎌倉幕府守護制度の研究』参照。（4）没年は「鎌倉年代記」・「武家年代記」による。（5）遠山久也「得宗家庶子北条時輔の立場」（北条氏研究会編『北条時宗の時代』）、守護国別参照。

【系図】野辺・野津・尊・正・桓・群A・群B・前・纂要・入・入ウ。

【史料】「吾妻鏡」・「鎌倉年代記」・「武家年代記」・「鎌倉大日記」・「保暦間記」、『鎌倉遺文』⑭一〇七六三・一〇七八五・一〇八五三他。

（遠山）

ほうじょう ときすけじょ　北条時相女　生没年未詳

朝時流の北条時春（時相）の子。朝時流の北条幸継の子政基（従兄弟に当たる）に嫁した。

【解説】入ウのみに見える人物。

【系図】入ウ。

【史料】

（菊池）

ほうじょう ときすけだん　北条時輔男　生年未詳～正応三年（?～一二九〇）

鎌倉中期の武士。義時流（得宗）。父は北条時輔（次男）、母は未詳。正応三年（一二九〇）十一月、三浦介入道を頼って現れたところを生虜され、首を刎ねられた。

【解説】桓のみに見える人物。注記はない。

【系図】桓。

【史料】「鎌倉年代記（裏書）」。

（菊池）

ほうじょう ときすけだん　北条時輔男　生没年未詳

鎌倉中期の武士。義時流（得宗）。父は北条時輔、母は未詳。

【解説】桓のみに見える人物。注記はない。

【系図】桓。

【史料】

（菊池）

ほうじょう ときずみ　北条時澄　生没年未詳

鎌倉後期の武士。有時流。父は北条兼時、母は未詳。北条有時の孫にあたる。官途は土佐介。子に貞澄・貞冬がいる。

【解説】官途は[前]の注記による。

【系図】[前]・[正]。

【史料】

（末木）

ほうじょう ときたか　北条時高　生没年未詳

鎌倉後期の武士。朝時流。北条時基の子、母は未詳。賢性の弟、朝貞の兄。初名は斉時。官途は越後守。

【解説】（1）[群B]にのみ見える人物。注記に「初名斉時、越後守」とある。（2）父時基は名越一族の中では得宗家と関係が深く、評定衆・引付頭人の家格を有し、幕政の中枢に位置していた。しかし、時高については他の北条氏関係の諸系図・「吾妻鏡」に記述が無く、その実体は未詳である。

【系図】[群B]。

【史料】

（久保田）

ほうじょう ときたか　北条時高　生没年未詳

鎌倉後期の武士か。有時流。父は北条通時、母は未詳。官途は式部大□（夫カ）。

【解説】（1）[入ウ]のみに見える人物。注記に「式部大□（夫カ）、讃州」とある。（2）[尊]・[前]・[群A]・[纂要]によれば、通時の子の斉時は初名時高とする。この人物に当たる可能性もある。

【系図】[入ウ]。

【史料】

（菊池）

ほうじょう ときたか　北条時高

↓　**北条斉時**（ほうじょう なりとき）

ほうじょう ときたか　北条時隆　生没年未詳

鎌倉中期の武士。時房流。北条時村の子、母は未詳。通称は八郎・相模八郎。官途は民部権大夫・民部大夫。妻は義時流（得宗）の北条時氏の女。「吾妻鏡」建長四年（一二五二）四月三日条に見え、将軍御所御格子番交名に相模八郎とある。また藤原基政の私撰集であり、正嘉二年（一二五八）～正元元年（一二五九）に成立したといわれる「東撰和歌六帖」にその和歌がおさめられている「平時隆」のことであろう。子に宗房・泰宗・時員のほか、有時流の有義に嫁した女がいる。

【解説】（1）[桓武]・[野津]・[前]・[正]・[入]・[入ウ]は時村の子

とし、桓・群A・群B・纂要は時房の子とする。（2）通称を桓は八郎とし、纂要は相模八郎とする。（3）官途を野津・正・桓・入は民部権大夫とし、前は民部大夫、群A・群B・纂要は式部大夫、「関東往還記」は民部権大輔とする。（4）妻は野辺による。

【系図】桓武・野津・前・正・桓・群A・群B・纂要・入・入ウ。

【史料】「吾妻鏡」・「関東往還記」・「東撰和歌六帖」。

（川島）

ほうじょう ときたか　北条時隆

→ **北条時光**（ほうじょう ときみつ）

ほうじょう ときたか　北条時雉　生没年未詳

鎌倉後期の武士。時房流。北条時員の子、母は未詳。通称は四郎。

【解説】正にのみ見える人物。

【系図】正。

【史料】

（川島）

ほうじょう ときたかじょ　北条時隆女　生没年未詳

鎌倉後期の女性。時房流。北条時隆の子、母は未詳。有時流の北条有義の妻となり、貞有・恒兼を生んだ。

【解説】

【系図】前・群A・群B・正。

【史料】

（川島）

ほうじょう ときたかじょ　北条時隆女　生没年未詳

鎌倉後期の女性。時房流。父は北条時隆、母は未詳。

【解説】入ウのみに見える人物。時隆の子に「宗房女」と記されるが、未詳。

【系図】入ウ。

【史料】

（菊池）

ほうじょう ときたかじょ　北条時隆女　生没年未詳

鎌倉後期の女性。時房流。父は北条時隆、母は未詳。北条実政（実泰流）に嫁した。

【解説】入ウのみに見える人物。注記に「上総介実政室」と見える。

【系図】入ウ。

【史料】

（菊池）

ほうじょう ときたかじょ　北条時隆女　生没年未詳

鎌倉後期の女性。時房流。父は北条時隆、母は未詳。北条政頼（朝時流）に嫁した。

【解説】入ウのみに見える人物。注記に「大夫式部政頼室」と見える。政頼は政俊（前、遠江守、式部大夫）に比定できる。

【系図】入ウ。

【史料】

（菊池）

ほうじょう ときただ　北条時忠

↓ 北条宣時（ほうじょう のぶとき）

ほうじょう ときちか　北条時親

生年未詳～文永十年（?～一二七三）

鎌倉中期の武士。時房流。北条時盛の子、母は（姓不詳）基貞の孫。通称は越後右馬助。官位は従五位上、右馬助・摂津守。「吾妻鏡」に寛元三年（一二四五）から文永三年（一二六六）まで、たびたびその活動が見られる。歌にも秀で、「続古今和歌集」に和歌が収められている。同十年七月に卒した。子に親房・時継・時家・時方がいる。

【解説】（1）母は野津による。（2）諸系図には同じ時房流で、この時親と時貞の子時親との混同が見られる。時親の舅時直は、弘長・文永年間に活躍した人物であるから、後者の妻に比定した。（3）通称は「吾妻鏡」による。なお纂要は越後左馬介とする。（4）官途は諸系図によって一定せず、桓武・群A・群Bは左馬助とし、野津・正・桓は右馬助とする。入ウは「次男右馬助、従五位」とする。なお、野津・前・群Bは摂津守もあわせて記す。（5）卒年は野津に「文永十七率（卒）」とある。（6）時盛の子時親は、「吾妻鏡」に「越後右馬助時親」と見える。これは父時盛が越後守であったためと思われる。時盛は元仁元年（一二二四）から仁治三年（一二四二）まで六波羅探題であり、子の時親より長生きして、建治元年（一二七五）上洛し、二年後に八十一歳で六波羅において死亡した。従ってその子も京都との関係が深かったと考えられる。尊は時貞の子に時親を記すが、「或時盛子云々」と注記し、頭注で前と比較して時盛子と推定している。その尊の注記に「続古作者」とあるのは「続古今和歌集」に入選しているという意味である。群Aの時盛の子時親に「続古今作者」とあること、「吾妻鏡」文応元年（一二六〇）正月二十日条に昼番衆を定めたが、「歌道蹴鞠管弦右筆弓馬郢曲以下、都以堪一芸之輩」を選んだといい、その中に越後右馬助（時親）が見えることを傍証として、歌人であったのはこの時盛の子時親と考える。

【系図】桓武・野津・前・正・桓・群A・群B・纂要・

入・入ウ。

【史料】「吾妻鏡」・「続古今和歌集」。（川島）

ほうじょう ときちか　北条時親　生没年未詳

鎌倉中期の武士。時房流。北条時貞の子、母は未詳。妻は時房流の北条時直の女。通称は右馬助。子に藤原定藤の室と北条政方の妻の女子二人がいる。

【解説】（1）妻については、群A・群Bの時直女に「右馬介時親妻」と注記する。諸系図には同じ時房流で、時貞の子時親と時盛の子時親が見える。後者は「吾妻鏡」に寛元三年（一二四五）から文永三年（一二六六）までたびたび見え、同十年に没した人物であり、時親の舅時直は、弘長・文永年間に活躍した人物であるから、前者の妻に比定した。（2）時貞の子時親に二人の女子があり、一人は参木（議）定藤卿室であることが、尊・群A・群B・纂要に見え、もう一人は北条政方の妻であることが、群A・群Bに見える。この二人は時盛の子時親の女子とも考えられる。

【系図】尊・群A・群B・纂要。

【史料】（鈴木）

ほうじょう ときちか　北条時親　生没年未詳

鎌倉中期の武士。重時流。北条為時の子、母は未詳。重時の孫にあたる。通称は四郎。

【解説】北条氏関係の諸系図のうち正のみに載せ、通称を「四郎」とする。為時の四男ということか。

【系図】正。

【史料】（下山）

ほうじょう ときちかじょ　北条時親女　生没年未詳

鎌倉中期の女性。時房流。父は北条時貞の子時親、母は未詳。藤原定藤の室となり。光定を生んだ。妹は北条政方に嫁いだ。夫定藤は、藤原北家勧修寺流の葉室定嗣の嫡子。なお、父は時貞の子ではなく、時盛の子とも考えられる。

【解説】尊は時親女に「参木定藤卿室、光定母」とし、祖父を時貞とするが、頭注では祖父を時盛としている。群A・群Bは時親女子を「参議定藤卿室」、祖父を時貞、纂要は「三木定藤卿室」とし、祖父を朝貞と記す。

【系図】尊・群A・群B・纂要。

【史料】『鎌倉遺文』補③一六八五・一六九一。（鈴木）

ほうじょう ときちかじょ　北条時親女　生没年未詳

鎌倉中期の女性。時房流。父は北条時貞の子時親、母は未詳。次女である。北条政村の子政方の室となり、のちに離別した。姉は藤原定藤の室である。なお、父の時親は時貞の子でなく、時盛の子とも考えられる。

【解説】この二番目の女子は群A・群Bのみに見え、ともに「相模七郎政方室、別離」と注記する。政方は政村流の祖、執権政村の子で、前のみに見える。

【系図】群A・群B。

【史料】

（鈴木）

ほうじょう ときつぐ　北条時継　生没年未詳

鎌倉後期の武士。時房流。北条時親の子、母は未詳。

【解説】正・入ウに見える人物。入ウに「駿河守」と注記する。

【系図】正・入ウ。

【史料】

（川島）

ほうじょう ときつぐ　北条時継　生年未詳～正慶二・元弘三年（?～一三三三）

鎌倉後期の武士。時房流。北条宣房の子、母は未詳。官位は従五位下、左近将監。正慶二・元弘三年（一三三三）五月自害した。

【解説】正には「左近将監大夫」とある。

【系図】尊・正・群A・群B・纂要。

【史料】

（川島）

ほうじょう ときつぐ　北条時継　生没年未詳

鎌倉後期の武士。実泰流。北条政顕の子、母は未詳。

【解説】正にのみ見え、注記はない。

【系図】正。

【史料】

（永井）

ほうじょう ときつぐ　北条時継

↓　**北条公村**（ほうじょう きみむら）

ほうじょう ときつぐ　北条時継

↓　**北条為時**（ほうじょう ためとき）

ほうじょう ときつぐ　北条時嗣　生没年未詳

鎌倉後期の武士。有時流。父は北条兼義、母は未詳。有時の孫にあたる。富安三郎と称す。

【解説】（1）前は時嗣、正は時継、入ウは時次と表記するが、訓みが同じことから同一人物と思われる。（2）通称は前による。

【系図】前・正・入ウ。

【史料】（末木）

ほうじょう ときつな　北条時綱　生没年未詳

平安後期の武士。父は北条時方、母は未詳。別名は時総。通称は三郎または五郎。子に北条五郎がいる。

【解説】（1）野辺に見える時総は通称が「号北条三郎」であり、同一人物と推定した。（2）通称について、桓武は「号北条三郎」、桓・群A・群Bが「五郎」とする。

【系図】桓武・尊・桓・群A・群B・入。

【史料】（遠山）

ほうじょう ときつな　北条時綱　生没年未詳

鎌倉後期の武士。時房流。北条朝盛（時景）の子、母は未詳。

【解説】前のみに見える人物。

【系図】前。

【史料】（川島）

ほうじょう ときつな　北条時綱　生没年未詳

鎌倉後期の武士。時房流。北条時員の子、母は未詳。官途は美濃守・越前守。嘉元～徳治年間（一三〇三～〇八）頃の関東歌壇で活躍し、その和歌は勅撰集の「玉葉和歌集」や「拾遺現藻集」に収められている。子に貞綱・時利・房忠がいる。

【解説】（1）父は諸系図によって一定せず、尊・群Aは時員の子とし、前は時俊の子とし、正・入ウは政俊の子とし、群B・纂要は時貞の子とする。（2）入ウ北条宣時（時房孫）の女の注記に「三乃守時綱□」とある。（3）「勅撰作者部類」に「時綱（五位、越前守平時員男）」と見える。（4）守護国別参照。

【系図】尊・前・正・群A・群B・纂要・入ウ。

【史料】「勅撰作者部類」・「玉葉和歌集」・「拾遺現藻集」。（川島）

ほうじょう ときつな　北条時綱　生没年未詳

鎌倉後期の武士。朝時流。北条公時の子、母は未詳。北条時章の孫にあたる。時家・公貞の弟。官途は兵庫権助。

【解説】（1）前にのみ見える人物。注記に「兵庫権助」とある。（2）寛元の政変で、祖父時章は得宗北条時頼に野心無き旨を陳謝し、以後名越氏の嫡流となる。時章の子孫は評定衆・引付頭人の家格を有し、幕政の中枢に位置した。時綱の父公時は名越氏嫡流の地位を継承し、祖父朝時以来の越後・越中・大隅等三か国の守護職を兼帯し、鎌倉時代後期の評定衆・引付頭人・寄合衆として鎌倉幕府の重鎮となる。しかし時綱は他の北条氏関係の諸系図には見えず、その実体は未詳である。

【系図】前。

【史料】

（久保田）

ほうじょう ときつな　北条時綱　生没年未詳

鎌倉中期の女性。朝時流。父は北条篤時、母は未詳。通称は孫四郎。

【解説】入ウのみに見える人物。注記に「孫四郎」とある。

【系図】入ウ。

【史料】

（菊池）

ほうじょう ときつな　北条時綱

→ **北条政範**（ほうじょう まさのり）

ほうじょう ときつね　北条時経　生没年未詳

鎌倉中期の武士。義時流（得宗）。父は北条義時、母は未詳。通称は小四郎。

【解説】群A・群B・纂要に見える人物。注記に「小四郎」とある。「吾妻鏡」等この時期の関連の史料にも見えず、実在した人物か疑問。音の通じる朝時流の時景の誤記か。

【系図】群A・群B・纂要。

【史料】

（菊池）

ほうじょう ときつら　北条時連　生没年未詳

鎌倉中期の武士。時房流。北条時直の子、母は未詳。通称は六郎兵衛尉。

【解説】纂要にみに見える人物。

【系図】纂要。

【史料】

（川島）

ほうじょう ときつら　北条時連

→ **北条時房**（ほうじょう ときふさ）

ほうじょう ときとお　北条時遠　生没年未詳

鎌倉中期の武士。時房流。評定衆北条朝直の子、母は未詳。別名時方。官位は左近大夫・上総介、従五位下。父朝直の創建した悟真寺に坊地と寺領を寄進した。法名は行昭。子に頼房・宣遠・時朝・宗朝がいる。

【解説】（1）評定衆北条朝直には北条氏関係の諸系図から十九人の男子が知られ、その二番目であるが、嫡子ではない。（2）名を時方とするのは桓武のみ。野津・前・正・群Bは時遠とし、野津には「又時村・時方」と記す。前に基づき時遠を採用する。（3）左近大夫は野津による。正は左近大夫将監とする。『吾妻鏡』によると、正嘉元年（一二五七）から弘長元年（一二六一）まで、左近大夫将監は北条時仲であり、弘長元年十月四日条に「左近大夫将監時遠」とあるのも誤りと判断されている（『吾妻鏡人名索引』）。弘長以後、時遠が左近大夫将監と呼ばれた可能性はある。（4）官位のうち上総介、従五位下は前による。正中二年（一三二五）三月十五日の良暁述聞副文（「相模光明寺文書」：『鎌倉遺文』㊲二九〇四七）のなかに、建治二年（一二七六）に良暁が上洛しようとしたら、「上州（時遠、法名行昭）」が引き止めたという記述がある。前も法名を行昭とする。（5）和歌について群Bは「拾遺作者」とするが、成立年代からありえず、弘安元年（一二七八）に奏覧された「続拾遺和歌集」の誤りで、この注記は時房流の時直子時遠の誤記であろう。

【系図】桓武・野津・前・正・群B・入・入ウ。

【史料】「吾妻鏡」・「相模光明寺文書」、『鎌倉遺文』。

（鈴木）

ほうじょう ときとお　北条時遠　生没年未詳

鎌倉中期の武士。時房流。北条時直の子、母は未詳。通称は七郎。六位。歌人として「続拾遺和歌集」・「新後撰和歌集」・「続千載和歌集」などに入集しているとともに、「弘長元年七月七日将軍宗尊親王家百五十番歌合」に参加するなど、和歌などを通じて将軍の近習の一人として活動した。

【解説】（1）通称は纂要による。（2）「勅撰作者部類」に「時遠（六位、佐介、七郎、遠江守平時直男）」と見えている。（3）『未刊中世歌合集』下所収

【系図】桓・群A・群B・纂要

【史料】「勅撰作者部類」・「続拾遺和歌集」・「新後撰和歌集」・「続千載和歌集」・「弘長元年七月七日将軍宗尊親王家百五十番歌合」。

（川島）

ほうじょう ときとお　北条時遠

↓　**北条時村**（ほうじょう ときむら）

ほうじょう ときとおじょ　北条時遠女　生没年未詳

鎌倉中期の女性。時房流。父は北条時遠、母は未詳。虎堂女室と称した。

【解説】入ウのみに見える人物。時遠の子に「虎堂女室、

女房」と見える。
【系図】入ウ。
【史料】
（菊池）

ほうじょう ときとおじょ　北条時遠女　生没年未詳
鎌倉中期の女性。時房流。父は北条時遠、母は未詳。海堂と称した。
【解説】入ウのみに見える人物。時遠の女子に「海堂母同」と見える。
【系図】入ウ。
【史料】
（菊池）

ほうじょう ときとおじょ　北条時遠女　生没年未詳
鎌倉中期の女性。時房流。父は北条時遠、母は未詳。北条通時の妻となった。
【解説】入ウのみに見える女性。時遠の女子に「平通時室」と見える。
【系図】入ウ。
【史料】
（菊池）

ほうじょう ときとおじょ　北条時遠女　生没年未詳
鎌倉中期の女性。時房流。父は北条時遠、母は未詳。土御門大夫の妻となった。
【解説】入ウのみに見える女性。時遠の女の注記に「土御門大夫室」と見える。
【系図】入ウ。
【史料】
（菊池）

ほうじょう ときとし　北条時利　生没年未詳
鎌倉後期の武士。時房流。北条時基の子、母は未詳。
【解説】前のみに見える人物。
【系図】前。
【史料】
（川島）

ほうじょう ときとし　北条時利　生没年未詳
鎌倉後期の武士。時房流。北条時綱の子、母は未詳。官途は掃部助。
【解説】前のみに見える人物。
【系図】前。
【史料】
（川島）

ほうじょう ときとし　北条時俊　生没年未詳
鎌倉中期の武士。時房流。北条時盛の子、母は未詳。通称は五郎。
【解説】前のみに見える人物。正には、兄弟の政氏の子にも同名の人物が見えるが、同一人物の可能性がある。

【系図】前。

【史料】

（川島）

ほうじょう ときとし　北条時俊

生没年未詳

鎌倉後期の武士。時房流。北条政氏の子、母は未詳。通称は四郎。

【解説】正・入ウに見える人物。前には、父の兄弟にも同名の人物が見えるが、同一人物の可能性がある。

【系図】正・入ウ。

【史料】

（川島）

ほうじょう ときとし　北条時俊

生年未詳～建武元年（？～一三三四）

鎌倉後期の武士。時房流。北条清時の子、母は未詳。通称は右馬助太郎。官位は従五位下、安芸守。延慶三年（一三一〇）七月評定衆の一員として見える。正慶二・元弘三年（一三三三）元弘の乱に参加したが、大仏高直らとともに般若寺にて出家し律僧の姿で降人となり、翌建武元年（一三三四）三月二十一日京都東山阿弥陀峯において誅される。なお「遊行上人縁起絵」第五巻に一遍臨終後、弟子の真教たちに念仏札を懇願した「淡河という所の領主」を、「金剛仏子叡尊感身学正記」弘安四年（一二八一）二月二十八日条に叡尊が播磨国岩峯寺において菩薩戒を授けたところ、殺生禁断の書状を捧げたその地の「領主平時俊」とする説がある。そしてさらに「一遍聖絵」第十二巻・正安二年（一二八九）八月二十一日条に一遍が最後の賦算をした「播磨の淡河殿と申す女房」は、その妻であるという。また「遊行上人縁起絵」の奥書に原本を作成したという「平宗俊」を時俊の子とする説もある。子に貞俊がいる。

【解説】（1）通称は野津による。（2）「勅撰作者部類」の貞俊の項に「安芸守平時俊」と見えている。（3）評定衆は佐藤進一「鎌倉幕府職員表復元の試み」（『鎌倉幕府訴訟制度の研究』所収）参照。（4）淡河は播磨国美嚢郡淡河（現兵庫県神戸市北区淡河町）。（5）参考文献は、今井雅晴「時房流北条氏と時衆」（大隅和雄編『鎌倉時代文化伝播の研究』所収）・大橋俊雄「真教と時衆教団の成立」（大橋俊雄編『時宗二祖・他阿上人法語』所収）・湯山学「『他阿上人法語』に見える武士」一（「時衆研究」六四）・下田勉「時宗と淡河氏」（「時衆研究」七五）・大橋俊雄『一遍』（人物叢書）・和島芳男『叡尊・忍性』（人物叢書）。なお、湯山学は「時俊」を時房の孫清時の子とし、下田勉は時房の孫朝盛の子とし、「時俊」の子を「宗俊」とする。さらに下田勉は年欠（正和五年カ）六月十四日の有阿呑海宛の他阿真教書状（大橋俊雄編著『時宗二祖・他阿上人法語』）に見える「雅楽助」を「時俊」とし、「時衆過去帳」（大橋俊雄編『時衆過去帳』〈時衆史料第一〉）の元応二年（ママ、元亨二年）六月二十一日に往生した「称阿弥陀仏」と同一人物とする。（6）没年を纂要は元弘三年とする。また「太平記」は七月九日とする。なお『大日本史料』第六編之一（建武元年三月二十一日条）参照。

【系図】野津・尊・前・正・群A・群B・纂要・入・入ウ。

【史料】「勅撰作者部類」・「遊行上人縁起絵」・「金剛仏子叡尊感身学正記」・「一遍聖絵」・「太平記」。

（川島）

ほうじょう ときとし　北条時俊　生没年未詳

鎌倉後期の武士。時房流。北条貞俊の子、母は未詳。官途は右近大夫将監。

【解説】正のみに見える人物。

【系図】正。

【史料】

（川島）

ほうじょう ときとし　北条時俊　生没年未詳

鎌倉中期の武士。重時流。北条為時の子、母は未詳。重時の孫にあたる。通称は十郎。

【解説】北条氏関係の諸系図のうち正のみに載せ、通称を十郎とする。為時の十男ということか。

【系図】正。

【史料】

（下山）

ほうじょう ときとし　北条時敏　生没年未詳

鎌倉後期の武士。政村流。父は北条熈時、母は未詳。

【解説】正のみに見える人物。注記はない。

【系図】正。

【史料】

（山野井）

ほうじょう ときとも　北条時友　生没年未詳

鎌倉後期の武士。朝時流。北条夏時の子、母は未詳。北条宗長の孫にあたる。春顕・春助の兄。

【解説】（1）正にのみ見える人物。注記はない。（2）正は宗長の孫、宗長の子として時友・春顕・春助の三人の男子を配しているが、父宗長は夏時（春時）の誤記と思われるので、この三人も夏時（春時）の子供として記述する。（3）寛元の政変以後、時長流は得宗家と協調し、祖父宗長は能登・安芸・豊前の三か国の守護職を兼務し、幕府内でも有力な人物であった。しかし時友については他の北条氏関係の諸系図に見えず、その実体は未詳である。

（久保田）

【系図】正。

【史料】

ほうじょう ときとも　北条時知　生没年未詳

鎌倉後期の武士。実泰流。北条時雄の子、母は未詳。

【解説】（1）正にのみ名前が見える人物。（2）年欠の崇顕（金沢貞顕）書状（「金沢文庫所蔵供養法作法裏文書」：『鎌倉遺文』㊵三一一二〇）に見える「越後左衛門時知」はこの人物にあたるか。

（永井）

【系図】正。

【史料】『鎌倉遺文』。

ほうじょう ときとも　北条時朝　生没年未詳

鎌倉後期の武士。義時流（得宗）。父は北条時輔、母は未詳。官途は常陸介。正慶二年（一三三三）三月十日の前常陸介時朝施行状（「摂津勝尾寺文書」）によると、時朝が摂津守護代であったことがわかる。

【解説】（1）諸系図の内、纂要のみに見える人物。注記に「常陸前司」とある。（2）「摂津勝尾寺文書」（『鎌倉遺文』㊶三二〇五二）。官途から、時輔子の時朝と推定した。なお、当時の摂津守護は六波羅探題北方北条（常葉）範貞である。

（菊池）

【系図】纂要。

【史料】「摂津勝尾寺文書」。

ほうじょう ときとも　北条時朝　生没年未詳

鎌倉後期の武士。時房流の大仏家の庶流。父は北条時遠、母は未詳。評定衆朝直の孫にあたる。通称は弥五郎。

【解説】正のみに見える人物。通称も正による。

（鈴木）

【系図】正。

【史料】

ほうじょう ときな　北条時名　生没年未詳

鎌倉後期の武士。政村流。父は北条政村の嫡男時村の子の義村、母は未詳。官途は掃部介。

【解説】（1）正にのみ見える人物。「掃部介」と注記がある。（2）「太平記」巻一〇は、鎌倉幕府滅亡の際に北条高時とともに東勝寺で自害した人々の中に、北条一門と思える「武蔵左近大夫将監時名」の名をあげる。父の義村が武蔵守になっていないのでこの通称はそぐわないが、他に北条一門で時名を名乗る者が見当らないことから、この時名である可能性はあるであろう。なお、元弘の変における関東軍勢注文（『鎌倉遺文』㊶三二一三六）にも「武蔵左近大夫将監、美濃国」が見える。

【系図】正。

【史料】

（山野井）

ほうじょう ときなお　北条時直　生没年未詳

鎌倉中期の武士。時房流。北条時房の子、母は足立左衛門尉遠光（元カ）の女。通称は相模五郎、相模式部大夫。大仏と称す。官位は従五位下、式部大夫・遠江守。長門探題。またその和歌は「続古今和歌集」・「続拾遺和歌集」・「新後撰和歌集」・「続千載和歌集」の勅撰和歌集をはじめ、正嘉二年（一二五八）頃に成立した藤原基政の私撰集「東撰和歌六帖」にその詠歌が収められているとともに、「弘長元年将軍宗尊親王家百五十番歌合」の寄人の一人にもその名を連ねている。また弘長三年（一二六三）八月宗尊親王の庇御所で開かれた御連歌五十韻にも参会し、文永三年（一二六六）七月宗尊親王が鎌倉より京都へ送還されるのに際し、その供奉人を勤めるなど、和歌などを通じて、将軍近習の一員として活動した。子に清時・時通・政房・時藤・時基・時連・時遠のほか、女子三人がいる。

【解説】（1）母は桓武による。「足立系図」には「足立遠元女」とある。（2）通称は関による。（3）「勅撰作者部類」に「五位、大仏、遠江守、修理大夫平時房男」とある。なお、同書の清時の項には「駿河守平時直」とあり、諸系図には見えない駿河守の官途が見えている。（4）『未刊中世歌合集』下所収。なお大谷雅子『和歌が語る吾妻鏡の世界』参照。

【系図】桓武・野津・尊・前・正・関・桓・群A・群B・纂要・入・入ウ・「足立系図」。

【史料】「吾妻鏡」・「関東往還記」・「続古今和歌集」・「続拾遺和歌集」・「新後撰和歌集」・「続千載和歌集」・「東撰和歌六帖」・「弘長元年将軍宗尊親王家百五十番歌合」・「勅撰作者部類」。

（川島）

ほうじょう ときなお　北条時直　生没年未詳

鎌倉後期の武士。時房流。評定衆北条朝直の子、母は未詳。

【解説】（1）朝直には諸系図から十九人の男子が知られ

るが、時直は桓武のみに見える人物である。嫡子ではない。（2）時直は、実泰流の北条（金沢）実時の子の時直と、北条時房の子大仏時直の二人の同名異人がおり、時直関係の古文書は三十通におよぶが、ほぼ全部が金沢時直の関連文書である。

（鈴木）

【系図】桓武。

【史料】

ほうじょう ときなお　北条時直

生年未詳〜正慶二・元弘三年（?〜一三三三）

鎌倉後期の鎮西評定衆。実泰流。北条実村の子、母は未詳。通称は越後九郎、上野介の官途から上野殿。大隅・長門・周防の守護を勤める。永仁二年（一二九四）八月には大隅守護の在職が確認される。正安元年（一二九九）正月二十七日、鎮西評定衆に補任される。また、鎮西探題北条実政の時代には、鎮西引付一番頭人を勤める。元応二年（一三二〇）十二月以後、大隅守護から長門・周防二か国の守護に転出した。正慶二・元弘三年（一三三三）には伊予国で挙兵した土居・得能氏を討伐するため石井浜に上陸しようとして敗北、態勢を立て直して臨んだ星岡合戦も敗れて長門国に引き返した。逆に、山陰で挙兵した宮方から長門守護所まで攻め込まれたが、鎮西探題が派遣した北条（桜田）師頼の援軍によって宮方の攻撃を退ける。その後、六波羅探題・鎮西探題が相次いで滅亡したことを知り、建武政権に降伏。年内に病没したものと思われる。子に上野次郎入道がいる。

【解説】『（1）嘉暦二年二月二十九日の北条時直書下（長門一宮住吉神社文書：『鎌倉遺文』㊳二九七五四）に「前上野介」と見える。入ウに「嘉元三閏十二二十七任上野守」とする。（2）長門守護所での合戦に関しては、元弘三年四月十三日の道性軍忠状（武蔵飯田一郎所蔵文書：『鎌倉遺文』㊶三二〇九〇）に「於長門国々符上野前司城、四月二日合戦」と見える。（3）佐藤進一『増訂鎌倉幕府守護制度の研究』。川添昭二「鎌倉時代の大隅守護」（『金沢文庫研究』一七九）。川添昭二「鎮西評定衆及び同引付衆・引付奉行人」（『九州中世史研究』第一輯）。『愛媛県史　通史編　古代Ⅱ・中世』第二章第一節―二「長門探題勢の進入と星岡の戦い」。（4）守護論考・守護国別参照。

【系図】尊・群A・群B・入ウ。

【史料】「楠合戦注文并博多日記」・「太平記」・「長門国守護職次第」、『鎌倉遺文』㉔一八六一六、㉕一八八八二、

㉖一九四二四他。

（永井）

ほうじょう ときなお　北条時直

弘安八年～嘉暦二年（一二八五～一三二七）

鎌倉後期の武士。父母は未詳。弘安八年（一二八五）に生まれる。官途は伯耆守・備前守。嘉暦二年（一三二七）九月三日四十三歳で没した。法名は士忍。

【解説】「常楽記」嘉暦二年九月三日条に「伯耆・備前前司時直他界（四十三）、法名士忍」とある。時直は、実泰流の北条（金沢）実時の子の時直と、北条時房の子大仏時直、時房流の北条朝直の子の三人の同名異人がいる。時直関係の古文書は三十通に及ぶが、ほぼ全部が金沢時直の関連文書である。伯耆・備前前司時直の生没年は弘安八年～嘉暦二年（一二八五～一三二七）となり、文永元年（一二六四）に死亡した朝直の子とは考えにくい。また伯耆守、備前守補任については傍証がない。しかし、大仏時直はさらに時代が上がるし、金沢時直は正慶二・元弘三年（一三三三）に死亡したと見られる。伯耆・備前前司時直がこの三人のうちの誰にも比定できないので、別人として項目を立てた。

【系図】

【史料】「常楽記」。

（菊池）

ほうじょう ときなおじょ　北条時直女

生没年未詳

鎌倉中期の女性。時房流。父は北条時直、母は未詳。一条能清の妻となる。

【解説】

【系図】桓武・群A・群B。

【史料】

（川島）

ほうじょう ときなおじょ　北条時直女

生没年未詳

鎌倉中期の女性。時房流。父は北条時直、母は未詳。時房流の北条時貞の子右馬助時親の妻となる。

【解説】北条氏関係の諸系図には同じ時房流で、時盛の子時親と時貞の子時親が見える。

【系図】桓武・群A・群B。

【史料】

（川島）

ほうじょう ときなおじょ　北条時直女

生没年未詳

鎌倉中期の女性。時房流。父は北条時直、母は未詳。足利三河守頼氏の妻となる。

【解説】

【系図】桓武・群A・群B。

【史料】

（川島）

ほうじょう ときなか　北条時仲　生没年未詳

鎌倉中期の武士。時房流。評定衆北条朝直の子、母は未詳。通称は始め武蔵四郎。父朝直が武蔵守であったためである。「吾妻鏡」宝治元年（一二四七）十一月十五日条に初見。正嘉元年（一二五七）正月から六月の間に左近大夫将監に任じられ、以後は武蔵左近将監と呼ばれる。五位。将軍藤原頼嗣の側近として鎌倉におり、たびたび幕府の諸行事に参加している。北条時頼の治世であるが、幕府の重職にはついていない。弘長元年（一二六一）十一月十一日を最後に、「吾妻鏡」に見えなくなるので、引退したか病没したのであろう。

【解説】（1）評定衆北条朝直には諸系図から十九人の男子が知られ、その十四番目に当たり、嫡子ではない。（2）父は桓・群A・群B・纂要による。（3）通称の武蔵四郎は「吾妻鏡」に宝治元年から正嘉元年一月にわたって二十七回現れる他、桓に「号武蔵四郎」とある。武蔵左近将監は正嘉元年六月二十三日、「吾妻鏡」に初見、以後十九回見える。桓は武蔵将監大夫、群A・群Bは左近大夫将監、纂要は武蔵左近大夫将監と注記する。（4）五位は「吾妻鏡」正嘉二年正月二日条による。（5）なお、同名異人が他に二人いる。政村流為時子と有時流時盛子である。

【系図】桓・群A・群B・纂要。

【史料】「吾妻鏡」。

（鈴木）

ほうじょう ときなか　北条時仲　生没年未詳

鎌倉後期の武士。政村流。父は北条政村の嫡男時村の子の為時、母は未詳。諸系図・文書から知られる官位は従五位上（下）、近江守・尾張守。徳治二年（一三〇七）から元応元年（一三一九）頃にかけて周防・長門両国の守護を務めた。元応元年八月、祈祷のために神馬を宇佐八幡宮に奉納したこと（『鎌倉遺文』㉟二七一九四）、同年十一月に宗像氏の周防国周防本郡地頭職をめぐる相論に関する関東の下知を施行したこと（『鎌倉遺文』㉟二七三一六）が知られる。また、祖父時村の十三回忌の仏事の際に詠んだ和歌が勅撰集の「続千載和歌集」に入集している。

【解説】（1）佐藤進一は『増補鎌倉幕府守護制度の研究』において、永仁六年（一二九八）から正安元年（一二九九）にかけての時仲の周防・長門両国守護在職をあげ、その後に時村（時仲の祖父）・熙時（時仲の兄）を経て時仲が還補されたと述べている。また、その後の研究や辞典類の守護表などもこれに従うものが多い。しかしながら、時仲の父為時が弘安九年（一二八六）に二十二歳で死去していることから、永仁六年頃の時仲はまだ十代半ばほどであったと推測される。時仲の後を受けて祖父時村と兄熈時が守護職を務めることの不自然さと合わせて、佐藤氏の研究のうちこの部分には従えない。永仁六年から正安元年にかけての両国守護もすでに時村が務めており、時仲は祖父時村の代官として行動していたとみるべきであろう。（2）「勅撰作者部類」には「五位、尾張守、左近将監平為時男」とある。（3）守護論考・守護国別参照。

【系図】尊・前・群A・群B。

【史料】「続千載和歌集」・「勅撰作者部類」、『鎌倉遺文』。

（山野井）

ほうじょう ときなか　北条時仲　生没年未詳

鎌倉後期の武士。有時流。父は北条時盛、母は未詳。北条有時の孫にあたる。通称は三郎。

【解説】通称は前・正による。

【系図】前・正。

【史料】

（末木）

ほうじょう ときなが　北条時長　生没年未詳

鎌倉中期の武士。時房流。評定衆北条朝直の子、母は未詳。通称は四郎。

【解説】（1）評定衆北条朝直には北条氏関係の諸系図から十九人の男子が知られ、その十番目に当たり、嫡子ではない。（2）時長は正のみに見える人物。通称も正による。（3）同名異人に朝時流の北条（名越）時長がおり、「吾妻鏡」にたびたび現れるのは後者である。

【系図】正。

【史料】

（鈴木）

ほうじょう ときなが　北条時長　生年未詳～建長四年（？～一二五二）

鎌倉中期の武士。朝時流。北条朝時の三男、母は大友能直の女。妻としては、長頼の母である三浦義村の女が知られる。通称は、越後三郎・遠江三郎・遠江三郎左衛門尉・備前守・備前前司と変化するが、遠江は父朝時が嘉禎二年（一二三六）七月二十日に任官した遠江守による。暦仁元年（一二三八）将軍藤原頼経の上洛に供奉、同六月七日蔵人に補任されて参内、同日右衛門権少尉に任じられた。同年末左衛門尉となる。「吾妻鏡」には、仁治元年（一二四〇）正月三日から寛元四年（一二四六）八月十五日まで備前守と見える。翌宝治元年（一二四七）五月十四日には「備前前司」と記されているので、この間に起こった寛元の政変によって辞任したと思われる。

元仁元年（一二二四）六月十三日北条義時の死後、執権泰時・連署時房を中心とする執権政治が確立すると、父朝時は次第に幕府政治の中枢から疎外され、これに対抗して将軍藤原頼経との関係を強めた。時長も父朝時・兄光時・時章とともに将軍家に仕え、将軍出行時の随兵・御剣役などを勤めた。仁治元年（一二四〇）正月に連署時房、同三年六月には執権泰時が相次いで死去すると、得宗家と名越流との対立は次第に深まった。寛元三年（一二四五）四月六日に父朝時が死去すると、朝時子息らはその遺言に従って、翌四年三月十四日に信濃国善光寺で父の供養を行った。将軍頼経のもとに名越一族を結集し、得宗家打倒の計画を立てる目的で開催されたといわれている。この計画の中心は兄光時であった。同二十三日、執権北条経時の病により弟の時頼に執権職が譲られると、鎌倉は異常な緊張につつまれ、近国御家人が続々と鎌倉に結集した。かかる危機に対して、時頼方は敵対勢力の分断を図り、名越氏と同じく将軍勢力の中心であった三浦一族との提携をはかった。五月二十四日、時頼は先手を打って鎌倉を戒厳下におき、名越一族を孤立させることに成功した。翌二十五日、時長は兄時章・弟時兼とともに野心無き旨を執権時頼に陳謝し、名越一族の中から脱落者が出るに及んで勝敗は決した。張本とされた光時・時幸は出家し、寛元の政変は得宗家の勝利で終わった。六月十三日、兄光時は伊豆国江間に配流となり、得宗家と肩を並べた雄族名越氏は大きな打撃を被った。七月二日、前将軍頼経も京都に送還され、北条時頼政権はここに確立した。

時長は政変以後、北条得宗家と協調し、建長二年（一二五〇）十二月二十二日には将軍藤原頼嗣の近習結番帳の一番に登録されるなど、幕府内で一定の地位を築いていたが、建長四年八月二十六日に死去した。没年齢は未詳。子に定長・長頼・政雄と女子一人がいる。

【解説】（1）時長は「吾妻鏡」・纂要に「遠江三郎」と記されていることから、朝時の三男と考えられる。（2）母は「宗家大友氏ノ系図」・「大友系図」による。（3）妻は野辺・前による。（4）通称は「吾妻鏡」による。（5）官途について、前に「後堀川院蔵人」、野津に「殿上検非違使」の注記がある。（6）「吾妻鏡」の卒伝に「前備前守従五位下平朝臣時長」とある。没年は纂要が二十四日、群Aは二十二日とする。（7）時長の死去した建長二年当時、兄時章は四十八歳、弟の教時は十八歳である。（8）参考文献には、川添昭二「北条氏一門名越（江馬）氏について」（『日本歴史』四六四）がある。

【系図】野辺・野津・桓武・尊・前・桓・群A・群B・正・纂要・入・入ウ・「宗家大友氏ノ系図」・「大友系図」。

【史料】「吾妻鏡」。

（久保田）

ほうじょう ときながじょ　北条時長女　生没年未詳

鎌倉中期の女性。朝時流。北条時長の子、母は未詳。長頼の妹、朝時流の北条時相の妻となる。

【解説】野辺にのみ見える女性。注記に「修理亮太郎時相妻」とある。時相は、父時長の弟時幸の長男である。

【系図】野辺。

【史料】

（久保田）

ほうじょう ときながじょ　北条時長女　生没年未詳

鎌倉後期の女性。朝時流。北条時長の子。兄に時国（備前四郎）がいる。最初に北条政春（朝時流の政基カ）に嫁し、のち吉見三郎の妻となった。

【解説】入ウのみに見える人物。

【系図】入ウ。

【史料】

（菊池）

ほうじょう ときなり　北条時成　生没年未詳

鎌倉中期の武士。時房流。北条時盛の子、母は未詳。

【解説】群A・群Bのみに見える人物。

【系図】群A・群B。

【史料】

（川島）

ほうじょう ときなり　北条時成　生没年未詳

鎌倉中期の武士。時房流。評定衆北条資時の子、母は未詳。通称は相模三郎太郎。父資時の通称が相模三郎であったためである。「吾妻鏡」に宝治二年（一二四八）から建長三年（一二五一）まで六回現れるが、いずれも供奉人としてである。前の注記に「物狂」とあり、任官せず、彼の系統は絶えたようである。姉妹が六人あり、多くが有力者に嫁いだ。

【解説】（1）父は桓武・前・正・桓・群A・入ウによる。野津は父を「輔時」と表記し、群Bは時盛とする。（2）通称は「吾妻鏡」が五か所、相模三郎太郎時成とするほか、野津に相模三郎太郎とある。なお桓は三郎太郎、前・正・纂要は単に三郎とする。入ウは法名法明とする。

【系図】桓武・野津・前・正・桓・群A・群B・纂要・入ウ。

【史料】「吾妻鏡」。

（鈴木）

ほうじょう ときなり　北条時成　生没年未詳

鎌倉後期の武士。朝時流。北条篤時の子、母は未詳。北条時章の孫にあたる。秀時・公篤の弟。官位は従五位下、式部丞。

【解説】（1）前にのみ見える人物。注記に「式部大夫」とある。（2）寛元の政変で、祖父時章は得宗北条時頼に野心無き旨を陳謝し、以後名越氏の嫡流となる。時章の子孫は評定衆・引付頭人の家格を有し、幕政の中枢に位置した。しかし時成は他の北条氏関係の諸系図には見えず、その実体は未詳である。

【系図】前。

【史料】

（久保田）

ほうじょう ときなり　北条時業

→北条兼時（ほうじょう かねとき）

ほうじょう ときのぶ　北条時信　生没年未詳

鎌倉後期の武士。義時流（得宗）。父は北条宗政、母は未詳。通称は五郎。

【解説】前・入に見える人物。前の注記に「五郎」とある。

【系図】前・入。

【史料】

（菊池）

ほうじょう ときのぶ　北条時信　生没年未詳

鎌倉後期の武士。時房流。北条時光の子、母は未詳。通称は彦四郎入道。法名西円。子に時藤がいる。

【解説】前のみに見える人物。通称等はこれによる。

【系図】前。

【史料】

（川島）

ほうじょう ときのぶ　北条時信

→北条時顕（ほうじょう ときあき）

ほうじょう ときのぶ　北条時信
↓　北条時範（ほうじょう ときのり）

ほうじょう ときのり　北条時範

文永元年～徳治二年（一二六四～一三〇七）

鎌倉後期の六波羅探題。重時流。北条時茂の子、母は北条政村の女。通称は陸奥三郎。父時茂から鎌倉の常盤に邸宅を構え、常盤（常葉）氏と称した。文永七年（一二七〇）正月、父時茂死去（7歳）。弘安四年（一二八一）弘安の役が起こる（18歳）。同七年、執権北条時宗死去。同八年三月十一日、従五位下、左馬介（20歳）。同十年正月、引付衆となる（22歳）。正応元年（一二八八）十一月十八日備前守（23歳）。永仁三年（一二九五）閏二月十二日、引付評定への出席を許される（32歳）。同五年七月十六日、従五位上（34歳）。嘉元元年（一三〇三）十二月十四日、執権に就任した北条基時の後任として六波羅探題北方となる（40歳）。嘉元二年六月六日、遠江守（41歳）。徳治二年（一三〇七）正月二十九日正五位下。同年八月十四日六波羅探題在任中に京都で死去（44歳）。和歌もよくし、勅撰集である「新後撰和歌集」に二首載せられている。また、歌人としても知られる御家人宇都宮景綱が時範の常盤邸の花見会で歌を詠んだことを、自らの私家集である「沙弥蓮愉集」に記している。子に範貞・高範がいる。

【解説】（1）名について、諸系図のうち野津は「時信」とし、入は「改時信」とする。（2）時範について、群Aのみは義政の子とするが、群Aは何らかの理由で時茂流と義政流が入れ替わっているようである。後筆であろうか、時範の注記に「時茂子也」とある。（3）生年は没年からの逆算による。時範の享年については、関の四十四に従った。「吾妻鏡」弘長三年（一二六三）十一月二十九日条には、時茂の室が妊帯を着し、これを若宮僧正が加持したという記事が見える。この腹の子は恐らく時範であろう。享年についての異説では、纂要は三十八とし、「武家年代記」は六十五とする。纂要の三十八に従うと、従五位下叙位の年齢が十四歳となり、他の例から見てやや早い。「武家年代記」の六十五とすると、時範の生年が寛元元年（一二四三）になり、父時茂が仁治二年（一二四一）生まれと考えられるので二歳違いになってしまう。（4）評定には①評定・②臨時評定・③式評定・④引付評定の四種類があったらしいが、引付評定には評定衆のほかに引付衆のうちの何人かが列席を許された（佐藤進一『鎌倉幕府訴訟制度の研究』附録〈「鎌倉幕府職員表復元の試み」〉参照）。（5）時範に関する論考には、湯山学「北条重時とその一族」（『相模国の中世史』）等がある。（6）「勅撰作者部類」には「五位、備前守、左近将監平時茂男」とある。

【系図】野津・尊・前・関・群B・正・纂要・入・入ウ。

【史料】「永仁三年記」・「鎌倉年代記」・「武家年代記」・「鎌倉大日記」・「北条九代記」・「新後撰和歌集」・「沙弥蓮愉集」・「勅撰作者部類」、『鎌倉遺文』㉘二一七四一・二一七七三・二一八四七他。

（下山）

ほうじょう ときはる　北条時治　生没年未詳

鎌倉中期の武士。時房流。北条時盛の子、母は未詳。妻は従姉妹の北条資時の女。通称は佐介四郎・佐介越後四郎。官途は修理亮・右京進・右京亮。

【解説】（1）通称は桓武・群A・群Bに佐介四郎、「吾妻鏡」に佐介越後四郎とある。（2）官途は諸系図によって一定せず、野津は修理亮、群A・群Bは右京進、纂要は右京亮とする。群A・群B・纂要には越前牛ガ原にて自害（討死）との注記があるが、年代が合わず別人のことであろう。

【系図】野津・正・桓・群A・群B・纂要。

【史料】「吾妻鏡」。

（川島）

ほうじょう ときはる　北条時治　生年未詳～正慶二・元弘三年（?～一三三三）

鎌倉後期の武士。朝時流。北条宗教の子、母は未詳。北条教時の孫にあたる。円朝の兄。官位は従五位下、左近将監。正慶二・元弘三年（一三三三）五月、鎌倉東勝寺で自害した。

【解説】（1）纂要のみに見える人物。注記に「左近大夫将監」とある。（2）文永九年（一二七二）二月十一日、祖父教時が得宗御内人に誅殺される二月騒動が起こるが、父宗教は元弘年中の楠木正成との合戦で紀伊手の大将軍として活躍している。時治は他の北条氏関係の諸系図に見えず、その実体は未詳である。（3）「太平記」巻一〇の高時并一門以下於東勝寺自害事に見える阿曽弾正少弼治時は、この時治のことと推定される（『岩波古典文学大系』頭注）。

【系図】纂要。

（久保田）

【史料】「太平記」。

ほうじょう ときはる　北条時治　生没年未詳

鎌倉後期の武士。重時流。北条義政の子、母は未詳。父義政が信濃国塩田庄に隠遁したため、義政流は塩田氏を称した。父義政は、弘安四年（一二八一）十一月二十七日、籠居していた塩田庄で没した。通称は左近大夫将監・塩田越後守・越後入道、官途は備前守・越後守。国時の兄にあたるが庶流である。元応二年（一三二〇）三番引付頭人。「円覚寺文書」には、元亨三年（一三二三）、北条貞時の十三回忌に際して「砂金五十両、銀剣一」という献上品を送ったとある。和歌もよくし、その作は勅撰集の「新後撰和歌集」・「玉葉和歌集」にあわせて三首載せられている。子に重貞がいる。

【解説】（1）「南朝編年記略」によれば、時春（治）は義政の二男である。（2）官途・通称について、纂要は左近大夫将監、正は塩田越後守、尊は越後入道、前は備前守、入ウは備中守の注記を記す。（3）元応二年（一三二〇）の三番引付頭人在職については、佐藤進一「鎌倉幕府職員表復元の試み」（『鎌倉幕府訴訟制度の研究』附録）参照。（4）「参考太平記」は、「太平記」元弘元年（一三三一）九月の幕府軍西上の交名に見える「遠江守（ママ）左近大夫将監治時」をこの時治だとするが、未詳。（5）「勅撰作者部類」では「時春」と表記し、「五位、塩田、武蔵守、平義村男」とあるが、未詳。（6）時治に関する論考には、湯山学「北条重時とその一族」（『相模国の中世史』）等がある。

【系図】尊・前・群A・群B・正・纂要・入・入ウ。

【史料】「円覚寺文書」・「勅撰作者部類」・「新後撰和歌集」・「玉葉和歌集」。

（下山）

ほうじょう ときはる　北条時治

→**北条治時**（ほうじょう はるとき）

ほうじょう ときはる　北条時春

→**北条時相**（ほうじょう ときすけ）

ほうじょう ときはるじょ　北条時春女

→**北条時相女**（ほうじょう ときすけじょ）

ほうじょう ときひさ　北条時久　生没年未詳

鎌倉後期の武士。時房流。北条清時の子、母は未詳。官位は従五位下、下野守。子に貞久・宗久がいる。

【解説】官位は前による。

【系図】前・正。

【史料】
（川島）

ほうじょう ときひさ　北条時久　生没年未詳

鎌倉中期の武士。朝時流。北条時幸の子、母は未詳。時相・幸継・時藤・時元の弟。

【解説】（1）時幸の子は、野辺・野津・前に各四人、正に二人の男子が記されているが、諸系図により実名が異なり、確定することが難しい。（2）時久は野辺・野津に時幸の子として見え、野辺では時相・幸継・時藤の弟、野津では時相・幸継・時元の弟。他の北条氏関係の諸系図には見えない。（3）寛元四年（一二四六）閏四月、四代執権北条経時が死去すると、叔父の光時・父時幸らは将軍藤原頼経と提携して幕府権力の奪取をはかるが、新執権時頼によって未然に防がれた。寛元の政変以後、時幸の子息等は幕府政治の舞台から全く姿を消していく。時久は「吾妻鏡」にも記述が無く、その実体は未詳である。

【系図】野辺・野津。

【史料】
（久保田）

ほうじょう ときひさ　北条時久　生没年未詳

鎌倉後期の武士。朝時流。北条通時の次男、母は未詳。北条光時の曾孫にあたる。

【解説】（1）正にのみ見える人物。注記に「彦二郎」と記されていることから、通時の次男と考えられる。（2）寛元四年（一二四六）に曾祖父光時が将軍藤原頼経と提携して幕府権力の奪取をはかり失敗した（寛元の政変）。以後、光時の子孫は幕府政治の舞台から全く姿を消していく。時久も他の北条氏関係の諸系図に見えず、その実体は未詳である。

【系図】正。

【史料】
（久保田）

ほうじょう ときひさ　北条時久　生没年未詳

鎌倉中期の武士。重時流。北条為時の子、母は未詳。重時の孫にあたる。通称は、二郎とも、式部五郎・式部次郎ともいう。

【解説】正は二郎、前は式部五郎、入ウは式部次郎とする。正・入ウに従えば次男、前に従えば式部大夫（為時）の五男ということになる。後者に従うべきか。

【系図】前・正・入ウ。

【史料】「円覚寺文書」。
（下山）

ほうじょう ときひさ　北条時久　生没年未詳

鎌倉後期の武士。有時流。父は北条時盛、母は未詳。北条有時の孫にあたる。通称は左近大夫将監。

【解説】通称は正による。

【系図】正。

【史料】

（末木）

ほうじょう ときひさ　北条時尚　生没年未詳

鎌倉中期の武士。義時流（得宗）。父は北条義時（七男）、母は伊賀朝光の女。別名尚村。通称は陸奥七郎。官途は木工助。「吾妻鏡」の初見は、嘉禎三年（一二三七）正月二日条で、兄泰時の献じる垸飯の儀で五御馬を平盛時と牽いている。以降も暦仁元年（一二三八）正月三日、仁治元年（一二四〇）正月二日・三日、同二年正月三日と馬の牽役として見える。寛元元年（一二四三）七月十七日には、将軍臨時出御の際の供奉人の結番に加えられた。文永八年（一二七一）八月出家したという。

【解説】（1）桓・群A・群B・纂要のみに義時の子として見える尚村は、通称が七郎であり時尚と同一人物の可能性が高い。中世に成立した古い系図（野津・桓武・尊）には時尚が見え、尚村が見えないこと、纂要以外は時尚・尚村を兄弟として並記しないことも傍証となろう。ちなみに纂要は時村の通称を九郎、尚村のそれを七郎とする。（2）母は野津・桓武による。（3）通称は「吾妻鏡」・桓、官途は野津・桓武・尊・正・入・入ウによる。纂要は通称を九郎とする。通称の陸奥は父義時が任じられた陸奥守による。なお、『吾妻鏡人名索引』では、時尚と北条重時の子業時をまとめて記載するが、嘉禎三年正月二日条から寛元元年七月十七日条までの六件の「陸奥七郎」は、業時の生年と重時の陸奥守任官の時期（建長元年〈一二四九〉六月十四日）から考えて時尚に比定できよう。『吾妻鏡人名総覧』所収の北条氏研究会編「北条氏系図考証」参照。（4）出家は野津による。（5）官途は入・入ウによる。

【系図】野津・桓武・尊・正・桓・纂要・入・入ウ。

【史料】「吾妻鏡」。

（菊池）

ほうじょう ときひで　北条時秀　生没年未詳

鎌倉中期の武士。有時流。父は北条有時、母は未詳。通称は七郎。

【解説】通称は野津・入ウの注記によった。有時の子で北条氏関係の諸系図で「七郎」の注記がある人物は、時秀のほかに有秀がいる。混同、あるいは同一人物か。

【系図】野津・入ウ。

【史料】

（末木）

ほうじょう ときひで　北条時秀　生没年未詳

鎌倉後期の武士。重時流。北条長重の子、母は未詳。重時の曾孫にあたる。通称は八郎太郎。官途は修理亮。

【解説】通称は、正に「八郎太郎」注記する。父長重が八郎とよばれていたことを考えると、その長男ということか。官途について、前は「修理亮」とする。

【系図】前・正。

【史料】「円覚寺文書」。

（下山）

ほうじょう ときひで　北条時秀　生没年未詳

鎌倉後期の武士。政村流。父は第九代連署の北条時村、母は未詳。官途は式部大夫。

【解説】正のみに見える人物。注記に「式部大夫」とある。

【系図】正。

【史料】

（山野井）

ほうじょう ときひで　北条時英　生年未詳～正慶二・元弘三年（？～一三三三）

鎌倉後期の武士。時房流。引付頭人北条貞宣の子、母は未詳。大仏家の庶流である。通称は左近大夫将監。正慶二・元弘三年（一三三三）五月二十二日、北条一門と共に鎌倉の東勝寺で自害した。

【解説】（1）父は前による。正には貞宣の男子に貞芙、高貞をあげ、時英は見えない。群A・群Bは同じく貞宣の子とするが、政忠を祖父とするので、傍注を採用しない。（2）通称は年欠の金沢貞顕書状（金沢文庫所蔵「供養法作法」裏文書）に「左近大夫将監時英」とあることによる。前は左近大夫、群Aは右近大夫、陸奥守、群Bは左近大夫将監とする。（3）群Aと群Bは「陸奥守」と傍注する。鎌倉末期の陸奥守は北条維貞・同貞直である事が明らかであるから（「国司一覧」：『日本史総覧』Ⅱ所収）陸奥守は誤りである。（4）和歌について、群Bに「続後作者」とあるが、「続後拾遺和歌集」には見当たらない。英時の誤りか。「続後拾遺和歌集」は元亨三年（一三二三）成立である。（5）死没は「太平記」巻一〇「高時并一門以下於東勝寺自害事」に陸奥左近将監時英とあるによる。父貞宣は丹波守であるから、強いて考えれば祖父宣時が陸奥守であったことにちなむか。

【系図】前・群A・群B。
【史料】「太平記」。崇顕金沢貞顕書状は『鎌倉遺文』㊵三一一二〇。（鈴木）

ほうじょう ときひら　北条時衡　生没年未詳

鎌倉後期の武士。時房流。父は北条時直、母は未詳。
【解説】入ウのみに見える人物。
【系図】入ウ。
【史料】（菊池）

ほうじょう ときひろ　北条時広　貞応元年～建治元年（一二二二～七五）

鎌倉中期の武士。時房流。北条時村の子、母は未詳。妻は従姉妹の北条資時の女。なお乳母は常陸大掾の一族石川高幹の後家本間局。童名は義王丸。通称は七郎・相模七郎。寛元三年（一二四五）九月式部少丞に任官し（24歳）、宝治元年（一二四七）正月叙爵。同三月武蔵権守となり（26歳）、正嘉二年（一二五八）正月越前守に任官するも（37歳）、文応元年（一二六〇）四月十七日辞任する（39歳）。文永元年（一二六四）十一月十五日引付衆となり（43歳）、同二年三月従五位上に叙せられる（44歳）。同年六月十一日評定衆、同六年四月四番引付頭人（48歳）。建治元年（一二七五）六月二十五日没す（54歳）。その和歌は「続古今和歌集」・「続拾遺和歌集」・「新後撰和歌集」・「玉葉和歌集」・「続後拾遺和歌集」の勅撰和歌集に収められている。また弘長元年三月には将軍宗尊親王より歌仙結番が編成され、その一員として当番の日には五首の和歌を奉ずるよう定められ、「弘長元年将軍宗尊親王家百五十番歌合」の寄人の一人にもその名を連ねている。文永三年七月将軍宗尊親王が鎌倉より京都へ送還されるに際しては、其の供奉人として名を連ねており、和歌などを通じて宗尊親王の近習の一員として活動した。自撰と思われる和歌集である「越前前司平時広集」に百八十三首が収められている。子に北条宣時に嫁した女等の二人がいる。

【解説】（1）父は諸系図によって一定せず、桓・群A・群B・纂要は時房とし、さらに群Bには資時の子にも記す。通称を桓は七郎、纂要は相模七郎とする。妻については、桓武に「資時婿」と見え、「関東往還記」弘長二年（一二六二）七月三十日条に「越前守時広妻、北条資時女」とある。（2）「吾妻鏡」は時広と時弘を混用するが、官職からみて同一人である。（3）「石川氏文書」（『新編常陸国誌』所収）、なお石井進「鎌倉時代の常陸国における北条氏所領の研究」（『茨城県史研究』一五）。（4）「勅撰作者部類」に「時広（五位、佐介、越前守、修理大夫平時房男）」と見えている。（5）『未刊中世歌合集』下所収。なお大谷雅子『和歌が語る吾妻鏡の世界』参照。（6）「越前前司平時広集」（『私家集大成』第四巻・中世Ⅱ所収）。なお外村展子『鎌倉の歌人』参照。

【系図】野津・前・正・桓・群A・群B・纂要・入・入ウ。

【史料】「吾妻鏡」・「石川氏文書」・「関東往還記」・「関東評定衆伝」・「北条九代記」・「勅撰作者部類」・「越前前司平時広集」・「続古今和歌集」・「続拾遺和歌集」・「新後撰和歌集」・「玉葉和歌集」・「続後拾遺和歌集」・「弘長元年将軍宗尊親王家百五十番歌合」。

（川島）

ほうじょう ときひろ　北条時弘

→　**北条時広**（ほうじょう ときひろ）

ほうじょう ときひろじょ　北条時広女　生没年未詳

鎌倉後期の女性。時房流。父は北条時広、母は未詳。時房流の北条宣時の室となり、宗宣を生んだ。

【解説】正・入ウに見える女性。

【系図】正・入ウ。

【史料】

（川島）

ほうじょう ときひろじょ　北条時広女　生没年未詳

鎌倉後期の女性。時房流。父は北条時広、母は未詳。渋川義春に嫁し、貞頼を生んだ。

【解説】北条氏関係の諸系図には見えないが、纂要一一（清和源氏一三）に渋川貞頼の母として、「越前守平時広女」が注記されている。

【系図】纂要。

【史料】

（川島）

ほうじょう ときひろじょ　北条時広女　生没年未詳

鎌倉後期の女性。時房流。父は北条時広、母は未詳。（姓欠）時俊に嫁した。

【解説】入ウのみに見える人物。注記に「死、時俊室」とある。北条時俊とすれば、時房流に時盛の子と時盛の兄政氏の子の二人がいるが、未詳。

【系図】入ウ。

【史料】

（菊池）

ほうじょう ときふさ　北条時総

→　**北条時綱**（ほうじょう ときつな）

ほうじょう ときふさ　北条時房

安元元年～仁治元年（一一七五～一二四〇）

鎌倉中期の六波羅探題・連署。北条時政の三男。妻は足立遠元の女。安元元年（一一七五）生まれる。通称は北条五郎、初名は時連。文治五年（一一八九）四月元服（15歳）。同年七月源頼朝による奥州征伐に従軍。建久四年（一一九三）八月由比浦での放生会および鶴岡八幡宮での流鏑馬射手を勤め、同六年三月源頼朝の二回目の上洛に供奉する。正治元年（一一九九）十一月将軍源頼家の蹴鞠に比企弥四郎・紀内行景・富部五郎・肥田八郎宗直・源性・義印らとともに候じたり、頼家の側近の一員として活動する（25歳）。その容姿・立ち振る舞いは抜群であったという。建仁二年（一二〇二）六月時房と改名（28歳）。同三年十一月比企氏の乱後、将軍実朝のもとで鎌倉寺社奉行の一員に連なり、将軍の寺社巡礼に供奉するとともに、十二月幕府営中雑事奉行（御所奉行）となる。元久二年（一二〇五）三月二十八日主殿権助（31歳）。同年四月十日式部少丞。同年六月畠山重忠の乱に際しては、和田義盛とともに一方の大将軍として重忠の軍勢と戦う。同年八月叙爵。同日父時政出家の替として遠江守に任じられ、九月には駿河守。承元四年（一二一〇）正月武蔵守に転じ、荒野の開発など国務に努める。同二年十月尼御台所政子に附き従い熊野山へ参詣し、京都へ赴く。同四年二月には将軍源実朝家の政所別当としてその名が見えている。建保元年（一二一三）五月和田義盛の乱に際しては、甥の北条泰時とともに若宮大路で義盛の軍勢と戦い、その勲功賞として上総国飯富庄を拝領した。この間将軍実朝とともに蹴鞠や和歌を楽しむ。同五年十二月相模守に任官。同六年二月故稲毛重成入道孫女（綾小路師季女）と土御門通行との婚礼のため、尼御台政子とともに熊野山をまわり上洛し、同年四月子息時村とともに後鳥羽上皇の鞠庭で上皇の叡感を拝し、院中に出仕するよう求められる。このような京都での経験が、のちに六波羅探題として活躍する基礎となったと思われる。

承久元年（一二一九）三月後鳥羽上皇よりの摂津国長江・倉橋両庄の地頭改補要求の回答、及び実朝亡き後の皇族将軍奏請のために上洛し、同年七月皇族将軍実現はならなかったものの、藤原（九条）頼経を新将軍として時房室とともに鎌倉に下向する。同三年五月後鳥羽上皇による北条義時追討命令が明るみになると、「吾妻鏡」

によると総勢十九万の大軍を東海道・東山道・北陸道の三手に分け、時房は北条泰時・足利義氏・三浦泰村・千葉胤綱らとともに東海道より京都めざして進軍する。六月勢多などの合戦で上皇方の軍勢を打ち破り、泰時とともに六波羅館に入り、六波羅探題南方として嘉禄元年までの四年間乱後の処理・洛中の警備などにあたる（47歳）。そして合戦の勲功賞として伊勢国守護職並びに国内十六か所の所領を拝領するが、のち嘉禄元年（一二二五）七月勢多での合戦に勲功のあった橘公隆・本間忠貞らに四か所を辞退し与える。

元仁元年（一二二四）六月兄義時の死去にともない足利義氏とともに鎌倉へ下向し、伊賀氏陰謀事件を尼御台政子とともに処理する。その後再び上洛し嘉禄元年六月まで、時房・泰時に替わって六波羅にいた時房の子時盛と泰時の子時氏の上位にたって探題職を主導していたようである。嘉禄元年七月尼御台政子の死没後、連署（複数執権制）として泰時とともに武家の事を執行するとともに、同年十二月執権泰時・連署時房および評定衆による評定始が行なわれ、執権・評定衆による合議体制の一翼を担う。寛喜三年（一二三一）十二月正五位下に叙され（57歳）、嘉禎二年（一二三六）三月修理権大夫を兼ね、同年十一月相模守を辞す（62歳）。暦仁元年（一二三八）二月将軍九条頼経の上洛を供奉し、同年閏二月正四位下に叙される（64歳）。延応元年（一二三九）六月武蔵国請所等用途を地頭の沙汰として京進するよう命じている。仁治元年（一二四〇）四月二十四日病のため卒去した（66歳）。法名は称念、大仏殿と称される。

時房が領した守護職は先の伊勢国に加えて丹波国・遠江国が知られ、特に遠江国守護職はこののち時房の子孫である大仏家が相伝していくことになる。

延応元年（一二三九）四月時房が酒宴を催しているさなか、泰時病悩の知らせにも酒宴を続け見舞いの使者さえも遣わさなかった。これを訝った宿老伺候人が問いただすと、自分が遊戯歓楽しているのは、泰時がいるからできるのだ。彼の病が大事になったらどのような仁恵を恃んで世を送ることができようか。そうなれば隠遁の道に入り、酒宴も開くことはないであろう。これを最後としているから座をはずすわけにはいかないのだと答え、泰時に対して深い信頼を寄せていたことが伺われる。

なお、時房の邸宅については、嘉禄元年（一二二五）七月に義時の旧宅で尼御台政子の生前の居所であった義時大倉亭に移っており、安貞元年（一二二七）二月には御所周辺の火災に際して類焼の危機にあった。時房亭は延応元年四月には泰時若宮大路小町亭の向かい、若宮小路の西側か小町大路の東側にあったようである。子に時盛・時村・資時・朝直・時直・時定・持定・房快・忠源・隆禅のほか、女子九名が知られる。

【解説】（1）妻は、「足立系図」の遠元女の注記に「修理大夫平時房朝臣、遠江守時直等母也、」とあるが、時房と時直は父子であり、「時房朝臣」の次に「妻」が抜けていると判断し、時房の妻と推定した。菊池紳一「鎌倉時代の足立氏」（北条氏研究会編『武蔵武士の諸相』参照）。（2）「鎌倉年代記」は三年とする。（3）群A・群Bは承久三年六月十四日上洛とする。（4）佐藤進一『増訂鎌倉幕府守護制度の研究』、平泉隆房「北条時房と伊勢国守護」（『日本歴史』四二〇）。（5）時房の六波羅探題での活動については上横手雅敬『日本中世政治史の研究』・久保田和彦「六波羅探題発給文書の研究――北条泰時・時房探題期について――」（『日本史研究』四〇一）。（6）時房の連署就任の事情については、上横手雅敬『日本中世政治史の研究』・杉橋隆夫「執権・連署制の起源――鎌倉執権政治の成立過程・続論――」（『立命館文学』四二四〜四二六、のち日本古文書学会編『日本古文書学論集』五・中世Ⅰ所収）。なお細川重男『鎌倉政権得宗専制論』は連署就任を元仁元年六月二十八日とする。（7）卒年については、野津が「正応二元年正廿率（卒）六十四」とし、尊が「同（貞応）二正廿四卒（六十六才）」、纂要は六十三歳とする。（8）法名は関によった。なお前は「行倉」。（9）秋山哲雄「都市鎌倉における北条氏の邸宅と寺院」（『史学雑誌』一〇六―九）、鎌倉市教育委員会「鎌倉市埋蔵文化財緊急調査報告書」三・四。（10）守護論考・守護国別参照。

【系図】桓武・野辺・野津・尊・前・正・関・桓・群A・群B・纂要・入・入ウ。

【史料】「吾妻鏡」・「関東評定衆伝」・「北条九代記」・「承久記」・「増鏡」、『鎌倉遺文』③一八二八・一八二九・一八四一。

（川島）

ほうじょう ときふさじょ　北条時房女　生没年未詳

鎌倉中期の女性。時房流。父は北条時房、母は未詳。はじめ長井時広の妻となり、のち中納言藤原実任の室となる。

【解説】（1）夫について、桓武・野辺・纂要が長井時広とし、群A・群Bが長井清広とする。後者は誤記であろう。（2）中納言藤原実任の室については纂要のみに見える。

【系図】桓武・野辺・野津・群A・群B・纂要・入ウ。

【史料】

（川島）

ほうじょう ときふさじょ　北条時房女　生没年未詳

鎌倉中期の女性。時房流。父は北条時房、母は未詳。一条頼氏の室となり、能基を生む。

【解説】纂要（第六・藤原氏三二）に一条頼氏の子能基に「母修理権大夫平時房女」の注記がある。

【系図】桓武・野辺・野津・群A・群B・纂要。

【史料】

（川島）

ほうじょう ときふさじょ　北条時房女　生没年未詳

鎌倉中期の女性。時房流。父は北条時房、母は未詳。従兄弟の遠江守北条朝時の妻となり、教時を生んだ。「関東往還記」には、弘長二年七月二十日叡尊のもとで受斎戒したことが見える。

【解説】

【系図】桓武・野辺・野津・群A・群B・纂要・入ウ。

【史料】「関東往還記」。

（川島）

ほうじょう ときふさじょ　北条時房女　生没年未詳

鎌倉中期の女性。時房流。父は北条時房、母は未詳。はじめ安達義景の妻となり、のち千葉時胤の妻となる。

【解説】（1）後妻の夫については、桓武が千葉時衡とし、野辺・纂要が千葉時胤とする。また「般若院系図」には千葉胤綱の子泰胤の母に「修理大夫時房女」と注記し、「千葉大系図」には千葉秀胤の子時秀に「母修理大夫平時房女」と見えており、一定しない。（2）纂要（第八・平氏四）に千葉成胤の子胤平に「北条修理大夫婿」の注記がある。

【系図】桓武・野辺・野津・群A・群B・纂要・入ウ・「般若院系図」・「千葉大系図」（『大日本史料』第五編之二二〈宝治元年六月五日条〉所引）。

【史料】

（川島）

ほうじょう ときふさじょ　北条時房女　生没年未詳

鎌倉中期の女性。時房流。父は北条時房、母は未詳。一条高能の室となり、頼氏を生んだ。

【解説】

【系図】群A・群B・尊。

【史料】

（川島）

ほうじょう ときふさじょ　北条時房女　生没年未詳

鎌倉中期の女性。時房流。父は北条時房、母は未詳。下野前司宇都宮泰綱の妻となり、景綱と経綱を生む。

【解説】纂要・入ウに見える人物。

【系図】纂要・入ウ。

【史料】

（川島）

ほうじょう ときふさじょ　北条時房女　生没年未詳

鎌倉中期の女性。時房流。父は北条時房、母は未詳。

【解説】桓・野辺・野津に各々注記のない女が一名ずつ記載されている。各々別人の可能性もあるが、まとめて記載した。

【系図】桓・野辺・野津。

【史料】

（川島）

ほうじょう ときふさじょ　北条時房女　生没年未詳

鎌倉後期の女性。時房流。父は北条時房、母は未詳。佐野尼と号した。

【解説】入ウのみに見える人物。注記に「号佐野尼」とある。

【系図】入ウ。

【史料】

（菊池）

ほうじょう ときふじ　北条時藤　生没年未詳

鎌倉中期の武士。時房流。北条時直の子、母は未詳。その歌が「新後撰和歌集」に入集されている。子に貞直がいる。

【解説】尊に「新後作者」という注記がある。

【系図】尊・群A・群B。

【史料】「新後撰和歌集」。

（川島）

ほうじょう ときふじ　北条時藤　生没年未詳

鎌倉後期の武士。時房流。北条清時の子、母は未詳。六位、左衛門尉。歌人でもあり、その作品は「新後撰和歌集」・「玉葉和歌集」に収められている。

【解説】「勅撰作者部類」に「六位、左衛門尉、安芸守平清時男」と見える。

【系図】前・正・群B・入ウ。
【史料】「新後撰和歌集」・「玉葉和歌集」・「勅撰作者部類」。 （川島）

ほうじょう ときふじ　北条時藤　生没年未詳

鎌倉後期の武士。時房流。北条時信の子、母は未詳。通称は彦太郎。
【解説】前のみに見える人物。
【系図】前。
【史料】 （川島）

ほうじょう ときふじ　北条時藤　生没年未詳

鎌倉中期の武士。朝時流。北条時幸の子、母は未詳。時相・幸継の弟、時久の兄。
【解説】（1）野辺にのみ見える人物。注記はない。（2）時幸の子は、野辺・野津・前に各四人、正に二人の男子が記されているが、諸系図により実名が異なり、確定することが難しい。（3）寛元四年（一二四六）閏四月、四代執権北条経時が死去すると、叔父の光時・父時幸らは将軍藤原頼経と提携して幕府権力の奪取をはかるが、新執権時頼によって未然に防がれた（寛元の政変）。以後、時幸の子息等は幕府政治の舞台から全く姿を消していく。時藤は「吾妻鏡」にも記述が無く、その実体は未詳である。 （久保田）
【系図】野辺。
【史料】

ほうじょう ときまさ　北条時政

保延四年〜建保三年（一一三八〜一二一五）

平安後期〜鎌倉前期の武士、鎌倉幕府初代の執権。上総介平直方の玄孫で、北条四郎大夫時家の子（孫とする説もある）、母は伊豆掾伴為房の女。祖父時方の代より伊豆国田方郡北条（現静岡県韮山町）に住し、北条氏を称したという。伊豆国の在庁官人とする説もあるが、時政の前半生については不明な点が多い。「曽我物語」や「源平盛衰記」などによれば、平治の乱の翌年（永暦元年：一一六〇）三月、田方郡蛭が小島（現静岡県韮山町）に流されてきた源頼朝の監視役を、伊豆国伊東庄（現静岡県伊東市）の在地領主伊東祐親とともに命じられ、嘉応二年（一一七〇）四月には、伊豆大島に配流されて叛乱を起こした鎮西八郎源為朝征伐に加わったという（33歳）。治承元年〜二年（一一七七〜七八）頃、時政は京都大番役勤仕のため在京していたが、この頃伊豆では流人源頼朝と女政子との間に子（のちの大姫）が誕生していた。このことが平家の耳に入ることを恐れた時政は、政子を当時伊豆の目代であった山木兼隆（平兼隆）に嫁がそうとしたと伝え、政子は熱海の走湯山権現（現静岡県熱海市）にいた頼朝のもとに逃れ、時政は結局二人の仲を認めざるをえなかったという。

治承四年（一一八〇）五月、頼朝が平家追討を命ずる以仁王の令旨を受けるに及び、時政は頼朝を助けて挙兵の計画を練り、同八月、伊豆の目代であった山木兼隆を討ち、ついで頼朝に従って平家方の大庭景親軍と相模国石橋山（現神奈川県小田原市）で戦ったが敗れ、頼朝より一足早く海路安房国（現千葉県）に渡り、同地で合流した。同九月、時政・義時父子は頼朝の使者として、甲斐国（現山梨県）の武田氏のもとに遣わされ、同十月、甲斐・信濃の軍勢とともに南下、富士川に平家軍を破り、駿河国（現静岡県）に進軍してきた頼朝軍と合流した。以降、平氏や源義仲との戦いの間は常に源頼朝の傍で補佐している。文治元年（一一八五）十月、源義経の申請によって源頼朝追討の宣旨が下ると、同十一月頼朝の代官として上洛した（48歳）。時政の任務はいわば進駐軍の司令官であり、義経の追補、義経に与した後白河院の近臣の処分、義経に代わる京都の治安維持（京都守護）などであった。約千騎の軍勢を率いて入洛した時政は、後白河院やその近臣たちを威圧しつつ、院近臣を処断し、全国一律に田地一反ごとに五升の兵糧米を徴収することを認めさせた。翌二年の始め頃、後白河院から七か国の地頭職を拝領したが、同三月これを辞退し、鎌倉に下向した。京都の治安維持については一族の北条時定をはじめとする三十五人の勇士を選んでこれにあたらせ、朝廷との交渉は頼朝の妹婿一条能保に引き継がれた。この時政の行動は、義経同様院政のなかに時政を取り込もうとする後白河院の政治的工作を避けて、頼朝に疑惑を持たれまいとする時政の政治的配慮から起きたものと見られる。

文治五年六月、奥州藤原氏征伐を祈念して、伊豆国北条に願成就院の建立を始め、同七月には藤原氏を討つため源頼朝に従って奥州に下向した。建久四年（一一九三）五月、頼朝の命により、駿河国の狩猟場を整備するため下向した（56歳）。時政は文治年間（一一八五〜八九）以降、伊豆・駿河両国の守護職に在任していたからである。

正治元年（一一九九）正月、源頼朝が没し、子の頼家が嗣ぐと、娘で頼朝の後家である北条政子を背景に、時政は祖父としてその政治力を発揮しはじめる（58歳）。先例を無視する頼家の行動は御家人の反発を招き、同四月、時政を含めた幕府の宿老十三人による合議制が実行される。そして同二年四月には従五位下遠江守に叙任され、将軍の外祖父としてだけではなく、幕府内での地位を固めていった。その反面、将軍頼家やその外戚比企能員との対立も激化していった。建仁三年（一二〇三）八月、源頼家の病気が重くなった際、時政は頼家の権力を二分し、頼家の嫡男一幡に関東二十八か国の地頭職を、弟千幡（のちの実朝）に関西三十八か国の地頭職を相続させることとした。この背景に後家政子の意図もあったと考えられる。『吾妻鏡』によると、これを聞いた比企能員は激怒し、同九月回復した頼家にこれを訴え、頼家も時政追討の命令を能員に下した。しかし、障子越しにこれを聞いた政子は、直ちに父時政に通報した。時政は機先を制して比企能員を誘殺し、比企一族とともに一幡を殺害したとするが、これは時政によるクーデターと見てよい。将軍頼家を廃して伊豆に幽閉。その弟千幡（実朝）を跡継ぎとして征夷大将軍に戴き、みずからは将軍の外戚、また政所別当として幕府政治の実権を握った（執権となる）。同月以降、時政は単署の下文をもって御家人に所領の安堵をしており、これを裏付けている（62歳）。

元久元年（一二〇四）、時政の後妻牧方の女婿武蔵守平賀朝雅を京都守護とし、着々とその政治的地盤を拡大しつつあったが、翌二年六月、朝雅から通報を受けた牧方の讒訴により、畠山重忠に謀反の疑いありとして討手を差し向け、武蔵国二俣川付近（現神奈川県横浜市）で討ち取った。しかし、子の義時・時房兄弟は重忠に謀反の意志がなかったことを見抜いていた。ついで時政は、牧方と謀って実朝を除き女婿朝雅を将軍にしようとしたが、政子・義時の反対にあい、同閏七月、時政は出家し、伊豆国北条に隠棲した（63歳）。法名は明盛。承元元年（一二〇七）十一月、願成就院の南傍に塔婆を建立し供養を行っている。建保三年（一二一五）正月六日、日頃煩っていた腫れ物が悪化し没した。享年七十八。安貞元年（一二二七）正月、後妻の牧方は京都で時政の十三年忌供養を行っている。

時政には、先妻の子として政子（源頼朝妻）・宗時・義時・時房のほか、足利義兼妻・阿波局（阿野全成妻）・稲毛女房（稲毛重成妻）・畠山重忠妻（のちに足利義純妻）等がおり、後妻牧方の子として政範・平賀朝雅妻（のちに坊門国通妻）が、他に三条実宣妻・宇都宮頼綱妻（のちに藤原師家妻）・坊門忠清妻・河野通信妻・大岡時親妻等がいる。源氏の一族、武蔵の平姓秩父氏一族ばかりでなく、京都の公家層との婚姻関係も見られ、北条氏のネットワークの広さを示している。

【解説】（1）諸系図によると祖父時方と父時家には記載に混乱があるようで、親子関係を[野津]・[尊]は「時直―時家―時方」、[野辺]・[桓武]は「聖範―時家―時兼」、[前]は「直方―時方―時家」、[桓]・[群A]・[纂要]は「直方―維方―時方―時家」、[入]は「時方―時家―時兼」としている。奥富説（奥富敬之『鎌倉北条氏の基礎的研究』）に従って、通称の「北条四郎」を時方、通称の「北条四郎大夫」を時家と考え、通字から「直方―時方―時家」と推定した。[野辺]・[桓武]の阿多見聖範の子時家には「号北条四郎」と注記するのでこれは時方のこと、[尊]の時直の子時家には、「従五下、伊豆介、北条四郎大夫、聖範子云々」と注記するので、これは時家のことと考えられる。『吾妻鏡』治承四年四月二十七日条に「上総介平直方朝臣五代孫、北条四郎時政主」と記されている。佐々木紀一「北条時家略伝」（『米沢史学』一五）は、時政が時家の孫である可能性を指摘している。なお、北条氏研究会「北条氏人名考証」（安田元久編『吾妻鏡人名総覧』所収）参照。（2）平兼隆は信兼の子、治承元年（一一七七）六月十五日まで検非違使として京都での活動が確認できる。その後流人として伊豆国に配流された。伊豆の目代となるのは、伊豆国が源頼政から平時忠の知行国となった以降で、すなわち治承四年六月以降のことになる。時政が政子を兼隆に嫁がそうとしたというのは、物語類の創作と思われる。（3）上洛した時政のことを藤原（九条）兼実は『玉葉』のなかで「頼朝代官北条丸」と書き、「頼朝妻父、近日珍物歟」と評している。（4）文治国地頭に関する論考は数多いが、関幸彦『研究史 地頭』を参照。また北条時政に触れた論考等には、大森金五郎「鎌倉幕府と北条氏」（『中央史壇』一―六）、同「北条時政批判」（『中央史壇』二―五）、稲村但元「武蔵武士と北条時政」（『埼玉史談』七―四）、八幡義信「鎌倉幕政における北条時政の史的評価」（『歴史教育』一一八）、同「執権連署制成立の直接的前提――元久・建永年間における「北条時政政権」の実態分析――」（『政治経済史学』一八）、亀井日出男「建仁三年鎌倉政変をめぐる二、三の問題――所謂「比企氏の乱」討究のために――」（『政治経済史学』一二）、安田元久編『鎌倉将軍執権列伝』、杉橋隆夫「鎌倉執権政治の成立過程――十三人合議制と北条時政『執権職』就任――」（『御家人制の研究』所収）、同「執権・連署制の起源――鎌倉執権政治の成立過程・続論――」（『立命館史学』四二四〜四二六合併号）、同「北条時政と政子――その出身と心操――」（『歴史公論』五四―三）、柏美恵子「比企氏の乱と北条時政」（『法政史論』七）、奥富敬之「鎌倉北条氏所領増減過程の考察――時政の時代を中心として――」（竹内理三先生喜寿記念論文集刊編『荘園制と中世社会』所収）、同『鎌倉北条氏の基礎的研究』、同『鎌倉北条一族』、菊池紳一「北条氏発給文書について――その立場と権限――」（『学習院史学』一九）、湯山賢一「北条時政時代の幕府文書――関東下知状成立小考――」（小河信編『中世古文書の世界』）、菊池紳一「鎌倉北条氏の盛衰」（関幸彦編『相模武士団』所収）、同「源頼朝の構想」（北条氏研究会編『武蔵武士の諸相』所収）。（5）守護論考・守護国別参照。

【系図】尊・正・桓・群A・群B・前・入・入ウ。

【史料】「吾妻鏡」・「玉葉」、『鎌倉遺文』①三〇・三三・三四他・『大日本史料』第四編之一三（建保三年正月六日条）参照。

（菊池）

ほうじょう ときまさじょ　北条時政女　生没年未詳

鎌倉前期の女性。義時流（得宗）。父は北条時政（二女）、母は未詳。名を時子と伝えるが未詳。養和元年（一一八一）二月一日、源頼朝の命により足利義兼の妻となった。義氏の母。「吾妻鏡」文治三年（一一八七）十二月十六日条では、急病により姉の政子が見舞ったことが見える。

【解説】（1）野津は二女とする。（2）正は「畠山二郎重忠妻、別已後足利義兼室、（頭注）当家祖、義純・義氏母也」とするが、これは六女の注記が混入したためであろう。（3）義氏の母とするのは桓・群A・群B。（4）「吾妻鏡」には二か所所見があり、養和元年二月一日条では「北条殿息女」、文治三年十二月十六日条では「上総介義兼北方」と称されている。（5）栃木県足利市、織姫神社の蛭子塚の解説に時子と名を記す。傍に時子の墓（五輪塔）がある。名の典拠は未詳。

【系図】野辺・野津・桓武・正・桓・群A・群B・纂要・入ウ。

【史料】「吾妻鏡」、『鎌倉遺文』⑩六九四四。（菊池）

ほうじょう ときまさじょ　北条時政女　生没年未詳

鎌倉前期の女性。義時流（得宗）。父は北条時政（五女）、母は牧方。はじめ源（平賀）朝雅に嫁し、のち中納言坊門国通の妻となった。

【解説】（1）野津は五女とする。（2）母は「愚管抄」・群Bによる。

【系図】野辺・野津・尊・桓・群A・群B・纂要・入ウ。

【史料】「愚管抄」。（菊池）

ほうじょう ときまさじょ　北条時政女　生没年未詳

鎌倉前期の女性。義時流（得宗）。父は北条時政（六女）、母は未詳。畠山重忠に嫁し、時重を生む。元久二年（一二〇五）六月に畠山一族が滅亡すると、足利義兼の子義純（承元四年〈一二一〇〉十月十七日卒、享年三十五）に再嫁し、泰国を生んだ。泰国は畠山の遺跡を継ぎ、畠山三郎と称したという。

【解説】（1）野津は六女とする。（2）野辺・前には「畠山庄司次郎重忠妻、後嫁遠江守義純」、群A・群Bには「畠山重忠妻、後源義純室、此子孫号畠山」とある。（3）泰国の没年は尊による。

【系図】野辺・野津・桓武・桓・群A・群B・前・纂要・尊・入ウ・「千葉上総系図」（続群六上）・「畠山系図」（続群5上）・「両畠山系図」（続群5上）・「佐野本系図」（『大日本史料』第四編之八元久二年六月二十二日条）。

【史料】「吾妻鏡」。（菊池）

ほうじょう ときまさじょ　北条時政女　生年未詳～建保四年（?～一二一六）

鎌倉前期の女性。義時流（得宗）。父は北条時政（七女）、母は牧方。大納言三条実宣に嫁した。建保四年（一二一六）二月二十二日京都で没した。

【解説】（1）野津は七女とする。（2）母のことは「明月記」元久元年（一二〇四）四月十三日条による。（3）桓武に、時政の女として「大納言実定卿室」を載せるが、これは実宣室の誤記であろう。

【系図】野辺・野津・尊・桓・群A・群B・纂要・入ウ。

【史料】「吾妻鏡」・「明月記」。（菊池）

ほうじょう ときまさじょ　北条時政女　生没年未詳

鎌倉前期の女性。義時流（得宗）。父は北条時政（八女）、母は牧方。宇都宮頼綱に嫁し、藤原為家室・泰綱を生んだ。のち、藤原（松殿）師家の妾となる。

【解説】（1）母は「吾妻鏡」及び群Bによる。野津では時政の八女とする。入ウに「号橋爪」とある。（2）子の泰綱の生年は建仁三年（一二〇三）である。

【系図】野辺・野津・尊・群A・群B・纂要・入ウ。

【史料】「吾妻鏡」。　（菊池）

ほうじょう ときまさじょ　北条時政女　生没年未詳

鎌倉前期の女性。義時流（得宗）。父は北条時政（九女）、母は未詳。坊門忠清に嫁した。

【解説】野津は九女とする。

【系図】野辺・野津・桓武・群A・群B・纂要・入ウ。

【史料】　（菊池）

ほうじょう ときまさじょ　北条時政女　生没年未詳

鎌倉前期の女性。義時流（得宗）。父は北条時政、母は未詳。

【解説】（1）野津は十女とする。注記はない。（2）尊・正にも注記のない時政女が記載されているので、まとめて記載した。

【系図】野津・尊・正。

【史料】　（菊池）

ほうじょう ときまさじょ　北条時政女　生没年未詳

鎌倉初期の女性。義時流（得宗）。父は北条時政、母は未詳。伊予の豪族河野通信に嫁した。通久・通政・通末・女子の母。

【解説】子については、「越智系図」・「河野系図」（以上『続群書類従』七上）、「越智姓系図」・「河野系図」（『系図総覧』下）による。

【系図】群A・群B・纂要・入ウ。

【史料】　（菊池）

ほうじょう ときまさじょ　北条時政女　生没年未詳

鎌倉前期の女性。義時流（得宗）。父は北条時政、母は未詳。父時政の後妻牧方の兄弟大岡時親に嫁した。

【解説】群A・群Bに見える女性。注記に「大岡判官時親妻」とある。

【系図】群A・群B・入ウ。

【史料】　（菊池）

ほうじょう ときまさじょ　北条時政女

↓　北条政子（ほうじょう まさこ）

ほうじょう ときまさじょ　北条時政女

↓　阿波局（あわのつぼね）

ほうじょう ときまさじょ　北条時政女

↓　稲毛女房（いなげにょうぼう）

ほうじょう ときます　北条時益

生年未詳～正慶二年・元弘三年（?～一三三三）

鎌倉後期、最後の六波羅探題南方。政村流。父は北条政村の五男政長の子の時敦、母は未詳。時敦の長男（『将軍執権次第』）。政村流の中では、嫡男時村（連署）―為時―熈時（執権）―茂時（連署）に次いで、五男政長（評定衆・引付頭人）―時敦（六波羅探題）―時益の系統が主流であった。時益の通称は越後左近大夫将監（『鎌倉遺文』㊵三一四四七）。左近将監任官は元徳元年（一三二九）九月以前のことである。同二年七月二十日、六波羅探題南方に任じられ、八月二十六日に上洛した。元徳三・元弘元年（一三三一）八月には後醍醐天皇の二度目の討幕計画が発覚し、天皇は笠置山に籠城したが敗れて六波羅の軍勢に捕らえられ、翌正慶元・元弘二年三月に隠岐へ流された。しかし、各地に反幕勢力が蜂起し、時益は加賀・伯耆・丹波の守護を兼ねて反幕勢力の制圧にあたった。翌正慶二・元弘三年三月以降は播磨に挙兵した赤松則村の軍と戦ったが、『梅松論』によれば「（六波羅軍は）十余度の合戦に打ち負けて、六波羅を城郭に構えて皇居となし、軍兵数万騎が楯籠もった」という。そして、反旗を翻した足利高氏（尊氏）の軍に敗れた六波羅軍は、五月七日、時益と北方探題の北条仲時（重時流）を中心に、持明院統の光厳天皇と後伏見・花園両上皇を奉じて関東への脱出をはかった。『梅松論』はその時の時益と仲時の相談の様子をこう伝える。「まず洛外に行幸をなして関東の援軍を相待ち、または金剛山を包囲する幕府軍と連絡をとって合戦を致そう」。しかしながら、時益は京都東山の苦集滅道《クズメジ》で野伏の矢に射られて戦死した。なお、仲時もやがて進退に窮まり、天皇・上皇らを還した上で同九日、近江国番場（現滋賀県坂田郡米原町）の蓮華寺において従う四百余人の武士とともに自害した。時益の廟所も同寺にある。なお、元徳元年（一三二九）と推定される金沢貞顕書状（『鎌倉遺文』㊴三〇七七五）から、時益の邸宅が鎌倉の甘縄にあったことが知られ、祖父政長から時敦を経て孫の時益に伝えられたのであろう。

【解説】（1）没年は諸系図の注記及び「太平記」巻九による。（2）守護論考・守護国別参照。

【系図】尊・前・関・桓・群A・群B・正・纂要。

【史料】「将軍執権次第」・「梅松論」・「太平記」巻九、『鎌倉遺文』。

（山野井）

ほうじょう ときみ　北条時見　生没年未詳

鎌倉後期の武士。朝時流。北条篤時の子、母は未詳。北条時章の孫にあたる。官途は越前守。歌人でもあり、その詠歌は「続千載和歌集」に入集している。

【解説】（1）尊・群A・群Bでは公篤の弟、纂要のみ公篤の兄とする。（2）官途は諸系図の注記による。（3）尊の注記に「続千作者」、群Bの注記に「千載作者」と記されている。「続千」は後宇多法皇の勅撰により、元応二年（一三二〇）七月二十五日に完成した「続千載和歌集」（全二十巻）、「千載」は後白河法皇の勅撰により、文治四年（一一八八）四月二十二日に完成した「千載和歌集」（全二十巻）のことで、いずれも二十一代集の一つである。後者は年代があわないので「後」が欠落したものと思う。なお、「勅撰作者部類」には「五位、越後守、遠江守平篤時男」とあり、「続千」に一首入集しているとする。（4）寛元の政変で、祖父時章は得宗北条時頼に野心無き旨を陳謝し、以後名越氏の嫡流となる。時章の子孫は評定衆・引付頭人の家格を有し、幕政の中枢に位置したが、時見については未詳である。

【系図】尊・群A・群B・纂要。

【史料】「続千載和歌集」・「勅撰作者部類」。

（久保田）

ほうじょう ときみ　北条時躬　生没年未詳

鎌倉後期の武士。朝時流。北条公教の子、母は未詳。北条教時の孫にあたる。官位は従五位下、式部丞。

【解説】（1）前・正のみに見える人物。前者の注記に「式部大夫」、後者の注記に「式部丞」とある。（2）入ウには八郎の子として見える。注記に「七郎」とある。（3）文永九年（一二七二）二月十一日、祖父教時が得宗御内人に誅殺される二月騒動が起こるが、時躬は他の北条氏関係の諸系図に見えず、その実体は未詳である。

【系図】前・正・入ウ。

【史料】

（久保田）

ほうじょう ときみち　北条時通　生没年未詳

鎌倉中期の武士。時房流。北条時直の子、母は肥前々司平宗連の女。通称は二郎・遠江二郎。「吾妻鏡」には建長五年（一二五三）正月三日条から弘長元年（一二六一）三月二十五日条まで見える。歌人として名を馳せ、弘長元年三月将軍宗尊親王により歌仙結番が編成された際にはその一員として、当番の日には五首の和歌を奉ずるよう定められた。和歌などを通じて将軍宗尊親王の近習の一人として活動した。子に政直がいる。

【解説】正は父を時房とし、通称を六郎とする。母は桓武による。通称について野津・前は二郎、纂要は遠江二郎とする。

【系図】桓武・野津・前・桓・群A・群B・纂要・正・入・入ウ。

【史料】「吾妻鏡」。

（川島）

ほうじょう ときみち　北条時通　生没年未詳

鎌倉中期の武士。朝時流。北条時章の子、母は未詳。時賢の兄。

【解説】（1）時通は桓武にのみ時章の子として見える。纂要では朝時の次男に時通が記されているが、これは時章の子である時通の誤りと思われる。注記に「遠江二郎」とある。（2）他の北条氏関係の諸系図には見えず、その実体は未詳である。（3）入ウの公時の注に「本名時通」とあり、公時と同一人物か。

【系図】桓武・纂要・入ウ。

【史料】

（久保田）

ほうじょう ときみち　北条時通　生没年未詳

鎌倉中期の武士。政村流。北条政村の次男、母は未詳。時道とも表記した。子に政平がいる。同時期、弟で三男の時村が左近将監に任官しているのに対し、兄の時通が無官なのは庶腹であったことによると思われる。政村の妻には時村らを生んだ新妻の三浦重澄の女（大津尼）の他に、本妻として藤原（九条）頼経に仕えていた女房の「中将」が知られ、時通の母はこの「中将」であった可能性が高い。また、時村にはその他にも通時と厳斎（厳政）という兄がいたことが諸系図及び「吾妻鏡」から知られるが、そうすると時村の兄は三人になってしまい、時村を「新相模三郎」とする諸系図の記載と合わなくなってしまう。通時と時通（時道）がそれぞれ別の系図に載っていることから、同一人物ということも考えられる。

【解説】（1）「関東往還記」弘長二年（一二六二）六月二十九日条には「相模次郎（時通、相州子）」とあり、相州は政村に比定できる。前には「時通（三郎入道）」、野辺には「時道（次郎）」を載せるが、同一人物であろう。注記から政村の次男と考えられる。（2）政村の妻については、「関東往還記」弘長二年（一二六二）四月十三日条及び七月八日条による。（3）「吾妻鏡」は建長五年（一二五三）正月三日以降に時通を載せるが、通称は「遠江次郎」であり、これは朝時流の時章の子時通にあたる。

【系図】前・野辺・入ウ。

【史料】「吾妻鏡」・「関東往還記」。

（山野井）

ほうじょう ときみち　北条時通　生没年未詳

鎌倉後期の武士。政村流。父は北条政村の五男政長の子の師村、母は未詳。通称は三郎。

【解説】前にのみ見える人物。「三郎」と注記がある。系図の注記から師村の三男と思われるが、他の兄弟は記載されていない。

【系図】前。

【史料】

（山野井）

ほうじょう ときみち　北条時道

→ **北条時通**（ほうじょう ときみち）

ほうじょう ときみつ　北条時光　生没年未詳

鎌倉後期の武士。義時流（得宗）。父は時厳の子北条貞国、母は未詳。通称は二郎。

【解説】正のみに見える人物。注記に「二郎」とある。

【系図】正。

【史料】

（菊池）

ほうじょう ときみつ　北条時光　生没年未詳

鎌倉中期の武士。時房流。北条時盛の子、母は未詳。官途は修理権亮。弘安七年（一二八四）北条時宗の没後の四月興福寺悪僧の満実法師なる者との陰謀が露見し拷訊のすえ、佐渡国へ配流される。そしてこの事件を契機にこれまで時房―時盛―時光と相伝してきた丹波国守護職は佐介家から離れたようである。この時光事件は不明な点が多く、同年六月に起こった時国事件とともに、時房流において佐介家が没落し、大仏家の優位が確立していく契機となった。子に時信・政茂がいる。

【解説】（1）『校本・保暦間記』・「保暦間記」には「盛時男」とする。（2）『校本・保暦間記』は「蒲実法印」とする。（3）「鎌倉年代記（裏書）」・「北条九代記」にも「越後守時盛息」とある。配流先は前・「鎌倉年代記（裏書）」によったが、群A・群B・「北条九代記」は土佐国とする。（4）佐藤進一『増訂鎌倉幕府守護制度の研究』・丹波の項。（5）時国事件・時光事件については、渡辺晴美「得宗専制体制の成立過程Ⅱ」（『政治経済史学』一三九）・奥富敬之『鎌倉北条一族』・細川重男『鎌倉政権得宗専制論』第一部第一章北条氏の家格秩序、に諸説が述べられている。

【系図】野津・尊・前・桓・群A・群B・纂要・入ウ。

【史料】「鎌倉年代記（裏書）」・「北条九代記」・「保暦間記」、『校本・保暦間記』。（川島）

ほうじょう ときみつ　北条時光　生没年未詳

鎌倉後期の武士。時房流。北条政直の子、母は未詳。もと時隆、のち時光と改める。通称は四郎。官位は従五位下・式部丞。子に時賢がいる。

【解説】（1）改名は前による。（2）官位は前に、通称は正による。

【系図】前・正。

【史料】（川島）

ほうじょう ときみつ　北条時光　生没年未詳

鎌倉後期の武士。時房流。北条政宗の子、母は未詳。通称は孫七。

【解説】正は父を政房とする。

【系図】前・正。

【史料】（川島）

ほうじょう ときみつ　北条時光　生没年未詳

鎌倉後期の武士。時房流。北条時元の子、母は未詳。

【解説】群A・群Bに見える人物。

【系図】群A・群B。

【史料】（川島）

ほうじょう ときむね　北条時宗　建長三年～弘安七年（一二五一～八四）

鎌倉中期の連署・執権。義時流（得宗）。父は北条時頼、母は北条（極楽寺）重時の女。建長三年（一二五一）五月十五日、鎌倉甘縄にある祖母松下禅尼（安達景盛女、北条時氏妻）邸で生まれた。「吾妻鏡」によれば、産所には外祖父重時をはじめ一門の人々が多勢つめかけ、見守っていたという。幼名は正寿。通称は相模太郎。時宗には宝治元年（一二四七）生まれの庶兄時輔（母は将軍家の女房讃岐）があったが、正妻の子時宗が嫡子となった。時頼は交名等の文書に自分の子どもたちを記載する場合、長幼の順ではなく、嫡庶の順、すなわち、時宗、宗政、時輔、宗頼の順に記載するよう定めている。

康元元年（一二五六）十一月二十二日、父時頼は病気のため家督を時宗に譲って出家した（6歳）。時宗は幼少だったため、執権職には、眼代として母の兄弟にあたる重時の子長時が就任した。時頼は執権在任中から最明寺の私邸で寄合を開き、幕府の政策決定を行っていた。寄合には、得宗時頼の他、北条一門の有力者、吏僚、安達泰盛、御内人の有力者が出席した。時頼は執権辞任後も寄合を続けて幕政の実権を握っていたのである。なお、『吾妻鏡』同日条によると、執権職とともに武蔵の国務・侍所の別当・鎌倉邸が長時に預けられた。

翌正嘉元年（一二五七）二月二十六日、将軍宗尊親王の手によって元服し、一字名を与えられ、相模太郎時宗と名乗った（7歳）。御所には多くの御家人が参列し、この盛儀を見守っていたという。以降、時宗は将軍の二所参詣や鶴岡八幡宮参詣、正月の垸飯等の幕府の行事では常に筆頭に位置しており、すでに執権あるいは北条氏の当主として扱われていたと見るべきであろう。文応元年（一二六〇）二月、小侍所の別当に就任した（10歳）。当時小侍所別当には一族の北条（金沢）実時が在任中であったが、時頼は時宗を実時に預け、政治家としての基礎を学ばせたようとしたものと思われる。実時は、文暦元年（一二三四）十一歳で小侍所別当に就任して以降、引付衆・評定衆・越訴奉行等を歴任する一方、宣陽門院蔵人となるなど京都とのつながりも深く、西大寺の叡尊を鎌倉に招き、金沢称名寺を律宗に改宗し、金沢文庫の基礎を築いた人物である。

弘長元年（一二六一）四月二十三日、故安達義景の女堀内殿を娶り、同十二月二十二日、従五位下左馬権頭に叙任された（11歳）。同三年十一月二十二日父時頼が三十七歳で死去した（13歳）。翌文永元年（一二六四）七月二日、今度は執権長時が病のため出家すると（八月二十一日三十六歳で没）、八月十一日執権には連署の政村が、連署に時宗が就任した（14歳）。翌二年以降の正月一日の垸飯の沙汰は父時頼に替わって時宗が行っている。さらに同年正月五日従五位上に叙され（左馬権頭労）、同三月十日但馬権守を兼任、同三月二十三日には相模守を兼任した（15歳）。同三年六月二十日、時宗邸で秘密の会議が開かれた。「吾妻鏡」はこれを「深秘御沙汰」と表現している。出席者は時宗の他、執権政村、小侍所実時、安達泰盛ら当時の幕政の最高実力者の四人であった。この時決定されたのは、将軍宗尊親王の退職、帰洛と新将軍にその子惟康親王が就任することであった。この前後、藤原親家や諏訪盛経らが密使として京都に派遣されている。周到な計画のもと、将軍の交代劇が執り行われたのである。この事件の原因は謎であるが、将軍が成人するとその周囲に体制に不満を持つ御家人が集まることがよくあり、時宗を中心とする体制強化のため幕政の実力者たちが合意のもととった措置であったと思われる。

文永五年（一二六八）正月、高麗王の使者藩阜が九州大宰府を訪れ、蒙古の牒状（世祖フラビイの国書）と高麗王の副書をもたらした。その内容は、表面は国交を求めるものであったが、実際は蒙古に帰属する（朝貢する）よう求めたものであった。これら国書は鎌倉に送られ、幕府は蒙古の要求拒否を決定し、二月京都の朝廷に奏上した。朝議も院の評定によって、返書を送らないことに決まった。そして幕府では、この未曾有の国難にあたって、三月五日高齢の執権政村が連署となり、時宗が執権に就任した（18歳）。同六年三月、再度蒙古の使節が対馬に至り返牒を求めたが得られず、島民を連れて退去し、九月には高麗の使者が対馬に至り島民を送還し返牒を求めた。朝廷では返書を送ることに決し草案を作成したが、幕府はこれを押さえて返書を与えなかった。さらに同八年初めにも高麗の使者が大宰府に来たり、九月には蒙古の使節趙良弼が百余名を率いて筑前国今津に至り、国書を直接国王・将軍に手渡すと強硬に主張し、返書を求めた。結局返書は与えず、翌年正月趙はむなしく高麗に引き上げている。翌年五月趙良弼は再び来日し、約一年滞在して帰国している。この時の目的は表向き大宰府での交渉にあったが、実際は遠征に向けて日本の実状を調査するための滞在であったようである。

文永九年（一二七二）二月十一日、時宗は大蔵頼季らの得宗被官を討手として、謀反の疑いのある北条（名越）時章・教時兄弟を討ち、京都の六波羅探題北方の北条義宗（前執権長時の子）に命じて、同じく南方の庶兄時輔を謀反の首謀者として誅している。名越氏は、北条氏の庶子家のなかで最も勢力のある一族で、かつて時章・教時兄弟の長兄光時は、時頼が執権に就任する際、前将軍藤原頼経と結んで時頼を除いて自ら執権になろうという陰謀を企てたが事前に発見され、剃髪して謝罪したことがあった。この度は教時が首謀者であったが、時章は無実であったため、その討手の大蔵次郎左衛門尉以下の得宗被官はすぐに処刑された。この処刑の背景には時宗の義兄安達泰盛の影があった。この事件は、反時宗勢力への先制攻撃であった。庶兄時輔の存在はその核になる可能性が高かった。これによって得宗権力はより強化されるのこととなり、蒙古襲来に対する態勢が作り上げられていくのである。この経過のなかで、外戚安達氏と内管領平頼綱が台頭し、その対立を深めていった。

時宗政権は、父時頼の政策を継承し、御家人統制の強化、御家人所領保護、悪党取り締まりといった施策を進めた。その背景には、時頼が時宗を委託した北条政村・北条実時・安達泰盛ら、時宗政権を補佐する人々の存在が大きく影響していたと思われる。文永四年十二月、御家人所領の売買・入質を禁ずる法令が定められた。この意図は御家人の所領の移動を抑制し、非御家人や凡下の手に渡るのを厳禁しようとするものであった。これは、売買・入質等を理由に、御家人の所領が他人の手に渡ることがいかに多かったかを示している。同九年十月には、守護に命じて諸国の田文を再調査し上進させ、御家人所領の実態を把握するよう努めている。

一方、文永五年に最初に蒙古の国書がもたらされて以降、幕府は西国の御家人に蒙古襲来に備えるよう命じたものの、具体的な対策は出されなかった。しかし、数度にわたり元使の要求を拒否したことは、その襲来が必至の情勢となっていた。同八年九月、幕府は具体的施策として、鎮西の軍事力強化のため、鎮西に所領を有する東国在住の御家人にその所領へ下向し、防禦にあたるよう命じ、悪党追補も指示している。これを契機に、東国の武士たちは続々と西国に移住していくことになった。同十一年十月、元と高麗の連合軍は対馬・壱岐をへて北九州に来寇した。日本軍は、元・高麗連合軍の新兵器や集団戦に悩まされ、退却を強いられた。しかし、連合軍は大宰府への攻撃を中止し、全軍が船に引き上げた。そして翌朝、元軍の船団の姿は博多沖の海上には見えなくなっていた。元及び高麗の指揮者の対立と風雨のため、夜陰にまぎれて撤退したのである。この間、幕府は朝廷の了承のもと、これまで不介入を原則としていた本所領家一円地にまで権限を行使し、御家人ばかりでなく非御家人も動員して防禦にあたるよう命じている。そして建治元年（一二七五）十二月には、積極的に翌年三月の高麗出兵計画を公にし、その用意を西国諸国に命じている。これは結局実現しなかったが、同年九月に元の使節を鎌倉の外龍の口で切り、時宗を中心とする幕府首脳は一貫して強攻策をとったのである。一方、元軍退却後から博多を中心に、北九州・長門の沿岸警備が本格的に始まった。幕府は建治元年三月ころからこの地域の沿岸に石築地を築き、異国警固番役定めている。そして、建治元年北条実時も子実政を九州に派遣してこれらを総括させ、北九州近辺の守護にも北条氏一門を任命している。

弘安四年（一二八一）六月、元軍は大挙して北九州沿岸に攻め寄せた。しかし、石築地に拠る日本軍のため上陸を阻まれ、平戸沖に終結し再度東進する途中の閏七月一日、肥前国鷹島付近で大暴風雨（大型台風）のため、蒙古船のほとんどが海の藻屑となって沈んでいった。文永の役の時は、翌年（建治元年）百二十人余の人々に恩賞が与えられたが、結局不満が残り再調査している。弘安の役の場合は二か月にも及ぶ戦いに対する恩賞であり、恩賞のための基礎資料は厳密さを要求された。この調査と詮議は、弘安四年十一月から同九年頃まで行われている。幕府は十分な時間をかけて慎重に恩賞問題を処理していったのである。こうした幕府の方針を主導したのは安達泰盛であった。泰盛は、妹婿時宗の了解を取りながら、幕府政治を進めていった。そしてみずからは陸奥守に任官し、秋田城介は子宗景に譲り、宗景を引付衆在職一年余で評定衆にするなど、北条氏に比肩する勢力を固めていったのである。弘安六年十二月、幕府は来年春元軍が襲来するという伝聞から、鎮西の守護に武士を率いて担当の部署に就くよう命じている。そして、幕府は将軍のことを正式に「公方」と記している。泰盛が将軍＝公方と得宗＝御内の区別を明確にしようとしていたのである。これに対し、得宗御内人がこれに反発したことはごく自然なことであった。時宗政権は安達泰盛と得宗被官平頼綱の対立の上にバランスよく乗っていたのである。

弘安七年（一二八四）三月末病に臥した時宗は、数日後の四月四日巳刻に最明寺で出家し（法名道杲）、同日酉刻三十四歳で急死した。法光寺殿と号した。その死を悼んで、泰盛をはじめとする評定衆・引付衆や一門近従五十余人が出家している。朝廷でもその死は天下の一大事として扱われ、「天下触穢」は三十日とすること等が定められた。時宗が死去すると、子の貞時が家督を継ぎ、武蔵・伊豆・駿河・若狭・美作等の得宗分国（守護）も継承したと考えられる。

時宗は禅宗を崇拝しており、父時頼の信任の篤かった渡来僧で建長寺の住持蘭渓道隆に深く師事し、同じく宋よりの渡来僧大休正念等にも帰依した。弘安二年（一二七九）、時宗の招きで宋から渡来した無学祖元を、同八月建長寺の住持として迎え、同五年には円覚寺が創建され祖元は住持に迎えられている。のちに時宗の墳堂として建立されたのが円覚寺の仏日庵である。子に貞時と足利貞氏に嫁した女がいる。

【解説】（1）母は野辺・野津・前・纂要による。群Bは毛利蔵人女とする。（2）生誕・元服については「吾妻鏡」による。童名は野津は「聖寿」、群A・群B・纂要は「正寿丸」とする。（3）官位・幕府役職の履歴は、「吾妻鏡」・「関東評定衆伝」・「鎌倉年代記」等による。但馬権守は文永五年正月二十九日に辞任、弘安四年閏七月七日正五位下に叙された（「関東評定衆伝」）。連署の就任について、「鎌倉年代記」では文永元年八月十日、「関東評定衆伝」・纂要は八月十一日、尊は八月二十二日等の諸説がある。（4）没年については「関東評定衆伝」・尊による。法名は野津・尊・正・桓・群A・群B・纂要は「道果」とする。没日を野津は「弘安七年六月卒」とする。（5）「吾妻鏡」には建長三年五月十五日条〜文永三年七月四日条まで見え、通称は若君・相模太郎・太郎・右馬権頭・左典厩・相州・相模守である。（6）参考文献として、関靖『史話北条時宗』、黒田俊雄『蒙古襲来』（中央公論社『日本の歴史』八）、網野善彦『蒙古襲来』（小学館『日本の歴史』一〇）、工藤敬一『北条時宗』（『日本を創った人々』九）、渡辺晴美「北条時宗の家督継承条件に関する一考察（上・下）――『吾妻鏡』文永元年条欠文理由及び文永九年二月騒動との関連において――」（『政治経済史学』一一〇・一一一）、同「得宗専制体制の成立過程（I〜IV）――文永・弘安年間における北条時宗政権の実態分析――」（『政治経済史学』一二五・一三九・一

六二・一六五）、佐藤進一『増訂鎌倉幕府守護制度の研究』、同『鎌倉幕府訴訟制度の研究』、細川重男『鎌倉政権得宗専制論』安田元久編『鎌倉将軍執権列伝』、相田二郎『蒙古襲来の研究』、川添昭二「北条時宗の研究」（『松浦党研究』五）、村井章介「執権政治の変質」（『日本史研究』二六一）等がある。（7）守護論考・守護国別参照。

【系図】野辺・野津・尊・正・桓・群A・群B・前・纂要・入・入ウ。

【史料】「吾妻鏡」・「関東評定衆伝」・「鎌倉年代記」・「武家年代記」・「帝王編年記」・「鎌倉大日記」、『鎌倉遺文』⑪～補③。

（菊池）

ほうじょうときむねじょ　北条時宗女　生没年未詳

鎌倉後期の女性。義時流（得宗）。父は北条時宗、母は未詳。足利貞氏に嫁した。

【解説】（1）纂要のみに見える女性。注記に「足利讃岐守貞氏室」とある。（2）足利貞氏の正室は実泰流の北条顕時の女であり、足利氏関係の諸系図に時宗女のことは見えない。

【系図】纂要。

【史料】

（菊池）

ほうじょうときむら　北条時村　生年未詳～嘉禄元年（？～一二二五）

鎌倉中期の武士。時房流。北条時房の子、母は足立左衛門遠光（元カ）の女。通称は二郎・相模二郎。歌人。承久二年（一二二〇）正月十四日弟資時とともに俄に出家、法名は行念。和歌について藤原定家と師弟の関係を結ぶ。また藤原基政の私撰集であり、正嘉二年～正元元年（一二五八～五九）に成立したといわれる「東撰和歌六帖」にその和歌が収められている。嘉禄元年（一二二五）十二月二日卒す。子に時隆・時広・忠源と女子がいる。

【解説】（1）母は桓武による。（2）桓武・野津・前・関・纂要は相模次郎・相模二郎・相模次郎入道などとし、尊は五郎とする。（3）法名は尊・桓・群A・群B・纂要・入による。入ウは行然とする。（4）出家の年月日については、纂要・「吾妻鏡」承久二年正月十四日条。（5）卒年は群A・群Bによる。なお「明月記」嘉禄元年十二月七日条参照。

【系図】桓武・野津・尊・前・正・関・桓・群A・群B・纂要・入・入ウ。

【史料】「吾妻鏡」・「明月記」・「勅撰作者部類」・「東撰和歌六帖」・「関東往還記」・「永仁三年記」。

（川島）

ほうじょう ときむら　北条時村

仁治三年〜嘉元三年（一二四二〜一三〇五）

鎌倉後期の評定衆・六波羅探題・連署。政村流。北条政村の三男で、母は三浦重澄（三浦胤義、または義村ともいう）の女大津尼。初名は時遠。妻は二階堂行義の女が知られ、子には諸系図から為時・義村・貞村・定宗・公村・貞熙・時秀・時助らが確認できる。また、女子一人がいたようである。「吾妻鏡」によると、通称は時期により陸奥三郎、新相模三郎、相模左近大夫将監と変化するが、これは父政村の官途が陸奥守から相模守に遷任した時期に相当する。

時村の活動の初見は、康元元年（一二五六）六月、将軍宗尊親王の鶴岡八幡宮参詣の際の供奉人としてである（15歳）。同年八月には将軍が政村の常葉（常盤）亭を訪れた際に、時村が伊賀光政とともに一の御馬を引いて献じた。その後も、正月の垸飯の儀などでしばしば御馬を進上している。正嘉元年（一二五七）十二月、廂番衆に加えられ（16歳）、文応元年（一二六〇）正月には昼番衆の四番頭人となった（19歳）。「吾妻鏡」によれば、昼番衆には歌道・蹴鞠・弓馬などの諸芸に秀でた者が選ばれたという。弘長元年（一二六一）二月には二所奉幣使を勤めた（20歳）。同二年正月、叙爵し以後は左近大夫将監と称した（21歳）。同三年正月、御鞠奉行となる（22歳）。文永六年（一二六九）四月、引付衆に任じられ（28歳）、同七年十月に評定衆に加えられた（29歳）。同八年七月、陸奥守に任じられ（30歳）、同十年六月、二番引付頭人となった（32歳）。建治三年（一二七七）十二月、六波羅探題北方として上洛した（36歳）。新探題時村のもと、六波羅は対モンゴル防衛体勢強化の面からも、その機構と機能の充実がはかられた。「建治三年記」によれば、時村の要請によるのであろうか、六波羅の政務内容全般が明文化されている。また、時村がこれまでの多くの探題とは異なり、評定衆・二番引付頭人を歴任し、三十六歳という円熟した年齢であったことからも、彼に課せられた使命の大きさがうかがえる。しかし一方では、時村が安達泰盛と御内人との対立が深まる中で泰盛派と目され、そのために鎌倉から遠ざけられたとする見方もある。時村の探題在任中の弘安四年（一二八一）十月、春日社領と石清水八幡宮領の相論から春日社の神木が入洛しようとして、警固にあたっていた六波羅の軍勢と衝突する事件があった。幕府は武士を流罪にするよう指示したが、時村は探題の命により出動した武士に罪はないとして強く抗議している。

弘安二年（一二七九）、和泉守護に任じられ（38歳）、同五年八月には武蔵守となり（41歳）、同六年九月、従五位上に叙された（42歳）。同七年四月、執権北条時宗の死にあたり時村は鎌倉に向けて出発するが、三河国で引き返している。これは南方探題の時国（時房流）のみを京都に残すことを警戒した幕府が、時村に帰洛を命じたためであろうか。時国は鎌倉に召還され、八月に誅殺された。同月、時村は正五位下に叙されている（43歳）。同八年十一月の霜月騒動で安達泰盛とその一族は平頼綱ら御内人勢力により滅ぼされたが、時村が失脚することはなかった。同十年八月、時村は六波羅探題を辞して関東に下向し、十二月に一番引付頭人となった（46歳）。正応二年（一二八九）五月、寄合衆となり、八月に従四位下に叙された（48歳）。永仁元年（一二九三）四月、平禅門の乱により御内人勢力を代表する内管領の平頼綱が滅ぼされた。十月、引付制度の廃止により時村は頭人を辞し、北条公時（朝時流）・同師時（義時流）・同顕時（実泰流）・同宗宣（時房流）・宇都宮景綱・長井宗秀らとともに新設された執奏に任じられた（52歳）。顕時・景綱・宗秀らはいずれも霜月騒動で失脚した人々であり、これは旧泰盛派の復権を意味する人事でもあった。翌二年十月には執奏は廃止されて引付制度が復活し、それにともない一番引付頭人に復帰した。同四年、美濃守護を兼任し（55歳）、さらに同六年には周防・長門両国の守護も兼任し、長門探題に任じられた（57歳）。そして、正安三年（一三〇一）八月には執権北条師時のもとで連署に就任した（60歳）。嘉元二年（一三〇四）六月に武蔵守を辞し、十一月には左京権大夫に任じられた（63歳）。しかし、同三年四月二十三日夜、幕政の主導権をめぐって確執する侍所頭人北条宗方（得宗貞時の従兄弟）に、貞時の命と偽って討たれた（64歳）。五月二日、時村のもとへ討手として向かった御家人・御内人十二人が首を刎ねられ（一人は逃亡）、さらに四日には宗方も貞時によって討たれた（嘉元の乱）。「保暦間記」はこの乱の原因を次のように伝える。宗方はかねてから執権の地位を望んでいたが、師時が貞時の女婿であることから執権となったことを無念に思い、師時を亡き者にしようと考えた。そして、師時と同じく貞時の女婿である熈時とその祖父で連署であった時村も滅ぼそうとし、まずは経験と人望を兼ね備えた時村から討ったというのである。しかし、嘉元の乱の評価については、得宗専制体制の確立を図る貞時が、北条氏の有力庶家で長老でもある時村を宗方に命じて討たせたものの、激しい批判にあって宗方を切り捨てざるを得なくなったものだとする見解が有力である。

時村の所領としては、陸奥国黒河郡南迫内の七か村（「留守文書」観応元年〈一三五〇〉五月日留守家任申状）と周防国下得地内西方寺（『鎌倉遺文』⑳一四九二三）が知られる。時村は歌人としても知られ、「続拾遺和歌集」・「新後撰和歌集」・「玉葉和歌集」・「続千載和歌集」・「続後拾遺和歌集」・「新千載和歌集」などの勅撰集に十四首が入集している。さらに、六波羅探題として在京中に西大寺の叡尊など奈良や京都の寺社・僧侶との交流が盛んであったことも知られ、叡尊が復興した奈良の法華寺では四月二十三日を「左京大夫時村等忌日」にあげて仏事が営まれた。

【解説】（1）政村の三男としたのは桓・纂要・「吾妻鏡」に「新相模三郎」とあることによる。ただし、「将軍執権次第」と「武家年代記」は「政村二男」とする。（2）時村の母について、群A・群Bは三浦重澄の女と載せるが、纂要・「三浦系図」は「大津尼」を三浦胤義の女とし、前者は「北条政村室」、後者は「北条政村室、時村母」と記載する。「諸家系図纂」の三浦氏の項も「三浦系図」と同様である。一方、「浅羽本系図」は三浦義村の女として「北条政村室、時村母」を、別に胤義の女として「大律（津）尼」を載せる。また、「佐野本系図」は重澄の女として「北条政村室」を載せ、時村・政長・政頼らの母とするなど諸説がある（以上、『大日本史料』第五編之二二〈宝治元年六月五日条〉所収）。なお、「関東往還記」弘長二年七月八日条には北条政村の「新妻、左近大夫時村母、給法名遍如」とある。（3）妻は尊2（乙麿流）による。（4）通称で「新相模三郎」と「新」を付して呼ばれた例はあまりない。父政村が相模守となった正嘉元年（一二五七）六月二十三日前後、「吾妻鏡」によれば時宗が相模太郎、時房流の時利が相模三郎、同じく時隆が相模八郎、同じく時広が相模式部大夫と称されており、これらと区別するためであったと思われる。（5）高橋慎一朗氏は左記論文の中で、時村の六波羅探題就任の背景について次のように指摘されている。すなわち、安達泰盛派と目されていた時村が、泰盛と対立する御内人勢力によって政治の中枢から遠ざけられたというのである。前年の安達時盛（泰盛の弟）の突然の出家、同年の連署北条義政（重時流・姉妹が泰盛の妻）の出家と信濃国塩田への隠棲などと関連づけて考えれば、興味ある指摘である。ちなみに、時村の姉妹が泰盛の弟の顕盛に嫁し、その所生である宗顕が霜月騒動で討死している。（6）時村の享年については、尊・纂要・群A・群B・「鎌倉年代記」・「関東評定衆伝」は六十四とするが、関は六十五と伝える。生年は享年を六十四とし、没年からの逆算による。（7）時村の守護職については、佐藤進一氏『増訂鎌倉幕府守護制度の研究』による。しかし、時村の周防・長門両国守護職補任の時期については、佐藤氏の研究とは見解を異にする。この点については、本書の北条時仲の項を参照されたい。（8）嘉元の乱について触れた論考には、細川重男「嘉元の乱と北条貞時政権」（『立正史学』六九。同氏『鎌倉政権得宗専制論』（吉川弘文館）に再録）、高橋慎一朗「北条時村と嘉元の乱」（『日本歴史』五五三）、菊池紳一「嘉元の乱に関する新史料について――嘉元三年雑記の紹介――」（北条史研究会編『北条時宗の時代』、八木書店）などがある。（9）守護論考・守護国別参照。

【系図】尊・正・前・野辺・纂要・桓・関・群A・群B・入・入ウ。

【史料】「吾妻鏡」・「留守文書」・「関東評定衆伝」・「鎌倉年代記」・「武家年代記」・「将軍執権次第」・「建治三年記」・「保暦間記」・「北条九代記」・「続拾遺和歌集」・「新後撰和歌集」・「玉葉和歌集」・「続千載和歌集」・「続後拾遺和歌集」・「新千載和歌集」、『鎌倉遺文』。

（山野井）

ほうじょう ときむらじょ　北条時村女　生没年未詳

鎌倉中期の女性。時房流。父は北条時村、母は未詳。従三位右中将藤原実直の室になるが、のち藤原公直朝臣に稼す。

【解説】（1）父は桓武によった。（2）公直朝臣への改嫁は桓武による。

【系図】桓武・野辺・野津・正・入ウ。

【史料】　（川島）

ほうじょう ときむらじょ　北条時村女　生没年未詳

鎌倉後期の女性。政村流。父は北条時村、母は未詳。観応元・正平五年（一三五〇）五月日の留守家任申状によれば、「陸奥国黒河郡南迫内（時村女子跡）」の七か村を貞和二・正平元年（一三四六）に与えられたとある。「時村」とはおそらく北条時村のことであろう。その他のことは一切不明である。

【解説】

【系図】

【史料】「留守文書」（『宮城県史』三〇）。　（山野井）

ほうじょう ときむらじょ　北条時村女　生没年未詳

鎌倉後期の女性。政村流。父は北条時村、母は未詳。実泰流の北条貞顕に嫁した。

【解説】入ウのみに見える人物。注記に「平貞顕室」とある。

【系図】入ウ。

【史料】　（菊池）

ほうじょう ときも　北条時最　生没年未詳

鎌倉後期の武士。北条氏の一族と推定されるが父母は未詳。北条宗政の女婿。官途は兵庫頭。

【解説】（1）野津のみに見える人物。宗政女の注記に「兵庫頭時最《ママ》室」とある。北条氏関係の系図には見えない人物ではあるが、名と官途から北条氏の一族と推定した。「最」が誤記と推定される。北条氏の一族で、兵庫頭を官途とする人物のうち、朝時流の北条公時の次男時家が、時期的にも、文字「最」の似ている点からも可能性は高いと思う。（2）入ウには宗政女に「時家室」がいる。

【系図】野津。

【史料】　（菊池）

ほうじょう ときもち　北条時茂

仁治二年～文永七年（一二四一～七〇）

鎌倉中期の六波羅探題。重時流。北条重時の子（四男）、母は平基親の女。長時の同母弟にあたる。鎌倉の常盤に邸宅を構えたことから常盤（常葉）氏と称した。妻は北条政村の女。通称は陸奥弥四郎、陸奥左近大夫将監、六波羅左近大夫将監等。「吾妻鏡」に見る初出記事は建長二年（一二五〇）正月三日の埦飯で、時茂は一御馬を担当した（10歳）。また、同四年四月の新将軍宗尊親王の鎌倉到着に際しては迎えの行列に加わっている（12歳）。同六年三月二十日、服喪中の金沢実時に代わって、小侍所の別当となる（14歳）。小侍所とは、将軍の供奉・警護や御所の宿直を担当するための機関である。

康元元年（一二五六）四月、兄長時の後任として六波羅探題北方となり上洛（16歳）。父重時の筆になる有名な「極楽寺殿御消息」はこの時に時茂に与えられたものと考えられる。正嘉元年（一二五七）二月二十二日、従五位下左近将監（17歳）。弘長元年（一二六一）十一月、父重時死去。同三年八月には、摂津・若狭二か国の守護在職が知られる（23歳）。また、同年十一月の北条時頼の死去に際しては一旦鎌倉に戻っている。文永元年（一二六四）八月、兄長時死去。また、この年には十年以上不在であった六波羅探題南方に時輔（時宗の異母兄）を迎えた。同三年七月二十日、廃されて鎌倉から離れた前将軍宗尊親王を自らの六波羅邸に迎えた。同四年十月二十三日陸奥守（27歳）。同七年正月二十七日、六波羅探題在任中に京都において死去（30歳）。六波羅探題の在職は十五年に及んだ。父重時・兄長時とあわせ重時流が四十年間六波羅探題北方を担当したことになる。和歌もよくし、勅撰集である「続古今和歌集」・「続拾遺和歌集」・「新後撰和歌集」に、合わせて四首載せられている。子に時範・政茂・貞茂のほか女子二人が知られる。

【解説】（1）生年は没年からの逆算による。享年について、尊は三十一とするが、纂要・「鎌倉年代記」・「北条九代記」等に従い三十とした。（2）重時四男ということについては、纂要や「吾妻鏡」に見える陸奥弥四郎の通称によった。「武家年代記」は重時三男とするが、これは他の兄弟の記載と同様に実質的な意味を示しているのであろう。三男にあたる人物としては「陸奥太郎」と呼ばれていた人物の可能性もある（高山明徳「呼び名による北条系図の作成」〈『鎌倉』六・七〉参照）。（3）母については、森幸夫「御家人佐分氏について」（『金沢文庫研究』二九三）によった。「鎌倉年代記」・「北条九代記」は平時親女とする。野辺は備後局とする。野辺に従えば業時の同母兄ということになる。「武家年代記」は「長時女」とするが、これは「長時同」の誤記であろう。（4）常盤にはこの時茂流のほか、政村流も住んでいた（奥富敬之『鎌倉史跡事典』参照）。（5）妻については群A・群Bによった。時範の母である。また、「吾妻鏡」弘長三年（一二六三）十二月二十九日条には、時茂の室が妊帯を着し、これを若宮僧正が加持したという記事が見える。この腹の子は恐らく時範であろう。（6）六波羅探題としての上洛の日時について「吾妻鏡」によれば、鎌倉を四月十三日に出発し、四月二十七日に京都に到着している。（7）常葉氏は、時茂こそ十六歳で六波羅探題北方就任、十七歳で叙爵という順調な出世を遂げたが、子の時範は叙爵二十七歳、引付衆就任二十九歳、六波羅探題就任四十五歳というように遅れている。長時流の赤橋氏との家格の相違は歴然としている（細川重男『鎌倉政権得宗専制論』）。（8）時茂に触れた論考としては、桃裕行『武家家訓の研究』、石井清文「執権北条長時と六波羅探題北条時茂」（『政治経済史学』一一二）、湯山学「北条重時とその一族」（『相模国の中世史』）等がある。（9）「勅撰作者部類」には「五位、北六波羅、左近将監、陸奥守平重時男」とある。（10）守護論考・守護国別参照。

【系図】野辺・野津・桓武・尊・前・桓・群A・群B・正・纂要・入・入ウ。

【史料】「鎌倉年代記」・「武家年代記」・「鎌倉大日記」・「北条九代記」・「吾妻鏡」・「関東往還記」・「続古今和歌集」・「続拾遺和歌集」・「新後撰和歌集」・「勅撰作者部類」、『鎌倉遺文』⑬九七四二・九七六二、⑭一〇五〇七他。

（下山）

ほうじょう ときもち　北条時茂　生没年未詳

鎌倉後期の武士。義時流（得宗）。父は北条師時、母は未詳。官位は従五位下、左近大夫。南殿と号した。小侍所、評定衆。元徳三・元弘元年（一三三一）正月二十三日以降、幕府滅亡の間に一番引付頭人に就任したと考えられる。

【解説】（1）尊と纂要のみに見える人物。注記は、前者に「評定衆、一番頭人、小侍所、左近大夫、従五位下、号南殿」、後者に「南殿、従五位下、左近大夫、評定衆、小侍所」とある。（2）引付頭人については、細川重男『鎌倉政権得宗専制論』参照。

【系図】尊・纂要。

【史料】

（菊池）

ほうじょう ときもち　北条時茂　生没年未詳

鎌倉後期の武士。義時流（得宗）。父は北条宗方、母は未詳。

【解説】[正]のみに見える人物。注記はない。師時の子時茂と同一人物の可能性もある。

【系図】[正]。

【史料】

（菊池）

ほうじょう ときもちじょ　北条時茂女　生没年未詳

鎌倉後期の女性。重時流。北条時茂の子、母は未詳。時房流の北条宗宣の妻、維貞の母。父時茂は、文永七年（一二七〇）正月二十七日、六波羅探題在任中に京都において死去。

【解説】[入ウ]には「平宗宣室」とあり、「鎌倉年代記」及び「北条九代記」によれば、北条（大仏）維貞の母とある。

【系図】[入ウ]。

【史料】「鎌倉年代記」・「北条九代記」。

（下山）

ほうじょう ときもちじょ　北条時茂女　生没年未詳

鎌倉後期の女性。重時流。北条時茂の子、母は未詳。足利家時の妻で、貞氏の母。父時茂は、文永七年（一二七〇）正月二十七日、六波羅探題在任中に京都において死去。鎌倉極楽寺の忍性が、永仁六年（一二九八）に唐招提寺に施入した「東征伝絵巻」の筆者の一人に「足利伊予守後室」と見えるのは、この女性である。

【解説】[入ウ]に「足利伊与守家時後室」とあり、「清和源氏系図」・「足利系図」によれば、足利家時の妻で、貞氏の母。

【系図】[入ウ]・「清和源氏系図」・「足利系図」。

【史料】「鎌倉年代記」・「北条九代記」・「東征伝絵巻」。

（下山）

ほうじょう ときもちじょ　北条時茂女　生没年未詳

鎌倉後期の女性。重時流。父は北条時茂、母は未詳。時房流の北条時国に嫁した。

【解説】[入ウ]のみに見える人物。注記に「平時国室」とある。この人物を時房流の北条時国と推定した。

【系図】[入ウ]。

【史料】

（菊池）

ほうじょう ときもちじょ　北条時茂女　生没年未詳

鎌倉後期の女性。重時流。父は北条時茂、母は未詳。北条為時に嫁した。

【解説】[入ウ]のみに見える人物。注記に「為時室」とある。為時は、義時流及び重時流に見えるが、未詳。

【系図】入ウ。

【史料】

ほうじょう ときもと　北条時元　生没年未詳

鎌倉後期の武士。時房流。北条時隆の孫、時員の子、母は未詳。子に房実・時光・時国がいる。

【解説】群A・群Bのみに見える人物。　（菊池）

【系図】群A・群B。
【史料】　（川島）

ほうじょう ときもと　北条時元　生年未詳〜正中二年（?〜一三二五）

鎌倉後期の武士。時房流。北条時国の子、母は未詳。官途は左近大夫・土佐守。通称は佐介土佐前司。法名は紹実。元亨三年（一三二三）十月の北条貞時の十三年忌供養に際して、砂金・銀剱を献じる。また歌人としてその和歌は勅撰の「新後撰和歌集」に、また元亨三年成立の二条為世撰の「続現葉和歌集」や延慶三年（一三一〇）成立の二条為相撰といわれる「柳風和歌抄」（鎌倉幕府に関係する現存の和歌を集めている）に収められている。正中二年（一三二五）五月一日他界した。子に直時・房貞・房元がいる。

【解説】（1）前は左近大夫とし、尊・関・群A・群B・纂要は土佐守とする。（2）元亨三年十月の北条貞時十三年忌供養記（「円覚寺文書」：『神奈川県史』資料編二・古代中世二）に「佐介　土佐前司殿」と見える。（3）「勅撰作者部類」に「五位、越後守時国男」と見える。（4）没日は「常楽記」に「佐介土佐前司（時元）他界」とあることによる。

【系図】尊・前・正・関・群A・群B・纂要・入ウ。

【史料】「新後撰和歌集」・「続現葉和歌集」・「柳風和歌抄」・「円覚寺文書」・「勅撰作者部類」・「太平記」・「常楽記」。　（川島）

ほうじょう ときもと　北条時元　生没年未詳

鎌倉中期の武士。朝時流。北条時幸の三男、母は未詳。通称は三郎。

【解説】（1）野津のみに見える人物。注記に「三郎」と記されており、時幸の三男と考えられる。（2）時幸の子は、野辺・野津・前に各四人、正に二人の男子が記されているが、諸系図により実名が異なり、確定することが難しい。入ウには義継と見え、「同三郎、本名時家」と注記する。また前に時幸の子として見える義業は、「三郎」の注記があり、時元と通称が一致し、時元・義業・義継を併記する系図がないことから、同一人物と思われる。（3）寛元四年（一二四六）閏四月、四代執権北条経時が死去すると、叔父の光時・父時幸らは将軍藤原頼経と提携して幕府権力の奪取をはかるが、新執権時頼によって未然に防がれた（寛元の政変）。以後、時幸の子息等は幕府政治の舞台から全く姿を消していく。時元も「吾妻鏡」に記述が無く、その実体は未詳である。

【系図】野津・前・入ウ。

【史料】

（久保田）

ほうじょう ときもと　北条時基　生没年未詳

鎌倉中期の武士。時房流。北条時盛の子、母は越中五郎の女。子に盛房がいる。

【解説】野津のみに見える人物。なお、纂要（第五・藤原氏二五下）の三条公俊の女に「平時基妻」が見える。時基は他に時房流・時直子、朝時流・朝時の子、有時流・有時の子の計四名が見えるが、誰に該当するか定かではない。

【系図】野津。

【史料】

（川島）

ほうじょう ときもと　北条時基　生没年未詳

鎌倉中期の武士。時房流。北条時直の子、母は未詳。通称は六郎。子に時利がいる。

【解説】前のみに見える人物。

【系図】前。

【史料】

（川島）

ほうじょう ときもと　北条時基　嘉禎元年～没年未詳（一二三五～？）

鎌倉中期の評定衆・引付頭人。朝時流。北条朝時の七男、母は未詳。時基の妻は、得宗北条貞時の女（「武家年代記」）と朝貞の母である二階堂行久の女（入）が知られる。本名時景。嘉禎元年（一二三五）に生まれる。通称は、遠江七郎・刑部少輔・遠江守と変化するが、遠江は父朝時が嘉禎二年七月二十日に任官した遠江守による。時基が「吾妻鏡」に登場する弘長三年（一二六三）正月一日条以降は「刑部少輔」、弘安三年（一二八〇）十一月遠江守に任官以降は「遠江守」が通称となる。

寛元三年（一二四五）四月六日に父朝時が死去すると、朝時の子息らはその遺言に従って、翌四年三月十四日に

信濃国善光寺で父の供養を行った。将軍藤原頼経のもとに名越一族を結集し、得宗家打倒の計画を立てる目的で開催されたといわれている。この計画の中心は長男光時であった。同年閏四月、四代執権北条経時が死去すると、兄の光時・時幸らは頼経と提携して幕府権力の奪取をはかるが、新執権時頼によって未然に防がれた（寛元の政変）。この事件の結果、得宗家と肩を並べた雄族名越氏は大きな打撃をこうむり、以後反主流派として鎌倉時代を送ることになる。寛元の政変と時基の関係は不明であるが、寛元四年当時の時基の年齢が十一歳と考えられることから、直接の関係はなかったと推定される。

時基は寛元の政変以後、北条得宗家と協調し、正嘉元年（一二五七）十二月二十四日廂衆三番（23歳）、文応元年（一二六〇）正月二十日昼番衆五番（26歳）、同年二月二十日廂御所五番に見え、また弘長三年（一二六三）正月十日には鞠奉行に任じられている（29歳）。文永十年（一二七三）六月二十一日引付衆に加えられ（39歳）、弘安元年（一二七八）三月十六日評定衆となる（44歳）。同三年十一月遠江守に任官、同六年四月三番引付頭人となる。同七年四月得宗北条時宗の死去により出家、法名道西（50歳）。出家後も引付頭人を歴任し、永仁四年（一二九六）正月十二日には二番引付頭人となる（62歳）。時基は名越一族の中では得宗家と関係が深く、それ故に幕政の中枢に位置していたといえる。子に宗基・時賢・朝貞・時有・時高がいる。

【解説】（1）時基は纂要・「吾妻鏡」に「遠江七郎」と記されていることから、朝時の七男と考えられる。（2）他の得宗北条貞時の女は、桓・群A・群B・正・纂要によると、十代執権北条師時・十二代執権北条熙時の妻となっている。（3）桓武にのみ朝時の子として見える時景は、野津の時基の注記に「本時景」とあり、時基・時景を併記する系図がないことから同一人物と考えられる。（4）時基の生年は、「佐野本北条系図」に記された出家時の年齢四十九歳から逆算。（5）通称は「吾妻鏡」・「関東評定衆伝」による。（6）参考文献には、川添昭二「北条氏一門名越（江馬）氏について」（『日本歴史』四六四）、細川重男『鎌倉政権得宗専制論』などがある。

【系図】野辺・野津・尊・前・桓・群A・群B・正・纂要・桓武・入・入ウ・「佐野本北条系図」。

【史料】「吾妻鏡」・「関東評定衆伝」・「武家年代記」・「永仁三年記」。（久保田）

ほうじょう ときもと　北条時基　生没年未詳

鎌倉中期の武士。有時流。父は北条有時、母は未詳。通称は駿河太郎。子に有基がいる。

【解説】（1）通称は纂要による。また、正の注記に「太郎」とある。（2）この他の注記は、前に「左土守」、野津に「六郎」とある。

【系図】野津・桓武・前・正・纂要・入ウ。

【史料】（末木）

ほうじょう ときもとじょ　北条時基女　生没年未詳

鎌倉後期の女性。朝時流。父は北条時基、母は未詳。注記に「平間時室」とあるが、この人物は未詳。

【解説】入ウのみに見える人物。

【系図】入ウ。

【史料】（菊池）

ほうじょう ときもり　北条時守　生没年未詳

鎌倉後期の武士。義時流（得宗）。父は北条宗時、母は未詳。官途は遠江守。

【解説】（1）官途は桓・群A・群Bによる。（2）桓は時治の父として某を記載しているが、時守のことと思われる。

【系図】桓・群A・群B。

【史料】（菊池）

ほうじょう ときもり　北条時盛　建久八年～建治三年（一一九七～一二七七）

鎌倉中期の武士。時房流。北条時房の子、母は未詳。通称は相模太郎。貞応元年（一二二二）八月二十八日掃部権助（26歳）、元仁元年（一二二四）六月泰時の子時氏とともに上洛し父時房の後任として六波羅探題南方となる（28歳）。嘉禎二年（一二三六）七月二十日従五位下・越後守（40歳）。同三年四月九日従五位上、暦仁元年（一二三八）八月二十八日正五位下（42歳）。仁治三年（一二四二）正月六波羅探題を辞し、六月出家、法名は勝円（46歳）。以後幕府の要職に就くことなく、またその子供たちも幕府の要職から遠ざかっている。これは時房流惣領家の地位をめぐって佐介家と大仏家との確執の結果、佐介家が敗れたためであるといわれている。貞永元年（一二三二）頃丹波国守護であったようである。なお藤原頼経・頼嗣・宗尊親王などの鎌倉将軍が京都へ送還されるに際し、時盛の佐介亭から鎌倉を出立している。建治元年（一二七五）十二月上洛し（79歳）、同三年五月二日京都において没した（81歳）。子に時景（朝盛）・時親・時員・時治・時基・時家・政氏・時光・時俊・時成・盛朝・忠源・時朝・北条長時妻・足利頼氏妻・陸奥武蔵守妻がいる。

【解説】（1）正は盛時とする。また母は朝直らの兄弟とは異なり「他腹」であるという説もある。倉井理恵「北条庶子家の一形態」（『駒沢大学・史学論集』二九）。（2）通称は関による。（3）渡辺晴美「北条一門大仏氏について――時房流北条氏の検討その二――・上・下」（『政治経済史学』一〇四・一〇五）。（4）佐藤進一『増訂鎌倉幕府守護制度の研究』参照。（5）倉井理恵「鎌倉将軍送還の成立」（『鎌倉』八八）。（6）守護論考・守護国別参照。

【系図】桓武・野津・尊・前・関・桓・群A・群B・纂要・入・入ウ。

【史料】「吾妻鏡」・「鎌倉年代記」・「武家年代記」・「鎌倉大日記」・「将軍執権次第」・「北条九代記」・「明月記」、『鎌倉遺文』⑥四一二七・四一三一・四一四二他。（川島）

ほうじょう ときもり　北条時盛　生没年未詳

鎌倉中期の武士。有時流。父は北条有時、母は未詳。官途は式部丞。十郎と称す。子に時仲・時久がいる。

【解説】（1）官途は前の注記による。（2）通称は群A・群B・入ウによる。（3）系図の注記は、正に「掃部助、越後守、南六ハラ自嘉禄元至仁治三也」とあるが、これは時房流の時盛と混同したものである。

【系図】前・群A・群B・正・纂要・入ウ。

【史料】　（末木）

ほうじょう ときもりじょ　北条時盛女　生没年未詳

鎌倉中期の女性。時房流。父は北条時盛、母は未詳。通称は越後入道息女。宝治元年（一二四七）三月二十七日北条長時の妻となる。

【解説】桓武・群A・群Bの注記に「長時妻」と、纂要の注記には「陸奥武蔵守室」とある。

【系図】桓武・群A・群B・纂要・入ウ。

【史料】「吾妻鏡」。（川島）

ほうじょう ときもりじょ　北条時盛女　生没年未詳

鎌倉中期の女性。時房流。父は北条時盛、母は未詳。足利頼氏の妻となる。

【解説】桓武・入ウに見える女性。前者の注記に「足利三郎頼氏妻」、後者の注記に「足利治部大輔妻」とある。

【系図】桓武・入ウ。

【史料】

（川島）

ほうじょう ときもりじょ　北条時盛女　生没年未詳

鎌倉中期の女性。時房流。父は北条時盛、母は未詳。陸奥武蔵守の妻となる。陸奥武蔵守は通称から推して、重時流か実泰流の北条氏の一族と考えられるが、未詳。

【解説】纂要のみに見える女性。注記に「陸奥武蔵守室」とある。

【系図】纂要。

【史料】

（川島）

ほうじょう ときもりじょ　北条時盛女　生没年未詳

鎌倉中期の女性。時房流。父は北条時盛、母は未詳。大友頼泰の妻となり、離別後、父に先立って没した。

【解説】入ウのみに見える人物。注記に「大友頼泰室、離別、先父死」とある。

【系図】入ウ。

【史料】

（菊池）

ほうじょう ときゆき　北条時行

生年未詳～文和二・正平八年（？～一三五三）

鎌倉後期・南北朝期の武士。義時流（得宗）。父は北条高時、母は未詳。幼名は諸説があり、「保暦間記」は勝長寿丸、「梅松論」は長寿丸、「太平記」は亀寿、正は亀寿丸、桓は長寿丸、群A・群Bは全寿丸（または亀寿丸）、纂要は亀寿丸とする。通称は二郎、相模二郎。正慶二・元弘三年（一三三三）五月鎌倉幕府の滅亡の時、叔父北条泰家が諏訪盛高に命じて幼少の亀寿（時行）を落ち延びさせたという。こうして時行は信濃国諏訪社の諏訪盛重に匿われた。一方、泰家は京都に潜入して、西園寺公宗に匿われていた。建武二年（一三三五）六月、公宗は泰家を総大将に新政府に反乱を起こそうとした。しかし、事前にこの計画は漏れ、公宗らは捕らえられた。泰家から挙兵の通知を受けていた時行は、諏訪頼重・同時継や滋野一族らに擁立されて挙兵し、信濃守護小笠原貞宗と戦い、七月二十二日武蔵に侵入した。鎌倉街道上道を鎌倉に向かって進軍する時行軍は、鎌倉にいた足利直義の派遣する渋川義季・岩松経家・小山秀朝・佐竹義直らを、武蔵国女影原（現埼玉県日高町）・小手指原（現埼玉県所沢市）・府中（現東京都府中市）等で破り、井出沢（現東京都町田市）まで出陣してきた直義も破り、鎌倉を占領した。直義は鎌倉に幽閉中の護良親王を殺害し、成良親王や甥の義詮を伴って東海道を西に向かい三河国まで逃れた。八月足利尊氏は時行追討の軍を率いて京都を出発し、三河国矢作宿で直義と合流した。時行軍は、八月九日下向する尊氏軍に遠江国橋本の戦いで敗れ、以降小夜中山・高橋・箱根・相模川・片瀬川と連敗し、同十九日には鎌倉は尊氏の手中に落ちた。鎌倉を占拠して二十日あまりで時行は逃走し、諏訪頼重・時継は自害した。これを中先代の乱という。

建武四・延元二年（一三三七）、時行は後醍醐天皇から朝敵恩免の綸旨を下され、尊氏・直義兄弟の追討を命じられた。北畠顕家が奥州を進発し、下野・上野を経て武蔵に入るとこれに従い、十二月二十三日には鎌倉に攻め込み、これを陥落させた。さらに北畠軍に従い、翌年には美濃国墨俣・青野原合戦で活躍した。文和元・正平七年（一三五二）閏二月、上野国で新田義貞の子義興・義宗兄弟と脇屋義治が挙兵、同十六日武蔵に進出して鎌倉街道上道を南下し、同十八日鎌倉に入った。時行はこれにも参加している。しかし、足利尊氏は同二十日に行われた金井原（現東京都小金井市）合戦で義興を、同二十八日の小手指原合戦で義宗を破り、新田軍は敗退し、鎌倉を奪還した。翌年時行は捕らえられ、五月二十日鎌倉の龍の口で斬首された。

【解説】（1）通称は尊・正・桓・群A・群B・纂要による。（2）中先代とは、鎌倉北条氏が先代で、足利氏を後代とするので、その中間という意味からきたものという。鎌倉を占拠したのがわずか二十日ばかりであったので、「二十日先代」（正・桓）ともいわれた。（3）没日は群Bによる。

【系図】正・桓・群A・群B・纂要。

【史料】「太平記」・「保暦間記」・「梅松論」。

（菊池）

ほうじょう ときゆき　北条時如　生没年未詳

鎌倉後期の武士。朝時流。北条秀時の子、母は未詳。禅秀の兄。妻は北条（金沢）顕時の子。官途は掃部助、中務大輔。鎌倉幕府滅亡後の建武元年（一三三四）の春、時如は安達高景とともに陸奥国糠部郡持寄城（現青森県弘前市藤沢）に楯籠り、建武政権に反乱を起こすが、同年十一月十九日に降伏した。

【解説】（1）前・正にのみ見える人物。前者の注記に「掃部助」、後者の注記に「中務大輔」とある。（2）貞和二年（一三四六）七月十九日の室町幕府下知状案（反町英作氏所蔵「三浦和田氏文書」）に「前中務権大輔時如妻、越後入道恵日女」と見える。越後入道は北条（金沢）顕時で、時如は妻平氏の没後、奥山庄内金山郷を領有したらしく、金山郷は元弘没収地とされた。（3）曾祖父時章は得宗北条時頼に野心無き旨を陳謝し、以後名越氏の嫡流となる。時章の子孫は評定衆・引付頭人の家格を有し、幕政の中枢に位置した。（4）参考文献に、福島金治「越後国奥山庄と北条氏」（『金沢文庫研究』二七四）、佐藤博信「越後国奥山荘と金沢称名寺」（『神奈川県史研究』二二）、奥富敬之「鎌倉北条氏の族的性格」（『史学論集対外関係と政治文化』二）などがある。

【系図】前・正。

【史料】「三浦和田文書」・「元弘日記裏書」。

（久保田）

ほうじょう ときゆき　北条時幸

生年未詳～寛元四年（?～一二四六）

鎌倉中期の武士。朝時流。北条朝時の四男、母は大友能直の女。妻としては、時春の母である北条有時の女が知られる。通称は、越後四郎・遠江修理亮と変化するが、越後から遠江への変化は、父朝時が嘉禎二年（一二三六）七月二十日に越後守から遠江守に遷任したことに対応する。官位は従五位下、修理亮。

元仁元年（一二二四）六月十三日北条義時の死後、執権泰時・連署時房を中心とする執権政治が確立すると、父朝時は次第に幕府政治の中枢から疎外され、これに対抗して将軍藤原頼経との関係を強めた。寛喜三年（一二三一）正月二十五日、名越付近で放火による火災があり、時幸・町野康俊の宿所、甘縄辺の人家五十余宇が焼失した。同年九月二十七日には、朝時の名越亭に悪党らが討ち入るという事件が起きている。時幸も父朝時・兄光時・時章とともに将軍家に仕え、暦仁元年（一二三八）十二月二十五日、将軍頼経が父朝時の名越亭より還御の際には、引出物の馬を引いている。仁治元年（一二四〇）一月に連署時房、同三年六月には執権泰時が相次いで死去すると、得宗家と名越流との対立は次第に深まった。

寛元三年（一二四五）四月六日に父朝時が死去すると、朝時の子息らはその遺言に従って、翌四年三月十四日に

信濃国善光寺で父の供養を行った。将軍頼経のもとに名越一族を結集し、得宗家打倒の計画を立てる目的で開催されたといわれている。この計画の中心は兄光時であった。同二十三日、執権北条経時の病により弟の時頼に執権職が譲られると、鎌倉は異常な緊張につつまれ、近国御家人が続々と鎌倉に結集した。かかる危機に対して、時頼方は敵対勢力の分断を図り、名越氏と同じく将軍勢力の中心であった三浦一族との提携をはかった。五月二十四日、時頼は先手を打って鎌倉を戒厳下におき、名越一族を孤立させることに成功した。翌二十五日になると、名越一族の中から脱落者（時章・時長・時兼）が出るに及んで勝敗は決し、張本とされた兄光時は御所内で出家し、寛元の政変は得宗家の勝利で終わった。

　時幸はこの五月二十五日病により出家し、六月一日死去した。「吾妻鏡」の卒伝に「入道修理亮従五位下平朝臣時幸」とある。没年齢は未詳。しかし、「葉黄記」には自殺と記されており、これが事実ならば兄光時に与同していたことになる。六月十三日、兄光時は伊豆国江間に配流となり、得宗家と肩を並べた雄族名越氏は大きな打撃を被った。七月二日、前将軍頼経も京都に送還され、北条時頼政権はここに確立した。

【解説】（1）時幸は「吾妻鏡」・纂要・入ウに「越後四郎」・「遠江四郎」と記されていることから、朝時の四男と考えられる。（2）母は「宗家大友氏ノ系図」・「大友系図」による。（3）妻は前による。（4）通称・官位は「吾妻鏡」による。（5）出家は「吾妻鏡」による。野辺・桓武には、五月二十四日出家とある。（6）参考文献には、川添昭二「北条氏一門名越（江馬）氏について」（『日本歴史』四六四）がある。

【系図】野辺・野津・桓武・尊・前・桓・群A・群B・正・纂要・入・入ウ・「宗家大友氏ノ系図」・「大友系図」。

【史料】「吾妻鏡」・「葉黄記」。

（久保田）

ほうじょう ときよし　北条時義

　→ **北条時茂**（ほうじょう ときもち）

ほうじょう ときより　北条時頼

安貞元年～弘長三年（一二二七～六三）

　鎌倉中期の執権。義時流（得宗）。父は北条時氏、母は安達景盛の女（松下禅尼）。泰時の孫、経時の同母弟。安貞元年（一二二七）五月十四日辰時に生まれた。幼名は成寿。通称は五郎・五郎兵衛尉・武衛・左近大夫将監・左親衛・相州等。最（西）明寺殿・最明寺入道と称された。寛喜二年（一二三〇）六月八日父時氏は二十八歳の若さで没し（4歳）、以後祖父泰時のもとで成長した。嘉禎三年（一二三七）四月二十二日元服し、五郎時頼と称した（11歳）。同六月には幕府の使者を勤めた。七月十九日泰時は、時頼に八月の鶴岡八幡宮放生会の流鏑馬の射手を勤めさせることとし、その習礼を鶴岡の馬場で行っている。暦仁元年（一二三八）九月一日左兵衛少尉に任ず（初斎宮功、12歳）。仁治二年（一二四一）七月には兄経時とともに祖父泰時の息災延寿を祈って鶴岡上下宮で百度詣を行った。同年十一月の末三浦家村と薬師寺（小山）朝村との口論から発して、三浦・小山両氏が対立する事件が起きた。この時兄経時は三浦方に肩入れし、時頼は静観していた。泰時はこの両者について、経時の行動は招来の将軍の後見者としては軽はずみな行為だとして謹慎を命じ、時頼に対してはその行動を賞し翌十二月に一村を与えたという。御家人の上に立って、広い視野で行動を決するよう諭したものであろう。翌仁治三年六月、その祖父泰時は六十歳で没した。跡は兄経時が嗣いで執権となった。

時頼は、寛元元年（一二四三）閏七月二十七日左近将監（臨時内給）に転任、同日叙留（17歳）。翌二年三月六日従五位上に叙された（18歳）。同三年五月には兄経時が病気に罹り、翌四年三月二十三日には病気が重くなったため、執権職は時頼に譲られた（20歳）。そして同四月十九日経時は出家し、約十日後の閏四月一日、二十三歳の若さで没した。

時頼が執権となった僅か一か月後の五月に鎌倉で騒動が起きる。これは北条氏一門の名越氏（朝時流）が前将軍藤原（九条）頼経と結んで、時頼を執権職から除去しようとした反乱であった。時頼は先手を打って頼経の側近であった三浦氏と結ぶことに成功し、五月二十四日、鎌倉を戒厳下におき、名越一族を孤立させた。翌二十五日になると、名越一族の中から脱落者（時章・時長・時兼）が出るに及んで勝敗は決し、張本とされた光時・時幸は出家した。これを寛元の政変という。六月十三日、光時は伊豆国江間に配流、越後国務以下の大半の所帯が没収された。陰謀に加わった評定衆後藤基綱・千葉秀胤、問注所執事三善康持は罷免され、七月二日には、前将軍頼経も京都に送還され、時頼政権はここに確立した。この事件は公家側にとっても大きな転換期となった。これまで関東申次として朝幕間の重要事に関わり朝廷で絶大な権力を握っていた藤原（九条）道家勢力は、子の頼経の帰洛とともに除かれ、これ以降は関東申次には西園寺実氏が就任し、後嵯峨院政も院評定制が敷かれるなど、朝政の刷新が行われていった。「北条九代記」には「時頼是よりして、威勢高く輝きて、天下の権を執り治める」と記されている。

時頼が執権となった翌年の宝治元年（一二四七）鎌倉では再び不穏な空気が流れ始める。同五月二十一日鶴岡八幡宮の鳥居前に三浦氏の専横を糾弾し討伐される旨の立て札が立てられ、同二十八日には同一族の反逆が宣伝された。この背景には時頼の外戚安達氏の影があったと考えられる。時頼は佐々木氏信を使者に三浦泰村の様子を見させたが、泰村は異心のないことを伝え和平工作に務め、時頼も泰村誅伐の意志のないことを伝えたが、紀伊国高野山から帰鎌していた安達景盛は激を飛ばし、同六月五日安達氏による奇襲が実行された。こうした事態に時頼も三浦氏討伐を決意し、三浦氏も奇襲と多勢に無勢で戦うことをあきらめ、源頼朝の法華堂で一族五百余人が自害し滅亡した。同七日には上総国一柳館で三浦氏の与党千葉秀胤一族も滅亡した。こうして、幕府創業以来の有力御家人三浦・千葉両氏が滅亡し、反時頼勢力は一掃されたのである。

宝治合戦のあった翌月の七月、時頼は六波羅探題の北条重時を連署として迎え、幕政の改革を進めていった。同十二月には京都大番役の改革を行い、従来滞在期間が六か月であったのを三か月に短縮し、御家人の負担軽減を行った。翌建長元年（一二四九）六月十四日には相模守に任じられ（23歳）、同年十二月には裁判の迅速化を計るため引付を設けた。うち続いた政変による御家人の動揺を防ぎ、時頼政権への信頼を回復するため、まず最初に訴訟制度の改革・整備が行われたのである。同三年六月二十七日時頼は正五位下（造閑院国司賞）に叙された。そして翌四年三月、重時との密談の結果、将軍頼嗣の更迭し新将軍に後嵯峨上皇の皇子宗尊親王を迎えることとした。こうして、朝廷の人事にまで時頼の意向が反映されるようになったのである。

時頼政権は、泰時以来の政治の公正と御家人擁護の精神を継承していた。宝治・建長年間に出された追加法の多くはこうした案件に関わるものであった。将軍に対する御家人の恒例の贈物の禁止、博奕・鷹狩の禁止、関東御家人ならびに鎌倉に居住する人々の過差の禁止等の禁令や、地頭による一方的な在地支配に対する抑制策、前述の引付の設置、鎌倉内で商売地域の設定、沽酒の禁止、日常使用する炭や薪などの燃料代や馬の飼料代等の公定価格の決定等に関する追加法が発令されている。

康元元年(一二五六)三月十一日連署重時が辞任し、政村が連署に就任した。同七月時頼は自分も出家することを表明し、まもなく伝染病の赤班病に罹った。時頼の女はこの病に感染し死去している。十一月には赤痢に罹り、同二十二日執権を重時の子長時に譲り、同二十三日に鎌倉の最明寺で出家した(30歳)。戒師は道隆禅師、法名は覚了房道崇である。嫡子時宗は幼少であったため、執権職は嫡子時宗の眼代という名目で一族の長時に譲られた。しかし、出家後も政治の実権は時頼が握っており、独裁的に政治上の決定を下していた。「保暦間記」には「出家ノ後モ、凡世ノ事ヲバ執行ハレケリ」と述べている。執権職が形式的な存在となり、得宗専制の萌芽と見なすことが出来よう。弘長三年(一二六三)八月二十五日病気に罹り、十一月二十二日最明寺の別業(北亭)で没した。享年三十七であった(「吾妻鏡」)。臨終にあたって時頼は、袈裟を着し、縄の床の上で座禅を組みながら、いささかの動揺の様子もなく往生を遂げたという。

時頼は寺社に対する信仰が篤く、寛元四年九月には大納言法印隆弁を京都から招き、護持僧とし、加持祈祷に従事させている。翌年には鶴岡八幡宮別当に補任した。また、信濃の善光寺、鎌倉の永福寺、近江の園城寺、伊豆の三嶋社等を保護している。建長三年(一二五一)十一月には山内庄の巨福山に建長寺の建立を始め、同五年十一月完成した。住持には寛元四年南宋から来日した蘭渓道隆を招いた。さらに文応元年(一二六〇)には兀庵普寧が来日し、鎌倉に招いて、暇を見つけては問答をしに訪ねたという。また、弘長二年二月末に、北条実時に招かれて鎌倉に来た南都西大寺の叡尊に対しても歓迎の意を示し、親しく叡尊を訪ねたことが「関東往還記」に見える。

【解説】(1)母は野津・群A・群B・前・纂要・「鎌倉年代記」・「武家年代記」・「関東評定衆伝」による。

野津は「同経時（城介藤景女）」とするが、誤記であろう。（2）生年は「鎌倉年代記」に、幼名は「吾妻鏡」嘉禎三年四月二十二日条・纂要による。野津は童名を皆寿とする（3）通称は「吾妻鏡」・野辺・纂要による。（4）官途は「吾妻鏡」・「関東評定衆伝」・「鎌倉年代記」・「武家年代記」等による。（5）寛元の政変について、川添昭二「北条氏一門名越（江馬）氏について」（『日本歴史』四六四）、磯川いづみ「北条氏庶家名越氏と宮騒動」（『鎌倉』八六）、倉井理恵「鎌倉将軍送還の成立」（『鎌倉』八八）、久保田和彦「三浦泰村」（『別冊歴史読本鎌倉と北条氏』）参照。（6）宝治合戦については、野口実「執権体制下の三浦氏」（『三浦古文化』三四）、「シンポジウム　宝治合戦と三浦一族」（『三浦一族研究』四）参照。（7）出家・法名については、「吾妻鏡」・「鎌倉年代記」・尊・桓・群A・群B・前等による。（8）没年は「吾妻鏡」・野津・尊・正・桓・群A・群B・前・纂要等による。（9）和歌については、尊に「歌人賦和歌百首」とある。（10）その他、佐藤進一『増訂鎌倉幕府守護制度の研究』、同『鎌倉幕府訴訟制度の研究』、細川重男『鎌倉政権得宗専制論』、奥富敬之『鎌倉北条一族』、安田元久編『鎌倉執権列伝』等、守護論考・守護国別参照。参照。

【系図】野辺・野津・尊・正・桓・群A・群B・前・纂要・入・入ウ。

【史料】「吾妻鏡」・「鎌倉年代記」・「武家年代記」・「関東評定衆伝」・「関東往還記」。

（菊池）

ほうじょう ときよりじょ　北条時頼女

建長六年～康元元年（一二五四～五六）

鎌倉中期の女性。義時流（得宗）。父は北条時頼、母は北条重時の女。建長六年（一二五四）十月六日父の屋敷で生まれた。康元元年（一二五六）九月十六日から赤斑瘡ができ、愛染王供等の祈祷のかいもなく、同十月十三日早世した。三歳であったという。

【解説】（1）諸系図のうち、野辺・入ウに見える女性。前者の注記に「康元二逝去、三歳」とある。（2）生年は「吾妻鏡」による。卒年は「吾妻鏡」同日条による。野辺は康元元年の誤記か。

【系図】野辺・入ウ。

【史料】「吾妻鏡」。

（菊池）

ほうじょう としかね　北条俊兼

生年未詳～正慶二・元弘三年（?～一三三三）

鎌倉後期の武士。朝時流。北条宗朝の子、母は未詳。北条光時の曾孫にあたる。のちに朝宣と改名した。官途は兵庫頭。元弘三年（一三三三）幕府滅亡のとき自害した。

【解説】（1）正にのみ見える人物。注記に「兵庫頭、改云朝宣、元弘三同所自害」とある。この「同所」が何処を指すか未詳であるが、幕府滅亡の時自害したと推定した。（2）寛元四年（一二四六）に曾祖父光時が将軍藤原頼経と提携して幕府権力の奪取をはかり、失敗した寛元の政変以後、光時の子孫は幕府政治の舞台から全く姿を消していく。俊兼も他の北条氏関係の諸系図に見えず、その実体は未詳である。

【系図】正。

【史料】

（久保田）

ほうじょう としとき　北条俊時

生年未詳～正慶二・元弘三年（?～一三三三）

鎌倉後期の評定衆。重時流。北条国時の子、母は未詳。祖父義政が信濃国塩田庄に隠遁したため、義政流は塩田氏を称した。中務大輔。元徳元年（一三二九）十一月十一日評定衆となる。元徳三・元弘元年（一三三一）正月二十三日四番引付頭人となる。正慶二・元弘三年の新田義貞鎌倉攻略の時には鎌倉におり、五月二十二日の北条氏滅亡の時には高時一門最期の場となった東勝寺で自刃した。この時の様子は「太平記」に「塩田父子自害事」として載せられているが、俊時が父国時の自害を勧めてまず自刃したという。国時は子俊時の菩提と自らの逆修のためいつも身から離さなかった法華経を読誦しようとしたが、果たせずにその途中で腹を十文字に切って果てた。ここには、年来仕えていた狩野重光が殉死せずにその遺品を奪い遁走するなど不忠をはたらいたことも記されている。

【解説】官途について、「太平記」は民部大輔とする。

【系図】尊・群A・正・纂要。

【史料】「太平記」、『鎌倉遺文』㊴三〇七七九、㊵三一五六四。

（下山）

ほうじょう ともうじ　北条朝氏

生没年未詳

鎌倉中期の武士。時房流。父は評定衆北条朝直、母は未詳。通称は六郎。官途は修理亮と推定され、女が大炊御門流藤原良宗の妻となり、冬氏を生んだという。

【解説】（1）朝氏は前・入ウに見える。通称も前・入ウによる。朝直には諸系図から十九人の男子が知られるが、その一人で、嫡子ではない。・入ウは朝直四男とし「法名道念」とする。（2）尊の大炊御門冬氏の注記に「母修理亮朝氏女」とある。冬氏の父良宗は正二位大納言であり、大仏家傍流の朝氏とは家格がつりあわない感もあるが、良宗は徳治二年（一三〇七）死亡で時代は合うし、尊に見える他の朝氏の女とは考えられないので、記して後考を待つ。

【系図】前・尊・入ウ。

【史料】

（鈴木）

ほうじょう ともかず　北条朝員

生没年未詳

鎌倉中期の武士。時房流。父は評定衆北条朝直、母は未詳。通称太郎。

【解説】朝貞は桓のみに見え、通称も桓による。朝直には諸系図から十九人の男子が知られるが、その一人で、嫡子ではない。「員」と「貞」は文字形が似ており、北条朝貞のことかもしれない。

【系図】桓。

【史料】

（鈴木）

ほうじょう ともかた　北条朝賢

生没年未詳

鎌倉中期の武士。朝時流。北条朝時の十男、母は未詳。田伏十郎入道と称した。

【解説】（1）正・入ウに見える人物。前者の注記に「田伏十郎入道」、後者の注記に「十郎」と記されていることから、朝時の十男と推定される。（2）正の注記の「田伏」は、越後国頸城郡（現新潟県糸魚川市）内の地名か。（3）他の北条氏関係の諸系図には見えない。「吾妻鏡」にも記述が無く、その実体は未詳である。

【系図】正・入ウ。

【史料】

（久保田）

ほうじょう ともかた　北条朝賢

→　北条朝貞（ほうじょう ともさだ）

ほうじょう ともさだ　北条朝貞

生没年未詳

鎌倉中期の武士。時房流。父は評定衆北条朝直、母は未詳。通称は武蔵九郎。

【解説】（1）朝貞は群A・群B・纂要・入ウに見える。朝直には諸系図から十九人の男子が知られるが、その一人で、嫡子ではない。（2）通称は「吾妻鏡」弘長三年（一二六三）正月一日条に「武蔵九郎朝貞」とあるによる。同元年正月一日条には、「同（武蔵）九郎」とある。父朝直が武蔵守であったためで、二か所とも兄武蔵八郎頼直とともに供奉している。なお群A・群Bは九郎とし、纂要は武蔵九郎とする。桓に見える北条朝貞は朝員の誤記か。（3）纂要は下野守とするが、兄弟の時貞と誤ったのであろう。（4）同名異人に朝時流の北条時基の子がいる。

（鈴木）

【系図】群A・群B・纂要・入ウ。
【史料】「吾妻鏡」。

ほうじょう ともさだ　北条朝貞

生年未詳～正慶二・元弘三年（?～一三三三）

鎌倉後期の武士。朝時流。北条時基の子、母は二階堂行久の女。通称は七郎。官途は中務権大輔。兄弟に賢性・宗基・時賢・時有等がいる。父時基は名越一族の中では得宗家と関係が深く、評定衆・引付頭人の家格を有し、幕政の中枢に位置していた。「公衡公記」正和四年（一三一五）三月十六日条によると、同年三月八日の鎌倉大火で朝貞亭が被災している。正慶二・元弘三年（一三三三）五月小町口で自害した。

【解説】（1）母・通称は入ウによる。（2）朝貞は北条氏関係の諸系図の内、尊・前・群A・群B・纂要・入ウに記されている。一方、正には「中務権大輔」の注記のある朝賢が記されている。朝貞の官職も中務権大輔であり、朝貞と朝賢は同一人物と思われる。（3）尊では賢性の兄、前では宗基・時賢の弟、時有の兄、群Aでは賢性の弟、群Bでは賢性・時高の弟、纂要では顕勝の弟の位置に配されている。また、正では朝賢が宗基・時賢の弟となっている。（4）没年は正の注記に「小町口元弘三五自害」とある。（5）尊の注記に「玉作者」、群Bの注記に「玉葉作者」と記され、歌人であったことが知られる。「玉」・「玉葉」は伏見上皇の勅撰により、正和二年十月までに完成した「玉葉和歌集」（全二十巻）のことで、二十一代集の一つ。（6）参考文献に、細川重男『鎌倉政権得宗専制論』（吉川弘文館）がある。（7）年欠の二月十八日書状（『金沢文庫古文書』七二九）の兵部少輔朝貞と、紀伊国日高郡南部庄地頭である中務権大輔朝貞は時基子である。

【系図】尊・前・群A・群B・纂要・入ウ・正。

【史料】「公衡公記」、『金沢文庫古文書』、『鎌倉遺文』㉝二五三五六、㊲二八九六三。

（久保田）

ほうじょう ともとき 北条友時　生年未詳～暦応二・延元四年（?～一三三九）

鎌倉後期の武士。重時流。北条仲時の子、母は未詳。幼名は松寿。左馬介。「太平記」は、六波羅探題が陥落する時、仲時が妻の北の方と子の松寿を落ち延びさせようとする悲話を記している。暦応二・延元四年（一三三九）、伊豆国仁科城で蜂起したが、同国目代の祐禅に捕らえられ、鎌倉の龍の口で斬られた。

【解説】（1）幼名・官途については、群B による。桓 には松寿丸と載せる。（2）友時に触れた論考としては湯山学「北条重時とその一族」（『相模国の中世史』）等がある。

【系図】桓・群B・正。

【史料】「太平記」・「鶴岡社務記録」。

（下山）

ほうじょう ともとき 北条朝言　生没年未詳

鎌倉中期の武士。時房流。父は評定衆北条朝直、母は未詳。

【解説】朝言は野津のみに見え、注に「イ」とある。朝直には諸系図から十九人の男子が知られ、その一人で嫡子ではない。

【系図】野津。

【史料】

（鈴木）

ほうじょう ともとき 北条朝時　建久五年～寛元三年（一一九四～一二四五）

鎌倉中期の評定衆。名越流北条氏の祖。北条義時の次男、母は比企朝宗の女。極楽寺流北条氏の祖となる重時は同母弟。朝時の妻は、大友能直の二番目の女で、光時・時章・時長・時幸・時兼の母である女性と北条時房の女で教時の母である女性が知られる。通称は相模次郎から陸奥次郎に変化するが、これは父義時が建保五年（一二一七）十二月十二日相模守から陸奥守に遷任することと対応する。

建永元年（一二〇六）十月十四日十三歳で元服し、朝時と名乗る。承久二年（一二二〇）十二月十五日式部少丞に任官（26歳）。元仁元年（一二二四）正月二十三日従五位下に叙され、周防権守を兼任。以後、嘉禄元年（一二二五）九月十七日越後守、貞永元年（一二三二）八月二十一日従五位上、嘉禎二年（一二三六）七月二十日遠江

守となる。同年九月十日評定衆に任命されるが、本望ではないとして辞退した(33歳)。暦仁元年(一二三八)七月二十日正五位下、仁治二年(一二四一)四月二十三日従四位下となる。貞応二年(一二二三)十月の時点で加賀・能登・越中・越後など北陸道四か国の守護となっており、越後については国務も兼ねた。翌年に父義時が死去すると、大隅守護となり、あわせて五か国の守護を兼帯した。

建暦二年(一二一二)五月七日、北条政子の官女で前年京都より下向した佐渡守親康の女に艶書を送り、深夜潜かに局から誘い出したことが発覚し、将軍実朝の御気色を蒙り、父義時からも義絶され、駿河国富士郡に下向し籠居した(19歳)。建保元年(一二一三)四月二十九日、和田合戦の直前に鎌倉に呼び戻され、兄泰時とともに幕府・御所の防戦にあたった。五月二日和田義盛の三男で猛将として恐れられた朝比奈義秀が幕府惣門を突破して、将軍実朝・北条義時・大江広元らが法華堂へ避難したとき、太刀を取り義秀と戦い疵を蒙るが、その奮戦が賞賛された。承久元年(一二一九)七月十九日、九条道家の子で後に四代将軍となる三寅(頼経)の鎌倉下向に「狩装束人々」として供奉した。同三年五月十九日、承久の乱の知らせが鎌倉に到着し、評議の結果、幕府軍を京都に発遣することが決定すると、二十二日朝時は北陸道大将軍として結城朝広・佐々木信実とともに、四万騎の軍勢を率いて鎌倉を出発した。二十九日、北陸道軍に属する佐々木信実は、越後国加地庄願文山に立て籠もる阿波宰相藤原信成の家人酒匂家賢の率いる六十余人を追討した。幕府軍が官軍を破った最初の合戦であった。六月八日、小国頼継・金津資義・小野時信以下越後国の武士を動員して越中国般若野庄に到るが、勅使佐々木実秀が義時追討の宣旨を軍陣で読み上げると、幕府軍の士卒に動揺が広がった。しかし、結城朝広の活躍で宮崎定範・糟屋有久・仁科盛朝らの率いる官軍七千余騎を破り、官軍に属していた林・石黒以下加賀国の武士たちも朝時の北陸道軍に降伏した。上洛した朝時は、六月二十四日、乱の張本の一人である甲斐宰相藤原範茂を預けられ、七月十八日、鎌倉に護送の途中、足柄山の麓で早河の底に沈めて処刑している(28歳)。

貞応二年(一二二三)十月一日、北陸道守護成敗の尋沙汰が朝時に命じられているが、北陸道七か国すべての守護職を兼ねていたわけではなく、加賀・能登・越中・越後など四か国の守護であった可能性が高い。元仁元年（一二二四）二月二十九日、前年の冬に高麗船が越後国寺泊浦（現新潟県寺泊町）に漂着したとき、朝時は弓矢以下具足を頼経に献上したが、これも越後守護の職務であったと考えられる。同年六月十三日父北条義時が死去すると、長男泰時が六波羅探題として京都にあったため、十八日の義時葬送を重時以下の弟たちと行っている。六月二十六日、北条泰時が鎌倉に帰着し、以後約二か月にわたり、義時の後継をめぐる伊賀氏の陰謀事件が起こるが、この事件と朝時の関係は不明である。二年後の嘉禄二年（一二二六）の正月二日、安貞二年（一二二八）以降は正月三日に朝時は垸飯役を勤めており、執権・連署に次ぐ地位を占めていることから、兄泰時側についたと考えられる。寛喜三年（一二三一）九月二十七日、朝時の名越亭に悪党らが討ち入るという事件が起こった。評定の座で事件を聞いた執権泰時は、救援のため直ちに朝時邸に向かったが、朝時は留守のため無事であると知り、加勢の武士らを派遣して自身は幕府に戻った。この泰時の行動を知った御内人平盛綱は、重職の地位にある者は、たとえ国敵でもまずは使者を派遣し、その報告を聞いてから方針を決めるべきであるのに、事情もわからずに行動するのは乱世の基であると諫めた。これに対して泰時は、人が世にあるのは親類を思うためであり、目の前で兄弟が殺害されれば人々の非難を招き、その時は重職の地位にあっても仕方がない。朝時が敵に囲まれていると聞いて、他人には小事であっても、兄としては建暦・承久の大敵と同等であると答えた。これを聞いた朝時は、子孫に至るまで泰時流への忠誠を誓い、誓状を鶴岡別当坊に奉納し、もう一通を家の文書に加えた（38歳）。

しかし、執権泰時・連署時房を中心とする執権政治が確立すると、朝時は次第に幕府政治の中枢から疎外され、これに対抗して将軍藤原頼経との関係を強めた。嘉禎元年（一二三五）正月九日将軍家節分の方違を初例として、以後将軍家の方違は朝時の名越亭に渡ることが通例となった。また、仁治元年（一二四〇）三月七日将軍家若君（頼嗣）の五十日百日行事では、御剣・砂金を将軍・若君に進上する役四人の内、朝時・光時・時章と名越流が三名を占め、将軍家との親密性を増していった。延応元年（一二三九）五月二日、執権泰時亭で越中国国吉名に関する御家人五十嵐惟重と朝時の家人小見親家との相論に対する裁許が行われ、泰時は特別な判断で小見親家をその場で逮捕し、守護に預けるという厳しい処分を下した。「吾妻鏡」で朝時に関する記事を拾っていくと、泰時流に対する将来への忠誠を誓った朝時であるが、両者の間で亀裂が次第に広がっていったことを読みとることができる。

仁治元年正月二十四日に連署時房が死去すると、この対立は次第に表面化した。正月の垸飯役は鎌倉幕府における地位を反映したが、時房死後の仁治二年は一日泰時・二日足利義氏・三日朝時となり、朝時は足利義氏に幕府第二の地位を奪われる。また同三年六月泰時死後の寛元元年（一二四三）は一日足利義氏、同二年は一日経時・二日時定（時房の六男）・三日朝時、同三年は一日経時・二日足利義氏・三日朝時の順であり、時房・泰時の死去による朝時の位置に変更はなく、北条経時・足利義氏・北条時定などが朝時の地位を越えていった。仁治三年五月十日出家。法名は生西。所労のため同九日に出家した兄泰時にならった行動である。寛元三年（一二四五）四月六日卒、五十二歳。数か月間の脚気病に悩まされた末であった。翌同四年閏四月、四代執権経時が死去すると、朝時子息の光時・時幸らは将軍藤原頼経と提携して幕府権力の奪取をはかるが、新執権時頼によって未然に防がれた（寛元の政変）。この事件の結果、名越流は以後反主流派として鎌倉時代を送ることになる。

【解説】（1）朝時の母については、纂要・関による。（2）朝時の妻には、「宗家大友氏ノ系図」より、大友能直の第二番目の女子で「名越越後入道之妻女」と記され、時章・時長・時幸・時兼の母である女性が知られる。この女性は「大友系図」では光時の母でもある。また、野辺・纂要・桓武・「関東評定衆伝」から、教時の母である北条時房の女が知られる。（3）朝時の守護職については、佐藤進一『増訂鎌倉幕府守護制度の研究』による。（4）朝時の享年は、尊・「関東評定衆伝」は五十二、纂要・群B・「吾妻鏡」には五十三と見えるが、纂要の出家時の年齢（仁治三年に四十九歳）・「吾妻鏡」の元服時の年齢（建永元年に十三歳）から五十二が正しい。（5）朝時の子孫である名越流に関する論考には、川添昭二「北条氏一門名越（江馬）氏について」（『日本歴史』四六四）、磯川いづみ「北条氏庶家名越氏と宮騒動」

（『鎌倉』八六）、倉井理恵「鎌倉将軍送還の成立」（『鎌倉』八八）、細川重男『鎌倉政権得宗専制論』（吉川弘文館）などがある。（6）守護論考・守護国別参照。

【系図】野辺・野津・桓武・尊・前・関・桓・群A・群B・正・纂要・入・入ウ。

【史料】「吾妻鏡」・「鎌倉年代記（裏書）」・「武家年代記（裏書）」・「関東評定衆伝」、『鎌倉遺文』⑤三三九六・三四〇〇、⑥三七七五。

（久保田）

ほうじょう ともときじょ　北条朝時女　生没年未詳

鎌倉中期の女性。朝時流。北条朝時の長女、母は未詳。始め三代執権北条泰時の次男時実の室となるが、後に離別して宇都宮泰綱に再嫁する。北条時実は安貞元年（一二二七）六月十八日、家人の高橋二郎に殺害され十六歳で死亡しており、これが離別の理由である。宇都宮景綱・経綱の母となる。

【解説】（1）北条朝時の女子は、野辺三人・野津四人・桓武三人・桓一人・群A四人・群B四人・纂要三人が見える。以下朝時女子の記述は、群A・群Bの記載順に述べる。（2）野辺に「始武蔵次郎時実室、後嫁下野守泰綱仗□□」の注記がある。また、桓武には「下野守泰綱妻、但被離別了、始武蔵次郎時実妻」の注記があり、宇都宮泰綱とも後に離別している。（3）尊1（道兼流）・「宇都宮系図」には宇都宮景綱・経綱の母、野津には宇都宮経総（綱）の母とある。

【系図】野辺・野津・桓武・群A・群B・纂要・入ウ・「宇都宮系図」。

【史料】「吾妻鏡」。

（久保田）

ほうじょう ともときじょ　北条朝時女　生没年未詳

鎌倉中期の女性。朝時流。北条朝時の二女、母は未詳。毛利広光の妻となる。広光は広元の孫、季光の長男で、宝治元年（一二四七）六月五日の三浦氏の乱で、父季光とともに討死した。

【解説】群A・群B・入ウに見える女性。「毛利兵衛大夫広光妻」と注記する

【系図】群A・群B・入ウ。

【史料】「吾妻鏡」。

（久保田）

ほうじょう ともときじょ　北条朝時女　生没年未詳

鎌倉中期の女性。朝時流。北条朝時の三女、母は未詳。足利泰氏の妻となるが、後に離別したという。家氏・義顕の母となる。

【解説】（1）足利泰氏は義兼の孫・義氏の子で、北条時政の女を母としたが、建長三年（一二五一）十二月二日、下総国埴生荘で突然出家し、幕府から自由出家の罪で処罰される。参考文献に、彦由三枝子「足利泰氏出家遁世の政治史的意義」（上・下）（『政治経済史学』一〇九・一一〇）がある。（2）桓武の注記に「但被離別了」、群Bの注記に「早世」とあり、これが離別の理由か。（3）子は「足利系図」による。

【系図】野辺・桓武・群A・群B・纂要・「足利系図」。

【史料】「吾妻鏡」。


（久保田）

ほうじょう ともときじょ　北条朝時女　生没年未詳

鎌倉中期の女性。朝時流。北条朝時の四女、母は未詳。通称は岡女房。

【解説】群A・群Bに見える女性。注記に「岡女房」とある。

【系図】群A・群B。

【史料】


（久保田）

ほうじょう ともときじょ　北条朝時女　生没年未詳

鎌倉中期の女性。朝時流。北条朝時の子、母は未詳。新田頼氏の妻となる。

【解説】（1）野辺・入ウに見える女性。前者の注記に「新田三川前司頼氏妻」、後者の注記に「新田三河守頼氏室」とある。（2）新田頼氏は、新田氏の祖義重の孫・世良田義季の子。

【系図】野辺・入ウ。

【史料】


（久保田）

ほうじょう ともときじょ　北条朝時女　生没年未詳

鎌倉中期の女性。朝時流。北条朝時の子、母は未詳。小野宮侍従通俊の室。

【解説】纂要・入ウに見える女性。前者の注記に「小野宮侍従通俊□□室」、後者の注記に「小野宮侍従室」とある。

【系図】纂要・入ウ。

【史料】


（久保田）

ほうじょう ともときじょ　北条朝時女　生没年未詳

鎌倉中期の女性。朝時流。北条朝時の子、母は未詳。那波太郎に嫁した。

【解説】入ウのみに見える人物。入ウの注記に「号南殿、那波太郎室」と見える。

【系図】入ウ。

【史料】

（菊池）

ほうじょう ともとし　北条朝俊

生没年未詳

鎌倉後期の武士。朝時流。北条政俊の子、母は未詳。北条光時の孫にあたる。宗朝の弟。官途は修理亮。

【解説】（1）前のみに見える人物。官途は前による。（2）寛元四年（一二四六）に祖父光時が将軍藤原頼経と提携して幕府権力の奪取をはかり、失敗した寛元の政変以後、光時の子孫は幕府政治の舞台から全く姿を消していく。朝俊も他の北条氏関係の諸系図に見えず、その実体は未詳である。

【系図】前。

【史料】

（久保田）

ほうじょう ともなお　北条朝直

建永元年〜文永元年（一二〇六〜六四）

鎌倉中期の評定衆・引付頭人。時房流。北条時房の四男、母は足立遠元の女。時房の嫡子である。妻は伊賀光宗の女で、元仁元年（一二二四）、光宗が配流された後もこれを愛し、嘉禄元年（一二二五）北条泰時の女との結婚を渋った。得宗家の女が庶子家に嫁す例は稀である。結婚後、貞永元年（一二三二）に泰時の女は男子を産んでいる。しかし、この子は成人しなかったらしい。別に足立遠光の女、安達義景の女も妻とした。通称は相模四郎。父時房が鎌倉の深沢に住み、近くにある大仏にちなんで、大仏殿と呼ばれたため、大仏流の祖となる。一般に大仏という地名は「ダイブツ」と読むが、時房の住んだ土地の呼び名がオサラギであり、それを大仏になぞらえたのであろう。

天福元年（一二三三）正月二十八日木工権頭。同年二月十八日式部少丞。文暦元年（一二三四）正月十一日式部大丞に任じられる。同月二十六日従五位下、同日相模権守となる（29歳）。叙爵は同世代の北条氏一門では平均的な年齢である。嘉禎三年（一二三七）九月十五日備前守。暦仁元年（一二三八）三月十八日従五位上。同年四月六日、北条泰時の辞任により、武蔵守となる（33歳）。青年期には弓を得意とし、鎌倉幕府の行事に度々射手として選ばれている。

延応元年（一二三九）、三十四歳のとき、一歳上の北条政村とともに評定衆となる。兄資時に次ぐ北条氏一門の評定衆補任であり、以後二十六年間、死亡するまで評定衆であった。特に正嘉元年（一二五七）からは評定衆の筆頭であった。仁治元年（一二四〇）正月二十四日、父時房が死亡し、遠江守護を継ぐ。同二年七月十七日正五位下。寛元元年（一二四三）七月八日遠江守に遷任。同四年四月十五日、病気による北条経時の辞任により再び武蔵守となる（41歳）。

建長元年（一二四九）十二月九日、引付衆制度の開始とともに、二番引付頭人となる。その後、度々の引付番編制替にかかわらず、死亡の時まで一番ないし二番引付頭人であった。また将軍藤原頼経家政所別当でもあった。仁治二年から寛元元年までその証がある。康元元年（一二五六）七月二十日、武蔵守を辞任（51歳）、そのあとは北条長時が任じられた。正嘉元年（一二五七）八月二十五日には、勝長寿院弥勒堂再建の雑掌に任ぜられ、翌二年六月四日以前には完成している。正元元年（一二五九）には、朝直が使いを出して、念仏者を捕らえている。正嘉元年から文応元年（一二六〇）にかけて、地震・暴風・洪水・疫病・飢饉などが続出したが、この間、朝直は評定衆の筆頭として北条時頼を補佐し、政務に励んだと思われる。ただし寛元四年（一二四六）から時頼の自邸で行われた「深秘沙汰」（後の寄合制度の発端）には招かれていないので、政権の中枢にはいなかった。弘長三年（一二六三）十一月二十二日、時頼が死亡し、出家する者が続出し、朝直も出家を望んだが、時の執権長時が北条業時を派遣して引き止めたため、果たせなかった。ただし野津には「出家」とあるので、翌年死亡するまでの間に出家したこともありうるが、法名は不明であるし、死亡時まで評定衆であるから、遁世したのではない。野津に「文永元年五月一日依腫物出死、同年五月三日卒」とあるので、多少意味不明な表現であるが、急死であったのであろう。享年五十九。佐介谷の悟真寺の開基。和歌が「柳風和歌集」に一首見える。子が多く北条氏関係の諸系図から、朝房・時遠（時方）・時直・頼直・宣時・頼忠・直房・朝言・時貞・時長・朝氏・朝政・政胤・時仲・朝員・朝貞・忠禅・朝源・忠源の十九人の男子と五人の女子が知られる。

【解説】（1）生年は没年と享年から逆算。（2）時房には諸系図から十人の男子が知られる。朝直は四番目に記され、相模四郎と呼ばれるので四男と考える。（3）群A・群Bに「大仏」と記す。（4）「関東評定衆伝」と纂要に「母足立遠元女」とある。（5）妻については「明月記」嘉禄二年二月二十二日条・三月九日条参照。泰時の女については「吾妻鏡」寛喜二年（一二三二）四月十九日条に「相模四郎朝直（武州御女）男子平産」とある。群A・群Bにも泰時の女の一人に「武蔵守朝直妻」とする。但し、この泰時の女は後に北条光時と再婚している（野辺・野津）。また「武家年代記」には朝直の子宣時に「母足立遠光女」とあるので、別に足立遠光の女を娶っている。安達義景の女については「結城文書」所収「安達氏系図」による。（6）通称は、「吾妻鏡」嘉禄元年（一二二五）十二月二十日条以下、天福元年（一二三三）正月一日条まで十四か所に見え、また関に「字相模四郎」とある。（7）官職は「関東評定衆伝」による。纂要は従五位下に叙せられたのを文暦元年四月二十六日とする。（8）射手となったのは「吾妻鏡」嘉禄二年（一二二六）九月二十二日条、安貞二年（一二二八）三月九日条その他。（9）遠江守護については佐藤進一『鎌倉幕府守護制度の研究』による。朝直の在職が確認できるのは建長四年（一二五二）であるが、遠江守護は正慶二・元弘三年（一三三三）まで大仏氏が相伝しているので本文のように理解する。（10）評定衆就任は「関東評定衆伝」延応元年条による。引付頭人については「関東評定衆伝」、引付結番の変更は「吾妻鏡」建長三年（一二五一）六月五日、同年六月二十日、建長四年四月二十九日、同五年十二月二十二日、正嘉元年（一二五七）閏三月二日、弘長元年（一二六一）三月二十日条。（11）将軍家政所下文に朝直が別当として見えるのは『鎌倉遺文』⑧五八二七・五九二四・五九八七・六〇〇三・六〇一一・六一二七、⑨六一九一・六二〇七、補③一三一二。但し、これらの中には、朝直の花押または判（案の場合）がないものがある。（12）念仏者については日蓮書状（『鎌倉遺文』⑪八四一五）参照。（13）和歌については鎌倉歌壇の私撰集「柳風和歌集」（春の部）による。（14）倉井理恵「北条朝直の政治的立場」（駒澤大学『史学論集』二七）、鈴木由美「白河集古苑所蔵白河結城家文書所収「安達氏系図」の記載内容について」（『古文書研究』八七号）、守護国別参照。

【系図】桓武・野津・尊・前・関・桓・群A・群B・正・纂要・入・入ウ。

【史料】「吾妻鏡」・「関東評定衆伝」・「武家年代記」・「明

月記」、『鎌倉遺文』。（鈴木）

ほうじょう ともなおじょ　北条朝直女　生没年未詳

鎌倉中期の女性。時房流。父は評定衆北条朝直、母は未詳。従兄弟北条清時の妻となる。

【解説】（1）朝直には桓武・野津に合計五名の女子が見える。これらには重複があるかも知れない。桓武には三名が記されており、その一番目である。（2）夫清時は北条時直の子で、通称は遠江太郎・遠江右馬助。建長四年（一二五二）に将軍御所の御格子番となり、正嘉二年（一二五八）には五位で、供奉人を勤めている。

【系図】桓武。

【史料】「吾妻鏡」。（鈴木）

ほうじょう ともなおじょ　北条朝直女　生没年未詳

鎌倉中期の女性。時房流。父は北条朝直、母は未詳。足利上総介の室となる。

【解説】入ウのみに見える人物。注記に「足利上総介室」とある。

【系図】入ウ。

【史料】（菊池）

ほうじょう ともなおじょ　北条朝直女　生没年未詳

鎌倉中期の女性。時房流。父は北条朝直、母は未詳。坊門侍従の室となる。

【解説】入ウのみに見える人物。注記に「坊門侍従室」とある。

【系図】入ウ。

【史料】（菊池）

ほうじょう ともなおじょ　北条朝直女　生没年未詳

鎌倉中期の女性。時房流。評定衆北条朝直には、桓武・野津・入ウから五人の女子が知られるが、桓武の一番目に清時妻、入ウの注記に「足利上総介」・「坊門侍従室」とある外、他の二名については姻戚関係の記載がないのでまとめて記載した。いずれも母は未詳。野津の二名にはともに「イ」の注がある。

【解説】

【系図】桓武・野津・入ウ。

【史料】（鈴木）

ほうじょう ともなが　北条朝長　生没年未詳

鎌倉中期の武士。朝時流。北条朝賢の五男、母は未詳。北条朝時の孫にあたる。

【解説】（1）正のみに見える人物。注記に「五郎」と記されていることから、朝賢の五男と考えられる。（2）「吾妻鏡」にも記述がなく、その実体は未詳である。

【系図】正。

【史料】

（久保田）

ほうじょう とものぶ　北条朝宣　生没年未詳

鎌倉後期の武士。時房流。父は北条朝房、母は未詳。評定衆北条朝直の孫で、大仏家の庶流。通称は五郎。

【解説】（1）正には朝房の子朝寧とあるが、注に「—宣」とあるので同一人であろう。（2）父は野津・前による。（3）通称は前・入ウによる。

【系図】野津・前・正・入ウ。

【史料】

（鈴木）

ほうじょう とものぶ　北条朝宣　生年未詳〜建武元年（?〜一三三四）

鎌倉後期の武士。朝時流。北条公篤の子、母は未詳。通称は江間遠江守。没年は建武元年（一三三四）三月二十一日阿弥陀ケ峰で誅された。

【解説】（1）纂要のみに見える人物。注記に「江間遠江守、於阿弥陀ケ峰被誅」とある。「近江国番場宿蓮華寺過去帳」に「建武元年三月二十一日夜半、阿弥陀峰被誅人々注状」として十四名が記されている。十四名の中に朝宣の名は見えないが、纂要の注記はこの事件のことと思われる。（2）江間は初代時政以来の北条氏の所領である伊豆国江間（現静岡県伊豆長岡町）のこと。（3）曾祖父時章は得宗北条時頼に野心無き旨を陳謝し、以後名越氏の嫡流となる。時章の子孫は評定衆・引付頭人の家格を有し、幕政の中枢に位置した。しかし朝宣は他の北条氏関係の諸系図には見えず、その実体は未詳である。

【系図】纂要。

【史料】「近江国番場宿蓮華寺過去帳」。

（久保田）

ほうじょう とものぶ　北条朝宣

→ 北条俊兼（ほうじょう としかね）

ほうじょう ともふさ　北条朝房　生年未詳〜永仁三年（?〜一二九五）

鎌倉中期の武士。時房流。父は評定衆北条朝直、母は未詳。通称は武蔵蔵人太郎、武蔵太郎、武蔵式部大夫（輔）。太郎というから長子であったろうが、嫡子ではない。一時、父から義絶されていたが、宝治元年（一二四七）の宝治の合戦の時に、単身で甲冑もなく、痩せ馬に乗り、父のために奮戦した。その功を認められ許され、翌年には幕府の公式行事に参加している。官位は正五位下、備前守。正応三年（一二九〇）当時肥前守護であることが確認できる。また弘安七年（一二八四）から正応二年（一二八九）まで豊前守護在任の証がある前備前守・備前入道にあたるか。永仁三年（一二九五）正月、任中に鎮西で没したという。法名妙性。子に朝宣（朝寧）・直時・貞房（定房）・政房（真房）・房忠・相時がいる。

【解説】（1）父は桓武・野津・尊・前・正・桓・群A・群B・纂要・入・入ウに共通する。（2）通称について、武蔵蔵人太郎は「吾妻鏡」宝治元年六月五日条、武蔵太郎は同二年八月十五日条から康元元年（一二五六）七月六日条まで、武蔵式部大夫は同弘長三年（一二六三）正月一日条から四月二十六日条にかけて見える。そのほか桓に太郎、式部大夫、纂要に式部大夫とある。（3）父に義絶されていたことは、「吾妻鏡」宝治元年六月五日条に見えるほか、桓に「父義絶暫籠居也」と見える。宝治の乱での活躍の様子は「吾妻鏡」による。（4）官位について、尊と前は従五位下とし、纂要は従四位下とするが、式部大輔は正五位下に当たる。（5）備前守は、正応三年九月十五日の沙弥某宛行状案の端書に「備前前司入道妙性」とあることによる。系図では前・正に見え、尊・群A・群B・纂要は備中守とする。（6）永仁三年、鎮西で没したことは、尊・群A・群B・纂要に見える。ただしこの四系図がすべて備中守とするのは理解しがたい。（7）肥前守護の典拠は（5）の文書の内容による。佐藤進一『増訂鎌倉幕府守護制度の研究』は、弘安四年、北条時頼の弟時定（為時）が肥前守護となり、正応二年八月卒し、その子定宗があとを継いだとするが、定宗の在職の史料上の上限は、永仁二年なので、その間、朝房が中継的に在職したか。豊前守護は同書豊前項による。なお鎮西探題北条兼時と北条（名越）時家の派遣は永仁元年三月であり、その以前は鎮西談議所であった。談議所の構成員に北条氏はいないので、談議所関係ではあるまい（佐藤進一『鎌倉幕府訴訟制度の研究』による）。（8）法名は前による。（9）守護国別参照。

【系図】桓武・野津・尊・前・正・桓・群A・群B・纂要・入・入ウ・「佐野本系図」。

【史料】「吾妻鏡」、『鎌倉遺文』⑳一五〇六七、同㉓一七四四八。（鈴木）

ほうじょう ともふさ　北条朝房　生没年未詳

鎌倉後期の武士。時房流、大仏家の庶流。父は北条政房、母は未詳。評定衆朝直の曾孫に当たる。

【解説】朝房は正・前に見える。父を正では「真房」と表記し、前では「政房」と表記するが、共に太郎の注があるので、同一人と考え、前の表記を採用する。前によると、朝政が兄弟にあたる。

【系図】正・前。

【史料】（鈴木）

ほうじょう ともふさじょ　北条朝房女　生没年未詳

鎌倉後期の女性。時房流。父は北条政房の子朝房、母は未詳。評定衆北条朝直の孫女にあたる。渋川義季に嫁ぎ、嫡子直頼と女子を生む。女子は足利義詮の室となった。

【解説】記述はすべて「渋川系図」による。直頼の注に「母備前守平朝房女、佐介」とある。朝房は大仏流に朝直の子と政房の子との二人が見える。佐介は誤りである。備前守となったのは前者であるが、義季の傍注に「建武二年七月廿二日於武蔵国女影原自害、年二十三」とあるので、義季の生没年は正和二年～建武二年（一三一三～三五）となり、宝治元年（一二四七）にすでに成人していた前者朝房の婿として、やや時代が下がりすぎる感がある。また義季の姉妹は足利直義室である。女子の注には「宝篋院殿（足利義詮）室、母同」とあり、生没年は正慶二・元弘三年～明徳三年（一三三三～九二）であるので、やはり時代が下がる。後者には備前守になった典拠がないが、年代的にはあうので、こちらに比定したが、後考を待ちたい。『室町幕府守護職家事典』下（渋川氏項、森茂暁執筆）参照。

【系図】「渋川系図」。

【史料】（鈴木）

ほうじょう ともまさ　北条朝政　生没年未詳

鎌倉中期の武士。時房流、大仏家の庶流。父は評定衆北条朝直、母は未詳。通称は十郎。子に師朝がいる。

【解説】朝政は正のみに見え、通称、子も正による。朝直の男子は諸系図に十九人見える。

【系図】正。

【史料】（鈴木）

ほうじょう ともまさ　北条朝政　生没年未詳

鎌倉後期の武士。時房流、大仏家の庶流。父は北条政房、母は未詳。評定衆北条朝直の曾孫に当たる。通称は孫七郎。兄弟に朝房がいる。

【解説】朝政は前・正に見え、通称は前による。正では政房の兄弟定房（貞房）の子とする。

【系図】前・正。

【史料】

（鈴木）

ほうじょう ともむね　北条朝宗　生没年未詳

鎌倉後期の武士。朝時流。北条朝長の五男、母は未詳。北条朝賢の孫にあたる。

【解説】（1）正のみに見える人物。注記に「又五郎」とあることから、朝長の五男と考えられる。（2）他の北条氏関係の諸系図には見えず、その実体は未詳である。

【系図】正。

【史料】

（久保田）

ほうじょう とももり　北条朝盛

→**北条時景**（ほうじょう ときかげ）

ほうじょう ともやす　北条朝康　生没年未詳

鎌倉後期の武士。時房流。父は北条朝房、母は未詳。通称は孫次郎。

【解説】入ウのみに見える人物。注記に「孫次郎」と見える。

【系図】入ウ。

【史料】

（菊池）

ほうじょう どようまつ　北条土用松　生没年未詳

鎌倉後期の武士か。朝時流。父は北条教時、母は未詳。宗教の弟。

【解説】入ウのみに見える人物。

【系図】入ウ。

【史料】

（菊池）

ほうじょう なおとき　北条直時　生没年未詳

鎌倉後期の武士。時房流、大仏家の庶流。父は北条朝房、母は未詳。評定衆朝直の孫にあたる。通称は二郎。式部大輔。

【解説】直時は前・正に見える。通称、官職は前による。朝房には諸系図から六人の男子が知られ、その一人。

【系図】前・正。

【史料】

（鈴木）

ほうじょう なおとき　北条直時　生年未詳～正慶二・元弘三年（?～一三三三）

鎌倉後期の武士。時房流、大仏家の庶流。父は北条頼直の子宗直、母は未詳。評定衆朝直の曽孫にあたる。官途は式部大輔。備前守とも伝えるが、確かではない。父宗直が、正慶二・元弘三年（一三三三）五月に北条一門と共に自害しているので、直時も運命を共にしたと思われる。

【解説】（1）父は前・正による。（2）官途は、前に式部大輔、正に備前守とある。（3）年未詳四月五日の直時書状（『金沢文庫古文書』七四〇）があり、花押もあるが、この直時にあたるかは未詳。（4）纂要によると、兄弟に成治がいるが、疑問。

【系図】前・正・纂要。

【史料】

（鈴木）

ほうじょう なおとき　北条直時　生没年未詳

鎌倉後期の武士。時房流。北条時元の子、母は未詳。

【解説】正のみに見える人物。

【系図】正。

【史料】

（川島）

ほうじょう なおとし　北条直俊　生没年未詳

鎌倉後期の武士。時房流、大仏家の庶流。父は北条直房、母は未詳。連署北条（大仏）宣時の甥にあたる。官途は修理亮。詠歌が「柳風和歌集」に一首収められている。

【解説】（1）直房には諸系図に四人の男子が見える。直俊は前のみに見える人物。注記に「修理亮」とある。（2）「柳風和歌集」は延慶二年（一三〇九）成立。幕府に関係ある人々の歌集である。

【系図】前。

【史料】「柳風和歌集」。

（鈴木）

ほうじょう なおふさ　北条直房　生没年未詳

鎌倉中期の武士。時房流。北条朝直の子、母は未詳。通称は八郎入道。下総守と伝えるが信じ難い。子に宗直・宣直・直俊・宗朝がいる。

【解説】（1）直房は野津・前・正に見える。父朝直には諸系図から十九人の男子が知られるが、その七番目で、連署宣時の弟にあたる。通称は野津による。下総守は前・正の注記である。（2）なお、文永九年（一二七二）正月日の筐剣聖教等譲状案（「醍醐寺文書」）で、筐剣が聖教・房舎などを頼助に譲っており、その房舎に「号平直房」と注記がある。頼助は北条経時の子で、関東とつながりの深い僧であるから、直房の寄進した房舎であるとも考えうるが、後考を待つ。（3）入ウの頼直（武蔵八郎）の注に「直房イ」とあり、頼直のことか。

【系図】野津・前・正・入ウ。

【史料】『鎌倉遺文』⑭一〇九六一。

（鈴木）

ほうじょう ながしげ　北条長重

生没年未詳

鎌倉中期の武士。重時流。父は北条為時、母は未詳。重時の孫にあたる。通称は次郎八郎。父の夭折のためか、祖父重時の養子となり、陸奥八郎と号したという。

【解説】（1）通称については野辺に従った。野津は苅田八郎、正は六郎、入ウは陸奥六郎とする。群A・群B・纂要には備前守の注記もある。（2）生年については、「十郎」の忠時が建長元年（一二四九）の生まれと考えられるから、「八郎」の長重はそれをややさかのぼる時期か。ちなみに「七郎」の業時は仁治二年（一二四一）生まれと推定される。（3）入には「仲時」と記す。入ウには「長時」と記し、「仲歟」と注記し、通称を「陸奥六郎」とする。

【系図】野辺・野津・尊・前・桓・群A・群B・正・纂要・入・入ウ。

【史料】

（下山）

ほうじょう なかとき　北条仲時

徳治元年（一三〇六）～正慶二・元弘三年（一三三三）

鎌倉幕府最後の六波羅探題（北方）。重時流。北条基時の子、母は未詳。越後守。父基時から普恩寺と称した。また、元徳三・元弘元年（一三三一）頃、信濃守護在職の徴証があるが、これも父から受け継いだものであろう。元徳二年（一三三〇）十二月二十七日、六波羅探題北方として上洛した（25歳）。南方の時益も一緒であった。「太平記」によれば、この人事は前任の六波羅探題範貞・貞将が留任を固辞したためだという風評があったという。風雲急を告げてきたからであろう。元徳三・元弘元年から始まる元弘の乱で、笠置で捕らえた後醍醐天皇を平等院を経て京都に護送するなど、六波羅探題としての対応に追われた。以後、護良親王・楠木正成らの追討に従事。正慶二・元弘三年三月の赤松則村の京都侵入に際しては、桂川まで進出して防戦した。さらに、五月、足利高氏、千草忠顕らの軍がこれに加わり京都六波羅を攻略すると、ついに六波羅探題が陥落した。仲時らは光厳天皇、後伏見・花園両上皇を奉じ、関東に逃れようとする。「太平記」は、この時、仲時が、夫人と子の松寿（友時）を落ち延びさせようとするが、逆に連れていってほしいと懇願され、逡巡する様子を描いている。五月九日、関東への途中、近江国番場で、在地の反幕府勢力によって包囲され、最後まで行動を共にした四百三十二人と共に自刃して果てた（28歳）。墓所は、滋賀県米原町の蓮華寺にある。

【解題】（1）「太平記」は元弘元年の六波羅探題北方を前任者の範貞とするが、これは誤りと考えられる。（2）共に自刃した武士の人数が四百三十二人というのは「太平記」と諸系図のうち正が記す。「梅松論」は数百人とする。「近江国番場宿蓮華寺過去帳」はそのうち百八十九名の交名を記すが、最後まで仲時と運命を共にしたのは、隠岐の佐々木一族を除けば、ほとんどが北条氏の家人たちであった。また、この人数には自刃ばかりでなく、討死した者も含まれていたようである。（3）仲時について触れた論考には、平泉澄「北条仲時の最後」（『歴史と地理』四一―一）、久米邦武「国宝蓮華寺過去帳」（『中央史壇』一―四）、増田宗「北条氏の滅亡」（『日本古典文学会会報』四〇）等がある。（4）守護国別参照。

【系図】尊・前・関・桓・群A・群B・正・纂要。

【史料】「鎌倉年代記」・「武家年代記」・「太平記」・「近江国番場宿蓮華寺過去帳」・「梅松論」、『鎌倉遺文』㊲二九〇九八、㊳三〇六〇一、㊵三一一八〇他。

（下山）

ほうじょう なかとき　北条仲時

→北条長重（ほうじょう ながしげ）

ほうじょう ながとき　北条長時

寛喜二年～文永元年（一二三〇～六四）

鎌倉中期の執権。重時流。父は重時（二男）、母は平時親の女（後に治部卿局と称した）。通称は陸奥次郎。父重時が鶴岡八幡宮の前、若宮大路の東隅の邸に住んだので、鶴岡の池にかけられた赤橋にちなみ赤橋氏を称した。寛喜二年（一二三〇）二月二十七日誕生。寛喜二年に父重時が六波羅探題北方に就任した時に伴われて上洛したものと思われる。寛元三年（一二四五）十二月二十九日従五位下左近将監（16歳）。宝治元年（一二四七）三月、上洛した北条時盛の女と結婚。五月には一旦鎌倉に戻る。七月三日、父重時の連署就任により、父と交替して六波羅探題北方となる（18歳）。この時に重時が長時に与えた教訓が「六波羅殿御家訓」である。建長四年（一二五二）四月、将軍宗尊親王の鎌倉下向に際しては京都から供奉した。康元元年（一二五六）三月二十八日鎌倉に戻り、同年六月二十三日引付衆を経ずに評定衆となる。六波羅には弟時茂が派遣された。六波羅探題の在職は十年間ということになる。京都は後嵯峨上皇の院政の時期であった。同年七月二十日武蔵守に任官。同年十一月執権となる（27歳）。しかし、これは北条氏の嫡流である時宗が成長するまでの間、執権職を預けられたにすぎず、政治の実権は前執権の時頼が握り、あたかも院政のように幕府の最高指導者であり続けた。また、「吾妻鏡」によれば、康元元年には夫人の病気とその療養の記事が見える。正嘉二年（一二五八）十二月十四日従五位上となる（29歳）。文応元年（一二六〇）八月、将軍宗尊親王が赤痢のため、鶴岡放生会にその代官として参列。同年十二月には長時自身、病気で苦しんでいたようである。弘長元年（一二六一）十一月、父重時死去。同三年十一月、北条時頼死去。その翌年、文永元年（一二六四）七月三日に出家。法名は専阿。同年八月五日、執権職を政村に譲る。同年八月二十一日鎌倉の浄光妙寺において死去（35歳）。同寺に墓塔は確認できないが、僧形の木像と位牌が現存している。和歌も作り、「続古今和歌集」・「続拾遺和歌集」など勅撰集に十二首の詠歌が載せられている。子に義宗・長弁のほか女子一人が知られる。

【解説】（1）関に見える通称の陸奥次郎と、「保暦間記」が陸奥守重時二子としていることなどから重時二男と判断した。「武家年代記」も重時二男、但し嫡子とする。長子は為時であるが早世したためであろう。（2）桓・纂要には「号赤橋殿」とある。（3）「武家年代記」は寛元元年誕生とする。（4）「鎌倉年代記」は右近将監とする。（5）執権になった経緯について、「吾妻鏡」は「家督幼稚之程眼代也」とし、「鎌倉大日記」には「時宗幼少間、彼代官」とある。（6）法名については、諸系図のうち尊・纂要・関及び「関東評定衆伝」・「鎌倉年代記」等に従った。「鎌倉大日記」は観覚とする。（7）享年について「鎌倉年代記」・「北条九代記」は三十六とする。（8）赤橋氏は重時流（極楽寺流）の嫡流であり、長時・義宗・久時・守時と四代引付衆を経ることなく評定衆となっており、守時を除く三代はいずれも二十代前半で六波羅探題北方に就任するのを通例とした。叙爵年齢も十六・十七歳（守時は十三歳）と若く、歴代得宗に次ぐものである。一番引付頭人、寄合衆を経て執権に至る家であり、その家格は得宗家に次いで高いものであった（細川重雄『鎌倉政権得宗専制論』）。（9）「勅撰作者部類」には「五位、赤橋、武蔵守、相模守平重時男」とある。（10）長時に触れた論考としては、桃裕行『武家家訓の研究』、筧泰彦『中世武家家訓の研究』、三山進「北条長時」（安田元久編『鎌倉将軍執権列伝』）、石井清文「執権北条長時と六波羅探題北条時茂」（『政治経済史学』一一二）、湯山学「北条重時とその一族」（『相模国の中世史』）、菊池紳一「北条長時について」（北条氏研究会編『北条時宗の時代』）等がある。（11）守護国別参照。

【系図】野辺・野津・桓武・尊・前・関・群A・群B・正・纂要・入・入ウ。

【史料】「関東評定衆伝」・「鎌倉年代記」・「鎌倉年代記裏書」・「武家年代記」・「鎌倉大日記」・「北条九代記」・「吾妻鏡」・「関東往還記」・「現存和歌六帖」・「続古今和歌集」・「続拾遺和歌集」・「勅撰作者部類」、『鎌倉遺文』⑨六八五八・六八八六・六八九一他。

（下山）

ほうじょう ながとき　北条長時

↓北条長重（ほうじょうながしげ）

ほうじょう なかときじょ　北条仲時女　生没年未詳

鎌倉後期の女性。重時流。北条仲時の子、母は未詳。父仲時は鎌倉幕府最後の六波羅探題（北方）で、六波羅探題陥落後、敗走した近江国番場で、正慶二・元弘三年（一三三三）五月九日自害した。「太平記」は仲時が夫人と子の松寿（友時）を落ち延びさせようとした悲話を載せるが、この女子については書かれていない。

【解説】桓のみに見える。

【系図】桓。

【史料】

（下山）

ほうじょう ながときじょ　北条長時女　生没年未詳

鎌倉中期の女性。重時流。父は北条長時、母は未詳。父長時は文永元年（一二六四）八月死去。北条業時室と伝える。

【解説】この女子については、纂要のみが載せており、北条業時室とする。これが事実ならば、業時は長時の弟であるから、叔父に嫁したということになる。

【系図】纂要。

【史料】

ほうじょう ながとも　北条長朝　生没年未詳

鎌倉後期の武士。朝時流。北条篤長の子、母は未詳。北条長頼の孫にあたる。春朝の弟。官途は兵庫頭。

【解説】（1）正のみに見える人物。注記に「兵庫頭」とある。（2）寛元の政変で曾祖父時長は得宗北条時頼に野心無き旨を陳謝し、以後得宗家と協調し、幕府内で一定の地位を築いた。祖父長頼も将軍宗尊親王に近臣として仕え、その一方で、得宗家にも親しく仕え、名越亭などを継承した。しかし長朝については他の北条氏関係の諸系図に見えず、その実体は未詳である。

【系図】正。

【史料】

（久保田）

ほうじょう ながより　北条長頼　生没年未詳

鎌倉中期の武士。朝時流。北条時長の三男、母は三浦義村の女。北条実時（実泰流）の女婿。通称は、備前三郎・備前左衛門三郎・備前守と変化するが、備前は父時長が仁治元年（一二四〇）正月三日以前に任官した備前守による。長頼が備前守に任官すると、自身の官途名が通称となる。なお、正の注記に「名越」とある。官途は左衛門尉・備前守。

長頼の「吾妻鏡」の初見は、建長六年（一二五四）六月十六日条で、鎌倉で騒動が起こったために参集した御家人中に名前が見える。康元元年（一二五六）十一月二十六日に名越で火災があり、備前三郎長頼亭が焼亡している。長頼は将軍宗尊親王に仕え、正嘉元年（一二五七）十二月二十四日廂御所衆一番、同二十九日御格子番一番、文応元年（一二六〇）正月二十日昼番衆三番、同年二月二十日廂御所衆二番に選抜されるなど、将軍の近臣として立場を強めていった。その一方で、北条得宗家にも親しく仕え、父時長・兄定長と同じ備前守に任官しており、名越亭など父時長の地位・財産を継承したと思われる。子に宗長・篤長がいる。

【解説】（1）長頼は北条氏関係の諸系図・「吾妻鏡」に「備前三郎」と記されていることから、時長の三男と考えられる。（2）母は野辺・前による。（3）通称は桓武・「吾妻鏡」による。入ウには「号名越備前」とある。（4）官途は北条氏関係の諸系図の注記による。（5）寛元四年（一二四六）閏四月、四代執権北条経時が死去すると、叔父の光時・時幸らは将軍藤原頼経と提携して幕府権力の奪取をはかるが、新執権時頼によって未然に防がれた。この事件の結果、得宗家と肩を並べた雄族名越氏は大きな打撃をこうむり、以後反主流派として鎌倉時代を送ることになる。寛元の政変で父時長は叔父時章・時兼とともに野心無き旨を得宗時頼に陳謝した。時長は政変以後、北条得宗家と協調し、幕府内で一定の地位を築いたが、建長四年（一二五二）八月二十六日に死去した。

【系図】野辺・野津・桓武・尊・前・桓・正・纂要。群A・群B・入・入ウ。

【史料】「吾妻鏡」。

（久保田）

ほうじょう ながよりじょ　北条長頼女　生没年未詳

鎌倉後期の女性。朝時流、北条長頼の養女。父は長井修理亮。

【解説】入ウのみに見える人物。注記に「長井修理亮女」とあり、養女と判断した。

【系図】入ウ。

（菊池）

ほうじょう なつとき　北条夏時　生没年未詳

【史料】

鎌倉後期の武士。朝時流。北条宗長の子、母は未詳。北条長頼の孫にあたる。別名春時。官位は、従五位下、式部丞・兵庫助・右馬助。夏時は歌人でもあり、「続千載和歌集」に入集している。

【解説】（1）夏時は、尊・纂要に宗長の子として見える。群Bは時長の孫・定長（宗長）の子として夏時を配しているが、尊・纂要から誤記と思われる。また、前・入ウは宗長の子の最初に「春時」を配すが、同一人物と思われる。夏時・春時を併記する系図がないことも、両人が同一人物であることの傍証となる。正は宗長の子の最初に「宗長」を配し、注記に「兵庫頭」とあるが、これも誤記と思われる。（2）官位は、群Bの注記では従五位下、式部丞、前の春時の注記では兵庫助、右馬助、入ウでは左京亮。（3）「吾妻鏡」と諸系図によると、夏時の父宗長の叔父に同名の人物が見られ、通称は備前太郎を名乗っているが、ともに備前守に任官しており区別が難しい。（4）尊の注記に「続千作者」、群Bの注記に「千載作者」と記されている。「続千」は後宇多法皇の勅撰により、元応二年（一三二〇）七月二十五日に完成した「続千載和歌集」（全二十巻）、「千載」は後白河法皇の勅撰により、文治四年（一一八八）四月二十二日に完成した「千載和歌集」（全二十巻）のことで、いずれも二十一代集の一つであるが、後者は年代があわない。（5）寛元の政変で曾祖父時長は得宗北条時頼に野心無き旨を陳謝し、以後北条得宗家と協調し、幕府内で一定の地位を築いた。祖父長頼も将軍宗尊親王に近臣として仕え、その一方で、北条得宗家にも親しく仕え、名越亭などを継承した。父宗長は能登・安芸・豊前の三か国の守護職を兼務し、幕府内でも有力な人物であった。

（久保田）

【系図】尊・群B・纂要・前・入ウ。

【史料】「続千載和歌集」。

ほうじょう なりとき　北条斉時

弘長二年～元徳元年（一二六二～一三二九）

鎌倉後期の武士。有時流。父は北条通時、母は未詳。父を時基とする説もある。北条有時の孫にあたる。はじめ時高を称す。駿河守。伊具駿河入道と称した。嘉元元年（一三〇三）四月十一日七番引付頭人となる。当時尾張守であった（42歳）。翌二年九月二十五日六番引付頭人に転じ、同十二月七日五番引付頭人となる。同三年八月一日四番引付頭人に転じた。延慶二年（一三〇九）三月十五日五番引付頭人に転じ（この頃斉時と改名した）、同八月四番引付頭人に戻る。応長元年（一三一一）十月二十五日三番引付頭人に転じ、正和二年（一三一三）七月二十六日には二番引付頭人として確認される。同四年七月までに交替した。元徳元年（一三二九）九月三日没した（68歳）。子に時邦・高有・斉政・時清・春時がいる。

【解説】（1）没年は「常楽記」嘉暦四年（一三二九）九月三日条の「伊具駿河守入道他界（六十八）」による。（2）時基息の説は尊・群Bによる。（3）初名時高は、尊・前・纂要の注記による。（4）駿河守は尊・前・群A・纂要の注記による。（5）引付頭人は佐藤進一『鎌倉幕府訴訟制度の研究』参照。

【系図】尊・前・群A・群B・正・纂要。

【史料】「鎌倉年代記」・「常楽記」。

（末木）

ほうじょう なりとき　北条業時

仁治二年～弘安十年（一二四一～八七）

鎌倉中期の連署・評定衆。重時流。父は北条重時（七男）、母は女房備後局。妻は北条政村の女。初名は重長。通称は陸奥弾正少弼。建長四年（一二五二）四月の前将軍九条頼嗣の帰洛に際して供奉人を勤める（12歳）。正嘉元年（一二五七）十二月、将軍宗尊親王を警固する廂番・格子番を勤める（17歳）。同年、鎌倉若宮大路の火事によって邸宅を焼失している。正元元年（一二五九）四月十七日、従五位下弾正少弼に叙任。同年七月二十七日左馬権助を兼任した（19歳）。文応元年（一二六〇）正月、幕府が設置した昼番衆に列した。これは和歌・蹴鞠・管弦・右筆・弓馬などに堪能な者を将軍に伺候させる制度である。弘長元年（一二六一）十一月父重時死去。文永元年（一二六四）八月兄長時死去。同二年六月十一日、兄義政と共に引付衆となる（25歳）。建治二年（一二七六）三月評定衆となる（36歳）。同三年五月十八日越後守、同年八月二十九日三番引付頭人となる（37歳）。この年五月には兄義政が信濃国塩田庄に遁世逐電するという事件があった。弘安三年（一二八〇）十一月駿河守（40歳）。同四年十月一番引付頭人（41歳）。同六年四月十六日連署となり、執権時宗及び幼い執権貞時を補佐した。同年七月二十日従五位上、同年九月二十六日正五位下に叙せられた（43歳）。重時流は、時房流や政村流とともに、北条氏にあって執権・連署を勤めることのできた庶子家であり、業時の「引付衆↓評定衆↓引付頭人↓連署」という昇進パターンもその典型的なものであったが、兄の長時・時茂・義政に比べてその昇進は遅れているようである。同七年八月八日陸奥守に任（44歳）、同十年六月八日病によりこれを退いて出家。法名鑑念。同六月二十六日に死去した（47歳）。子に時兼がいる。

【解説】（1）桓武及び関は初名を重長とする。（2）七男ということについては、「吾妻鏡」等に見える通称の陸奥七郎によった。「武家年代記」は重時五男とするが、これは実質的な意味であろう。また、御家人制研究会編『吾妻鏡人名索引』で、業時とする嘉禎三年正月二日条から寛元元年正月十七日条の六件の「陸奥七郎」は業時の年齢から考えて別人である。恐らくは時尚のことであろう（安田元久編『吾妻鏡人名総覧』）。通称は「関東往還記」による。（3）生年は没年からの逆算による。（4）母については、野辺及び「吾妻鏡」によった。これに従えば時茂の同母弟となる。前は母について、単に家女房とする。（5）妻について、纂要は北条長時（重時流）の女を業時妻とする。（6）引付衆就任の時期は「関東評定衆伝」・「吾妻鏡」に従った。（7）「関東評定衆伝」建治三年条には、業時は二番引付頭人となっているが、これは三番引付頭人の誤りである。北条（大仏）宣時も二番頭人となっており、いずれかが誤記である。「関東評定衆伝」弘安元年条によって改めた。（8）「武家年代記」は法名を鑒忍とする。（9）業時・時兼・基時・仲時と続く家系は、基時の創建した寺院にちなみ普恩寺氏と称されることもある。普恩寺氏は叙爵年齢や役職就任から、重時流（極楽寺流）では長時流の赤橋氏に次ぐ高い家格を有していた（細川重雄『鎌倉政権得宗専制論』）。（10）業時に触れた論考には、湯山学「北条重時とその一族」（『相模国の中世史』）等がある。（11）守護国別参照。

【系図】野辺・野津・桓武・尊・前・関・群A・群B・正・纂要・入・入ウ。

【史料】「関東評定衆伝」・「鎌倉年代記」・「武家年代記」・「北条九代記」・「吾妻鏡」・「関東往還記」、『鎌倉遺文』⑲一四〇五六、⑳一四八五七・一四八七一他。（下山）

ほうじょう なりときじょ　北条業時女　生没年未詳

鎌倉後期の女性。重時流。父は北条業時、母は未詳。義時流の北条兼時に嫁した。

【解説】入ウのみに見える人物。注記に「兼時室、本名時業」とある。

【系図】入ウ。

【史料】（菊池）

ほうじょう なりはる　北条成治　生没年未詳

鎌倉後期の武士。時房流。父は北条頼直の子の宗直、母は未詳。評定衆朝直の曾孫にあたるというが、疑わしい。だが、鎌倉末期の北条一門は数千人、最低千人との推定があり、生き残った家系があることは考えうる。

【解説】（1）成治は纂要のみに見える。纂要の成立は江戸時代後期である。（2）直時は前・正に見える。（3）疑わしい理由は、父宗直が東勝寺で自害しており、兄弟直時に子孫の記載がないのに、成治には四代にわたる子孫の記載があること、成治の子明治の生没年は文明八年～弘治元年（一四九六～一五五五）であって後年過ぎるためである。成治の傍注に「後」とあるので、成治以後は後年の加筆ではなかろうか。（4）北条一門の数は菊池紳一「北条氏一族の記録に残る人数は？」（『北条時宗の謎』）による。

【系図】纂要。

【史料】（鈴木）

ほうじょう なりまさ　北条斉政　生没年未詳

鎌倉後期の武士。有時流。父は北条斉時、母は未詳。北条有時の曾孫にあたる。

【解説】正のみに見える人物。

【系図】正。

【史料】

（末木）

ほうじょう のぶとお　北条宣遠　生没年未詳

鎌倉後期の武士。時房流、大仏家の庶流。北条時遠の子、母は未詳。評定衆朝直の孫にあたる。修理亮。上総介と伝えるが、信じ難い。子に貞遠がいる。

【解説】（1）正のみに見える人物。注記に「修理亮」とある。正には「上総助」という注記もあるが、父時遠の上総介と誤ったか。時遠には諸系図から四人の息子が知られ、その一人である。子も正による。（2）甥（頼房の子）に同名の宣遠がおり、同一人物の可能性もある。

【系図】正。

【史料】

（鈴木）

ほうじょう のぶとお　北条宣遠　生没年未詳

鎌倉後期の武士。時房流、大仏家の庶流。北条頼房の子、母は未詳。評定衆朝直の曾孫に当たる。

【解説】（1）前のみに見える人物。注記はない。父頼房には、前・正から五人の息子が知られ、その一人である。（2）叔父に同名に宣遠がいるが、同一人物の可能性がある。

【系図】前。

【史料】

（鈴木）

ほうじょう のぶとき　北条宣時　暦仁元年～元亨三年（一二三八～一三二三）

鎌倉後期の連署。時房流。北条朝直の嫡子、母は足立遠光の女。正妻は時房流の北条時広の女。初名は時忠。通称は武蔵五郎・陸奥入道。最明寺入道北条時頼が、夜、宣時を呼び、小土器の味噌を肴に酒を酌み交わしたという逸話が「徒然草」に見える。時頼が最明寺入道と称されたのは、宣時が十九歳から二十六歳の時期である。当時宣時は時頼との親戚関係は遠く、まだ幕府の役職にはついていず、一族の若者であるに過ぎない。にもかかわらず、普段着で時頼の屋敷に行き、自分で脂燭を灯して台所を探すほど時頼と親しかったのである。文永二年（一二六五）六月引付衆（28歳）。翌三年引付制度廃止のため、引付を辞したが、同六年、引付制度再設により再任された。この間、同四年六月叙爵、同時に父朝直が長くつとめていた武蔵守に任じられた（30歳）。同十年に武蔵守を辞任し、同年評定衆となった（36歳）。建治三年（一二七七）八月、二番引付頭人（40歳）、弘安六年（一二八三）四月、一番引付頭人となり（46歳）、同年十二月従五位上に叙された。同七年、執権時宗が死亡する。同八年九月正五位下。同年十一月の霜月騒動では、宣時が平頼綱の背後にあって、安達泰盛を打倒したのではないかとの推測がある。同十年八月十九日、執権貞時の連署となる（50歳）。連署としての発給文書で現存する初見は同年八月二十七日付である。当時は平頼綱の専権期である。正応二年（一二八九）六月陸奥守となるが、これは安達泰盛、北条業時の後任であった（52歳）。同年八月従四位下に叙される。以後十四年間、得宗貞宗の下で連署を勤める。この間の宣時関係古文書は二百二十八通に達する。ほとんどが連署または将軍家政所別当としての発給である。永仁元年（一二九三）四月、貞時は平頼綱を滅ぼし、全権を握った。この前後の関東御教書、同下知状には当然のことながら何ら変化が見られない。この間、大仏家が相伝していた遠江・佐渡両国の守護であったほか、得宗分国の若狭守護を嘉元三年（一三〇五）から延慶二年（一三〇九）まで勤めた。正安三年（一三〇一）八月二十二日、貞時が執権を辞し、出家したので、宣時も二十二日に連署を辞し、九月四日、出家した（64歳）。法名忍昭。永園（恩）寺と号する。この後、宣時に関する古文書は激減する。出家後も何らかの政治的影響力を持っていたかと想像しうる文書は二通あるのみ。歌人であり、「続拾遺和歌集」（三首）・「新後選和歌集」（六首）・「玉葉和歌集」（六首）・「続千載和歌集」（六首）・「続後拾遺和歌集」（五首）・「風雅和歌集」（一首）・「新拾遺和歌集」（一首）等に入集している。歌風は素直で寂莫の趣がある。八十六歳の長寿を保ち、元亨三年（一三二三）六月三十日に没した。宣時には六人の男子があったが、出家した寛覚・宣覚の二人を除き、嫡流の宗宣以下貞房・宗泰・貞宣の四人が各々要職につき、大仏家は繁栄した。なお、時宗の僧他阿上人との交流があり、「他阿上人法語」に宣時への返書が収められている。

【解説】（1）父朝直には諸系図から十九人の男子が知られるが、嫡子である。（2）生年は没年と享年から逆算した。（3）父は野津・尊・前・関・桓・群A・群B・正・纂要・入ウによる。なお「将軍執権次第」・入ウでは三男とする。（4）母は「武家年代記」による。なお、朝直の正妻は北条泰時の女である。（5）妻は正の時広女に「宣時室」とある。（6）初名の時忠は、十三歳時の「吾妻鏡」の建長二年（一二五〇）から弘長三年（一二六三）八月十一日まで四十八回見える。同年八月十五日には宣時と表記されるので、この間に改名したのであろう。なお「将軍執権次第」が「元時忠」、桓が「時忠」、群Aが「初号時忠」とする。入ウは時忠を宣時の兄に記すが、衍か。（7）引付衆就任は「関東評定衆伝」文永二年条、引付廃止は「吾妻鏡」文永三年三月六日条、「関東評定衆伝」文永三年条に、再任は「関東評定衆伝」文永六年条による。（8）叙爵と武蔵守就任は「鎌倉年代記」・「武家年代記」ともに弘安十年条による。（9）武蔵守辞任と評定衆就任は「関東評定衆伝」文永十年条。（10）二番引付頭人は「建治三年記」八月二十九日条、「関東評定衆伝」建治三年条による。（11）一番引付頭人は「関東評定衆伝」弘安六年条による。（12）従五位上と正五位下は「鎌倉年代記」弘安十年条による。（13）霜月の乱における宣時の役割の推定は、山川智応「武蔵守宣時の人物事蹟地位権力と其の信仰」（『日蓮上人研究』一）で、細川重男によって再評価された（『鎌倉政権得宗専制論』）。（14）連署就任は尊・前及び「鎌倉年代記」・「武家年代記」弘安十年条による。「鎌倉大日記」は就任時三十三歳とするが誤り。現存する最初の発給文書は『鎌倉遺文』㉑一六三二四。（15）陸奥守は「鎌倉年代記」弘安十年条による。「武家年代記」は同年二月とする。（16）従四位下は「鎌倉年代記」・「武家年代記」弘安十年条による。（17）守護については佐藤進一『増訂鎌倉幕府守護制度の研究』による。（18）連署辞任と出家の日付は、尊・「鎌倉年代記」・「武家年代記」・「将軍執権次第」に多少の異同があるが、本文のように理解する。（19）法名は尊・「鎌倉年代記」・群A・群B・纂要による。「永園寺」は「鎌倉年代記」・「武家年代記」・「将軍執権次第」・纂要にあり、「永恩寺」は桓・群A・群Bに見える。（20）辞任後の古文書で政治に関するものは、元応元年（一三一九）六月五日、伊予国に関する宣時袖判御教書（『鎌倉遺文』

㉟二七〇五五）と、年欠十一月七日の沙弥書状（花押により宣時とする）で、美濃国に関するもの（『鎌倉遺文』が正中二年に比定するのは誤り、『鎌倉遺文』㊳二九二四五）である。（21）和歌については、各勅撰和歌集及び尊・「勅撰作者部類」による。「勅撰作者部類」に「四位、陸奥守、武蔵守平朝直男」とある。また、鎌倉歌人の歌を多く収める「拾遺風躰和歌集」（四首）・「柳風和歌集」（三首）にも宣時の詠歌が収められている。「平宣時朝臣女」が「続千載和歌集」に入集しているが（「勅撰作者部類」）、この宣時の女であろう。（22）没年は「常楽記」・「鎌倉年代記」・「武家年代記」弘安十年条による。「常楽記」元亨三年条には「七月一日（去夜丑時）永園寺禅門他界、（八十六）」とある。「北条時政以来後見次第」は享年八十四とする。（23）大橋俊雄編著『時宗二祖・他阿上人法語』参照。今井雅晴「時房流北条氏と時衆」（大隅和雄編『鎌倉時代文化伝播の研究』所収）。（24）守護論考・守護国別参照。

【系図】野津・尊・前・関・桓・群A・群B・正・纂要・入・入ウ。

【史料】「吾妻鏡」・「鎌倉年代記」・「武家年代記」・「北条九代記」・「関東評定衆伝」・「鎌倉大日記」・「将軍執権次第」・「建治三年記」・「永仁三年記」・「常楽記」・「勅撰作者部類」・「他阿上人法語」・「続拾遺和歌集」・「新後選和歌集」・「玉葉和歌集」・「続千載和歌集」等、『鎌倉遺文』⑫〜補④。

（鈴木）

ほうじょう のぶとき　北条信時

生年未詳〜永仁年間（？〜一二九三〜九九）

鎌倉後期の武士。時房流。北条時景（朝盛）の子、母は三浦泰村の女。通称は弥太郎・越後又太郎・掃部助太郎。官位は従五位下、上総介。六波羅探題南方というが、未詳。永仁□年七月九日に卒した。五十六歳。

【解説】（1）尊・正・入ウは朝盛（時景の元の名）の子とする。（2）母を野津は三浦義村の女、群A・群Bは三浦泰村の女、纂要は北条泰時の女とする。また「佐野本系図」一三・三浦上（『大日本史料』第五編之二二〈宝治元年六月五日条〉所引）に三浦泰村の女に「北条掃部助時景室、野本太郎信時養母《ママ》、以故号野本尼」と見える。なお「吾妻鏡」宝治二年六月十一日条に「掃部助太郎信時（十三歳）者、為泰村外姪也」とある。（3）正は弥太郎、野津には越後又太郎、纂要には掃部太郎とあり、また正には「号野本」との注記がある。（4）官途は尊・群A・群B・纂要による。（5）六波羅探題については、纂要に「弘安十年二ノ十九　六波羅南方」、群A・群Bに「弘安十一年二月十九日上南六波羅　永仁〻〻五月十六日下」とあるが、他の史料では確認できない。（6）卒年は、纂要に「永仁七ノ九卒　五十六」、群A・群Bに「同（永仁〻〻）七月九日卒、五十六」とあることによる。

【系図】桓武・尊・正・野津・群A・群B・纂要・入・入ウ・「佐野本系図」。

【史料】「吾妻鏡」。

（川島）

ほうじょう のぶとき　北条信時　生没年未詳
鎌倉後期の武士。時房流。北条宣房の子、母は未詳。
【解説】群A・群Bのみに見え、注記はない。
【系図】群A・群B。
【史料】
（川島）

ほうじょう のぶとき　北条信時　生没年未詳
鎌倉後期の武士。有時流。父は北条時景、母は未詳。北条有時の曾孫にあたる。
【解説】

【系図】群A・群B。

【史料】

（末木）


ほうじょう のぶとき　北条信時　生没年未詳
鎌倉後期の武士。有時流。父は北条兼時、母は未詳。官途は掃部助。

【解説】（1）入ウのみに見える人物。注記に「掃部助」とある。（2）群A・群Bによれば、有時流の通時の孫、時景の子に信時がいるが、関係は未詳。

【系図】入ウ。

【史料】

（菊池）

ほうじょう のぶときじょ　北条宣時女　生没年未詳
鎌倉後期の女性。時房流。父は北条宣時、母は未詳。
【解説】入ウのみに見える人物。注記に「越後弥太郎宣□」とある。
【系図】入ウ。
【史料】
（菊池）

ほうじょう のぶときじょ　北条宣時女　生没年未詳
鎌倉後期の女性。時房流。父は北条宣時、母は未詳。北条時綱（時房流、時員の子）の妻か。
【解説】入ウのみに見える人物。注記に「三乃守時綱□

とある。北条時綱（時房流、時員の子）は美濃守を官途とする。

【系図】入ウ。

【史料】

（菊池）

ほうじょう のぶときじょ　北条宣時女　生没年未詳

鎌倉後期の女性。時房流。父は北条宣時、母は未詳。摂津守時次の母か。

【解説】入ウのみに見える人物。注記に「摂津守時次母子□継□」とある。

【系図】入ウ。

【史料】

（菊池）

ほうじょう のぶときじょ　北条宣時女　生没年未詳

鎌倉後期の女性。時房流。父は北条宣時、母は未詳。（姓未詳）時次に嫁した。

【解説】入ウのみに見える人物。注記に「摂津守時次母子□継□」とある。

【系図】入ウ。

【史料】

（菊池）

ほうじょう のぶとし　北条宣俊　生没年未詳

鎌倉後期の武士。時房流。北条貞俊の子、母は未詳。官途は右京亮。

【解説】正のみに見える人物。「右京亮」と注記する。

【系図】正。

【史料】

（川島）

ほうじょう のぶとも　北条宣朝　生没年未詳

鎌倉後期の武士。時房流。北条貞房の次男、母は未詳。父貞房は延慶二年（一三〇九）に三十八歳で死亡しており、北条氏滅亡まで生存していたら六十二歳になるので、三人の子息は正慶二・元弘三年（一三三三）には成年に達していたであろう。長男貞朝は東勝寺で自害しているので、恐らく宣朝もこの年に死亡したと思われる。

【解説】（1）宣朝の見える四系図は、貞房に貞朝・宣朝・貞政の三男子があったと記すのみである。（2）貞朝の死については纂要と「太平記」巻一〇による。

【系図】尊・群A・群B・纂要。

【史料】

（鈴木）

ほうじょう のぶなお　北条宣直　生没年未詳

鎌倉中期の武士。時房流、大仏家の庶流。父は北条直房、母は未詳。連署大仏宣時の甥にあたる。官位は五位、左近将監とも近江守・上野介とも伝える。和歌が「玉葉和歌集」・「柳風和歌集」・「拾遺風体和歌集」に収められる。子に亮時・高宣がいる。

【解説】（1）直房には諸系図から四人の男子が知られ、宣直は前・正のみに見える。近江守は前、上野介は正によるが、共に傍証がない。（2）「勅撰作者部類」に「五位、左近将監、左近将監宣（直カ）房男」とある。（3）和歌については「勅撰作者部類」・「玉葉和歌集」・「柳風和歌集」・「拾遺風体和歌集」、外村展子『鎌倉の歌人』参照。

【系図】前・正。

【史料】「勅撰作者部類」・「玉葉和歌集」・「柳風和歌集」・「拾遺風体和歌集」。

（鈴木）

ほうじょう のぶふさ　北条宣房　生没年未詳

鎌倉後期の武士。時房流。北条盛房の子、母は未詳。官位は従五位下・左近将監。

【解説】（1）位階は尊・纂要による。官途については、尊・群A・群Bは左近将監とし、纂要は左将監、前は左近大夫とする。また「勅撰作者部類」の時有の項に「左近将監平宣房」と見えている。（2）入ウに「越後孫六郎」と注記する。

【系図】尊・前・正・群A・群B・纂要・入ウ。

【史料】「勅撰作者部類」。

（川島）

ほうじょう のぶまさ　北条宣政　生没年未詳

鎌倉後期の武士。時房流、大仏家の庶流。父は引付頭人の北条宗泰、母は未詳。通称は武蔵左近将監。兄弟の引付頭人貞直が、正慶二・元弘三年（一三三三）五月鎌倉で討死しているので、おそらく同時に死亡したと考えられる。

【解説】（1）纂要の注記に「武蔵左近将監」とある。入は宗泰の弟とする。（2）通称は纂要による。北条氏一門末期で、系図に左近将監と注する人物が多く見られる。系図以外では、元徳二年（一三三〇）二月二十二日の金沢貞顕書状に見える「武蔵大夫将監政高」、「光明寺残篇」に美濃守護として見える「武蔵左近大夫将監」、「太平記」の東勝寺で自害した北条一門の中に見える「武蔵左近将監時名」等がある。纂要の成立は江戸後期であるから、多少疑わしい。

【系図】纂要・入。

【史料】『金沢文庫古文書』四二一、『鎌倉遺文』㊴三〇九一七・㊶三二一三六。但し、元弘三年に収めるのは

元弘元年の誤り。「太平記」巻一〇。（鈴木）

ほうじょう のぶまさ　北条宣政　生没年未詳

鎌倉後期の武士。時房流。父は北条朝氏、母は未詳。通称は武蔵六郎。

【解説】入ウのみに見える人物。注記に「武蔵六郎」とある。

【系図】入ウ。

【史料】

（菊池）

ほうじょう のりさだ　北条範貞　生年未詳〜正慶二・元弘三年（?〜一三三三）

鎌倉後期の六波羅探題。重時流。北条時範の子、母は未詳。祖父時茂から鎌倉の常盤に邸宅を構え、常盤（常葉）氏を称した。嘉元二年（一三〇四）十月二日従五位下左近将監に叙任。正和四年（一三一五）七月二十六日引付衆となる。同五年十一月二十三日従五位上。元応二年（一三二〇）十二月評定衆となる。元亨元年（一三二一）十一月二十一日、六波羅探題北方に就任して上洛。正中二年（一三二五）十月二十六日越後守。嘉暦三年（一三二八）六月二十九日正五位下。元徳元年（一三二九）十二月十三日駿河守。同二年六波羅探題北方を北条仲時と交替して鎌倉に戻った。六波羅探題の在職は十年に及んだが、「太平記」によれば、この人事は範貞と貞将が六波羅探題の留任を固辞したためだという風評があったという。同年十二月二日三番引付頭人となる。正慶二・元弘三年（一三三三）五月、新田義貞が鎌倉を攻略。五月二十二日、東勝寺で北条高時とともに自害した。歌をよくし、「続千載和歌集」・「続後拾遺和歌集」などの勅撰集にもその作品が合わせて三首収められている。

【解説】（1）生年は未詳であるが、父時範の生年が文永元年（一二六四）であることを考えれば、弘安七年（一二八四）前後の生まれか、従五位下叙位を父時範と同年齢（二十歳）と考えてると、弘安八年頃の生まれと推定される。（2）前・纂要は常葉と注記している。（3）桓武・群A・群Bは北条高時と共に自害したことを記し、纂要も東勝寺に殉死するとしている。「太平記」も自害の人々のうちに「常葉駿河守範貞」の名を記している。（4）「太平記」には、円観・文観等の関東調伏祈祷の陰謀に関連して、六波羅で二条為明を拷尋するくだりがあるが、この時に二条為明の歌を聞いて無実と認めて釈放する探題として範貞が登場する。

この事件は元徳三・元弘元年（一三三一）五月のことで、六波羅探題は仲時と交替した後のことである。「太平記」の著者が範貞としたのは、範貞は歌人としての定評があったことを示すものであろうか。（5）範貞に関する論考には湯山学「北条重時とその一族」（『相模国の中世史』）等がある。（6）守護論考・守護国別参照。

【系図】桓武・尊・前・関・群A・群B・正・纂要。

【史料】「鎌倉年代記」・「武家年代記」・「鎌倉大日記」・「北条九代記」・「太平記」・「続千載和歌集」・「続後拾遺和歌集」、『鎌倉遺文』㊲二八四八三・二八六五九・二八六八八他。

（下山）

ほうじょう のりとき　北条教時

嘉禎元年～文永九年（一二三五～七二）

鎌倉中期の引付衆・評定衆。朝時流。北条朝時の六男、母は北条時房の女。通称は遠江六郎・刑部少輔・中務権大輔・遠江守と変化するが、遠江は父朝時が嘉禎二年（一二三六）七月二十日に任官した遠江守による。教時が刑部少輔に任官した建長六年（一二五四）十二月十二日以降は、自身の官途名が通称となる。

教時は嘉禎元年（一二三五）に生まれた。寛元三年（一二四五）四月六日に父朝時が死去すると、朝時の子息らはその遺言に従って、翌四年三月十四日に信濃国善光寺で父の供養を行った。将軍頼経のもとに名越一族を結集し、得宗家打倒の計画を立てる目的で開催されたといわれている。この計画の中心は長男光時であった。同年閏四月、四代執権北条経時が死去すると、兄の光時・時幸らは将軍藤原頼経と提携して幕府権力の奪取をはかるが、新執権時頼によって未然に防がれた（寛元の政変）。この政変の結果、得宗家と肩を並べた雄族名越氏は大きな打撃をこうむり、以後反主流派として鎌倉時代を送ることになる。寛元の政変と教時の関係は不明であるが、教時の母が他の兄弟と異なり主流派北条時房の女であること、また寛元四年当時の教時の年齢が十一歳であることから、直接の関係はなかったと推定される。

教時の「吾妻鏡」の初見は寛元四年（一二四六）十月十六日条で、笠懸の射手として見える。宝治元年（一二四七）一月二十三日・建長二年（一二五〇）八月十八日には犬追物、正嘉二年（一二五八）六月十二日には笠懸の射手に選抜されており、射芸の名手であったことがわかる。また建長四年四月に宗尊親王が六代将軍として関東に下向すると、御所鞠始・百日蹴鞠御会に参加し、弘長三年正月十日には鞠奉行に任じられるなど、蹴鞠の技術にも優れていた。教時は将軍頼嗣時代の建長二年十二月二十七日に近習番一番、将軍宗尊の時代には、建長四年四月三日御格子番四番、正嘉元年十二月二十四日廂御所衆六番、同二十九日御格子番一番、文応元年（一二六〇）正月二十日昼番衆五番、同年二月二十日廂御所衆六番に選抜されるなど、将軍の近臣として立場を強めていった。建長六年（一二五四）十二月十二日刑部少輔に任じられ、同日叙爵した（20歳）。

その一方で、北条得宗家にも親しく仕え、正嘉元年（一二五七）二月二十六日の時宗元服の際には、鎧を献上している。幕府内における地位も次第に向上し、康元元年（一二五六）四月引付衆、文永二年六月十一日には評定衆となる。また官途も弘長三年（一二六三）正月十九日中務権大輔（29歳）、文永三年（一二六六）三月二日従五位上に叙され（32歳）、同七年九月二十三日遠江守に任じられた（36歳）。

弘長三年十一月得宗北条時頼が、翌文永元年八月に執権北条長時が死去すると、得宗家嫡男の時宗が幼稚のため、幕府内で権力闘争が再燃する。同三年七月一日、将軍宗尊親王をめぐって鎌倉で騒動が起こると、幕府は宗尊親王の将軍更迭、子の惟康王の将軍擁立を決定する。これに不満を抱いた教時は、同年七月四日武装した軍兵数十騎を率いて鎌倉薬師堂谷の屋敷から塔辻宿所に至る示威行動を起こすが、新執権北条政村の説得・制止により、抵抗を断念して陳謝した。

文永九年（一二七二）二月十一日、教時は兄時章とともに得宗御内人に誅殺された。三十八歳であった。さらに同十五日、得宗北条時宗の庶兄で、当時六波羅探題南方であった北条時輔が、反逆の罪で同北方北条義宗に殺害された（二月騒動）。かつて反得宗勢力の中心であった名越一族として、この事件への関与を疑われたためである。「鎌倉年代記」によると、まもなく兄時章の嫌疑は晴れ、討手の得宗御内人五人は斬首された。しかし、教時の討手には賞罰がなく、教時の二月騒動への関与が推定される。

【解説】（1）教時は「吾妻鏡」に「遠江六郎」と記されていることから、朝時の六男と考えられる。（2）母は野辺・纂要・桓武・「関東評定衆伝」などによる。

（3）通称は「吾妻鏡」・「関東評定衆伝」による。「関東往還記」弘長二年六月二十七日条等には遠江中務権大輔とある。（4）教時の生年は没年からの逆算した。（5）「武家年代記」には「遠江守教時、同子息宗教以下被誅了」と記され、嫡男宗教も誅殺されたとある。しかし、「保暦間記」元弘三年（一三三三）春の記事に「遠江入道宗教法師〈朝時ガ孫、教時子〉」と記され、事件後の生存が確認されるので、「武家年代記」の記事は誤りであろう。（6）参考文献には、川添昭二「北条氏一門名越（江馬）氏について」（『日本歴史』四六四）、同「二月騒動と日蓮――自界叛逆難――」（『前進座』四）、細川重男『鎌倉政権得宗専制論』（吉川弘文館）、磯川いづみ「北条時章・教時について」（北条氏研究会編『北条時宗の時代』）などがある。

【系図】野辺・野津・桓武・尊・前・桓・群A・群B・正・纂要・入・入ウ。

【史料】「吾妻鏡」・「関東評定衆伝」・「鎌倉年代記」・「武家年代記」・「保暦間記」・「関東往還記」、『鎌倉遺文』⑮一一五九二、⑰一二七六四他。

（久保田）

ほうじょう のりとき　北条教時

生没年未詳

鎌倉後期の武士。朝時流。父は北条宗教、母は未詳。祖父と同名である。

【解説】入ウのみに見える人物。系線が明確ではないが、子孫に八郎、時躬（七郎）がいる。

【系図】入ウ。

【史料】

（菊池）

ほうじょう のりときじょ　北条教時女

生年未詳～建治三年（?～一二七七）

鎌倉中期の女性。朝時流。北条教時の子、母は未詳。建治三年（一二七七）三月二十六日没した。

【解説】教時の女は、「建治三年記」建治三年三月二十六日条に「遠江前司教時法師女子他界」と見える女性一人が知られる。北条氏関係の諸系図には見えず、その実体は未詳である。

【系図】

【史料】「建治三年記」。

（久保田）

ほうじょう はちろう　北条八郎

生没年未詳

鎌倉後期の武士。朝時流。父母は未詳。教時の子孫に見える。

【解説】入ウのみに見える人物。系線が明確ではなく、錯簡があるか。子孫に時躬（七郎）がいる。

【系図】入ウ。

【史料】

（菊池）

ほうじょう はるあき　北条春顕
生没年未詳

鎌倉後期の武士。朝時流。北条夏時の子、母は未詳。北条宗長の孫にあたる。時友の弟、春助の兄。

【解説】（1）正にのみ見える人物。正は宗長の孫、宗長の子として時友・春顕・春助の三人の男子を配している。父宗長は夏時の誤記と推定されるので（北条宗長参照）、この三人も夏時の子供として記述する。（2）寛元の政変以後、時長流は得宗家と協調し、祖父宗長は能登・安芸・豊前の三か国の守護職を兼務し、幕府内でも有力な人物であった。しかし春顕については他の北条氏関係の諸系図に見えず、その実体は未詳である。

【系図】正。

【史料】

（久保田）

ほうじょう はるとき　北条治時
文保二年～正慶二・元弘三年（一三一八～三三）

鎌倉後期の武士。義時流（得宗）。父は北条随時。あるいは宗時の子ともいう。母は未詳。時頼の曾孫にあたる。北条高時の養子となる。阿曽弾正少弼・阿曽弾正と称した。位階は従五位下。正慶元・元弘二年（一三三二）京都周辺の反幕府勢力が蜂起したため、同九月に一族・外様の諸氏とともに上洛した。同三年正月、赤坂城攻めの大将として京都を出、摂津の天王寺・住吉に陣を張った。同二月赤坂城に押し寄せたが、頑強な抵抗に会い苦戦を強いられた。しかし、城中の水を絶ちようやく陥落させたという。同年五月の六波羅陥落後、奈良にいた治時は、北条（大仏）貞直らとともに般若寺で出家し、降人となった。同七月九日京都の阿弥陀峯で処刑された。享年十六であった。

【解説】（1）「保暦間記」に「弾正少弼治時（時頼が彦、遠江守随時が子、高時為子）」とあり、正にも随時の子として記載され、「左近将監、少輔、於舟岡山誅」と注記がある。北条氏関係の諸系図の中で、纂要は北条宗時の子とし、注記に「高時養子、弾正少弼、従五下、元弘三年七ノ九於京都阿弥陀峯所誅」と、桓・群A・群Bには治時の甥（時守の子）に時治が見え、桓には「弾正少弼、号阿曽」、群Aには「阿曽弾正少弼、於阿弥陀峯被誅」、群Bには「阿曽弾正、於阿弥陀峯被誅」と注記する。これらの時治・治時は、注記の内容から同一人物と判断した。(2)誕生は「満願寺歴代并旧記」による。(3)赤坂城攻めは「太平記」巻第六関東勢上洛事以下による。「太平記」でも時治と治時とを混同している。(4)細川重男『鎌倉政権得宗専制論』参照。

【系図】纂要・桓・群A・群B。

【史料】「太平記」・「満願寺歴代并旧記」、『鎌倉遺文』㊶三二二二〇。　(菊池)

ほうじょう はるとき　北条春時　生没年未詳

鎌倉後期の武士。有時流。父は北条斉時、母は未詳。北条有時の曾孫にあたる。官途は駿河守。和歌に優れていたとみえ、勅撰集の「後拾遺和歌集」に詠歌が入集されている。

【解説】(1)諸系図のうち、群Bのみに見える人物。「続後作者」と注記がある。(2)「勅撰作者部類」に「五位駿河守、駿河守藤原(平カ)斉時男」とある。「後拾遺和歌集」に入集している。

【系図】群B。

【史料】「後拾遺和歌集」・「勅撰作者部類」。　(末木)

ほうじょう はるとき　北条春時

→ **北条夏時**(ほうじょうなつとき)

ほうじょう はるとも　北条春朝　生没年未詳

鎌倉後期の武士。朝時流。北条篤長の子、母は未詳。北条長頼の孫にあたる。官途は兵庫頭。春朝は早歌の作者として知られた人物であり、実泰流との交流が指摘されている。

【解説】(1)前・正のみに見える人物。正では長朝の兄。注記に「兵庫頭」とある。(2)外村久江『早歌の研究』参照。(3)寛元の政変で曾祖父時長は得宗北条時頼に野心無き旨を陳謝し、以後北条得宗家と協調し、幕府内で一定の地位を築いた。祖父長頼も将軍宗尊親王に近臣として仕え、その一方で、北条得宗家にも親しく仕え、名越亭などを継承した。しかし春朝については他の北条氏関係の諸系図には見えず、その実体は未詳である。

【系図】前・正。

【史料】「撰要目録」。　(久保田)

ほうじょう ひさとき　北条久時

文永九年〜徳治二年(一二七二〜一三〇七)

鎌倉後期の六波羅探題。重時流。北条義宗の子、母は未詳。妻は義時流の北条宗頼の女。通称は陸奥彦三郎。重時以来、鶴岡八幡宮の前、若宮大路の東隅の邸に住んだので、鶴岡の池にかけられた赤橋にちなみ赤橋氏を称した。父義宗は建治三年（一二七七）六月に死去（6歳）。弘安三年（一二八〇）には河内・摂津・信濃・紀伊・日向五か国の守護在職が知られる（9歳）。同七年四月執権北条時宗死去。翌八年十一月には霜月騒動が起きた。正応元年（一二八八）八月三日従五位下右馬介に叙任（17歳）。同二年閏十月六日刑部少輔（18歳）。永仁元年（一二九三）三月六波羅探題北方となり、四月四日に上洛（22歳）。この直後の四月二十二日には、平頼綱が執権北条貞時によって討たれるという平禅門の乱が起きている。同三年八月八日従五位上。同年十二月二十九日越後守（24歳）。同五年六月十八日鎌倉に下向した（26歳）。六波羅探題の在職は四年間であった。鎌倉に戻った翌年の永仁六年（一二九八）四月九日評定衆となる（27歳）。正安三年（一三〇一）八月二十三日、一番引付頭人（30歳）。嘉元二年（一三〇四）三月寄合衆及び官途奉行となる。同年六月六日武蔵守（33歳）。寄合とは得宗の私邸で開催された会議のことであり、本来の最高議決機関である評定の上位に位置付けられていた。徳治元年（一三〇六）六月正五位下（35歳）。同二年二月九日には武蔵守を辞任し、同年三月二十六日出家。同年十一月二十八日死去（36歳）。和歌もよくし、「新後撰和歌集」や「風雅和歌集」などの勅撰集に六百首載せられている。また学問についても儒学のほか老荘も学んだと言われている。子に守時・宗時・種時・英時・登子・種子のほか女子二人が知られる。

【解説】（1）「勅撰作者部類」に「五位、前（赤カ）橋武蔵守、駿河守平義宗男」と見える。（2）久時に関する論考としては、湯山学「北条重時とその一族」（『相模国の中世史』）等がある。（3）守護論考・守護国別参照。

【系図】尊・前・群A・群B・正・纂要・入・入ウ。

【史料】「新後撰和歌集」・「風雅和歌集」・「勅撰作者部類」、『鎌倉遺文』⑱一四〇二二、㉓一八二二八、㉔一八三四〇他。

（下山）

ほうじょう ひさときじょ　北条久時女　生没年未詳

鎌倉後期の女性。重時流。北条久時の子、母は未詳。守時の妹。父久時は徳治二年（一三〇七）十一月死去。

洞院公守の妾となり、その二男実明を産んだ。

【解説】群A・群Bによれば、洞院公守の妾で、その二男実明を産んだとされるが、尊1（公季流）に記載はない。

【系図】桓・群A・群B。

【史料】「太平記」。

（下山）

ほうじょう ひさときじょ　北条久時女　生没年未詳

鎌倉中期の女性。重時流。北条久時の子、母は未詳。守時の妹。義時流の北条貞規の室となる。

【解説】正のみに見える女性。「貞規室」と注記がある。父久時は徳治二年（一三〇七）十一月死去した。

【系図】正。

【史料】

（下山）

ほうじょう ひさときじょ　北条久時女

↓**北条種子**（ほうじょうしゅし）

ほうじょう ひさときじょ　北条久時女

↓**北条登子**（ほうじょうとうし）

ほうじょう ひさむね　北条久宗　生没年未詳

鎌倉後期の武士。重時流。北条為宗の子、母は未詳。重時の曾孫にあたる。通称は陸奥彦九郎。子に秀時がいる。

【解説】前のみに見える人物。「陸奥彦九郎」と注記がある。

【系図】前。

【史料】

（下山）

ほうじょう ひさむら　北条尚村　生没年未詳

鎌倉後期の武士。義時流。父は北条時尚、母は未詳。木工四郎と称した。

【解説】（1）入ウのみに見える人物。注記に「木工四郎」とある。（2）父時尚は、桓・群A・群B・纂要に尚村と見える。但し、父の通称は陸奥七郎で、官途は木工助あるから、父と同名と推定した。

【系図】入ウ。

【史料】

（菊池）

ほうじょう ひさむら　北条尚村

↓**北条時尚**（ほうじょうときひさ）

ほうじょう ひでとき　北条秀時　生没年未詳

鎌倉後期の武士。朝時流。北条篤時の子、母は未詳。北条時章の孫にあたる。妻には二階堂行藤の女が知られる。公篤・時成の兄。官途は美濃守。

【解説】（1）前・正にのみ見える人物。前では公篤・時成の兄、正では公篤の兄。（2）妻は纂要（二階堂）による。（3）官途は前・正の注記による。（4）入ウは「季時」とし、「遠江四郎」と注記する。（5）寛元の政変で、祖父時章は得宗北条時頼に野心無き旨を陳謝し、以後名越氏の嫡流となる。時章の子孫は評定衆・引付頭人の家格を有し、幕政の中枢に位置した。しかし秀時は他の北条氏関係の諸系図には見えず、その実体は未詳である。

（久保田）

【系図】前・正・纂要・入ウ。

【史料】

ほうじょう ひでとき　北条秀時　生没年未詳

鎌倉後期の武士。重時流。北条久宗の子、母は未詳。重時の玄孫にあたる。通称は陸奥孫九郎。

【解説】諸系図のうち前のみに見え、「同（陸奥）彦九郎」と注記する。

（下山）

【系図】前。

【史料】

ほうじょう ひでとき　北条英時　生年未詳～正慶二・元弘三年（?～一三三三）

鎌倉後期の鎮西探題。重時流。北条久時の子、母は未詳。執権守時の弟。重時以来、鶴岡八幡宮の前、若宮大路の東隅の邸に住んだので、鶴岡の池にかけられた赤橋にちなみ赤橋氏を称した。従五位下、修理亮。北条随時の後任として元亨元年（一三二一）から正慶二・元弘三年（一三三三）の滅亡まで十二年間にわたって鎮西探題を勤めた。鎮西探題は鎮西における軍事的統率と訴訟裁断を目的として、蒙古襲来後に博多に設置された機関であり、肥前守護も鎮西探題の兼補であった。英時の発給した裁許状は二百通以上にも及び、その権限が知られる。しかし、鎌倉末期になり、反幕府勢力の拡大は鎮西にも及び、正慶二・元弘三年三月十三日に菊池武時が挙兵。これはようやく退けたものの、六波羅探題の滅亡を知った少弐貞経、大友貞宗、島津貞久らが五月二十五日に攻撃すると支え切れずに英時は自害し、鎮西探題は滅亡した。赤橋氏は、重時以来歌をよくする家系であるが、英時も「続後拾遺和歌集」・「新後拾遺和歌集」等の勅撰集にその詠歌が六首載せられている。それらの歌集には英時の他にもその姉妹や鎮西奉行人の名も見え、いわゆる二条歌壇が形成されていたことが分かり、鎮西探題文化の一中心でもあったとも言える。

【解説】（1）群Bに見える時英は同一人物か。（2）没年は「太平記」巻一一による。(3)「勅撰作者部類」に「四位武蔵守、平」と見える。(4) 守護論考・守護国別参照。

【系図】尊・纂要。

【史料】「太平記」・「臨永和歌集」・「松花和歌集」・「続現葉和歌集」・「勅撰作者部類」、『鎌倉幕府裁許状集』、『鎌倉遺文』㉜二四七四八、㉞二六四〇二、㊱二七九二四他。

(下山)

ほうじょう ひろとき　北条煕時

弘安二年〜正和四年(一二七九〜一三一五)

鎌倉後期の執権(第十二代)。政村流。父は北条政村の嫡男時村の子の為時、母は未詳。初名を貞泰という。得宗北条貞時の女を妻とし、子は諸系図に茂時・胤時・時敏・貞煕・煕助らが見える。永仁元年(一二九三)七月、従五位下左近将監に叙任(15歳)。同三年七月、引付衆に任じられ(17歳)、同六年十二月には小侍所に加えられた(20歳)。正安元年(一二九九)二月、従五位上に叙され(21歳)、同三年八月、評定衆に加えられるとともに四番引付頭人となった(23歳)。乾元元年(一三〇二)十一月、右馬権頭に任じられる(24歳)。嘉元三年(一三〇五)、京下奉行に任じられ、周防・長門両国の守護職を兼ねて長門探題となった(27歳)。なお、この頃までに貞時の女を妻に迎えている。同年四月二十三日に煕時の祖父で連署であった時村が対立する侍所頭人北条宗方(貞時の従兄弟)に攻められて殺されたが(嘉元の乱)、煕時も宗方から狙われていたようである。五月四日、煕時は貞時の命を受けて宇都宮貞綱や北条宗宣(時房流)らとともに宗方を滅ぼして祖父の仇を討ち、名声をあげた。徳治元年(一三〇六)六月に正五位下に叙され(28歳)、同二年正月に一番引付頭人となり、二月には北条久時(重時流)の譲りにより武蔵守に転じた(29歳)。延慶二年(一三〇九)四月からは寄合衆に加えられ、得宗の私邸で開かれる寄合に出席して幕政の枢機に参画することとなった(31歳)。同年八月、引付頭人を一旦辞したが、同三年二月に復職。応長元年(一三一一)十月、宗宣が連署から執権に転じたあとを受けて連署に就任するとともに、相模守に転じた(33歳)。さらに、正和元年(一三一二)六月二日、宗宣に代わって執権となった(34歳)。なお、執権在任の三年間は連署を置かなかったが、幕政の実権は内管領長崎高資にあった。煕時の執権時代は、京都では持明院・大覚寺両統の関係悪化、南都北嶺の僧兵の強訴、大和国の地頭設置、日吉神人と六波羅武士の衝突など困難な政局が続いた。同二年には和泉守護も務めていた。同四年七月十二日、病を理由に執権職を北条基時（重時流）に譲って出家し、法名を道常といった。同十八日病没（37歳）。熙時の病は「北条九代記」によれば七月上旬に発病し、火のような高熱とそれからくる悪寒にうわごとを繰り返し、医師の投薬も陰陽師の祈祷も一向に効果がなく、意識が朦朧としたまま死亡したという。なお、熙時は歌人としても知られ、勅撰集の「新後撰和歌集」と「玉葉和歌集」に計四首が入集している。

【解説】（1）生年は没年からの逆算による。（2）正に「貞時聟」との記載があり、諸系図も北条貞時の女を「相模守熙時室」とする。また、「保暦間記」も「右馬権頭熙時ト申ハ、是モ貞時ノ聟也」と記す。この貞時の女の通称は南殿で『鎌倉遺文』㉘二一四九・二一一五〇、㉝二五四一九等に見える。（3）没年は諸系図・史料とも正和四年（一三一五）とするが、死去の日と享年についてはそれぞれ著しい違いがみられる。尊は八月九日没・享年七十八、関は九月日没・享年三十三、群A・群Bは八月九日没・享年七十八、纂要・「将軍執権次第」は七月十五日没・享年三十七、「鎌倉年代記」は八月十九日没・享年三十七、「鎌倉年代記（裏書）」は七月十八日没、「武家年代記」は七月十八日没・享年三十七、などである。また、「北条九代記」は「十月九日寅刻卒」「（七月）十八日」と二か所に載せている。熙時の父為時が弘安九年（一二八六）十月六日に二十二歳で没していることや、「鎌倉年代記」や「北条九代記」などが伝える経歴から考えると、熙時の享年は三十七とみるのが妥当であろう。また、死去の日は享年との関係から七月十八日が信頼できるものとした。（4）参考文献として安田元久『鎌倉将軍執権列伝』がある。（5）守護論考・守護国別参照。

【系図】尊・前・関・桓・群A・群B・正・纂要。

【史料】「鎌倉年代記（裏書）」・「将軍執権次第」・「保暦間記」・「北条九代記」・「永仁三年記」・「新後撰和歌集」・「玉葉和歌集」、『鎌倉遺文』㉙二二〇二八、㉚二二九四二、㉛二三六六三他。

（山野井）

ほうじょう ふささだ　北条房貞　生没年未詳

鎌倉後期の武士。時房流。北条時元の子、母は未詳。官途は左近大夫将監。元弘の乱に際しては囚人となる。

【解説】（1）官途は正による。（2）正に「囚人元弘」とある。

【系図】正・関。

【史料】

（川島）

ほうじょう ふさざね　北条房実　生没年未詳
鎌倉後期の武士。時房流。北条時元の子、母は未詳。官途は左近大夫。
【解説】群A・群Bのみに見え、「左近大夫」と注記する。他の史料にも見えない。
【系図】群A・群B。
【史料】
（川島）

ほうじょう ふさただ　北条房忠　生没年未詳
鎌倉後期の武士。時房流。父は備前守北条朝房、母は未詳。評定衆北条（大仏）朝直の孫にあたるが、庶流である。子に時方がいる。

【解説】朝房には六人の男子がおり、その一人。房忠は正のみに見える人物。注記はない。

【系図】正。

【史料】

（鈴木）


ほうじょう ふさのぶ　北条房宣　生没年未詳
鎌倉後期の武士。時房流、大仏家の庶流。父は北条貞房（定房）、母は未詳。評定衆朝直の曾孫にあたる。

【解説】前のみに見える人物。注記はない。他の史料にも見えない。

【系図】前。

【史料】

（鈴木）


ほうじょう ふさもと　北条房元　生没年未詳
鎌倉後期の武士。時房流。北条時元の子、母は未詳。通称は五郎。正慶二・元弘三年（一三三三）囚われ出家し、僧となる。

【解説】正のみに見える人物。「五郎、元弘三囚人、出家成僧」と注記する。

【系図】正。

【史料】

（川島）

ほうじょう ふじとき　北条藤時　生年未詳～正慶二・元弘三年（?～一三三三）
鎌倉後期の武士。重時流。北条国時の子、母は未詳。俊時の弟。祖父義政が信濃国塩田庄に隠遁したため、義政流は塩田氏を称した。官途は左近大夫将監。嘉暦元年

（一三二六）評定衆。正慶二・元弘三年（一三三三）の新田義貞鎌倉攻略の時には鎌倉にあり、五月二十二日の北条氏滅亡の時は、高時一門最期の場となった東勝寺で自刃したと思われる。「太平記」は高時と共に自害した人々として、「塩田・赤橋・常葉・佐介の人々四十六人」と記しているが、おそらくこの中に含まれるものと思われる。

【解説】（1）正は俊時の兄として載せているが、前に従った。（2）官途は正による。（3）嘉暦元年の評定衆在職については、佐藤進一「鎌倉幕府職員表復元の試み」（『鎌倉幕府訴訟制度の研究』附録）参照。

【系図】前・正。

【史料】「金沢文庫文書」・「太平記」。　（下山）

ほうじょう ふゆとき　北条冬時　生没年未詳

鎌倉後期の武士。朝時流。北条政基の子、母は未詳。北条時幸の孫にあたる。

【解説】（1）正にのみ見える人物。注記はない。（2）寛元四年（一二四六）に祖父時幸が将軍藤原頼経と提携して幕府権力の奪取をはかり、失敗した寛元の政変以後、時幸の子孫は幕府政治の舞台から全く姿を消していく。冬時も他の北条氏関係の諸系図には見えず、その実体は未詳である。

【系図】正。

【史料】　（久保田）

ほうじょう まごつるまる　北条孫鶴丸　生没年未詳

鎌倉時代中期の武士。朝時流。父は北条幸継（政章）。母は未詳。

【解説】入ウのみに見える人物。入ウでは系線が幸継（政章）とその弟政基、両方から引かれ、どちらの子とも判断が付きにくいが、前によれば、政章の子に基家・政基・政家・為明の四人が記載されており、幸継（政章）の子と判断した。政基の幼名かもしれない。

【系図】入ウ。

【史料】　（菊池）

ほうじょう まさあき　北条政明

→**北条幸継**（ほうじょう ゆきつぐ）

ほうじょう まさあき　北条政顕　文永六年〜没年未詳（一二六九〜?）

鎌倉後期の武士。実泰流。北条実政の子、母は未詳。初任の官途は掃部助。北条貞顕は、政顕を鎮西掃部助と呼ぶ。父実政の卒去によって鎮西探題職は北条（阿曽）随時が代行、政顕は正安三年（一三〇一）十一月に鎮西探題に補任された（33歳）。嘉元二年（一三〇四）から三年の間に、上総介に補任（36歳）。正和四年（一三一五）七月に鎮西探題を辞任した（47歳）。法名顕道。子に種時・家政・顕茂・顕義・師顕・時継・高政・貞義の他、僧二人がいる。

【解説】守護論考・守護国別参照。

【系図】尊・群A・群B・前・正・関・入ウ。

【史料】「帝王編年記」、『金沢文庫古文書』・『鎮西探題史料集』上・『鎌倉遺文』㉖二〇〇八〇、㉘二一一九七・二一一九八他。

（永井）

ほうじょう まさあき　北条政章

→ **北条幸継**（ほうじょう ゆきつぐ）

ほうじょう まさあきだん　北条政顕男　生没年未詳

鎌倉後期の僧。実泰流。北条政顕の子、母は未詳。

【解説】正のみに僧二人が見える。

【系図】正。

【史料】

（永井）

ほうじょう まさあり　北条政有　生没年未詳

鎌倉中期の武士。有時流。父は北条有時、母は未詳。通称は駿河三郎、官位は従五位下、兵庫助、上総介。子に政高・有隆がいる。

【解説】（1）通称は入ウによる。（2）官位は前によった。また、正の注記に「上総介、兵庫助」とある。

【系図】前・正・入ウ。

【史料】

（末木）

ほうじょう まさいえ　北条政家　生没年未詳

鎌倉後期の武士。朝時流。北条幸継の六男、母は未詳。北条時幸の孫にあたる。基家・政基の弟、為明の兄。通称は六郎。

【解説】（1）前にのみ見える人物。注記に「六郎」とあることから、政明の六男と考えられる。（2）寛元四年（一二四六）に、祖父時幸が将軍藤原頼経と提携して幕府権力の奪取をはかり、失敗した寛元の政変以後、時幸の子孫は幕府政治の舞台から全く姿を消していく。政家も他の北条氏関係の諸系図に見えず、その実体は未詳である。

【系図】前。

【史料】

（久保田）

ほうじょう まさうじ　北条政氏　生没年未詳

鎌倉中期の武士。時房流。北条時盛の子、母は未詳。通称は越後三郎。官途は越後守。子に政茂・盛房・時俊がいる。

【解説】（1）纂要は時盛の子として時氏を記載し、その注記には正慶二・元弘三年（一三三三）四月千早で殺害されたと記すが、年代的にも別人であろう。正・群Aは盛時の子とする。（2）通称を前は三郎、尊・正・群A・群Bは越後三郎とする。（3）「勅撰作者部類」の盛房の項に「越後守平政氏」と見える。

【系図】野津・尊・前・正・桓・群A・群B・入ウ。

【史料】「勅撰作者部類」。

（川島）

ほうじょう まさかた　北条政方　生没年未詳

鎌倉後期の武士。政村流。北条政村の七男、母は未詳。時房流の時親の女を室とした。子に泰政がいる。官位は従五位下、式部大夫・安芸守・遠江守。通称は相模七郎。

【解説】（1）諸系図は政村の男子として通時・時通（道）・時村・宗房・政長・政頼・政方・厳斎（政）らを載せる。通時が長男と考えられ、以下時通は「次郎」、時村は「新相模三郎」、宗房は「新相模四郎」、政長は「新相模五郎」と称したことが知られる。前が時通・時村・政長・政頼・政方・厳政らをこの順で載せることから、政方は政村の七男で通称は「（新）相模七郎」であったと推測できる。なお、群A・群Bは北条時親（時房流）の女に「相模七郎政方室別離」と注記する。父政村が相模守であったことや兄弟の通称から考えて、この政方のことであると思われる。（2）前に「安芸・遠江等守、従五位下」、入ウに「式部大夫・遠江守」と注記がある。

【系図】前・群A・群B・入ウ。

【史料】

（山野井）

ほうじょう まさかつ　北条政雄　生没年未詳

鎌倉中期の武士。朝時流。北条時長の子、母は未詳。定長・長頼の弟。官位は従五位下、左近将監。

【解説】（1）纂要にのみ見える人物。官位は纂要の注記による。（2）他の北条氏関係の諸系図には見えない。「吾妻鏡」にも記述が無く、その実体は未詳である。

【系図】纂要。

【史料】

（久保田）

ほうじょう まさきみ　北条政公　生没年未詳

鎌倉後期の武士。政村流。父は北条政村の六男政頼、母は未詳。子に顕政・政宗がいる。通称は四郎あるいは七郎、官途は三河守。

【解説】前は「四郎」、正は「三河守、七郎」と注記する。

【系図】前・正。

【史料】

（山野井）

ほうじょう まさくに　北条政国　生没年未詳

鎌倉後期の武士。時房流。北条朝盛の子時顕（信時、時信カ）の子、母は未詳。

【解説】前・入・入ウに見え、前・入に注記はない。入は信時の子、入ウは通称を三郎とする。

【系図】前・入・入ウ。

【史料】

（川島）

ほうじょう まさくに　北条政国　生没年未詳

鎌倉後期の武士。政村流。父は北条政村の五男政長の子の重村、母は未詳。通称は三郎。官途は左近大夫将監。父から常陸国信太庄上茂呂・竹来青谷方地頭職を相伝した。

【解説】（1）正に「左近大夫将監」と注記がある。（2）年欠の崇顕（金沢貞顕）書状（「金沢文庫文書」：『鎌倉遺文』㊴三〇七三〇）によれば、父重村は「早世」であり、「当腹三郎」が嫡子に立てられ、その他に妾腹の「小童次男、式部大夫三男、蔵人四男」らの子がいた。元徳元年（一三二九）十二月日の常陸国信太庄年貢注文（「白河本東寺百合文書」一〇五：『鎌倉遺文』㊴三〇八五一）には、「土佐前司（重村）跡」として上茂呂・竹来青谷方地頭「三郎殿」、高井口地頭「殊（珠）鶴殿」、矢作郷地頭「式部大夫」、郷不明「蔵人殿」らの名が見え、先の文書の記述と一致する。このうち「当腹三郎」が政国のことと思われる。

【系図】正。

【史料】「金沢文庫文書」・「白河本東寺百合文書」、『鎌倉遺文』。

（山野井）

ほうじょう まさくに　北条政国

↓　**北条貞政**（ほうじょう さだまさ）

ほうじょう まさこ　北条政子　保元二年～嘉禄元年（一一五七～一二二五）

平安後期・鎌倉前期の女性。北条時政の子、母は未詳。源頼朝の妻となり、頼家・実朝と女子二人の母となる。保元二年（一一五七）伊豆国北条で生まれる。頼朝との出会いは、父時政が平治の乱後伊豆へ配流された頼朝の監視役だったためである。当初、頼朝・政子の婚姻は、平氏の威を恐れる時政によって反対されており、政子がその意を押し切って深夜豪雨の中を伊豆走湯山で待つ頼朝のもとへ走ったと「源平盛衰記」にあるが、その真相は確かではない。治承二年（一一七八）頃には長女大姫が誕生している。

同四年八月、頼朝が以仁王の令旨を奉じて挙兵後、政子は一時走湯山に身を寄せるが、頼朝が南関東をほぼ制圧し鎌倉に居を定めた十月には正式に御台所として鎌倉に迎えられた。寿永元年（一一八二）長子頼家、文治元年（一一八五）頃次女三幡、建久三年（一一九二）次子実朝を出産。鎌倉政権も安定期に入った同六年には、頼朝に従って上洛。東大寺再建法要に列席し、京都諸寺へ参拝したほか、当時朝廷内に大きな影響力を及ぼしていた故後白河院の寵姫である丹後局（高階栄子）と会見して大姫入内問題について意見交換を行なっている。同八年が大姫死去した。

正治元年（一一九九）正月には頼朝が急死し、政子はまもなく出家し尼となった。その後、二代将軍に子の頼家が就任するとこれを後見した。そして、若年の頼家による専恣的政治が行なわれることを防ぐため、将軍の訴訟親裁権を停止、宿老御家人十三人による合議制を成立させる一方、父時政・弟義時と結んで幕府内における北条氏の地位向上と実権掌握に努めた。このため政子らの処置に不満を募らせた頼家との関係が悪化、建仁三年（一二〇三）頼家が重病に陥ると、頼家の所有する日本国総守護および総地頭職を頼家の長子一幡と弟実朝に分割譲与した。さらには頼家の舅比企能員一族を滅ぼすとともに一幡を殺害し、頼家を伊豆修善寺に幽閉した。

三代将軍に実朝が就任すると、再び後見として幕政に参画。元久二年（一二〇五）の畠山氏討伐事件を発端として時政・義時の間に亀裂が生じると、政子は義時と結んだ。同年七月、時政後室牧方による陰謀事件が発覚すると、時政邸に居た実朝を自分のもとに引き取り、時政と牧方を伊豆北条に幽閉した。またこの頃、後鳥羽院を中心として討幕の気運が高まってきた京都政界との和解工作のため、建保六年（一二一八）二月、熊野参詣を口実に上洛。子供に恵まれない実朝の後継将軍として後鳥羽院の皇子を鎌倉へ迎えるよう画策し、朝廷内に勢力を築きつつあった卿二位藤原兼子と会談してその内諾を得ることに成功した。しかし、翌承久元年（一二一九）正月、右大臣拝賀のため鶴岡八幡宮に参詣した実朝が頼家の遺児公暁によって暗殺されると、京都側は先の密約を破棄して親王将軍の鎌倉下向を拒否し、鎌倉では頼朝の遠縁にあたる左大臣九条道家の四男で二歳の三寅（頼経）を次期将軍として迎えた。政子はこの幼将軍にかわって簾中で政務を後見、世に「尼将軍」と呼ばれた。

承久三年（一二二一）五月、後鳥羽院は北条義時追討の宣旨を諸国に下し、討幕活動を開始。承久の乱が起った。この時政子は、頼朝の正妻として御家人等を前に頼朝の恩義を説き幕府の結束を促した。乱後は、仏事供養や一家内の仕事を中心としながらも、義時を全面的に支援して乱の終戦処理にあたった。元仁元年（一二二四）、義時が没した後、義時後室伊賀氏とその実家の陰謀を抑え、執権職を義時の長子泰時に継がせ、同時に義時の弟時房を連署として泰時の補佐役に据え、執権政治体制の確立に尽力した。嘉禄元年（一二二五）七月十一日没。六十九歳。法名は如実、妙観上人とも号した。墓所は、はじめ勝長寿院御堂（現神奈川県鎌倉市雪ノ下法華堂跡）に築かれたが、のち寿福寺と高野山に分骨された。

【解説】渡辺保『北条政子』（『人物叢書』五九）、安田元久『源頼朝』、岡部周三『吾妻鏡の人びと』、奥富敬之『鎌倉北条氏の基礎的研究』、野村郁世『北条政子』、三浦勝男「頼朝と政子」（『国文学解釈と研究』三一ノ六）、杉橋隆夫「北条時政と政子」（『歴史公論』五ノ三）、五味文彦「卿二位と尼二位」（『お茶の水女子大学女性文化資料館報』六）、田辺旬「北条政子発給文書に関する一考察――「和字御文」をめぐって――」（『ヒストリア』二七三号）。

【系図】野辺・野津・桓武・尊・正・桓・群A・群B・前・纂要・入・入ウ・「諸家系図纂」。

【史料】「吾妻鏡」・「明月記」・「愚管抄」・「百錬抄」・「五代帝王物語」・「保暦間記」・「鎌倉年代記」・「武家年代記」・「樵談治要」・「小夜のねざめ」・「北条九代記」、『鎌倉遺文』⑨六八七〇、⑩七二五〇・七二七五他、『大日本史料』第五編之二（嘉禄元年七月十一日条）。

（末木）

ほうじょう まささだ　北条政貞　生没年未詳

鎌倉後期の武士。時房流。北条時員の子、母は未詳。

官途は式部大夫。

【解説】[正]のみに見える人物。「式部大夫」と注記する。

【系図】[正]。

【史料】

（川島）

ほうじょう まさずみ　北条政澄　生没年未詳

鎌倉後期の武士。有時流。父は北条政有、母は未詳。孫四郎と称した。

【解説】（1）[入ウ]のみに見える人物。注記に「同孫四□（郎カ）」とある。（2）政有の子に、[前]に四郎政高、[正]に孫太郎政高が見える。「政澄」を「政隆」の誤記と推定すれば、政高に比定できる可能性がある。

【系図】[入ウ]。

【史料】

（菊池）

ほうじょう まさたか　北条政高　生没年未詳

鎌倉後期の武士。有時流。父は北条政有、母は未詳。北条有時の孫にあたる。通称は四郎、または孫太郎。

【解説】（1）通称は「四郎」が[前]、「孫太郎」は[正]の注記による。（2）元徳二年（一三三〇）と推定される二月二十二日の崇顕（金沢貞顕）書状（「金沢文庫文書」、『鎌倉遺文』㊴三〇九一七）に「武蔵大夫将監政高」が見える。この政高にあたるか。（3）[入ウ]には政有の子に政澄（隆カ）が見え、同一人物か。通称として「孫四郎」とある。

【系図】[前]・[正]・[入ウ]。

【史料】

（末木）

ほうじょう まさただ　北条政忠　生没年未詳

鎌倉後期の武士。時房流。北条時顕の子、母は未詳。通称は彦五郎。官途は備前守。子に幸時・忠直がいる。

【解説】（1）[正]・[入]・[入ウ]は信時の子とし、[群A]・[群B]は時盛の子とするが、同一人であろう。（2）通称は[正]による。（3）官途は[前]による。（4）[入ウ]は通称を彦太郎とする。

【系図】[前]・[正]・[群A]・[群B]・[入]・[入ウ]。

【史料】

（川島）

ほうじょう まさたね　北条政胤　生没年未詳

鎌倉中期の武士。時房流。父は北条朝直、母は未詳。連署宣時の兄弟。通称は千葉介太郎。

【解説】（1）評定衆朝直には諸系図から十九人の男子が知られるが、その一人。政胤は[正]のみに見える人物。（2）通称も[正]による。父朝直の妻は、伊賀光宗の女、北条泰時の女・足立遠光の女が知られるが、女子を含め二十四人の子がいるから、千葉介の女をも妻としており、政胤は母方にちなんで千葉介太郎と呼ばれたものか。「胤」は千葉氏の通字である。千葉氏本宗家が代々千葉介を名乗る。父朝直の生没年が建永元年～文永元年（一二〇六～六四）であるから、千葉介は、建保六年～仁治二年（一二一八～四一）の時胤か暦仁元年～文永十一年（一二三八～七四）の頼胤にあたるか。ただし時胤と頼胤の年齢は系図により大きく違う。千葉一族は北条氏と姻戚関係が多い（『室町幕府守護職家事典』下の千葉氏：小笠原長和執筆参照）。正の編者は政胤が「千葉系図」の胤政で、常胤の養子となったかとしつつ、時代があわないと付記している。胤政の生没年は保延二年～建仁二年（一一三六～一二〇二）で（「千葉系図」による）、正の指摘通りである。

【系図】正・「千葉大系図」・「千葉系図」。

（鈴木）

【史料】

ほうじょう まさちか　北条政近　生没年未詳

鎌倉後期の武士。政村流。父は北条政村の六男政頼、母は未詳。政親とも書いた。通称は近江兵庫助。所領に常陸国信太庄内飯岡郷地頭職がある。

【解説】（1）系図では正のみに見える人物。注記はない。（2）鎌倉末期の常陸国信太庄内の地頭職に政村流の人々と同名が複数見えること、さらに父政頼が近江守であったらしいことからみて、石井進は同庄飯岡郷地頭職の「近江兵庫助政親」はこの政近のことであろうと推測している。石井進「鎌倉時代の常陸国における北条氏所領の研究」（『茨城県史研究』一五）参照。

【系図】正。

【史料】『鎌倉遺文』㊵三一四三三。

（山野井）

ほうじょう まさとし　北条政俊　生没年未詳

鎌倉中期の武士。時房流。北条時盛の子、母は未詳。通称は五郎、または七郎。子に政貞がいる。

【解説】（1）正は盛時の子とする。（2）通称は関には「字遠江カ五郎」とあり、纂要は七郎とする。

【系図】正・関・桓・群A・群B・纂要・入ウ。

（川島）

【史料】

ほうじょう まさとし　北条政俊　生年未詳～延慶二年（？～一三〇九）

鎌倉中期の武士。朝時流。北条光時の子、母は未詳。

親時・盛時の弟。官途は遠江守・式部大夫。通称は江馬遠江。延慶二年（一三〇九）七月十六日没した。

【解説】（1）前・正・入ウに見える人物。入ウは政頼とする。（2）通称は「武家年代記（裏書）」による。正の注記にも「江馬」とある。江馬は父光時の所領であり、寛元の政変の結果、寛元四年（一二四六）六月十三日に光時が伊豆国江間（現静岡県伊豆長岡町）に配流された。（3）没年は「武家年代記」に「江馬遠江政俊卒」とある。（4）寛元四年閏四月、四代執権経時が死去すると、父光時・叔父時幸らは将軍藤原頼経と提携して幕府権力の奪取をはかるが、新執権時頼によって未然に防がれた。張本とされた光時・時幸は出家して、寛元の政変は得宗家の勝利で終わった。六月十三日、光時は伊豆国江間に配流となり、以後光時の子息等は幕府政治の舞台から全く姿を消していく。政俊は「吾妻鏡」に一度も登場しない。

【系図】前・正・入ウ。

（久保田）

【史料】「武家年代記」。

ほうじょう まさなお　北条政直　生没年未詳

鎌倉後期の武士。時房流。北条時通の子、母は未詳。通称は五郎・遠江五郎。子に時光がいる。

【解説】通称について、前は遠江五郎とし、正は五郎とする。祖父時直が遠江守となったため、父時通が遠江二郎と称し、政直もそれを踏襲したものと考えられる。

【系図】前・正・入ウ。

（川島）

【史料】

ほうじょう まさなお　北条政直　生没年未詳

鎌倉後期の武士。朝時流。北条政幸の長男、母は未詳。北条時幸の孫にあたる。通称は孫太郎。

【解説】（1）正にのみ見える人物。注記に「孫太郎」と記されていることから、政幸の長男と考えられる。（2）寛元四年（一二四六）に祖父時幸が将軍藤原頼経と提携して幕府権力の奪取をはかり、失敗した寛元の政変以後、時幸の子孫は幕府政治の舞台から全く姿を消していく。政直も他の北条氏関係の諸系図に見えず、その実体は未詳である。

【系図】正。

（久保田）

【史料】

ほうじょう まさなお　北条政直　生没年未詳

鎌倉後期の武士。実泰流。父は北条政顕、母は未詳。

【解説】入ウの二か所に見える人物。一方の注記に「次郎」「孫□□」「女□□」とある。
【系図】入ウ。
【史料】

（菊池）

ほうじょう まさなか　北条政仲
→ 北条時雄（ほうじょう ときかつ）

ほうじょう まさなが　北条政長
建長二年～正安三年（一二五〇～一三〇一）

鎌倉後期の評定衆。政村流。北条政村の五男、母は三浦重澄の女。通称は新相模五郎・相模式部大夫。子は諸系図から師村・重村（政泰）・時敦・政村らが知られる。妻は長井時秀女が知られ、時敦はその所生である。政長は政村の子の中では嫡子時村に次いで幕府内で重きをなした。建治三年（一二七七）十二月に行われた北条貞時元服の儀で、政長は北条顕時（実泰流）とともに甲冑を献じている（28歳）。弘安元年（一二七八）三月、引付衆となる（29歳）。同七年正月、評定衆に加えられ、八月には駿河守に任じられた（35歳）。駿河守在任は永仁三年（一二九五）まで確認できる。さらに、弘安九年（一二八六）六月には五番引付頭人となった（37歳）。永仁三年正月三日の垸飯の儀では、御剣を献じた（46歳）。正安三年（一三〇一）七月十四日没（52歳）。「続拾遺和歌集」・「新後撰和歌集」・「玉葉和歌集」・「続千載和歌集」などの勅撰集に計八首が入集し、能書家でもあったようである。「見聞私記」永仁五年（一二九七）閏十月七日条からは政長の邸宅が甘縄にあり、甘縄一帯が火災にあったことが知られる。

【解説】（1）生年は没年からの逆算による。没年は尊・纂要による。（2）政長を政村の五男とするのは、纂要が「新相模五郎」と載せることによる。ただし、野辺は「四郎」と注記する。だが、桓・群A・群B・纂要は政長の兄として宗房を載せ、「四郎」または「新相模四郎」と注記する。政長は政村の五男とみて間違いないであろう。（3）母は「佐野本系図」（『大日本史料』第五編之二二〈宝治元年（一二四七）六月五日条〉所収）による。（4）正は政長の子として「政長」を、さらにその子として「式部大夫」を載せるが、父子が同名というのは不自然であり、誤記かと思われる。また、「式部大夫」も政長の子孫に式部大夫を名乗る者が複数いることから、やはり誤記であろう。なお、政村は正のみが載せる。これも祖父と同名というのが疑問だが、その子に高長を載せるので取り上げた。(5)妻は「鎌倉年代記」による。(6)関の注記に「歌人能書」とある。「勅撰作者部類」に「五位、常盤駿河守、左京大夫平政村男」とある。(7)守護国別参照。

【系図】野辺・尊・前・関・桓・群A・群B・正・纂要・入ウ。

【史料】「鎌倉年代記」・「関東評定衆伝」・「建治三年記」・「北条九代記」・「永仁三年記」・「続拾遺和歌集」・「新後撰和歌集」・「玉葉和歌集」・「続千載和歌集」・「勅撰作者部類」・「見聞私記」。（山野井）

ほうじょう まさのり　北条政範

文治五年～元久元年（一一八九～一二〇四）

鎌倉前期の武士。義時流（得宗）。父は北条時政、母は後妻の牧方。政憲とも書いた。通称は遠江左馬助。位階は従五位下という。元久元年（一二〇四）四月十二日左馬権助に任じられた（16歳）。坊門信清の女が将軍源実朝の室となることになり、同年十月十四日、その迎えのため数百騎を率いてとして鎌倉を出た。しかし、道中病気に罹り、十一月三日に入洛したが、同五日に急死した。享年十六。翌六日に京都の東山麓に埋葬された。

【解説】(1)母は「吾妻鏡」に「遠州（時政）当時寵物牧御方腹愛子也」とある。諸系図では、群A・群Bに「牧野女房」、纂要に「牧方」とある。(2)北条氏関係の諸系図のうち、正は「政憲」と表記する。入ウは「憲イ」とある。(3)通称は「吾妻鏡」に、位階は桓・群A・群B・纂要による。入ウは北条六郎、右馬助とする。(4)「明月記」元久元年四月十三日条に「元久元年四月十二日任右馬権頭〈平時政子、実宣中将妻兄弟、近代英雄也〉」とある。(5)没年齢について、「吾妻鏡」・諸系図は十六歳とするが、「仲資王記」は十五歳、前は十七歳とする。(6)野津に時政の子として見える時綱は、官途は右馬助であり、兄弟に政範が見えないことから、政範と同一人物と推定した。

【系図】野辺・桓武・正・桓・群A・群B・前・纂要・入ウ。

【史料】「吾妻鏡」・「明月記」・「仲資王記」・「愚管抄」、『大日本史料』第四編之八（元久元年十一月五日条）。（菊池）

ほうじょう まさのり　北条政教

生没年未詳

鎌倉後期の武士。朝時流。父は北条光時、母は未詳。

兄に親時・盛時らがいる。

【解説】入ウのみに見える人物。

【系図】入ウ。

【史料】

（菊池）

ほうじょう まさのり　北条政範　生没年未詳

鎌倉後期の武士。政村流。父は北条政村の六男政頼、母は未詳。官途は遠江守。

【解説】正にのみ見える人物。「遠江守」と注記する。

【系図】正。

【史料】

（山野井）

ほうじょう まさのり　北条政憲　生没年未詳

鎌倉後期の武士。政村流。北条政村の五男政長の子の重村（政泰）の三男、母は未詳。官途は式部大夫。父重村から常陸国信太庄矢作郷地頭職を譲られた。

【解説】（1）正に「式部大夫」と注記がある。（2）政憲が矢作郷地頭であったことは、崇顕（金沢貞顕）書状（「金沢文庫文書」：『鎌倉遺文』㊴三〇七三〇）及び常陸国信太庄年貢注文（「白河本東寺百合文書」一〇五：『鎌倉遺文』㊴三〇八五一）による。前者によれば、父重村は「早世」であり、「当腹三郎」が嫡子に立てられ、その他に妾腹の「小童次男、式部大夫三男、蔵人四男」らの子がいた。後者には「三郎殿」・「殊（珠）鶴殿」・「式部大夫」・「蔵人殿」らの名が見え、前者の記述と一致する。

【系図】正。

【史料】「金沢文庫文書」・「白河本東寺百合文書」、『鎌倉遺文』。

（山野井）

ほうじょう まさはる　北条政春　生没年未詳

鎌倉後期の武士。朝時流。北条通時の五男、母は未詳。通称は五郎。

【解説】（1）正のみに見える人物。注記に「五郎」と記されていることから、通時の五男と考えられる。（2）寛元の政変以後、その張本の一人とされた北条時幸の子孫は、幕府政治の舞台から全く姿を消していく。政春も他の北条氏関係の諸系図に見えず、その実体は未詳である。

【系図】正。

【史料】

（久保田）

ほうじょう まさはる　北条政春

↓　北条政幸（ほうじょう まさゆき）

ほうじょう まさひら　北条政平　生没年未詳

鎌倉後期の武士。政村流。父は北条政村の次男時通（道）、母は未詳。官位は従五位下、修理亮。通称は近江式部大夫。常陸国信太庄内若栗・弘岡・御安戸郷の地頭。

【解説】（1）前にのみ見える人物。（2）鎌倉末期の常陸国信太庄内地頭職に政村流の人々と同名が複数みえることから、石井進は同庄若栗・弘岡・御安戸郷地頭職の「近江式部大夫政平」はこの政平のことであろうと推測している。石井進「鎌倉時代の常陸国における北条氏所領の研究」（『茨城県史研究』一五）参照。

【系図】前。

【史料】

（山野井）

ほうじょう まさふさ　北条政房　生年未詳～文永二年（?～一二六五）

鎌倉中期の武士。時房流。北条時直の子、母は未詳。通称は四郎・遠江四郎。文永二年（一二六五）閏四月七日卒。

【解説】通称について、野津・前は四郎、「吾妻鏡」・纂要は遠江四郎とする。父時直の遠江守によると考えられる。

【系図】野津・前・桓・群A・群B・纂要・入・入ウ。

【史料】「吾妻鏡」。

（川島）

ほうじょう まさふさ　北条政房　生没年未詳

鎌倉後期の武士。時房流。父は備前守北条朝房、母は未詳。評定衆朝直の孫にあたる。通称は太郎であるが、嫡子ではないと考える。子に朝政・朝房がいる。

【解説】朝房には諸系図から六人の男子が知られ、その一人である。政房は前のみに見える。正では「真房」と表記する。通称は共に太郎なので、同一人であろう。史料はほかに見当たらない。

【系図】前・正。

【史料】

（鈴木）

ほうじょう まさふさ　北条政房　生没年未詳

鎌倉後期の武士。時房流。北条時員の子、母は未詳。通称は茂木七郎。

【解説】正のみに見え、「茂木七郎」と注記する。

【系図】正。

【史料】

（川島）

ほうじょう まさみち　北条政通　生没年未詳

鎌倉中期の武士。朝時流。北条光時の五男、母は未詳。

通称は五郎。親時・盛時・政俊の弟。

【解説】（1）前にのみ見える人物。注記に「五郎」と記されていることから、光時の五男と考えられる。（2）寛元四年（一二四六）閏四月、四代執権経時が死去すると、父光時・叔父時幸らは将軍藤原頼経と提携して幕府権力の奪取をはかるが、新執権時頼によって未然に防がれた。張本とされた光時・時幸は出家して、寛元の政変は得宗家の勝利で終わった。六月十三日、光時は伊豆国江間に配流となり、以後光時の子息等は幕府政治の舞台から全く姿を消していく。政通は「吾妻鏡」に一度も登場しない。

【系図】前。

【史料】

（久保田）


ほうじょう まさみち　北条政通　生没年未詳
鎌倉後期の武士。政村流。父は北条政村の長男通時、母は未詳。通称は太郎三郎。

【解説】正にのみ見える人物。「太郎三郎」と注記があり、通時の三男と考えられるが、他に兄弟は見えない。

【系図】正。

【史料】

（山野井）


ほうじょう まさみち　北条政通　生没年未詳
鎌倉後期の武士。政村流。父は北条時通、母は未詳。通称は次郎。

【解説】入ウのみに見える人物。注記に「次郎」とある。父時通は、正に見える通時と同一人物の可能性がある。とすれば、通時の子時通と同一人物か。

【系図】入ウ。

【史料】

（菊池）


ほうじょう まさみち　北条政道　生没年未詳
鎌倉後期の武士。父母は未詳。妻は北条親時女（朝時流）。

【解説】入ウのみに見える人物。北条親時女（朝時流）の注記に「政道室」とある。北条氏と判断した。

【系図】入ウ。

【史料】

（菊池）

ほうじょう まさむね　北条政宗　生没年未詳
鎌倉後期の武士。時房流。北条時員の子、母は未詳。子に時光がいる。
【解説】
【系図】前・群A・群B。
【史料】
（川島）

ほうじょう まさむね　北条政宗

生没年未詳

鎌倉後期の武士。政村流。父は北条政村の六男政頼の子政公、母は未詳。官途は式部大夫。鎌倉末期の常陸国信太庄内地頭職に政村流の人々と同名が複数みえること、さらに父政公が三河守であったらしいことからみて、石井進は同庄某郷地頭職としてみえる「三河式部大夫政宗」はこの政宗のことであろうと推測している。

【解説】（1）諸系図の内で正のみに見える人物。「式部大夫」と注記がある。（2）石井進「鎌倉時代の常陸国における北条氏所領の研究」（『茨城県史研究』一五）参照。

【系図】正。

【史料】

（山野井）

ほうじょう まさむら　北条政村

元久二年～文永十年（一二〇五～七三）

鎌倉中期の連署（第三代・五代）・執権（第七代）。政村流の祖。北条義時の四男として元久二年（一二〇五）六月二十二日生にまれる。母は伊賀朝光の女で通称は伊賀氏。泰時・朝時・重時の異母弟にあたる。伊賀氏は義時の後妻で、政村は義時と伊賀氏との間の最初の子にあたり、「吾妻鏡」にも「相州（義時）鍾愛の若公」とある。なお、偶然の一致だが、政村誕生の日は畠山重忠父子が誅殺された日でもあった。建保元年（一二一三）十二月二十八日、三浦義村を烏帽子親として元服し、その一字を授かり相模四郎政村と号した（9歳）。同年五月には和田義盛の乱があり、和田氏と同族で有力御家人の三浦義村を烏帽子親に選んだことに、父義時の政治的配慮がうかがえる。承久の乱が起こった時、政村は十七歳になっていたが、この時の政村の活動は不明である。貞応二年（一二二三）十月、幼少の摂家将軍九条頼経（三寅）の近習番となる（19歳）。元仁元年（一二二四）六月、父義時が急死した。嫡子泰時が六波羅探題として京都にあったことから、伊賀氏は兄で政所執事の伊賀光宗と謀って三浦義村を抱き込み、一条能保の子で娘婿にあたる実雅を将軍に擁立するとともに、実子の政村を執権に立てて幕政の実権を握ろうとした。しかし、泰時の機敏な鎌倉下向、尼将軍北条政子による泰時の新執権指名や義村説得工作により、伊賀氏らの計画は失敗に終った。伊賀氏は伊豆国北条に、光宗は信濃国に、実雅は越前国にそれぞれ配流された（伊賀氏の変）。二十歳の政村が、二十二歳も年長の兄泰時を相手に、積極的な政権奪取の野心を抱いていたとは思われず、むしろ、母伊賀氏や伯父光宗らの陰謀に巻き込まれたのであろう。しかし、政村自身も義村と密談を行なうなど、事件に全く無関係であったとは言い切れない。しかしながら、政村は兄泰時の厚情により連座を免れた。この時の経験が、後の政村の重厚な人格や慎重な政治的行動につながったのであろう。

その後、官位は順調に昇進し、寛喜二年（一二三〇）正月に常陸大掾に任じられ、同年閏正月に式部少丞となり、十月には叙爵して以後は陸奥式部大夫と呼ばれた（26歳）。「陸奥」は亡父義時が陸奥守であったことによる。同三年正月には二所奉幣使を務めた（27歳）。嘉禎二年（一二三六）三月に右馬助に任官し、同年四月には右馬権頭、同三年九月には従五位上に叙された（33歳）。暦仁元年（一二三八）二月、将軍九条頼経の上洛に供奉し、八月に正五位下に叙された（34歳）。延応元年（一二三九）十月、評定衆に就任して初めて幕政の中枢に参画することとなり（35歳）、翌仁治元年（一二四〇）からは評定衆の筆頭を占め、幕政の最有力メンバーの一人となった。北条一門で評定衆となったのは嘉禎二年（一二三六）の北条朝時（44歳）が最初だが就任直後に辞退しており、実質的には嘉禎三年（一二三七）の北条資時（時房の三男・39歳）が最初である。この時には政村とともに北条朝直（時房の四男・34歳）も評定衆に加えられ、北条一門の評定衆は一挙に三人となった。政村が長く幕府の要職に就くことがなかったことを伊賀氏の変と結びつける向きもあるが、以上のことからも政村の評定衆就任は遅いものではなく、むしろ一門の実力者として大抜擢された人事であったといえよう。執権泰時（仁治三年六月に死去）にしてみれば、嫡男時氏はすでに病死し、次男時実は家人に殺害され、まだ若年の嫡孫経時に執権職を確実に伝えるため、最も頼りにしたのがこの三人と六波羅探題として京都に駐在していた弟の重時であったはずである。

寛元二年（一二四四）六月には従四位下に叙された（40歳）。同四年四月、経時が病により執権職を退いて弟時頼が執権に就任する。その年に起こった北条光時（朝時の嫡子）と前将軍九条頼経らによる時頼排斥の陰謀や、翌宝治元年（一二四七）の宝治合戦において、政村は時頼を支持して幕政の安定と得宗の地位の確立に努めた。『吾妻鏡』寛元四年五月二十六日条は、時頼亭で政村と北条実時（実泰流）・安達義景らを交えた「内々の御沙汰」があったことを伝えている。これは「深秘の沙汰」ともいい、やがて得宗専制政治における幕政最高決定機関となる「寄合」の始まりでもあった。建長元年（一二四九）十二月に引付衆が新設されると一番頭人を兼任した（45歳）。康元元年（一二五六）三月、出家した兄重時の後任として連署に就任し、四月には陸奥守に任じられた（52歳）。同年十一月、時頼が出家して北条長時（重時の嫡子）が新執権となると、政村は引き続き連署としてこれを補佐し、正嘉元年（一二五七）六月には相模守に転じた（53歳）。

文永元年（一二六四）八月に長時が病没すると、得宗の時宗（時頼の嫡子）が幼少であったため政村が執権となり、時宗は連署に就任した（60歳）。時宗には庶兄時輔がおり、反時宗勢力となりうる可能性を持っていた。時宗が連署に就任すると同時に時輔は六波羅探題南方に任じられて鎌倉を離れたが、政村には時宗の得宗としての地位を確立し、執権職を確実に時宗に継承させる重責が課せられていたのである。なお、時輔はその後時宗との対立を深め、同九年二月、時宗の命を受けた六波羅探題北方の北条義宗（長時の子）に討たれている。文永元年十二月に従四位上に叙され、同二年三月、相模守を時宗に譲って自らは左京権大夫に転じ、同三年三月には正四位下に叙された（62歳）。執権在任中、政村は文永三年の皇族将軍宗尊親王廃位と京都送還、惟康親王の将軍擁立、引付衆の廃止などの重要問題の処理に政治的手腕を発揮した。しかし、相模守の地位を時宗に譲ったように、政権簒奪の野望ありと疑惑の目で見られることのないよう細心の注意を払っていたようである。かつて政治的陰謀の渦中に巻き込まれた体験を有し、かつ数多くの権力抗争を経験・見聞してきたためであろう。北条一門の長老・実力者として幕政を主導した政村であったが、長時・政村らの執権就任はあくまで時頼から時宗への中継的なものであった。文永五年（一二六八）閏正月、蒙古の国書が到来すると、政村は三月、十八歳となった時宗に執権職を譲り、みずからは再び連署に就任した（64歳）。蒙古襲来という多難な時期に、政村は若年の時宗を補佐して防衛体制の強化に努めたが、執権経験者が再び連署となるというのは他には例がないことである。この点からも、政村の一門・政権内における存在の重さがうかがえる。時宗の執権在任中には得宗専制政治の傾向が強まり、得宗の私邸で開かれる寄合（深秘の沙汰）において幕政の枢機が審議されるようになったが、政村は一門の北条実時や得宗外戚の安達泰盛とともに常にその中心メンバーであった。このように北条一門の中では最も長期にわたって幕政に関与した政村であったが、文永十年（一二七三）五月、病が重くなり、十八日に出家して法名を覚崇（定崇）と号した。同二十七日没（69歳）。公家の吉田経長はその日記『吉続記』に政村の死去を「関東の遺老也、惜しむ可し、惜しむ可し」と記した。また、同記からは政村の死によって朝廷の議定が延期となり、さらには朝廷から弔問の使者が鎌倉に派遣されたことも知られる。

政村は和歌にも優れ、鎌倉郊外の常葉（常盤）に別業を建て、ここを中心に和歌の道に励んだ。弘長二年（一二六二）二月、自邸で一日千首会を催すなど、鎌倉歌壇の中心であった。勅撰集にも計四〇首が入集しているが、それは『新勅撰和歌集』・『続後撰和歌集』・『続古今和歌集』・『続拾遺和歌集』・『新後撰和歌集』・『玉葉和歌集』・『続千載和歌集』・『続後拾遺和歌集』・『風雅和歌集』・『新千載和歌集』・『新拾遺和歌集』・『新後拾遺和歌集』と、十三代集のほとんどすべてに及んでいる。なお、政村の常盤亭跡（現神奈川県鎌倉市常盤七七一の東隣）は現在間口四五メートル、奥行一五〇メートルにわたり国史跡に指定されている。また、政村の邸宅は『吾妻鏡』から小町亭（現鎌倉市小町三丁目付近か）の存在も知られる。『吾妻鏡』安貞二年（一二二八）十月十四日条は、竹御所（二代将軍頼家の女で、後に四代将軍九条頼経の妻）が政村亭を訪れたことを記すが、そこに「本是故二位殿御所」とあり、政村は北条政子の御所を譲り受けたことがわかる。

子は諸系図から通時・時通（時道）・時村・宗房・政長・政頼・政方・厳斎（厳政）の他、女子数人が知られる。また、妻は二人が知られ、本妻は将軍九条頼経に仕えていた中将と呼ばれた女房。新妻は三浦重澄の女で、出家して大津尼と号す。しかし、系図によって三浦胤義の女とするものなど異同がみられる。なお、『吾妻鏡』によれば文応元年（一二六〇）十月十五日、邪気を煩っていた政村の息女が比企能員の女讃岐局の怨霊に取り憑かれて悩乱した。怨霊は「我れ大蛇となりて頂に大きなる角あり。火炎の如く常に苦を受く。当時（今）比企谷の土中にあり」と告げた。十一月二十七日、政村は一日経を頓写し、夜には鶴岡八幡宮の若宮別当隆弁を請じて加持祈祷を行ったところ、舌を出して唇を舐め身をくねらしてあたかも蛇身のごとく悩乱していた息女が正気を取り戻したという。政村はその直後に比企邸跡（現在は妙本寺）に蛇苦止堂を建立した。政村の家族に対する情愛を伝える逸話である。

政村の所領について、石井進氏は「鎌倉時代の常陸国における北条氏所領の研究」（『茨城県史研究』一五）で政村が常陸国信太庄地頭職であった可能性を指摘している。

【解説】（1）生年及び母は「吾妻鏡」元久二年（一二〇五）六月二十二日条に「今日未刻、相州室〈伊賀守朝光女〉男子平産〈左京兆是也〉」とあることによる。（2）没年及び享年は「吉続記」文永十年閏五月四日条、「関東評定衆伝」などによる。なお、・尊・群A・群Bは二十一日没とする。（3）政村を義時の四男とするのはその通称による。しかし、系図では四郎政村・五郎実泰の弟とされる六郎有時の生年が、「関東評定衆伝」によれば正治二年（一二〇〇）になり、政村や実泰よりも年長になる。史料上の誤りがあるのか、それとも兄弟間に出生に関する事情があるのであろうか。（4）政村の妻については、弘長二年（一二六二）に北条時頼に招かれて鎌倉へ下向した叡尊の日記である「関東往還記」四月十三日条に「同（政村）室〈入道大納言家中将〉」、七月八日条に「相州妻両人〈本妻中将給法名如教、新妻左近大夫時村母、給法名遍如〉」とあることによる。新妻である時村の母は三浦重澄女であることが群A・群Bから知られ、纂要も時村の母を「大津尼、三浦重澄女」と記す。しかし、「三浦系図」は大津尼を三浦胤義の女とし、「北条政村室也、時村母」と記載する。「諸家系図纂」及び纂要の三浦氏の項も「三浦系図」と同様の記載である。さらに、「浅羽本系図」は三浦義村の女として「北条政村室、時村母」を、胤義の女として「大律（津）尼」を載せる。また、「佐野本系図」は重澄の女を「北条政村室」とし、時村・政長・政頼らの母とするなど、諸系図により異同がある（以上は『大日本史料』第五編之二一〈宝治元年（一二四七）六月五日条〉による）。（5）「勅撰作者部類」に「四位、左京大夫、左京大夫義時男」とある。（6）政村及び政村の系譜に関する論考には、田口卯吉「北条政村」（『史学雑誌』一〇―一〇）、瀬野精一郎「北条政村」（安田元久編『鎌倉将軍執権列伝』）、渡邊晴美「寛元・宝治年間における北条政村（Ⅰ）（Ⅱ）」（『政治経済史学』二三二・二五五号）・同「北条政村の研究（Ⅰ）（Ⅱ）（Ⅲ）」（『政治経済史学』三四四・三七〇・三八七）・北条氏研究会「北条氏系図考証」（『吾妻鏡人名総覧』）などがあり、それらを多く参考にした。また、伊賀氏の変を扱ったものとしては、高田豊「元仁元年鎌倉政情の一考察――北条義時卒去及び伊賀氏陰謀事件をめぐって――」（『政治経済史学』三六）、奥富敬之「鎌倉幕府伊賀氏事件の周辺」（『文科研究誌』（日本医大）二）、山野井功夫「北条政村及び政村流の研究――姻戚関係から見た政村の政治的立場を中心に――」（北条氏研究会編『北条時宗の時代』）などがある。政村の歌人としての面では、外村展子『鎌倉の歌人』（かまくら春秋社）がある。

【系図】野辺・桓武・尊・正・桓・群A・群B・関・前・纂要・入・入ウ・「三浦系図」・「浅羽本系図」・「諸家系図纂」・「佐野本系図」。

【史料】「吾妻鏡」・「関東評定衆伝」・「北条九代記」・「吉続記」・「関東往還記」・「新勅撰和歌集」・「続後撰和歌集」・「続古今和歌集」・「続拾遺和歌集」・「新後撰和歌集」・「玉葉和歌集」・「続千載和歌集」・「続後拾遺和歌集」・「風雅和歌集」・「新千載和歌集」・「新拾遺和歌集」・「新後拾遺和歌集」・「勅撰作者部類」、『鎌倉遺文』⑥四一三二、⑨六二〇二・六五七二。

（山野井）

ほうじょう まさむら　北条政村　生没年未詳

鎌倉後期の武士。政村流。父は北条政村の五男政長、母は未詳。官途は左近大夫。子に高長がいる。

【解説】（1）正のみに見える人物。「左近大夫」と注記する。祖父と同名であることに疑問が残るが、正はさらにその子に高長を載せる。（2）『茨城県史』（中世編）が載せる北条氏略系図はこの政村を「政相」と読む。正には政村の横に小さく注記があり、「政相」と読めなくもない。ただし、同略系図は時政の子に朝時と重時（正しくは二人とも義時の子）を、重時の子に政村（正しくは義時の子で重時の弟にあたる）を載せるなど、重大な誤りがあるので要注意である。

【系図】正。

【史料】

（山野井）

ほうじょう まさむらじょ　北条政村女　生年未詳～元応二年（?～一三二〇）

鎌倉中・後期の女性。政村流。北条政村の長女、母は未詳。北条実時（実泰流）に嫁いで顕時・実政を生む。通称は金沢殿、夫の死後は金沢禅尼と呼ばれた。「吾妻鏡」康元元年（一二五六）九月二十八日条には「越後守室赤斑瘡所労」とある。また、同文応元年（一二六〇）三月二十一日条も実時室の病気を伝える。元応二年（一三二〇）十月二十三日に卒去した。

【解説】（1）群A・群Bの記載順では政村の長女にあたる。群A・群Bの注記に「越後守実時妻」とある。なお、野津には顕時・実政の注記に「母政村女」とある。また、「関東往還記」弘長二年（一二六二）七月十八日条にも「越州（実時）室〈相州（政村）女顕時母〉」とある。（2）没年は「常楽記」による。なお、享年は不明だが、子息の顕時が正嘉元年（一二五七）十一月に元服していることから推定して、かなりの高齢であったと思われる。

【系図】群A・群B・正・野津。

【史料】「吾妻鏡」・「常楽記」・「関東往還記」、『鎌倉遺文』㉘二一三三一・二一八八四・二一八八六。

（山野井）

ほうじょう まさむらじょ　北条政村女　生没年未詳

鎌倉中・後期の女性。政村流。北条政村の次女、母は未詳。文永二年（一二六五）七月十六日、北条宗政（義時流）に嫁いだ。その所生に師時がいる。宗政が弘安四年（一二八一）八月九日に死去すると、亡夫の菩提を弔うために浄智寺を創建した。当寺の開基は師時であるが、まだ幼少であった師時に代わって実質的に彼女がすべてを取り仕切ったのであろう。

【解説】群A・群Bの記載順では政村の次女にあたる。群A・群Bの注記に「左近大夫宗政妻」、入ウに「平宗政後室」とある。また、「吾妻鏡」同日条も政村女が宗政に嫁したことを記す。師時の母を政村女とするのは纂要・前の記載による。

【系図】群A・群B・纂要・前・入ウ。

【史料】「吾妻鏡」。

（山野井）

ほうじょう まさむらじょ　北条政村女　生没年未詳

鎌倉中・後期の女性。政村流。北条政村の三女、母は未詳。安達顕盛に嫁いで宗顕を生む。

【解説】（1）群A・群Bの記載順では政村の三女にあた

る。群A・群Bの注記に「城六郎兵衛顕盛妻」とあり、纂要・入ウにも同様の記載がある。（2）宗顕の母を政村女とするのは尊2（魚名流）の記載による。

【系図】群A・群B・纂要・前・入ウ。

【史料】

（山野井）

ほうじょう まさむらじょ　北条政村女　生没年未詳

鎌倉中・後期の女性。政村流。北条政村の四女、母は未詳。北条業時（重時流）に嫁いだ。時兼の母。

【解説】（1）群A・群Bの記載順では政村の四女にあたる。群A・群Bの注記に「弾正少弼業時妻」、入ウに「業時後室」とある。（2）「吾妻鏡」文永三年（一二六六）三月十一日条に、「弾正少弼業時朝臣室〈左京兆（政村）姫君〉男子御平産」とある。業時の子の時兼が永仁四年（一二九六）に三十一歳で没しているので、この時に誕生した男子は時兼とみてよい。

【系図】群A・群B・入ウ。

【史料】「吾妻鏡」。

（山野井）

ほうじょう まさむらじょ　北条政村女　生没年未詳

鎌倉中・後期の女性。政村流。北条政村の五女、母は未詳。北条時茂（重時流）に嫁いで時範（時信）を生む。時範の子の範貞からは常葉氏を称する。政村は鎌倉の常盤（常葉）に屋敷を持っていたことが知られ、その一部が政村女を経由して時範の子孫に伝わったためであろう。勅撰集の「新後撰和歌集」は、「平時範がときは（常葉）の山荘にて、寄花祝といふ事をよめる」として宇都宮景綱の和歌一首を載せる。

【解説】（1）群A・群Bの記載順では政村の五女にあたる。群A・群Bの注記に「陸奥守時茂妻」、入ウに「時茂後室」とある。また、「関東往還記」弘長二年（一二六二）七月十八日条も、政村女が時茂に嫁したことを伝える。（2）時範（時信）の母を政村女とするのは、野津・「鎌倉年代記」・「北条九代記」の記述による。

【系図】群A・群B・入ウ。

【史料】「鎌倉年代記」・「北条九代記」・「関東往還記」。

（山野井）

ほうじょう まさむらじょ　北条政村女　生没年未詳

鎌倉中・後期の女性。政村流。父は北条政村、母は未詳。

【解説】正は政村女として六人を載せ、長女のみに「宗政（実時？）妻」と注記する。群A・群Bが載せる五人の他に、政村にはもう一人女がいた可能性があるが、それ以上のことは不明である。

【系図】正。

【史料】

（山野井）

ほうじょう まさむらじょ　北条政村女　生没年未詳

鎌倉後期の武士。政村流。父は北条政村、母は未詳。叔父北条重時に嫁したとされるが未詳。

【解説】入ウのみに見える人物。注記に「重時後室」とある。

【系図】入ウ。

【史料】

（菊池）

ほうじょう まさむらつま　北条政村妻　生没年未詳

鎌倉中期の女性。政村流の北条政村の本妻。父母は未詳。弘長二年（一二六二）叡尊が北条時頼の招きで鎌倉に下向した際の日記である「関東往還記」には、四月十三日条に「同（政村）室〈入道大納言家中将〉」、七月八日条に「相州（政村）妻両人〈本妻中将給法名如教、新妻左近大夫時村母、給法名遍如〉」とある。このうち、新妻で時村の母になるのは三浦重澄の女（三浦胤義の女、あるいは三浦義村の女とする系図もある）である。本妻は入道大納言家（九条頼経）に仕えていた、中将と呼ばれた女房ということであろう。政村との間に子が誕生したかは不明である。ただ、政村の嫡子は新妻三浦重澄の女の所生である三男の時村であるが、時村には異腹と思われる兄たちがおり、これらが本妻中将の所生であった可能性がある。

【解説】時村の兄時通については、「関東往還記」弘長二年六月二十九日条に「相模次郎〈時通、相州子〉」とある。同時期、時村はすでに左近将監に任じており、時通が無官であるのは時村とは異腹であったためかと思われる。すなわち、中将は本妻とはいえ将軍家の女房という低い出自であるため、新妻の三浦重澄の女の方が上位にあり、そのために兄の時通を越えて時村が嫡男となったのであろう。また、時村にはその他にも通時と厳斎（厳政）という兄がいたことが諸系図及び「吾妻鏡」から知られ、やはり本妻中将の子である可能性がある。しかし、そうすると時村の兄は三人になってしまい、時村を「新相模三郎」とする諸系図の記載と合わなくなってしまう。通時と時通（時道）がそれぞれ別の系図に載っていることから、同一人物ということも考えられる。

【系図】

【史料】「関東往還記」。　（山野井）

ほうじょう まさもち　北条政茂　生没年未詳

鎌倉後期の武士。時房流。北条政氏の子、母は未詳。通称は弥三郎。

【解説】通称は正による。また野津に「三　サスケ弟」の注記がある。入ウには「弥太郎」とある。

【系図】野津・正・入ウ。

【史料】　（川島）

ほうじょう まさもち　北条政茂　生没年未詳

鎌倉後期の武士。時房流。北条時光の子、母は未詳。

【解説】

【系図】尊・群A・群B・纂要。

【史料】　（川島）

ほうじょう まさもち　北条政茂　生没年未詳

鎌倉中期の武士。朝時流。北条光時の子、母は未詳。通称は彦二郎。親時・盛時・政俊・道成の弟。

【解説】（1）正にのみ見える人物。注記に「彦二郎」とある。（2）寛元四年（一二四六）閏四月、四代執権経時が死去すると、父光時・叔父時幸らは将軍藤原頼経と提携して幕府権力の奪取をはかるが、新執権時頼によって未然に防がれた。張本とされた光時・時幸は出家して、寛元の政変は得宗家の勝利で終わった。六月十三日、光時は伊豆国江間に配流となり、以後光時の子息等は幕府政治の舞台から全く姿を消していく。政茂は「吾妻鏡」に一度も登場しない。

【系図】正。

【史料】　（久保田）

ほうじょう まさもち　北条政茂　生没年未詳

鎌倉後期の武士。重時流。北条時茂の子、母は未詳。父時茂から鎌倉の常盤に邸宅を構え、常盤（常葉）氏と称した。通称は四郎あるいは又四郎。

【解説】いずれの系図にも通称以外の注記がなく、詳細は不明。父時茂は、文永七年（一二七〇）正月二十七日六波羅探題在任中に京都において三十歳で死去した。

【系図】野津・前・正・入ウ。

【史料】「金沢文庫文書」・「太平記」。　（下山）

ほうじょう まさもと　北条政基　生没年未詳

鎌倉中期の武士。朝時流。北条時幸の子、母は未詳。

官途は式部丞。

【解説】（1）前・正・入ウに見える人物。前には「式部丞」と注記があり、時春・政明・義業の弟、正では時相・政幸の弟。時幸の子は、野辺・野津・前に各四人、正に二人の男子が記されているが、諸系図により実名が異なり、確定することが難しい。（2）寛元四年（一二四六）閏四月、四代執権経時が死去すると、叔父の光時・父時幸らは将軍藤原頼経と提携して幕府権力の奪取をはかるが、新執権時頼によって未然に防がれた。張本とされた光時・時幸は出家し、時幸は六月一日に自害した。寛元の政変以後、時幸の子息等は幕府政治の舞台から全く姿を消していく。政基は「吾妻鏡」にも記述が無く、その実体は未詳である。

【系図】前・正・入ウ。

【史料】

（久保田）

ほうじょう まさもと　北条政基　生没年未詳

鎌倉後期の武士。朝時流。北条幸継の四男、母は未詳。時幸の孫にあたる。基家の弟、政家・為明の兄。通称は四郎。

【解説】（1）前にのみ見える人物。注記に「四郎」とあることから、政明の四男と考えられる。（2）寛元四年（一二四六）に祖父時幸が将軍藤原頼経と提携して幕府権力の奪取をはかり、失敗した寛元の政変以後、時幸の子孫は幕府政治の舞台から全く姿を消していく。政基も他の北条氏関係の諸系図に見えず、その実体は未詳である。

【系図】前。

【史料】

（久保田）

ほうじょう まさもと　北条政基　生没年未詳

鎌倉後期の武士。実泰流。北条実政の子、母は未詳。

【解説】正のみに見える人物。

【系図】正。

【史料】

（永井）

ほうじょう まさもり　北条政盛　生没年未詳

鎌倉後期の武士。実泰流。父は北条実政、母は未詳。官途は式部大夫。

【解説】入ウの二か所に見える人物。一方の注記に「式部大夫、出家」とある。女子が一人いる。

【系図】入ウ。

【史料】

（菊池）

ほうじょう まさもりじょ　北条政盛女　生没年未詳

鎌倉後期の女性。実泰流。父は北条政盛、母は未詳。

【解説】入ウのみに見える人物。

【系図】入ウ。

【史料】

（菊池）

ほうじょう まさやす　北条政泰

→**北条重村**（ほうじょう しげむら）

ほうじょう まさゆき　北条政幸　生没年未詳

鎌倉中期の武士。朝時流。北条時幸の子、母は未詳。政春と改名した。時相の弟、政基の兄。

【解説】（1）正にのみ見える人物。注記に「改名政春」とある。（2）時幸の子は、野辺・野津・前に各四人、正に二人の男子が記されているが、諸系図により実名が異なり、確定することが難しい。（3）寛元四年（一二四六）閏四月、四代執権経時が死去すると、叔父の光時・父時幸らは将軍藤原頼経と提携して幕府権力の奪取をはかるが、新執権時頼によって未然に防がれた。張本とされた光時・時幸は出家して、父時幸は六月一日に自害した。寛元の政変以後、時幸の子息等は幕府政治の舞台から全く姿を消していく。政幸は「吾妻鏡」にも記述が無く、その実体は未詳である。

【系図】正。

【史料】

（久保田）

ほうじょう まさよし　北条政義　生没年未詳

鎌倉後期の武士。有時流。父は北条兼義、母は未詳。北条有時の孫にあたる。富安四郎と称す。

【解説】通称は前による。

【系図】前・正。

【史料】

（末木）

ほうじょう まさより　北条政頼　生没年未詳

鎌倉中期の武士。義時流（得宗）。父は北条時頼、母は未詳。通称は相模六郎。文永三年（一二六六）二月九日、将軍宗尊親王の二所奉幣使が帰参した後、将軍が北条政村邸から御所に移った時、伊賀朝房とともに馬を牽いた。同七月四日、将軍が帰洛のための門出の儀に、供奉人として従った。

【解説】（1）通称は「吾妻鏡」・諸系図による。（2）「吾妻鏡」に見える政頼は、政村の子とも考えられるが、通称が一致しており、時頼の子とも考えられる。後考を待つ。なお、文永三年当時の相模守は兄の時宗である。

【系図】正・群A・群B・纂要。

【史料】「吾妻鏡」。

（菊池）

ほうじょう まさより　北条政頼　生没年未詳

鎌倉後期の武士。政村流。北条政村の六男、母は三浦重澄の女。通称は相模六郎。官途は正五位下、近江守・掃部助。子に貞政（政国）・政範・政公・政近らがいる。「吾妻鏡」によれば、文永三年（一二六六）二月九日、小町の政村亭に滞在していた将軍宗尊親王の正室と若君が御所に戻る際、政村が御馬二疋他の引出物を若君に献上した。その時に一疋を政村の嫡男である時村と伊賀光清が、もう一疋を政頼と伊賀朝房が引いた。また、同年七月四日、将軍宗尊親王が謀叛の疑いありとして廃され、京都に送還される際、まず北条時盛（時房の子）の佐介亭に移された。その時の随兵の一人として名が見える。

【解説】（1）政村の六男とするのは、「吾妻鏡」に相模六郎政頼とあることによる。（2）母は「佐野本系図」による。（3）正・前から知られる官位は正五位下、近江守。入ウに「掃部助、近江守」とある。（4）「吾妻鏡」に見える政頼は、政村の子とも考えられるが、通称が一致しており、時頼の子とも考えられる。後考を待つ。なお、文永三年当時の相模守は時宗、それ以前は政村であった。

【系図】正・前・入ウ。

【史料】「吾妻鏡」。

（山野井）

ほうじょう まさより　北条政頼

→　**北条政俊**（ほうじょう まさとし）

ほうじょう ますとき　北条益時　生年未詳～正慶二・元弘三年（？～一三三三）

鎌倉後期の武士。重時流。北条守時の子、母は未詳。重時以来、鶴岡八幡宮の前、若宮大路の東隅の邸に住んだので、鶴岡の池にかけられた赤橋にちなみ赤橋氏を称した。父守時は、正慶二・元弘三年（一三三三）五月に新田義貞の軍を鎌倉に迎撃した末、五月十八日洲崎において自害しており、益時も運命を共にしたと思われる。

【解説】（1）関によれば、益時は宗時の子とするが、関の宗時は守時の誤記の可能性が高いと判断したので、守時の子とした。（2）「太平記」も北条高時一門の最期の場となった東勝寺で自害した人々の名を載せるが、益時の名はない。益時を実在の人物とするならば、父守時と運命を共にしたものであろう。

【系図】関・群A・群B。

【史料】「金沢文庫文書」・「太平記」。

（下山）

ほうじょう またつるまる　北条又鶴丸　生没年未詳

鎌倉時代中期の武士。朝時流、父は北条幸継（政章）。母は未詳。

【解説】入ウのみに見える人物。入ウでは系線が幸継（政章）とその弟政基、両方から引かれ、どちらの子とも判断が付きにくいが、前によれば、政章の子に基家・政基・政家・為明の四人が記載されており、幸継（政章）の子と判断した。基家の幼名かもしれない。

（菊池）

【系図】入ウ。

【史料】

ほうじじょう まんじゅ　北条万寿　生没年未詳

鎌倉後期の武士。義時流（得宗）。父は北条宗政、母は未詳。通称は武蔵十郎。師時の弟にあたる。父没後の弘安五年（一二八二）八月二十四日、長門の守護となり下向したという。

【解説】「長門国守護職次第」によると、「武蔵守殿（師時）」が弘安四年閏七月晦日に長門の守護として下向したことを載せるが、当時師時は七歳であり、生涯武蔵守に任じられていない。また、次の長門守護として、弘安五年八月二十四日に着任した万寿は武蔵守の子とされており、師時の年齢から子があることは考えられない。弘安四年閏七月当時の武蔵守が師時の父宗政であり、その誤記ではなかろうか。宗政は同八月九日に没しており、後任にその子（万寿、武蔵十郎）が任じられたのであろう。この万寿は通称が武蔵十郎であり、師時（武蔵四郎）の弟にあたるのであろう。

【系図】

【史料】「長門国守護職次第」。

（菊池）

ほうじょう みちとき　北条通時　生没年未詳

鎌倉後期の武士。朝時流。北条盛時の次男、母は未詳。北条光時の孫にあたる。通称は孫二郎。子に時久がいる。

【解説】（1）正・入ウに見える人物。正の注記に「孫二郎」とあることから、盛時の次男と考えられる。入ウには「孫次郎」と記す。（2）寛元四年（一二四六）に祖父光時が将軍藤原頼経と提携して幕府権力の奪取をはかり、失敗した寛元の政変以後、光時の子孫は幕府政治の舞台から全く姿を消していく。通時も他の北条氏関係の諸系図に見えず、その実体は未詳である。

【系図】正・入ウ。

【史料】

（久保田）

ほうじょう みちとき　北条通時　生没年未詳

鎌倉中期の武士。朝時流。北条時相（時春）の子、母は未詳。北条時幸の孫にあたる。官途は三河守、右京亮。

【解説】（1）前は時相の子、正・入は時春の子に記されている。前の注記は「三河守」、正の注記は「右京亮」、入ウの注記は「左京亮」とする。（2）寛元四年（一二四六）に祖父時幸が将軍藤原頼経と提携して幕府権力の奪取をはかり、失敗した寛元の政変以後、時幸の子孫は幕府政治の舞台から全く姿を消していく。通時も他の北条氏関係の諸系図に見えず、その実体は未詳である。

【系図】前・正・入・入ウ。

【史料】

（久保田）

ほうじょう みちとき　北条通時　生没年未詳

鎌倉中期の武士。政村流。北条政村の長男、母は未詳。

【解説】（1）正にのみ見える人物。注記はない。（2）通時の子の政通の通称が「太郎三郎」であることから、通時は政村の長男である可能性が高い。（3）あるいは時通（時道）と同一人物か。詳しくは時通を参照のこと。

【系図】正。

【史料】

（山野井）

ほうじょう みちとき　北条通時　生没年未詳

鎌倉中期の武士。有時流。父は北条有時、母は未詳。駿河五郎・駿河式部大夫と称す。「吾妻鏡」の初見は正嘉元年（一二五七）八月十五日条で、鶴岡放生会の随兵を勤めている。以降、文永三年（一二六六）七月四日条の宗尊親王が帰洛する際の供奉を勤仕まで十六回登場する。この間、正嘉元年十二月二十九日には御格子番（三番）となっている。子に斉時・時景・頼任がいる。

【解説】（1）通称は「吾妻鏡」による。「吾妻鏡」によれば、弘長三年（一二六三）七月十三日条までは「駿河五郎」だが、終出の文永三年七月四日条では「駿河式部大夫」となっており、この間に式部大夫となったようである。（2）また諸系図の注記は、野津は「五郎」、尊は「従五下」、前は「相模権守、従五位下」、群Aは「高陽院蔵人、式部大夫大輔」、群Bは「高陽院蔵人、式部大夫」、纂要は「駿河五郎、式部大夫、従五位下」、入ウは「越後守、本名有景、又時景」とする。高陽院とは、藤原忠実の娘で鳥羽上皇の后となった泰子のこと。（3）「吾妻鏡」弘長三年（一二六三）七月十三日条で、通時は放生会供奉に関して、重服による障りを訴えている。これは、その前月の駿河六郎卒去にともなうものと思われる。

【系図】野津・尊・前・桓・群A・群B・正・纂要・入ウ。

【史料】「吾妻鏡」。

（末木）

ほうじょう みちときじょ　北条通時女　生没年未詳

鎌倉後期の女性。有時流。父は北条通時、母は未詳。戸守と称した。

【解説】入ウのみに見える人物。注記に「号戸守」とある。

【系図】入ウ。

【史料】

（菊池）

ほうじょう みちときじょ　北条通時女　生没年未詳

鎌倉後期の女性。有時流。父は北条通時、母は未詳。中沢尼と称した。

【解説】入ウのみに見える人物。注記に「号中沢尼」とある。

【系図】入ウ。

【史料】

（菊池）

ほうじょう みちときじょ　北条通時女　生没年未詳

鎌倉後期の女性。有時流。父は北条通時、母は未詳。大藤と称した。

【解説】入ウのみに見える人物。注記に「号大藤」とある。

【系図】入ウ。

【史料】

（菊池）

ほうじょう みちときじょ　北条通時女　生没年未詳

鎌倉後期の女性。有時流。父は北条通時、母は未詳。伊豆丸と称した。

【解説】入ウのみに見える人物。注記に「号伊豆丸」とある。

【系図】入ウ。

【史料】

（菊池）

ほうじょう みちときじょ　北条通時女　生没年未詳

鎌倉後期の女性。有時流。父は北条通時、母は未詳。西女房と称した。

【解説】入ウのみに見える人物。注記に「号西女房」とある。

【系図】入ウ。

【史料】

（菊池）

ほうじょう みちときじょ　北条通時女　生没年未詳

鎌倉後期の女性。有時流。父は北条通時、母は未詳。赤河女房と称した。

【解説】入ウのみに見える人物。注記に「号赤河女房」とある。

【系図】入ウ。

【史料】

（菊池）

ほうじょう みちときじょ　北条通時女　生没年未詳

鎌倉後期の女性。有時流。父は北条通時、母は未詳。今泉と称した。

【解説】入ウのみに見える人物。注記に「号今泉」とある。

【系図】入ウ。

【史料】

（菊池）

ほうじょう みちときじょ　北条通時女　生没年未詳

鎌倉後期の女性。有時流。父は北条通時、母は未詳。中町と称した。

【解説】入ウのみに見える人物。注記に「号中町、針」とある。

【系図】入ウ。

【史料】

（菊池）

ほうじょう みちときじょ　北条通時女　生没年未詳

鎌倉後期の女性。有時流。父は北条通時、母は未詳。金沢と称した。

【解説】入ウのみに見える人物。注記に「号金沢」とある。

【系図】入ウ。

【史料】

（菊池）

ほうじょう みちなり　北条道成　生没年未詳

鎌倉中期の武士。朝時流。北条光時の子、母は未詳。通称は孫太郎。親時・盛時・政俊の弟。

【解説】（1）正にのみ見える人物。注記に「孫太郎」とある。（2）寛元四年（一二四六）閏四月、四代執権北条経時が死去すると、父光時・叔父時幸らは将軍藤原頼経と提携して幕府権力の奪取をはかるが、新執権時頼によって未然に防がれた。張本とされた光時・時幸は出家して、寛元の政変は得宗家の勝利で終わった。六月十三日光時は伊豆国江間に配流となり、以後光時の子息等は幕府政治の舞台から全く姿を消していく。道成は「吾妻鏡」に一度も登場しない。

【系図】正。
【史料】
（久保田）

ほうじょう みつとき　北条光時　生没年未詳

鎌倉中期の武士。朝時流。北条朝時の長男、母は大友能直の女。妻は北条泰時の女。通称は越後太郎から遠江式部丞・遠江式部大夫に変化するが、これは父朝時が嘉禎二年（一二三六）七月二十日に越後守から遠江守に遷任したことに対応する。光時が周防守に任官した暦仁元年（一二三八）十一月以降は、自身の官途名が通称となる。「吾妻鏡」によると、嘉禎三年（一二三七）正月式部丞、同年四月には式部大夫とあることから、従五位下に叙された。暦仁元年周防守、延応元年（一二三九）より右馬助、同年八月より左馬助を兼任。寛元元年（一二四三）には父朝時と同じ越後守に任官し、父の基盤である越後国国務・守護職を継承したと考えられる。

元仁元年（一二二四）六月十三日北条義時の死後、執権泰時・連署時房を中心とする執権政治が確立すると、父朝時は次第に幕府政治の中枢から疎外され、これに対抗して将軍藤原頼経との関係を強めた。光時も父朝時とともに将軍家に仕え、将軍出行時の随兵・御剣役などを勤め、嘉禎三年三月八日に近習番并御身固が設置されると、近習番の最上位に任じられた。また、延応元年十二月五日三浦義村の死去の際には、将軍家御使として派遣されるなど、将軍藤原頼経の信頼を得て将軍勢力の中心となった。仁治元年（一二四〇）正月に連署時房、同三年六月には執権泰時が相次いで死去し、得宗家と名越流との対立は次第に深まった。

寛元三年（一二四五）四月六日に父朝時が死去すると、光時をはじめとする朝時子息らはその遺言に従って、翌四年三月十四日に信濃国善光寺で父の供養を行った。このわずか九日後にあたる二十三日、執権北条経時邸において「深秘御沙汰」が行われ、経時の病が篤いため、弟の時頼に執権職が譲られた。時頼はこの時十九歳という若さで、しかも幼少とはいえ、経時の男子二人をさしおいての執権就任であった。「保暦間記」によると、光時は「我は義時が孫、時頼は義時が彦なり」と述べており、先述した善光寺供養会も将軍頼経のもとに名越一族を結集し、得宗家打倒の計画を立てる目的で開催されたといわれている。

時頼が執権に就任した直後から、鎌倉は異常な緊張につつまれ、近国御家人が続々と鎌倉に結集した。かかる危機に対して、時頼方は敵対勢力の分断を図り、名越氏と同じく将軍勢力の中心であった三浦一族との提携をはかった。時頼は五月二十四日、先手を打って鎌倉を戒厳下におき、名越一族を孤立させることに成功した。翌二十五日になると、名越一族の中から脱落者（時章・時長・時兼）が出るに及んで勝敗は決し、張本とされた光時・時幸は出家して、寛元の政変は得宗家の勝利で終わった。光時の法名は蓮智。六月十三日、光時は伊豆国江間に配流となり、越後国務以下の大半の所帯が没収され、得宗家と肩を並べた雄族名越氏は大きな打撃を被った。七月二日、前将軍頼経も京都に送還され、時頼政権はここに確立した。光時の没年は未詳であるが、弘長二年（一二六二）鎌倉で叡尊に菩薩戒を受けたことが「関東往還記」に見える。

【解説】（1）通称から長男と推定した。通称は「吾妻鏡」による。（2）母は「大友系図」による。妻は野津・野辺による。（3）光時の守護職については、佐藤進一『増訂鎌倉幕府守護制度の研究』による。（4）寛元の政変に連座して、後藤基綱・藤原為佐・千葉秀綱・三善康持ら有力御家人も失脚し、この事件は北条得宗家による他氏排斥の性格をもつ。（5）参考文献には、川添昭二「北条氏一門名越（江馬）氏について」（『日本歴史』四六四）、磯川いづみ「北条氏庶家名越氏と宮騒動」（『鎌倉』八六）、倉井理恵「鎌倉将軍送還の成立」（『鎌倉』八八）、久保田和彦「三浦泰村」（『別冊歴史読本鎌倉と北条氏』）などがある。（6）守護論考・守護国別参照。

【系図】野辺・野津・尊・前・群A・群B・正・纂要・入・入ウ・「大友系図」。

【史料】「吾妻鏡」・「保暦間記」・「関東往還記」、『鎌倉遺文』⑨六二〇四、⑯一一五八七。（久保田）

ほうじょう みつとき　北条光時　生没年未詳

鎌倉後期の武士。時房流、大仏家の庶流。父は北条頼房、母は未詳。評定衆朝直の曾孫にあたる。通称は二郎。

【解説】（1）頼房には前・正両系図に五人の男子の記載があり、その一人である。光時は正のみに見える。通称も正による。（2）文保元年（一三一七）豊前守護代である左衛門尉光時がいる（『鎌倉遺文』㉞二六三九九）。しかし、元応元年（一三一九）の豊前守護は北条（糸田）顕義（上総兵部大輔顕義と表記される）である（『鎌倉遺文』㉟二七〇九五・二七三五三）。北条氏でも別系統なので、守護代はこの光時ではないと判断する。

【系図】正。

【史料】

（鈴木）


ほうじょう みつとき　北条光時　生没年未詳
鎌倉後期の武士。有時流。父は北条有政、母は未詳。北条有時の玄孫にあたる。彦太郎と称す。

【解説】通称は正による。

【系図】正。

【史料】

（末木）


ほうじょう みつときじょ　北条光時女　生没年未詳
鎌倉中期の女性。朝時流。父は北条光時、母は未詳。親時・盛時の妹、七郎の姉。備前宮内大夫の妻となる。

【解説】野津のみに見える人物。注記に「備前宮内大夫妻」とあるが、実名は未詳。

【系図】野津。

【史料】

（久保田）


ほうじょう みつときじょ　北条光時女　生没年未詳
鎌倉後期の武士。朝時流。父は北条光時、母は未詳。兄に親時・盛時らがいる。花山院通雅に嫁した。

【解説】入ウのみに見える人物。

【系図】入ウ。

【史料】

（菊池）


ほうじょう みつときじょ　北条光時女　生没年未詳
鎌倉後期の武士。朝時流。父は北条光時、母は未詳。兄に親時・盛時らがいる。姉に次いで花山院通雅に嫁した。

【解説】入ウのみに見える人物。注記に「花山院太政大臣通雅後室」とある。

【系図】入ウ。

【史料】

（菊池）


ほうじょう みつときじょ　北条光時女　生没年未詳
鎌倉後期の武士。朝時流。父は北条光時、母は未詳。兄に親時・盛時らがいる。小野宮具氏に嫁した。

【解説】入ウのみに見える人物。注記に「小野宮大夫具氏室」とある。

【系図】入ウ。

【史料】

（菊池）

ほうじょう みつときじょ　北条光時女　生没年未詳
鎌倉後期の武士。朝時流。父は北条光時、母は未詳。兄に親時・盛時らがいる。北条有義に嫁した。

【解説】入ウのみに見える人物。注記に「平有義室」とある。有義は、有時流の有義か。

【系図】入ウ。

【史料】

（菊池）

ほうじょう みつとも　北条光朝　生没年未詳

鎌倉中期の武士。朝時流。北条光時の子、母は未詳。親時・盛時・政俊・道成・政茂の弟。

【解説】（1）正のみに見える人物。注記はない。（2）寛元四年（一二四六）閏四月、四代執権北条経時が死去すると、父光時・叔父時幸らは将軍藤原頼経と提携して幕府権力の奪取をはかるが、新執権時頼によって未然に防がれた。張本とされた光時・時幸は出家して、寛元の政変は得宗家の勝利で終わった。六月十三日、光時は伊豆国江間に配流となり、以後光時の子息等は幕府政治の舞台から全く姿を消していく。光朝は「吾妻鏡」に一度も登場しない。

【系図】正。

【史料】

（久保田）

ほうじょう みつまさ　北条光政　生没年未詳

鎌倉後期の武士。朝時流。父は北条光時、母は未詳。兄に親時・盛時らがいる。

【解説】入ウのみに見える人物。

【系図】入ウ。

【史料】

（菊池）

ほうじょう みやつるまる　北条宮鶴丸　生没年未詳

鎌倉時代中期の武士。朝時流。父は北条幸継（政章）、母は未詳。

【解説】入ウのみに見える人物。入ウでは系線が幸継（政章）とその弟政基、両方から引かれ、どちらの子とも判断が付きにくいが、前によれば、政章の子に基家・政基・政家・為明の四人が記載されており、幸継（政章）の子と判断した。為明の幼名かもしれない。

【系図】入ウ。

【史料】

（菊池）

ほうじょう むねあき　北条宗顕　生年未詳～正慶二・元弘三年（?～一三三三）

鎌倉後期の武士。実泰流。北条顕実の子、母は未詳。通称は甘縄。正慶二・元弘三年（一三三三）五月二十二日、北条家の菩提寺、鎌倉の東勝寺において子息時顕とともに自害した。

【解説】

【系図】桓・群A・群B。

【史料】「太平記」。　（永井）

ほうじょう むねあり　北条宗有

生年未詳～正慶二・元弘三年（?～一三三三）

鎌倉後期の武士。有時流。父は北条兼義、母は未詳。北条有時の孫にあたる。官途は越前守。伊具八郎と称す。正慶二・元弘三年（一三三三）五月、幕府滅亡の際、北条高時らとともに鎌倉の東勝寺で自害した。子の有政も同時に自害している。

【解説】通称は群B・纂要・「太平記」による。

【系図】群B・纂要。

【史料】「太平記」。　（末木）

ほうじょう むねうじ　北条宗氏

生年未詳～文永九年（?～一二七二）

鎌倉中期の武士。朝時流。北条教時の子、母は未詳。宗教の弟、公教の兄。通称は二郎とも六郎ともいう。文永九年（一二七二）二月十一日、父教時が叔父時章とともに得宗被官（御内人）に誅殺される事件が起こった。宗氏はこの時父教時とともに誅殺されたという。同十五日には得宗北条時宗の庶兄で、当時六波羅探題南方であった北条時輔が、反逆の罪で同北方北条義宗に殺害された（二月騒動）。かつて反得宗勢力の中心であった名越一族として、この事件への関与を疑われたためである。「鎌倉年代記」によると、まもなく時章の嫌疑は晴れ、討手の得宗御内人五人は斬首されたが、教時の討手には賞罰がなく、教時の二月騒動への関与が推定される。

【解説】（1）前・正にのみ見える人物。「吾妻鏡」にも記述が無く、その実体は未詳である。前に「六郎、同被打了」、正に「二郎」の注記があり、教時の次男または六男と思われるが、いずれかは判断できない。
（2）没年は、前の注記に「同被打了」とあり、これが正しければ文永九年二月十一日の二月騒動で父とともに討たれたことになる。なお、入ウには「於美乃国自害」とある。
【系図】前・正・入ウ。

【史料】「鎌倉年代記」・「武家年代記」。　（久保田）

ほうじょう むねかた　北条宗方

弘安元年～嘉元三年（一二七八～一三〇五）

鎌倉後期の武士。義時流（得宗）。父は北条宗頼、母は大友兵庫頭頼泰の女。叔父時宗の猶子となる。通称は相模右近大夫将監。正応五年（一二九二）十二月十八日左兵衛尉（15歳）、永仁二年（一二九四）二月五日叙爵し、翌六日右近将監に任じられた（17歳）。同五年六月二十三日六波羅探題北方となり上洛、七月六日に入洛した（20歳）。正安元年（一二九九）三月一日従五位上に叙された。また、この年から没する嘉元三年（一三〇五）まで、若狭守護に在職した。翌二年十一月二十五日関東に下向、十二月二十八日に評定衆に補任された（23歳）。同三年正月十日四番引付頭人に就任、四月十二日に左近将監に転任、八月二十日駿河守に補任された（24歳）。同八月二十三日には北条貞時が執権を従兄弟の師時（宗政の子、貞時の女婿）に譲って出家し、宗方はこれに伴う人事で、同二十五日四番引付頭人を辞め、越訴頭人となった。

乾元元年（一三〇二）九月十一日再び四番引付頭となり（25歳）、嘉元二年（一三〇四）十二月七日四番引付頭を辞め、侍所所司・得宗家執事（内管領）に就任した。宗方は、同世代であり、自分を越して執権となった師時や当時評定衆・四番引付頭人であった北条煕時（政村流、貞時の女婿）等に対抗意識を持ち、同三年四月二十三日まず連署の北条時村（当時六十歳）を、「仰せ」と称して夜討ちし、ついで師時・煕時を除こうとした。しかし、五月二日時村を討った和田茂明・工藤有清等の得宗被官六人と岩田宗家・井原成明等の御家人五人のうち、逃亡した和田茂明を除いた十人は処刑され、同四日には貞時の命を受けた北条宗宣（時房流）・宇都宮貞綱によって宗方も誅された（28歳）。

【解説】（1）母は野津による。（2）猶子は「帝王編年記」による。（3）官途等は「鎌倉年代記」による。（4）入洛の月日については、「武家年代記」・「鎌倉大日記」・「関東開闢皇代並年代記事」による。（5）守護は、佐藤進一『増訂鎌倉幕府守護制度の研究』、守護国別による。嘉元二年二月二日の関東御教書案（「東寺百合文書」）、同十八日の施行案（『鎌倉遺文』㉘二一七四八：「東寺百合文書」）、三月八日の宗方代官貞房遵行案（『鎌倉遺文』㉘二一七六五：「白河本東寺百合文書」）参照。（6）関東下向の月日についても「鎌倉年代記」によった。これにも諸説があり、「武家年代記」は同四日、「尊卑分脈」は十四日、「帝王編年期」・「関東開闢皇代並年代記事」は十五日とする。（7）評定衆・引付頭人補任等は、佐藤進一「鎌倉幕府職員表復元の試み」（『鎌倉幕府訴訟制度の研究』附録）による。（8）嘉元の乱については、高橋慎一郎「北条時村と嘉元の乱」（『日本歴史』五五三）、細川重男『鎌倉政権得宗専制論』第二部第二章等参照。「仰せ」については、将軍の仰せとする説、貞時の仰せとする説がある。「鎌倉年代記（裏書）」嘉元三年条は子刻（0時前後）に討たれたとする。（9）没年は「鎌倉年代記（裏書）」・「保暦間記」等による。

【系図】野津・尊・正・桓・群A・群B・前・纂要・入ウ。

【史料】「鎌倉年代記」・「武家年代記」・「鎌倉大日記」・「関東開闢皇代並年代記事」・「帝王編年記」・「保暦間記」・「東寺百合文書」、『鎌倉遺文』。

（菊池）

ほうじょう むねかね　北条宗兼　生没年未詳

鎌倉中期の武士。有時流。父は北条有時、母は未詳。

【解説】前のみに見える人物。正の兼時の子に同名の人物がいるが、同一人の可能性がある。

【系図】前。

【史料】

（末木）

ほうじょう むねかね　北条宗兼　生没年未詳

鎌倉後期の武士。有時流。父は北条兼時、母は未詳。北条有時の孫にあたる。子に幸澄がいる。

【解説】正のみに見える人物。前の有時の子に同名の人物がいるが、同一人の可能性がある。

【系図】正。

【史料】

（末木）

ほうじょう むねかね　北条宗兼　生没年未詳

鎌倉後期の武士か。有時流。父は北条兼時、母は未詳。通称は孫四郎。

【解説】（1）入ウのみに見える人物。注記に「孫四郎」とある。（2）前によれば、有時の子に宗兼、正によれば、有時流の兼時の子に宗兼がいるが、関係は未詳。同一人の可能性がある。

【系図】入ウ。

【史料】

（菊池）

ほうじょう むねさだ　北条宗定　生没年未詳

鎌倉後期の武士。朝時流、北条宗長の子、母は未詳。通称は四郎。兄に春時（左京亮）・家政（三郎）がいる。

【解説】入ウのみに見える人物。

【系図】入ウ。

（菊池）

ほうじょう むねとお　北条宗遠　生没年未詳

鎌倉後期の武士。時房流、大仏家の庶流。父は北条頼房、母は未詳。評定衆朝直の曾孫にあたる。通称は七郎。

【解説】頼房には前・正の両系図から五人の男子が知られ、その一人である。宗遠は前のみに見え、通称も前による。他の史料は見当たらない。

【系図】前。

【史料】

（鈴木）

ほうじょう むねとき　北条宗時　生年未詳～治承四年（?～一一八〇）

平安後期の武士。北条時政の子、母は未詳。時政の嫡男と伝え、北条三郎と称した。治承四年八月の石橋山合戦に父時政とともに頼朝方として参戦したが敗れ、同二十四日甲斐国に落ちる途中の早河付近で伊東祐親軍に囲まれ、小平井名主紀六久重のために討死した。

【解説】「増鏡」上新島もりには「太郎は宗時、次郎は義時といえり」、また、前には義時を「次男」とする記載がある。

【系図】野辺・野津・桓武・桓・群A・群B・前・纂要・入・入ウ。

【史料】「吾妻鏡」・「増鏡」。

（菊池）

ほうじょう むねとき　北条宗時　生没年未詳

鎌倉中期の武士。義時流（得宗）。父は北条時頼、母は未詳。通称は相模五郎、阿曽遠江守とも称した。官途は遠江守。子に時守・治時がいる。

【解説】（1）桓では「某」と記し、子に時守を記す。（2）通称は纂要による。（3）官途は群A・群Bによる。（4）「吾妻鏡」に所見はない。この系統は北条氏関係の諸系図に見えるだけである。子の治時は、北条（阿蘇）随時の子としても見え、養子になったとも考えられる。それにひかれて纂要では「阿曽遠江守」としたのではなかろうか。

【系図】桓・群A・群B・纂要。

【史料】

（菊池）

ほうじょう むねとき　北条宗時　生没年未詳

鎌倉後期の武士。重時流。北条久時の子、母は未詳。守時の兄弟。駿河守。子に重時がいる。

【解説】群A・群Bにのみ見える人物。「駿河守」いう注記がある。関のみ久時の子に宗時を記載するが、注記から見て守時の誤りと考えられる。父久時は徳治二年（一三〇七）十一月に死去している。

【系図】群A・群B。

【史料】

（下山）

ほうじょう むねとき　北条宗時　生没年未詳

鎌倉後期の武士。政村流。父は時村、母は未詳。通称は三郎か。

【解説】入ウのみに見える人物。注記に「三郎死」とある。

【系図】入ウ。

【史料】

（菊池）

ほうじょう むねとし　北条宗俊　生没年未詳

鎌倉後期の武士。父母は未詳。女が北条宗頼（義時流）の養女となった。

【解説】入ウのみに見える人物。注記に「平宗俊女、同久時室」とあり、久時は実泰流北条久時であり、北条氏一族と判断した。

【系図】入ウ。

【史料】

（菊池）

ほうじょう むねとしじょ　北条宗俊女　生没年未詳

鎌倉後期の武士。父は北条宗俊、母は未詳。北条宗頼（義時流）の養女となった。実泰流北条久時の室。

【解説】入ウのみに見える人物。注記に「平宗俊女、同久時室」とある。

【系図】入ウ。

【史料】

（菊池）

ほうじょう むねとも　北条宗朝　生没年未詳

鎌倉後期の武士。時房流、大仏家の庶流。父は北条時遠、母は未詳。評定衆朝直の孫にあたる。通称は七郎。

【解説】時遠には前・正の二系図から四人の男子が知られ、その一人である。宗朝は正のみに見え、通称も正による。他の史料は発見できなかった。

【系図】正。

【史料】

（鈴木）

ほうじょう むねとも　北条宗朝　生没年未詳

鎌倉後期の武士。時房流、大仏家の庶流。父は北条直房、母は未詳。連署北条（大仏）宣時の甥にあたる。通称は左近大夫。

【解説】直房には野津・前・正から四人の男子が知られる。

宗朝は前のみに見える人物。通称も前の注記による。

【系図】前。

【史料】

（鈴木）

ほうじょう むねとも　北条宗朝　生没年未詳

鎌倉後期の武士。朝時流。北条政俊の子、母は未詳。北条光時の孫にあたる。朝俊の兄。通称は江馬孫四郎、官途は越前守。子に隆政・俊兼がいる。

【解説】（1）前・正・入ウに見える人物。前の注記に「江馬孫四郎」、正に「越前守」とある。（2）通称の江馬は、祖父光時の所領であり、寛元の政変の結果光時が配流された伊豆国江間（現静岡県伊豆長岡町）のこと。（3）寛元四年（一二四六）に祖父光時が将軍藤原頼経と提携して幕府権力の奪取をはかり、失敗した寛元の政変以後、光時の子孫は幕府政治の舞台から全く姿を消していく。宗朝も他の北条氏関係の諸系図に見えず、その実体は未詳である。

【系図】前・正・入ウ。

【史料】

（久保田）

ほうじょう むねとも　北条宗朝　生没年未詳

鎌倉後期の武士。朝時流。北条宗長の子、母は未詳。北条長頼の孫にあたる。家貞・貞宗の弟、実助・長助の兄。

【解説】（1）正にのみ見える人物。注記はない。（2）寛元の政変で曾祖父時長は得宗北条時頼に野心無き旨を陳謝し、以後北条得宗家と協調し、幕府内で一定の地位を築いた。祖父長頼も将軍宗尊親王に近臣として仕え、その一方で、北条得宗家にも親しく仕え、名越亭などを継承した。父宗長は能登・安芸・豊前の三か国の守護職を兼務し、幕府内でも有力な人物であった。しかし宗朝については他の北条氏関係の諸系図に見えず、その実体は未詳である。

【系図】正。

【史料】

（久保田）

ほうじょう むねなお　北条宗直　生年未詳～正慶二・元弘三年（?～一三三三）

鎌倉後期の武士。時房流、大仏家の庶流。父は北条頼直（貞房）、母は未詳。連署大仏宣時の甥にあたる。諸系図では近江守、遠江守、伯耆守と伝えるが、いずれも確証がない。歌人でもあり、「続千載和歌集」・「続後拾遺和歌集」に各一首入選している。正慶二・元弘三年（一三三三）五月、北条一門と共に、鎌倉の東勝寺で自害した。子に直時・成治がいる。

【解説】（1）父は前・正・群Bによる。纂要は父を時治とするが、信じがたい。（2）入ウの頼直の注に「貞房イ」とあり、野津に見える貞房の子宗直（通称は左近大夫）と同一人の可能性が高い。（3）前は佐介と注記し、「太平記」も佐介近江前司宗直とするが、誤りであろう。（4）近江守は前・纂要に、遠江守は前・正に、伯耆守は正に見える。（5）和歌については「続千載和歌集」・「続後拾遺和歌集」による。群Bに「玉葉作者」とあるが未詳。また「勅撰作者部類」に「五位、陸奥守、武蔵守宣時男」とするが「男」は誤りである。（6）弘安八年（一二八五）十二月十三日に、左衛門尉宗直が「御内談」の結果を遠江国浜名郡神戸（現静岡県浜名郡）預所へ伝えている（「遠江大福寺文書」）。当時の遠江守護は北条（大仏）宣時である（『中世法制史料集』一　追加法五九三）。佐藤進一『増訂鎌倉幕府守護制度の研究』参照。甥宗直が守護代であった可能性がある。（7）死亡については「太平記」巻一〇「高時并一門以下於東勝寺自害事」に佐介近江前司宗直とあるによる。纂要にも「同高時自殺」とあるが、纂要には父時治から錯簡があるようで、根拠とすることはできない。

【系図】野津・前・正・群B・纂要・入ウ。

【史料】「太平記」・「続千載和歌集」・「続後拾遺和歌集」・「勅撰作者部類」、『鎌倉遺文』㉑一五七五八・一五八三三。

（鈴木）

ほうじょう むねなお　北条宗直　生没年未詳

鎌倉後期の武士。時房流、大仏家の庶流。父は北条直房、母は未詳。連署大仏宣時の甥にあたる。官位は左近大夫。

【解説】直房には諸系図から四人の男子が知られ、宗直は野津のみに見える。「左近大夫」と注記する。

【系図】野津。

【史料】

（菊池）

ほうじょう むねなが　北条宗長　生年未詳～延慶二年（?～一三〇九）

鎌倉後期の武士。朝時流。北条長頼の次男、母は未詳。北条時長の孫にあたる。篤長の兄。妻は吉見頼宗の女。通称は備前二郎・備前守・名越備前前司と変化するが、備前は父長頼が任官した備前守による。宗長が備前守に任官すると、自身の官途名が通称となる。官位は従五位下、備前守、左近将監。宗長は建治年間（一二七五～七八）前後に作成された守護交代注文（凝然自筆「梵網戒本疏日珠鈔」巻八紙背文書）に「能登国　備前二郎殿」と記され、能登国守護であることが確認される。また正応年間（一二八八～九三）には、安芸・豊前の両国守護を勤めており、三か国の守護を兼務した幕府内でも有力な人物であったと思われる。法名は定証。延慶二年（一三〇九）七月二十三日没した。

【解説】（1）宗長は野津の注記「備前二郎」や文永十年（一二七三）六月九日の平宗長書状案（『鎌倉遺文』⑮一一三四二）に「備前二郎」と記されていることから、長頼の次男と考えられる。（2）弟は前・正による。（3）妻は尊3（清和源氏）・「吉見系図」による。（4）「吾妻鏡」・諸系図によると、宗長の叔父に同名の人物が見られ、通称は備前太郎を名乗っているが、ともに備前守に任官しており区別が難しい。（5）寛元の政変で祖父時長は得宗北条時頼に野心無き旨を陳謝し、以後北条得宗家と協調し、幕府内で一定の地位を築いた。父長頼も将軍宗尊親王に近臣として仕え、その一方で、北条得宗家にも親しく仕え、名越亭などを継承した。（6）宗長の守護職については、佐藤進一『増訂鎌倉幕府守護制度の研究』による。（7）「武家年代記（裏書）」延慶二年（一三〇九）条に、「（七月）廿三、名越備前々司宗長法師（法名定証）逝去」とある。（8）守護論考・守護国別参照。

【系図】野津・尊・前・正・纂要・入・入ウ・「吉見系図」。

【史料】「吾妻鏡」・「武家年代記（裏書）」、『鎌倉遺文』。

（久保田）

ほうじょう むねなが　北条宗長　生没年未詳

鎌倉後期の武士。朝時流。北条家政の子、母は未詳。北条宗長の孫にあたる。高家・宗春の弟、宗政・篤家・高長の兄。

【解説】（1）正のみに見える人物。正は父を家貞とし、注記はない。（2）父家政は宗長の子として前にのみに見える人物。兄弟として春時・貞宗・公長・実助・長助が記される。正では貞宗・宗朝・実助・長助の兄として家貞を配しているが、家政・家貞ともに両系図の注記に「備前守」と記されていることから、同一人物と思われる。家政・家貞を併記する系図がないことも、両人が同一人物であることの傍証となる。（3）寛元の政変以後、時長流は得宗家と協調し、祖父宗長は能登・安芸・豊前の三か国の守護職を兼務し、幕府内でも有力な人物であった。しかし宗長については他の北条氏関係の諸系図に見えず、その実体は未詳である。

（久保田）

【系図】正。

【史料】

ほうじょう むねなが　北条宗長

→　北条定長（ほうじょう さだなが）

ほうじょう むねのぶ　北条宗宣

正元元年～正和元年（一二五九～一三一二）

鎌倉後期の連署・執権。時房流、大仏家の嫡流。北条宣時の長男、母は時房流の北条時広の女。妻は重時流の北条時茂の女と宇都宮経綱の女。通称は五郎。弘安五年（一二八二）二月雅楽允、同三月式部少丞、同八月叙爵（24歳）。叙爵は祖父・父より五歳以上若いが、北条氏の家格秩序形成が進んだためであろう。弘安九年六月引付衆、同十年十月評定衆（29歳）。この年八月、父宣時が連署になっている。平頼綱の専権期である。正応元年（一二八八）十月、上野介（30歳）。

永仁元年（一二九三）四月二十二日、平頼綱が得宗貞時に討たれる。乱後の五月、宗宣は越訴頭人となり、七月小侍奉行、十月、六人の執奏の一人となる。執奏は二十四歳の青年貞時が、訴訟の決定権を握るための制度であった。同二年八月、従五位上。同年七月、貞時は越訴を棄却したが、同二年十月には認めざるをえなくなり、一年ぶりで引付を復活した。宗宣は同四年正月四番引付頭人、同十月寄合衆となり、京下奉行を兼ねる（38歳）。同五年三月、越訴頭人を辞する。いわゆる永仁の徳政令の条々のなかで、越訴が廃止されたためである。同年七月、六波羅南方就任のため四番引付頭人を辞し、上京。北条宗方も北方として六月に上洛していた。永仁徳政令を西国に適用するには、寺社本所との折衝が必要であり、六波羅探題強化のためと見られる。正安二年（一三〇〇）十月正五位下。同三年九月二十七日陸奥守（43歳）。父宣時が九月四日出家した後任である。五年余り六波羅探題南方を勤め、乾元元年（一三〇二）正月、鎌倉に帰り、ただちに二月、一番引付頭人に復帰、同八月官途奉行。寄合衆に戻ったかどうかは明らかでないが、評定衆ではあった。嘉元元年（一三〇三）八月越訴頭人となる。六年ぶりの再任である。同三年四月、連署北条時村（政村流）が宗方に殺され、宗宣は貞時の命により北条熙時・宇都宮貞綱とともに宗方を討った。七月二十二日、時村の後任として連署になる（47歳）。以後六年余、連署であった。

延慶元年（一三〇八）従四位下。応長元年（一三一一）九月、執権師時が死亡、宗宣は十月三日執権となった（53歳）。連署は熙時。得宗貞時はその直後、十月二十六日に四十一歳で死亡した。子息高時はまだ九歳。貞時は死に当たって後事を内管領長崎円喜と安達時顕に託したといい、宗宣も熙時も頼りにされていない。宗宣は執権就任後、一年たたない正和元年五月二十九日、病により辞任し、出家。法名順昭（須昭）。六月十二日没（54歳）。「新後撰和歌集」（三首）・「玉葉和歌集」（五首）・「続後千載和歌集」（六首）「続後拾遺和歌集」（二首）・「風雅和歌集」（二首）・「新千載和歌集」（二首）・「新後拾遺和歌集」（一首）・「新後古今和歌集」（二首）に和歌が二十三首が載せられている。なお、常陸国吉田郡恒富郷（現茨城県常澄村）を祖父時広そして母と伝えられ、宗宣が伝領し、宗宣は同郷内にあった六段田村地蔵堂（現茨城県常澄村地蔵寺）に料田と屋敷を寄進している。子には維貞と女子（北条時家妻）がいる。

【解説】（1）生年は、没年と享年から逆算した。（2）父は野津・尊・前・正・関・桓・群A・群B・纂要・入ウによる。「将軍執権次第」に宣時一男とある。（3）母は「鎌倉年代記」嘉元三年条および前による。「鎌倉年代記」同条には宗宣の履歴を一括して載せるので、以下同年条に依る場合は単に「鎌倉年代記」とし、他年条の場合のみそれを記した。（4）妻については、時茂の女は入ウ・「鎌倉年代記」嘉暦元年条、宇都宮経綱の女は尊・纂要六上による。（5）通称は関に武蔵五郎、野津に上野前司五郎とある。（6）雅楽允・式部少丞、叙爵、引付衆・評定衆就任の年代を、「鎌倉年代記」は「正安」とするが、弘安の誤りである。（7）上野介は「鎌倉年代記」は十月七日とし、「六波羅守護次第」は十七日とする。（8）越訴頭人は「鎌倉年代記」永仁元年条・嘉元三年条による。（9）小侍奉行は「鎌倉年代記」による。（10）執奏は「武家年代記」永仁元年条、「鎌倉年代記」永仁元年条・嘉元三年条による。その廃止は「武家年代記」永仁二年条、「鎌倉年代記」永仁元年条による。（11）従五位上、四番引付頭人、寄合衆、京下奉行は「鎌倉年代記」による。（12）越訴頭人辞任は「鎌倉年代記」永仁五年条、追加法六五八（『中世法制史料集』一）による。（13）六波羅探題就任については「鎌倉年代記」永仁五年条・嘉元三年条、関による。「鎌倉大日記」は七月十日鎌倉出立、二十七日京都着とし、尊も二十七日入洛とする。「武家年代記」永仁五年条とその裏書は二十日入洛という。この間の七月二十二日に幕府は六波羅宛に永仁徳政令を西国に施行する細則を送った（追加法六六一〜六六四）。宛名はすでに宗方・宗宣宛になっている。（14）正五位下は「鎌倉年代記」による。（15）陸奥守は「鎌倉年代記」による。「武家年代記」永仁五年条は十月二十八日任とする。（16）東下は尊、「鎌倉大日記」乾元元年条による。「武家年代記」は正安三年正月とする。（17）一番引付頭人、官途奉行、越訴頭人は「鎌倉年代記」による。（18）評定衆であったことは、嘉元三年と推定される六月十日の禅海書状（「高野山文書」）に嘉元の乱の後、貞時も宗宣も評定に出席しないとあることによる。（19）連署就任は「鎌倉年代記」・「武家年代記」嘉元三年条・「関東開闢皇代並年代記事」による。尊は七月二十七日とする。細川重男は嘉元の乱を得宗貞時と北条氏庶家の対立として捕らえ、宗宣は反貞時派であったとするが（『鎌倉政権得宗専制論』）、にわかには従い難い。（20）従四位下、執権任命は「鎌倉年代記」による。（21）出家は「鎌倉年代記」による。尊と「鎌倉大日記」正和元年条は二十五日とする。「武家年代記」嘉元三年条は正和二年五月晦日とし、異説に元年を載せる。法名は順昭とするのが尊・「鎌倉大日記」・桓・群A・群B・纂要、須昭とするのが「鎌倉年代記」、「武家年代記」は順忍とする。（22）死亡年月日は「鎌倉年代記」・「常楽記」六月十二日条・「鎌倉年代記（裏書）」正和元年条による。「武家年代記」嘉元三年条は正和二年とし、異説に元年を載せる。享年は「鎌倉年代記」・尊・「将軍執権次第」による。「鎌倉大日記」は五十六歳とし、異説に五十四歳を載せる。群A・群Bは五十六歳。桓は五十二歳とする。（23）和歌は各勅撰和歌集による。「勅撰作者部類」に「四位、佐介陸奥守、陸奥守平宣時男」とある。（24）宗宣に関する古文書は一三二通あり、うち六波羅探題関係（六波羅下知状、六波羅御教書、関東御教書の宛名人等）が六九通、連署としての発給五四通、執権としての発給四通である。(25) 所領については、「吉田薬王院文書」（延元元年〈一三三六〉三月二十三日の北畠親房袖判御教書）・「六地蔵寺文書」（六反田村地蔵堂：延文元年〈一三五六〉十月二十三日の大掾代左衛門尉右貞寄進状）・「石川氏文書」（『新編常陸国誌』所収）による。なお石井進「鎌倉時代の常陸国における北条氏所領の研究」（『茨城県史研究』一五）参照。(26) 守護国別参照。

【系図】野津・尊・前・関・桓・群A・群B・正・纂要・入・入ウ。

【史料】「鎌倉年代記」・「武家年代記」・「鎌倉年代記（裏書）」・「武家年代記（裏書）」・「北条九代記」・「鎌倉大日記」・「将軍執権次第」・「保暦間記」・「常楽記」・「六波羅守護次第」・「吉田薬王院文書」・「六地蔵寺文書」・「石川氏文書」・「新後選和歌集」・「玉葉和歌集」・「続千載和歌集」等、『中世法制史料集』一・『茨城県史料』中世Ⅱ。その他文書は『鎌倉遺文』㉕～㊶まで多数ある。

（鈴木）

ほうじょうむねのぶじょ　北条宗宣女　生没年未詳

鎌倉後期の女性。時房流。父は大仏家の嫡流で執権であった宗宣、母は未詳。連署維貞の姉妹である。北条（名越）時家に嫁いだ。時家は公時の二男。時家の子には貞時、周時、高家がいるが、いずれも母未詳で宗宣女の子であるかどうか不明。

【解説】正のみに見え、「名越美作守妻」と注記する。平時家が永仁六年（一二九八）八月三日、美作守現任（「国司一覧」：『日本史総覧』Ⅱ所収）であるから、名越美作守は時家である。夫時家は、兵庫頭・美作守で、永仁元年四月、三回目の蒙古襲来に対応するため、北条兼時とともに鎮西惣奉行として九州に下向し、同三年四月、鎌倉に戻る。纂要の注記及び「太平記」に、正慶二・元弘三年（一三三三）五月、楠木正成の千早城を攻囲中、伯父篤時と争って死んだというが、篤時は「親玄僧正日記」に正応五年（一二九二）二月二十六日死亡と記されているので、このエピソードは誤りである。

【系図】正。

【史料】

（鈴木）

ほうじょう むねのり　北条宗教

生年未詳～正慶二・元弘三年（?～一三三三）

鎌倉中・後期の武士。朝時流。北条教時の長男、母は未詳。妻は北条時兼（朝時流）の女。通称は名越遠江入道。官途は遠江守。文永九年（一二七二）二月十一日、父教時が叔父時章とともに得宗御内人に誅殺される事件が起こった。同十五日には得宗北条時宗の庶兄で、当時六波羅探題南方であった北条時輔が、反逆の罪で同北方北条義宗に殺害された（二月騒動）。かつて反得宗勢力の中心であった名越一族として、この事件への関与を疑われたためである。「鎌倉年代記」によると、まもなく時章の嫌疑は晴れ、討手の得宗御内人五人は斬首されたが、教時の討手には賞罰がなく、教時の二月騒動への関与が推定される。

元弘年間には尾張の守護であった。また、元弘年中の楠木正成との合戦で紀伊手の大将軍として活躍している。没年は未詳であるが、おそらく正慶二・元弘三年（一三三三）であろう。

【解説】（1）前・正の注記に「太郎」と記されていることから、教時の長男と考えられる。妻は入ウによる。（2）「関東往還記」弘長二年（一二六二）六月二十七日条に「遠江中務権大輔〈教時朝臣息〉」の記事が見えるが、この当時父教時は二十八歳であり、「中務権大輔」の官途を持つ子息があったとは考えられない。（3）前の注記に「文永被打了」、「武家年代記」に「遠江守教時、同子息宗教以下被誅了」と記され、二月騒動で父教時とともに誅殺されたとある。しかし、「保暦間記」元弘三年（一三三三）春の記事に「遠江入道宗教法師〈朝時ガ孫、教時子〉」と記され、事件後の生存が確認されるので、「武家年代記」の記事は誤りであろう。（4）守護については、佐藤進一『増訂鎌倉幕府守護制度の研究』による。延元三年（一三三八）の伊勢太神宮祭主裁許状案（『光明寺古文書』一八）に「元弘年中（中略）尾張国守護名越遠江入道」と記されており、宗教が尾張国守護であったことが知られる。（5）「楠木合戦注文」や「太平記」巻第六「関東大勢上洛事」に登場する「名越遠江入道」は宗教であると思われる。なお、纂要の注記に「入道元心、於千早討死」とあるが、これは時章の四男篤時の注記が混入したものであろう。（6）参考文献には、川添昭二

「北条氏一門名越（江馬）氏について」（『日本歴史』四六四）、同「二月騒動と日蓮——自界叛逆難——」（『前進座』四）などがある。（7）守護論考・守護国別参照。

【系図】尊・前・群A・群B・正・纂要・入・入ウ。

【史料】「鎌倉年代記」・「武家年代記」・「保暦間記」、『光明寺古文書』。

（久保田）

ほうじょう むねはる　北条宗春　生没年未詳

鎌倉後期の武士。朝時流。北条夏時の四男、母は未詳。北条宗長の孫にあたる。

【解説】（1）前のみに見える人物。春時の子として、注記に「四郎」と記されていることから、春時の四男と考えられる。（2）正では宗長の孫、家貞の子に宗春の名が見えるが、両人の関係は不詳。（3）寛元の政変以後、時長流は得宗家と協調し、祖父宗長は能登・安芸・豊前の三か国の守護職を兼務し、幕府内でも有力な人物であった。しかし宗春については他の北条氏諸関係の系図に見えず、その実体は未詳である。

【系図】前。

【史料】

（久保田）

ほうじょう むねはる　北条宗春　生没年未詳

鎌倉後期の武士。朝時流。北条家政の子、母は未詳。北条宗長の孫にあたる。高家の弟、宗長・宗政・篤家・高長の兄。

【解説】（1）正のみに見える人物。父を正は家貞とする。注記はない。（2）父家政は宗長の子として前にのみに見える人物。兄弟として春時・貞宗・公長・実助・長助が記される。正では貞宗・宗朝・実助・長助の兄として家貞を配しているが、家政・家貞ともに両系図の注記に「備前守」と記されていることから、同一人物と思われる。家政・家貞を併記する系図がないことも、両人が同一人物であることの傍証となる。（3）前では宗長の孫、春時の子に宗春の名が見えるが、両人の関係は未詳。（4）寛元の政変以後、時長流は得宗家と協調し、祖父宗長は能登・安芸・豊前の三か国の守護職を兼務し、幕府内でも有力な人物であった。しかし宗春については他の北条氏諸系図に見えず、その実体は未詳である。

【系図】正。

【史料】

（久保田）

ほうじょう むねひさ　北条宗久　生没年未詳

鎌倉後期の武士。時房流。北条時久の子、母は未詳。

【解説】正にのみ見え、注記はない。

【系図】正。

【史料】

（川島）

ほうじょう むねふさ　北条宗房　生没年未詳

鎌倉後期の武士。時房流。北条時隆の子、母は未詳。通称は相模馬助、官途は土佐守。

【解説】（1）通称は野津による。（2）官途は群A・群Bによる。（3）系図の注記には、北条政村の四男宗房との混乱が見られる。実在したかは未詳。

【系図】野津・前・正・群A・群B。

【史料】

（川島）

ほうじょう むねふさ　北条宗房　生没年未詳

鎌倉後期の引付衆。政村流。北条政村の四男、母は未詳。通称は新相模四郎・相模右馬助など。文永二年（一二六五）正月三日の垸飯の儀の行騰進上の役に「相模四郎宗房」の名が見える。建治三年（一二七七）十二月の得宗北条貞時元服の儀において、長崎四郎左衛門尉とともに一の御馬を献じた。弘安元年（一二七八）三月、引付衆に加えられる。同四年四月、左（右）馬助に任じられ、同七年三月には土佐守となった。同年四月、北条時宗の死に際して出家し、法名を道妙といった。宇都宮経綱の女を妻としていた可能性が高い。

【解説】（1）四男とするのは、桓・群A・群Bに「四郎」、纂要に「新相模四郎」とあることによる。（2）従来、『吾妻鏡人名索引』はこの「相模四郎宗房」を「相模四郎宗政」の誤記とし、得宗北条時頼の四男宗政にあててきた。しかし、政村の子らも父の相模守任官により、通称を「新相模○○」とする。「新」がつくのは相模守となった北条一門が多く、それと区別するためと思われ、後に「新」は外れる。この時の相模守は政村（同年三月左京権大夫に転じる）であるから、「相模四郎宗房」を「新相模四郎宗房」の「新」が脱けたとみて政村の四男の宗房とみることが可能である。ちなみに、「吾妻鏡」同日条では「相模四郎宗政」が武藤頼泰とともに一の御馬を進上している。（3）尊1（道隆流）は、宇都宮経綱の女として「土左守平宗房上（室）」を載せる。ただし、前・正は別に時房流の時隆の子として土佐守宗房を載せ、前はさらに「法名道妙」と注記する。北条一門に宗房が二人いることは不自然ではないが、官歴・法名まで同じというのは疑問である。「関東評定衆伝」は弘安元年（一二七八）以降、引付衆として「相模式部大夫平政長」と「同右馬助平宗房」の名を続けて記載する。「吾妻鏡」では同流の名が続く場合、一般に「同」の文字を使用するようである。「相模式部大夫平政長」が政村の五男であることに間違いはない。この時期に他に「相模〇〇」を通称とする者は他に見当らない。兄弟の順が逆であることに若干の不自然さをおぼえるが、政長の母が正妻の三浦重澄の女であるのに対して、宗房はおそらくは庶腹であったと思われ、そう考えれば納得がいく。以上の点から「相模右馬助平宗房」は政村の四男とみるべきであろう。また、時房は相模守に任じられたが、その後は子の時村、孫の時隆ともに相模守には任じられておらず、時房流の宗房が「相模右馬助」を名乗るのは不自然である。

（山野井）

【系図】桓・群A・群B・纂要・尊。
【史料】「吾妻鏡」・「関東評定衆伝」。

ほうじょう むねまさ　北条宗政

建長五年～弘安四年（一二五三～八一）

鎌倉中期の武士。義時流（得宗）。父は北条時頼、母は北条重時の女。時宗の同母弟。妻は北条政村の女。通称は相模四郎・左近大夫将監・相模左近大夫将監・相州親衛。西殿と称された。建長五年（一二五三）正月二十八日生まれた。幼名は鶴岡八幡宮若宮僧正隆弁によって、福寿と名付けられた。文応元年（一二六〇）正月十一日の将軍の鶴岡社参に兄時宗とともに供奉（8歳）。以降三月二十一日の将軍御息所の御所入御にも兄と供奉するなど、兄時宗とともに公務に従う姿が散見される。同年八月十五日の鶴岡八幡宮放生会の供奉人記では、宗政が布衣を着すよう定められたのに対し、庶兄時利（のちの時輔）は元のように随兵として従うよう定められている。時頼の子の交名の配列は、弘長元年（一二六一）正月四日に定められた「時宗→宗政→時利（時輔）→宗頼」であり、時頼の意志で嫡出と庶出の違いが明確に区別されていたことを示している。

文永二年（一二六五）四月二十三日従五位下左近将監に叙任された（13歳）。同七月十六日北条政村の女を娶った。同九年十月引付を経ず評定衆となる（20歳）。同十年六月二十五日引付頭（三番）となり、建治三年（一二七七）六月十七日武蔵守に任じられた（25歳）。同年七月四日筑後の守護を兼任、同八月二十九日一番引付頭となる。弘安四年（一二八一）閏七月晦日長門の守護となったが、同八月九日出家、法名は道明。同日没した（29歳）。子に師時・時信・政助・万寿のほか、女子二人が知られる。

【解説】（1）母は「吾妻鏡」・野辺・野津・纂要・「関東評定衆伝」による。（2）生年・幼名は「吾妻鏡」による。（3）通称は「吾妻鏡」による。なお、「西殿」は桓・纂要による。（4）官途については「吾妻鏡」・「関東評定衆伝」・「建治三年記」による。（5）交名の順番については、「吾妻鏡」弘長元年正月四日条等参照。（6）出家・法名・死没は「関東評定衆伝」による。（7）守護については佐藤進一『鎌倉幕府守護制度の研究』、守護論考・守護国別参照。「長門国守護職次第」によると、「武蔵守殿（師時）」が弘安四年閏七月晦日に長門の守護として下向したことを載せるが、当時師時は七歳であり、生涯武蔵守に任じられていない。また、次の長門守護として、弘安五年八月二十四日に着任した万寿は武蔵守の子とされており、師時の年齢から子があることは考えられない。弘安四年閏七月当時の武蔵守が師時の父宗政であり、その誤記ではなかろうか。宗政は同八月九日に没しており、後任にその子（万寿、武蔵十郎）が任じられたのであろう。この万寿は通称が武蔵十郎であり、師時（武蔵四郎）の弟にあたるのであろう。（8）他に細川重男『鎌倉政権得宗専制論』参照。

【系図】野辺・野津・尊・正・桓・群A・群B・前・纂要・入・入ウ。

【史料】「吾妻鏡」・「建治三年記」・「関東評定衆伝」、『鎌倉遺文』⑯一二四六〇。

（菊池）

ほうじょう むねまさ　北条宗政　生没年未詳

鎌倉後期の武士。朝時流。北条家政の子、母は未詳。北条宗長の孫にあたる。高家・宗春・宗長の弟、篤家・高長の兄。

【解説】（1）正のみに見える人物。父を正は家貞とする。（2）父家政は宗長の子として前にのみに見える人物。兄弟として春時・貞宗・公長・実助・長助が記される。正では貞宗・宗朝・実助・長助の兄として家貞を配しているが、家政・家貞ともに両系図の注記に「備前守」と記されていることから、同一人物と思われる。家政・家貞を併記する系図がないことも、両人が同一人物であることの傍証となる。（3）正の注記に「政村ノ聟也」とあり、群A・群Bの北条政村の女の注記に「左近大夫宗政妻」と記されているように、これは得宗北条時宗の弟宗政のことで、誤記である。（4）寛元の政変以後、時長流は得宗家と協調し、祖父宗長は能登・安芸・豊前の三か国の守護職を兼務し、幕府内でも有力な人物であった。しかし宗政については他の北条氏関係の諸系図に見えず、その実体は未詳である。

【系図】正。

【史料】

（久保田）

ほうじょう むねまさじょ　北条宗政女　生没年未詳

鎌倉後期の女性。義時流（得宗）。父は北条宗政、母は未詳。北条貞時の妻となった。

【解説】野津・入ウに見える人物。前者に「当相州貞時室」と注記する。

【系図】野津・入ウ。

【史料】

（菊池）

ほうじょう むねまさじょ　北条宗政女　生没年未詳

鎌倉後期の女性。義時流（得宗）。父は北条宗政、母は未詳。北条時最の妻となった。

【解説】野津のみに見える人物。「兵庫頭時最室」と注記する。

【系図】野津。

【史料】

（菊池）

ほうじょう むねまさじょ　北条宗政女　生没年未詳

鎌倉後期の女性。義時流。父は北条宗政、母は未詳。北条時家（朝時流カ）の妻となった。

【解説】入ウのみに見える人物。注記に「時家室」とある。

【系図】入ウ。

【史料】

（菊池）

ほうじょう むねもと　北条宗基　生没年未詳

鎌倉後期の武士。朝時流。北条時基の子、母は未詳。時賢・朝貞・時有・朝賢の兄。官途は遠江守、越後守、越前守。

【解説】（1）前・正・入ウに見える人物。前では時賢・朝貞・時有の兄、正では時賢・朝賢の兄。（2）官途は前・正・入ウによる。（3）父時基は名越一族の中では得宗家と関係が深く、評定衆・引付頭人の家格を有し、幕政の中枢に位置していた。しかし、宗基については他の北条氏関係の諸系図・「吾妻鏡」に記述が無く、その実体は未詳である。

【系図】前・正・入ウ。

【史料】

（久保田）

ほうじょう むねやす　北条宗泰　生没年未詳

鎌倉後期の引付頭人。時房流。父は連署北条宣時、母は未詳。兄宗宣が嫡子で執権となったが、宗泰も引付頭人の重職につき、なぜか大仏家が相伝する遠江・佐渡の守護を継承した。通称は六郎。従五位下。民部少輔。土佐守とも伝えるが確証がない。永仁三年（一二九五）閏二月、引付衆在任。同六年四月、四番引付頭人、正安元年（一二九九）四月、三番引付頭人、同三年八月、二番引付頭人、乾元元年（一三〇二）二月、三番引付頭人、嘉元三年（一三〇五）八月、二番引付頭人、同八月二十二日、辞任し、以後史料から姿を消す。当時四十歳前後と推定され、恐らく病死であろう。入ウは嘉元元年他界とする。和歌が「新後撰和歌集」（一首）・「玉葉和歌集」（一首）・「続千載和歌集」（一首）等に収められている。子に貞直・宣政がいる。

【解説】（1）宣時には諸系図から六人の男子が知られる。父は野津・前・桓・群A・群B・正・纂要・入ウに共通する。（2）守護については佐藤進一『鎌倉幕府守護制度の研究』による。ただし宗泰自身の在職の証はなく、父宣時と子貞時が守護であるため相承したと考えられている。（3）通称は野津による。（4）「佐野本北条系図」は従四位下とする。もっとも民部少輔は従五位下に相当する。（5）民部少輔は前・桓・群A・群B・纂要による。（6）土佐守は正・入ウに見える。（7）永仁三年引付衆在任は「永仁三年記」閏二月十二日条に「民部少」とあるによる。引付衆の筆頭に記されている。（8）以後の引付頭人移動はすべて「鎌倉年代記」のそれぞれの条による。（9）辞任した年齢と病死の推定は佐藤進一「鎌倉幕府職員表復元の試み」（『鎌倉幕府訴訟制度の研究』）による。この年、兄宗宣は四十七歳、弟貞房は三十四歳であるので、四十歳前後とする。またこの年の五月四日に、得宗北条貞時が北条宗方を討つ事件があったが、乱後、兄宗宣、弟貞房、子貞直がそれぞれ幕府の重職についているので、宗方の事件による失脚とも考えられず、病死かとされる。（10）弘安五年（一二八二）七月二十三日、埼玉県川口市にある峰ケ岡八幡宮蔵僧形八幡坐像胎内文書の一つに般若心経があり、末尾に「平朝臣宗泰（花押）」とある。峰ケ岡八幡は鎌倉鶴岡八幡宮領矢古宇郷の総鎮守であり、神像が鎌倉から川口に移されたことは、ありうる。しかし他の胎内文書には、鎌倉人士に比定できる者がなく、また前述の年齢推定によると、宗泰は十三歳前後となり、この宗泰であるか断定できない。（11）和歌は「新後撰和歌集」・「玉葉和歌集」・「続千載和歌集」の他、鎌倉歌壇の和歌集「拾遺和歌集」・「柳風和歌集」に各一首収められる。「勅撰作者部類」に「五位、式部少輔、武蔵守平宣時男」とある。

【系図】野津・前・桓・群A・群B・纂要・入・入ウ・「佐野本北条系図」。

【史料】「永仁三年記」・「鎌倉年代記」・「勅撰作者部類」、『新編埼玉県史』資料編5（中世1、一三三二）。

（鈴木）

ほうじょう むねより　北条宗頼

生年未詳～弘安二年（?～一二七九）

鎌倉中期の武士。義時流（得宗）。父は北条時頼、母は未詳。大友頼泰の女を娶り、宗方を儲けた。一説に宗顕ともいう。童名は曼珠、通称は相模七郎、相模修理亮。官位は修理亮、従五位下。「吾妻鏡」には文応元年（一二六〇）十一月二十一日条から見え、将軍の鶴岡八幡宮御参・二所参詣・方違等の供奉や、正月の垸飯の儀への参列等の幕府の行事に従事している。弘長元年（一二六一）正月四日には、時頼の子の交名の配列は「時宗↓宗政↓時利（時輔）↓宗頼」と、時頼の意志で嫡出と庶出の違いが明確に定められた。同年四月二十五日には鎌倉の極楽寺邸における笠懸の射手として参加。文永二年（一二六五）正月一日の垸飯の儀では五御馬を被官の工藤光泰とともに牽いている。同三年七月四日将軍宗尊親王が帰洛する時には供奉人の筆頭を勤めた。

幕府は文永の蒙古来襲後対外防備を命じているが、宗頼は、建治二年（一二七六）正月に長門・周防両国の守護となり、得宗の一族としては初めて現地に下向した。弘安二年（一二七九）六月四日長門で没した。両国の守護は子の兼時が継承した。

【解説】（1）桓は時頼二男とする。（2）別名は桓・群A・群Bによる。（3）童名は野津による。（4）通称は「吾妻鏡」・纂要・「長門守護職次第」等による。野辺・野津・桓・纂要は「七郎」とする。（5）官途は野津・尊・正・桓・群A・群B・前・纂要・入、位階は尊・纂要・入による。（6）守護は佐藤進一『増訂鎌倉幕府守護制度の研究』、守護論考・守護国別による。「長門守護職次第」・東大寺図書館蔵「梵網戒本疏日珠鈔」巻第八裏文書・建治三年正月二十三日の長門守護北条宗頼下知状（『鎌倉遺文』⑰一二六五〇）参照。（7）没年は野津による。尊・群A・群B・纂要は弘安二年六月卒とのみ記す。

【系図】野辺・野津・尊・正・桓・群A・群B・前・纂要・入・入ウ。

【史料】「吾妻鏡」・「長門守護職次第」・東大寺図書館蔵「梵網戒本疏日珠鈔」巻第八裏文書、『鎌倉遺文』。

（菊池）

ほうじょう むねよりじょ　北条宗頼女　生没年未詳

鎌倉後期の女性。義時流（得宗）。父は北条宗頼、母は未詳。重時流の北条久時に嫁し、守時を生んだ。

【解説】入ウ・「鎌倉年代記」に見える人物。前者に「平宗俊女、同久時室」とあり、後者の守時の項に「母修理亮宗頼女」とある。

【系図】入ウ。

【史料】「鎌倉年代記」。

（菊池）

ほうじょう むねよりじょ　北条宗頼女　生没年未詳

鎌倉後期の女性。義時流（得宗）。父は北条宗頼、母は未詳。北条宗基（朝時流カ）の妻となり、のち（姓欠）盛経に嫁した。

【解説】入ウのみに見える人物。注記に「平宗基室、後嫁盛経」とある。

【系図】入ウ。

【史料】

（菊池）

ほうじょう もちさだ　北条持定　生没年未詳

鎌倉中期の武士。時房流。北条時房の子、母は未詳。通称は十郎。

【解説】群A・群Bにのみ見え、「十郎」と注記する。

【系図】群A・群B。

【史料】

（川島）

ほうじょう もとあき　北条基明　生没年未詳

鎌倉中期の武士。朝時流。北条宗基の子、母は未詳。北条時基の孫にあたる。維基の弟。官位は従五位下、左近将監。

【解説】（1）[正]にのみ見える人物。（2）官職は[正]の注記による。（3）祖父時基は名越一族の中では得宗家と関係が深く、評定衆・引付頭人の家格を有し、幕政の中枢に位置していた。しかし、基明については他の北条氏関係の諸系図に見えず、その実体は未詳である。

【系図】[正]。

【史料】

（久保田）

ほうじょう もといえ　北条基家　生没年未詳

鎌倉後期の武士。朝時流。北条幸継の子、母は未詳。北条時幸の孫にあたる。政基・政家・為明の兄。通称は孫四郎。

【解説】（1）[前]にのみ見える人物。（2）通称は[前]の注記による。（3）寛元四年（一二四六）に祖父時幸が将軍藤原頼経と提携して幕府権力の奪取をはかり、失敗した寛元の政変以後、時幸の子孫は幕府政治の舞台から全く姿を消していく。基家も他の北条氏関係の諸系図に見えず、その実体は未詳である。

【系図】[前]。

【史料】

（久保田）

ほうじょう もととき　北条基時

弘安九年年〜正慶二・元弘三年（一二八六〜一三三三）

鎌倉後期の執権・六波羅探題。重時流。北条時兼の子、母は未詳。創建した寺院にちなみ普恩寺と号した。正安元年（一二九九）従五位下左馬助となる（14歳）。同三年六月七日、北条宗方の後任として六波羅探題北方となり上洛した（16歳）。この年、後二条天皇の即位があり、また、その東宮をめぐる大覚寺統と持明院統の対立があった。嘉元元年（一三〇三）十月二十日、同じ重時流の時範と交替して鎌倉に戻った。六波羅探題の在職は二年余りであった。同二年六月六日越後守。同三年八月二十二日三番引付頭人となる（20歳）。徳治元年（一三〇六）讃岐守。延慶二年（一三〇九）八月四番引付頭人となる（24歳）。この降格は、三番引付頭人に実泰流の北条（金沢）貞顕が就任したことによるものである。同三年二月三番引付頭人に復帰し、さらに応長元年（一三一一）十月二番引付頭人に昇格した（26歳）。この年九月に、執権北条師時が死去したことに伴い連署宗宣が執権に、一番引付頭人熙時が連署に昇任したことを受けての人事異動であり、この頃になると引付頭人の序列がかなり形式化していることが知られる。また、延慶三年（一三一〇）五月には、信濃守護在職の徴証がある。正和四年（一三一五）八月十二日執権となり、前後して相模守に任官する（30歳）。官位は正五位下。しかし、一年後の正和五年（一三一六）七月十日、執権の座を十七歳の北条高時に譲り、同年十一月出家。法名信忍。「太平記」によれば、正慶二・元弘三年（一三三三）五月の新田義貞の鎌倉攻略に際しては、化粧坂を守った。五日間の激戦ののちに郎従が討死して、わずかに二十騎ばかりになった郎党と共に普恩寺に戻って自害した（48歳）。この時に、息子で六波羅探題として在京していた仲時が近江番場にて自害したことを聞いた基時は、普恩寺の御堂の柱に自らの血をもって「待てしばし死出の山辺の旅の道同じく越えて浮世語らん」と書き付けたという。子に仲時・高基がいる。

【解説】（1）六波羅探題を辞し鎌倉に下向した月を「武家年代記」は七月とする。（2）執権就任年月日については、「鎌倉年代記」・「北条九代記」に従った。尊・纂要は七月十一日とする。（3）諸系図のうち、桓武・群A・群B・正は北条高時とともに自害、纂要のみは極楽寺に於いて討死したとする。（4）基時の創建した普恩寺の所在については不明である。（5）守護国別参照。

【系図】桓武・尊・前・関・桓・群A・群B・正・纂要・入・入ウ。

【史料】「鎌倉年代記」・「武家年代記」・「鎌倉大日記」・「北条九代記」・「北条時政以来後見次第」・「六波羅主語次第」・「太平記」、『鎌倉遺文』㉖一九九九五、㉗二〇四九一・二〇八九八他。

（下山）

ほうじょうもりとき　北条守時

永仁三年～正慶二・元弘三年（一二九五～一三三三）

鎌倉幕府最後の執権。重時流。北条久時の子、母は義時流の北条宗頼の女。足利尊氏の妻登子の兄。重時以来、鶴岡八幡宮の前、若宮大路の東隅の邸に住んだので、鶴岡の池にかけられた赤橋にちなみ赤橋氏を称した。徳治二年（一三〇七）十月一日従五位下左近将監叙任（13歳）。応長元年（一三一一）六月五日引付衆を経ずに評定衆となる（17歳）。正和元年（一三一二）十二月三十日従五位上（18歳）。同二年七月二十六日一番引付頭人となる（19歳）。同四年十二月十五日正五位下、讃岐守（21歳）。文保元年（一三一七）十二月二十七日引付二番頭人となる

（23歳）。これは北条貞規に引付一番頭人の座を譲ったものと思われる。元応元年（一三一九）武蔵守。同閏七月十三日、再び引付一番頭人に復帰（25歳）。嘉暦元年（一三二六）四月二十四日執権（第十六代）となる。同八月相模守（32歳）。しかし、当時は得宗専制の時代であり、執権といっても実質的な権限はなかった。同二年閏九月二日従四位下（33歳）。正慶二・元弘三年（一三三三）五月に新田義貞の軍が鎌倉に迫ると、幕府軍を率いて巨福呂坂を固め、さらに洲崎に進出して戦った。一昼夜の間に六十五度まで斬り結ぶという激戦の末、五月十八日洲崎において腹を十字に切って自害したという（39歳）。「太平記」は、守時の妹登子が足利高氏（尊氏）の正室になっているため、北条高時ら他の北条氏一門の疑惑あり、それがが守時を死に追いやったという解釈をとっている。法名慈光院道本。和歌も作り、勅撰の「新続古今和歌集」にその詠歌が一首載せられている。子に益時がいる。

【解説】（1）「鎌倉年代記」の守時の履歴には一番引付頭人の就任を正和四年とするがこれは誤りと考えられる（佐藤進一「鎌倉幕府職員表復元の試み」〈『鎌倉幕府訴訟制度の研究』附録〉参照）。（2）引付各番は二～五名程度の評定衆と同じ程度の人数の右筆奉行人、及び引付衆から構成された。このうち評定衆の一人を引付頭人とした。（3）「勅撰作者部類」に「四位、鎌倉執権北条久時男」と見える。（4）守時に触れた論考には、多賀宗隼「赤橋駿河守守時」、湯山学「北条重時とその一族」（『相模国の中世史』）等がある。

【系図】尊・前・桓・群A・群B・正・纂要。

【史料】「鎌倉年代記」・「武家年代記」・「鎌倉大日記」・「北条九代記」・「太平記」。「梅松論」・「勅撰作者部類」、『鎌倉遺文』㉜二五〇一九、㉞二六〇六八・二六六一五他。

（下山）

ほうじょうもりとき　北条盛時　生没年未詳

鎌倉中期の武士。朝時流。北条光時の次男、母は未詳。初名は時賢。通称は江馬次郎。この江馬は父光時の所領であり、寛元の政変の結果、寛元四年（一二四六）六月十三日に光時が配流された伊豆国江間（現静岡県田方郡伊豆長岡町）にあたる。官職は式部左近大夫・越後守。稲瀬川と称した。

【解説】（1）盛時は前に「江馬次郎」、正に「二郎」と記されていることから、光時の次男と考えられる。

（2）初名は野津による。（3）通称は前による。（4）正の注記に「稲瀬川」とある。稲瀬川は鎌倉市西部を流れる川。その流域に邸があったものと思われる。（5）寛元四年閏四月、四代執権北条経時が死去すると、父光時・叔父時幸らは将軍藤原頼経と提携して幕府権力の奪取をはかるが、新執権時頼によって未然に防がれた（寛元の政変）。張本とされた光時・時幸は出家し、六月十三日光時は伊豆国江間に配流となり、以後光時の子息等は幕府政治の舞台から全く姿を消していく。盛時は「吾妻鏡」に一度も見えない。

（久保田）

【系図】野津・前・正・入ウ。

【史料】

ほうじょう もりとき　北条盛時　生没年未詳

鎌倉後期の武士。実泰流。北条時雄の嫡子、母は未詳。引付衆。官途は民部少輔。北条顕時三十三回忌で使われた「為祖父遠忌旨趣」や「弥陀別功徳」の奥書にその名（民部少輔殿）が見える

【解説】（1）引付衆は北条（金沢）貞時書状による。（2）北条氏研究会「北条氏人名考証」〈安田元久編『吾妻鏡人名総覧』所収〉参照。

【系図】正。

【史料】『金沢文庫古文書』三六〇（『鎌倉遺文』㊶三二〇六五）・『金沢文庫古文書識語編』一四七五。

（永井）

ほうじょう もりときじょ　北条守時女　生没年未詳

鎌倉後期の女性。重時流。父は鎌倉幕府最後の執権北条守時、母は未詳。元亨元年（一三二一）叔父英時の鎮西探題就任に伴われて博多に下向した。和歌をよくし、「臨永集」にその作が八首残るほか、「新拾遺和歌集」・「新後拾遺和歌集」等の勅撰集にも二首載せられている。

【解説】諸系図にその名は見えないが、「新拾遺和歌集」の詞書と「勅撰作者部類」に見える。

【系図】

【史料】「新拾遺和歌集」・「勅撰作者部類」。

（菊池）

ほうじょう もりときつま　北条守時妻　生年未詳～暦応元・延元三年（？～一三三八）

鎌倉後期の女性。父母は未詳。鎌倉幕府最後の執権北条守時（重時流）に嫁した。法名は通盛。正慶二・元弘三年（一三三三）十一月二十二日に後醍醐天皇から伊豆国三浦庄内の一万疋の田地を与えられた。暦応元・延元三年（一三三八）五月二十四日没した。

【解説】（1）法名と三浦庄のことは、元弘三年十一月二十二日の後醍醐天皇綸旨（「相州文書所収相承院文書」：『鎌倉遺文』㊷三二七一〇）による。（2）「常楽記」建武五年条に「五月廿四日、先代守時相州後室他界」とあることによる。

【系図】

【史料】「常楽記」、『鎌倉遺文』。

（菊池）

ほうじょうもりのぶ　北条盛信　生没年未詳

鎌倉後期の武士。時房流。北条朝盛の子時顕（時信）の子、母は未詳。

【解説】前・入・入ウに見える。入・入ウは時顕の兄信時の子とし、入ウは通称を次郎とする。

【系図】前・入・入ウ。

【史料】

（川島）

ほうじょうもりふさ　北条盛房　生没年未詳

鎌倉後期の武士。時房流。北条時基の子、母は未詳。

【解説】野津にのみ見え、注記はない。

【系図】野津。

【史料】

（川島）

ほうじょうもりふさ　北条盛房　仁治三年～永仁五年（一二四二～九七）

鎌倉後期の武士。時房流。北条政氏の子、母は未詳。弘安五年（一二八二）二月右近将監（41歳）、同九年六月六日引付衆、同十年十月評定衆となる。正応元年（一二八八）二月六波羅探題南方となり、二月左近将監、八月丹波守に任官される（47歳）。同二年八月従五位上に叙され、永仁五年（一二九七）五月関東に下向し、同年七月八日没する（56歳）。弘安七年事件以降、低迷していた佐介家のなかから幕府中枢への復帰を果たした。和歌にも秀で「新後撰和歌集」に和歌が収められている。子に宣房・貞尚・貞高がいる。

【解説】（1）「勅撰作者部類」に「五位、左近将監、越後守平政氏男」とあり、「新後撰和歌集」に和歌が収められていることが見える。（2）正応元年七月五日関東御教書案（「勝尾寺文書」）に「越後右近大夫将監」と見える。（3）細川重男『鎌倉政権得宗専制論』第一部第一章北条氏の家格秩序参照。（4）守護論考・守護国別参照。

【系図】野津・尊・前・正・桓・群A・群B・纂要・入ウ。

【史料】「鎌倉年代記」・「武家年代記」・「鎌倉大日記」・「将軍執権次第」・「北条九代記」・「帝王編年記」・「勘仲記」・「勝尾寺文書」・「勅撰作者部類」・「新後撰和歌集」、『鎌倉遺文』㉒一六六四二・一六六二七・一六六五七他。

（川島）

ほうじょう もろあき　北条師顕

生没年未詳

鎌倉後期の武士。実泰流。鎮西探題北条政顕の子、母は未詳。

【解説】正・入ウに見える人物。入ウには二か所見え、一方に「上総州□」、一方に「太□（郎カ）□□」と注記する。

【系図】正・入ウ。

【史料】

（永井）

ほうじょう もろとき　北条師時

建治元年～応長元年（一二七五～一三一一）

鎌倉後期の執権。義時流（得宗）。父は北条宗政、母は北条政村の女。叔父時宗の猶子。従兄弟である北条貞時の女を娶った。通称は武蔵四郎、四郎左近大夫。西殿と号す。弘安七年（一二八四）七月小侍所頭人となる（10歳）。翌八年十二月十七日左近将監に任じられ、同日叙爵（11歳）。永仁元年（一二九三）五月三十日評定衆となる（19歳）。同六月五日三番引付頭人、十月二十日引付が廃止され執奏が設置されるが、師時は引付頭人から執奏に転じた。十二月二十日従五位上。翌二年正月三十日右馬権頭、同十月二十四日執奏が廃止され再び引付が置かれるが、師時は辞任した（20歳）。翌同三年の評定衆在任が確認できる。同五年七月二番引付頭人となり（23歳）、執権就任まで在職した。正安元年（一二九九）二月二十七日正五位下（25歳）。同三年八月二十二日執権に就任、同日評定始が行われた（27歳）。同九月二十七日相模守。嘉元二年（一三〇四）十月七日従四位下に叙された（30歳）。応長元年（一三一一）九月二十日の評定の座で倒れ、同二十二日出家（法名道覚）、同日（酉刻）に没した。享年三十七。

【解説】（1）母は「北条時政以来後見次第」・「帝王編年記」・前・纂要による。前は二男とする。（2）猶子は「帝王編年記」、貞時の女婿は正による。（3）通称は「鎌倉年代記」・野津、西殿は尊・纂要による。（4）官位等は「鎌倉年代記」・「武家年代記」・「北条時政以来後見次第」等による。（5）執権就任について、尊は執事に補す、前は別当、纂要は執権とする。（6）出家・法名・没年は「常楽記」応長元年条・「鎌倉年代記」等による。桓・群A・群Bは評定の座で卒したとする。なお、没日について、群A・群Bは二十三日、纂要は二十一日出家、二十六日没とする。また享年については、桓・群A・群Bが二十七とするが、誤記であろう。（7）「長門国守護職次第」によると、「武蔵守殿（師時）」が弘安四年（一二八一）閏七月晦日に長門の守護として下向したことを載せるが、当時師時は七歳であり、生涯武蔵守に任じられていない。また、次の長門守護として、弘安五年八月二十四日に着任した万寿は武蔵守の子とされており、師時の年齢から子があることは考えられない。弘安四年閏七月当時の武蔵守が師時の父宗政であり、その誤記ではなかろうか。宗政は同八月九日に没しており、後任にその子（万寿、武蔵十郎）が任じられたのであろう。この万寿は通称が武蔵十郎であり、師時（武蔵四郎）の弟にあたるのであろう。また守護国別参照。

【系図】野津・尊・正・桓・群A・群B・前・纂要・入ウ。

【史料】「北条時政以来後見次第」・「帝王編年記」・「鎌倉年代記」・「武家年代記」・「永仁三年記」・「常楽記」、『鎌倉遺文』⑳一五〇三一・一五六四六、㉒一七〇六二他。

（菊池）

ほうじょうもろとも　北条師朝　生没年未詳

鎌倉後期の武士。時房流、大仏家の庶流。父は北条朝政、母は未詳。評定衆朝直の孫にあたる。通称は彦五郎。

【解説】正のみに見える人物。通称は正の注記による。他に史料は見当たらない。

【系図】正。

【史料】

（鈴木）

ほうじょうもろまさ　北条師政　生没年未詳

鎌倉後期の武士。政村流。父は北条政村の六男政頼の子の貞政、母は未詳。官途は式部大夫。

【解説】（1）師政の父を前は貞政とし、正は政国とする。貞政と政国は同一人物とみられる。（2）正に「式部大夫」と注記がある。

【系図】前・正。

【史料】

（山野井）

ほうじょうもろむら　北条師村　生没年未詳

鎌倉後期の武士。政村流。父は北条政村の五男政長、母は未詳。子に時通がいる。通称は次郎。官位は従五位下、美作守。

【解説】前・入ウに見える人物。前者に「美作守、従五位下」、後者に「次郎」と注記がある。

【系図】前・入ウ。

【史料】

（山野井）

ほうじょうもろより　北条師頼　生没年未詳

鎌倉後期の武士。義時流（得宗）。父は北条時頼の子時厳、母は未詳。通称は桜田七郎。官途は三河守。正中二年（一三二五）以降鎮西引付頭人（一番）であった。元亨三年（一三二三）九月、師頼は大隅守護として所従宗太郎男に関する大隅河俣掾入道の訴訟を棄却している。以降幕府滅亡まで在職した。

【解説】（1）通称は群A・群B、官途は正・前による。（2）鎮西評定衆については、川添昭二「鎮西評定衆、同引付衆について」（『歴史教育』一一―七）、同「鎮西評定衆及び同引付衆・引付奉行人」（川添昭二編『九州中世史研究』二）、佐藤進一『鎌倉幕府訴訟制度の研究』参照。「鎮西引付記」（『薩藩旧記』所収、「旧典類聚」一三所収）は『鎌倉幕府訴訟制度の研究』参照。（3）守護は佐藤進一『増訂鎌倉幕府守護制度の研究』、川添昭二「鎌倉時代の大隅守護」（『金沢文庫研究』一七九）、守護論考・守護国別参照。元亨三年（一三二三）九月十二日の桜田師頼裁許状（「島津家伊作文書」：『鎌倉遺文』㊲二八五一五は前三河守某書下とする）、正慶二年（一三三三）四月二十七日の桜田師頼軍勢催促状（「大隅池端文書」：『鎌倉遺文』㊶三二一一五）に見える「前参河守」が師頼にあたる。師頼の前任の大隅守護である北条時直（実泰流）は、元亨三年八月の時点で長門守護として確認できるので、これ以前に交替したと考えられる。

【系図】正・群A・群B・前・入ウ

【史料】「鎮西引付記」・「島津家伊作文書」・「大隅池端文書」・「博多日記」、『鎌倉遺文』。

（菊池）

ほうじょうもんじゅまる　北条文殊丸　生没年未詳

鎌倉中期の女性。朝時流。父は北条篤時、母は未詳。

【解説】入ウのみに見える人物。

【系図】入ウ。

【史料】

（菊池）

ほうじょうやすいえ　北条泰家　生没年未詳

鎌倉後期の武士。義時流（得宗）。父は北条貞時、母は大室泰宗の女（大方殿）。通称は四郎・左近大夫・四郎左近大夫入道・左近大夫入道・大夫四郎。はじめ時利、幕府滅亡後は還俗し、時興と名乗った。官位は従五位下、左近将監。嘉暦元年（一三二六）三月十三日、兄高時が執権を退任したとき、母大方殿と執権就任を望んだが、内管領長崎高資を中心とする政権中枢の反対によって果たせず、高時出家の二日後の同十五日に出家した。法名は恵性。高時の後任として同十六日に就任した北条貞顕が就任後わずか十日あまりで辞任・出家したのは、本来高時と同時に出家することを望んでおり、また大方殿・泰家の怒りを恐れたためという。

正慶二・元弘三年（一三三三）五月十五日、十万の幕府軍を率いた泰家は、南下する新田義貞軍を武蔵国分倍河原で破るが、翌日の戦いで敗れ、鎌倉に退却した。同二十二日幕府滅亡に際して、高時の子二人を、長男邦時（万寿丸）は五大院宗繁に、二男時行（亀寿）は被官である諏訪盛高に託して落ち延びさせた。泰家自身も自害を装って奥州に逃れた。やがて還俗して改名して刑部少輔時興と名乗り、上洛して西園寺公宗を頼り、匿われた。建武二年（一三三五）六月、公宗とともに、信濃の北条時行、北陸の名越時兼を語らって再挙を謀ったが、事が露見し逃亡した。その後の消息は、翌三年二月に信濃で南朝方として挙兵したことが知られるのみである。

【解説】（1）母は「保暦間記」と尊による（北条氏研究会編「北条氏系図考証」〈『吾妻鏡人名総覧』〉参照）。（2）通称は正・纂要による。（3）初名は群A・群B・纂要による。（4）官位は尊・正・桓・群A・群B・前・纂要による。（5）出家は尊・正に、法名は尊（恵清）、正・群A・群B・前（恵性）、纂要（慧性）による。表記は前に従った。（6）細川重男『鎌倉政権得宗専制論』参照。

【系図】尊・正・桓・群A・群B・前・纂要。

【史料】「保暦間記」・「異本伯耆巻」・「太平記」・「市河文書」、『鎌倉遺文』㊳二九二五五・二九五〇二、㊶三二三七一他。

（菊池）

ほうじょう やすうじ　北条泰氏　生没年未詳

鎌倉後期の武士。時房流、大仏家の庶流。父は北条頼房、母は未詳。評定衆朝直の曾孫にあたる。伯耆守と伝えるが、確証はない。

【解説】（1）頼房には前・正の二系図から五人の男子が

知られ、その一人である。泰氏は正のみに見え、伯耆守も正による。他の史料は見当たらない。(2)「勅撰作者部類」に「泰氏（五位、平）」と見えるが、この泰氏にあたるかは未詳。「続千載和歌集」に入集している。（鈴木）

【系図】正。

【史料】

ほうじょう やすとき　北条泰時

寿永二年～仁治三年（一一八三～一二四二）

鎌倉中期の六波羅探題・執権。義時流（得宗）。父は北条義時（長男）、母は御所女房阿波局。妻には三浦義村の女（矢部禅尼、時氏と足利義氏室の母）と安保実員の女（時実の母）が知られる。通称は江間（馬）太郎・相模太郎・匠作・式部大夫・李部・李部大夫・駿州・武州・左京兆・前武州と変化する。寿永二年（一一八三）生まれた。童名は金剛。建久五年（一一九四）二月二日、有力御家人が居並ぶ中で元服の儀が行われた。叔父にあたる源頼朝が烏帽子親を勤め、「頼」の一字を与えられて頼時と名乗ることになった（12歳）。泰時への改名の時期は未詳だが、建仁元年（一二〇一）頃には改名していた。武技にも秀で、建久六年八月十六日の鶴岡八幡宮放生会の流鏑馬の儀には、「堪能」な者の一人として射手に選ばれている。建仁元年九月二十二日、泰時は将軍源頼家が政務を忘れて蹴鞠に熱中する様子を見かね、近臣中野能成を通して、故頼朝の例を引いて諫言した。しかし、これは頼家の不興をかい、泰時は伊豆国北条に下った。「吾妻鏡」にはこの在国中、泰時は飢饉に苦しむ領民に対し、貸し付け米の証文を焼き捨てたり、米・酒等を下賜するなどの救済活動を行ったという美談を載せている。

建暦元年（一二一一）九月八日修理亮に任じられた（29歳）。三代将軍源実朝のもと、建保元年（一二一三）二月二日、芸能に堪能な者を選んだ学問所番の一番の筆頭に加えられた。和歌もよくしたようで、幕府で行われた和歌会や連歌にも参加している。その詠歌は勅撰集の「新勅撰和歌集」・「続後撰和歌集」・「続古今和歌集」・「続拾遺和歌集」・「新後撰和歌集」・「玉葉和歌集」・「続千載和歌集」・「続後拾遺和歌集」・「新千載和歌集」・「新拾遺和歌集」に入集されている。

この年五月二日和田義盛の乱が起きた。泰時は弟の朝時や足利義氏とともに幕府を守ったが、朝夷奈義秀のため敗られ、将軍実朝は源頼朝の法華堂に移った。翌日は叔父時房とともに若宮大路を守り、幕府軍の勝利に寄与した。同七日勲功の賞として陸奥国遠田郡を与えられた。同九月十二日泰時は馬を将軍に献じているが、この馬は遠田郡の産であったと考えられる。同十二月十八日には、伊豆国阿多美郷地頭職を走湯山権現に寄進した。ここは本来同権現領であり、仁田忠常がそれを押領し、滅亡後泰時に与えられたところで、泰時はその由来を聞き永代放生の地とするため寄進したという。同四年三月二十八日式部少丞、同十二月三十日叙爵した(34歳)。同六年七月九日、父義時が霊夢を見て薬師堂の建立を発案した際、泰時は叔父時房とともにその民に対する影響を恐れ諫めたが、聞き入れられなかったという。同二十二日侍所の別当に任じられた。承久元年(一二一九)正月五日従五位上、同二十二日駿河守となる。これらは前年に将軍実朝が推挙したものである。同二十七日実朝が暗殺された時には参列していたが、どのような行動をとったかは未詳である。同十一月十三日武蔵守には転任した(37歳)。

承久三年五月十五日北条義時追討の宣旨が下された。いわゆる承久の乱の勃発である。父義時の命により、同二十二日泰時は子の時氏等十八騎を引き連れて鎌倉を出発した。その後幕府軍は東海道・東山道・北陸道の三手に分かれて次々と京都に向かった。泰時は叔父時房とともに東海道大将軍であった。六月五日尾張国一宮付近で最初の軍議が行われ東海道軍の進路が定められたが、晩になって東山道軍が官軍を破り、翌日東海道軍も加わったため官軍は雪崩をうって敗退していった。翌七日京都攻めの分担が定められ、泰時は宇治攻めを担当することになった。同十三日・十四日勢多・宇治などで合戦が行われた。幕府軍は苦戦を強いられ、宇治での戦死者は八百余騎であったという。夕方には幕府軍の勝利となった。同十五日幕府軍は入洛し、翌十六日泰時・時房は六波羅に入り、以降戦後処理を行い、また京都や西国の監視にあたる六波羅探題に就任した(39歳)。在京中、京都北方の栂尾高山寺の僧明恵に帰依し親交を深めている。

元仁元年(一二二四)父義時の死去により、六月十七日急遽鎌倉に下向、二十八日叔母北条政子に謁し、叔父時房とともに「武家事」を執行するよう要請された。すなわち執権に泰時が、連署に叔父時房が就任した(42歳)。翌二十九日、子の時氏と時房の子時盛が六波羅探題に任じられ上洛した。同七月義時後室伊賀氏を中心とする陰謀が露見した。これは伊賀氏の兄光宗が三浦義村と結び、一条実雅を将軍に、伊賀氏の子政村を執権に擁立しようとしたものである。政子はみずから三浦義村や幕府の宿老を説得し、光宗は所領没収の上政所別当を解任され、信濃国に配流、伊賀氏は伊豆国北条に籠居させられ、大事には至らなかった。また、七月十五日泰時の後見役として初めて家令を置き、尾藤景綱が任じられた。同九月五日には故義時の遺領処分が行われ、泰時は自分の相続する分について事前に政子の了承をとったという。

翌嘉禄元年（一二二五）六月十日大江広元が、ついで七月十一日には政子が他界している。幕府の重鎮を失ったことは、今後の政治運営の難しさを予想させたが、年末に評定衆が置かれ、十二月二十一日には評定始めが行われた。泰時は、今後の幕府運営を合議制で進めることを示したのである。一方、幕府を大蔵から宇都宮辻子に移し人心を一新するとともに、藤原三寅を元服させて頼経と名乗らせている。そして翌二年正月二十七日には将軍宣下があり、第四代将軍が誕生した。頼経の室には源頼家の女竹御所が定められた。安貞元年（一二二七）六月十八日、二男の時実は家人である高橋二郎のため、十六歳で殺害された。また、京都にあった長男の時氏は、寛喜二年（一二三〇）四月十一日北条重時と交替して鎌倉に下向、同五月の末には病状が重くなり、泰時は仏法や陰陽道の祈祷を行ったが、その甲斐なく同六月十八日に二十八歳で没している。以降、泰時は孫の経時・時頼兄弟に北条氏の将来を託すことになった。

寛喜二年は天候が不順であり、夏なのに武蔵や美濃では雪が降った。この年から翌年にかけてはいわゆる「寛喜の大飢饉」が起こり、餓死者が多かった。泰時は同三年三月十九日、みずからが守護である伊豆・駿河両国に対し、出挙米を施すよう指示している。宣旨による諸国国分寺における最勝王経の転読や鶴岡八幡宮における大般若経読誦なども行われた。この間関東祗候人の過差の禁止、新補地頭の所務（五箇条）、守護・地頭の所務沙汰等について定める一方、公平な裁判を行うための成文法の整備を進めていた。泰時は、貞永元年（一二三二）四月十一日正五位下に叙されるが（50歳）、七月十日には成文法がまとめられ、八月十日から施行された。これが「御成敗式目」である。同式目は五十一箇条からなり、武家社会の道理や右大将家（頼朝）以来の先例を基準として制定された、最初の武家の手になる法典であった。『吾妻鏡』はこれを「関東の鴻法」と称している。嘉禎元年（一二三五）七月に起きた近江の守護佐々木氏と比叡山延暦寺の鎮守日吉神社との相論に対しては、佐々木氏側を配流に処すとともに延暦寺側の首謀者の責任も追及して公平を期している。鎌倉の町も次第に整備された。泰時は、貞永元年七月往阿弥陀仏の計画した和賀江嶋の築造に合力し八月には完成している。仁治元年（一二四〇）十一月鎌倉と六浦津の間の道を開削することを計画し、同二年四月から六浦道（朝夷奈切通）の開削工事が始められ、工事が遅滞するとみずから土石を運んだという。

泰時は、嘉禎二年三月四日従四位下、同十二月十八日左京権大夫を兼任した（54歳）。暦仁元年（一二三八）正月、将軍頼経に従って上洛、二月十七日に京都六波羅の御所に入った。在京中の三月十八日従四位上に叙されたが、同四月六日武蔵守を辞任、同九月二十五日左京権大夫を辞している（56歳）。また在京中篝屋の制を設け、京都の治安維持に務めている。十月十四日将軍頼経に従って京都を発して下向し、同二十九日鎌倉に到着した。延応元年（一二三九）九月九日には正四位下に叙された（57歳）。

仁治三年（一二四二）正月四条天皇が逝去し、皇位継承問題が浮上する。泰時は朝廷の推す順徳院の皇子の即位を否定し、鶴岡八幡宮の神意によるものとして、土御門院の皇子を推挙し、後嵯峨天皇を即位させた。同四月泰時は病に罹り、六月九日に出家（法名観阿）、同十五日没した。享年六十であった。遺骨は、嘉禎三年に泰時が夫人の母の追福のため、栄西の弟子退耕行勇を開山としたと伝える粟船堂（現在の大船常楽寺）背後の山上に葬られた。現在常楽寺本堂の裏に墓塔が残る。子には北条氏関係の諸系図から、時氏・時実・公義のほか女子七人が知られる。

【解説】（1）母は「鎌倉年代記」・「武家年代記」による。（2）生年は没年からの逆算による。（3）江間（馬）は伊豆国北条付近の地名で、父義時の通称（江馬殿）に、相模は父義時の官途（相模守）にちなむものである。匠作以降は泰時の官途にちなむ。（4）童名は「吾妻鏡」による。（5）官位は「鎌倉年代記」・「武家年代記」・「関東評定衆伝」・「北条時政以来後見次第」・「関東開闢皇代並年代記事」・「吾妻鏡」等による。（6）和歌については

「吾妻鏡」・「勅撰作者部類」による。（7）出家については、「鎌倉年代記」・「鎌倉大日記」・「関東開闢皇代並年代記事」による。「鎌倉年代記（裏書）」・「関東評定衆伝」・尊・野津は五月九日出家とする。「武家年代記」・群A・群Bは五月十九日出家とする。（8）没年については、「鎌倉年代記」・「武家年代記」・「関東評定衆伝」・「北条時政以来後見次第」・「関東開闢皇代並年代記事」・尊・野辺・野津等による。享年を野辺は六十一、尊は六十五とする。（9）参考文献に、上横手雅敬『北条泰時』（『人物叢書』九）、佐藤進一『鎌倉幕府守護制度の研究』、同『鎌倉幕府訴訟制度の研究』、細川重男『鎌倉政権得宗専制論』、安田元久編『鎌倉将軍執権列伝』、北条氏研究会編『城塞都市鎌倉』、守護論考・守護国別等がある。

【系図】野辺・野津・桓武・尊・正・桓・群A・群B・前・纂要・入・入ウ。

【史料】「鎌倉年代記」・「武家年代記」・「関東評定衆伝」・「北条時政以来後見次第」・「関東開闢皇代並年代記事」・「吾妻鏡」・「勅撰作者部類」・「明恵上人伝記」、『大日本史料』第五編之十四（仁治三年六月十五日条）、『鎌倉遺文』⑤三二一八・三二四〇・三二七一他。

（菊池）

ほうじょう やすときじょ　北条泰時女　生没年未詳

鎌倉中期の女性。義時流（得宗）。父は北条泰時、母は未詳。藤原北家閑院流の藤原実春に嫁した。

【解説】群A・群Bでは泰時の女の注記に「中将実春室」とするが、野津・纂要は義時の女に「実春中将室、但離別」「参木（議）中将実春卿室」とする。実春は参議になった徴証はなく、父公国が建保六年（一二一八）九月十日に五十六歳で没しており、年代から後者を混入と判断し、泰時の女と推定した。

【系図】群A・群B・野津・纂要。

【史料】

（菊池）

ほうじょう やすときじょ　北条泰時女　生没年未詳

鎌倉中期の女性。義時流（得宗）。父は北条泰時、母は三浦義村の女。足利義氏の妻となり、泰氏を生んだ。

【解説】（1）母は野辺による。（2）泰氏の母は尊による。

【系図】野辺・野津・尊・群A・群B・纂要。

【史料】

（菊池）

ほうじょう やすときじょ　北条泰時女　建永元年～寛喜二年（一二〇六～三〇）

鎌倉中期の女性。義時流（得宗）。父は北条泰時、母は未詳。三浦泰村の妻となったが、寛喜元年（一二二九）正月二十七日死産した。同九月十日夫泰村が京都大番勤仕のための上洛に従った。翌二年七月十五日女子を生んだが、産後の具合が悪く、八月四日酉刻二十五歳で没した。十月二十四日には墳墓の堂供養が行われている。

【解説】群Bは早世と記す。なお、野津は泰時の女と北条義時の女に泰村妻（早世）を記すが、後者は誤記と思われる。

【系図】野辺・野津・桓・群A・群B・纂要・入ウ。

【史料】「吾妻鏡」。

（菊池）

ほうじょう やすときじょ　北条泰時女　生没年未詳

鎌倉中期の女性。義時流（得宗）。父は北条泰時、母は未詳。富士姫御前と号した。時房流の北条朝直の妻となり、寛喜三年（一二三一）四月十九日男子を生んでいる。のち朝時流の北条光時に嫁した。

【解説】（1）通称は入ウによる。（2）光時の妻となったことは野辺・野津・入ウによる。

【系図】野辺・野津・桓・群A・群B・入ウ。

【史料】「吾妻鏡」。

（菊池）

ほうじょう やすときじょ　北条泰時女　生没年未詳

鎌倉中期の女性。義時流（得宗）。父は北条泰時、母は未詳。

【系図】桓。

【解説】桓のみに見える女性。注記はない。

【史料】

（菊池）

ほうじょう やすときじょ　北条泰時女　生没年未詳

鎌倉中期の女性。義時流（得宗）。父は北条泰時、母は未詳。義時の孫にあたる。寛元二年（一二四四）二月駿河国富士郡に下向、同四月十日有棲河黄門（坊門国通）の猶子となるため上洛している。国通は北条時政の婿にあたる。

【解説】「吾妻鏡」寛元二年二月三日条に「故右京兆禅室御孫（号富士姫公）」と見える。

【系図】纂要。

【史料】「吾妻鏡」。

（菊池）

ほうじょう やすふさ　北条泰房　生没年未詳

鎌倉後期の武士。時房流、大仏家の庶流。父は北条頼房、母は未詳。評定衆朝直の曾孫にあたる。掃部助。和歌が「拾遺風躰和歌集」に一首収められている。子に貞泰がいる。

【解説】（1）頼房には前・正の二系図から五人の男子が知られ、その一人である。前・正の両方に見えるのは、このうち泰房のみである。掃部助の注も両系図にある。子は正による。他の史料は見当たらない。（2）「拾遺風躰和歌集」は鎌倉歌人の歌を多く集める。

【系図】前・正。

【史料】「拾遺風躰和歌集」。

（鈴木）

ほうじょう やすまさ　北条泰政　生没年未詳

鎌倉後期の武士。政村流。父は北条政村の七男政方、母は未詳。通称は七郎。

【解説】前にのみ見える人物。「七郎」と注記がある。

【系図】前。

【史料】

（山野井）

ほうじょう やすむね　北条泰宗　生没年未詳

鎌倉後期の武士。時房流。北条時隆の子、母は未詳。官位・通称は七郎、従五位下、式部丞・式部大夫。子に貞隆・時香がいる。

【解説】（1）正は時村の子とする。（2）位階は前・群A・群Bにより、官途・通称については、入ウは七郎、前は式部、正は式部大夫、群A・群Bは式部丞とする。

【系図】前・正・群A・群B・入ウ。

【史料】

（川島）

ほうじょう やすもち　北条泰茂　生没年未詳

鎌倉中期の武士。義時流（得宗）。父は北条泰時の子公義、母は未詳。通称は四郎。

【解説】通称は前による。

【系図】桓・群A・群B・前。

【史料】

（菊池）

ほうじょう ゆきざね　北条行実　生没年未詳

鎌倉後期の武士。実泰流。北条時雄の子、母は未詳。

【解説】前・「遠藤系図」に見える時雄と、正に見える顕雄は同一人物と考えられる。正に式部丞顕雄の子として見えるが、本稿では時雄の子に読み替えた。

【系図】正。

【史料】

（永井）

ほうじょう ゆきずみ　北条幸澄　生没年未詳

鎌倉後期の武士。有時流。父は北条宗兼、母は未詳。

北条有時の曾孫にあたる。

【解説】正のみに見える人物。

【系図】正。

【史料】


（末木）

ほうじょう ゆきつぐ　北条幸継　生没年未詳

鎌倉中期の武士。朝時流。北条時幸の次男、母は未詳。別名政明（政章）。官途は掃部助。

【解説】（1）時幸の子として前にのみ見える政明は、「太郎時春」と「三郎義業」の間に配されて、入ウには「政章（同次郎）」とある。幸継と通称が一致し、幸継・政明を併記する系図がないことから、同一人物と思われる。時幸の子は、野辺・野津・前に各四人、正に二人の男子が記されているが、諸系図により実名が異なり、確定することが難しい。通称が一致する場合は同一人物と考えた。（2）野辺・野津の注記に「次郎」と記されていることから、時幸の次男と考えられる。（3）官途は前による。（4）寛元四年（一二四六）閏四月、四代執権経時が死去すると、叔父の光時・父時幸らは将軍藤原頼経と提携して幕府権力の奪取をはかるが、新執権時頼によって未然に防がれた。張本とされた光時・時幸は出家して、時幸は六月一日に自害、光時は六月十三日に伊豆国江間に配流された。寛元の政変以後、時幸の子息等は幕府政治の舞台から全く姿を消していく。幸継も「吾妻鏡」に記述が無く、その実体は未詳である。

【系図】野辺・野津・前・入ウ。

【史料】


（久保田）

ほうじょう ゆきとき　北条幸時　生没年未詳

鎌倉後期の武士。時房流。北条時員の子、母は未詳。通称は弥四郎。

【解説】正にのみ見える人物。「弥四郎」と注記がある。

【系図】正。

【史料】


（川島）

ほうじょう ゆきとき　北条幸時　生没年未詳

鎌倉後期の武士。時房流。北条政忠の子。母は未詳。官途は兵庫助。
【解説】前にのみ見える人物。「兵庫助」と注記がある。
【系図】前
【史料】

（川島）

ほうじょう ゆきとき　北条随時

正応四年～元亨元年（一二九一～一三二一）

鎌倉後期の武士。義時流（得宗）。父は北条時氏の子時定、母は未詳。定宗（貞宗）の猶子となった。通称は阿曽遠江守。官位は従五位下、左近将監、遠江守。正和四年（一三一五）七月以前に二番引付頭人となる。翌五年末か文保元年（一三一七）始めまでの間に鎮西探題に任じられ、九州に下った。肥前国高来郡山田庄は父時定から相伝し、子の治時に伝えられた。元亨元年（一三二一）六月二十三日赴任先の九州で没した。三十一歳であったという。

【解説】（1）時定の子であることについては正・纂要・「満願寺歴代并旧記」に、定宗の猶子になったことについては正に、定宗（貞宗）の子であることについては尊・正・群A・群B・前・纂要に見える。纂要は「或作定宗子」とする。（2）前は通称を「大友左近大夫将監」とする。（3）九州下向を纂要は乾元元年（一三〇二）とする。（4）子の治時の誕生は随時二十八歳の時とされる。治時は得宗高時の養子となっている。（5）没年は尊・纂要・群A・群Bによる。「満願寺歴代并旧記」では四月十五日（享年三十一）とし、「常楽記」元亨元年条には「五月廿五日、随時阿曽遠江前司於鎮西他界」とある。（佐藤進一「鎌倉幕府職員表復元の試み」〈『鎌倉幕府訴訟制度の研究』附録〉、川添昭二「鎮西評定衆・同引付衆について」（『歴史教育』一一―一七）、細川重男『鎌倉政権得宗専制論』、守護論考・守護国別等参照。

【系図】尊・正・群A・群B・前・纂要。

【史料】「満願寺歴代并旧記」・「常楽記」。

（菊池）

ほうじょう ゆきとき　北条随時

生没年未詳

鎌倉後期の武士。政村流。父は第九代連署の北条時村の子の定宗、母は未詳。通称は九郎。

【解説】群A・群Bにのみ見える人物。両者に「不明」と注記がある。なお、義時流（得宗）の時定（為時）の子で定宗の猶子となった随時がおり、誤記とも考えられる。

【系図】群A・群B。

【史料】

（山野井）

ほうじょう ゆきやしゃまる　北条幸夜叉丸

生没年未詳

鎌倉後期の武士。朝時流。北条周時の子、母は未詳。

【解説】寛元の政変で、北条時章は得宗北条時頼に野心無き旨を陳謝し、以後名越氏の嫡流となる。時章の子孫は評定衆・引付頭人の家格を有し、幕政の中枢に位置した。しかし幸夜叉丸は他の北条氏諸系図には見えず、その実体は未詳である。

【系図】群A・群B・正。

【史料】

（久保田）

ほうじょう よしつる□□　北条吉鶴□　生没年未詳

鎌倉後期の人物。実泰流。父は北条政顕、母は未詳。

【解説】入ウのみに見える人物。

【系図】入ウ。

【史料】

（菊池）

ほうじょう よしとき　北条義時

長寛元年～元仁元年（一一六三～一二二四）

鎌倉前期の執権。義時流（得宗）。父は北条時政（次男）、母は伊東入道（祐親カ）の女。同母兄弟として、兄に三郎宗時が、姉に政子がいる。通称は北条四郎・江間（馬）四郎・北条小四郎・江間（馬）小四郎・相州・右京兆・京兆・奥州・前奥州・前奥州禅門と変化する。長寛元年（一一六三）生まれた。治承四年（一一八〇）五月、頼朝が平家追討を命ずる以仁王の令旨を受けると、同八月二十三・二十四両日、頼朝に従って平家方の大庭景親軍と相模国石橋山（現神奈川県小田原市）で戦った。敗れた頼朝と別れ、義時は父時政とともに箱根の湯坂道を甲斐国方面に向かい、別途伊豆に向かった兄宗時は早川付近で伊東祐親勢のため討たれた（18歳）。同二十七日時政・義時父子等は伊豆国土肥郷から頼朝より一足早く海路安房国（現千葉県）に渡り、同地で合流した。同十月頼朝は鎌倉に入り、十二月十二日新亭移徙の儀が行われるが、時政・義時父子も供奉している。養和元年（一一八一）四月七日、頼朝の寝所近辺を警備するため、弓矢に優れ、隔心のない者が十一人選ばれるが、義時はその一人に選ばれている（19歳）。義時は、この頃からすでに、相模の三浦義澄・和田義茂・梶原景季、下総の千葉胤正・葛西清重・下河辺行平・結城朝光等とともに頼朝の最も信頼する若い御家人の一人であった。寿永元年（一一八二）十一月、岳父牧宗親が頼朝に辱めを受けたと父時政が伊豆に下向したとき、義時はこれに従わず、将来頼朝の子孫の護りとなるであろうと褒められたという。

元暦元年（一一八四）八月、平家追討のため源範頼に従って西海に下向、翌文治元年（一一八五）正月二十六日、豊後国に渡った（23歳）。同二月一日、葦屋浦で平家家人の原田種直父子を破った。頼朝はこれらの戦功に対しみずから書状を送って賞している。鎌倉に帰った時期は未詳だが、同十月二十四日に行われた勝長寿院供養に先陣の随兵として参列している。同四年七月十日、万寿（のちの頼家）の着甲始が行われ頼朝に近仕している。同五年六月十日の鶴岡八幡宮の塔供養にも先陣の随兵として供奉した。同七月十九日、頼朝は奥州藤原泰衡を討つため鎌倉を出発しているが、時政・義時父子の名もその中に見える。しかし、戦場での活躍を示す記事は『吾妻鏡』には見えない。恐らく、頼朝のそば近くにいたものと思われる。

建久元年（一一九〇）十一月の頼朝の上洛に供奉、六条若宮・石清水八幡宮の参詣や後白河院御所参向にも従った。翌二年二月の頼朝の二所参詣には父と共に御後に供奉した。同十一月二十一日の鶴岡八幡宮遷宮の儀には頼朝の御剣を持って側に祗候している。同三年五月に、義時の嫡子金剛（のちの泰時）が歩いていたところ、多賀重行が馬に乗りながらその前を通過し所領を没収される事件が起きた。この時頼朝は重行に「金剛は汝ら傍輩に準じることはできない」と戒めたという。『吾妻鏡』編纂時の意図もあろうが、幕府における義時の位置づけを想定させるエピソードであろう。泰時は、同五年二月に元服するが、烏帽子親は頼朝が勤めている。建久三年八月九日に実朝が誕生したとき、義時以下六人が護刀を献上した。同九月二十五日には、頼朝の計らいで、比企朝宗の女姫前（幕府の官女）を妻に迎えている。同四年始め、病気により伊豆で養生していたが、三月十二日には鎌倉に戻り、頼朝の主催する下野国那須や信濃国三原等で行われた狩に参加、五月に行われた富士野藍沢の狩にも参加した。同五年七月から伊豆国北条の願成就院修理のため伊豆に下り、十一月十日に帰鎌した。翌六年二月、源頼朝は東大寺供養に参列するため上洛した。義時もこれに従って上洛、参内や石清水八幡宮社参、四天王寺参詣にも従った。

正治元年（一一九九）正月、源頼朝が没し、子の頼家が嗣ぐと、父時政は将軍の祖父としてその政治力を発揮しはじめる。先例を無視する頼家の行動は御家人の反発を招き、同四月、時政・義時を含めた幕府の宿老十三人による合議制が実行された（37歳）。義時は将軍頼家の覚えもよく、鶴岡八幡宮や伊豆国三嶋社等への奉幣使を勤め、蹴鞠会の判定役も勤めている。一方、頼家の弟千幡（のちの実朝）にも仕え、建仁三年（一二〇三）二月四日にはその鶴岡社参の扶持を行っている。同九月に起きた比企氏の乱では、子の泰時以下の御家人とともに一幡の拠る小御所を襲い、比企一族を滅亡させた。この後義時は比企能員が守護であった信濃と島津忠久が守護であった大隅両国の守護を与えられた。

同十一月十五日、鎌倉中の寺社の奉行が定められたとき、義時は和田義盛とともに鶴岡八幡宮を担当した。義時は将軍実朝になっても、将軍の寺社参詣の供奉や鶴岡八幡宮・二所・伊豆国三嶋社等への奉幣使を勤め、自邸に実朝を迎えるなど、側近として奉公している。元久元年（一二〇四）三月六日相模守となり、同日叙爵した。同二年六月、畠山重忠が没落する。この事件は父時政の後妻牧方の讒言によるものであり、義時は弟時房とともに父を諌める姿勢をとった。最終的に父の指示に従って重忠を討つが、讒訴である旨を報告している。同閏七月十九日には牧方の陰謀が露見し、将軍実朝は時政亭から義時亭に迎えられ、父時政は出家した。翌二十日父時政は伊豆国北条に下向、代わって義時が執権となった。駿河・伊豆等の守護も引き継いだと考えられる。同八月、宇都宮頼綱の謀反が発覚するが、姉政子を中心に大江広元・安達景盛等と協議し、穏便にこれを抑えることができた。以降の幕府政治は、義時を中心に弟時房・大江広元・三善善信・伊賀朝光等によって運営された。

承元元年（一二〇七）正月五日従五位上に叙された（45歳）。同三年十一月十四日、義時は伊豆国の住人で年来の義時の郎従を侍（御家人）に準じる待遇を与えるよう将軍実朝に申請した。これは、義時が他の御家人と一線を隔す存在であることを示す目的があったと思われる。しかし、姉政子や大江広元等の意見により、実朝はこれを将来幕府を危うくする原因となるとして許可しなかった。同二十日には諸国守護の職務怠慢を理由に、守護の結番（交代制）が議され、各守護に補任の下文の提出をもとめた。これは御家人の反対に逢い実現しなかったが、源頼朝以来の有力御家人への抑圧策と考えられる。

建保元年（一二一三）二月二十七日正五位下に叙された

（51歳）。この年二月、千葉成胤が差し出した一人の法師（安念）の白状から、信濃国泉親衡の陰謀事件が発覚する。その計画に和田義盛の子義直・義重と甥の胤長が加わっていたため、義時は絶好の機会と捉え、さかんに和田氏への挑発をはじめた。その挑発にのった和田一族は、五月二日遂に挙兵し、幕府や義時亭を襲撃した。義時は一時窮地に陥ったが、三浦義村の内応もあり、二日間の激戦の末、義盛は討死し、一族は壊滅した。この結果、義時は義盛の保有していた侍所別当の地位も手に入れ、義時は益々幕府の中での独裁的な権力を確固たるものとした。以降北条氏は政所別当と侍所別当を兼任し、執権として幕政を主導していくことになる。同三年正月八日父時政が伊豆国北条で没し、同九月十四日には義兄弟の伊賀朝光が没するなど、近親者の不幸が相次いだ。同十二月十五日、義時はみずからの願いで建立した伊豆国願成就院南御堂の供養を行っている。同四年正月十三日従四位下に叙され（54歳）、同五年正月二十八日右京権大夫（55歳）、同十二月十二日陸奥守を兼任した。父時政の官位を越え、名実共に幕府の実力者となったのである。同六年七月二十二日、侍所の職員を定め、子の泰時を別当にし、二階堂行村・三浦義村を率いて御家人の事を奉行させ、大江能範に将軍の御出以下の御所中の雑事を、伊賀光宗に供奉の御家人に関することを担当させた。

承久元年（一二一九）正月二十七日、鶴岡八幡宮の社頭で、源頼家の遺児鶴岡八幡宮別当公暁による将軍実朝暗殺事件が起きる。この時実朝は右大臣拝賀の儀のため参宮していたが、義時もこれに供奉し、実朝の御剣役を勤める予定であった。しかし、にわかに病気となり、その役を源仲章に譲り、鎌倉小町の自邸に戻っていたため、この災いを逃れることが出来たのである。公暁は三浦義村宅に向かう途中で長尾定景のため討たれた。こうした『吾妻鏡』の叙述から、義時が事前にこの暗殺計画を知っていたとする憶測も生まれ、三浦氏の陰謀説や義時の陰謀説等があり、真相は闇の中である。実朝の死去によって源氏の正統は絶えることとなり、将軍の地位をめぐる争いが生じることになった。同二月十一日駿河国安野郡で宣旨を賜り東国を管領しようとして挙兵した阿野時元もその一人で、十九日北条政子の命により執権北条義時は金窪行親以下の御家人を派遣、二十二日阿野方は敗北し、時元は自害している。翌二年四月には、京都で源頼家の遺児禅暁を殺害した。これより先、実朝後の将軍を皇族出身者とすべく、建保六年二月、熊野詣を口実に姉政子は時房とともに上洛して交渉し、冷泉宮頼仁親王が候補者になっていた。義時は実朝没後もこの実現に向けて策動したが、後鳥羽上皇の同意が得られず、結局源頼朝の血を引く九条道家の子三寅（当時二歳、のちの頼経）に決定し、承久元年七月十九日鎌倉に到着した。これ以降、三寅が幼少のあいだは政子が後見として政治を聴き、義時が執権として政治を執り行う体制が整えられた。

こうして朝幕関係が緊張の度を加えていくなかで、義時は伊賀光季を京都守護として上洛させ、京都中の治安維持と朝廷の監視にあたらせ、さらに大江親広も上洛させた。しかし、後鳥羽上皇を中心に倒幕計画が進められ、承久三年（一二二一）五月、畿内近国の武士や僧兵が召集され、伊賀光季を謀殺し、北条義時追討の宣旨が全国に発せられた。義時は御家人の向背を懸念したが、三浦義村以下の御家人が幕府に忠誠を誓い、一致団結してこの難局に対処できたのである。義時は嫡子泰時、二男朝時、弟時房を大将軍とする十九万人の大軍を、東海道・東山道・北陸道から上洛させた。五月十一日に鎌倉を発った大軍は、各地で京方の軍勢を破り、六月十五日には入京して京都を制圧した。義時は、後鳥羽上皇方の首謀者の処断を指示し、仲恭天皇を廃して後堀河天皇を即位させ、後高倉院による院政をはじめさせた。後鳥羽・順徳・土御門の三上皇は、それぞれ隠岐・佐渡・土佐（のち阿波に変更）に配流された。また、京方についた公家・武士等の所領三千余箇所を没収し、勲功のあった武士に新恩地として与えている。この結果、義時の主導する鎌倉幕府が、京都の公家政権に対し優位に立ち、これを監督・支配する状況が生まれた。京都には、大将軍として入洛した泰時・時房を留め朝廷を監視させるとともに、畿内や西国を統括する幕府の出先機関である六波羅探題を設置し、泰時・時房がその初代となった。

貞応元年（一二二二）八月十六日陸奥守を辞任（60歳）、同十月十六日右京権大夫を辞任している。承久の乱の後、幕府の勢力は西国にも及び、新たに地頭に補任された東国の武士と現地での争いも多く、義時はそうした訴訟に対処するなど忙殺されている。一方、政権の安定と三寅の下向で鎌倉には京都の文化が移植されつつあり、その過程の元仁元年（一二二四）六月十二日病が重くなり出家（法名は徳崇）、翌十三日巳刻に没した。享年六十二。葬儀は同十八日に行われ、源頼朝法華堂の東の山上に葬られた。嫡子泰時は急遽京都から帰京し、執権としてその事業を引き継ぐことになった。

義時の保有した守護国は、上述の信濃・駿河・伊豆・大隅の他に、若狭・越後がある。子に泰時・朝時のほか、重時・政村・実泰・有時・時経・尚村と女子数人が知られる。

【解説】（1）母は前による。前は義時を次男とする。（2）通称は「吾妻鏡」・野津・前・正・纂要・「鎌倉年代記」等による。（3）生年は「鎌倉年代記」による。（4）官途は「吾妻鏡」・「鎌倉年代記」・「武家年代記」・纂要等による。（5）この女性は、容顔がたいへん美麗で、源頼朝の覚えが良く、「権威無双之女房」と称された。北条義時に見初められ、建久三年（一一九二）九月に嫁取りの儀が行われた。この時頼朝は義時に離別しないという起請文を書かせて嫁取りを認めたという。同五年に朝時を生んでいる。（6）没年は「吾妻鏡」による。「鎌倉年代記」・野辺・野津・桓・武・正・桓・群A・群Bも同じ。尊は没日を十六日、纂要は三日とする。（7）発給文書については、下山忍「北条義時発給文書について」（『中世日本の諸相』下巻所収）が、参考文献として、安田元久『北条義時』（『人物叢書』八二）、佐藤進一『鎌倉幕府守護制度の研究』、同『鎌倉幕府訴訟制度の研究』、細川重男『鎌倉政権得宗専制論』、安田元久編『鎌倉将軍執権列伝』、岡田清一『北条義時――これ運命の縮まるべき端か――』（ミネルヴァ日本評伝選）、守護論考・守護国別等がある。

【系図】野辺・野津・桓武・尊・正・桓・群A・群B・前・纂要・入・入ウ。

【史料】「吾妻鏡」・「鎌倉年代記」・「武家年代記」、『大日本史料』第五編之一（元仁元年六月十三日条）、『鎌倉遺文』③一五二〇・一五二一・一五五一他。　（菊池）

ほうじょう よしときじょ　北条義時女　生没年未詳

鎌倉前期の女性。義時流（得宗）。父は北条義時、母は未詳。中原親能の子季時に嫁した。

【解説】野津には、別途「駿河入道妻」が見えるが、重複であろう。

【系図】野津・群A・群B・纂要、入ウ。

【史料】　（菊池）

ほうじょう よしときじょ　北条義時女　生没年未詳

鎌倉前期の女性。義時流（得宗）。父は北条義時、母は未詳。藤原（西園寺）実有の室となった。

【解説】

【系図】野津・尊・群A・群B・纂要・入ウ。

【史料】　（菊池）

ほうじょう よしときじょ　北条義時女　生没年未詳

鎌倉前期の女性。父は北条義時、母は伊賀朝光の女。承久元年（一二一九）十月二十日一条能保の子実雅に嫁した。翌二年八月六日男子を生んだ。同三年十二月三日、再び妊娠して祓いが行われ、翌貞応元年（一二二二）正月十六日、二月九日にも、父義時亭で御産の祈（千度祓い等）が行われ、同十二日女子を生んだ。元仁元年（一二二四）夫の実雅が母伊賀氏の陰謀に加担し、越後に配流されたため、その後唐橋通時に嫁した。子に通時の子通清がいる。

【解説】（1）父については野津・尊・桓・群A・群B・纂要による。群A・群Bには、泰時の女にも実政室を掲げるが誤記であろう。（2）母は「吾妻鏡」承久元年十月二十日条による。（3）夫の実雅は、元仁元年六月十三日父義時が没すると、母伊賀氏が三浦義村を抱き込み、女婿の実雅を将軍に立てて子の政村を執権に就任させ、叔父の政所執事伊賀光宗に幕府の実権を握らせようとしたが、義村の翻意により失敗、八月十日鎌倉から入洛し、翌九月二十日所職を止められ、越前国に配流された。

【系図】野津・尊・桓・群A・群B・纂要・入ウ。

【史料】「吾妻鏡」。　（菊池）

ほうじょう よしときじょ　北条義時女　生没年未詳

鎌倉初期の女性。義時流（得宗）。父は北条義時、母は未詳。大江広元の子親広に嫁し、その没後源（土御門）定通に嫁した。通称は竹殿。

【解説】通称は尊・入ウによる。

【系図】尊・群A・群B・纂要・入ウ。

【史料】　（菊池）

ほうじょう よしときじょ　北条義時女　生没年未詳

鎌倉中期の女性。義時流（得宗）。父は北条義時、母は未詳。

【解説】野津のみに見える女性。注記はない。

【系図】野津。

【史料】

【解説】

ほうじょう よしときじょ　北条義時女　生没年未詳

鎌倉前期の女性。義時流（得宗）。父は北条義時、母は未詳。宇野則景に嫁した。

【系図】纂要九・「赤松系図」・「有馬系図」。

【史料】

（菊池）

ほうじょう よしときじょ　北条義時女　生没年未詳

鎌倉中期の女性。義時流（得宗）。父は北条義時、母は未詳。一条能基に嫁した。

【解説】「吾妻鏡」承久三年（一二二一）十一月二十三日条によると、義時に女子が誕生している。年代的にみると、この女性にあたるかもしれない。

【系図】纂要・入ウ。

【史料】「吾妻鏡」。

（菊池）

ほうじょう よしときじょ　北条義時女　生没年未詳

鎌倉中期の女性。義時流。父は北条義時、母は未詳。佐々木信綱に嫁した。

【解説】入ウのみに見える人物。注記に「佐々木近江守信綱妻」とある。

【系図】入ウ。

【史料】

（菊池）

ほうじょう よしときじょ　北条義時女　生没年未詳

鎌倉中期の女性。義時流。父は北条義時、母は未詳。（姓未詳）実泰に嫁した。

【解説】入ウのみに見える人物。注記に「近衛中将実泰室」とある。

【系図】入ウ。

【史料】

（菊池）

ほうじょう よしときじょ　北条義時女
→北条泰時女（ほうじょうやすときじょ、藤原実春室）

ほうじょう よしときじょ　北条義時女
→北条時茂女（ほうじょうときもちじょ、足利家時妻）

ほうじょう よしなり　北条義業
→北条時元（ほうじょうときもと）

ほうじょう よしまさ　北条義政　仁治三年〜弘安四年（一二四二〜八一）

鎌倉中期の連署・評定衆。重時流。北条重時の子（六男）、母は女房少納言局。初名は時量。塩田北条氏の祖。

通称は塩田武蔵守、塩田入道。「吾妻鏡」には、建長六年（一二五四）六月十八日の「鎌倉物騒」の際に執権北条時頼のもとに駆け付けている記事があり、これが初見である（13歳）。正元元年（一二五九）四月十七日従五位下に叙せられ左近将監に任じられた（18歳）。弘長元年（一二六一）十一月父重時が死去。同三年八月九日「名越亭」に移る。文永二年（一二六五）六月十一日引付衆（23歳）。同四年十一月評定衆（26歳）。同六年四月三番引付頭人を兼任（28歳）。同七年五月二十日駿河守に任官（29歳）。同十年六月十七日連署となり、同年七月一日武蔵守に任官した（31歳）。同十一年の文永の役に際しては連署として執権北条時宗を補佐した。恐らくは幕府首脳として緊張の日々を過ごしたであろうことは想像に難くない。重時流は、時房流や政村流とともに、北条氏にあって執権・連署を勤めることのできた庶子家であり、義政の「引付衆→評定衆→引付頭人→連署」という昇進パターンもその典型的なものであったが、建治三年（一二七七）四月四日、病により出家した（36歳）。法名を正義（政義）という。さらに、同年五月二十八日に信濃善光寺を参拝した後に、所領の信濃国塩田庄に遁世逐電した。六月五日にそれを引き止めるための幕府の使者が派遣されるが、義政は翻意せず、同月には所帯を収公されたとされる。その四年後の弘安四年（一二八一）十一月二十七日、籠居していた塩田庄で没した（40歳）。義政居館は、現在の長野県上田市塩田の東前山地区ではないかと推定されており、東前山の龍光院には義政の墓とも伝えられる無銘の石塔も残されている。その出家・遁世の理由については判然としないが、「建治三年記」によれば、義政が素懐を遂げたとある。常楽寺・安楽寺・前山寺などの多数の寺院が並びたち「信州の学海」と呼ばれていた当時の信濃国塩田庄で、政治を引退して仏道への道を歩む決意を固めたのであろうか。執権時宗との確執や、義政の同母の姉妹が安達泰盛に嫁していたことから幕府内部での安達泰盛と平頼綱の対立を反映したとする説、あるいは信濃国に下向することでその足固めを意図したとの説等もあるが、いずれも推測の域を出ない。いずれにしても、義政が遁世に際して遺留されていること、この後も義政の子孫が塩田北条氏としてこの地を中心に勢力をふるい、幕府滅亡に際しても一族で殉じていること等を考えると義政が何らかの罪を得たものではないと思われる。義政は、文武両道に秀でた武将であった。康元元年（一二五六）に将軍御前で催された流鏑馬の儀式では若年ながら名手五人の中にその名を連ねている。また、歌才があり、その詠歌は「続古今和歌集」・「続拾遺和歌集」・「続千載和歌集」・「続後拾遺和歌集」等の勅撰集に合わせて九首載せられている。子に時治・国時・胤時・女子が知られる。

【解説】（1）母については野辺によった。「関東往還記」にも「故奥州禅門（重時）後家（少納言、左近大夫義政母）」（六月二十日条）、「奥州禅門後家（少納言、号小御所）」（六月二十三日条）とある。（2）六男ということについては、諸系図によった。関・纂要・「吾妻鏡」には「陸奥六郎」とあり、野津・桓も「六郎」とする。「鎌倉大日記」は重時四男とするが、これは実質的な意味であろう。四男時茂の次の五男は不明である。（3）初名については群A・群Bによった。入ウ・「鎌倉大日記」は「時景」とする。（4）名越亭については、奥富敬之『鎌倉史跡事典』参照。（5）法名については、尊・前・「関東評定衆伝」によった。纂要・「武家年代記」は「道義」とし、「鎌倉大日記」は「通義」とする。（6）「勅撰作者部類」に「五位、塩田左近将監、陸奥守平重時男」と見える。（7）義政について触れた論考については、黒坂周平「塩田北条氏と信濃守護」（『信濃』二五―一二、二六―一二）、黒坂周平「塩田北条氏の研究」（『信濃の歴史と文化の研究Ⅰ』所収）、石井清文「建治三年における鎌倉幕府連署武蔵守北条義政の出家遁世事情」（『政治経済史学』一四六）、湯山学「北条重時とその一族」（『相模国の中世史』）、『長野県史』（第二巻・中世一）、下山忍「極楽寺流における北条義政の政治的立場と出家遁世事件」（北条氏研究会編『北条時宗の時代』）等がある。（8）守護国別参照。

【系図】野辺・野津・尊・前・関・桓・群A・群B・正・纂要・入・入ウ。

【史料】「武家年代記」・「鎌倉年代記」・「鎌倉大日記」・「建治三年記」・「北条九代記」・「吾妻鏡」・「関東往還記」・「続古今和歌集」・「続拾遺和歌集」・「続千載和歌集」・「続後拾遺和歌集」・「勅撰作者部類」、『鎌倉遺文』⑪八一七七・八一八二・八四六七他。

（下山）

ほうじょう よしまさ　北条義政　生没年未詳

鎌倉後期の武士。実泰流。北条実政の子、母は未詳。

官途は式部丞。

【解説】野津のみに見える人物。

【系図】野津。

【史料】

（永井）

ほうじょう よしまさじょ　北条義政女　生没年未詳

鎌倉中期の女性。重時流。父は北条義政、母は未詳。重時の孫である。（姓未詳）貞氏の母となったという。

【解説】（1）群Bのみに見え、「貞氏母」と注記がある。貞氏の候補として同時代の足利貞氏が考えられるが、貞氏の母は重時流の北条時茂の女であり、誤入の可能性も考えられる。なお、「清和源氏系図」及び「足利系図」によれば、足利貞氏の妻は北条（金沢）顕時女あるいは上杉頼重女となっている。（2）父義政は弘安四年（一二八一）十一月に籠居していた塩田庄で没した。

【系図】群B。

【史料】

（下山）

ほうじょう よしむね　北条義宗　建長五年〜建治三年（一二五三〜七七）

鎌倉後期の武士。重時流。北条長時の子（長男）、母は未詳。幼名は宮王。通称は陸奥孫四郎。これは陸奥守である北条重時の孫の四郎という意である。祖父重時が鶴岡八幡宮の前、若宮大路の東隅の邸に住んだので、鶴岡の池にかけられた赤橋にちなみ赤橋氏を称した。康元元年（一二五六）九月、鎌倉で流行していた赤班瘡を患う（4歳）。文永元年（一二六四）八月父長時死去（13歳）。同二年十一月の善光寺奉行人解任の件に関連して信濃守護として在任していたことが分かる（14歳）。同五年十二月十六日従五位下左近将監に叙任（16歳）。同八年十二月上洛し、六波羅探題北方となる（19歳）。同九年二月十五日、北条時宗の命により、六波羅探題南方であった北条時輔を誅殺した。これは「北条時輔の乱」あるいは「二月騒動」と呼ばれている事件である。五年間にわたる六波羅探題の職務を終えて、建治二年（一二七六）十二月に鎌倉に下向した（24歳）。同三年六月十七日評定衆に列席。同日駿河守任官（25歳）。義宗が引付衆を経ずに評定衆になっているのは、当時異例であったためか「関東評定衆伝」がその旨をわざわざ記している。重時流の嫡流としてそれだけ期待されていたということか。また、同八月、国別に一般庶民の訴訟を担当する雑人奉行にも任じられ、上野国を担当した。しかし、評定衆に加えられたちょうど二か月後の八月十七日に死去している（25歳）。和歌も作り、一首ではあるが勅撰の「新拾遺和歌集」にもその詠歌が載せられている。子に久時・高則・時宝・女子が知られる。

【解説】（1）生年は没年からの逆算による。（2）母については未詳であるが、諸系図のうち桓武・群A・群B及び「吾妻鏡」宝治元年三月二十七日条によれば、北条時盛の女が長時室である。義宗の母である可能性が高い（渡辺晴美「北条時房の子孫について」〈『政治経済史学』三〇〇〉、北条氏研究会「北条氏系図考証」〈安田元久編『吾妻鏡人名総覧』所収〉等参照）。（3）赤班瘡については、「吾妻鏡」康元元年九月十九日条。また、「吾妻鏡」正嘉元年十二月十二日条にも病患の記事が見える。（4）信濃守護については、「吾妻鏡」文永二年十一月二十日条。なお、信濃守護は、重時から義宗が継ぎ、さらに義宗の後は子の久時が継いでいるように、重時流が相伝した職であった（佐藤進一『増訂鎌倉幕府守護制度の研究』参照）。（5）「勅撰作者部類」には「五位、赤橋駿河守、武蔵守平時長（ママ）男」と見え、「続拾遺和歌集」に入集しているとする。（6）義宗に触れた論考には、湯山学「北条重時とその一族」（『相模国の中世史』）等がある。（7）入には「宗政」とある。（8）守護論考・守護国別参照。

【系図】野辺・野津・尊・前・関・桓・群A・正・纂要・入・入ウ。

【史料】「関東評定衆伝」・「鎌倉年代記」・「武家年代記」・「鎌倉大日記」・「北条九代記」・「吾妻鏡」・「建治三年記」・「新拾遺和歌集」・「勅撰作者部類」、『鎌倉遺文』⑭一〇九五五・一〇九八五、⑮一一〇六五他。

（下山）

ほうじょう よしむねじょ　北条義宗女　生没年未詳

鎌倉後期の女性。重時流。北条義宗の子、母は未詳。

【解説】諸系図のうち、桓にのみ載せている。注記はない。父義宗は建治三年（一二七七）六月に死去、享年二十五。

【系図】桓。

【史料】

（下山）

ほうじょう よしむら　北条義村　生没年未詳

鎌倉後期の武士。政村流。父は第九代連署の北条時村、母は未詳。子に時名・時賢・高政がいる。官途は式部大夫。

【解説】正にのみ見える人物。「式部大夫」と注記がある。なお、入ウに見える時村の子茂村は官途が同じで、また「義」と「茂」が筆記体では似た形態になる。同じ人物の可能性が高い。とすれば、義村は嘉元三年（一三〇五）の嘉元の乱で父時村とともに討たれたことになる。

【系図】正・入ウ。

【史料】

（山野井）

ほうじょう よりあき　北条頼章

寛元三年～康元元年（一二四五～五六）

鎌倉中期の武士。朝時流。北条時章の三男、母は未詳。寛元三年（一二四五）に生まれる。通称は尾張三郎。尾張は父時章が同三年四月八日に任官した尾張守による。「吾妻鏡」の初見は建長六年（一二五四）八月十五日条で、以下三か所所見がある。この日は鶴岡八幡宮放生会で、御後として将軍の随行役を勤めた。康元元年（一二五六）正月二日には北条重時の主催する垸飯で、兄公時とともに一御馬を牽いている。同六月八日十二歳で没した。

【解説】（1）野辺・「吾妻鏡」に「尾張三郎」と記されていることから、時章の三男と考えられる。「吾妻鏡」の康元元年六月八日条には「時章二男」と記されているが、兄公時は「次郎」、頼章は「三郎」と北条氏諸系図に見えるので、「太郎」と呼ばれた長男がいて、早世したため二男と記されたと思われる。（2）生年は没年から逆算した。（3）官途は野津の注記に「左近大夫」とあるが、「吾妻鏡」の卒伝に「尾張三郎平頼章卒」と記されており、早世のため無官であったと思われる。（4）没年は「吾妻鏡」康元元年（一二五六）六月八日条に卒伝があるが、群A・群Bは建長八年（一二五六、十月五日康元と改元）正月八日、纂要は同五月八日とする。没年齢は野津によると十二歳という。（5）入ウの注記に「本名時賢」とある。（6）寛元四年閏四月、四代執権北条経時が死去すると、叔父の光時・時幸らは将軍藤原頼経と提携して幕府権力の奪取をはかるが、新執権時頼によって未然に防がれた。この事件の結果、得宗家と肩を並べた雄族名越氏は大きな打撃をこうむった。この寛元の政変で、父時章は叔父時長・時兼とともに野心無き旨を得宗時頼に陳謝し、時章は以後名越氏の嫡流となった。

【系図】野辺・野津・前・桓・群A・群B・纂要・入ウ。

【史料】「吾妻鏡」。

（久保田）

ほうじょう よりただ　北条頼忠　生没年未詳

鎌倉中期の武士。時房流、大仏家の庶流。父は評定衆北条朝直、母は未詳。

【解説】朝直には諸系図から十九人の男子が知られ、その一人。頼忠は野津のみに見え、イと注がある。子孫の記載がなく、他の史料も見当たらない。

【系図】野津。

【史料】

（鈴木）

ほうじょう よりなお　北条頼直　生没年未詳

鎌倉中期の武士。時房流、大仏家の庶流。父は評定衆北条朝直、母は未詳。連署宣時の兄弟。通称は武蔵八郎。「吾妻鏡」建長六年（一二五四）八月十五日条に初見。以後弘長三年（一二六三）正月七日条まで十三回、「吾妻鏡」に見える。供奉人、将軍御所格子番などを勤めており、幕府の重職にはついていない。子に宗直がいる。

【解説】（1）朝直には諸系図から十九人の男子が知られるが、その一人。父は桓武・前・桓・群A・群B・正・纂要・入ウに共通する。入ウの注記に「直房イ」とあり、野津・前・正に見える直房と同一人物か。（2）通称については「吾妻鏡」にすべて武蔵八郎と記されるほか、纂要・入ウに武蔵八郎、前・桓・群A・群Bに八郎とある。父朝直が武蔵守であったためである。（3）「吾妻鏡」は文永三年（一二六六）まであるが、頼直は弘長三年一月七日以降、姿を消す。父朝直は文永元年に死亡するが、その影響とも考えにくい。朝直の享年は五十九であり、兄弟宣時の生年は暦仁元年（一二三八）であるから、頼直はまだ壮年である。正に遁世とあるので、出家したか、或いはこの頃、死亡したのかもしれない。

【系図】桓武・前・桓・群A・群B・正・纂要・入ウ。

【史料】「吾妻鏡」。

（鈴木）

ほうじょう よりひら　北条頼平

→　**北条親時**（ほうじょうちかとき）

ほうじょう よりふさ　北条頼房　生没年未詳

鎌倉中期の武士。時房流、大仏家の庶流。父は上総介北条時遠、母は未詳。評定衆朝直の孫にあたる。上総介と伝えるが、確証はない。子に泰房・宣遠・宗遠・泰氏・光時がいる。

【解説】（1）時遠には前・正の二本の系図から四人の男子が知られ、その一人。両系図に見えるのは頼房のみである。上総介の注も両系図に共通する。頼房の家系は、以後前・正のみに出て、子五人についても同じである。（2）建治二年（一二七六）と推定される閏三月一日の左衛門尉頼房請文（『鎌倉遺文』⑯一二二八八）があるが、この頼房ではなかろう。

【系図】前・正。

【史料】 （鈴木）

ほうじょう ろくろう　北条六郎 生没年未詳

鎌倉後期の武士。政村流。父は北条政長、母は未詳。

【解説】入ウのみに見える人物。

【系図】入ウ。

【史料】 （菊池）

ほうじょう ろくろう　北条六郎 生没年未詳

鎌倉後期の武士。政村流。父は北条政頼、母は未詳。

【解説】入ウのみに見える人物。

【系図】入ウ。

【史料】 （菊池）

ぼうせい　房清

→ 房朝（ぼうちょう）

ぼうちゅう　房忠 生年未詳～元徳三・元弘元年（?～一三三一）

鎌倉後期の僧。時房流。北条時綱の子、母は未詳。城興寺法印と号した。元徳三・元弘元年（一三三一）七月三日没した。

【解説】（1）正のみに見える人物、「号成興寺」と注記する。（2）平雅行「鎌倉山門派の成立と展開」（『大阪大学大学院文学研究科紀要』四〇）参照。（3）没年は「常楽記」による。城興寺は京都九条東洞院にあった寺院か。北条時盛の猶子となった忠源の弟子か。

【系図】正。

【史料】「常楽記」。 （川島）

ぼうちょう　房朝 生没年未詳

鎌倉後期の僧。時房流。北条清時の子、母は未詳。初名は房清。園城寺の僧。通称は安芸、聞如院と号した。大僧正。静珍の弟子で、正応四年（一二九一）五月に伝法潅頂を受け、永仁六年（一二九八）には静珍の色衆を勤めた。鎌倉では、嘉元元年（一三〇三）六月の彗星祈祷（鶴岡八幡宮十壇護摩）では北斗護摩を担当、徳治二年（一三〇七）に行われた鶴岡大仁王会の読師や正和二年

(一二一三)八月に行われた鶴岡神宮寺供養の導師等を勤めた。元徳二年(一三三〇)八月、尊珍の跡を承けて園城寺長吏に任じ、翌二月に辞任した。

【解説】(1)「三井寺潅頂略譜」に「佐介安芸守平清時子」とある。(2)野津には房清と見え、「寺」と傍注がある。(3)平雅行「鎌倉山門派の成立と展開」(『大阪大学大学院文学研究科紀要』四〇)参照。

(川島)

【史料】「三井寺潅頂略譜」。

【系図】前・野津。

ぼうもん くにみち　坊門国通　安元二年~正元元年(一一七六~一二五九)

鎌倉中期の公家。父は坊門(藤原)泰通、母は藤原教長の女(高倉院女房新中納言)。北条時政の女婿。有棲河黄門と称した。寿永二年(一一八三)正月五日従五位下に叙された(8歳)。建久五年(一一九四)正月三十日侍従(19歳)。建仁元年(一二〇一)十二月二十二日右少将(26歳)。建保二年(一二一四)正月十三日蔵人頭となり(42歳)、同六年正月十三日参議に任じられた。承久元年(一二一九)正月五日従三位(44歳)。嘉禄元年(一二二五)七月六日権中納言に任じられ(50歳)、寛喜三年(一二三一)四月二十六日中納言に転任した(56歳)。貞永元年(一二三二)正月三十日中納言を辞し、八月二十六日出家した(57歳)。正元元年(一二五九)四月、八十四歳で没した。

【解説】官位は「公卿補任」による。

【系図】野辺・野津・尊・桓・群A・群B・纂要。

(菊池)

【史料】「公卿補任」。

ぼうもん じじゅう　坊門侍従　生没年未詳

鎌倉中期の公家。父母は未詳。時房流の北条朝直女を妻とした。

【解説】(1)入ウのみに見える人物。北条朝直女の注記に「坊門侍従室」とある。(2)「坊門侍従」を確定することは難しいが、建長七年(一二五五)十二月に没した坊門信忠の子入道侍従長信(尊一・『公卿補任』)がおり、この人物に比定されるか。

【系図】入ウ。

(菊池)

【史料】

ぼうもん ただきよ　坊門忠清　生没年未詳

鎌倉中期の公家。父は坊門(藤原)信清、母は藤原定能の女。北条時政の女婿。通称は播磨少将、坊門中将。建久九年(一一九八)正月三十日阿波守に任じ、翌正治元年（一一九九）十二月九日尾張守となる。その後近衛中将、従四位上、左兵衛佐を歴任した。

【解説】（1）阿波守補任は「明月記」・「三長記」に、尾張守補任は「明月記」による。建仁二年（一二〇二）十月十四日まで在任が確認できる。（2）官位は尊による。

【系図】野辺・野津・桓武・群A・群B・纂要・尊・入ウ。

【史料】「三長記」・「明月記」。

（菊池）

ほりぐち いえさだ　堀口家貞　生没年未詳

鎌倉中期の武士。父は新田政義、母は未詳。北条有時の女婿。孫次郎と称す。子に貞義がいる。

【解説】尊3（清和源氏）・纂要（堀口系図）の家貞の子貞義の注記に「母駿河守有時女」とある。尊には「或宗氏舎弟」と注記がある。

【系図】尊3（清和源氏）・纂要。

【史料】

（末木）

ほりぐち さだよし　堀口貞義　生没年未詳

鎌倉中期の武士。父は堀口家貞、母は北条有時の女。弥次郎と称す。官位は、従四位下、左馬権頭・美濃守。

【解説】尊3（清和源氏）の注記に「母駿河守有時女」とある。

【系図】尊3（清和源氏）。

【史料】

（末木）

ほんま もとただ　本間元忠　生没年未詳

鎌倉中期の武士。本間義忠の子、母は未詳。時房流北条氏の被官。左衛門尉から式部丞に転じ、のち山城守。貞応元年（一二二二）頃、北条時房の守護国伊勢の守護代を勤め、安貞元年（一二二七）六月、同国の悪党を討つ。文暦元年（一二三四）三月、幕府の合奉行となり、嘉禎三年（一二三七）三月には将軍九条頼経の近習番にも連なる。一族の久家・忠家・忠貞らも時房流北条氏に仕えた。

【解説】元忠に関する論考に佐藤進一『増訂鎌倉幕府守護制度の研究』、小泉宜右「御家人本間氏について」（『日本中世政治社会の研究』）等がある。

【系図】「小野氏系図」。

【史料】「兼仲卿記紙背文書」・「吾妻鏡」・「関東開闢皇代并年代記」。

（森）

【ま】

まきむねちか　牧宗親　　生没年未詳。

鎌倉初期の武士。父は藤原宗兼、母は未詳。平忠盛の後妻池禅尼（家盛・頼盛等の母）の弟にあたる。子に大岡時親、女に北条時政の後妻牧方がいる。通称は牧三郎・牧武者所。平頼盛に仕え、八条院領駿河国大岡牧の知行を任された。平家滅亡後は鎌倉御家人となり、引き続き大岡牧を知行したと考えられる。寿永元年（一一八二）十一月牧方が北条政子に、源頼朝の寵女亀前が伏見広綱宅にいることを告げたため、政子は宗親に命じて広綱宅を破却させた。これを聞いた頼朝は宗親を召し出して広綱と対決させ、激怒のあまりみずから宗親の髻を切り今後はまず自分に報告するよう言い渡した。宗親は泣いて逃亡し、女婿時政はこれを聞き伊豆に下向したという。文治元年（一一八五）五月十五日源義経の伴った平宗盛を受取に北条時政が相模国酒匂宿まで出向いた際、宗親と工藤行光が同伴し、翌日その到着を先触れした。同十月二十四日の勝長寿院供養に供奉。同十二月二十六日には源義経に同意して西海に落ちる途中捕らえられた平時忠の子時実を伴って鎌倉に入った。牧方が建久二年（一一九一）九月二十九日上洛し、十一月十二日鎌倉に着いた時これに従った。同十二月一日時政夫妻が垸飯を献じた時陪膳を勤めた。同六年三月十日行われた東大寺供養には頼朝に従って随兵を勤めた。

【解説】（1）父は[尊]（道隆流）の藤原宗兼、その子に宗親が見える。この宗親にあたるかどうか決め手はないが、宗兼の女に平忠盛の後妻で家盛・頼盛等を生んだ池禅尼がいる点と、注記に「諸寮助」とあるのは「愚管抄」に見える「大舎人允」ではないかと思われることから、この人物に比定した。女については「愚管抄」六による。但し、「吾妻鏡」建久二年十一月十二日条には「兄弟武者所宗親」とある。（2）駿河国大岡牧（現静岡県沼津市）については「愚管抄」による。

【系図】[群A]・[群B]。

【史料】「吾妻鏡」・「愚管抄」。

（菊池）

まきのかた　牧方　　生没年未詳。

鎌倉初期の女性。父は牧宗親、母は未詳。兄弟に大岡時親がいる。北条時政の後妻、子に政範・平賀朝雅室・宇都宮頼綱室等がいる。通称は牧野女房・牧野局ともいう。寿永元年（一一八二）十一月北条政子に、源頼朝の寵女亀前が伏見広綱宅にいることを密告した。政子は牧宗親に命じて広綱宅を破却させたが、これを聞いた頼朝は宗親を召し出し、激怒のあまりみずから宗親の髪を切り取ったという。文治元年（一一八五）十月二十四日の勝長寿院供養に参仕。建久二年（一一九一）九月二十九日上洛し、十一月十二日鎌倉に帰着している。父が平頼盛に仕えていたこともあり、女子を京都の公家に嫁がせていたという。同十二月一日夫時政と頼朝に埦飯を献じた。元久元年（一二〇四）十一月女婿平賀朝雅からの訴えにより、畠山重忠父子の謀反を夫時政に讒言。同二年六月畠山一族は時政の命により滅ぼされたが、政子・義時兄弟がこの謀反を偽りと訴え、さらに閏七月十九日牧方による陰謀（女婿朝雅を将軍に擁立し、子政範を執権とする）が露見し、政子の命によって源実朝が時政亭から義時亭に移されたため、時政は即日出家、翌日伊豆国北条に移された。牧方もこれに従ったものと思われる。安貞元年（一二二七）正月、京都で夫時政の十三年忌供養を行っている。

【解説】（1）父と兄弟については「愚管抄」六によるが、「吾妻鏡」建久二年十一月十二日条には「兄弟武者所宗親」とある。（2）「愚管抄」に「コトムスメ共モ、皆公卿殿上人トモノ妻ニ成テスキケリ」とある。（3）「吾妻鏡」によると、建仁三年（一二〇三）九月十五日時政の女阿波局が政子に牧方が実朝に対し害心を抱いている旨の密告があったため、北条義時・三浦義村・結城朝光等が実朝を政子のもとに迎え、時政は周章狼狽したという。この頃から牧方による実朝暗殺の噂があったとしており、二年後の事件の伏線として興味深い。（4）「保暦間記」に「女房ヲモ同国ヘ則流サル、ト聞シカ」とある。

【系図】群A・群B・纂要・野津。

【史料】「吾妻鏡」・「愚管抄」、『大日本史料』第四編之八（元久二年閏七月十九日条）。　（菊池）

まつしたぜんに　松下禅尼

→　安達景盛女（あだちかげもりじょ）

まつどのよしつぐ　松殿良嗣

貞応元年～正応四年（一二二二～九一）

鎌倉中期の公家。父は松殿（藤原）忠房、母は持明院（藤原）保家の女。妻に一条（藤原）頼氏（一条能保の孫、高

能の子）の女、実泰流北条実泰の女がいる。貞永元年（一二三二）十二月十日叙爵。同十五日侍従に補任。嘉禎二年（一二三六）二月三十日因幡介を兼任、同四月十四日従五位上に叙す。同三年十月二十七日右少将に任じられる。仁治元年（一二四〇）十月二十六日右中将、寛元元年（一二四三）閏七月二十七日従三位（右中将元のごとし）。宝治二年（一二四八）十一月二日正三位。建長七年（一二五五）二月十三日従二位。正元元年（一二五九）正月六日正二位。弘長三年（一二六三）十月二十三日、四十二歳で出家、法名円信。正応四年（一二九一）正月二十九日没した。年七十。

【解説】官途、出家は『公卿補任』による。父母・妻・没年は尊1（摂家相続流）による。

【系図】尊1（摂家相続流）。

【史料】『公卿補任』。

（菊池）

まんねんうまのじょう　万年右馬允　生没年未詳

鎌倉中期の武士。父母・実名は未詳。義時流（得宗）の被官。「吾妻鏡」寛元三年（一二四五）五月七日条では「万年入道」と記載されているので、それ以前に出家したようである。嘉禎二年（一二三六）十二月十九日、北条泰時の新造邸の北土門東脇に家を構えている。それ以前の元仁元年（一二二四）六月におこった伊賀氏の変では、平三郎左衛門尉（盛綱）、尾藤左近将監（景綱）らとともに計略をめぐらせ、宝治元年（一二四七）六月におこった宝治合戦の際には、北条時頼の御使として三浦泰村のもとを訪れるなど、政治的手腕もあったようである。徳治二年（一三〇七）五月の故時宗忌日大斎結番にも他の被官とともに名を連ねている。

【解説】奥富敬之『鎌倉北条氏の基礎的研究』。

【系図】

【史料】「吾妻鏡」・「円覚寺文書」。

（末木）

まんねんひでゆき　万年秀幸　生没年未詳

鎌倉中期の武士。父母は未詳。義時流（得宗）の被官。九郎・九郎兵衛尉と称す。「吾妻鏡」には建保五年（一二一七）二月十九日条から見える。承久三年（一二二一）の承久合戦に北条泰時に従って上洛。寛元三年（一二四五）六月、保々奉行人として鎌倉中の民居に対して夜討・殺害などがあった場合は、松明を用意するよう市中に奉行している。また同じく、建長六年（一二五四）十月、政所下部・侍所小舎人らの鎌倉中の騎馬を禁ずる事、押買を禁ずる事などを奉行している。

【解説】奥富敬之『鎌倉北条氏の基礎的研究』。

【系図】

【史料】「承久記」・「吾妻鏡」。

（末木）

【み】

みうらしげずみ　三浦重澄

生年未詳〜宝治元年（?〜一二四七）

鎌倉中期の相模国の御家人。三浦義澄の子、母は未詳。義村の弟。女が北条政村に嫁いだという。通称の大河戸は、武蔵国大河戸御厨に由来すると思われる。三浦義澄の女が大河戸広行の妻となった関係から、重澄が武蔵国大河戸御厨に関係をもったことは考えてもよいのであろう。「吾妻鏡」正治二年（一二〇〇）閏二月八日条の源頼家伊豆国藍沢狩で射手を勤めたのが初見。宝治元年（一二四七）正月一日には、垸飯の御行騰役を勤めた。同六月五日の宝治合戦では、三浦泰村とともに右大将家法華堂で自害した。

【解説】

【系図】「三浦系図」。

【史料】「吾妻鏡」。

（永井）

みうらしげずみじょ　三浦重澄女

生没年未詳

鎌倉中期の女性。父は三浦重澄、母は未詳。北条政村に嫁ぎ、嫡子時村を生んだという。大津尼と称した。

【解説】群A・群B・纂要は、北条政村の嫡子時村の母を大河戸重澄の女とする。他に三浦義村女（「浅羽本系図」）、三浦胤義女（「三浦系図」）の諸説があり、断定しがたい。

【系図】群A・群B・纂要・「浅羽本系図」・「三浦系図」。

【史料】

（永井）

みうらたねよし　三浦胤義

生年未詳〜承久三年（?〜一二二一）

鎌倉前期の武士。三浦義澄の子、母は未詳。女（大津尼）が北条政村に嫁ぎ、時村を生んだという。元久二年（一二〇五）六月二十二日の二俣川合戦に参陣したのが、「吾妻鏡」の初見。同閏七月十九日には、兄義村とともに将軍源実朝を北条時政邸から北条政子邸に迎える使者を勤めた。建保三年（一二一五）正月三日の垸飯では、御行騰沓役を勤めた。同五月の和田合戦では、兄義村とともに北条方にたって行動し、勲功賞として上総国伊北郡を給わった。同八月二十日の将軍源実朝移徙行列では先陣随兵を勤めた。以後、行列においては随兵として見える。「承久記」は、胤義が源頼家夫人であった一品房昌寛の女を妻としたと伝える。この夫人は源頼家との間には栄実・禅暁の二人をもうけていた。承久元年（一二一九）正月十七日に公暁が源実朝を暗殺した後、栄実・禅暁兄弟が相次いで殺害された。胤義夫人は、この事から北条義時を深く恨んだと伝える。胤義はこの兄弟の実質的な後見人であったことから、直接的な処分はないものの、鎌倉に居づらくなり上洛した。承久三年（一二二一）後鳥羽上皇が挙兵すると京方に属し、兄義村に勧誘の使者を送った。承久の乱では東海道に出陣し、六月十五日に東寺で最後の戦いをし、後鳥羽院のいる四辻殿に赴いた後、「東山なる所」で自害したとされる。

【解説】（1）「三浦系図」は、三浦胤義の女が北条政村に嫁ぎ、時村母となったと伝える。（2）胤義は後鳥羽上皇の側に新たな居場所を見つけたのであり、北条氏に対する反感から京方に与したのではないであろう。

【系図】「三浦系図」。

【史料】「吾妻鏡」・「承久記」。

（永井）

みうら たねよしじょ　三浦胤義女　生没年未詳

鎌倉後期の女性。父は三浦胤義、母は未詳。北条政村に嫁ぎ、時村を生んだという。通称は大津尼。

【解説】「三浦系図」は、三浦胤義の女が北条政村に嫁ぎ、時村母となったと伝える。北条時村母は、他に三浦重澄の女説、三浦義村の女説がある。

【系図】「三浦系図」。

【史料】

（永井）

みうら もりとき　三浦盛時　生没年未詳

鎌倉中期の武士。相模国の御家人。父は悪遠江守と呼ばれた遠江守三浦（佐原）盛連、母は三浦義澄の女矢部禅尼。矢部禅尼は北条泰時に嫁いで時氏を産んだ後、佐原盛連に嫁いだ。兄弟には、佐原家を継いだ嫡男光盛と、横須賀氏の祖となる弟佐原六郎左衛門尉時連がいる。貞永元年（一二三二）正月一日に将軍九条頼経の鶴岡社参の供奉をしたのが初見。初期の通称は佐原五郎左衛門尉。仁治二年（一二四一）八月二十五日の将軍頼経の明王院北斗堂供養行列では御後役を勤めた。同十一月四日の将軍頼経の武蔵野開発方違では、笠懸射手を勤めた。寛元元年（一二四三）七月十七日に成された将軍臨時御出供奉人結番では、上旬に記載された。同四年八月十五日の鶴岡放生会行列では、御後五位・六位にはじめて列した。宝治元年（一二四七）六月の宝治合戦では、母矢部禅尼の縁によって北条時頼方に参陣した。乱後、盛時は三浦家の家督を継承し、三浦介を称するようになる。盛時の三浦介は、一方で三浦家家長の役割を分担しながら、一方では佐原家の待遇を受けるアンバランスなものであった。一例でいうと、同十二月に行われた京都大番役再編成では三浦介として御家人役を分担しているが、一方では鶴岡放生会では随兵役の分担しかこなかった。建長二年（一二五〇）二月二十六日には、常に将軍御所に祗候することを命じられている。三浦介が三浦泰村から三浦盛時へ移る過程で、三浦氏は地方豪族に地位を低下させたのである。同四年四月十四日に行われた将軍宗尊親王の鶴岡八幡宮初参では、後陣随兵を勤めた。康元元年（一二五六）十一月二十三日、北条時頼の出家にあわせ、光盛・盛時・時連の三兄弟は出家を遂げた。北条時頼の親族として側近く仕えたが、北条家の外戚が三浦氏から安達氏に代わったことにより、盛時は有力な地方豪族の待遇を受けた。没年は明らかでない。

【解説】宝治合戦後の三浦氏の幕府内部の位置付けについては、永井晋「『吾妻鏡』にみえる鶴岡放生会」（『神道宗教』一七二）。

【系図】「桓武平氏諸流系図」・「三浦系図」。

【史料】「吾妻鏡」・『鎌倉遺文』⑩七一〇六。

（永井）

みうらやすむら　三浦泰村

元暦元年〜宝治元年（一一八四〜一二四七）

鎌倉前期の武士。三浦義村の嫡子、母は未詳。北条泰時の女を妻に迎え、また姉妹（矢部尼）が北条泰時に嫁いで嫡子時氏の母となることによって、北条氏との濃密な婚姻関係は保たれていた。父義村の官途駿河守によって、駿河を通称とした。三浦氏は弓馬の芸に通じた家のひとつであり、泰村は鶴岡放生会流鏑馬や正月弓始をはじめとした射芸の儀礼を頻繁に勤めた。秀郷流故実の継承者を自認する下河辺氏に対して強い競争意識をもち、「吾妻鏡」には両者の軋轢を伝える記事が見える。三浦義村の後継者として鎌倉幕府のなかで重きをなしたが、北条家が泰時から時頼に世代交代するなかで外戚が安達氏に移ったことの意味を自覚できなかった。安達氏との対立が激化していく過程で、鎌倉幕府のなかで次第に孤立し、宝治合戦で滅亡することになる。三浦泰村の評価を考える場合、日常的な政務や弓馬の儀礼において見られる評価は決して低くはない。ただ、宮騒動以後の鎌倉幕府の政局に対する評価、宝治合戦における軍勢の指揮の評価を見ると、優柔不断という評価が生まれてくる。三浦家において英才教育を受けた故に平時において は優秀であるが、その枠から外れた非常時において適切な判断の下すことのできない気の弱い秀才タイプの人物であったと考えられる。泰村は世代交代にともなう地位交代のなかで円滑に移行を行わなかったため、鎌倉幕府のなかで孤立して滅亡した。

『吾妻鏡』における泰村の初見は、承久元年（一二一九）七月十九日の将軍九条頼経鎌倉入りの供奉人行列である（36歳）。この行列で、泰村は後陣随兵を勤めた。承久の乱（一二二一）では、北条泰時が率いる東海道の軍勢に属した。貞応二年（一二二三）十月十三日に定められた将軍御所の近習番に撰ばれている（40歳）。元仁元年（一二二四）の伊賀氏事件の最中、義村は北条泰時に対して北条政村との和解を進めるなかで、泰村の子が北条泰時の猶子になっていることを述べている。寛喜元年（一二二九）九月十日、京都大番役で上洛（46歳）。同二年八月四日、泰村妻は女子を産んだ後に夭折した（47歳）。天福元年（一二三三）九月十八日には、藻壁門院崩御による東使として上洛した（50歳）。

文暦元年（一二三四）正月二日の垸飯では、御行騰役を勤めた。この頃から、泰村は名実共に鎌倉幕府の重鎮として振舞い始める。翌嘉禎元年（一二三五）正月二日の垸飯では、御調度役に昇格した（52歳）。同六月二十九日の明王院供養では、狩衣で行列に供奉する御後役を勤めた。同九月十日、三浦義村・泰村父子は長尾光景が度々の恩賞に漏れていることを恩沢奉行後藤基綱を通じて将軍家に訴え、勲功の沙汰を取り付けた。同三年九月二十五日、掃部権助に補任、同十月二十七日に式部少丞に補任、十一月二十九日には叙爵し、十二月二十五日に若狭守に補任された。暦仁元年（一二三八）二月の将軍九条頼経の上洛に供奉した（55歳）。同四月二日、評定衆に加えられている。延応元年（一二三九）四月十三日に従五位上に加叙された（56歳）。

仁治二年（一二四一）九月二十二日、北条経時の主催する駿河国の藍沢狩で泰村と下河辺行光が相論を起こした（58歳）。ややもすると泰村の驕慢と読まれがちな記事であるが、三浦氏は鎌倉幕府の弓馬の儀礼を取り仕切ってきたところに、秀郷流故実に通じた下河辺氏が再び台頭してくることを面白く思わなかったことが底流にあると思われる。同十一月二十九日、三浦氏と小山氏が酒宴の席で乱闘がはじまった。翌三十日には三浦家村と小山朝村の出仕が止められ、泰村と結城朝広・小山長村が家長として慎み深い振る舞いをするように言い含められている。同十二月二十一日に行われた将軍家若君（頼嗣）乗馬始では、扶持役を勤めている。寛元元年（一二四三）正月五日、将軍家乙若君が泰村邸に御行始を行った（60歳）。同二月二十六日に行われた諸訴論成敗の結番では一番に撰ばれている。同七月十七日の将軍家臨時御出の結番に撰ばれている。同二年三月六日に正五位下に叙された。同四月二十一日の将軍家若君（頼嗣）の元服の儀では、北条政村を筆頭に二番目に着座した。同八月十六日の鶴岡放生会流鏑馬では流鏑馬役を勤めている。同三年七月六日の九条頼嗣の方違御出に泰村邸が撰ばれた。同四年正月四日には、将軍家御台所并若君が泰村邸に御行始を行った（63歳）。宮騒動後の六月十日、北条時頼邸で行われた神秘沙汰に泰村は始めて招かれている。同八月十六日の放生会流鏑馬では、射手の急な辞退によって、泰村が家村に射手を勤めさせている。同九月一日、北条時頼は泰村を招いて六波羅探題北条重時を鎌倉に戻すことをはかったが、泰村はこのことに反対した。宝治元年（一二四七）三月三日、御所闘鶏会の席で泰村が喧嘩に及んだと記録される（64歳）。同五月六日、泰村の次男駒石丸が北条時頼の養子となっている。五月二十一日、泰村誅殺の沙汰が始めて行われ、六月五日、宝治合戦によって誅殺された。

三浦泰村は、宝治合戦によって滅ぼされた故に低い評価をされる向きがある。『吾妻鏡』宝治元年六月五日条には、北条時頼から誅殺の意志のないことを伝える書状が届いた時に嘔吐をしたという記述がある。このことは、泰村という人物に迫る上で重みをもつ記述である。泰村が弓馬の芸に秀でた人物であることは『吾妻鏡』からうかがえるが、一方で宝治合戦では一軍の将として適切な指揮をとっていないことがうかがえる。また、三浦義村の跡取りとして鎌倉幕府で重く用いられてきたが、宮騒動や宝治合戦において一族の人々を率いて適切な動きを示していない。むしろ、過度の緊張から嘔吐をしたという記事が残される。これらの動きは、泰村が平時においては無事に仕事をこなすことができるが、決断力がない故に非常時には無力な存在となっていることを伺わせる。北条泰時政権において三浦氏が重んじられたのは、北条泰時の姻戚として、また伊賀氏事件において北条義時から泰時への政権委譲を円滑にするため、北条政子と対決する姿勢を示したことに対する返礼という意味がある。北条泰時から時頼に世代交代したことによって、北条家の外戚は安達氏に代わる。北条時頼政権初期に見える三浦氏と安達氏の対立は、北条家の外戚として時頼政権の中枢に入りたい安達義景と北条泰時政権時代の地位を譲りたくない三浦泰村の対立と見ることができる。三浦泰村は鎌倉幕府内に発生した厳しい緊張関係に耐えられるような図太い神経をもっておらず、たびたび爆発しては周囲の信頼を失っていった。その結果、鎌倉幕府内の空気は安達側に傾いていき、北条時頼は取りなす術を失って三浦氏排除を目的とした宝治合戦に突入していくことになった。

【解説】（1）野口実「執権体制下の三浦氏」（『三浦古文化』三四）、「シンポジウム　宝治合戦と三浦一族」（『三浦一族研究　第四号』掲載予定）。（2）守護論考・守護国別参照。

【系図】桓武・「三浦系図」。

【史料】「吾妻鏡」・「関東評定衆伝」。

（永井）

みうら やすむらじょ　三浦泰村女　生没年未詳

鎌倉中期の女性。三浦泰村の子、母は未詳。時房流の北条時盛の子時景（朝盛）の妻、信時の母となる。

【解説】群A・群Bは信時母とするが、同人の母を野津は義村女とする。

【系図】群A・群B。

【史料】

（永井）

みうら やすむらじょ　三浦泰村女　寛喜二年（一二三〇）生没

鎌倉中期の女性。三浦泰村の子、母は北条泰時の女。同寛喜二年（一二三〇）七月十五日酉刻に生まれたが、同二十六日酉刻没した。

【解説】生没は「吾妻鏡」の各日条による。

【系図】

【史料】「吾妻鏡」。

（菊池）

みうら よしむら　三浦義村

生年未詳～延応元年（?～一二三九）

鎌倉前期の武士。三浦義澄の子、母は伊東祐親の女。北条義時とは、母方を通じてつながりをもつ。通称は三浦平六・三浦平六兵衛尉・三浦平六左衛門尉。義村の生涯を見ると、北条義時・泰時父子と手を結んで鎌倉幕府を主導する側の有力な構成員になろうとする極めて明快な姿勢が見える。この基本姿勢は単純であるが故に弟胤義から「鳴呼」という評価をうけたが、結果として三浦家を繁栄に導いて全盛時代を築くことになる。

寿永元年（一一八二）八月十一日に行われた北条政子安産御祈で安房国東条庤への奉幣御使を勤めたのが初見。元暦元年（一一八四）八月には、源範頼を大将軍とした平氏追討軍に加わる。文治三年（一一八七）八月十五日の鶴岡放生会では、流鏑馬の射手を勤めた。同五年の奥州合戦では、源頼朝率いる大手の軍勢に加わり、八月九日の阿津賀志山合戦では先頭を駆けた。建久元年（一一九〇）十一月の源頼朝上洛に供奉、頼朝の推挙によって同十二月十一日に兵衛尉に補任された。同三年八月九日の源実朝誕生を願う安産御祈では、鶴岡八幡宮への神馬奉納を奉行した。この後、義村は源実朝に関わる儀式に多く顔を見せるようになる。同六年の源頼朝上洛にも供奉した。

三浦義村の活動が際だってくるのは、源頼家政権において北条義時と連携する動きを見せるようになった後である。正治元年（一一九九）十月二十七日、梶原景時が結城朝光を讒訴したとされる事件において、義村は和田義盛・安達盛長と語らい、中原仲業に起草を依頼して景時弾劾の連署を行った。建仁二年（一二〇二）八月二十三日、義村の女が北条泰時に嫁いだことによって、三浦氏と北条氏は姻族として直接結びついた。同三年八月四日には、土佐国守護職に補任されている。同九月二日の比企氏の乱では北条時政側に立って軍勢を率いた。同九月十日、源実朝が北条政子邸から北条時政邸に遷るとき、義村は将軍の側に供奉した。同十五日、北条政子が将軍源実朝を迎え取る時、使者として派遣されたのも義村であった。義村は、基本的な立場としては北条政子・義時姉弟と結んで動いていたと考えられる。同十一月十五日、鎌倉幕府がそれぞれの寺社に対して担当奉行を定めた際、義村は永福寺担当とされた。

元久二年（一二〇五）正月一日、北条時政主催の垸飯では、御調度役を勤めた。同六月二十二日の畠山重忠事件では、大手の軍勢に加わり、翌日から始まった牧氏事件では榛谷一族を誅殺した。また、閏七月十九日には将軍実朝を迎える使者として北条時政邸に赴いている。建永元年（一二〇六）十月二十日、源実朝が公暁を猶子とする儀式において、義村は乳母夫として献物を沙汰した。建暦元年（一二一一）十月十二日、左兵衛尉に転任。建保元年（一二一三）正月四日、和田義盛の垸飯沙汰において、義村は御劔役を勤めた。この段階で三浦氏・和田氏・佐原氏は一族であっても、それぞれに家集団を構成し、三浦家の家長を中心にまとまっていたわけではなかった。この日、侍所別当職をもつ和田家のほうが三浦家よりも家格の高いことが明らかにされた。同年五月の和田合戦では、義村は北条義時の側に与した。三浦一族のイメージに幻惑されると見えなくなるが、義村と和田義盛はすでに遠い親戚の関係しかなく、一方北条泰時は女婿、その嫡子時氏は外孫である。義村の立場から考えると、北条家の方が近い関係にある。和田合戦において、和田義盛は義村が味方につくことを期待したかもしれないが、義村の利害を考えれば、北条義時に付くことはためらいもなかったのである。同九月十二日、鎌倉幕府の駒牽に際し、義村は御厩別当として見える。同十二月二十八日、外孫の北条時氏元服の儀で烏帽子親を勤めた。同六年七月二十二日、義村は侍所司に補任された。承久元年（一二一九）十一月十三日、従五位下に叙されて駿河守に補任された。この昇進によって、義村は将軍出御の行列において随兵から狩衣を着して供奉する御後に遷ることになる。

承久三年五月十九日、北条義時追討の宣旨が鎌倉に到着するが、義村は弟胤義の書状を持参した使者を捕らえて北条義時のもとに送り、異心のないことを明らかにした。同二十二日、東海道を進む大手の軍勢に属して上洛した。貞応二年（一二二三）十二月十七日、従五位上昇叙。元仁元年（一二二四）の伊賀氏事件においては、義村は伊賀氏を潰して政権を維持しようとする北条政子と対立、北条政子の影響力を弱めることによって、北条泰時政権の足場を固めていった。この頃から、義村は将軍家や竹御所などを三崎海に招き、詩歌管弦の会を催すようになる。「琵琶血脈」は藤原孝時の弟子に三浦光村を記すので、鎌倉幕府安定期の三浦家のなかに歌舞音曲をたしなむ気風があったと見てよいであろう。安貞元年（一二二七）正月三日、はじめて垸飯の沙汰人を勤めた。寛喜元年（一二二九）二月二十一日、義村は竹御所や北条泰時夫人となった女を招いて三崎の海上で来迎講を行った。貞永元年（一二三二）七月十日、評定衆が設置されると、その選に入った。嘉禎二年（一二三六）十二月十八日、正五位下に叙す。

嘉禎三年八月十五日、鶴岡放生会の行列において、義村は将軍に近仕する直垂帯剣に武勇の者が少ないことを理由に、子息四人を急遽この役に振り向けさせた。『吾妻鏡』には傍若無人の沙汰と記されるが、鎌倉の宿老として重きを成した晩年の実力がうかがわれる事件である。暦仁元年（一二三八）には、将軍九条頼経の上洛に供奉した。延応元年（一二三九）十二月五日卒去、官位は前駿河守正五位下であった。

【解説】野口実「執権体制下の三浦氏」（『三浦古文化』三四）・伊藤一美「三浦義村小考（一）」（『三浦一族研究』創刊号）。

【系図】桓武・「三浦系図」。

【史料】「吾妻鏡」・「関東評定衆伝」・「琵琶血脈」。（永井）

みうら よしむらじょ　三浦義村女

生年未詳～康元元年（?～一二五六）

鎌倉中期の女性。三浦義村の女、母は未詳。建仁二年（一二〇二）八月二十三日、北条泰時に嫁ぎ、翌三年、時氏の母となる。その後まもなく、北条泰時と別れて佐原盛連に嫁いだ。光盛・盛時・時連の母である。嘉禎三年（一二三七）六月一日、亡夫佐原盛連の遺領和泉国吉井郷を安堵された。出家後の通称は矢部禅尼、法名は禅阿。康元元年（一二五六）四月十日没した。享年は、七十と七十三の二説がある。

【解説】（1）「浅羽本系図」に、北条時村の母に三浦義村の女の記述が見える。ただ、「三浦系図」は三浦胤義女、群A・群Bは三浦重澄女とする。要検討事項である。（2）鈴木かほるは「縁組にみる三浦氏の盛衰」（『三浦一族研究』二）で、『吾妻鏡人名索引』の禅阿項が三浦義村の女と安保実員の女を区別していないと指摘する。また、「吾妻鏡」康元元年四月十日条を矢部禅尼とすることを疑問とする史料として「深堀系図」を提示する。途中の記事は別として、北条時頼は、康元元年四月十日入滅の女性に対し五十日の服仮をとっている。服忌令の規定からこの北条泰時夫人は時頼が血縁関係をもつ祖母と判断できるので、この記事に関しては矢部禅尼のことと判断した。（3）没年は要検討。

【系図】「三浦系図」・「浅羽本系図」・桓武・野辺・野津・正・群A・群B・纂要。

【史料】「吾妻鏡」。

（永井）

みうらよしむらじょ　三浦義村女　生没年未詳

鎌倉中期の女性。三浦義村の女、母は未詳。時房流の北条時盛の子朝盛に嫁ぎ、信時母となったと伝える。

【解説】野津は三浦義村の女が北条時盛の子朝盛に嫁ぎ、信時母となったと伝える。群A・群Bはこれを泰村娘とする。

【系図】野津。

【史料】

（永井）

みうらよしむらじょ　三浦義村女　生没年未詳

鎌倉中期の女性。三浦義村の女、母は未詳。朝時流の北条時長に嫁ぎ、長頼の母となったと伝える。

【解説】

【系図】野辺・前。

【史料】

（永井）

みうらよしむらじょ　三浦義村女　生没年未詳

鎌倉後期の女性。父は三浦義村、母は未詳。北条政村に嫁ぎ、時村を生んだという。通称は大津尼。

【解説】父は「浅羽本系図」による。「三浦系図」は三浦胤義の女が北条政村に嫁ぎ、時村母となったと伝える。北条時村の母は、他に三浦重澄の女とする説がある。

【系図】「浅羽本系図」。

【史料】

（永井）

みつりんしちょう　密林志稠　生没年未詳

鎌倉後期の僧。義時流（得宗）。父母は未詳。北条時頼の子孫。兀庵普寧の曾孫弟子、鎌倉の東勝寺・浄智寺・円覚寺の住持であった天外志高の弟子にあたる。禅興寺・浄智寺の住持となった。弟子に建長寺の古岩元陳がいる。

【解説】平雅行「鎌倉山門派の成立と展開」（『大阪大学大学院文学研究科紀要』四〇）による。

【系図】

【史料】

（菊池）

みなみどの　南殿

→　北条貞時女（ほうじょうさだときじょ、熙時妻）

みなもと さねとも　源実朝

建久三年〜承久元年（一一九二〜一二一九）

鎌倉幕府第三代将軍。在職は建仁三年〜承久元年（一二〇三〜一九）。源頼朝の子、母は北条政子。建久三年（一一九二）八月九日誕生、幼名は千幡。頼朝の弟阿野全成と北条時政の女阿波局に養育された。源頼朝の嫡子頼家の周囲には、源家一門と比企尼の縁者が集まったため、実朝のもとにはこれに対抗しようとする人々が集まった。建仁三年（一二〇三）五月の阿野全成失脚以後、実朝の養育には北条時政・牧方夫妻があたることになった（12歳）。同九月二日の比企氏の乱の結果、源頼家が伊豆国修善寺に押し込められると、実朝は同九月七日に叙爵、同日征夷大将軍に補任された。後鳥羽上皇の命名により、実朝と名乗っている。頼家から実朝への政権交代は母政子の主導で行われたが、祖父時政が実朝の養親として政権を掌握した。実朝の将軍在職中の前半は、時政専権の時代であったといえよう。この間、実朝は北条時政の名越邸にいたことが確認できる。同年十月二十四日右兵衛佐に補任された。

元久元年（一二〇四）正月五日、従五位上に昇進（13歳）。同十二日、源仲章が侍読に補任されて、読書始を行う。同三月六日、右近衛少将。同七月二十六日、北条時政と大江広元を御前に召し、政務の聴断を始めた。同八月四日、足利義兼の女の嫁娶の沙汰が行われるが、実朝の意向によって沙汰やみとなっている。同年十二月十日、実朝の正室として大納言坊門信清の女が鎌倉に到着。同二年正月五日、正五位下に昇進。同正月二十九日、左近衛権中将に昇進し、加賀介を兼任した。同閏七月十九日、牧氏事件の最中、母政子に迎えられ、祖父時政の名越邸から叔父義時邸に移った。この事件の結果、時政は伊豆国に下り、義時が執権となった。

建永元年（一二〇六）二月二十二日従四位下（15歳）。承元元年（一二〇七）正月五日従四位上（16歳）。同二年十二月九日正四位下（17歳）。同三年四月十日従三位に叙され、更に右近衛中将に在任した（18歳）。同五月十二日、和田義盛の願いを入れて上総介に推挙しようとしたが、北条政子の反対によってあきらめた。同七月五日、和歌二十首を住吉社に奉納、また和歌三十首の添削を藤原定家に依頼。建暦元年（一二一一）正月五日正三位（20歳）、翌二年十二月十日従二位に叙された（21歳）。建保元年（一二一三）二月二十七日正二位（22歳）。同四年六月二十日権中納言となる（24歳）。同九月二十日、大江広元が源実朝任大将の願いを諫奏。同十一月二十三日、医王山参詣のため渡宋の沙汰が行われる。同六年正月十三日権大納言（26歳）。同年三月六日左近衛大将を兼任した。同十月九日、内大臣補任。同十二月二日、右大臣補任。承久元年（一二一九）正月十七日、右大臣拝賀のため参拝した鶴岡八幡宮において、従兄弟の公暁に暗殺された（28歳）。

源実朝は藤原定家の添削をうけながら和歌を学び、家集「金槐和歌集」を残した。京都から下向した正室坊門信清の女との仲は良かったが子供には恵まれず、建保六年の北条政子上洛の時には後鳥羽上皇の皇子の鎌倉下向の沙汰が行われている。

【解説】五味文彦「実朝の文化空間」（『三浦古文化』五一）。

【系図】尊。

【史料】「吾妻鏡」・「愚管抄」・「金槐和歌集」。 （永井）

みなもと すけみち　源輔道　生没年未詳

鎌倉中期の武士。父は村上源氏の権大納言師頼の孫源具親、母は北条重時の女。承元四年（一二一〇）正月叙爵（7歳）、嘉禄二年（一二二六）十一月侍従（23歳）、貞永元年（一二三二）十二月信濃守を兼任（29歳）。その後近衛少将・中将を経て、宝治二年（一二四八）六月従三位に叙された（45歳）。建長元年（一二四九）六月七日四十六歳で没した。

【解説】母は北条氏関係系図には見えず、尊3（村上源氏）・「赤松系図」に見える。

【系図】尊3（村上源氏）・「赤松系図」。

【史料】 （菊池）

みなもと ちかひろ　源親広

→　大江親広（おおえちかひろ）

みなもと ともちか　源具親　生没年未詳

鎌倉中期の武士。父は村上源氏の権大納言師頼の子師光、母は未詳。妻は北条重時の女。子に輔道がいる。官位は従四位下左少将。歌人であり、「新古今集」以下の歌集にその歌が収められている。

【解説】妻は北条氏関係の諸系図には見えず、尊3（村上源氏）・「赤松系図」に見える。兄妹が歌人であり、後鳥羽院の女房宮内卿である。

【系図】尊3（村上源氏）・「赤松系図」。

【史料】 （菊池）

みなもと よりいえ　源頼家

寿永元年～元久元年（一一八二～一二〇四）

鎌倉幕府の第二代将軍。在職は建仁二年～建仁三年（一二〇二～〇三）。父は源頼朝、母は北条政子。寿永元年（一一八二）八月十二日、誕生。乳母夫には、源家一門の平賀義信が就任した。文治四年（一一八八）七月十日、御着甲始（7歳）。建久元年（一一九〇）四月七日、秀郷流故実に通じた下河辺行平が弓馬の師に付けられた（9歳）。同四年五月十六日、富士巻狩において弓馬の芸を披露した（12歳）。源頼朝が源家一門の棟梁にふさわしい英才教育を施した成果である。一方で、頼家の側近を乳母の縁者で固めたことは、頼家と北条氏との軋轢に発展していった。

建久六年六月三日、源頼朝の上洛に供奉して参内（14歳）。同八年十二月十五日従五位上に叙し、同日右近衛少将に補任（16歳）。正治元年（一一九九）正月二十日、左近衛中将に転任（18歳）。同年正月十三日父頼朝が没すると、同二十六日、遺跡継承の宣旨を賜った。しかし、同年四月十二日には早くも、将軍の直断を停止して宿老達十三人が合議のうえ補佐する事が定められた。源頼朝の独裁体制を継承しながら、同時に世代交代を進めていこうとした頼家は、早くも宿老達と衝突したのである。同年七月二十日、頼家は安達景盛の妾を御前に召そうとして北条政子と衝突した。

正治元年十月二十七日、女房阿波局の密告によって梶原景時事件が起きた。同二年正月五日、従四位上に昇進（19歳）。同八日、禁色を許される。同二十日、梶原景時が駿河国において討たれた。梶原景時は頼家の乳母父にあたる重臣で、平賀氏が義信から朝雅に世代交代した後は、源頼家の最も有力な支持者であった。九条兼実や慈円は、頼家が弟実朝擁立の陰謀をつかんだ梶原景時をかばいきれなかったことを最大の失策と評している。事件後、頼家に関する『吾妻鏡』の記事は狩猟と蹴鞠が多くなる。同年十月二十六日、従三位に叙し、左衛門督に補任される。建仁元年（一二〇一）正月二十三日、鎌倉幕府が世代交代によって安定しなくなったと判断した城氏は、京都と本国の越後国で挙兵したが、同年五月に鎮圧された。『吾妻鏡』は、この頃から政務をなげうって蹴鞠に没頭するようになったと記す。同二年正月二十三日、正三位に叙す（21歳）。同年七月二十三日、従二位に叙す。同三年五月十九日、比企氏の乱の前哨戦となる阿野全成事件が発覚、源実朝の乳母夫阿野全成が謀反の嫌疑によって捕らえられ、後に配所で殺された。この後、北条時政が実朝の乳母夫となった。頼家は建仁三年七月大江広元邸で倒れ、同二十日から人事不省の重体に陥った。そのため将軍家の後継問題が急浮上し、九月二日には北条時政が比企能員を謀殺、北条政子が比企氏謀反を宣言して討伐した比企氏の乱が起きた。源頼家が判断力を快復したのは九月五日、同七日には北条政子の圧力によって出家に追い込まれた（22歳）。その後、伊豆国修善寺に幽閉され、元久元年（一二〇四）七月十八日に殺害された（23歳）。

源頼家の支持勢力は、源頼朝が側近として付けた源家一門の平賀義信や加賀美遠光、比企尼の家族河越重頼や比企能員、頼朝の側近であった梶原景時であった。源頼朝の周囲にいた人々であるが、頼家の生母北条政子の縁者が入っていないことは、注意すべき特徴である。源頼朝は北条時政に義父としてに待遇を与えたものの、親族としての信頼を見せることは少なかった。北条時政を頼家の側からはずしたことによって北条家の待遇を下げたことが、源頼家と北条家の対立の構図をつくっていく原因となった。

源頼家は狩猟や蹴鞠などを通じて独自に近習を組織した。比企宗員・比企時員・小笠原長経・北条時連・和田朝盛・中野能成・細野兵衛尉・壱岐判官知康・紀行景・源性・義印といった人々である。源家一門・比企・北条といった広義の親族集団に一能の人々を加えた構成で、先入観を除いて見た場合にバランスのとれた構成であることがわかる。

源頼家については、鎌倉幕府政治が源頼朝時代の将軍独裁から北条氏主導の執権政治に変わっていく政治過程のなかで数多の言及がなされてきたが、源頼家の人物論や政権論などを正面から扱った専論はない。

【解説】（1）頼家の病気について、「吾妻鏡」は建仁三年七月二十日から人事不省の重体に陥り、「愚管抄」は大江広元邸で倒れてそのまま病床に伏していたという。（2）永井晋「比企氏の乱の基礎的考察――「吾妻鏡」建仁三年九月二日条と「愚管抄」の再検討から――」（『埼玉地方史』三七）。

【系図】尊。

【史料】「吾妻鏡」・「愚管抄」・「玉葉」・「明月記」・「猪隈関白紀」・「公卿補任」。

（永井）

みなもと よりとも　源頼朝

久安三年〜建久十年（一一四七〜九九）

鎌倉幕府の初代将軍。在職は建久三年〜正治元年（一一九二〜九九）。父は源義朝、母は熱田大宮司藤原季範の女。北条政子を妻とする。保元三年（一一五八）二月三日、皇后宮権少進補任（12歳）。同四年正月二十九日、右近将監補任（13歳）。同年二月十三日、上西門院の院号宣下により、皇后宮権少進を上西門院蔵人に改める。同年六月二十八日、蔵人補任。源義朝に従って平治の乱（一一五九）に参加、その最中、同年十二月十四日の除目で叙爵し、右兵衛権佐に補任された。しかし、平治の乱で敗れたため、同年十二月二十八日解官。永暦元年（一一六〇）三月十一日、伊豆国に配流となった（14歳）。伊豆国は、平治元年十二月十四日から源頼政の知行国となっている。「吾妻鏡」は、流人時代の源頼朝の生活が父母を追善供養に明け暮れた静かなものであったと伝える。頼朝の乳母比企尼は、頼朝を傅育するため夫比企遠宗の領地武蔵国比企郡に下向し、そこから仕送りをするとともに、女婿の安達盛長を配所に派遣した。頼朝と比企氏の信頼関係は、流人時代に築かれたものである。頼朝の乳母には、小山政光の妻（寒川尼）や三善康信の叔母などがおり、彼らの一族は頼朝の忠実な側近となった。

治承四年（一一八〇）五月の以仁王の挙兵によって、伊豆国の知行国主源頼政は敗死し、平時忠が交代して知行国主となった。時忠は文章道を学んだ中原知親を目代として派遣した。平清盛は伊豆国にいた源頼政の嫡孫有綱を捕らえるため大庭景親を板東に下向させた。ところが、事件の顛末を見た源有綱は奥州の藤原秀衡のもとに出奔した。以仁王挙兵に与同した板東の武士団は新たな盟主を源頼朝に見いだそうとした。これによって、頼朝周辺は緊迫した空気が漂った。同八月十七日、源頼朝は伊豆国山木館にいた目代平兼隆に夜討ちをかけ、これを討ち取った。源頼政との主従関係から宇治川合戦に軍勢を出した伊豆国在庁工藤介茂光は、頼朝挙兵を見て参陣、頼朝勢は三百余騎に膨れ上がった。同二十三日、頼朝軍は相模国に入ろうとしたが、大庭景親・伊東祐親の率いる討伐軍と石橋山で戦って敗れ、山中に逃れ、のち安房国に渡った。

安房国では安西景益以下の重代の家人が参加したことによって軍勢を立て直すことに成功、同九月十三日に房総半島を北上し始めた。また、以仁王挙兵の張本の一人と見なされる日胤の父千葉常胤が下総国府を占領したことによって道は開かれ、同十月六日には鎌倉に入った。同十月二十日には富士川合戦で平維盛が率いる官軍を破り、軍勢を返して常陸国で独自の動きを示していた佐竹一族を金砂城に攻めてくだした。この間、駿河目代橘遠茂を討ち取って駿河国に入った武田一族は頼朝と協調関係に入り、敗走する平氏軍を追って駿河・遠江両国を制圧した。また、信濃国で挙兵した木曽義仲は同十月十三日に、父義賢の地盤であった上野国に入り、平氏家人足利俊綱と対峙した。その後、源頼朝との緊張関係が高まったことにより、上野国の武士団を傘下にまとめて同十二月二十四日に信濃国に戻った。その後、越後にいた平氏の有力家人城氏を敗って北陸道に進出、越前国まで勢力を拡大させた。源頼朝と木曽義仲は両者の勢力が交錯した上野国の支配権をめぐり、たびたび緊張を高めることになる。源頼朝の政権は平氏の勢力と直接接することがなくなったことにより、政権を安定させるための体制づくりに入った。鎌倉の街のランドマークとなる鶴岡八幡宮の本格的な造営が始まるのも、この翌年である。同十一月十七日、和田義盛を侍所別当に補任した。同十二月、平氏一門は京都の目前まで攻め寄せた近江源氏の軍勢を鎮圧するため、平知盛軍を主力とした精鋭を投入、近江国で激しい攻防戦が行われた。その最中、後白河法皇の近臣平親宗が源頼朝に密使を送ったという風聞が京都で流れた。親宗の甥平時家が流人として上総国にあり、上総介広常の婿となっていることから、源頼朝への伝達ルートが開けないわけではなかった（34歳）。寿永元年（一一八二）、源頼朝は内乱が膠着状態に入ったのを見て、後白河法皇に対して和平を求めた密使を送り、源氏の棟梁としての存在を強くアピールした（36歳）。

寿永二年七月、木曽義仲は平維盛率いる追討使を倶利伽羅峠で敗り、追撃して入京をはたした。この時、雌伏を余儀なくされていた畿内や近江・美濃の源氏、遠江国で平氏と対峙していた安田義定が呼応して京都に進撃した。木曽義仲の周囲には、武将としては優れた人材が集まっていても、後白河法皇と互角の折衝ができる政治・行政に通じた人材は少なかった。木曽義仲は、後白河院の仕掛けてくる政略と、瀬戸内に退いて態勢を立て直した平氏との戦いに、次第に疲れを見せ始めた。この間、頼朝は同十月九日に朝敵を解かれて従五位下の位階に復帰する（37歳）。また、後白河院との間に密使を往復させ、寿永二年十月宣旨と呼ばれる宣旨を発給させることに成功した。この宣旨は、同時多発的な広がりを見せた内乱という非常事態のなかで、源頼朝に対して東海道・東山道諸国の国衙に対する軍事及び軍政の指揮権を付与するもので、源頼朝に当該地域の治安回復と収税の安定に対する責任を負わせるものであった。このなかに木曽義仲の根拠地信濃・上野の二国が入っていたことが、木曽義仲の後白河院に対する憤りを爆発させ、法住寺合戦へと発展していく。源頼朝は木曽義仲が京都で孤立したのをみて上洛軍を派遣、元暦元年（一一八四）正月二十日に木曽義仲を討取って入京を果たした（38歳）。

同年二月五日、上洛軍を指揮した源範頼・源義経は一谷合戦で平氏を敗走させた。これらの功績によって、頼朝は同年三月二十七日に従五位下から正四位下に叙された。位階六階を飛び越した異例の特昇であった。同年六月五日、源頼朝の申請によって、三河守源範頼・駿河守源広綱・武蔵守平賀義信が補任された。鎌倉将軍家の知行国関東御分国の始まりである。木曽義仲を滅ぼし、平氏に対する優勢が明らかになったこの時期から、源頼朝は御家人ではなく盟友として振る舞おうとする武田氏や源家一門に対する粛正をはじめる。六月十六日の一条忠頼誅殺はその始まりである。一方で、平氏一門を離れて八条院のもとに身を潜ませていた平頼盛が鎌倉に下ってくると、頼朝はこれを歓待し、平氏都落以前の官位に復帰できるように奏上した。池禅尼の命乞いに対する手厚い恩返しである。頼朝は、流人時代に暖かい態度で接した人物や挙兵の初期の段階で命を落とした人々の縁者に対して手厚く報いる一方で、明確な上下関係に入ろうとしない人々を徹底して排除する冷酷さを見せた。この時期から、源頼朝は東国の武士団が担ぐ神輿から、巨大な鎌倉幕府を動かす権力者に変貌してくる。

元暦元年八月八日、源範頼が平氏追討のため山陽道に出発。同八月二十八日には公文所を開設し、同十月二十日には問注所を開設した。これによって、鎌倉幕府の基本機能を統括する政所・問注所・侍所の中核が揃った。文治元年（一一八五）二月二十二日、源義経が屋島合戦に勝利。三月二十一日には源範頼・義経が壇ノ浦で平氏と海戦し、これを滅ぼした。この時、三種の神器の内、宝剣が海中に沈む。平氏滅亡によって内乱が終結した四月二十七日、源頼朝は従二位に叙された。公卿の仲間入りである（39歳）。一方で、寿永二年冬以来派遣した上洛軍に属した御家人のうち、源頼朝の推挙によらず任官した者を厳しく糾弾した。官位は朝廷が認定して授けるもので、かつ全国的に通用する社会的地位の指標となる。鎌倉を中心とした新しい社会秩序の形成を考える源頼朝は、官位制度を否定することなく統御する方法として、鎌倉殿が推挙権を掌握する形式を取ろうとした。

平氏の滅亡は、源頼朝・義経兄弟が共通して取り組むべき課題を喪失したことを意味していた。源頼朝は朝廷が鎌倉幕府に委譲させる権限を最大にしようと戦略的な判断をしながら平氏との戦争を考えていたが、源義経は復讐のために手段を選ばない過激さをもっていた。両者の考え方の違いは、義経と頼朝が派遣した軍奉行梶原景時の対立として表面化していたが、義経が後白河院の近臣と接近し独自の行動を取り始めたことによって、両者の対立は明確なものとなった。文治元年十月八日、源義経は頼朝追討の宣旨を給わって挙兵、軍勢が集まらないために西国に逃れようとした。それを受けて、源頼朝は北条時政を京都に派遣、本来であれば平氏滅亡によって解除されるべき戦時体制を源義経追捕の名目で継続させることに成功した。鎌倉幕府の職制の基本である守護・地頭制度設置の原点である。また、十二月二十九日には源義経と親しくした院近臣を解任し、藤原道長の時代を理想化する九条兼実と協調することによって後白河院政を牽制しようとした。

文治二年になると、内乱の時代に未納となっていた年貢の完済、新たに任命された地頭による荘園経営の混乱など膨大な訴訟が後白河院から起こされた。また、各地で続いていた平氏・源義仲・源義経残党の追捕は着実に進められたが、義経とその側近は同三年には奥州に逃れていたことがわかり、頼朝の仮想敵は奥州の藤原秀衡に絞られていく。このことから、頼朝は藤原秀衡の鎮守府将軍に対する称号として奥州の蝦夷追討権をもつ征夷大将軍を望んだが、後白河法皇は事情を十分に承知した上で任命をのらりくらりとはぐらかした。同三年十月二十九日、藤原秀衡が卒去して嫡子泰衡が家督を継承すると、奥州藤原氏は頼朝と妥協の道を探るか、源義経を切札として対抗するかで路線が定まらなくなり内訌で弱体化する。同五年正月五日、正二位に叙す（43歳）。同年二月二十二日、源頼朝は藤原泰衡が源義経を匿っていることを理由に追討宣旨を下すことを申請、しかし、後白河法皇はこれものらりくらりと引きのばした。その間に、藤原泰衡は源義経と強硬派の藤原忠衡を討伐、追討の理由を消滅させた。しかし、源頼朝は七月十九日に奥州進攻を決定、軍勢を進発させた。この合戦は、頼朝軍の圧倒的優勢で展開した。ゆとりのある頼朝は、源義家の奥州合戦の先例にのっとり、鎌倉草創のハイライトとなるイベントに仕立て上げていった。

建久元年（一一九〇）正月、出羽国において、奥州藤原氏の家人大河兼任が主人の仇を討つと宣言して挙兵、奥州に所領をもつ御家人を急派して二月十二日にようやく鎮圧した。同年十月三日、源頼朝は上洛。この時に後白河院と対面、天下落居が宣言された。治承四年以来続いた戦時体制の解除である。同年十一月九日、権大納言に補任（44歳）。同二十四日に右大将兼任。同十二月四日に両職を辞任。十二月十四日に鎌倉に向け進発した。

建久二年正月十五日、前右大将家政所始が行われ、鎌倉幕府の主要スタッフの任命が行われた。同三年三月十三日に後白河法皇が崩御すると、関白九条兼実は頼朝の宿願であった征夷大将軍補任を申請、同年七月十二日に補任された（46歳）。同年八月五日に将軍家政所始が行われ、政所下文が発給された。千葉常胤が頼朝の御判をせがんだエピソードが残るのはこの時である。同四年五月、源頼家を嫡子として披露するために富士巻狩を催したが、曽我兄弟仇討事件によって目的を果たせなかった。この事件の根底には、源頼朝が嫡子頼家の周囲を比企氏の縁者で固めたことに対する反動がある。この事件では、源家一門のなかでは穏健な存在として知られていた源範頼が誅殺され、事件の飛び火した常陸国では常陸大掾氏の多気義幹が殺された。同年十一月二十八日、女性問題から安田義資を誅殺。同五年八月十九日には、子息義資の誅殺によって内心穏やかならざるものをもつとして安田義定が誅殺された。これによって源家一門内部の不穏分子は一掃されたが、将軍家に忠実な家として残ったのは足利・平賀（大内）・加賀美（小笠原）のみとなった。このなかで源家一門の格式に見合う実力をもったのは、平賀氏のみである。

建久六年二月十四日、源頼朝は、東大寺供養に事寄せて源通親と大姫入内問題を話し合うために上洛した（48歳）。源通親は院政の復活を願う立場にあり、関白九条兼実とは対立する立場にあった。翌同七年十一月、源通親は鎌倉が機敏に動かないことを見透かした上で、関白九条兼実をはじめとした親幕府勢力を朝廷から追い落とした（建久七年十一月の政変）。この事を見過ごしたのは源頼朝晩年の大きな失策であり、同九年正月には後鳥羽天皇が土御門天皇に譲位し、院政を始めた。この後、京都の政局は後鳥羽上皇を補佐する源通親や高倉家が動かすことになる。正治元（一一九九）年正月十一日、出家（53歳）。同十三日薨去。落馬が原因といわれている。

【解説】（1）頼朝の配流された伊豆国は、平治元年（一一五九）十二月十四日の、藤原信頼主導の除目で源頼政の知行国となっているが（『平家物語』）、信頼は平治の乱で敗れ失脚している。頼政は乱の途中で平清盛に寝返った。頼政の知行国としては仁安二年（一一六七）と承安二年（一一七二）、治承元年（一一七七）に確認できる。なお、永井晋『鎌倉幕府の転換点』参照。（2）源頼朝と比企氏の関係を端的に伝える史料として「吉見系図」がよくあげられるが、同系図が江戸時代の系図家浅羽昌儀の所持本であるため、信憑性は疑われる。（3）源頼朝の伝記は数多くあるが、永原慶二『源頼朝』がコンパクトで使いやすい。ただし、川合康・近藤好和・元木泰男が精力的に進める中世武士の再評価によって、源頼朝の人物像は再評価が迫られている。元木泰男『武士の成立』・川合康『源平合戦の虚像を剥ぐ――治承寿永内乱史研究――』・近藤好和『弓矢と刀剣』は、直接関係なくても読んでおく必要がある。流人時代の源頼朝について述べた野口実「流人の周辺――源頼朝挙兵再考――」（『中世日本の諸相　上巻』）、源頼朝の人物像に踏み込んだ評伝として山本幸司『頼朝の精神史』が興味深い。源頼朝の肖像画については、米倉迪夫『源頼朝――沈黙の肖像画――』・宮島新一『肖像画の視線――源頼朝像から浮世絵まで――』の論争がある。源頼朝関係の文化財は、神奈川県立歴史博物館展示図録『没後八百年記念　源頼朝ゆかりの寺社の名品』を参照のこと。源頼朝発給文書の真偽については、黒川高明『源頼朝文書の研究』及び林譲「源頼朝の花押について」(『東京大学史料編纂所研究紀要』六)を参照のこと。

【系図】尊。

【史料】「吾妻鏡」・「公卿補任」、『大日本史料』第四編之六(正治元年正月十一日条)。 (永井)

みなもと よりともじょ　源頼朝女

治承二年〜建久八年(一一七八〜九七)

鎌倉前期の女性。源頼朝の長女(大姫)、母は北条政子。頼朝の伊豆配流中の誕生である。五・六歳の頃、木曽義仲の長男志水義高の許婚となるが、義高は義仲の敗死後斬殺されたため、大姫は悲嘆のあまり病床に就くことが多かった。頼朝・政子夫妻は、頼朝の甥にあたる一条高能との縁組みを考えたが、大姫は承諾しなかった。建久六年(一一九五)頼朝・政子の上洛に同行。後鳥羽天皇の後宮に入る話が持ち上がったが成立せず、九条兼実失脚の一因となった。同八年七月十四日没。その一生について、当時の鎌倉の人々は貞女の操行であるとしてほめたたえたと「吾妻鏡」に記されている。

【解説】(1)生年は、治承三年という説もある。(2)大姫については、渡辺保『北条政子』参照。

【系図】尊3(清和源氏)・纂要。

【史料】「吾妻鏡」・「愚管抄」・「明月記」、『大日本史料』第四編之五(建久八年七月十四日条)。 (末木)

みなもと よりともじょ　源頼朝女

文治元年〜正治元年(一一八五〜九九)

鎌倉前期の女性。源頼朝の次女(乙姫)、母は北条政子。三幡とも称す。建久八年(一一九七)七月に長女の大姫が死去すると頼朝は乙姫を入内させようと画策するが、その矢先の正治元年(一一九九)正月に頼朝は死去した。また乙姫も同年三月より病気、危篤となり六月三十日に死去した。十四歳。亀谷堂の傍らに葬られた。乳母夫であった中原親能は出家した。

【解説】(1)生年は、没年より逆算した。(2)乙姫については、渡辺保『北条政子』参照。(3)尊3(清和源氏)には「蒙女御宣旨」とあるが、明らかではない。

【系図】尊3(清和源氏)。

【史料】「吾妻鏡」・「明月記」・「愚管抄」。 (末木)

みょうえ　妙恵

生年未詳〜永仁六年(?〜一二九八)

鎌倉後期の僧。義時流(得宗)。父は北条時定、母は未詳。文応元年(一二六〇)五月出家、文永二年(一二六五)

草庵（後の海晏山興徳寺）に閑居した。文永四年渡宋して帰朝した南浦紹明が姪浜湊に着いたときこれを招請し、海晏山興徳寺の開祖としたという。永仁六年（一二九八）入寂した。

【解説】（1）北条氏関係系図には見えない人物。（2）入寂は興徳寺の位牌と回向文に、その他の記述は「興徳寺旧記」等による。

【系図】

【史料】「興徳寺旧記」。

（末木）

みわさねかず　神実員　生没年未詳

鎌倉中期の武士。父母は未詳。北条重時の被官か。五郎。左衛門尉。重時の守護国信濃の諏訪一族であろう。文暦元年（一二三四）六月、四天王寺の騒擾事件に関連して上洛している。重時の六波羅探題在職期（一二三〇～四七）に、内裏守護人や大番沙汰人として活躍した。検断頭人であったか。寛元四年（一二四六）四月には、後嵯峨上皇の賀茂御幸の警護にあたった。

【解説】実員に触れた論考に森幸夫「六波羅探題職員ノート」（『三浦古文化』四二）がある。

【系図】

【史料】「南北真経寺所蔵甗摺法華経紙背文書」・「平戸記」・「葉黄記」。

（森）

【む】

むこうやまあつとし　向山敦利　生没年未詳

鎌倉後期の武士。父母は未詳。実泰流、北条（金沢）貞顕の被官。甲斐国八代郡向山が名字の地か。乾元元年（一三〇二）七月七日北条貞顕が六波羅探題として上洛すると、在京被官として、鎌倉をはじめ諸方への使者を勤めた。北条貞顕が引付頭人を勤めた後に六波羅探題北方として上洛すると、六波羅検断職に就任。正和三年（一三一四）五月一日、北条貞顕の使者として新日吉社に赴き、神人と闘乱を起こした。正中元年（一三二四）十一月に北条貞将が六波羅探題南方として上洛すると、敦利はふたたび検断頭人に就任した。

【解説】佐藤進一『鎌倉幕府訴訟制度の研究』。佐藤進一「凝然自筆仏書紙背文書（抄）」（『中央史学』二）。森幸夫「六波羅探題職員ノート」（『三浦古文化』四二）。『金沢貞顕』（神奈川県立金沢文庫テーマ展図録）。福島金治「金沢北条氏の被官について（増補版）」（『金沢北条氏と称名寺』所収）。

【系図】

【史料】『金沢文庫古文書』一五〜一九・五五・一四五・二八一・三四五・五三九・五四〇・五五〇・一一三〇・一一六六・一一八八・四三二七。「花園天皇宸記」・「元徳二年日吉社并叡山行幸記」・「鎌倉年代記（裏書）」。

（永井）

むこうやまかげさだ　向山景定　生没年未詳

鎌倉後期の武士。父母は未詳。実泰流、北条（金沢）貞顕の被官。右筆や使者を勤めた側近の一人で、評定に参列した。北条貞将が六波羅探題として在京していた正中二年（一三二五）以前の金沢貞顕書状に「左衛門尉景定他界事」が見える。

【解説】福島金治「金沢北条氏の被官について（増補版）」（『金沢北条氏と称名寺』所収）。向山景定筆の金沢貞顕書状は『金沢文庫文書目録』（神奈川県立金沢文庫編）参照。

【系図】

【史料】『金沢文庫古文書』三六三・五四六・五四七。

（永井）

むこうやまとしむね　向山利宗　生没年未詳

鎌倉後期の武士。父母は未詳。実泰流、北条（金沢）貞将の六波羅探題南方時代（正中元年〜元徳二年：一三二四〜三〇）の在京被官。通称は、向山新左衛門尉。

【解説】福島金治「金沢北条氏の被官について（増補版）」（『金沢北条氏と称名寺』所収）。

【系図】

【史料】『岸和田市史史料』第一輯所収「泉州久米多寺文書」四四。

（永井）

むしょうじょうしょう　無象静照　文暦元年〜徳治元年（一二三四〜一三〇六）

鎌倉後期の僧。父母は未詳。北条時頼の一族と伝える。建長四年（一二五二）渡宋して、径山の石渓心月について印可を得た。文永二年（一二六五）帰国、鎌倉に後に浄智寺の塔頭となる龍淵山真際精舎、京都一条大宮に仏心寺、丹後に宝林寺を建立した。同九年、蘭渓道隆が甲斐に配流されるとそれに従い、「興禅記」を著して禅宗を擁護した。正安元年（一二九九）北条貞時は浄智寺を五山に列し、静照を住持に迎えた。

【解説】平雅行「鎌倉山門派の成立と展開」（『大阪大学大

学院文学研究科紀要』四〇）による。

【系図】

【史料】　（菊池）

むつむさしのかみ　陸奥武蔵守　生没年未詳

鎌倉中期の武士。実名・父母は未詳。北条時盛の女婿。

【解説】通称から北条氏の一族と推定されるが、未詳。

【系図】纂要。

【史料】　（川島）

【も】

もうり ひろみつ　毛利広光　生年未詳～宝治元年（?～一二四七）

鎌倉中期の武士。大江氏の一族毛利季光の子、母は未詳。将軍家に仕える諸大夫の待遇を受けた。群A・群Bは、北条朝時の女に毛利広光に嫁いだ女性が見える。嘉禄元年（一二二五）十二月二十日の将軍九条頼経御移徙の供奉殿上人に「兵衛蔵人広光」と見えるのが初見。寛元二年（一二四四）正月三日の北条朝時垸飯では、御調度役に「毛利兵衛大夫広光」が見える。同年四月二十一日の九条頼嗣元服では役送を勤めた。同六月二十三日の九条頼嗣吉書始行列では御後五位六位に参列した。寛元三年八月十五日の鶴岡放生会行列の御後五位六位を勤めた。宝治合戦で三浦泰村方に属し、父季光とともに自害した。

【解説】

【系図】尊・入ウ・「大江系図」・「天文本大江系図」。

【史料】「吾妻鏡」。　（永井）

もてぎ ときかず　茂木時員

→**北条時員**（ほうじょう ときかず）

もてぎ まさふさ　茂木政房

→**北条政房**（ほうじょう まさふさ）

【や】

やくしどうどの　薬師堂殿　生没年未詳

鎌倉後期の女性。父母は未詳。北条（金沢）貞顕の夫人と推定される。貞顕が六波羅探題として在京した頃に史料が残る。「称名寺寺用配分状」に近江国柏木御厨知行のことが見える。鎌倉の薬師堂谷に由来する通称か。

【解説】永井晋「金沢氏の夫人達」（『鎌倉時代の女性』神奈川県立金沢文庫特別展図録）。

【系図】

【史料】『金沢文庫古文書』五二二八・五四二二・五四二三。（永井）

やつどの　谷津殿
↓　安保実員女（あぼさねかずじょ）

やどや　さねなが　屋戸矢実永　生没年未詳
鎌倉中期の武士。父母は未詳。義時流（得宗）の被官。安貞・寛喜年間（一二二七〜三二）、得宗分国若狭国の守護代であった。

【解説】佐藤進一『増訂鎌倉幕府守護制度の研究』。

【系図】

【史料】「若狭国守護職次第」。（末木）

やどや　みつのり　宿屋光則　生没年未詳
鎌倉中期の武士。父は宿屋行時、母は未詳。義時流（得宗）の被官。左衛門尉・左衛門入道と称す。法名は最信。「吾妻鏡」には、弘長三年（一二六三）十一月十九日条、同二十日条に臨終前の北条時頼を看病する伺候人のひとりとして名が見え、この時すでに出家していたようである。文永八年（一二七一）日蓮が処刑されようとした時、同じく捕らえられた日朗・日真・四条頼基父子は光則に預けられた。日蓮が奇跡的に助かると光則は日蓮を信仰するようになり、宅地に草庵を結び、日朗を開山として光則寺をおこした。また、日蓮の「立正安国論」を時頼に差出した。墓所は鎌倉光則寺。

【解説】

【系図】

【史料】「吾妻鏡」・「関東往還記」・「日蓮注画賛」。（末木）

やべぜんに　矢部禅尼
↓　三浦義村女（みうらよしむらじょ）

【ゆ】

ゆうじょ　有助　建治三年〜正慶二・元弘三年（一二七七〜一三三三）
鎌倉後期の僧。有時流。父は北条兼義、母は未詳。北条有時の孫にあたる。上乗院大僧正法務、東寺一長者、若宮別当。佐々目僧正と号す。前佐々目僧正頼助の弟子で、永仁四年（一二九六）に臨終間近の頼助から印可を受け、頼助の所領であった摂津国小真上庄を譲与されている（26歳）。正和五年（一三一六）、この荘園を高野山金剛三昧院内遍照院に寄進している。翌文保元年（一三一七）元瑜から伝法潅頂を受けた。元亨二年（一三二二）十二月東寺四長者となり（46歳）、正中元年（一三二四）それを辞し、正僧正となる。元徳三・元弘元年（一三三一）四月二十六日、鶴岡八幡宮社務職に補せられる。正慶二・元弘三年五月、幕府滅亡の際、高時らとともに自害した。享年五十七。

【解説】（1）「鶴岡八幡宮寺社務職次第」では、有助を兼時の子としている。（2）通称は前・群A・群B・正・纂要・「太平記」・「鶴岡八幡宮寺社務職次第」による。（3）平雅行「鎌倉山門派の成立と展開」（『大阪大学大学院文学研究科紀要』四〇）参照。

【系図】前・桓・群A・群B・正・纂要。

【史料】「太平記」・「血脈類集記」・「鶴岡八幡宮寺社務職次第」、『鎌倉遺文』㉕一九〇〇五・一九〇〇七、㉝二五九六〇。

（末木）

【よ】

よしみ さぶろう　吉見三郎　生没年未詳

鎌倉後期の武士。実名・父母は未詳。妻は朝時流の北条時長の女。

【解説】入ウのみに見える人物。「吉見系図」によると、吉見頼宗（為頼）の女が朝時流の北条時長に嫁し、宗長の母となっている。頼宗の通称が彦三郎、その子頼有の通称が孫三郎、その子頼継の通称が孫三郎であり、吉見氏は「三郎」を通称としている。

【系図】入ウ。

【史料】

（菊池）

よしみ よりむね　吉見頼宗　生没年未詳

鎌倉後期の武士。吉見為頼の子、母は未詳。女が北条（名越）宗長に嫁いだ。兄吉見頼春は、謀反の咎によって永仁四年（一二九六）三月十八日に誅殺された。

【解説】『吉見町史』（吉見町史編さん委員会）。

【系図】尊・「吉見系図」。

【史料】

（永井）

よしみ よりむねじょ　吉見頼宗女　生没年未詳

鎌倉後期の女性。吉見頼宗の女、母は未詳。朝時流の北条（名越）宗長に嫁いだ。

【解説】尊・「吉見系図」に北条（名越）時長妻と見える。

【系図】尊・「吉見系図」。

【史料】

（永井）

【ら】

らいかく　頼覚　生年未詳～元徳二年（?～一三三〇）

鎌倉後期の僧。義時流（得宗）。父は北条時頼の子桜田禅師時厳、母は未詳。本名は元助、のち頼覚と改名した。正和四年（一三一五）十月の尊治親王（のちの後醍醐天皇）室の御産五壇法で伴僧を勤めた。元亨三年（一三二三）十月に行われた北条貞時十三回忌法要で、仏日庵法華八講に参じ、北条高時室主催の経供養にも請定されている。嘉暦三年（一三二八）権法務の宣下を受けた。

【解説】（1）前・正に見える頼寛は同一人物と考えられる。前に「山、法印、権大僧都」、正に「法印」と注記がある。（2）平雅行「鎌倉山門派の成立と展開」（『大阪大学大学院文学研究科紀要』四〇）参照。

【系図】群A・群B・正・前。

【史料】「華頂要略」他。

（菊池）

らいかん　頼寛

→　頼覚（らいかく）

らいしゅ　頼守

→　頼助（らいじょ）

らいじょ　頼助　寛元三年～永仁四年（一二四五～九六）

鎌倉中期の東密系の僧。義時流（得宗）。父は北条経時、母は未詳。隆政の弟にあたる。通称は佐々目僧都・佐々目僧正。寛元四年（一二四六）四月一日、父経時が二十三歳の若さで死去したため、叔父時頼の意向で弟と共に僧籍に入ったものと思われる。守海法印・良瑜僧正・法助准后・公寛法印から潅頂・印可を受けた。京都左女牛八幡宮（六条八幡宮）・鎌倉佐々目谷法華堂等の別当を歴任。弘安六年（一二八三）、北条氏で初めて鶴岡八幡宮別当となる。以降没するまで、東国の仏教界の中心として活躍した。鎌倉と京都との間をしばしば往復し、西国では円教寺・遍照寺等の別当の他、高野新別所院や醍醐寺理性院の院主となった。弘安八年に法務、翌年権僧正、同十年に東寺三長者、翌年正僧正に転じ東寺二長者となり、正応五年（一二九二）長者を辞任して大僧正、さらに東大寺別当に就任した。永仁四年（一二九六）二月二十八日没した。享年五十二。

【解説】（1）通称は野辺・野津・群A・群Bによる。

（2）湯山学「頼助とその門流」（『鎌倉』三九・四〇）、吉田通子「鎌倉後期の鶴岡別当頼助について」（『史学』五四―四）、平雅行「鎌倉山門派の成立と展開」（『大阪大学大学院文学研究科紀要』四〇）参照。（3）没年は「鶴岡社務記録」・「鶴岡八幡宮諸職次第」による。享年は前者の五十二に従った。後者は五十七とする。また纂要は永仁五年二月二十八日入滅とする。（4）入は「仁和寺法□（印）」と注記する。

【系図】野辺・野津・尊・正・桓・群A・群B・前・纂要・入・入ウ。

【史料】「鶴岡社務記録」・「鶴岡八幡宮諸職次第」。（遠山）

らいにん　頼任　生没年未詳

鎌倉中期の僧。有時流。父は北条有時、母は未詳。律師。

【解説】律師は群A・群B・正の注記による。正・入ウの通時の子に同名の人物がいるが、関連は不明。

【系図】群A・群B・正・入ウ。

【史料】（末木）

らいにん　頼任　生没年未詳

鎌倉後期の僧侶。有時流。父は北条通時、母は未詳。北条有時の孫にあたる。

【解説】正・入ウに見える。有時の子に同名の人物がいるが、関連は不明。あるいは混同したものか。

【系図】正・入ウ。

【史料】（末木）

【り】

りゅうじ　隆時

→　隆政（りゅうせい）

りゅうせい　隆政　仁治二年～弘長三年（一二四一～六三）

鎌倉中期の僧。義時流（得宗）。父は北条経時、母は将軍家女房讃岐。頼助僧正の兄にあたる。初名は隆時。大夫律師と号した。権律師。寛元四年（一二四六）四月一日、父経時が二十三歳の若さで死去したため、叔父時頼の意向で兄と共に僧籍に入り、隆弁に入室したものと考えられる。弘長三年（一二六三）正月九日、二十三歳で入寂した。

【解説】（1）母は野辺に「讃局執行大夫女」、纂要に「将軍家女房讃岐」とある。（2）没年は「吾妻鏡」・纂要による。（3）平雅行「鎌倉山門派の成立と展開」

(『大阪大学大学院文学研究科紀要』四〇)参照。(4)「経俊卿記」正嘉二年三月二十九日条によれば、隆政なる僧が権律師に叙されており、この隆政である可能性がある。(5)入ウは「佐々目権律師」と注記する。

【系図】野辺・野津・群A・群B・前・纂要・入ウ。

【史料】「吾妻鏡」。

(遠山)

りゅうぜん　隆禅　生没年未詳

鎌倉中期の僧。時房流。北条時房の養子、母は未詳。実父は藤原光隆。通称は中納言法印。仏眼房と称した。延応元年(一二三九)四月、師の行勇の跡を嗣いで高野山金剛三昧院長老に補され、筑前国粥田庄預所職や美作国大原保の寄進獲得に尽力した。寛元三年(一二四五)八月、金剛三昧院長老を解任された。

【解説】(1)前にのみ見える人物。(2)平雅行「鎌倉山門派の成立と展開」(『大阪大学大学院文学研究科紀要』四〇)参照。

【系図】前。

【史料】

(川島)

【姓未詳】

(姓未詳)きんいえ　(姓未詳)公家　生没年未詳

鎌倉後期の人物。父母は未詳。北条資時(時房流)の女を妻とした。

【解説】入ウのみに見える人物。注記に「為氏卿室、元公家卿室」と見える。しかし、公家という名の公卿は見えない。

【系図】入ウ。

【史料】

(菊池)

(姓未詳)さだうじ　(姓未詳)貞氏　生没年未詳

鎌倉後期の武士。名字・父は未詳。母は重時流の北条義政の女。

【解説】(1)群Bのみに見え、義政の女の注記に「貞氏母」とある。貞氏の比定人物として同時代の足利貞氏が考えられるが、貞氏の母は重時流の北条時茂の女であり、誤入の可能性も考えられる。なお、「清和源氏系図」及び「足利系図」によれば、足利貞氏の妻は北条(金沢)顕時の女あるいは上杉頼重の女となっている。(2)祖父義政は弘安四年(一二八一)十一月に籠居していた塩田庄で没した。

【系図】群B。

【史料】

（菊池）

（姓未詳）さねなお　（姓未詳）実直　生没年未詳

鎌倉後期の武士か。父母は未詳。時房流、北条貞宣の女を妻とする。

【解説】正の注記に「実直卿妻」、野津の注記に「実直妻」とある。建長五年（一二五三）に公卿となった藤原実直がいるが、時村（時房流）の女が嫁しており、時代的にあわない。後考を待つ。

【系図】正・野津。

【史料】

（鈴木）

（姓未詳）さねやす　（姓未詳）実泰　生没年未詳

鎌倉中期の公家。父母は未詳。北条義時の女を室とした。

【解説】入ウのみに見える人物。北条義時女の注記に「近衛中将実泰室」とある。藤原（洞院）実泰の可能性もあるが、未詳。

【系図】入ウ。

【史料】

（菊池）

（姓未詳）つねあき　（姓未詳）経明　生没年未詳

鎌倉後期の人物。父母は未詳。北条資時（時房流）の女を妻とした。

【解説】入ウのみに見える人物。資時女（時房流）の注記に「安木守経明室、改畠山刑部少補」と見える。

【系図】入ウ。

【史料】

（菊池）

（姓未詳）ときつぐ　（姓未詳）時次　生没年未詳

鎌倉後期の武士。父は未詳、母は時房流の北条宣時の女。

【解説】入ウのみに見える人物。北条宣時の女の注記に「摂津守時次母子□継□」とある。

【系図】入ウ。

【史料】

（菊池）

（姓未詳）ともうじ　（姓未詳）朝氏　生没年未詳

鎌倉中期の公家か。父母は未詳。実泰流の北条実泰の女を妻とする。

【解説】桓の北条実泰の女の一人に「雅世・朝氏妻」の傍注が見える。

【系図】桓。

【史料】

（永井）

(姓未詳)のりのぶ　(姓未詳)憲信　生没年未詳

鎌倉後期の人物。父母は未詳。北条資時（時房流）の女を妻とした。

【解説】入ウのみに見える人物。資時女（時房流）の注記に「左少将憲信（室脱カ）」と見える。ただし、憲信という人物は確認できない。

【系図】入ウ。

【史料】

（菊池）

(姓未詳)ふじうじ　(姓未詳)藤氏　生没年未詳

鎌倉後期の人物。父母は未詳。北条資時（時房流）の女を妻とした。

【解説】入ウのみに見える人物。資時女（時房流）の注記に「従二位藤氏室」と見える。ただし、公卿になった藤氏という人物は確認できない。

【系図】入ウ。

【史料】

（菊池）

(姓未詳)まさよ　(姓未詳)雅世　生没年未詳

鎌倉中期の公家か。父母は未詳。実泰流の北条実泰の女を妻とする。

【解説】（1）桓は北条実泰の女の一人に、「雅世・朝氏妻」の傍注を載せる。尊は関東祗候廷臣唐橋中将通時と北条義時の女を父母にもつ通清が、雅世→雅視→通清と改名したと記す。（2）「百錬抄」寛元三年（一二四五）四月十二日条に見える唐橋少将雅世が、この人物にあたるか。（3）関東祗候の唐橋家については、湯山学「関東祗候廷臣」（『相模国の中世史』上所収）参照。

【系図】尊・桓。

【史料】

（永井）

(姓未詳)もとなお　(姓未詳)職直　生没年未詳

鎌倉中期の武士。父母・名字は未詳。北条時村の被官。弾正忠。弘安二年（一二七九）十二月、六波羅探題兼和泉守護時村の意を奉じ、守護代宛に文書を発給する。同五年十二月、興福寺領山城大住庄と石清水八幡宮領同薪庄の紛争解決に係わるが、興福寺の訴えにより、土佐に配流。正応五年（一二九二）七月には時村が知行していた越後国の荒河保司として見える。

【解説】職直に触れた論考に佐藤進一『増訂鎌倉幕府守護制度の研究』、海津一朗「鎌倉後期の国家権力と悪党」（『悪党の中世』）等がある。

【系図】

【史料】「久米田寺文書」・「勘仲記」・「一代要記」・「三浦和田文書」。
（森）

もりつね（姓欠）盛経 生没年未詳

鎌倉中期の武士か。父母は未詳。義時流北条宗頼の女を妻とした。

【解説】入ウのみに見える人物。注記に「平宗基室、後嫁盛経」とある。

【系図】入ウ。

【史料】
（菊池）

参考文献

例　言

一、ここに掲げる参考文献は、辞典本文作成の際参考にした諸文献である。
二、内容は、①史料、②辞典類、③叢書・自治体史等、④論文・著書等（除鎌倉北条氏関連の論文、再録したものは掲載した）に分けて示した。なお、鎌倉北条氏関連の論文は別途二部に掲載した。
三、配列は、①②③は書名の五十音順、④は著者・編者名の五十音順とした。
四、①は史料名の次に、括弧して所収叢書・所収刊本を示した。刊行年は省略した。
五、②③にはわかる範囲で、括弧して発行者・編者・刊行年等を示した。
六、④には、鎌倉北条氏関連以外の論文・著書等を記載した。

①史料

【あ】

「青方文書」（『史料纂集』）
「赤松記」（『群書類従』二一）
「赤松系図」（『続群書類従』五下）
「浅羽本北条系図」（『大日本史料』）
「浅羽本三浦系図」（『大日本史料』）
「足利系図」（『続群書類従』五上）
「吾妻鏡」（『新訂増補国史大系』）
「阿蘇文書」（『大日本古文書』）
「足立系図」（『新編埼玉県史』別編四 年表・系図）
「天野系図」（尊経閣文庫所蔵：『ぐんしょ』三二）
「有馬系図」（『続群書類従』五下）
「安中坊系譜」（『大日本史料』）

【い】

「石川氏文書」（『新編常陸国誌』：『茨城県史料』中世Ⅱ）
「市河文書」（『鎌倉遺文』）
「一代要記」（『改訂史籍集覧』）
「厳島野坂文書」（『鎌倉遺文』）
「一遍聖絵」（『続群書類従』九上）
「異本伯耆巻」（『続群書類従』二〇上）
「岩蔵寺過去帳」

【う】

「上杉系図」（『続群書類従』六下）

「宇都宮系図」(『続群書類従』六下)

【え】

「永仁三年記」(『増補続史料大成』一〇)
「永平開山道元和尚行録」(『曹洞宗全書』一九、『続群書類従』九上)
「越前前司平時広集」(『私家集大成』第四巻・中世Ⅱ)
「円覚寺文書」(『鎌倉市史』資料編、『神奈川県史』資料編2・古代中世2)
「園太暦」(続群書類従完成会)
「遠藤系図」(『続群書類従』六下)

【お】

「近江国番場蓮華寺過去帳」(『群書類従』二九)
「大江氏系図」(『群書類従』五)
「大江系図」(『国史大辞典』大江親広の項)
「大隅池端文書」(『鎌倉遺文』)
「大友系図」(『続群書類従』六上)
「大野文書」
「岡田忠久旧蔵金沢称名寺文書」(『金沢文庫研究』二八三、現在は大阪青山短期大学所蔵)
「越智系図」(『続群書類従』七上)
「越智姓系図」(『系図総覧』下)
「小野氏系図」(『続群書類従』七上)
「御的日記」(『続群書類従』二三下)
「園城寺潅頂血脈」
「園城寺僧位血脈」(『系図纂要』所収)

【か】

「鹿島神宮文書」(『鎌倉遺文』)
「勝尾寺文書」(『箕面市史』史料編一)
「家中竹馬記」(佐藤進一『室町幕府守護制度の研究 上』)
「華頂要略」(『天台宗全書』)
「香取神宮文書」(『千葉県史料』)
「金沢文庫文書」(『金沢文庫古文書』、『鎌倉遺文』)
「兼仲卿記紙背文書」(『鎌倉遺文』)
「鎌倉大日記」(『増補続史料大成』五一)
「鎌倉殿中問答記録」(『改訂史籍集覧』二七)
「鎌倉年代記(裏書)」(『増補続史料大成』五一)
「勘仲記」(『増補史料大成』三四〜三六)
「関東往還記(裏書)」(『西大寺叡尊伝記集成』、神奈川県立金沢文庫編『校訂増補関東往還記』)
「関東開闢并皇年代記事」(尊経閣文庫所蔵)
「関東評定衆伝」(『群書類従』四)

【き】

「吉記」(『増補史料大成』二九・三〇)
「吉続記」(『増補史料大成』三〇)
「喜連川判鑑」(『群書類従』五上)
「玉葉」(国書刊行会本、図書寮叢刊)
「玉葉和歌集」(『国歌大観』)
「吉良系図」(『続群書類従』五上)
「金塊和歌集」(『国歌大観』)
「公衡公記」(『史料纂集』)

【く】
「空華日用工夫集」（『続史籍集覧』三）
「愚管抄」（『新訂増補国史大系』）
「公卿補任」（『新訂増補国史大系』）
「九条家文書」（『図書寮叢刊』）
「朽木文書」（『史料纂集』）
「工藤二階堂系図」（『続群書類従』六下）
「熊谷家文書」（『大日本古文書』）
「久米田寺文書」
「倉持文書」（『鎌倉遺文』）

【け】
「血脈類集記」（『真言宗全書』三九）
「検非違使補任」（『続群書類従』四上）
「源威集」（平凡社、東洋文庫）
「元徳二年三月日吉社并叡山行幸記」（『群書類従』三）
「源氏系図」（長楽寺所蔵）
「建治三年記」（『増補続史料大成』一〇）
「源平盛衰記」（『大日本史料』）
「現存和歌六帖」（『群書類従』一〇）

【こ】
「弘安四年鶴岡八幡遷宮記」（『続群書類従』三上）
「香蔵院珍祐記録」（『神道大系』五五）
「皇代記」（『群書類従』三）
「弘長元年将軍宗尊親王家百五十番歌合」
「興徳寺所蔵記」（筑前国早良郡姪浜興徳寺蔵）
「河野系図」（『系図総覧』下）
「河野系図」（『続群書類従』七上）
『校本保暦間記』（和泉書院）
「光明寺残編」（『群書類従』二五、岡見政雄校訂『太平記（一）』）
「光明寺古文書」（『史料纂集 光明寺文書』）
「高野山文書」（『大日本古文書』）
「古河公方系図」（『続群書類従』五上）
「古河御所之伝」（『続群書類従』五上）
「久我家文書」（続群書類従完成会、『鎌倉遺文』）
「五代帝王物語」（『群書類従』三）、
「御鎮座伝記紙背文書」
「近衛家文書」
「近衛家本追加」
「小早川家文書」（『大日本古文書』）
「小松文書」
「金剛三昧院文書」（『高野山文書』第五巻）
「金剛仏子叡尊感身学正記」（『東洋文庫』）
「権中納言実材卿母集」（『桂宮本叢書』一〇）

【さ】
「西蓮寺文書」（『鎌倉遺文』）
「相模光明寺文書」（『鎌倉遺文』）
「佐竹本古簡雑纂」（佐藤進一『室町幕府守護制度の研究 上』）
「実隆公記」（続群書類従完成会）
「実躬卿記」（『大日本古記録』）
「佐野本系図」（『大日本史料』）
「佐野本北条系図」（『大日本史料』）
「侍所沙汰編」（『群書類従』二二）

「小夜のねざめ」（『群書類従』二七）
「三聖寺文書」
「三長記」（『増補史料大成』）

【し】

「時衆過去帳」（大橋俊雄氏編『時衆過去帳』〈時衆史料第一〉）
「慈尊院権僧正日記」
「渋川系図」（『続群書類従』五上）
「四方田系図」（『新編埼玉県史』別編4・年表・系図）
「島津家伊作文書」（『鎌倉遺文』）
「寺門伝記補録」（『大日本仏教全書』）
「拾遺現藻集」
「拾遺風体和歌集」（『続群書類従』一四上）
「拾珠抄」
「松花和歌集」
「承久記」（『新日本古典文学大系』四三）
「将軍執権次第」（『群書類従』四）
「正慶乱離志」（『増補続史料大成』一八）
「樵談治要」（『群書類従』二七）
「証菩提寺文書」
「常楽記」（『群書類従』二九）
「諸家系図纂」（内閣文庫所蔵）
「白河本東寺百合文書」（『鎌倉遺文』）
「親玄僧正日記・解説」（ダイゴの会、『中世内乱史研究』一四～一六号：一九九三～九五年）
「神護寺文書」
「新後拾遺和歌集」（『国歌大観』）
「新後撰和歌集」（『国歌大観』）
「新千載和歌集」（『国歌大観』）
「新続古今和歌集」（『国歌大観』）
「新勅撰和歌集」（『国歌大観』）
「新編追加」（『続群書類従』二三下）

【す】

「住吉勇三郎氏所蔵文書」（『鎌倉遺文』）

【せ】

「清和源氏系図」（『続群書類従』五上）
「摂津勝尾寺文書」（『鎌倉遺文』）
「千学集抜粋」
「泉州久米多寺文書」（『岸和田市史史料』第一輯）
『禅定寺文書』
「撰要目録」（『日本古典文学大系 中世近世歌謡集』）

【そ】

「相州文書所収相承院文書」（『鎌倉遺文』）
「相承院文書」（『鎌倉遺文』）
「宗家大友氏ノ系図」（田北学編『増補訂正編年大友史料』）
「相馬文書」（『史料纂集』）
「曽我文書」（『鎌倉遺文』）
「続現葉和歌集」（『国歌大観』）
「続古今和歌集」（『国歌大観』）
「続史愚抄」（『新訂増補国史大系』）
「続拾遺和歌集」（『未刊中世歌合集』下）
「続千載和歌集」（『国歌大観』）
「反町英作氏所蔵三浦和田氏文書」（『新潟県史』資料編・中世Ⅱ）

【た】
「他阿上人家集」（和歌史研究会編『私家集大成』第5巻・中世Ⅲ所収）
「他阿上人法語」（大橋俊雄氏編著『時宗二祖・他阿上人法語』）
『醍醐寺新要録』（醍醐寺文化財研究所、法蔵館：一九九一年）
「醍醐寺座主次第篇」（赤松俊秀校訂『醍醐寺新要録』：京都府教育委員会）
「大慈寺文書」
「大石寺文書」
「大徳寺文書」（『大日本古文書』）
「太平記」（『日本古典文学大系』）
「平親清集」
「平親清四女集」（『桂宮本叢書』一〇）
「平親清五女集」（『桂宮本叢書』一〇）
「平政連諫草」（『改訂史籍集覧』）
「竹崎季長絵詞」（『日本思想体系』二一）
「武田系図」（『続群書類従』五下）
「多田神社文書」
「伊達家系図」（『大日本古文書』）

【ち】
「千葉系図」（『続群書類従』六上）
「千葉系図別本」（『続群書類従』六上）
「千葉上総系図」（『続群書類従』六上）
「千葉大系図」（『房総叢書』、『大日本史料』）
「中尊寺文書」
「勅撰作者部類」（『八代集全註』第三巻所収）
「塵塚物語」（『改訂史籍集覧』一〇）
「鎮西引付記」（「薩藩旧記」所収、「旧典類聚」一三所収：『鎌倉幕府訴訟制度の研究』）
「鎮西志」→「歴代鎮西志」

【つ】
「都甲文書」（『鎌倉遺文』）
「経俊卿記」（『図書寮叢刊』）
「鶴岡社務記録」（『鶴岡叢書』第二輯）
「鶴岡八幡宮寺社務次第」（『鶴岡叢書』第四輯）
「鶴岡八幡宮寺社務職次第」（『群書類従』四）
「鶴岡八幡宮諸職次第」（『鶴岡叢書』第四輯）
「鶴岡八幡宮御遷宮記」（弘安四年鶴岡八幡遷宮記、『続群書類従』三上）
「鶴岡八幡宮寺供僧次第」（『続群書類従』四下）
「鶴岡両界壇供僧次第」（『続群書類従』四下）

【て】
「帝王編年記」（『新訂増補国史大系』）
「天文本大江氏系図」（『山形県史』）
「天竜寺文書」（『東京都古代中世古文書金石文集成』一・二）。

【と】
「党家系図（丹党）」（『新編埼玉県史』別編4・年表・系図）
「党家系図（児玉党）」（『新編埼玉県史』別編4・年表・系図）
「東寺長者補任」（『群書類従』四）
「東寺文書」（『大日本古文書』、『鎌倉遺文』）
「東寺百合文書」（『大日本古文書』、『鎌倉遺文』）
「東征伝絵巻」（『日本絵巻全集』）

「東撰和歌六帖」（『国歌大観』・『続群書類従』一四上）
「遠江大福寺文書」（『鎌倉遺文』）
「土岐家聞書」（佐藤進一『室町幕府守護制度の研究 上』）
「土岐系図」（『続群書類従』五下）
「土佐国古文叢」（『鎌倉遺文』）
「とはずかたり」（『新潮日本古典集成』）
「呑海上人法語」（『定本時宗宗典』上）

【な】
「内外三時抄」（『続群書類従』一九中）
「仲資王記」（『大日本史料』）
「長門国守護職次第」（『続群書類従』四上）
「中山法華経寺所蔵双紙要文紙背文書」
「難太平記」（『群書類従』二一）
「南朝編年紀略」
「南北真経寺所蔵飜摺法華経紙背文書」

【に】
「（昭和定本）日蓮聖人遺文」（立正大学日蓮教学研究所編）
「蜷川家文書」（『大日本古文書』）
「二本松系図」（『続群書類従』五上）
「任僧綱土代」（『続群書類従』四上）
「仁和寺諸院家記」（奈良国立文化財研究所編『仁和寺史料　寺誌篇一』所収）

【の】
「野辺文書」七平氏並北条氏系図（『鹿児島県史料』（旧記雑録拾遺）家わけ七）

【は】
「梅松論」（『群書類従』二〇）
「博多日記」（尊経閣文庫所蔵）
「畠山系図」（『続群書類従』五上）
「八幡宮執行職次第」（『鶴岡叢書』第四輯）
「八塔寺文書」
「花園天皇宸記」（『史料纂集』）
「般若院系図」（『続群書類従』六上）

【ひ】
「比企系図」（三重県津市比企よし子氏蔵）
「比企系図鬼簿」（三重県津市比企よし子氏蔵）
「比志島文書」（『神奈川県史資料編』古代・中世三上）
「肥後詫摩文書」
「常陸奥郡散在文書」
「秀郷流系図（河村）」（『続群書類従』六下）
「秀郷流系図（佐伯氏）」（『続群書類従』六下）
「秀郷流系図（尾藤）」（『続群書類従』六下）
「秀郷流系図（松田）」（『続群書類従』六下）
「百錬抄」（『新訂増補国史大系』）
「平川文書」
「琵琶血脈」（『図書寮叢刊　伏見宮楽書集成』一）

【ふ】
「風雅和歌集」
「武衛系図」（『続群書類従』五上）
「深堀系図」
「深堀系図証文記録」

「深堀家文書」（『佐賀県史料集成』古文書編第四巻）
「武家年代記（裏書）」（『増補続史料大成』五一）
「藤島神社文書」（『鎌倉遺文』）
「伏見天皇宸記」（『増補史料大成』三）
「仏説三亭厨経」（高野山金剛三昧院蔵）
「舟木系図」（『続群書類従』五下）
「文保三年記」（『歴代残闕日記』一八）

【へ】

「平家物語」（『日本古典文学大系』三二・三三）
「平戸記」（『増補史料大成』三二・三三）
「平治物語」（『日本古典文学大系』三一）

【ほ】

「北条九代記」（『続群書類従』二九上）
「北条時政以来後見次第」（尊経閣文庫所蔵）
「保暦間記」（『群書類従』二六）
「保坂潤治氏所蔵文書」（『鎌倉遺文』）
「細川頼之記」（『改訂史籍集覧』）
「本朝皇胤紹運録」（『群書類従』五）
「梵網戒本疏日珠鈔」裏文書（東大寺図書館蔵：『鎌倉遺文』）

【ま】

「雅有集」（『国歌大観』第七巻私家集編Ⅲ）
「増鏡」（『日本古典文学大系』）
「松浦山代文書」
「松蘿館本千葉系図」
「満願寺歴代并旧記」
「三井続灯記」（『大日本仏教全書』）
「三井寺潅頂脈譜」（国立公文書館内閣文庫蔵）
「三浦系図」（『続群書類従』六上）
「三浦和田文書」（『鎌倉遺文』）
「三島神社文書」（『鎌倉遺文』）
「峯相記」（『続群書類従』二八上）
「明恵上人伝記」（『大日本史料』）
「民経記」（『大日本古記録』）

【む】

「夢窓国師御詠草」（『群書類従』一五）
「宗像神社文書」

【め】

「明月記」（国書刊行会本）
「明叔語録」（愚渓寺蔵）

【も】

「毛利元雄氏所蔵文書」（『鎌倉遺文』）
「最上系図」（『続群書類従』五上）
「門葉記」（『大正新修大蔵経』）

【や】

「八坂神社文書」
「八坂神社記録」（『増補続史料大成』四三～四六）
「山内首藤家文書」（『大日本古文書』）
「山野辺氏系図」（『続群書類従』五上）

【ゆ】

「遊行上人縁起絵」（『日本絵巻物全集』二五）
「由良文書」（『鎌倉遺文』）

【よ】
「葉黄記」（『史料纂集』、『大日本史料』）
「吉見系図」（『続群書類従』五上）
「予章記」（『群書類従』二一）
「吉田薬王院文書」（『茨城県史料』中世Ⅱ）
【り】
「離宮八幡宮文書」（『鎌倉遺文』）
「柳風和歌集」（『群書類従』一〇）
「両畠山系図」（『続群書類従』五上）
「臨永和歌集」（『群書類従』一〇）
「隣女和歌集」（『群書類従』一四）
【れ】
「歴代鎮西志」
【ろ】
「六波羅守護次第」（京都大学文学部博物館所蔵）
【わ】
「若狭国守護職次第」（『群書類従』四）
「早稲田大学所蔵文書」（『鎌倉遺文』）

②辞典類

【あ行】
『吾妻鏡人名索引』（御家人制研究会編、吉川弘文館：一九七一年三月）
『吾妻鏡人名総覧』（安田元久編、吉川弘文館：一九九八年二月）
『吾妻鏡地名索引』（国学院大学日本史研究会編、村田書店：一九七七年四月）
【か行】
『花押かがみ』二〜四（東京大学史料編纂所編、吉川弘文館：一九八一年三月〜一九八五年）
『角川日本地名大辞典』
『金沢文庫資料図録　書状編Ⅰ』（神奈川県立金沢文庫編：一九九〇年）
『金沢文庫文書目録』（神奈川県立金沢文庫編：一九九〇年）
『鎌倉史跡事典』（奥富敬之：一九九九年）
『鎌倉廃寺事典』（貫達人・川副武胤編、有隣堂：一九八〇年）
『鎌倉室町人名辞典』（安田元久編、新人物往来社：一九八五年十一月）
「国司一覧」（『日本史総覧』Ⅱ：一九八四年）
『国史大辞典』（吉川弘文館：一九七九年〜九七年）
【さ行】
『埼玉人物辞典』（埼玉県：一九九八年二月）
『史籍解題辞典』（古代・中世編）上（竹内理三・滝沢武雄編、東京堂出版：一九八六年八月）
【な行】
『日本史総覧』（竹内理三編、新人物往来社：一九八四年一月）
『日本歴史体系』二中世（山川出版社：一九八五年五月）
『年表 日本歴史』三鎌倉・室町・戦国（熱田公編、筑摩書房：一九八一年十一月）
【は行】
『補訂版国書総目録』（岩波書店）
『北条氏系譜人名辞典』（北条氏研究会編、新人物往来社）

【ま行】
『室町幕府守護職家事典』（新人物往来社：一九八八年）
【や行】
『有職故実大辞典』（鈴木敬三編、吉川弘文館：一九九六年一月）

③叢書・自治体史等

【あ行】
『足利市史』（一九二八年）
「一遍上人絵伝」（小松茂美編『日本の絵巻』二〇、中央公論社：一九八八年十一月）
『茨城県史料』中世編Ⅱ（茨城県：一九七四年）
『宇都宮市史』第三巻 中世通史編（宇都宮市：一九八一年）
『愛媛県史』通史編　古代Ⅱ・中世（愛媛県：一九八四年）
【か行】
『香川県史』　2中世（通史編）
『香川県史』　8古代・中世史料
『鹿児島県史料』（旧記雑録拾遺）
『神奈川県史』資料編1古代・中世1（神奈川県、竹内理三・百瀬今朝雄・貫達人：一九七〇年三月）
『神奈川県史』資料編2古代・中世2（神奈川県、竹内理三・百瀬今朝雄・貫達人：一九七三年三月）
『神奈川県史』通史編1原始・古代・中世2（神奈川県：一九八一年九月）
『金沢貞顕』（テーマ展図録、神奈川県立金沢文庫：一九九五年）
『金沢文庫古文書』（神奈川県立金沢文庫：一九五二年～六四年）
『金沢文庫資料図録　書状編Ⅰ』（神奈川県立金沢文庫編）
『鎌倉遺文』古文書編1～42、補遺1～4、索引1～5（竹内理三編、東京堂出版：一九七一年十一月～九七年九月）
『鎌倉市史』総説編（鎌倉市：一九五九年）
『鎌倉幕府裁許状集』上 関東裁許状篇（瀬野精一郎編、吉川弘文館：一九七〇年九月）
『鎌倉幕府裁許状集』下 六波羅鎮西裁許状篇（瀬野精一郎編、吉川弘文館：一九七〇年十二月）
『関門の潮流』（北九州歴史博物館展示図録）
『岸和田市史』第六巻・史料編Ⅰ（岸和田市：一九七六年）
『近代足利市史』（一九七七年）
『系図纂要』（名著出版）
【さ行】
『寒河江市史』上巻（一九九四年）
『新修大阪市史』第二巻（大阪市：一九八八年）
『新編埼玉県史』資料編5中世1古文書1（埼玉県：一九八二年三月）
『新編埼玉県史』資料編7中世3記録1（埼玉県：一九八五年三月）
『新編埼玉県史』資料編9中世5金石文・奥書（埼玉県：一九八九年三月）
『新編埼玉県史』別編4年表・系図（埼玉県：一九九一年二月）
『新編埼玉県史』通史編2中世（埼玉県：一九八九年三月）
『新編武蔵風土記稿』
『駿河志料』
【た行】
『大日本史料』第四編～第五編

『中世法制史料集』第一巻 鎌倉幕府法（佐藤進一・池内義資編、岩波書店：一九五五年）
『中世法制史料集』第二巻 附録「沙汰未練書」（佐藤進一・池内義資編、岩波書店：一九五七年）
『中世法制史料集』第三巻 武家法Ⅰ「宇都宮家式条（弘安六年）」（佐藤進一・池内義資・百瀬今朝雄編、岩波書店：一九六五年）
『中世法制史料集』別巻 御成敗式目註釈書集要（池内義資編、岩波書店：一九七八年）
『中世法制史料集』第四巻 武家家法Ⅱ（佐藤進一・百瀬今朝雄編、岩波書店：一九九八年）
『中世政治社会思想』上（佐藤進一他、岩波書店：一九七二年十二月）
『鎮西探題史料集』（川添昭二編：一九六五年）
『栃木県史』通史編 3 中世（栃木県：一九八四年）
【な行】
『長野県史』第二巻・中世一（一九八六年）
『新田町誌』第四巻・特集編　新田荘と新田氏（一九八四年）
『日本古典文学大系』（岩波書店
【は行】
『兵庫県史』第二巻（兵庫県
『没後八百年記念　源頼朝ゆかりの寺社の名品』（神奈川県立歴史博物館展示図録：一九九九年）
【ま行】
「蒙古襲来絵詞」（小松茂美編「日本の絵巻」一三、中央公論社：一九八八年四月）
『もののふの都 鎌倉と北条氏』（歴史読本別冊：一九九九年）
【や行】
『吉見町史』（吉見町史編さん委員会：一九七八年）

④論文・著書等（除北条氏関連）

【あ】
相田二郎『蒙古襲来の研究』（吉川弘文館：一九七一年）
秋元信英「土岐一族の抬頭」（『国史学』七五号：一九六七年）
浅野晴樹「土器からみた中世の東国」（網野義彦他編『中世日本列島の地域性』：一九九七年）
網野善彦『蒙古襲来』（小学館『日本の歴史』一〇：一九七四年）
【い】
石井進『日本中世国家史の研究』（岩波書店：一九七〇年）
石井進「鎌倉時代中期の千葉氏――法橋長専を中心に――」（『千葉県史研究』創刊号：一九九三年）
石田吉貞「宇都宮歌壇とその性格」（『新古今世界と中世文学・下』、北沢図書出版：一九七二年）
伊藤一美『武蔵国武士団の一様態――安保氏の研究――』（文献出版：一九八一年）
伊藤一美「三浦義村小考（一）」（『三浦一族研究』創刊号：一九九七年）
伊藤一美「御家人梶原景時の実像」（講演会、『寒川町史』一三：二〇〇〇年）
伊藤邦彦『鎌倉幕府守護の基礎的研究【論考編】』（岩田書院：二〇一〇年）
伊藤邦彦『鎌倉幕府守護の基礎的研究【国別考証編】』（岩田

書院：二〇一〇年）
井上宗雄『鎌倉時代歌人伝の研究』（風間書房：一九九七年）
井上宗雄『中世歌壇史の研究・南北朝期』（改訂新版：一九八七年）
岩橋小弥太「親玄僧正と其の日記」（『国史学』二）

【う】

臼井信義「尊氏の父祖――頼氏・家時年代考――」（『日本歴史』二五七：一九六九年）
上横手雅敬「吾妻鏡文治三年九月十三日条をめぐる諸問題」（『鎌倉時代政治史研究』）横上手雅敬『日本中世政治史の研究』（塙書房：一九六〇年）
上横手雅敬『北条泰時』（人物叢書、吉川弘文館：一九五八年）

【お】

大島正隆「鎌倉時代の奥州留守氏――幕府奥羽統治の一考察――」（『文化』九―九：一九四二年、『東国中世史の旅立ち』）
大谷雅子『和歌が語る吾妻鏡の世界』（新人物往来社：一九九六年）
大野達之助『日蓮』（人物叢書、吉川弘文館：一九五八年）
大橋俊雄『一遍』（人物叢書、吉川弘文館：一九八三年）
大橋俊雄「真教と時衆教団の成立」（大橋俊雄氏編『時宗二祖・他阿上人法語』所収）
小笠原長和「建武期の千葉氏と下総千田荘」（『史観』六五～六七合冊）
岡田清一『北条義時――これ運命の縮まるべき端か――』（ミネルヴァ日本評伝選）
岡部周三『吾妻鏡の人びと』（新人物往来社：一九七八年）
小口雅史「中世十三湊の繁栄と安藤氏」（『新都市』四五）
奥富敬之『鎌倉北條氏の基礎的研究』（吉川弘文館：一九八〇年）
奥富敬之『鎌倉北条一族』（新人物往来社：一九八三年）

【か】

笠松宏至「中世在地裁判権の一考察」（『日本中世法史論』、東京大学出版会：一九七九年）
加地宏江・中原俊章著『中世の大阪――水の里の兵たち――』（『ヒストリア』一〇八号：一九八五年）
金井清光『一遍と時宗教団』（教育者歴史新書：一九七八年）
鎌倉考古学研究所編『中世都市鎌倉を掘る』（日本エディタースクール出版部：一九九四年）
鎌倉市教育委員会「鎌倉市埋蔵文化財緊急調査報告書」三・四
鎌田純一「中世における諏訪氏の活躍」（『神道史研究』二三―五・六）
川合康『源平合戦の虚像を剥ぐ――治承寿永内乱史研究――』（講談社：一九八八年）
川添昭二「安達泰盛とその兄弟」（『棲神』五三）
川添昭二「鎌倉時代の大隅守護」（『金沢文庫研究』一七九）
川添昭二『九州の中世社会』（海鳥社：一九九四年）
川添昭二『北条時宗』（人物叢書、吉川弘文館：二〇〇一年）
河野真知郎『中世都市鎌倉――遺跡が語る武士の都』（講談社選書メチエ四九：一九九五年）

【き】

菊池紳一「承久の乱京方についた武蔵武士――横山党の異端小野氏――」（『武蔵武士の諸相』、勉誠出版、初出『埼玉地方史』二〇：一九八七年）

菊池紳一『鳩ヶ谷市史』通史編（鳩ヶ谷市：一九九二年）
菊池紳一「尊経閣文庫所蔵「天野系図」について」（『ぐんしょ』三二：一九九七年）
菊池紳一「鎌倉時代の天野氏の系図について」（『吾妻鏡人名総覧』：一九九八年）
菊池紳一「鎌倉時代の天野氏について」（鎌倉遺文研究会編Ⅱ『鎌倉時代の社会と文化』：一九九八年）
菊池紳一「北条氏一族の記録に残る人数は？」（『北条時宗の謎』、新人物往来社：二〇〇〇年）
菊池紳一「平姓秩父氏の性格――系図の検討を通して――」（『埼玉地方史』六六号、二〇一二年）
菊池紳一「鎌倉時代の足立氏」（『武蔵武士の諸相』、勉誠出版：二〇一七年）
菊池紳一「大蔵合戦・畠山重忠の乱再考」（北条氏研究会編『武蔵武士の諸相』、勉誠出版：二〇一七年）
菊池紳一「源頼朝の構想」（北条氏研究会編『武蔵武士の諸相』、勉誠出版：二〇一七年）
菊地卓「宇都宮弘安式条についての一考察」（『下野史学』二四）
菊地卓「宇都宮弘安式条の成立」（『国史学』七八）
菊地卓「吉祥寺開基足利頼氏公」（吉祥寺：一九九二年）

【く】
工藤敬一『北条時宗』（『日本を創った人々』九）
久保田和彦「三浦泰村」（別冊歴史読本『もののふの都 鎌倉と北条氏』）
黒川高明『源頼朝文書の研究（史料編）』（吉川弘文館：一九八八年）
黒田俊雄『蒙古襲来』（中央公論社『日本の歴史』八）

【こ】
近藤好和『弓矢と刀剣：中世合戦の実像』（吉川弘文館、歴史文化ライブラリー：一九九七年）

【さ】
佐々木銀弥『中世の商業』（至文堂：一九六一年）
佐藤進一『鎌倉幕府訴訟制度の研究』（岩波書店：一九九三年）
佐藤進一『増訂鎌倉幕府守護制度の研究』（東京大学出版会：一九八八年）
佐藤進一『室町幕府守護制度の研究　上』（東京大学出版会：一九七一年）

【し】
重見一行『教行信證の研究――その成立過程の文献学的考察――』（法蔵館：一九八一年）
「シンポジウム　宝治合戦と三浦一族」（『三浦一族研究』四）

【す】
杉山博「足利基氏」（『日本人物史体系』二所収）
鈴木かほる「縁組にみる三浦氏の盛衰」（『三浦一族研究』二：一九九八）
鈴木由美「白河集古苑所蔵白河結城家文書所収「安達氏系図」の記載内容について」（『古文書研究』八七：二〇一九年）

【せ】
関靖『史話北条時宗』（朝日新選書：一九四三年）
関靖『金沢文庫の研究』（講談社：一九五一年）
関幸彦『研究史　地頭』（吉川弘文館：一九八三年）

瀬野精一郎「北条政村」（安田元久編『鎌倉将軍執権列伝』、新人物往来社：一九七四年）

瀬野精一郎『鎮西御家人の研究』（吉川弘文館：一九七五年）

【そ】

外村展子『鎌倉の歌人』（鎌倉春秋社：一九八三年）

外村久江『早歌の研究』（至文堂：一九六五年）

外村久江『鎌倉文化の研究――早歌創造をめぐって――』（三弥井書店：一九九六年）

【た】

平雅行「鎌倉幕府の宗教政策について」（『日本古代の葬制と社会関係の基礎的研究』、『日本史学年次別論文集』）

高橋一郎「鎌倉時代の波多野氏について」（『波多野市史研究』四）

多賀宗隼「（金沢文庫本）覚智筆『雑問答』について―安達一族と仏教」（『鎌倉時代の思想と文化』所収）

多賀宗隼『鎌倉時代の思想と文化』（目黒書店畝傍史學叢書：一九四六年）

多賀宗隼『慈円』（人物叢書、吉川弘文館：一九五九年）

多賀宗隼『栄西』（人物叢書、吉川弘文館：一九六五年）

高木豊『日蓮とその門弟：社会宗教史研究』（弘文堂：一九六五年）

高柳光寿『足利尊氏』（春秋社：一九五五年）

橘俊道『時宗史論考』（法蔵館：一九七五年）

田中久夫『明恵』（人物叢書、吉川弘文館：一九六一年）

田辺久子「足利義詮の分骨と墓所――関東分国を中心に――」（『鎌倉』六七：一九九二年）

谷口研語『美濃・土岐一族』（新人物往来社：一九九七年）

【ち】

千野原靖方『南北朝動乱と千葉氏』（崙書房：一九八四年）

【と】

豊田武『（増訂）中世日本商業史の研究』（岩波書店：一九五七年）

【な】

永井晋「金沢氏の夫人達」（『鎌倉時代の女性』神奈川県立金沢文庫特別展図録）

永井晋「鎌倉幕府の的始」（『金沢文庫研究』二九六）

長崎健「蓮生法師年譜」（『中央大学文学部紀要』：一九八一年）

永原慶二『源頼朝』（岩波新書：一九五八年四月）

永原慶二『日本の中世社会』（岩波書店：一九六八年）

中村直勝「足利家時の置文について」（『歴史と地理』三三―五）

【に】

西山恵子「中世の公家と家文書――洞院家文書をめぐって――」（『京都市史編さん通信』一九九）

【ぬ】

貫達人『畠山重忠』（人物叢書、吉川弘文館：一九六二年）

【の】

野村郁世『北条政子　尼将軍の時代』（吉川弘文館、歴史文化ライブラリー九九：二〇〇〇年）

【は】

橋本義彦『源通親』（人物叢書、吉川弘文館：一九九二年）

林譲「源頼朝の花押について」（『東京大学史料編纂所研究紀要』：一九九六年）

【ひ】
平岡定海「園城寺の成立と戒壇問題」（『日本寺院史の研究』中世・近世編：一九八八年）
【ふ】
福田豊彦『千葉常胤』（人物叢書、吉川弘文館：一九七三年）
福田豊彦「鎌倉時代における足利氏の家政管理機構」（『日本歴史』三四七：一九七七年）
藤井豊久「波多野出雲氏考」（『波多野市史研究』一二）
藤原猶雪『日本仏教史研究』（松本書店：一九七四年）
【ほ】
北条氏研究会編『城塞都市鎌倉』（洋泉社新書：二〇一八年）
細川重男『鎌倉政権得宗専制論』（吉川弘文館：二〇〇〇年）
【ま】
前沢輝政『新編足利の歴史』（国書刊行会：一九八三年）
益田宗「北条氏の滅亡」（『日本古典文学学会会報』四〇）
【み】
三浦周行『鎌倉時代史』（『日本時代史』五、早稲田大学出版局：一九二六年）
水川喜夫「飛鳥井雅有日記解説」（『飛鳥井雅有日記』勉誠社文庫一三六：一九八六年）
水川喜夫『飛鳥井雅有日記全釈』（風間書房：一九八五年）
水原尭栄『高野山金石図説』（同朋舎：一九八二年）
水上一久「南北朝内乱に関する歴史的考察――特に薩摩・大隅地方について――」（『中世の荘園と社会』所収、吉川弘文館：一九六九、初出『金沢大学法文学部論集・哲学史学篇』：一九五五年）
宮島新一『肖像画の視線――源頼朝像から浮世絵まで』（吉川弘文館：一九九六年）
三山進「足利尊氏」（『足利将軍列伝』、秋田書店：一九七五年）
三山進「足利義詮」（『足利将軍列伝』、秋田書店：一九七五年）
三好俊文「幕府指令伝達者としての陸奥国留守職と諸国守護」（東北学院大学中世史研究会『六軒町中世史研究』七）
【む】
村井章介「専制下に向かう北条権力」（『週刊朝日百科日本の歴史』9：一九八六年）
【も】
元木泰男『武士の成立』（『日本歴史叢書』、吉川弘文館：一九九四年）
桃裕行『武家家訓の研究』（桃裕行著作集第三巻、思文閣出版：一九八八年）
森茂暁「建武政権と九州」（『九州中世史研究』二）
森茂暁『鎌倉時代の朝幕関係』（思文閣出版：一九九一年）
森幸夫『北条重時』（人物叢書、吉川弘文館：二〇〇九年）
【や】
安田元久『源頼朝』（アテネ新書、弘文堂：一九五八年）
安田元久『北条義時』（人物叢書、吉川弘文館：一九六一年）
安田元久編『鎌倉将軍執権列伝』（秋田書店：一九七四年）
安田元久『鎌倉幕府―その政権を担った人々』（新人物往来社：一九七九年）
山川智應「平左衛門尉頼綱の父祖と其の位地権力及び信仰」（『日蓮上人研究』一）
山崎誠「三井寺流唱導遺響――『拾珠抄』を続って――」

（『国文学研究資料館紀要』一六）
山路愛山『源頼朝』（平凡社東洋文庫四七七：初版一九〇九年、一九八七年十二月）
山田邦明「千葉氏と足利政権――南北朝期を中心に――」（『千葉史学』一二）
山本幸司『頼朝の精神史』（講談社：一九九八年）

【ゆ】

湯浅治久「肥前千葉氏に関する基礎的考察」（『千葉県史研究』五）
湯山学『波多野氏と波多野庄　興亡の歴史をたどる』（夢工房：一九九六年）
湯山学『相模国の中世史』（湯山学中世史論集、岩田書院：二〇一三年）
湯山賢一「北条時政時代の幕府文書――関東下知状成立小考――」（小河信編『中世古文書の世界』、吉川弘文館：一九九一年）

【よ】

吉田通子「鎌倉後期の鶴岡別当頼助について」（『史学』五四―四）
米倉迪夫『源頼朝――沈黙の肖像画――』（平凡社：一九九五年）

【り】

龍粛『鎌倉時代』下（春秋社：一九五七年）

【わ】

渡辺保『北条政子』（人物叢書、吉川弘文館：一九七一年）
渡辺世祐『関東中心足利時代の研究』（雄山閣：一九二六年、再版、新人物往来社：一九七一年）
渡辺世祐・八代国治『武蔵武士』（博文館：一九一三年三月、再版、有峰書店：一九七一年三月）
和島芳男『叡尊・忍性』（人物叢書、吉川弘文館：一九五九年八月）

第II部　附録

鎌倉北条一族通称等一覧

例　言

一、本表は、鎌倉北条一族の幼名・通称・法名等の一覧である。

二、一項目は原則として「通称↓比定人名（系統。父の名：典拠史料）」で構成した。なお、辞典の文中に記される通称等には典拠を示さなかった。別途、各項目の解説等を参照されたい。

三、通称等は、唐名や国名（―州）を含めたが、官職名で記されているものは除いた。別途、鎌倉北条氏の任官一覧を参照されたい。

四、本表は、辞典の文中に見える通称と川島孝一作成の『鎌倉遺文』からのデータをもとに、菊池紳一が作成した。

【あ】

赤橋殿↓北条顕時（実泰流、実時の子）
あかはしとの↓北条顕時（実泰流、実時の子：『鎌倉遺文』㉗二〇七五〇）
安芸↓乗清（時房流。清時の子）
安芸↓房朝（時房流。清時の子）
阿曽弾正↓北条治時（義時流。父は随時）
阿曽弾正少弼↓北条治時（義時流。父は随時）
阿曽遠江守↓北条宗時（義時流。父は時頼）
阿曽遠江守↓北条随時（義時流。父は時定）
阿野殿↓北条実泰女（実泰流）
尼円成↓大室泰宗女（北条貞時妻：『鎌倉遺文』㊲二八五六二）
甘縄↓北条時顕（実泰流。宗顕の子）
甘縄↓北条宗顕（実泰流。顕実の子）
甘縄殿↓北条顕実（実泰流、父は顕時）
尼二品↓北条政子（義時流。時政の女：『鎌倉遺文』⑩七二五〇）
尼妙音↓北条時頼後家（『鎌倉遺文』㉜二四八四七）

【い】

伊具駿河入道↓北条斉時（有時流。父は通時）
伊具八郎↓北条兼義（有時流。父は有時）
伊具八郎↓北条宗有（有時流。父は兼義）
石坂太郎↓北条有基（有時流。父は時基）
糸田左近将監↓北条貞義（実泰流。父は政顕）
稲瀬川↓北条盛時（朝時流。光時の子）

岩難手（岩撫）殿→北条実政女（実泰流。父は実政）

【う】

右京兆→北条義時（義時流。父は時政：『鎌倉遺文』⑧五四六五、
『鎌倉遺文』㉚二三三六三）
右近大夫将監→北条有政（有時流。父は宗有）
右近大夫将監→北条貞熈（政村流。父は時村）
右近大夫将監→北条貞芙（時房流。貞宣の子）
右近大夫将監→北条時兼（朝時流。朝時の子）
右近大夫将監→北条時定（時房流。時房の子）
右近大夫将監→北条時俊（時房流。貞俊の子）
右近大夫将監殿→北条宗方（義時流。父は宗頼：『鎌倉遺文』
㉖一九四四五）
むまのかうのとの→北条貞顕（実泰流。顕時の子：『鎌倉遺文』
㉜二四三三九）
右馬助太郎→北条時俊（時房流。清時の子）
右馬助入道→北条貞宗（時房流。維貞の子）
瓜連備前入道→北条貞国（義時流。父は時厳）

【え】

永園（恩）寺→北条宣時（時房流。朝直の子）
恵性（法名）→北条泰家（義時流。父は貞時）
越後→顕弁（実泰流。父は顕時）
越後右近大夫将監殿→北条盛房（時房流：『鎌倉遺文』㉒一六
六九一）
越後右馬助→北条時親（時房流。時盛の子：『鎌倉遺文』⑩七四
二八）
越後掃部助→北条時景（時房流。時盛の子）
越後九郎→北条時直（実泰流。実村の子）
越後九郎殿→北条時直（時房流。時房の子：『鎌倉遺文』補④一
八〇〇）
越後五郎→北条時員（時房流。時盛の子：『鎌倉遺文』⑩七二五九）
越後左衛門大夫→北条時知（実泰流。時雄の子：『鎌倉遺文』
㊵三一一二〇）
越後左近大夫将監→北条顕時（実泰流、北条実時の子：『鎌倉
遺文』⑰一二七一五）
越後左近大夫将監→北条顕景（実泰流。顕時の子）
越後左近大夫将監→北条時国（時房流。時員の子：『鎌倉遺文』
⑰一三一五〇）
越後左近大夫将監殿→北条時村（時房流。時房の子：『鎌倉遺
文』⑲一四六一七）
越後左近大夫将監殿→北条盛房（時房流。政氏の子：『鎌倉遺
文』㉒一六六五七）
越後左近大夫将監殿→北条時益（政村流。父は時敦：『鎌倉遺
文』㊵三一四四七）
越後三郎→北条重高（重時流。範貞の子）
越後三郎→北条時長（朝時流。朝時の三男）
越後三郎→北条政氏（時房流。時盛の子）
越後式部→北条七郎（朝時流。光時の子）
越後四郎→北条時方（時房流。時親の子）
越後四郎→北条時幸（朝時流。朝時の子）
越後四郎→北条顕時（実泰流、実時の子：『鎌倉遺文』⑪八四八
〇）
越後二郎→北条篤時（実泰流。父は実時）

越後二郎↓北条時章（朝時流。朝時の子）
越後新左近大夫将監殿↓北条時国（時房流。時員の子：『鎌倉遺文』⑱一三三二四）
越後禅門↓北条時盛（時房流。時房の子：『鎌倉遺文』㉗二〇三四四）
越後大夫将監↓北条時益（政村流。父は時敦：『鎌倉遺文』㊴三〇七二七）
越後次郎↓北条時員（時房流。時盛の子）
越後太郎↓北条実村（実泰流。実時の子）
越後太郎↓北条親時（朝時流。光時の子）
越後太郎↓北条時景（時房流。時盛の子）
越後太郎↓北条光時（朝時流。朝時の子）
越後入道↓北条時治（重時流。義政の子）
越後入道↓北条顕時（実泰流、実時の子：『鎌倉遺文』㉘二一一二五）
越後入道息女↓北条時盛女（時房流。父は時盛）
越後孫太郎↓北条親盛（朝時流。親時の子）
越後又太郎↓北条信時（時房流。時景の子）
越後孫六郎↓北条宣房（時房流。盛房の子）
越後六郎↓北条実政（実泰流。実時の子：『鎌倉遺文』⑯一二一五三一）
越州↓北条朝時（朝時流。義時の子：『鎌倉遺文』⑱一三九一一）
越州↓北条光時（朝時流。朝時の子：『鎌倉遺文』⑨六二〇四）
越州↓北条実時（実泰流。実泰の子：『鎌倉遺文』⑲一四四九二）
越州↓北条兼時（義時流。父は宗頼：『鎌倉遺文』㉗二〇四七六）
越州↓北条貞房（時房流、朝房の子：『鎌倉遺文』㉛二三四七四）
越州刺史↓北条顕時（実泰流、実時の子：『鎌倉遺文』㊶三一六八八）
恵日↓北条顕時（実泰流、実時の子：『鎌倉遺文』㊶三二〇六五）
江間↓北条公篤（朝時流。篤時の子）
江間（馬）小四郎↓北条義時（義時流。父は時政）
江間（馬）四郎↓北条義時（義時流。父は時政）
江馬次郎↓北条盛時（朝時流。光時の子）
江馬太郎↓北条親時（朝時流。光時の子）
江間（馬）太郎↓北条泰時（義時流。父は義時）
江馬遠江↓北条政俊（朝時流。光時の子）
江間遠江守↓北条朝宣（朝時流。公篤の子）
江馬孫四郎↓北条宗朝（朝時流。政俊の子）
えまの四郎殿↓北条義時（義時流。父は時政：『鎌倉遺文』⑰一二九七一）
遠州↓北条時範（重時流。時茂の子：『鎌倉遺文』㉛二三四四〇）
遠州↓北条随時（義時流。父は時定：『鎌倉遺文』㊲二八八三八）
遠州↓北条時定（為時、義時流：『鎌倉遺文』㉓一八〇五二）
円成↓大室泰宗女（北条貞時妻：『鎌倉遺文』㊲二八五六二）

【お】

扇谷の右馬権助↓北条英時（重時流。久時の子：『鎌倉遺文』㊴二〇三九八）
奥州↓北条重時（重時流。義時の子：『鎌倉遺文』⑪七七三八）
奥州↓北条義時（義時流。父は時政）
奥州↓北条宗宣（時房流。宣時の子：『鎌倉遺文』㉛二三六六三）
奥州↓北条維貞（時房流。宗宣の子：『鎌倉遺文』㊳二九二五五）
奥州↓北条時村（時房流。時房の子：『鎌倉遺文』⑰一二九三九）

奥州御方↓北条宗宣（時房流。宣時の子：『鎌倉遺文』㉛二三六〇三）
奥州禅門↓北条重時（重時流。義時の子）
近江式部大夫↓北条政平（政村流。父は時通）
近江兵庫助↓北条政近（政村流。父は政頼）
岡女房↓北条朝時女（朝時流。朝時の女）
大仏↓北条時直（時房流。時房の子）
大仏右馬助↓北条貞宗（時房流。維貞の子）
大仏殿↓北条時房（時房流。時政の子）
尾張左近将監↓北条高邦（朝時流。高家の子）
尾張左近大夫↓北条時有（時房流。宣房の子）
尾張左近大夫将監↓北条公時（朝時流。時章の次男）
尾張三郎↓北条頼章（朝時流。時章の子）
尾張四郎↓北条篤時（朝時流。時章の四男）
尾張次郎↓北条公時（朝時流。時章の次男）
尾張次郎↓北条時家（朝時流。公時の子）
尾張前司↓北条時章（朝時流。朝時の子）
尾張前司入道↓北条時章（朝時流。朝時の子：『鎌倉遺文』⑭一〇六二五）
尾張入道↓北条時章（朝時流。朝時の子）
尾張入道↓北条公時（朝時流。時章の次男：『鎌倉遺文』㉓一七七九八）

【か】

覚崇（法名）↓北条政村（政村流。義時の子）
覚曇大姉（法名）↓北条貞時女（義時流。土岐光定妻）
覚了房道崇（法名）↓北条時頼（義時流。父は時氏）
上総掃部助↓北条高政（実泰流。政顕の子）
上総掃部助↓北条政顕（実泰流。実政の子：『鎌倉遺文』㉙二二〇五二）
上総掃部助↓北条高政（実泰流。政顕の子：『鎌倉遺文』㊴三〇一七八）
上総殿↓北条政顕（実泰流。実政の子：『鎌倉遺文』㉝二五三一六）
上総入道↓北条実政（実泰流。実時の子：『鎌倉遺文』㉘二一三二二）
上総入道↓北条実時（実泰流。実泰の子：『鎌倉遺文』㉘二一八〇七）
上総女房↓北条実政妻（実泰流。実政は実時の子）
かつさの入道殿↓北条政顕（実泰流。実政の子：『鎌倉遺文』㊲二九〇八三）
上総兵部大輔↓北条顕義（実泰流。政顕の子）
月輪院↓顕弁（実泰流。父は顕時）
月輪院↓弁基（朝時流。北条宗基の子）
月輪寺安楽（法名）↓北条経時（義時流。時氏の子）
金沢上総前司↓北条実政（実泰流。実時の子：『鎌倉遺文』㉖二〇〇二七）
金沢禅尼↓北条政村女（政村流。実時の妻）
金沢殿↓北条政村女（政村流。実時の妻）
金沢殿↓北条実時室（『鎌倉遺文』㉘二一八八六）
鎌倉尼二品↓北条政子（義時流。時政の女：『鎌倉遺文』⑤三二三六）
鎌倉の二位家↓北条政子（義時流。時政の女：『鎌倉遺文』⑮一

一〇九三）
亀寿↓北条時行（義時流。父は高時）
亀寿丸↓北条時行（義時流。父は高時）
掃部助太郎↓北条信時（時房流。時景の子）
苅田式部大夫↓北条篤時（朝時流。時章の四男）
観阿（法名）↓北条時氏（義時流。父は泰時）
観阿（法名）↓北条泰時（義時流。父は義時）
観覚（法名）↓北条重時（重時流。義時の子）
関東相模守↓北条義時（義時流。父は時政：『鎌倉遺文』④一八八二）
関東相州禅門↓北条義時（義時流。父は時政：『鎌倉遺文』㉜二四五三一）
関東遠江守↓北条時政（時家の子：『鎌倉遺文』③一六七六）
関東二位家↓北条政子（義時流。時政の女：『鎌倉遺文』⑲一四二六九）
関東の権大夫↓北条義時（義時流。父は時政：『鎌倉遺文』⑰一二七六四）
鑑念（法名）↓北条業時（重時流。父は重時）

【き】

義王丸（童名）↓北条時広（時房流。時村の子）
規矩掃部助↓北条高政（実泰流。政顕の子）
規矩殿↓北条高政（実泰流。政顕の子）
北方↓北条範貞（重時流。時範の子：『鎌倉遺文』㉟二七〇一八）
北殿↓北条時範（重時流。時茂の子：『鎌倉遺文』㉙二三二一八）
行昭（法名）↓北条時遠（時房流。朝直の子：『鎌倉遺文』㊲二九〇四七）
行然（法名）↓北条時員（時房流。時盛の子）
行念（法名）↓北条時村（時房流。時房の子）
京兆↓北条義時（義時流。父は時政）
京兆↓北条時村（時房流。時房の子：『鎌倉遺文』㉙二二二一五）
経師谷土州↓北条重村（政村流。父は政長：『鎌倉遺文』㊴三〇七三〇）

【く】

九郎↓北条国時（有時流。父は有時）
九郎↓北条為宗（重時流。為時の子）
九郎↓北条随時（政村流。父は定宗）

【け】

賢性↓北条時賢（朝時流。時基の子）法名
顕道（法名）↓北条政顕（実泰流。実政の子）
見西（法名）↓北条時章（朝時流。朝時の子：『鎌倉遺文』⑬九五一一）

【こ】

幸寿丸（幼名）↓北条貞時（義時流。父は時宗）
上野殿↓北条時直（実泰流。実時の子）
かうとの↓北条時宗（義時流。父は時頼：『鎌倉遺文』⑰一二八八五）
かうのとの↓北条時宗（義時流。父は時頼：『鎌倉遺文』⑰一三〇三八）
高野左近大夫入道↓北条時定（時房流。時房の子）
極楽寺↓北条重時（重時流。義時の子：『鎌倉遺文』⑯一二一八五）
極楽寺禅門↓北条重時（重時流。義時の子：『鎌倉遺文』⑳一四八九八）

極楽寺殿→北条重時（重時流。義時の子：『鎌倉遺文』⑨六三四〇）
極楽寺入道殿→北条重時（重時流。義時の子：『鎌倉遺文』⑱一三七七四）
戸部侍郎殿下→北条盛時（朝時流。光時の子：『鎌倉遺文』㊶三二〇六五）
小四郎→北条時経（義時流。父は義時）
五郎→北条兼貞（義時流。時厳の子）
五郎→北条公長（朝時流。宗長の五男）
五郎→北条貞遠（時房流。宣遠の子）
五郎→北条貞冬（有時流。父は時澄）
五郎→北条忠直（時房流。政忠の子）
五郎→北条時家（時房流。時親の子）
五郎→北条時員（時房流。時盛の子）
五郎→北条時兼（重時流。長重の子）
五郎→北条時綱（父は北条時方）
五郎→北条時俊（時房流。時盛の子）
五郎→北条時信（義時流。父は宗政）
五郎→北条時頼（義時流。父は時氏）
五郎→北条朝宣（時房流。父は朝房）
五郎→北条房元（時房流。時元の子）
五郎→北条政俊（時房流。時盛の子）
五郎→北条政直（時房流。時通の子）
五郎→北条政春（朝時流。通時の子）
五郎→北条政通（朝時流。光時の子）
五郎→北条宗宣（時房流。宣時の子）
五郎兵衛尉→北条時頼（義時流。父は時氏）
金剛（童名）→北条泰時（義時流。父は義時）
権大夫殿→北条義時（義時流。父は時政：『鎌倉遺文』⑤二九二七）

【さ】

西円（法名）→北条時信（時房流。時光の子）
最勝園寺→北条貞時（義時流。父は時宗：『鎌倉遺文』㉜二四八四七）
さいせうおんしとの→北条貞時（義時流。父は時宗：『鎌倉遺文』㊲二九〇八三）
最勝園寺入道→北条貞時（義時流。父は時宗：『鎌倉遺文』㉛二三九一七）
最明寺殿→北条時頼（義時流。父は時氏：『鎌倉遺文』⑩七二七五）
西明寺殿→北条時頼（義時流。父は時氏：『鎌倉遺文』⑪七九三〇）
さいミやうしの入道→北条時頼（義時流。父は時氏：『鎌倉遺文』⑮一一七二）
さいミやうしとの→北条時頼（義時流。父は時氏：『鎌倉遺文』㉛二四〇九四）
最明寺入道→北条時頼（義時流。父は時氏：『鎌倉遺文』⑬一〇二九三、⑲一四七二二）
左衛門大夫将監→北条時定（時房流。時房の子）
坂上→北条貞朝（時房流。貞房の子）
相模右近将監→北条宗方（義時流。父は宗頼：『鎌倉遺文』㉖一九六五五）
相模右近大夫将監→北条時定（時房流。時房の子：『鎌倉遺文』⑨六二〇二）
相模右近大夫将監→北条宗方（義時流。父は宗頼：『鎌倉遺文』㉖一九八九一）

相模右近大夫将監↓北条師時（義時流。父は宗政：『鎌倉遺文』㉒一七〇六二）
相模右近大夫将監↓北条長時（重時流。父は重時：『鎌倉遺文』⑨六八五八）
相模右近大夫将監↓北条泰家（義時流。父は貞時：『鎌倉遺文』㊳二九二五五）
相模右馬助↓北条高基（時房流。父は時貞）
相模右馬助↓北条高基（重時流。基時の子）
相模右馬助↓北条宗房（政村流。政村の子）
相模馬助↓北条宗房（時房流。時隆の子）
相模五郎↓北条時直（時房流。時房の子）
相模五郎↓北条宗時（義時流。父は時頼）
相模左近大夫↓北条貞規（義時流。父は師時）
相模左近大夫将監↓北条時村（政村流。政村の子）
相模左近大夫将監↓北条宗政（義時流。父は時頼）
相模三郎↓北条資時（時房流。時房の子）
相模三郎↓北条時輔（義時流。父は時頼：『鎌倉遺文』⑪八一一七七）
相模三郎太郎↓北条時成（時房流。資時の子）
相模式部大夫↓北条時直（時房流。時房の子：『鎌倉遺文』⑨六二〇二）
相模式部大夫↓北条時広（時房流。時村の子：『鎌倉遺文』㊳二九二五五）
相模式部大夫↓北条時輔（義時流。父は時頼：『鎌倉遺文』⑭一〇九二二）
相模式部大夫↓北条政長（政村流。政村の子）
相模七郎↓北条兼時（義時流。父は宗頼）
相模七郎↓北条時広（時房流。時村の子：『鎌倉遺文』⑨六二〇二）
相模七郎↓北条政方（政村流。政村の子）
相模七郎↓北条宗頼（義時流。父は時頼）
相模修理亮↓北条宗頼（義時流。父は時頼）
相模修理亮↓北条兼時（義時流。父は宗頼：『鎌倉遺文』㉒一六五二七）
相模四郎↓北条重政（義時流。父は政頼）
相模四郎↓北条朝直（時房流。時房の子）
相模四郎↓北条公時（朝時流。時章の次男：『鎌倉遺文』⑳一五七〇一）
相模四郎↓北条政村（政村流。義時の子）
相模四郎↓北条宗政（義時流。父は時頼）
相模二郎↓北条時村（時房流。時房の子）
相模二郎↓北条時行（義時流。父は高時）
相模次郎↓北条朝時（朝時流。義時の子）
相模禅師↓厳斎（父は北条政村）
相模太郎↓北条邦時（義時流。父は北条高時）
相模太郎↓北条邦時男（義時流。父は邦時）
相模太郎↓北条時宗（義時流。父は時頼）
相模太郎↓北条時盛（時房流。時房の子）
相模太郎↓北条泰時（義時流。父は義時）
さかみとの↓北条時宗（義時流。父は時頼：『鎌倉遺文』⑰一二七六三）
さかミのかうのとの↓北条時宗（義時流。父は時頼：『鎌倉遺文』⑰一二七六三）

さかみの式部大夫↓北条時直（時房流。時房の子：『鎌倉遺文』⑨六五七二）
さかみのしきふ殿↓北条朝時（朝時流。義時の子：『鎌倉遺文』⑦五一〇六）
相模八郎↓北条時隆（時房流。時村の子）
相模六郎↓北条時定（時房流。時房の子）
相模六郎↓北条政頼（義時流。父は時頼）
相模六郎↓北条政頼（政村流。政村の子）
左京兆↓北条泰時（義時流。父は義時）
左京兆↓北条時村（時房流。時房の子：『鎌倉遺文』㉟二七一三四）
桜田七郎↓北条師頼（義時流。父は時厳）
桜田治部大輔↓北条貞国（義時流。父は時厳）
桜田禅師↓時厳（義時流。父は北条時頼）
左近蔵人↓北条時有（朝時流。時基の子）
左近大夫↓北条篤時（朝時流。北条時章の四男）
左近大夫↓北条貞高（時房流。盛房の子）
左近大夫↓北条時邦（有時流。父は斉時）
左近大夫↓北条時国（時房流。時員の子）
左近大夫↓北条時遠（時房流。朝直の子）
左近大夫↓北条時茂（義時流。父は師時）
左近大夫↓北条時元（時房流。時国の子）
左近大夫↓北条房実（時房流。時元の子）
左近大夫↓北条政村（政村流。父は政長）
左近大夫↓北条宗朝（時房流。父は直房）
左近大夫↓北条宗直（時房流。父は直房）
左近大夫↓北条泰家（義時流。父は貞時）
左近大夫将監↓北条顕益（実泰流。顕実の子）
左近大夫将監↓北条公時（朝時流。時章の次男：『鎌倉遺文』⑫八九一二）
左近大夫将監↓北条貞重（重時流。親時の子）
左近大夫将監↓北条貞親（重時流。親時の子）
左近大夫将監↓北条貞直（時房流。宗泰の子）
左近大夫将監↓北条貞規（義時流。父は師時）
左近大夫将監↓北条貞熈（政村流。父は時村）
左近大夫将監↓北条高邦（朝時流。高家の子）
左近大夫将監↓北条高政（政村流。父は義村）
左近大夫将監↓北条経時（義時流。時氏の子）
左近大夫将監↓北条時兼（朝時流。朝時の子）
左近大夫将監↓北条時仲（時房流。朝直の子）
左近大夫将監↓北条時治（時房流。時盛の子）
左近大夫将監↓北条時久（有時流。父は時盛）
左近大夫将監↓北条時英（時房流。貞宣の子：『鎌倉遺文』㊵三一一二〇）
左近大夫将監↓北条時村（政村流。政村の子：『鎌倉遺文』⑫八九一二）
左近大夫将監↓北条時頼（義時流。父は時氏）
左近大夫将監↓北条長時（重時流。父は重時：『鎌倉遺文』⑩七一一一）
左近大夫将監↓北条房貞（時房流。時元の子）
左近大夫将監↓北条藤時（重時流。国時の子）
左近大夫将監↓北条政国（政村流。父は重村）
左近大夫将監↓北条宗政（義時流。父は時頼）

左近大夫将監→北条義宗（重時流。長時の子：『鎌倉遺文』⑮一一〇六六）
左近大夫入道→北条泰家（義時流。父は貞時）
佐々目権律師→隆政（義時流。父は経時）
佐々目僧正→有助（有時流。父は兼義）
佐々目僧正→頼助（義時流。父は経時）
佐々目僧都→頼助（義時流。父は経時）
左々目律師→熙助（父は北条熙時）
左親衛→北条経時（義時流。時氏の子）
左親衛→北条時頼（義時流。父は時氏）
佐助右馬助→北条貞宗（時房流。維貞の子）
佐介越後四郎→北条時治（時房流。時盛の子）
佐介越前守→北条貞房（時房流、朝房の子：『鎌倉遺文』㉚二二九七八）
佐介上野守→北条貞俊（時房流。時俊の子：『鎌倉遺文』㊳二九五五四）
佐助式部大夫→北条高直（時房流。維貞の子）
佐介四郎→北条時治（時房流。時盛の子）
佐介土佐前司→北条時元（時房流。時国の子）
三郎→北条貞政（政村流。父は政頼）
三郎→北条高宣（時房流。父は宣直）
三郎→北条為長（重時流。長重の子）
三郎→北条時綱（父は時方）
三郎→北条時仲（有時流。父は時盛）
三郎→北条時通（政村流。父は師村）
三郎→北条時元（朝時流。時幸の子）
三郎→北条政国（時房流。時顕の子）
三郎→北条政国（政村流。父は重村）
三郎→北条宗時（時政の子）

【し】

塩田越後守→北条時治（重時流。義政の子）
塩田入道→北条義政（重時流。重時の子）
塩田武蔵守→北条義政（重時流。重時の子）
塩田陸奥入道→北条国時（重時流。義政の子：『鎌倉遺文』㊴三〇九一〇）
式部五郎→北条時久（重時流。為時の子）
式部左近大夫→北条盛時（朝時流。光時の子）
式部次郎→北条時久（重時流。為時の子）
式部大夫→北条国房（時房流。時国の子）
式部大夫→北条蔵人（政村流。父は重村）
式部大夫→北条貞有（有時流。父は有義）
式部大夫→北条貞資（時房流。時国の子）
式部大夫→北条重貞（重時流。時治の子）
式部大夫→北条高朝（時房流。高直の子）
式部大夫→北条高直（時房流。維貞の子）
式部大夫→北条高長（政村流。父は政村）
式部大夫→北条高房（時房流。時賢の子）
式部大夫→北条珠鶴（政村流。父は重村）
式部大夫→北条為時（重時流。重時の子）
式部大夫→北条為直（重時流。為宗の子）
式部大夫→北条時雄（実泰流。顕時の子）
式部大夫→北条時直（時房流。時房の子）

式部大夫↓北条時秀（政村流。父は時村）
式部大夫↓北条政方（政村流。政村の七男）
式部大夫↓北条政貞（時房流。政俊の子）
式部大夫↓北条政俊（朝時流。光時の子）
式部大夫↓北条政憲（政村流。重村の子）
式部大夫↓北条政宗（政村流。父は政公）
式部大夫↓北条光時（朝時流。朝時の子）
式部大夫↓北条師政（政村流。父は貞政）
式部大夫↓北条泰時（義時流。父は義時）
式部大夫↓北条泰宗（時房流。時隆の子）
式部大夫↓北条義村（政村流。父は時村）
式部殿↓北条時雄（実泰流。顕時の子）
慈昭（法名）↓北条維貞（時房流。宗宣の子）
七郎↓北条有秀（有時流。父は有時）
七郎↓北条貞久（時房流。時久の子）
七郎↓北条相時（時房流。朝房の子）
七郎↓北条時遠（時房流。時直の子）
七郎↓北条時秀（有時流。父は有時）
七郎↓北条時広（時房流。時村の子）
七郎↓北条時躬（朝時流。公教の子）
七郎↓北条朝貞（朝時流。時基の子）
七郎↓北条政公（政村流。父は政頼）
七郎↓北条政俊（時房流。時盛の子）
七郎↓北条宗遠（時房流。父は頼房）
七郎↓北条宗朝（時房流。父は時遠）
七郎↓北条泰政（政村流。父は政方）
七郎↓北条泰宗（時房流。時隆の子）
実相院↓顕弁（実泰流。父は顕時）
士忍（法名）↓北条時直（父母は未詳、北条の一族）
治部大夫↓北条高朝（時房流。高直の子）
治部太輔入道↓北条兼貞（義時流。時厳の子）
寿阿弥陀仏（法名）↓北条貞俊（時房流。時俊の子）
十郎↓北条時員（重時流。長重の子）
十郎↓北条時俊（重時流。為時の子）
十郎↓北条時盛（有時流。父は有時）
十郎↓北条朝賢（朝時流。朝時の子）
十郎↓北条朝政（時房流。父は朝直）
十郎↓北条持定（時房流。時房の子）
順昭（法名）↓北条宗宣（時房流。宣時の子）
勝円（法名）↓北条時盛（時房流。時房の子）
城興寺法印↓房忠（時房流。時綱の子）
匠作↓北条泰時（義時流。父は義時）
匠作↓北条英時（重時流。久時の子：『鎌倉遺文』㊶三二三七三）
匠作禅閤↓北条貞顕（実泰流。顕時の子：『鎌倉遺文』㊵三一三二八）
匠作禅門↓北条貞顕（実泰流。顕時の子：『鎌倉遺文』㊲二八六三一）
匠作殿下↓北条貞顕（実泰流。顕時の子：『鎌倉遺文』㉝二五七五二）
紹実（法名）↓北条時元（時房流。時国の子）
松寿（幼名）↓北条友時（重時流。仲時の子）
浄心↓北条貞国（義時流。父は時厳）

浄仙(法名)→北条実泰（実泰流。義時の子）
勝長寿丸→北条時行（義時流。父は高時）
称念(法名)→北条時房（時房流。時政の子）
二郎→北条時通（時房流。時直の子）
二郎→北条時光（義時流。父は貞国）
二郎→北条時村（時房流。時房の子）
二郎→北条時行（義時流。父は高時）
二郎→北条直時（時房流、父は朝房）
二郎→北条光時（時房流。父は頼房）
二郎→北条宗氏（朝時流。教時の子）
次郎・二郎→北条重高（重時流。範貞の子）
次郎→北条盛信（時房流。時顕の子）
次郎→北条幸継（朝時流。時幸の次男）
次郎→北条師村（政村流。父は政長）
四郎→北条顕時（時房流。時方の子：『鎌倉遺文』⑪八四六七）
四郎→北条有直（有時流。父は北条有義）
四郎→北条貞房（時房流、朝房の子）
四郎→北条胤時（重時流。義政の子）
四郎→北条時賢（時房流。時光の子）
四郎→北条時賢（政村流。父は義村）
四郎→北条時雄（時房流。時員の子）
四郎→北条時親（重時流。為時の子）
四郎→北条時俊（時房流。政氏の子）
四郎→北条時長（時房流。朝直の子）
四郎→北条時光（時房流。政直の子）
四郎→北条政公（政村流。父は政頼）
四郎→北条政高（有時流。父は政有）
四郎→北条政房（時房流。時直の子）
四郎→北条政茂（重時流。時茂の子）
四郎→北条政基（朝時流。幸継の子）
四郎→北条宗春（朝時流。夏時の子）
四郎→北条泰家（義時流。父は貞時）
四郎→北条泰茂（義時流。父は公義）
四郎左近大夫→北条師時（義時流。父は宗政）
四郎左近大夫入道→北条泰家（義時流。父は貞時）
次郎八郎→北条長重（重時流。父は為時）
親衛→北条泰家（義時流。父は貞時：『鎌倉遺文』㊳二九五〇二）
親縁(法名)→北条時国（時房流。時員の子）
新相模五郎→北条政長（政村流。政村の子）
新相模三郎→北条時村（政村流。政村の子）
新相模四郎→北条宗房（政村流。政村の子）
真性(法名)→北条貞有（有時流。父は有義）
真照(法名)→北条資時（時房流。時房の子）
真昭(法名)→北条資時（時房流。時房の子）
信忍(法名)→北条基時（重時流。時兼の子）

【す】

崇演(法名)→北条貞時（義時流。父は時宗：『鎌倉遺文』㉚二二七〇二、⑳一五一八一）
崇鑑(法名)→北条高時（義時流。父は貞時）
崇暁(法名)→北条貞時（義時流。父は時宗）
崇顕(法名)→北条貞顕（実泰流。顕時の子：『鎌倉遺文』㊵三一二七四）

周防右馬助→北条親時（朝時流。光時の子）
亮僧都→泰瑜（義時流。父は公義）
亮太郎→北条時相（朝時流。時幸の長男）
亮法印→政助（義時流。父は宗政）
亮法印→盛朝（時房流。時盛の子）
須昭（法名）→北条宗宣（時房流。宣時の子）
駿河→北条顕香（実泰流、顕実の子）
駿河九郎→北条重村（政村流。父は政長：『鎌倉遺文』⑨六二〇二）
駿河五郎→北条通時（有時流。父は有時：『鎌倉遺文』⑪八一八二）
駿河左近大夫将監→北条顕義（実泰流。顕実の子）
駿河三郎→北条政有（有時流。父は有時）
駿河式部大夫→北条高長（政村流。父は政村）
駿河式部大夫→北条通時（有時流。父は有時）
駿河四郎→北条兼時（有時流。父は有時）
駿河四郎→北条時敦（政村流。父は政長）
駿河大夫将監→北条顕義（実泰流。顕実の子：『鎌倉遺文』㊴三〇九三〇）
駿河太郎→北条重時（重時流。宗時の子）
駿河太郎→北条時基（有時流。父は有時）
するかとの→北条宗方（義時流。父は宗頼：『鎌倉遺文』㉙二二一九九）
駿河彦四郎→北条有政（有時流。父は有基）
駿州→北条重時（重時流。義時の子）
駿州→北条泰時（義時流。父は義時）
駿州→北条義宗（重時流。長時の子：『鎌倉遺文』⑰一二七七八）
駿州→北条宗方（義時流。父は宗頼：『鎌倉遺文』㉙二二二一八）
駿州→北条顕実（実泰流、父は顕時：『鎌倉遺文』㊴三〇七〇二）
駿州修理亮→北条顕香（実泰流、顕実の子：『鎌倉遺文』㊴三〇九一七）

【せ】

正義（法名）→北条義政（重時流。重時の子）
政義（法名）→北条義政（重時流。重時の子）
正寿（幼名）→北条時宗（義時流。父は時頼）
成寿（幼名）→北条時頼（義時流。父は時氏）
成寿丸（幼名）→北条高時（義時流。父は貞時）
前奥州→北条義時（義時流。父は時政）
前奥州禅門→北条義時（義時流。父は時政）
前尾張守→北条公時（朝時流。時章の次男）
全寿丸→北条時行（義時流。父は高時）
禅定越州刺史→北条顕時（実泰流、実時の子：『鎌倉遺文』㊲二八五四四）
禅定二位→北条政子（義時流。時政の女：『鎌倉遺文』⑧五六三四）
前武州→北条泰時（義時流。父は義時）
前武州禅門→北条泰時（義時流。父は義時：『鎌倉遺文』⑳一四八九八）
前六波羅殿駿河守→北条義宗（重時流。長時の子：『鎌倉遺文』⑳一五四三四）

【そ】

相州→北条重時（重時流。義時の子）
相州→北条時頼（義時流。父は時氏）
相州→北条義時（義時流。父は時政）
相州→北条義時（義時流。父は時政：『鎌倉遺文』⑰一二七六八）

相州↓北条時宗（義時流。父は時頼：『鎌倉遺文』⑰一二八〇八）
相州↓北条師時（義時流。父は宗政：『鎌倉遺文』㉛二三六六三）
相州↓北条高時（義時流。父は貞時：『鎌倉遺文』㊳二九三八七）
相州↓北条守時（重時流。久時の子：『鎌倉遺文』㊴三〇六七七）
相州↓北条基時（重時流。時兼の子：『鎌倉遺文』㉞二五八八一）
相州刺史↓北条守時（重時流。久時の子：『鎌倉遺文』㊶三二一七二一）
相州親衛↓北条宗政（義時流。父は時頼）
相州禅門↓北条時頼（義時流。父は時氏：『鎌倉遺文』⑪八四九一）
相州禅門↓北条高時（義時流。父は貞時：『鎌倉遺文』㊳二九五一九）
相大守↓北条時宗（義時流。父は時頼：『鎌倉遺文』⑰一二八八九）

【た】

大進大夫↓北条親房（時房流。時親の子）
大夫↓元助（父は時厳）
大夫↓実位（朝時流。親時の子）
大夫↓頼覚（義時流。父は時厳）
大夫阿闍梨↓玄盛（時房流。時盛の子）
大夫阿闍梨↓厳斎（政村流。父は政村）
大夫将監↓北条経時（義時流。時氏の子）
大夫将監↓北条時益（政村流。父は時敦：『鎌倉遺文』㊴三〇七二九）
大夫四郎↓北条泰家（義時流。父は貞時）
大夫僧正↓顕助（実泰流。貞顕の子）
大夫得業↓顕実（実泰流。父は時雄）
大夫殿↓北条義時（義時流。父は時政：『鎌倉遺文』⑦四六六五）
大夫律師↓隆政（義時流。父は経時）
詫麻僧正↓公朝（朝時流。朝時の養子。実父は従三位藤原実文）
竹殿↓北条義時女（父は義時。大江親広妻）
田中殿↓北条実泰女（実泰流）
田中殿↓北条有時女（有時流）
田伏十郎入道↓北条朝賢（朝時流。朝時の子）
太郎↓北条朝員（時房流。父は朝直）
太郎↓北条政房（時房流。父は朝房）
太郎三郎↓北条政通（政村流。父は通時）
弾正左衛門尉↓北条貞澄（有時流。父は時澄）

【ち】

千葉介太郎↓北条政胤（時房流。父は朝直）
中将↓北条政村妻（政村流。政村の本妻）
中納言僧都↓時宝（重時流。義宗の子）
中納言法印↓隆禅（時房流。時房の養子）
長寿丸↓北条時行（義時流。父は高時）

【つ】

通盛（法名）↓北条守時妻（重時流。守時妻）

【て】

定証（法名）↓北条宗長（朝時流。長頼の子）
定崇（法名）↓北条政村（政村流。義時の子）
典厩↓北条高時（義時流。父は貞時：『鎌倉遺文』㉞二五八九一）
典厩↓北条貞冬（実泰流。貞顕の子：『鎌倉遺文』㊵三一四四三）
天聖霊↓北条顕時（実泰流、実時の子：『鎌倉遺文』㉚二三九〇四）

【と】

道円（法名）↓北条定宗（義時流。父は時厳）

道覚（法名）→北条師時（義時流。父は宗政）
道鑒（法名）→北条公時（朝時流。時章の次男）
道杲（法名）→北条時宗（義時流。父は時頼）
道西（法名）→北条時基（朝時流。朝時の子）
東漸寺→北条定長（朝時流。時長の子）
道常（法名）→北条熙時（政村流。父は為時）
道崇（法名）→北条時頼（義時流。父は時氏：『鎌倉遺文』⑪八一六七）
頭殿→北条高時（義時流。父は貞時：『鎌倉遺文』㉞二六四六五）
道念（法名）→北条朝氏（時房流。父は朝直）
道妙（法名）→北条宗房（政村流。政村の子）
道明（法名）→北条宗政（義時流。父は時頼）
遠江右馬助→北条清時（時房流。時直の子：『鎌倉遺文』⑪八四八〇）
遠江馬助→北条清時（時房流。時直の子：『鎌倉遺文』⑨六二〇二）
遠江右近大夫将監→北条時兼（朝時流。朝時の子：『鎌倉遺文』⑨六二〇二）
遠江五郎→北条時兼（朝時流。朝時の子）
遠江五郎→北条政直（時房流。時通の子）
遠江左近大夫将監→北条時兼（朝時流。朝時の子：『鎌倉遺文』⑩七二五九）
遠江左近大夫将監殿→北条範貞（重時流。時範の子：『鎌倉遺文』㊲二八六五九）
遠江三郎→北条時長（朝時流。朝時の子）
遠江三郎左衛門尉→北条時長（朝時流。朝時の子）
遠江左馬助→北条政範（義時流。父は時政）
遠江式部大夫→北条時章（朝時流。朝時の子：『鎌倉遺文』⑨六二〇二）
遠江式部大夫→北条光時（朝時流。朝時の子）
遠江式部丞→北条光時（朝時流。朝時の子）
遠江七郎→北条時基（朝時流。朝時の子）
遠江修理亮→北条時幸（朝時流。朝時の子：『鎌倉遺文』⑨六二〇二）
遠江修理亮→北条実政（実泰流。実時の子：『鎌倉遺文』㉔一八五九三）
遠江修理亮→北条定宗（義時流。父は時厳：『鎌倉遺文』㊶三一六六九）
遠江二郎→北条時通（時房流。時直の子：『鎌倉遺文』⑪八一八二）
遠江四郎→北条秀時（朝時流。篤時の子）
遠江四郎→北条政房（時房流。時直の子）
遠江前司→北条為時（時定、義時流：『鎌倉遺文』㊶三一六六九）
遠江禅門→北条時政（時家の子：『鎌倉遺文』⑬九五二一）
遠江僧都→公朝（北条朝時の養子。実父は従三位藤原実文）
遠江太郎→北条清時（時房流。北条時直の子：『鎌倉遺文』⑩七二五九）
遠江殿→北条時定（為時、義時流：『鎌倉遺文』㉙二二六七三）
遠江入道→北条時政（時家の子：『鎌倉遺文』⑤三四〇〇）
遠江入道→北条朝時（朝時流。義時の子：『鎌倉遺文』⑨六二三二）
遠江法印→円朝（朝時流。宗教の子）
遠江法印→公朝（朝時流。朝時の養子。実父は従三位藤原実文）
遠江六郎→北条教時（朝時流。朝時の子：『鎌倉遺文』⑩七二五九）

常盤(常葉)→北条時範（重時流。時茂の子）
徳崇(法名)→北条義時（義時流。父は時政）
土州→北条時遠（時房流。時直の子：『鎌倉遺文』㊲二九〇四七）
富安三郎→北条時嗣（有時流。父は兼義）
富安四郎→北条政義（有時流。父は兼義）
戸守→北条実泰女（実泰流）

【な】

なかとのしゆりのすけとの→北条宗頼（義時流。父は時頼：『鎌倉遺文』㉛二四〇九四）
なかのむさしとの→北条経時（義時流。時氏の子：『鎌倉遺文』㉛二四〇九四）
中武州→北条経時（義時流。時氏の子）
中武蔵→北条経時（義時流。時氏の子）
名越尾張前司→北条時章（朝時流。朝時の子：「吾妻鏡」宝治元年（一二四七）十二月五日条）
名越尾張入道→北条時章（朝時流。朝時の子：『鎌倉遺文』㉑一五七六六）
名越左近大夫→北条時家（朝時流。公時の子）
名越太郎→北条時兼（朝時流。時有の子）
名越遠江国司→北条教時（朝時流。朝時の子：『鎌倉遺文』㉙二二三四五）
名越遠江入道→北条宗教（朝時流。教時の子）
名越備前→北条長頼（朝時流。時長の三男）
名越備前前司→北条宗長（朝時流。長頼の子）
名越法印→公恵（朝時流。公時の猶子）
名越摩美法印→公恵（朝時流。公時の猶子）

【に】

二位→北条政子（義時流。時政の女：『鎌倉遺文』⑧五六八三）
二位家→北条政子（義時流。時政の女：『鎌倉遺文』⑨六八七〇）
二位禅定比丘尼→北条政子（義時流。時政の女：『鎌倉遺文』⑦五二二〇）
二位殿→北条政子（義時流。時政の女：『鎌倉遺文』⑨六二二七）
西殿→北条宗政（義時流。父は時頼）
西殿→北条師時（義時流。父は宗政）
二品→北条政子（義時流。時政の女：『鎌倉遺文』⑤三〇五五）
二品禅定聖霊→北条政子（義時流。時政の女：『鎌倉遺文』⑧五四三六）
二品禅尼→北条政子（義時流。時政の女：『鎌倉遺文』⑦四九六〇）
入道大納言家中将→北条政村妻（政村流。政村の本妻）
如教（法名）→北条政村妻（政村流。政村の本妻）
如実（法名）→北条政子（義時流。時政の女）
忍昭（法名）→北条宣時（時房流。朝直の子）
仁和寺法印→頼助（義時流、父は経時）

【は】

橋爪→北条時政女（義時流。父は時政）
八郎→北条公教（朝時流。北条教時の八男）
八郎→北条時隆（時房流。時村の子）
八郎五郎→北条時兼（重時流。長重の子）
八郎三郎→北条為長（重時流。長重の子）
八郎太郎→北条時秀（重時流。長重の子）
八郎入道→北条直房（時房流。朝直の子）

【ひ】

彦五郎→北条国政（有時流。父は有基）

彦五郎→北条政忠（時房流。時顕の子）

彦五郎→北条師朝（時房流。父は朝政）

彦四郎入道→北条時信（時房流。時光の子）

彦次郎→北条政茂（朝時流。光時の子）

彦太郎→北条時藤（時房流。時信の子）

彦太郎→北条光時（有時流。父は有政）

美州比丘尼覚曇大姉（法名）→北条貞時女（義時流。土岐光定妻）

備前左衛門三郎→北条長頼（朝時流。時長の子）

備前三郎→北条長頼（朝時流。時長の子：『鎌倉遺文』⑪八一七七）

備前二郎→北条宗長（朝時流。長頼の子）（守護交代注文：凝然自筆「梵網戒本疏日珠鈔」巻八紙背文書）

備前七郎→北条篤長（朝時流。長頼の子）

備前太郎→北条定長（朝時流。時長の子）

備前入道→北条朝房（時房流。父は朝直）

備前前司→北条時長（朝時流。朝時の子）

檜皮姫公→北条時氏女（義時流、経時の妹）

【ふ】

普恩寺→北条仲時（重時流。基時の子）

普恩寺→北条基時（重時流。時兼の子）

福頼→北条実泰女（実泰流）

福頼→北条有時女（有時流）

武衛→北条時頼（義時流。父は時氏）

富士姫御前→北条泰時女（義時流。父は泰時）

武州→北条経時（義時流。時氏の子）

武州→北条泰時（義時流。父は義時）

武州→北条時村（時房流。時房の子：『鎌倉遺文』㉘二一四九）

武州→北条熈時（政村流。父は為時：『鎌倉遺文』㉛二三六六三）

武州→北条守時（重時流。久時の子：『鎌倉遺文』㊳二九二五五）

武州→北条貞将（実泰流。貞顕の子：『鎌倉遺文』㊵三一一八一）

武州御領→北条時宗（義時流。父は時頼：『鎌倉遺文』⑰一二九四八）

武州聖霊→北条長時（重時流。父は重時：『鎌倉遺文』㉕一八九六九）

武州前刺史→北条経時（義時流。時氏の子：『鎌倉遺文』⑭一〇九五四）

武州前司→北条宣時（時房流。朝直の子：『鎌倉遺文』⑲一四七二二）

武州禅門→北条泰時（義時流。父は義時：『鎌倉遺文』⑫八五一四）

武州太守→北条貞顕（実泰流。顕時の子：『鎌倉遺文』㊳二九三九二）

【へ】

仏眼房→隆禅（時房流。時房の養子）

平太→北条篤貞（義時流。時厳の子）

平太→北条綱栄（義時流。父は時厳）

平六左衛門尉→北条時定（時兼の子）

遍如（法名）→北条政村妻（政村流。政村の新妻三浦重澄女）

【ほ】

法光寺殿→北条時宗（義時流。父は時頼：『鎌倉遺文』㉑一六四八五）

宝光寺殿→北条時宗（義時流。父は時頼：『鎌倉遺文』㉜二四八

四七）
宝寿丸（幼名）↓北条時輔（義時流。父は時頼）
北条遠州↓北条時政（時家の子：『鎌倉遺文』㉟二七〇八九）
北条小四郎↓北条義時（義時流。父は時政）
北条五郎兵衛尉↓北条時頼（義時流。父は時氏：『鎌倉遺文』⑨六二〇二）
北条五郎↓北条時房（時房流。時政の子）
北条左近太郎↓北条維貞（時房流。宗宣の子）
北条三郎↓北条時輔（義時流。父は時頼）
北条四郎↓北条時方（父は阿多見聖範）
北条四郎↓北条時政（時家の子）
北条四郎↓北条義時（義時流。父は時政）
北条四郎大夫↓北条時家（北条時方の子）
北条介↓北条時兼（北条時家の弟時方の子）
北条大夫将監↓北条経時（義時流。時氏の子：『鎌倉遺文』⑧五九二三）
北条入道↓北条時政（時家の子：『鎌倉遺文』⑫九〇三九）
北条の左近大夫↓北条時頼（義時流。父は時氏：『鎌倉遺文』⑨六五七二）
北条六郎↓北条時定（義時流。時氏の子：『鎌倉遺文』⑩七二五九）
北条六郎↓北条政範（義時流。時政の子）
法明（法名）↓北条時成（時房流。資時の子）
母堂禅尼時政娘↓北条政子（義時流。時政の女：『鎌倉遺文』⑤三二〇二）

【ま】

牧野局↓牧方（父は牧宗親。時政の後妻）
牧野女房↓牧方（父は牧宗親。時政の後妻）
孫三郎↓北条貞泰（時房流。父は泰房）
孫三郎↓北条政茂（時房流。政氏の子）
孫七↓北条時光（時房流。政宗の子）
孫七郎↓北条朝政（時房流。父は政房）
孫四郎↓北条隆政（朝時流。宗朝の子）
孫四郎↓北条時国（時房流。時員の子）
孫四郎↓北条政高（有時流。政有の子）
孫四郎↓北条基家（朝時流。幸継の子）
孫二郎・孫次郎↓北条通時（朝時流。盛時の子）
孫太郎↓北条政高（有時流。父は政有）
孫太郎↓北条政直（朝時流。政幸の子）
孫太郎↓北条政茂（時房流。政氏の子）
孫太郎↓北条道成（朝時流。光時の子）
又四郎↓北条政茂（重時流。時茂の子）
万寿丸（童名）↓北条邦時（義時流。父は高時）

【み】

南方↓北条貞顕（実泰流。顕時の子：『鎌倉遺文』㉘二一八四七）
南方↓北条貞将（実泰流。貞顕の子：『鎌倉遺文』㊵三〇九八四）
南殿↓北条時茂（義時流。父は師時）
南殿↓北条貞時女（熈時妻：『鎌倉遺文』㉝二五四一九）
南殿御方↓北条貞時女（熈時妻：『鎌倉遺文』㉘二一一四九）
美作左近将監↓北条周時（朝時流。貞家の子）
妙音↓北条時頼後家（『鎌倉遺文』㉜二四八四七）
妙観上人（法名）↓北条政子（義時流。時政の女）
妙性（法名）↓北条朝房（時房流。父は朝直）

民部権大夫→北条時隆（時房流。時村の子）
民部大夫→北条時隆（時房流。時村の子）

【む】

武蔵→忠禅（時房流。父は朝直）
武蔵九郎→北条時貞（時房流。朝直の子）
武蔵九郎→北条朝貞（時房流。父は朝直）
武蔵蔵人太郎→北条朝房（時房流。父は朝直）
武蔵五郎→北条宣時（時房流。朝直の子）
武蔵左近将監→北条貞熈（政村流。父は時村）
武蔵左近将監→北条忠時（実泰流。貞将の子）
武蔵左近将監→北条時仲（時房流。朝直の子：『鎌倉遺文』⑪八一七七）
武蔵左近将監→北条宣政（時房流。父は宗泰）
武蔵左馬助→北条貞冬（実泰流。貞顕の子）
武蔵式部大夫（輔）→北条朝房（時房流。父は朝直）
武蔵四郎→北条為時（政村流。父は時村）
武蔵四郎→北条時仲（時房流。朝直の子：『鎌倉遺文』⑩七二五九）
武蔵四郎→北条師時（義時流。父は宗政）
武蔵次郎（二郎）→北条時実（義時流。父は泰時）
武蔵十郎→北条万寿（義時流。父は宗政）
武蔵前司→北条泰時（義時流。父は義時：『鎌倉遺文』⑪八三三二）
武蔵前司入道→北条泰時（義時流。父は義時：『鎌倉遺文』⑮一一一六九）
武蔵僧都→長弁（重時流。長時の子）
武蔵太郎→北条時氏（義時流。父は泰時）
武蔵太郎→北条朝房（時房流。父は朝直：『鎌倉遺文』⑩七二五九）
むさしのすりのすけ→北条英時（重時流。久時の子：『鎌倉遺文』㊲二九〇八三）
むさしの入道→北条義政（重時流。重時の子：『鎌倉遺文』⑰一二七六三）
武蔵入道→北条泰時（義時流。父は義時：『鎌倉遺文』⑨六二四六）
武蔵入道→北条久時（重時流。義宗の子：『鎌倉遺文』㉞二六五六四）
武蔵八郎→北条頼直（時房流。父は朝直：『鎌倉遺文』⑪八一七七）
陸奥馬助→北条基時（重時流。時兼の子：『鎌倉遺文』㉘二一二八二）
陸奥掃部助→北条実時（実泰流。実泰の子：『鎌倉遺文』⑨六二〇二）
陸奥刑部少輔→北条久時（重時流。義宗の子：『鎌倉遺文』㉓一八二二八）
陸奥五郎→北条維貞（時房流。宗宣の子）
陸奥五郎→北条実泰（実泰流。義時の子）
陸奥五郎→北条時兼（朝時流。朝時の五男）
陸奥左近将監→北条義宗（重時流。長時の子：『鎌倉遺文』⑮一一〇八一）
陸奥左近将監→北条時国（時房流。時員の子：『鎌倉遺文』⑳一五二九五）
陸奥左近大夫将監→北条時国（時房流。時員の子）
陸奥左近大夫将監→北条時茂（重時流。重時の子：『鎌倉遺文』⑫八九八六）
陸奥三郎→北条重時（重時流。義時の子）
陸奥三郎→北条為秀（重時流。時秀の子）

陸奥三郎↓北条時兼（重時流。業時の子）
陸奥三郎↓北条時範（重時流。時茂の子）
陸奥三郎↓北条時村（政村流。政村の子）
陸奥左馬助↓北条貞直（時房流。時藤の子）
陸奥左馬助↓北条基時（重時流。時兼の子：『鎌倉遺文』㉗二一〇一六）
陸奥式部太輔↓北条高朝（時房流。高直の子）
陸奥式部大夫↓北条政村（政村流。義時の子）
陸奥七郎↓北条時尚（義時流。父は義時）
陸奥七郎↓北条業時（重時流。父は重時：『鎌倉遺文』⑪八一八二）
陸奥十郎↓北条忠時（重時流。重時の子）
陸奥修理亮↓北条重時（重時流。義時の子）
陸奥四郎↓北条業時（重時流。父は重時：『鎌倉遺文』⑩七二五九）
陸奥次郎↓北条長時（重時流。父は重時）
陸奥次郎↓北条朝時（朝時流。義時の子）
陸奥大夫左近将監↓北条長時（重時流。父は重時：『鎌倉遺文』⑩七五四二）
陸奥大夫左近将監↓北条義宗（重時流。長時の子：『鎌倉遺文』⑭一〇九五五）
陸奥大夫左近将監↓北条義政（重時流。重時の子：『鎌倉遺文』⑮一一三七八）
陸奥大夫法印↓顕瑜（実泰流。父は顕景）
陸奥弾正少弼↓北条業時（重時流。父は重時）
陸奥入道↓北条重時（重時流。義時の子）
陸奥入道↓北条宣時（時房流。朝直の子）
陸奥八郎↓北条長重（重時流。父は為時）
陸奥彦三郎↓北条久時（重時流。義宗の子）
陸奥孫九郎↓北条秀時（重時流。久宗の子）
陸奥孫四郎↓北条義宗（重時流。長時の子）
陸奥弥四郎↓北条時茂（重時流。重時の子：『鎌倉遺文』⑩七四二八）
陸奥六郎↓北条有時（有時流、父は義時）
陸奥六郎↓北条長重（重時流。父は為時）
陸奥六郎↓北条義政（重時流。重時の子：『鎌倉遺文』⑪八一七七）
無量寿大夫↓公義（父は北条泰時）

【め】

明盛（法名）↓北条時政（時家の子）
面乙御前↓北条実泰女（実泰流）
面乙御前↓北条有時女（有時流）

【も】

茂木七郎↓北条政房（時房流。時員の子）
茂木太郎↓北条時員（時房流。時隆の子）
藻上御前（幼名）↓北条経時（義時流。時氏の子）
聞如院↓房朝（時房流。清時の子）

【や】

弥五郎↓北条時朝（時房流。父は時遠）
弥三郎↓北条政茂（時房流。政氏の子）
弥四郎↓北条経時（義時流。時氏の子）
弥四郎↓北条時有（時房流。宣房の子）
弥四郎↓北条幸時（時房流。時員の子）
弥太郎↓北条信時（時房流。時景の子）
谷津殿↓安保実員女（義時流。泰時妻・時実母）

【り】
李部→北条泰時（義時流。父は義時）
李部大夫→北条泰時（義時流。父は義時）
【れ】
蓮華寺→北条経時（義時流。時氏の子）
蓮智（法名）→北条光時（朝時流。朝時の子）
蓮忍（法名）→北条有時（父は北条義時）
【ろ】
六波羅左近大夫将監→北条時茂（重時流。重時の子）
六波羅匠作→北条時氏（義時流。父は泰時）
六波羅修理亮→北条時氏（義時流。父は泰時）
六波羅相模守→北条重時（重時流。義時の子：『鎌倉遺文』⑫八七三一）
六波羅式部丞→北条時輔（義時流。父は時頼：『鎌倉遺文』㉑一五七六六）
六波羅式部丞→北条貞顕（実泰流。顕時の子：『鎌倉遺文』㉛二三五〇二）
六はら殿→北条貞顕（実泰流。顕時の子：『鎌倉遺文』㉙二二一七三）
六原殿→北条貞顕（実泰流。顕時の子：『鎌倉遺文』㉛二三五〇二）
六波羅殿→北条義宗（重時流。長時の子：『鎌倉遺文』⑭一〇九八五）
六波羅殿→北条時範（重時流。時茂の子：『鎌倉遺文』㉘二一八四七）
六はらの南殿→北条貞将（実泰流。貞顕の子：『鎌倉遺文』㊵三〇九八八）
六郎→北条有隆（有時流。父は北条政有）
六郎→北条有義（有時流。父は北条有時）
六郎→北条貞氏（重時流。貞茂の子）
六郎→北条貞名（重時流。長重の子）
六郎→北条定宗（義時流。父は時厳）
六郎→北条時定（時房流。時房の子）
六郎→北条時基（時房流。時直の子：『鎌倉遺文』⑪八一七七）
六郎→北条朝氏（時房流。父は朝直）
六郎→北条政家（朝時流。幸継の子）
六郎→北条宗氏（朝時流。教時の子）
六郎→北条宗泰（時房流。父は宣時）
六郎兵衛尉→北条時連（時房流。時直の子）

鎌倉北条氏任官一覧

例　言

一、鎌倉北条氏の一族が任官した官職の一覧である。
二、官職は読みの五十音順とし、同じ官職は四等官順に配列した。
三、各官職に示した人名は、人名の五十音とし、「人名（諸流、父の名）」で示した。
四、本表は、辞典の文中に見える官途をもとに、菊池紳一が作成した。

【あ】

安芸守　貞俊（時房流。父は時俊）・時俊（時房流。父は清時）・政方（政村流。父は政村）

【い】

伊予守　顕実（実泰流。父は顕時）

【う】

右衛門権少尉　時長（朝時流。父は朝時）

右京大夫　高有（有時流。父は斉時）

右京権大夫　義時（義時流。父は時政）

右京亮　時治（時房流。父は時盛）・宣俊（時房流。父は貞俊）・通時（朝時流。父は時相）

右京進　時治（時房流。父は時盛）

右近将監　有政（有時流。父は宗有）・貞芙（時房流。父は貞宣）・時兼（朝時流。父は朝時）・時兼（重時流。父は業時）・時定（時房流。父は時房）・時俊（時房流。父は貞俊）・宗方（義時流。父は宗頼）・盛房（時房流。父は政氏）

雅楽允　宗宣（時房流。父は宣時）

右馬権頭　貞顕（実泰流。父は顕時）・茂時（政村流。父は熙時）・熙時（政村流。父は為時）・政村（政村流。父は義時）・師時（義時流。父は宗政）

右馬助　清時（時房流。父は時直）・維貞（時房流。父は宗宣）・貞高（実泰流。父は貞顕）・貞直（時房流。父は宗泰）・貞宗（時房流。父は維貞）・貞茂（重時流。父は時茂）・高直（時房流。父は維貞）・高基（時房流。父は時貞）・高基（重時流。父は基時）・親時（朝時流。父は光時）・時親（時房流。父は時盛）・時親（時房流。父は時貞）・夏時（朝時流。父は宗長）・久時（重時流。父は義宗）・政範（義時流。時政の子）・政村（政村流。父は義時）・光時（朝時流。父は朝時）・宗房（政村流。父は政村）

右馬権助　家時（時房流。父は継貞）

【え】

越後守　顕時（実泰流。父は実時）・兼時（義時流。父は宗頼）・貞顕（実泰流。父は顕時）・実時（実泰流。父は実泰）・時敦（政村流。父は政長）・時景（時房流。父は時盛）・時国（時房流。父は時員）・時高（朝時流。父は時基）・時治（重時流。父は義政）・時盛（時房流。父は時房）・朝時（朝時流。父は義時）・仲時（重時流。父は基時）・業時（重時流。父は重時）・範貞（重時流。父は時範）・久時（重時流。父は義宗）・政氏（時房流。父は時盛）・通時（有時流。父は有時）・光時（朝時流。父は朝時）・宗基（朝時流。父は時基）・盛時（朝時流。父は光時）

越前守　貞有（有時流。父は有義）・貞房（時房流。父は宣時）・時綱（時房流。父は時員）・時広（時房流。父は時村）・時見（朝時流。父は篤時）・宗有（有時流。父は兼義）・宗朝（朝時流。父は政俊）

【お】

近江守　時仲（政村流。父は為時）・宣直（時房流。父は直房）・政頼（政村流。父は政村）・宗直（時房流。父は頼直）

大炊助　有時（有時流。父は義時）・時章（朝時流。父は朝時）

尾張守　公時（朝時流。父は時章）・高家（朝時流。父は貞家）・親時（重時流。父は忠時）・時章（朝時流。父は朝時）・時兼（重時流。父は業時）・時仲（政村流。父は為時）・斉時（有時流。父は通時）

【か】

上総介　家政（実泰流。父は政顕）・実政（実泰流。父は実時）・時遠（時房流。父は朝直）・宣遠（時房流。父は時遠）・信時（時房流。父は時景）・政顕（実泰流。父は実政）・政有（有時流。父は有時）・頼房（時房流。父は時遠）

掃部助　貞綱（時房流。父は時綱）・貞房（時房流。父は朝房）・貞政（政村流。父は政頼）・貞宗（朝時流。父は宗長）・実時（実泰流。父は実泰）・高政（実泰流。父は政顕）・為明（朝時流。父は幸継）・時景（時房流。父は時盛）・時利（時房流。父は時綱）・時名（政村流。父は義村）・時如（朝時流。父は秀時）・政顕（実泰流。父は実政）・政頼（政村流。政村の六男）・泰房（時房流。父は頼房）・幸継（朝時流。父は時幸）

【き】

掃部権助　時盛（時房流。父は時房）

刑部少輔　貞房（時房流。父は宣時）・時基（朝時流。父は朝時）・教時（朝時流。父は朝時）・久時（重時流。父は義宗）

【く】

蔵人　時有（朝時流。父は時基）・時長（朝時流。父は朝時）

【け】

検非違使　時定（父は時兼）

【こ】

上野介　維基（朝時流。父は宗基）・貞俊（時房流。父は時俊）・宣直（時房流。父は直房）・宗宣（時房流。父は宣時）

【さ】

左衛門尉　貞顕（実泰流。父は顕時）・貞澄（有時流。父は時澄）・高貞（時房流。父は貞宣）・時定（父は時兼）・時定（義時流。父は時氏）・時長（朝時流。父は朝時）・時藤（時房流。父は清時）・長頼（朝時流。父は時長）・盛信（時房流。父は時顕）

相模守　貞時（義時流。父は時宗）・高時（義時流。父は貞時）・時房（時房流。父は時政）・時宗（義時流。父は時頼）・時頼（義時流。父は時氏）・煕時（政村流。父は為時）・政村（政村流。父は義時）・基時（重時流。父は時兼）・守時（重時流。父は久時）・師時（義時流。父は宗政）・義時（義時流。父は時政）

相模権守　朝直（時房流。父は時房）

左京大夫　貞煕（政村流。父は時村）

左京権大夫　時村（政村流。父は政村）・政村（政村流。父は義時）・泰時（義時流。父は義時）

左京亮　貞俊（時房流。父は時俊）・夏時（朝時流。宗長の子）

左近将監　顕景（実泰流。父は顕時）・顕時（実泰流。父は実時）・顕益（実泰流。父は顕実）・顕義（実泰流。父は顕実）・篤時（朝時流。父は時章）・公貞（朝時流。父は公時）・公時（朝時流。父は時章）・貞顕（実泰流。父は顕時）・貞重（重時流。父は親時）・貞高（時房流。父は盛房）・貞親（重時流。父は親時）・貞直（時房流。父は宗泰）・貞規（義時流。父は師時）・貞煕（政村流。父は時村）・貞煕（政村流。父は煕時）・貞義（実泰流。父は政顕）・茂時（政村流。父は煕時）・高邦（朝時流。父は高家）・高政（政村流。父は義村）・忠時（実泰流。父は貞将）・忠時（重時流。父は重時）・為時（政村流。父は時村）・周時（朝時流。父は貞家）・経時（義時流。父は時氏）・時敦（政村流。父は政長）・時有（時房流。父は宣房）・時有（朝時流。父は時基）・時有（朝時流。父は公貞）・時家（義時流。父は時定）・時家（朝時流。父は公時）・時香（朝時流。父は朝賢）・時兼（朝時流。父は朝時）・時邦（有時流。父は斉時）・時国（時房流。父は時員）・時郡（朝時流。父は時高）・時継（時房流。父は宣房）・時遠（時房流。父は朝直）・時仲（時房流。父は朝直）・時治（朝時流。父は宗教）・時治（重時流。父は義政）・時久（有時流。父は時盛）・時英（時房流。父は貞宣）・時益（政村流。父は時敦）・時村（政村流。父は政村）・時茂（重時流。父は重時）・時茂（義時流。父は師時）・時元（時房流。父は時国）・時頼（義時流。父は時氏）・長時（重時流。父は重時）・宣直（時房流。父は直房）・宣房（時房流。父は盛房）・宣政（時房流。父は宗泰）・範貞（重時流。父は時範）・煕時（政村流。父は為時）・房貞（時房流。父は時元）・房実（時房流。父は時元）・藤時（重時流。父は国時）・政雄（朝時流。父は時長）・政国（政村流。父は重村）・政村（政村流。父は政長）・通時（朝時流。時相の子）・宗方（義時流。父は宗頼）・宗朝（時房流。父は直房）・宗直（時房流。父は直房）・宗長（朝時流。父は長頼）・宗政（義時流。父は時頼）・基明（朝時流。父は宗基）・守時（重時流。父は久時）・盛時（朝時流。父は光時）・盛房（時房流。父は政氏）・師時（義時流。父は宗政）・泰家（義時流。父は貞時）・随時（義時流。父は時定）・義政（重時流。父は重時）・義宗（重時流。父は長時）

讃岐守　基時（重時流。父は時兼）・守時（重時流。父は久時）

左兵衛少尉　時頼（義時流。父は時氏）

左兵衛尉　時定（父は時兼）・宗方（義時流。父は宗頼）

左馬頭　顕秀（時房流。父は貞直）

左馬権頭　貞時（義時流。父は時宗）・貞規（義時流。父は師時）・高時（義時流。父は貞時）・時宗（義時流。父は時頼）

左馬助　貞直（時房流。父は宗泰）・貞冬（実泰流。父は貞顕）・高直（時房流。父は維貞）・高成（時房流。父は高基）・時範（重時流。父は時茂）・友時（重時流。父は仲時）・光時（朝時流。父は朝時）・宗房（政村流。父は政村）・基時（重時流。父は時兼）

左馬権助　業時（重時流。父は重時）・政範（義時流。父は時政）

【し】

式部大輔　公村（政村流。父は時村）・貞国（義時流。父は時厳）・貞朝（時房流。父は貞房）・貞直（時房流。父は宗泰）・亮時（時房流。父は宣直）・高朝（時房流。父は高直）・高宣（時房流。父は維貞）・時輔（義時流。父は時頼）・直時（時房流。父は朝房）・直時（時房流。父は宗直）

式部大丞　貞房（時房流。父は宣時）・時章（朝時流。父は朝時）・朝時（朝時流。父は義時）・朝直（時房流。父は時房）

式部丞　篤時（朝時流。父は時章）・国房（時房流。父は時国）・蔵人（政村流。父は重村）・貞資（時房流。父は時国）・重貞（重時流。父は時治）・高有（有時流。父は貞有）・高朝（時房流。父は高直）・高直（時房流。父は維貞）・高長（政村流。父は政村）・高房（時房流。父は時賢）・珠鶴（政村流。父は重村）・為時（重時流。父は重時）・為直（重時流。父は為宗）・時雄（実泰流。父は顕時）・時輔（義時流。父は時頼）・時成（朝時流。父は篤時）・時躬（朝時流。父は公教）・時光（時房流。父は政直）・時盛（有時流。父は有時）・朝房（時房流。父は朝直）・夏時（朝時流。父は宗長）・政貞（時房流。父は政俊）・政俊（朝時流。父は光時）・政憲（政村流。父は重村）・政宗（政村流。父は政公）・政基（朝時流。父は時幸）・通時（有時流。父は有時）・光時（朝時流。父は朝時）・師政（政村流。父は貞政）・泰宗（時房流。父は時隆）・義政（実泰流。父は実政）・義村（政村流。父は時村）・貞有（有時流。父は有義）・時直（時房流。父は時房）・時秀（政村流。父は時村）

式部少丞　維貞（時房流。父は宗宣）・時章（朝時流。父は朝時）・時広（時房流。父は時村）・時房（時房流。父は時政）・朝時（朝時流。父は義時）・朝直（時房流。父は時房）・政村（政村流。父は義時）・宗宣（時房流。父は宣時）・泰時（義時流。父は義時）

下総守　直房（時房流。父は朝直）・高則（重時流。父は義宗）・時貞（時房流。父は朝直）・時久（時房流。父は清時）

修理大夫　維貞（時房流。父は宗宣）

修理権大夫　時房（時房流。父は時政）

修理亮　顕香（実泰流。父は顕実）・顕政（政村流。父は政公）・顕茂（実泰流。父は顕実）・篤長（朝時流。父は長頼）・有公（朝時流。父は公貞）・兼時（義時流。父は宗頼）・国時（有時流。父は有時）・貞隆（時房流。父は泰宗）・定宗（義時流。父は時厳）・高範（重時流。父は時範）・種時（重時流。父は久時）・親時（重時流。父は忠時）・時氏（義時流。父は泰時）・時員（時房流。父は時盛）・時賢（朝時流。父は時基）・時相（朝時流。父は時幸）・時治（時房流。父は時盛）・時秀（重時流。父は長重）・時幸（朝時流。父は朝時）・朝氏（時房流。父は朝直）・朝俊（朝時流。父は政俊）・直俊（時房流。父は直房）・宣遠（時房流。父は時遠）・英時（重時流。父は久時）・政平（政村流。父は時通）・宗頼（義時流。父は時

頼)・泰時(義時流。父は義時)

修理権亮　重時(重時流。父は義時)・時敦(政村流。父は政長)・時光(時房流。父は時盛)

治部大輔　兼貞(義時流。父は時厳)・貞国(義時流。父は時厳)・時輔(義時流。父は時頼)

治部丞　高朝(時房流。父は高直)

【す】

周防守　光時(朝時流。父は朝時)

周防権守　朝時(朝時流。父は義時)

駿河守　顕実(実泰流。父は顕時)・有時(有時流。父は義時)・国時(重時流。父は義政)・貞直(時房流。父は宗泰)・重時(重時流。父は義時)・時継(時房流。時親の子)・時房(時房流。父は時政)・斉時(有時流。父は通時)・業時(重時流。父は重時)・範貞(重時流。父は時範)・春時(有時流。父は斉時)・政長(政村流。父は政村)・宗方(義時流。父は宗頼)・宗時(重時流。父は久時)・泰時(義時流。父は義時)・義政(重時流。父は重時)・義宗(重時流。父は長時)

【せ】

摂津守　時親(時房流。父は時盛)

宣陽門院蔵人　実時(実泰流。父は実泰)

【た】

但馬権守　高時(義時流。父は貞時)・時宗(義時流。父は時頼)

丹後守　有義(有時流。父は有時)

丹波守　貞高(時房流。父は盛房)・貞宣(時房流。父は宣時)・貞尚(時房流。父は盛房)・盛房(時房流。父は政氏)

弾正忠　貞澄(有時流。父は時澄)

弾正少弼　公貞(朝時流。父は公時)・時敦(政村流。父は政長)・業時(重時流。父は重時)・治時(義時流。父は随時)

【と】

遠江守　篤時(朝時流。父は時章)・公篤(朝時流。父は篤時)・貞家(朝時流。父は時家)・貞朝(時房流。父は貞房)・高家(朝時流。父は貞家)・時有(朝時流。父は公貞)・時定(義時流。父は時氏)・時直(時房流。父は時房)・時範(重時流。父は時茂)・時房(時房流。父は時政)・時政(父は時家)・時基(朝時流。父は朝時)・時守(義時流。父は宗時)・朝時(朝時流。父は義時)・朝直(時房流。父は時房)・朝宣(朝時流。父は公篤)・教時(朝時流。父は朝時)・政方(政村流。父は政村)・政俊(朝時流。父は光時)・政範(政村流。父は政頼)・宗時(義時流。父は時頼)・宗直(時房流。父は頼直)・宗教(朝時流。父は教時)・宗基(朝時流。父は時基)・随時(義時流。父は時定)

土佐守　貞隆(時房流。父は泰宗)・時元(時房流。父は時国)・宗房(時房流。父は時隆)・宗房(政村流。父は政村)・宗泰(時房流。父は宣時)

土佐介　時澄(有時流。父は兼時)

主殿権助　時房(時房流。父は時政)

【な】

中務大輔　貞顕(実泰流。父は顕時)・時如(朝時流。父は秀時)・俊時(重時流。父は国時)

中務権大輔　朝貞(朝時流。父は時基)・教時(朝時流。父は朝時)

中務少輔　時賢(朝時流。父は時基)

【ひ】

東二条院蔵人　貞顕（実泰流。父は顕時）

備前守　家政（朝時流。父は宗長）・貞資（時房流。父は時国）・定長（朝時流。父は時長）・時長（朝時流。父は朝時）・時範（重時流。父は時茂）・時治（重時流。父は義政）・朝直（時房流。父は時房）・朝房（時房流。父は朝直）・直時（時房流。父は宗直）・長頼（朝時流。父は時長）・政忠（時房流。父は時顕）・宗長（朝時流。父は長頼）

常陸介　時朝（義時流。父は時輔）

常陸大掾　政村（政村流。父は義時）

備中守　時治（重時流。父は義政）

兵衛尉　時連（時房流。父は時直）

兵庫頭　時家（朝時流。父は公時）・時最（父母は未詳）・俊兼（朝時流。父は宗朝）・長朝（朝時流。父は篤長）・春朝（朝時流。父は篤長）

兵庫助　貞直（時房流。父は時藤）・貞持（朝時流。父は頼章）・夏時（朝時流。父は宗長）・政有（有時流。父は有時）・政近（政村流。父は政頼）・幸時（時房流。父は政忠）

兵庫権助　時綱（朝時流。父は公時）

兵部権大輔　顕実（実泰流。父は顕時）

【ほ】

伯耆守　時直（父母は未詳）・宗直（時房流。父は頼直）・泰氏（時房流。父は頼房）

【み】

三河守　政公（政村流。父は政頼）・通時（朝時流。父は時相）・師頼（義時流。父は時厳）

美濃守　時綱（時房流。父は時員）・秀時（朝時流。父は篤時）

美作守　時顕（時房流。父は時景）・時家（朝時流。父は公時）

民部少輔　有時（有時流。父は義時）・公貞（朝時流。父は公時）・宗泰（時房流。父は宣時）・盛時（実泰流。父は時雄）

民部丞　時隆（時房流。父は時村）

【む】

武蔵守　貞顕（実泰流。父は顕時）・貞将（実泰流。父は貞顕）・経時（義時流。父は時氏）・時房（時房流。父は時政）・時村（政村流。父は政村）・朝直（時房流。父は時房）・長時（重時流。父は重時）・宣時（時房流。父は朝直）・久時（重時流。父は義宗）・熙時（政村流。父は為時）・宗政（義時流。父は時頼）・守時（重時流。父は久時）・泰時（義時流。父は義時）・義政（重時流。父は重時）

武蔵権守　時広（時房流。父は時村）

陸奥守　維貞（時房流。父は宗宣）・貞直（時房流。父は宗泰）・重時（重時流。父は義時）・時村（政村流。父は政村）・時茂（重時流。父は重時）・業時（重時流。父は重時）・宣時（時房流。父は朝直）・政村（政村流。父は義時）・宗宣（時房流。父は宣時）・義時（義時流。父は時政）

【も】

木工権頭　朝直（時房流。父は時房）

木工助　時尚（義時流。父は義時）

【(不明)】

□□大進　親房（時房流。父は時親）

鎌倉北条氏関連論文目録（一八八九〜二〇一九年）

例言

一、鎌倉北条氏に関する論文目録は、従来、奥富敬之著『鎌倉北條氏の基礎的研究』（吉川弘文館：一九八〇年十一月）の巻末に附録として掲載された「得宗関係論文一覧」（以下「奥富目録」と表記する）が知られていたが、前稿「北条氏関連論文目録」（北条氏研究会編『北条氏系譜人名辞典』、新人物往来社：二〇〇一年六月）では奥富目録を継承し、『史学雑誌』巻末の文献目録や久保田和彦が作成中の論文目録データベース（約八〇〇〇件）などを基礎として、鎌倉北条氏に関する論文目録（九〇七件）を作成した。

二、この度、『鎌倉北条氏人名辞典』を刊行することとなり、前目録に久保田作成中の論文目録データベース（二〇一九年七月末現在、約二万七二四〇件）の中から、鎌倉北条氏に関する論文を追加し、改めて「鎌倉北条氏関連論文目録（一八八九〜二〇一九年）」（一六二二件）を作成した。

三、前稿は、論文および編著を収録したが、本目録は論文に限定している。

四、本目録は、原則として執筆者の五十音順に配列し、同じ執筆者の著作は発表年月日順とした。

五、各論文の出典は、初出の論文集名・雑誌名（号数）を掲載し、再録の編著書などの情報もできる限り記載した。

六、論文副題・発行年月日は、できる限り原典を参照したが、すべてに目を通すことはできなかった。

七、発行年月日は、西暦と月を表記した。

八、本目録は、久保田和彦が作成した。

相田二郎「異国警固番役の研究」（『歴史地理』58-1・3・5、一九三一年）
相田二郎「蒙古襲来合戦の恩賞について」（『国史学』29、一九三六年）
相田二郎「鎌倉時代に於ける武家古文書の筆蹟（下）」（『史学雑誌』55-3、一九四四年三月）
青木孝「吾妻鏡の成立に関する一試論――夢想告・託宣の記事をめぐって――」（『青山学院女子短期大学紀要』22、一九六八年）
青木文彦「「関東御分国」再考」（『埼玉地方史』28、一九九一年九月）
青木文彦「鎌倉幕府と東国寺社――下総国一宮香取社造営を中心に――」（『埼玉地方史』32、一九九四年六月）
青山幹哉「鎌倉幕府将軍権力試論――将軍九条頼経～宗尊親王期を中心として――」（『年報中世史研究』8、一九八三年六月）
青山幹哉「王朝官職からみる鎌倉幕府の秩序」（『年報中世史研究』10、一九八五年五月）
青山幹哉「「御恩」授給文書様式にみる鎌倉幕府権力――下文と下知状――」（『古文書研究』25、一九八六年五月）
青山幹哉「鎌倉幕府の「御恩」と「奉公」」（『信濃』39-11、一九八七年十一月）
青山幹哉「鎌倉将軍の三つの姓」（『年報中世史研究』13、一九八八年五月）
青山幹哉「中世系図学構築の試み」（『名古屋大学文学部研究論集』史学39、一九九三年三月）
青山幹哉「「公方」論について」（『名古屋大学文学部研究論集』史学41、一九九五年三月）
青山幹哉「中世武士における官職の受容――武士の適応と官職の変質――」（『日本歴史』577、一九九六年六月）
赤澤春彦「陰陽師と鎌倉幕府」（『日本史研究』496、二〇〇三年十二月）
赤澤春彦「鎌倉陰陽師惟宗文元と奉行人皆吉氏」（『中央史学』27、二〇〇四年三月）
赤澤春彦「「関東御医師」考――鎌倉幕府に仕えた医師の基礎的考察――」（『中央史学』29、二〇〇六年三月）
赤澤春彦「紀伊国阿弖河荘に残された二通の訴状正文――鎌倉期における訴状正文の機能に関する一考察――」（『古文書研究』63、二〇〇七年六月）
赤澤春彦「鎌倉期の官人陰陽師」（『鎌倉遺文研究』21、二〇〇八年四月）
赤澤春彦「鎌倉後期～末期の鎌倉陰陽師――『吾妻鏡』以降の鎌倉陰陽師――」（阿部猛編『中世政治史の研究』、二〇一〇年九月）
赤澤春彦「鎌倉幕府における神事・仏事と将軍権力」（遠藤基郎編『年中行事・神事・仏事』生活と文化の歴史学2、二〇一三年三月）
赤澤春彦「陰陽道・陰陽師をめぐる研究の新展開」（『歴史評論』776、二〇一四年十二月）
赤澤春彦「中世都市鎌倉の災害と疾病」（安田政彦編『自然災害と疾病』生活と文化の歴史学8、二〇一七年三月）
吾妻鏡研究会「建暦三年「和田の乱」の一考察――北條執権制の成立をめぐって――」（『史友』53、一九六五年）
赤根正晃「北条時宗・参考文献」（佐藤和彦・樋口州男編『北条時宗のすべて』、二〇〇〇年十二月）
赤羽洋輔「元久二年「畠山重忠の乱」についての一考察――北

条時政失脚の原因をめぐって――」（『武蔵野』81-2、二〇〇五年六月）
秋元信英「土岐一族の抬頭」（『国史学』75、一九六七年十月）
秋山謙蔵「吾妻鏡の歴史性」（『古典研究』1-3、一九三六年）
秋山哲雄「都市鎌倉における北条氏の邸宅と寺院」（『史学雑誌』106-9、一九九七年九月）
秋山哲雄「鎌倉中心部の形成とその構造――都市鎌倉における若宮大路の意味――」（『都市研究の方法』中世都市研究6、一九九九年九月）
秋山哲雄「鎌倉期の若狭国守護と「若狭国守護職代々系図」」（『遙かなる中世』18、二〇〇〇年三月）
秋山哲雄「北条氏一門と得宗政権」（『日本史研究』458、二〇〇〇年十月）
秋山哲雄「鎌倉期の長門国守護と「長門国守護職次第」」（『東京大学史料編纂所研究紀要』15、二〇〇五年三月）
秋山哲雄「都市鎌倉の東国御家人」（『ヒストリア』195、二〇〇五年六月）
秋山哲雄「移動する武士たち――田舎・京都・鎌倉――」（『国士舘史学』12、二〇〇八年三月）
秋山哲雄「御家人制研究の現状と課題」（北条氏研究会編『北条時宗の時代』、二〇〇八年五月）
秋山哲雄「鎌倉幕府の地方制度」（北条氏研究会編『北条時宗の時代』、二〇〇八年五月）
秋山哲雄「鎌倉と鎌倉幕府」（『歴史学研究』859、二〇〇九年十月）
秋山哲雄「都市鎌倉」（高橋慎一朗編『鎌倉の世界』史跡で読む日本の歴史6、二〇一〇年一月）
秋山哲雄「都市鎌倉における永福寺の歴史的性格」（阿部猛編『中世政治史の研究』、二〇一〇年九月）
秋山哲雄「鎌倉幕府裁判の断片」（『日本歴史』755、二〇一一年四月）
秋山哲雄「成立期鎌倉のかたち――鎌倉の道・館・寺――」（『都市のかたち――権力と領域――』中世都市研究16、二〇一一年九月）
秋山哲雄「都市鎌倉研究の現在」（『歴史評論』752、二〇一二年十二月）
秋山哲雄「北条政子の居所とその政治的立場」（『中世政治社会論叢』東京大学日本史学研究室紀要別冊、二〇一三年三月）
秋山哲雄「都市史からみた鎌倉研究の現状と未来」（中世都市研究会『鎌倉研究の未来』中世都市研究、二〇一四年八月）
芦田正次郎「源平闘諍録にみる畠山重忠――武蔵国豊島郡滝野川で頼朝に参陣――」（『武蔵野』81-2、二〇〇五年六月）
阿蘇品保夫「阿蘇社領（ワタリ歩く荘園）」（『月刊歴史』34、一九七一年七月）
安達直哉「中世前期の神官領主の存在形態――筑前国宗像氏の在地支配を中心に――」（『西南地域史研究』2、一九七八年十一月）
阿部猛「鎌倉幕府の荘園対策――地頭職保護を廻って――」（『日本歴史』132、一九五九年六月）
阿部哲人「鎌倉後期の徳政と香取社」（羽下徳彦編『中世の地域と宗教』、二〇〇五年一月）
阿部征寛「関東御免津軽船事件と越中放生津」（『不冷座』1、一九八六年二月）、再録『中世関東の武士団と信仰』一九九〇年四月
阿部征寛「鎌倉時代――武家政権の黎明――」（『大和市史』通史編、原始・古代・中世』第2編第1章1、一九八九年三

月）
阿部洋輔「奥山庄波月条絵図考」（『新潟史学』1、一九六八年十一月）
阿部隆一「北条実時の修学の精神」（『金沢文庫研究』147、一九六八年六月）
天野文雄「鎌倉末期の田楽界と相模入道高時――東大寺文書の田楽関係資料をめぐって――」（『芸能史研究』168、二〇〇五年一月）
網野善彦「元寇前後の社会情勢について」（『歴史学研究』231、一九五九年七月）、再録『悪党と海賊』一九九五年五月
網野善彦「若狭国太良庄における惣百姓について」（『史学雑誌』68-10、一九五九年十月）
網野善彦「十三世紀後半の転換期をめぐって――佐藤・黒田・大山氏らの論稿によせて――」（『歴史学研究』269、一九六二年十月）、再録『中世東寺と東寺領荘園』一九七八年十一月
網野善彦「鎌倉末・南北朝期の評価について」（『日本史研究』64、一九六三年一月）、再録『中世東寺と東寺領荘園』一九七八年十一月
網野善彦「常陸国南郡惣地頭職の成立と展開」（『茨城県史研究』11、一九六八年七月）、再録『日本中世土地制度の研究』一九九一年三月
網野善彦「楠木正成に関する一、二の問題」（『日本歴史』264、一九七〇年五月）、再録『悪党と海賊』一九九五年五月
網野善彦「鎌倉末期の諸矛盾」（『講座日本史』3、一九七〇年七月）、再録『悪党と海賊』一九九五年五月
網野善彦「「関東公方御教書」について」（『信濃』24-1、一九七二年一月）、再録『悪党と海賊』一九九五年五月
網野善彦「常陸国における荘園・公領と諸勢力の消長（上）」（『茨城県史研究』23、一九七二年六月）、再録『日本中世土地制度の研究』一九九一年三月
網野善彦「常陸国における荘園・公領と諸勢力の消長（下）」（『茨城県史研究』24、一九七二年十一月）、再録『日本中世土地制度の研究』一九九一年三月
網野善彦「鎌倉幕府の海賊禁圧について――鎌倉末期の海上警固を中心に――」（『日本歴史』299、一九七三年四月）、再録『悪党と海賊』一九九五年五月
網野善彦「鎌倉の「地」と地奉行について」（『三浦古文化』19、一九七六年五月）、再録『日本中世都市の世界』一九九六年一月
網野善彦「尾張国の荘園公領と地頭御家人」（御家人制研究会編『御家人制の研究』、一九八一年七月）、再録『日本中世土地制度の研究』一九九一年三月
網野善彦「鎌倉時代の常陸・北下総」（『茨城県史』中世、一九八六年三月）
網野善彦「金沢氏・称名寺と海上交通」（『三浦古文化』44、一九八八年十一月）
網野善彦「甲斐国の荘園・公領と地頭・御家人」（『国立歴史民俗博物館研究報告』25、一九九〇年三月）
網野善彦「転換期としての鎌倉末・南北朝期」（『日本中世史を見直す』、一九九四年二月）
綾仁重次「鎌倉幕府と寺社――関東御祈祷所をめぐって――」（『国史談話会雑誌』20、一九七九年三月）
綾村宏「篝屋について」（『京都市史編さん通信』24、一九七一年五月）
新井孝重「宗像氏の五月会神事と郡内支配――国家研究とイデオロギー論のために――」（『民衆史研究会会報』8、一九七

六年十一月）

新井孝重「宗像氏の五月会神事と郡内支配（続）――国家研究とイデオロギー論のために――」（『民衆史研究会会報』9、一九七七年五月）

新井孝重「「世界史」に接触した中世の日本列島――モンゴル戦争論のこころみ――」（『独協経済』81、二〇〇六年二月）

新井孝重「元弘以前の楠木正成」（『獨協経済』90、二〇一一年三月）

新井孝重「元弘3年京都合戦の社会史的意味――赤松・足利の軍事行動を中心に――」（『獨協経済』92、二〇一三年三月）

新井信子「北条時宗と女性たち」（佐藤和彦・樋口州男編『北条時宗のすべて』、二〇〇〇年十二月）

荒井和佳「北条氏の婚姻関係について」（『橘史学』8、一九九三年九月）

荒川秀俊「文永の役の終りを告げたのは台風ではない」（『日本歴史』120、一九五八年六月）

荒川秀俊「文永の役の終末について諸家の批判に答う」（『日本歴史』145、一九六〇年七月）

荒川秀俊「文永の役に蒙古軍はロケットを利用したか？」（『日本歴史』148、一九六〇年十月）

荒木和憲「文永七年二月日付大宰府守護所牒の復元――日本・高麗外交文書論の一齣――」（『年報大宰府学』2、二〇〇八年三月）

イーサン・セーガル「蒙古襲来と中世的アイデンティティー」（『史友』33、二〇〇一年三月）

飯田久雄「「右大将家之例」の形成過程――鎌倉幕府支配原理の一齣――」（『史学研究』49、一九五二年十二月）

飯田久雄「鎌倉時代における朝幕関係」（『歴史教育』11-6、一九六三年六月）

飯沼賢司「関東公事考」（『古文書研究』26、一九八六年十二月）

池谷初恵「伊豆における北条氏の館跡について」（『金沢文庫研究』321、二〇〇八年十月）

池谷初恵「考古学からみた鎌倉北条氏――伊豆から鎌倉への足跡――」（『京都女子大学宗教・文化研究所紀要』25、二〇一二年三月）

池田瞳「北条時宗・金沢実時期の小侍所――『吾妻鏡』を素材として――」（阿部猛編『中世政治史の研究』、二〇一〇年九月）

石井清文「中世武家家訓にあらわれたる倫理思想――北条重時家訓の研究――（Ⅰ）」（『政治経済史学』108、一九七五年五月）

石井清文「中世武家家訓にあらわれたる倫理思想――北条重時家訓の研究――（Ⅱ）」（『政治経済史学』109、一九七五年六月）

石井清文「執権北条長時と六波羅探題北条時茂――鎌倉中期幕政史上における極楽寺殿重時入道一統の政治責任――」（『政治経済史学』112、一九七五年九月）

石井清文「中世武家家訓にあらわれたる倫理思想――北条重時家訓の研究――（Ⅲ）」（『政治経済史学』119、一九七六年四月）

石井清文「建治三年における鎌倉幕府連署武蔵守北条義政の出家遁世事情――極楽寺流塩田氏の消長について――」（『政治経済史学』146、一九七八年七月）

石井清文「北条貞時政権期に於ける評定の様相――『永仁三年記』の表示的観察を手掛りにして――」（『政治経済史学』

222、一九八五年一月）
石井清文「北條重時と三浦寶治合戦（Ⅰ）」（『政治経済史学』232、一九八五年九月）
石井清文「弘長三年三浦騒動と鎌倉政界――北条重時死歿直前の政情――」（『政治経済史学』290、一九九〇年六月）
石井清文「北條重時と三浦寶治合戦（Ⅱ）」（『政治経済史学』298、一九九一年二月）
石井清文「最明寺時頼入道の卒去と宗尊将軍上洛計画の頓挫（Ⅰ）」（『政治経済史学』300、一九九一年六月）
石井清文「最明寺時頼入道の卒去と宗尊将軍上洛計画の頓挫（Ⅱ）」（『政治経済史学』326、一九九三年八月）
石井清文「小侍所別当北条重時の六波羅探題就任事情」（『政治経済史学』339、一九九四年九月）
石井清文「藤原頼経将軍暦仁元年上洛の意義」（『政治経済史学』344、一九九五年二月）
石井清文「寛喜元年、尊性法親王の天台座主辞任と六波羅探題北条時氏」（『政治経済史学』366、一九九六年十二月）
石井清文「北条泰時時房政権の成立（Ⅰ）」（『政治経済史学』370、一九九七年四月）
石井清文「北条泰時時房政権の成立（Ⅱ）」（『政治経済史学』377、一九九八年一月）
石井清文「北条義時政権と若君三寅――「伊賀氏陰謀事件」の前提と帰結――（Ⅰ）」（『政治経済史学』383、一九九八年七月）
石井清文「北条義時政権と若君三寅――「伊賀氏陰謀事件」の前提と帰結――（Ⅱ）」（『政治経済史学』387、一九九八年十一月）
石井清文「北条経時執権期の政治バランス――「連署」不置の事情――（Ⅰ）」（『政治経済史学』391、一九九九年三月）
石井清文「北条経時執権期の政治バランス――「連署」不置の事情――（Ⅱ）」（『政治経済史学』398、一九九九年十月）
石井清文「北条経時執権期の政治バランス――「連署」不置の事情――（Ⅲ）」（『政治経済史学』400、一九九九年十二月）
石井清文「北条泰時時房政権期に於ける三浦氏――安貞2年、藤原頼経将軍の田村山荘渡御をめぐって――」（『政治経済史学』411、二〇〇〇年十一月）
石井清文「建久四年の御狩連続と弓箭二十二人衆（Ⅰ）」（『政治経済史学』500、二〇〇八年四月）
石井清文「建保五年、大江広元の陸奥守辞任事情」（『政治経済史学』557、二〇一三年五月）
石井清文「『関東御教書』等にみる北条時宗の執権就任時期について」（『政治経済史学』574、二〇一四年十月）
石井清文「建長元年、連署北条重時陸奥守遷任の意義――執権時頼への相模守委譲と連帯の強化――」（『政治経済史学』580、二〇一五年四月）
石井清文「正月垸飯儀礼の成立前夜――『吾妻鏡』建久元年条の検討を中心に――」（『政治経済史学』608、二〇一七年八月）
石井進「14世紀初頭における在地領主法の一形態――「正和2年宗像社事書条――」おぼえがき――（一）」（『中世の窓』1、一九五九年六月）、再録『日本中世国家史の研究』一九七〇年三月
石井進「14世紀初頭における在地領主法の一形態――「正和2年宗像社事書条――」おぼえがき――（二）」（『中世の窓』2、一九五九年八月）、再録『日本中世国家史の研究』一九七〇年三月

石井進「14世紀初頭における在地領主法の一形態――「正和2年宗像社事書条」――おぼえがき――（三）」（『中世の窓』3、一九五九年十一月）、再録『日本中世国家史の研究』一九七〇年三月

石井進「吾妻鏡の欠巻と弘長二年の政治的陰謀（？）」（『中世の窓』8、一九六一年四月）、再録『鎌倉武士の実像』一九八七年六月

石井進「いわゆる「文治の勅許」について――文治地頭に関する史料――（上）」（『日本歴史』158、一九六一年八月）

石井進「鎌倉幕府論」（『岩波講座日本歴史』五中世1、一九六二年十二月）

石井進「金沢文庫古文書にあらわれた鎌倉幕府下の武蔵国衙」（『金沢文庫研究』111、一九六五年四月）

石井進「鎌倉時代「守護領」研究序説」（宝月圭吾先生還暦記念会編『日本社会経済史研究』古代・中世編、一九六七年十月）、再録『日本中世国家史の研究』一九七〇年三月

石井進「「文治守護地頭」試論」（『史学雑誌』77-3、一九六八年三月）

石井進「金沢文庫と『吾妻鏡』をめぐって」（『国民の歴史』月報8、一九六八年七月）、再録『鎌倉武士の実像』一九八七年六月

石井進「九州諸国における北条氏所領の研究」（竹内理三先生還暦記念会編『荘園制と武家社会』、一九六九年六月）

石井進「鎌倉時代の常陸国における北条氏所領の研究」（『茨城県史研究』15、一九六九年十二月）

石井進「谷殿永忍考」（『金沢文庫研究』170、一九七〇年六月）

石井進「「竹崎季長絵詞」の成立」（『日本歴史』273、一九七一年二月）、再録『中世史を考える』一九九一年六月

石井進「竹崎季長絵詞」（『中世政治社会思想』日本思想体系21、一九七二年十二月）

石井進「霜月騒動おぼえがき」（『神奈川県史だより』4、一九七三年三月）、再録『鎌倉武士の実像』一九八七年六月

石井進「中世都市鎌倉と若宮大路」（『神道大系』月報8、一九七九年八月）

石井進「中世都市鎌倉研究のために――大三輪龍彦氏の近業によせて――」（『三浦古文化』26、一九七九年十一月）

石井進「鎌倉幕府の成立――武家政権の成立――」（『神奈川県史』通史編、原始・古代・中世」第3編中世第1章第1節、一九八一年三月）、再録『鎌倉武士の実像』一九八七年六月

石井進「都市鎌倉における「地獄」の風景」（御家人制研究会編『御家人制の研究』、一九八一年七月）

石井進「鎌倉の罪と罰――中世の罪と罰（5）――」（『ＵＰ』106、一九八一年八月）

石井進「関東御領研究ノート」（『金沢文庫研究』267、一九八一年九月）

石井進「鎌倉に入る道・鎌倉のなかの道――日本中世の都市と「道」――」（ポーラ文化研究所『ｉｓ』14、一九八一年九月）、再録『鎌倉武士の実像』一九八七年六月

石井進「中世都市としての鎌倉」（『新編日本史研究入門』、一九八二年三月）

石井進「関東御領覚え書」（『神奈川県史研究』50、一九八三年三月）

石井進「鎌倉から出土した最初の木簡」（『日本歴史』449、一九八五年十月）

石井進「中世の六浦」（『神奈川地域史研究』3・4合併号、一九八六年六月）

石井進「中世六浦の歴史」（『三浦古文化』40、一九八六年十一月）

石井進「「蒙古襲来絵詞」と竹崎季長」（『鎌倉武士の実像』、一九八七年六月）

石井進「よみがえる中世都市鎌倉」（『神奈川・高校・社会科・歴史分科会研究報告』18、一九九〇年五月）、再録『中世史を考える』一九九一年六月

石井進「相模国」（『東北・関東・東海地方の荘園』講座日本荘園史5、一九九〇年五月）

石井進「曽我物語の歴史的背景」（『静岡県史研究』7、一九九一年三月）

石井進「12―13世紀の日本――古代から中世へ――」（『岩波講座日本通史』七中世1、一九九三年十一月）

石井進「中世の古文書を読む――建治元年六条八幡宮造営注文の語るもの――」（国立歴史民俗博物館編『新しい史料学を求めて』、一九九七年三月）

石井進「「北条時宗の時代」と東信濃」（『千曲』109、二〇〇一年五月）

石井利雄「北条重時家訓試考」（『日本歴史』322、一九七五年三月）

石井正敏「文永八年来日の高麗使について――三別抄の日本通交史料の紹介――」（『東京大学史料編纂所報』12、一九七八年三月）

石井正敏「文永八年の三別抄牒状について」（『中央大学文学部紀要』史学56、二〇一一年三月）

石井正敏「至元三年・同十二年の日本国王宛クビライ国書について――『経世大典』日本条の検討――」（『中央大学文学部紀要』史学59、二〇一四年三月）

石井良助「鎌倉幕府職制二題」（『国家学会雑誌』45-6、一九三二年）、再録『大化改新と鎌倉幕府の成立』一九七二年十月

石井良助「鎌倉幕府政所設置の年代」（『国家学会雑誌』51-6、一九三七年）、再録『大化改新と鎌倉幕府の成立』一九七二年十月

石井良助「鎌倉時代の裁判管轄（一）――主として武家裁判所の管轄――」（『法学協会雑誌』57-9・10、一九三九年）

石井良助「鎌倉時代の裁判管轄（二・完）――主として武家裁判所の管轄――」（『法学協会雑誌』57-10、一九三九年十月）

石井良助「大犯三箇條――鎌倉時代の守護の権限の研究――」（『法学協会雑誌』69-1、一九五一年）、再録『大化改新と鎌倉幕府の成立』一九七二年十月

石井良助「東国と西国――鎌倉時代における――」（『国家学会雑誌』66-1・2・3合併号、一九五二年）、再録『大化改新と鎌倉幕府の成立』一九七二年十月

石井良助「東国と西国――上代および上世における――」（『法制史研究』1、一九五二年）、再録『大化改新と鎌倉幕府の成立』一九七二年十月

石井良助「鎌倉幕府成立期の二つの問題――文治地頭職と幕府裁判権――」（『法制史研究』17、一九六七年）、再録『大化改新と鎌倉幕府の成立』一九七二年十月

石井良助「吾妻鏡文治三年九月十三日条所載のいわゆる北条時政奉書について――石井進氏の批判にこたえて――」（『国家学会雑誌』84-7・8合併号、一九七一年十月）、再録『大化改新と鎌倉幕府の成立』一九七二年十月

石井良助「鎌倉幕府の成立――文治の守護と地頭について――」（『大化改新と鎌倉幕府の成立』、一九七二年十月）

石川晶康「鎌倉幕府法に於ける「一倍弁償」規定」(『日本歴史』323、一九七五年四月)
石川晶康「鎌倉幕府法に於ける制裁の区分」(『国学院雑誌』77-10、一九七六年十月)
石川晶康「鎌倉幕府検断法における「預」について」(『国史学』91、一九七三年十月)
石毛忠「北条執権の政治思想」(石田良一編『日本精神史』、一九八八年三月)
石関真弓「得宗と北条氏一門――得宗専制政治の再検討のために――」(『神戸大学史学年報』9、一九九四年五月)
石田秀人「民心収攬の政治家北條泰時」(『時局』17-141、一九四八年)
石田博「北条時頼と光泉寺切」(『国学院雑誌』84-12、一九八三年十二月)
石野弥栄「河野氏と北条氏――いわゆる元久2年閏7月日関東下知状の再検討――」(『日本歴史』499、一九八九年十二月)
石丸熙「中世鎌倉の一側面――初期の都市防備体制を見る――」(『三浦古文化』23、一九七八年五月)
石丸熙「鎌倉七口(切通)について」(『東海史学』16、一九八二年三月)
石丸熙「「鎌倉城」考――『玉葉』寿永2年11月2日条をめぐって――」(『東海史学』29、一九九五年三月)
石丸熙「群議・沙汰・評定――鎌倉幕府における合議制の起源――」(『東海大学文学部紀要』68、一九九八年二月)
石丸熙「鎌倉武士と京都――三浦一族の場合――」(大隅和雄編『文化史の諸相』、二〇〇三年二月)
石光真臣「時難にして時宗公を憶ふ」(『国学院雑誌』37-7、一九三一年七月)
石母田正「鎌倉幕府一国地頭職の成立――鎌倉幕府成立史の一節――」(石母田正・佐藤進一編『中世の法と国家』、一九六〇年三月)
石渡隆之「宝治の乱の余塵」(『三浦半島の文化』7、一九九七年十月)
泉谷康夫「守護・地頭制度成立に関する覚書」(『昭和58・59年度科学研究費補助金研究成果報告書』、一九八四年十一月)
泉谷康夫「守護・地頭制度成立に関する覚書(補遺)」(『昭和58・59年度科学研究費補助金研究成果報告書』、一九八五年二月)
磯貝富士男「寛喜の飢饉と貞永式目の成立」(『日本史の研究』102、歴史と地理277、一九七八年九月)
磯貝富士男「円覚寺所蔵尾張国富田荘絵図の成立事情」(『大東文化大学紀要』人文科学42、二〇〇四年三月)
磯川いづみ「北条氏庶家名越氏と宮騒動」(『鎌倉』86、一九九八年六月)
磯川いづみ「改名について――北条氏の場合――」(『葛飾区郷土と天文の博物館研究紀要』8、二〇〇一年三月)
磯川いづみ「二月騒動の史料再考」(『段かづら』3・4合併号、二〇〇四年三月)
磯川いづみ「北条時章・教時について」(北条氏研究会編『北条時宗の時代』、二〇〇八年五月)
磯川いづみ「佐原氏と三浦介家」(北条氏研究会編『北条時宗の時代』、二〇〇八年五月)
市川浩史「吾妻鏡における北条時頼像について――「二美を兼ねて全き」こと――」(『群馬県立女子大学紀要』9、一九八九年三月)
市川浩史「北条重時「家訓」の一考察」(『群馬県立女子大学紀

要』10、一九九〇年三月）
市川浩史「渡来禅僧における北条時頼像」（『群馬県立女子大学紀要』22、二〇〇一年二月）
市川浩史「「善政」の系譜――「撫民」に即して――」（中尾堯編『鎌倉仏教の思想と文化』、二〇〇二年二月）
市村高男「金沢・安達氏と下総結城・山川氏」（『六浦文化研究』6、一九九六年三月）
市村高男「鎌倉末期の下総山川氏と得宗権力――二つの長勝寺梵鐘が結ぶ関東と津軽の歴史――」（『弘前大学国史研究』100、一九九六年三月）
伊藤一美「円覚寺黄梅院相模国小坪郷小考――康安二年四月十九日小坪分帳注文について――」（『神奈川地域史研究』8、一九八九年五月）
伊藤一美「鎌倉御家人梶原景時の立場」（『金沢文庫研究』288、一九九二年三月）
伊藤一美「都市鎌倉の比較史研究（鎌倉期）」（『郷土神奈川』31、一九九二年十二月）
伊藤一美「鎌倉の内湊町「飯島」と「和賀江津」――都市鎌倉の湊機能と材木座との若干の関係について――」（田中喜男編『歴史の中の都市と村落社会』、一九九四年十一月）
伊藤一美「和田義盛小考」（『三浦半島の文化』5、一九九五年九月）
伊藤一美「三浦義澄小考」（『鎌倉』81、一九九六年五月）
伊藤一美「三浦義村小考（1）――その登場と幕府職制上の義村――」（『三浦一族研究』1、一九九七年五月）
伊藤一美「中世都市鎌倉における「名所」と「遊山」」（『地方史研究』274、一九九八年八月）
伊藤一美「御家人梶原景時の実像」（『寒川町史研究』13、二〇〇〇年三月）
伊藤一美「弘安四年四月「異国降伏祈祷記」の歴史的意義」（『鎌倉』91、二〇〇〇年十二月）
伊藤一美「北条時宗の異国降伏祈祷について」（『神奈川地域史研究』20、二〇〇二年三月）
伊藤一美「鎌倉における親玄僧正の歴史的位置」（『鎌倉』97、二〇〇三年十二月）
伊藤一美「「北条貞時十三年忌供養」における回向仏事経営の一考察」（阿部猛編『中世政治史の研究』、二〇一〇年九月）
伊藤一美「野津本「北条系図・大友系図」の書写場所と鎌倉亀谷郷雪下屋形」（『鎌倉』111、二〇一一年七月）
伊東一美「和田義盛の生き方」（『三浦半島の文化』26、二〇一六年十月）
伊藤一義「鎌倉幕府裁許状の研究覚書」（羽下徳彦編『北日本中世史の総合的研究』東北大学文学部、一九八八年三月）
伊藤清郎「鎌倉幕府の御家人統制と鶴岡八幡宮」（豊田・石井退官記念号『国史談話会雑誌』、一九七三年二月）
伊藤邦彦「鎌倉幕府の性格に関する一、二の問題――一宮修造と一国平均役催徴の形態をめぐって――」（『東京都立工業高等専門学校研究報告』10、一九七五年）
伊藤邦彦「比企能員と初期鎌倉幕府」（『鎌倉』73、一九九三年九月）
伊藤邦彦「弘安六年十二月の幕府「異国降伏」祈祷指令をめぐって」（『鎌倉遺文研究』3、一九九九年四月）
伊藤邦彦「鎌倉時代の小串氏について」（『日本歴史』625、二〇〇〇年六月）
伊藤邦彦「鎌倉幕府「異国降伏」祈祷と一宮――守護制度との関係を中心に――」（一宮研究会編『中世一宮制の歴史的展

開・総合研究編』下、二〇〇四年十二月）

伊藤正義「鎌倉・大倉幕府から宇都宮辻子幕府へ――御所の破却と政権の再生――」（安田元久代表、『吾妻鏡』の総合的研究』、科研費報告書、一九九二年三月）

伊藤正義「武家の都・鎌倉を護る龍神II――蒙古襲来の恐怖――」（『鶴見大学文化財学雑誌』5、二〇〇九年三月）

伊藤正義「鎌倉を護る高僧と龍神」（『日本歴史』752、二〇一一年一月）

伊藤正義「鎌倉由井の市庭――鎌倉の都市創世記――」（『都市的な場』中世都市研究17、二〇一二年九月）

伊藤正義「鎌倉和賀江嶋論ノート――関東徳政・飢饉・式目――」（『文化財学雑誌』10、二〇一四年三月）

糸賀茂男「忍性が開いた寺――三村寺――」（網野善彦・石井進編『都市鎌倉と板東の海に暮らす』中世の風景を読む2、一九九四年十二月）

稲垣泰彦「春近領について」（一志茂樹先生喜寿記念会編『一志茂樹博士喜寿記念論集』、一九七一年六月）、再録『日本中世社会史論』一九八一年七月

稲葉伸道「中世の訴訟と裁判――鎌倉後期の雑訴興行と越訴――」（『裁判と規範』日本の社会史5、一九八七年五月）

稲葉伸道「鎌倉幕府裁判制度覚書（一）――六波羅探題の裁判管轄について――」（『年報中世史研究』15、一九九〇年五月）

稲葉伸道「鎌倉後期の「国衙興行」・「国衙勘落」――王朝と幕府の国衙興行政策――」（『名古屋大学文学部研究論集』史学37、一九九一年三月）

稲葉伸道「鎌倉幕府の寺社政策に関する覚書」（『名古屋大学文学部研究論集』史学45、一九九九年三月）

稲葉伸道「中世の国家と寺社――王朝と幕府の寺社政策――」（『年報中世史研究』28、二〇〇三年五月）

稲葉伸道「鎌倉後期の幕府寺社裁判制度について」（『名古屋大学文学部研究論集』史学57、二〇一一年三月）

稲村坦元「武蔵武士と北條時政」（『埼玉史談』7-4、一九六一年）

稲本紀昭「伊勢国における北条氏一門領」（『三重大学ふびと』38、一九八一年一月）

稲吉昭彦「肥後国野原荘関係新出史料の紹介――弘長二年六波羅施行状と野原荘下地中分――」（『鎌倉遺文研究』27、二〇一一年四月）

乾克己「宴曲と蒙古襲来――東国の軍神との関連を中心として――」（『金沢文庫研究』173、一九七〇年九月）

井上恵美子「北條得宗家の御内人について――尾藤氏の場合――」（『白山史学』26、一九九〇年四月）

井上聡「神領興行法と在地構造の転換」（佐藤信・五味文彦編『土地と在地の世界をさぐる』、一九九六年十月）

井上聡「吾妻鏡」（皆川完一・山本信吉編『国史大系書目解題』下巻、二〇〇一年十一月）

井上聡「御家人と荘園公領制」（五味文彦編『京・鎌倉の王権』日本の時代史8、二〇〇三年一月）

井上聡「神領興行法再考」（『中世政治社会論叢』東京大学日本史学研究室紀要別冊、二〇一三年三月）

井上寛司「紀伊国隅田党の形成過程」（『ヒストリア』64、一九七三年八月）

井上満郎「六波羅探題」（京都市編『中世の明暗』京都の歴史2、一九七一年五月）

井原今朝男「信濃国伴野荘の交通と商業――長野県史荘園遺構

調査報告（2）――」（『信濃』35-9、一九八三年九月）

井原今朝男「市河文書の全巻複製と書誌学的研究」（『長野県立歴史館研究紀要』4、一九九八年三月）

井原今朝男「北条重時袖判奉書と訴陳状の裏花押」（『日本歴史』622、二〇〇〇年三月）

井原今朝男「公家新制の公田興行令と得宗領の公田開発――新しい地域史研究の方法をもとめて――」（『信濃』54-3、二〇〇二年三月）

今井雅晴「北条時政の信仰（上）」（『仏教史学研究』29-2、一九八六年十一月）

今井雅晴「北条政子と栄西」（『三浦古文化』41、一九八七年六月）

今井雅晴「北条時政の信仰（下）」（『仏教史学研究』30-1、一九八七年六月）

今井雅晴「北条義時と寺社および大倉薬師堂の草創（上）」（『鎌倉』62、一九九〇年一月）

今井雅晴「北条義時と寺社および大倉薬師堂の草創（下）」（『鎌倉』63、一九九〇年五月）

今井雅晴「平頼綱とその周辺の信仰」（『仏教史学研究』34-2、一九九一年十月）

今井雅晴「時房流北条氏と時宗」（大隅和雄編『鎌倉時代文化伝播の研究』、一九九三年六月）

今谷明「鎌倉・室町幕府と国郡の機構」（『権威と支配』日本の社会史3、一九八七年九月）、再録『室町時代政治史論』二〇〇〇年五月

入間田宣夫「郡地頭職と公田支配――東国における領主制研究のための一視点――」（『東北大学日本文化研究所研究報告』6、一九六八年三月）

入間田宣夫「東北地方における北条氏の所領」（『東北大学日本文化研究所研究報告』7、一九七〇年三月）、再録『北日本中世社会史論』二〇〇五年八月

入間田宣夫「金沢氏と陸奥国玉造郡地頭職」（『金沢文庫研究』167、一九七〇年三月）、再録『北日本中世社会史論』二〇〇五年八月

入間田宣夫「郡地頭職研究序説」（豊田武教授還暦記念会編『日本古代・中世史の地方的展開』、一九七三年十一月）

入間田宣夫「北条氏と摂津国多田院・多田荘」（『日本歴史』325、一九七五年六月）

入間田宣夫「鎌倉時代の国家権力」（『大系日本国家史』中世2、一九七五年十月）

入間田宣夫「延応元年五月二六日平盛綱奉書について」（『山形史学研究』13・14、一九七七年）

入間田宣夫「鎌倉幕府と奥羽両国」（小林清治・大石直正編『中世奥羽の世界』、一九七八年四月）

入間田宣夫「泰時の徳政」（『東北大学教養部紀要』37、一九八二年十二月）、再録『百姓申状と起請文の世界』一九八六年五月

入間田宣夫「松島の見仏上人と北条政子」（『東北大学教養部紀要』41-I、一九八四年十二月）

入間田宣夫「守護・地頭と領主制」（『講座日本歴史』中世1、一九八四年十二月）

入間田宣夫「撫民・公平と在地社会」（『裁判と規範』日本の社会史5、一九八七年五月）

入間田宣夫「鎌倉建長寺と藤崎護国寺と安藤氏」（小口雅史編『津軽安藤氏と北方世界』、一九九五年）、再録『北日本中世社会史論』二〇〇五年八月

入間田宣夫「北奥における荘園公領制の展開」（鎌倉遺文研究会編『鎌倉期社会と史料論』鎌倉遺文研究Ⅲ、二〇〇二年五月）、再録『北日本中世社会史論』二〇〇五年八月
岩田慎平「九条頼経上洛をめぐる政治構造――近衛兼経の宇治入りを関連させて――」（『紫苑』7、二〇〇九年三月）
岩田慎平「北条時房論――承久の乱以前を中心に――」（『古代文化』68-2、二〇一六年九月）
岩田慎平「承久の乱とそれ以後の北条時房」（野口実編『承久の乱の構造と展開』、二〇一九年四月）
岩田尚一「北条義時の大倉亭と『吾妻鏡』戌神霊験譚の原史料」（『鎌倉遺文研究』43、二〇一九年四月）
尹漢湧「引付の訴訟外機能から見た執権政治の構造」（『東京大学史料編纂所研究紀要』22、二〇一二年三月）
尹漢湧「引付制から見た北条時宗政権の権力構造」（『中世政治社会論叢』東京大学日本史学研究室紀要別冊、二〇一三年三月）
上杉和彦「鎌倉幕府法の効力について」（『歴史学研究』582、一九八八年七月）、再録『日本中世法体系成立史論』一九九六年五月
上杉和彦「鎌倉幕府と官職制度――成功制を中心に――」（『史学雑誌』99-11、一九九〇年十一月）、再録『日本中世法体系成立史論』一九九六年五月
上杉和彦「平安時代の技能官人」（山中裕・鈴木一雄編『平安貴族の環境』、一九九一年十一月）、再録『日本中世法体系成立史論』一九九六年五月
上杉和彦「訴訟当事者から見た鎌倉幕府法」（笠松宏至編『中世を考える法と訴訟』、一九九二年三月）、再録『日本中世法体系成立史論』一九九六年五月
上杉和彦「国家的収取体制と鎌倉幕府」（『歴史学研究』657、一九九四年四月）
上杉和彦「中世国家財政構造と鎌倉幕府」（『歴史学研究』690、一九九六年十月）
上杉和彦「中世土佐地域史論の諸前提――鎌倉幕府権力と土佐国の関係に関する一考察――」（十世紀研究会編『中世成立期の政治文化』、一九九九年五月）
上杉和彦「鎌倉幕府の座次に関する覚書」（『日本歴史』648、二〇〇二年五月）
上杉和彦「鎌倉幕府身分秩序の一断面――鎌倉陰陽師の座次相論をめぐって――」（増尾伸一郎・工藤健一・北條勝貴編『環境の認識』環境と心性の文化史上、二〇〇三年十一月）
上杉和彦「鎌倉幕府の政治と陰陽師――『吾妻鏡』の「北条泰時説話」を中心に――」（上杉和彦編『経世の信仰・呪術』〈生活と文化の歴史学1〉、二〇一二年五月）
上田純「摂家将軍と北条氏――鎌倉幕府政所の分析を通して――」（『史敏』4、二〇〇七年四月）
上田純一「寒巌義尹、肥後進出の背景――北條氏得宗勢力と木原・河尻氏――」（『熊本史学』57・58合併号、一九八二年十一月）
植田信廣「鎌倉幕府の裁判における「不論理非」の論理をめぐって」（『法制史研究』28、一九七九年三月）
上田敍代「鎌倉の寺院社会解明にむけて」（『寺院史研究』5、一九九六年九月）
薄井和男「大井町最明寺の北条時頼像について」（『鎌倉』81、一九九六年五月）
宇野茂樹「北條時宗公の遺跡を尋ねて」（『日本学研究』2-9、一九四二年）

上横手雅敬「六波羅探題の成立」(『ヒストリア』7、一九五三年八月)

上横手雅敬「鎌倉幕府法の限界」(『歴史学研究』177、一九五四年十一月)、再録『日本中世国家史論考』一九九四年五月

上横手雅敬「六波羅探題の構造と変質」(『ヒストリア』10、一九五四年十一月)

上横手雅敬「承久の乱の歴史的評価」(『史林』39-1、一九五六年一月)

上横手雅敬「連署制の成立」(京都大学読史会創立50周年記念会編『国史論集』、一九五九年十一月)

上横手雅敬「鎌倉幕府の六月危機説」(『第一工業製薬社報』282、一九六〇年六月)、再録『鎌倉時代——その光と影——』一九九四年五月

上横手雅敬「鎌倉幕府法の性格」(『歴史教育』8-7、一九六〇年七月)、再録『日本中世国家史論考』一九九四年五月

上横手雅敬「六波羅探題と悪党」(『金沢文庫研究』59、一九六〇年八月)

上横手雅敬「承久の乱」(『岩波講座日本歴史』五中世1、一九六二年十二月)

上横手雅敬「北条泰時」(『東京新聞』、一九六七年六月)、再録『鎌倉時代——その光と影——』一九九四年五月

上横手雅敬「執権政治の全盛」(『日本と世界の歴史』10、一九六九年九月)、再録『鎌倉時代——その光と影——』一九九四年五月

上横手雅敬「幕府と京都」(京都市編『京都の歴史』2、一九七一年五月)、再録『鎌倉時代政治史研究』一九九一年六月

上横手雅敬「承久の乱」(京都市編『京都の歴史』2、一九七一年五月)

上横手雅敬「吾妻鏡文治三年九月十三日条をめぐる諸問題」(『日本歴史』304、一九七三年九月)、再録『鎌倉時代政治史研究』一九九一年六月

上横手雅敬「北条時宗」(『平氏と源氏』人物探訪日本の歴史3、一九七四年十月)、再録『鎌倉時代——その光と影——』一九九四年五月

上横手雅敬「鎌倉幕府と公家政権」(『岩波講座日本歴史』五中世1、一九七五年六月)、再録『鎌倉時代政治史研究』一九九一年六月

上横手雅敬「弘安の神領興行令をめぐって」(横田健一先生還暦記念会編『日本文化史論叢』、一九七六年一月)、再録『鎌倉時代政治史研究』一九九一年六月

上横手雅敬「北条執権の治世」(『鎌倉の風雲』人物群像日本の歴史6、一九七七年五月)、再録『鎌倉時代——その光と影』一九九四年五月

上横手雅敬「女の争い——北条政子と藤原兼子——」(『中世日本の二人の主役』ライバル日本史2、一九七七年十一月)、再録『鎌倉時代——その光と影』一九九四年五月

上横手雅敬「六波羅の北条重時」(『日本文化季報』3-4、一九七九年五月)、再録『鎌倉時代——その光と影——』一九九四年五月

上横手雅敬「承久の乱」(安田元久編『古文書の語る日本史』3、一九九〇年一月)

榎本渉「建長寺船の派遣とその成果」(村井章介編『東アジアのなかの建長寺——宗教・政治・文化が交叉する禅の聖地』、二〇一四年十一月)

海老名尚「鎌倉の寺院社会における僧官僧位——鎌倉幕府の宗教政策解明の一視点——」(福田豊彦編『中世の社会と武

力』、一九九四年八月）
海老名尚「鎌倉幕府の御願寺政策――鎌倉幕府の宗教政策解明にむけて――」（『史流』39、二〇〇〇年三月）
海老名尚「鎌倉幕府の顕密寺院政策」（『北海道教育大学紀要』人文科学・社会科学61-2、二〇一一年二月）
江平望「得宗領薩摩国河辺郡について」（『鹿児島中世史研究会報』36、一九七六年十二月）
恵良宏「初期鎌倉幕府と宇佐八幡宮――北条時政奉関東御教書をめぐって――」（『皇学館史学』3、一九八九年十二月）
遠藤巌「東北地方における北条氏の所領」（『東北大学日本文化研究所研究報告』7、一九七〇年三月）
遠藤巌「建武政権下の陸奥国府に関する一考察」（豊田武教授還暦記念会編『日本古代・中世史の地方的展開』、一九七三年十一月）
遠藤巌「平泉惣別当譜考」（『国史談話会雑誌』17、一九七四年十二月）
遠藤巌「中世国家の東夷成敗権について」（『松前藩と松前』9、一九七六年五月）
遠藤巌「蝦夷安東氏小論」（『歴史評論』434、一九八六年六月）
大石直正「奥羽の荘園公領についての一考察――遠島・小鹿島・外が浜――」（高橋富雄編『東北古代史の研究』、一九八六年十月）
大石直正「関東御免津軽船」（『北からの日本史』2、一九九〇年七月）
大石直正「北の海の武士団・安藤氏」（網野善彦他編『日本海と北国文化』海と列島文化1、一九九〇年七月）
大内義一「新田北條両氏鎌倉攻守の評価」（『歴史地理』17-1～5、一九〇八年）
大嶽真康「北条時政考――源頼朝、北条義時・政子との関係を中心に――」（『鎌倉女子大学紀要』25、二〇一八年一月）
太田順三「「得宗被官」安東蓮聖 再考」（悪党研究会編『悪党と内乱』、二〇〇五年六月）
太田晶二郎「北條宗兼の花押と謂ふもの」（『日本歴史』133、一九五九年七月）
大三輪龍彦「浄光明寺草創期から南北朝時代にかけての世代とその教学」（『金沢文庫研究』143、一九六八年二月）
大三輪龍彦「廃多宝律寺について」（『鎌倉』17、一九六八年三月）
大三輪龍彦「尾張国内の円覚寺領について」（『学習院史学』5、一九六八年十二月）
大三輪龍彦「都市鎌倉の道と地域」（安田元久先生退任記念論集刊行委員会編『中世日本の諸相』下、一九八九年四月）
大村拓生「中世前期の首都と王権」（『日本史研究』439、一九九九年三月）
大森金五郎「北條氏の執権について」（『歴史地理』4-10、一九〇二年）
大森金五郎「平家の滅亡と鎌倉の滅亡と」（『歴史地理』17-1～5、一九〇八年）
大森金五郎「関東往還記を読む――北條時頼廻国記に及ぶ――」（『歴史地理』31-5、一九一八年）
大森金五郎「北條時政批判」（『中央史壇』2-5、一九二〇年）
大森金五郎「鎌倉幕府と北條氏」（『中央史壇』1-6、一九二〇年）
大森頼忠「鎌倉の谷と館と豪族と――藤谷氏と名越氏を中心に――」（『歴史手帖』5-2、一九七七年二月）
大山喬平「鎌倉幕府の西国御家人編成」（『歴史公論』5-3、

一九七九年三月）
大山喬平「文治の国地頭をめぐる源頼朝と北条時政の相剋」（『京都大学文学部研究紀要』21、一九八二年三月）
大山宏「得宗権力の筑前宗像社領の浸透」（『歴史手帖』19-6、一九九一年六月）
岡邦信「鎌倉幕府に於ける地方監察の使節について」（『法政研究』47-1、一九八〇年）
岡邦信「鎌倉幕府後期に於ける訴訟制度の一考察――引付廃止と「重事直聴断」をめぐって――」（『法制史研究』35、一九八六年三月）
岡邦信「引付制成立前史小考」（九州大学国史学研究室編『古代中世史論集』、一九九〇年八月）
岡邦信「鎌倉幕府法の制定過程について」（『法制史研究』48、一九九九年三月）
岡田清一「鎌倉政権下の両総――北条氏領の成立と御家人の動向――」（『国学院雑誌』74-7、一九七三年七月）、再録『鎌倉幕府と東国』二〇〇六年一月
岡田清一「御内人「尾藤氏」に就いて」（『武蔵野』52-2、一九七四年三月）、再録『鎌倉幕府と東国』二〇〇六年一月
岡田清一「武蔵国留守所惣検校職について――北条執権政治体制成立史の一齣――」（『学習院史学』11、一九七四年十二月）、再録『鎌倉幕府と東国』二〇〇六年一月
岡田清一「両総における北条氏領――補遺――」（『房総の郷土史』3、一九七五年六月）、再録『鎌倉幕府と東国』二〇〇六年一月
岡田清一「越後国と北条氏」（『国史学』114、一九八一年三月）、再録『鎌倉幕府と東国』二〇〇六年一月
岡田清一「相馬氏と鎌倉北条氏――相馬文書「南相馬村田数注文」をめぐって――」（『千葉県の歴史』27、一九八四年二月）、再録『鎌倉幕府と東国』二〇〇六年一月
岡田清一「遠江国と北条氏」（『金沢文庫研究』280、一九八八年三月）、再録『鎌倉幕府と東国』二〇〇六年一月
岡田清一「鎌倉北条氏の所領支配について」（羽下徳彦編『北日本中世史の総合的研究』東北大学文学部、一九八八年三月）
岡田清一「鎌倉幕府と伊豆走湯山」（『鎌倉』59、一九八九年一月）、再録『鎌倉幕府と東国』二〇〇六年一月
岡田清一「執権制の確立と建保合戦」（安田元久先生退任記念論集刊行委員会編『中世日本の諸相』下、一九八九年四月）、再録『鎌倉幕府と東国』二〇〇六年一月
岡田清一「元弘・建武期の津軽大乱と曽我氏」（羽下徳彦編『北日本中世史の研究』、一九九〇年二月）、再録『鎌倉幕府と東国』二〇〇六年一月
岡田清一「鎌倉北条氏と出羽国寒河江庄」（安田元久代表『吾妻鏡』の総合的研究』、科研費報告書、一九九二年三月）
岡田清一「出羽国と鎌倉幕府・鎌倉北条氏」（『西村山地方史の研究』15、一九九七年）
岡田清一「御家人役の一様態」（安田元久編『吾妻鏡人名総覧』、一九九八年二月）、再録『鎌倉幕府と東国』二〇〇六年一月
岡田清一「東遷・北遷する相模武士団――奥羽そして北陸へ――」（関幸彦編『相模武士団』、二〇一七年九月）
岡田威夫「金沢文庫の古書「陬波御記文」について――御射山祭新資料――」（『金沢文庫研究』138、一九六七年八月）
岡野友彦「池大納言家領の伝領と関東祇候廷臣」（『大倉山論集』43、一九九九年三月）

岡野友彦「野津本「北条系図・大友系図」の成立と嘉元の乱」（『皇学館大学史料編纂所報史料』189、二〇〇四年二月）
岡野友彦「二つの「中務大輔某奉書」――北条氏残党と伊予忽那氏――」（『日本歴史』833、二〇一七年十月）
岡部精一「最明寺時頼の遊歴」（『歴史地理』4-1、一九〇二年）
岡部長章「北條時頼と蘭渓道隆――特に納経願文の中国二故事を通しての考察――」（『日本歴史』58、一九五三年三月）
岡部長章「北條時頼――国史の再検討――」（『朝日文化手帳』、一九五四年）
岡村好甫「六波羅探題北條仲時の遺児松寿丸の行方」（『山口県地方史研究』49、一九八三年六月）
岡村吉彦「鎌倉後期の伯耆国守護と小鴨氏――六波羅探題発給文書からの検討――」（『鳥取地域史研究』1、一九九九年二月）
岡陽一郎「海から見た松島・北条氏――あるいは関東祈祷所――」（『歴史手帖』25-1、一九九七年一月）
岡陽一郎「中世鎌倉の海・浜・港――港を望む神社――」（『列島の文化史』11、一九九八年十月）
岡陽一郎「泰時以前の鎌倉――都市の点景――」（『鎌倉』88、一九九九年六月）
岡陽一郎「中世都市鎌倉の成立と変貌」（『交流・物流・越境』中世都市研究11、二〇〇五年九月）
荻野三七彦「北条時宗の筆蹟をめぐりて」（『美術史学』74、一九四三年二月）
荻野三七彦「珍奇な文書」（『歴史手帖』5-1、一九七七年一月）、再録『古文書研究』一九八二年一月
小口雅史「津軽曽我氏の基礎的研究」（『弘前大学国史研究』89、一九九〇年十月）
小口雅史「「歴史研究と電算機利用の可能性」の開催――歴史系（日本史・経済史・社会史）大学院院生を主たる対象とするワークショップ――」（『弘前大学国史研究』91、一九九一年十月）
小口雅史「安藤（東）氏の乱」（『日本史の研究』182、歴史と地理517、一九九八年九月）
奥津光雄「源頼家の一考察」（『歴史教育』18-7、一九七〇年九月）
奥富敬之「北条氏得宗領について――若狭国の場合――」（『史観』69、一九六三年三月）
奥富敬之「得宗被官関係の一考察――曽我氏を中心として――」（『民衆史研究』1、一九六三年五月）
奥富敬之「若狭国守護領国制成立過程一考」（『民衆史研究』2、一九六四年五月）
奥富敬之「得宗専制政権の研究（その一）」（『目白学園女子短期大学研究紀要』1、一九六四年十一月）
奥富敬之「得宗専制政権の研究（その二）」（『目白学園女子短期大学研究紀要』2、一九六五年十一月）
奥富敬之「鎌倉幕府の性格」（『日本古代史の諸問題』、一九六六年）
奥富敬之「得宗専制政権の研究（その三）」（『目白学園女子短期大学研究紀要』3、一九六六年十一月）
奥富敬之「得宗専制政権の研究（その四）」（『目白学園女子短期大学研究紀要』4、一九六七年十二月）
奥富敬之「鎌倉幕府国御家人制の研究」（『目白学園女子短期大学研究紀要』5、一九六八年十二月）
奥富敬之「得宗被官家の個別的研究（その一）――南条氏の場

合――」(『日本史攷究』14、一九六九年九月)

奥富敬之「陸奥国得宗領の研究(正)」(『目白学園女子短期大学研究紀要』6、一九七〇年三月)

奥富敬之「得宗家公文所の基礎的素描」(『日本史攷究』16、一九七〇年十二月)

奥富敬之「陸奥国得宗領の研究(続)」(『目白学園女子短期大学研究紀要』7、一九七一年三月)

奥富敬之「相模国得宗領の個別的研究(1)」(『神奈川県史研究』11、一九七一年三月)

奥富敬之「得宗被官家の個別的研究(その二)――工藤氏の場合――」(『日本史攷究』17、一九七一年六月)

奥富敬之「相模国得宗領の個別的研究(2)」(『神奈川県史研究』12、一九七一年九月)

奥富敬之「武蔵・相模における北條氏得宗」(『日本歴史』280、一九七一年九月)

奥富敬之「鎌倉北條氏の惣領制について」(『日本医科大学文科研究誌』1、一九七二年三月)

奥富敬之「相模国得宗領の個別的研究(3)」(『神奈川県史研究』19、一九七三年二月)

奥富敬之「鎌倉幕府伊賀氏事件の周辺」(『日本医科大学文科研究誌』2、一九七三年三月)

奥富敬之「荘域復原研究二例――山内荘と糟屋荘――」(荘園研究会編『荘園絵図の基礎的研究』、一九七三年八月)

奥富敬之「若狭国における守護領国制成立過程の研究」(『日本史の諸相』、一九七四年)

奥富敬之「鎌倉末期幕府政権の様相」(『日本史の諸相』、一九七四年)

奥富敬之「鎌倉北条氏の族的性格」(森克己博士古稀記念会編『史学論集対外関係と政治文化』2、一九七四年二月)

奥富敬之「得宗被官関係の一研究――陸奥国曽我氏を中心に――」(中世民衆史研究会編『中世の政治的社会と民衆像』、一九七六年六月)

奥富敬之「北條氏と東国武士」(『歴史公論』8、一九七六年七月)

奥富敬之「鎌倉末期・東海道宿駅地域の地頭――相模・伊豆・駿河の分――」(竹内理三先生古稀記念会編『続荘園制と武家社会』、一九七八年一月)

奥富敬之「北條政権と元寇」(『テキストブック日本史』、一九八〇年)

奥富敬之「鎌倉末期・東海宿駅地域の地頭――遠江・三河・尾張・美濃・近江の分――」(竹内理三編『荘園制社会と身分構造』、一九八〇年四月)

奥富敬之「鎌倉北条氏所領増減過程の考察――時政の代を中心として――」(竹内理三先生喜寿記念論文集刊行会編『荘園制と中世社会』、一九八四年九月)

奥富敬之「得宗専制について」(『日本史の研究』126、歴史と地理349、一九八四年九月)

奥富敬之「鎌倉北条氏所領増減過程の数量的考察――義時の代を中心として――」(『日本歴史』470、一九八七年七月)

奥富敬之「鎌倉前期における北条氏所領増減過程の研究――泰時・経時の代を中心として――」(安田元久先生退任記念論集刊行委員会編『中世日本の諸相』下、一九八九年四月)

奥富敬之「三浦氏と北条氏」(『三浦一族研究』6、二〇〇二年二月)

小田雄三「摂津国多田庄と鎌倉北条氏」(『名古屋大学教養部紀要』A-34、一九九〇年二月)

小田雄三「嘉元四年千竈時家処分状について――得宗・得宗被官・南島諸島――」（『年報中世史研究』18、一九九三年五月）
落合義明「都市鎌倉の寺社修造事業」（速水侑編『日本社会における仏と神』、二〇〇六年九月）
小野一之「北条時宗関係史跡事典」（佐藤和彦・樋口州男編『北条時宗のすべて』、二〇〇〇年十二月）
小野澤朋佳「名越氏と二月騒動」（『京都橘大学女性歴史文化研究所紀要』18、二〇一〇年三月）
小野眞一「北条館と堀越御所の研究」（『韮山町史の栞』16、一九九二年三月）
尾山至子「鎌倉幕府発給文書に関する一考察――執権政治と下知状――」（『日本史学集録』11・12、一九九〇年十二月）
折田悦郎「鎌倉幕府前期将軍制についての一考察――実朝将軍期を中心として――（上）」（『九州史学』76、一九八三年六月）
折田悦郎「鎌倉幕府前期将軍制についての一考察――実朝将軍期を中心として――（下）」（『九州史学』77、一九八三年九月）
海津一朗「得宗専制と悪党はいかに関係するか」（『争点日本の歴史』3、一九九一年二月）
海津一朗「14世紀東国における〈直轄領〉形成過程について――1991年度歴研大会・山田邦明報告の評価をめぐって――」（『歴史学研究』631、一九九二年四月）、再録『中世の変革と徳政』一九九四年八月
海津一朗「正安の伊勢神宮神領興行法と公武関係」（『史学雑誌』101-9、一九九二年九月）、再録『中世の変革と徳政』一九九四年八月
海津一朗「弘安の神領興行法と東国諸御厨――武蔵国大河土御厨を中心に――」（『地方史研究』239、一九九二年十月）、再録『中世の変革と徳政』一九九四年八月
海津一朗「鎌倉後期の武家被官・京都被官」（永原慶二編『中世の発見』、一九九三年四月）、再録『中世の変革と徳政』一九九四年八月
海津一朗「「神風」と日本人をめぐって」（峰岸純夫・池上裕子編『新視点日本の歴史』4、一九九三年五月）
海津一朗「中世の国家権力と悪党」（『歴史学研究』646、一九九三年六月）、再録『中世の変革と徳政』一九九四年八月
海津一朗「鎌倉幕府の寺社徳政政策と京都被官問題――九州宗社神領興行法の再検討――」（『日本史研究』372、一九九三年八月）、再録『中世の変革と徳政』一九九四年八月
海津一朗「蒙古襲来と悪党――中世の対外戦争と民衆――」（『歴史を読みなおす』15、一九九三年十月）
海津一朗「合戦の戦力数――鎌倉幕府の高麗出兵計画を素材として――」（『日本史研究』388、一九九四年十二月）
海津一朗「鎌倉後期の国家権力と悪党――弘安の大隅・薪荘境界相論をめぐって――」（悪党研究会編『悪党の中世』、一九九八年三月）
海津一朗「対外戦争の社会史と現代――「異国征伐」とその時代――」（『歴史科学』172、二〇〇三年三月）
海津一朗「「元寇」、倭寇、日本国王」（『中世社会の構造』日本史講座4、二〇〇四年九月）
海津一朗「異国降伏祈祷体制と諸国一宮興行」（一宮研究会編『中世一宮制の歴史的展開・総合研究編』下、二〇〇四年十二月）
海津一朗「中世根来寺の成立――蒙古襲来と紀伊国――」（『和

歌山地方史研究』50、二〇〇五年九月）
海津一朗「悪党、海賊、倭寇の世紀――パクスモンゴリカの時代――」（近藤成一・小路田泰直、ローベルト・ホレス、デトレフ・タランチェフスキー編『中世日本と西欧――多極と分権――』、二〇〇九年八月）
筧雅博「関東御領考」（『史学雑誌』93-4、一九八四年四月）
筧雅博「道蘊・浄仙・城入道」（『三浦古文化』38、一九八五年十一月）
筧雅博「続・関東御領考」（石井進編『中世の人と政治』、一九八八年七月）
筧雅博「得宗・与奪・得宗方」（『ことばの文化史』中世1、一九八八年十一月）
筧雅博「「内々」の意味するもの」（『ことばの文化史』中世4、一九八九年八月）
筧雅博「鎌倉幕府掌論」（『三浦古文化』50、一九九二年七月）
筧雅博「公家政権と京都」（『岩波講座日本通史』八中世2、一九九四年三月）
筧雅博「史料と歴史――主題のない変奏曲――」（『思想』847、一九九五年一月）
筧雅博「中世王権の周辺をめぐって」（『思想』893、一九九八年十一月）
筧雅博「中世の公と私」（『文書と記録（上）』ものがたり日本列島に生きた人たち3、二〇〇〇年六月）
筧雅博「正中の変前後の情勢をめぐって」（『金沢文庫研究』322、二〇〇九年三月）
笠松宏至「上横手雅敬著『北条泰時』第5章「式目の世界」について」（『中世の窓』1、一九五九年五月）
笠松宏至「幕府法覚書（一）」（『中世の窓』2、一九五九年八月）
笠松宏至「幕府法覚書（二）」（『中世の窓』3、一九五九年十一月）
笠松宏至「吾妻鏡と追加法と」（『中世の窓』8、一九六一年四月）、再録『日本中世法史論』一九七九年三月
笠松宏志「いわゆる「文治の勅許」について――文治地頭に関する史料――（中）」（『日本歴史』159、一九六一年九月）
笠松宏志「いわゆる「文治の勅許」について――文治地頭に関する史料――（下）」（『日本歴史』161、一九六一年十一月）
笠松宏至「中世法」（『岩波講座日本歴史』六中世2、一九六三年二月）、再録『日本中世法史論』一九七九年三月
笠松宏至「徳政・偽文書・吾妻鏡」（『中世の窓』12、一九六三年四月）
笠松宏至「永仁徳政と越訴」（竹内理三先生還暦記念会編『荘園制と武家社会』、一九六九年六月）、再録『日本中世法史論』一九七九年三月
笠松宏至「中世の政治社会思想」（『岩波講座日本歴史』七中世3、一九七六年四月）、再録『日本中世法史論』一九七九年三月
笠松宏至「中世の安堵」（『負担と贈与』日本の社会史4、一九八六年十一月）
笠松宏至「幕府の法と守護の法」（『岩波講座日本通史』八中世2、一九九四年三月）
笠松宏至「『吾妻鏡』〝地の文のみ〟の幕府法」（『中世人との対話』、一九九七年）
梶川貴子「得宗被官南条氏の基礎的考察――歴史学的見地からの系図復原の試み――」（『創価大学大学院紀要』30、二〇〇八年十二月）

梶川貴子「北条時輔後見南条頼員について」（『創価大学大学院紀要』32、二〇一〇年十二月）
梶川貴子「南条氏の得宗被官化に関する一考察」（『創価大学人文論集』24、二〇一二年三月）
梶川貴子「得宗被官の歴史的性格――『吾妻鏡』から『太平記』へ――」（『創価大学大学院紀要』34、二〇一二年十二月）
梶川貴子「鎌倉時代の政治的事件と得宗被官」（『創価大学博士論文』、二〇一六年三月）
梶博行「中世における公武関係――関東申次と皇位継承――」（『鎌倉』32、一九七九年九月）
柏美恵子「比企能員について」（『史路』2、一九七八年十一月）
柏美恵子「頼家政権の一考察――「十三人の合議制」を通して――」（『史路』3、一九七九年六月）
柏美恵子「比企氏の乱と北条時政」（『法政史論』7、一九八〇年三月）
加藤功「建長四年における僧隆弁の政治的役割」（『政治経済史学』57、一九六七年十月）
加藤功「鎌倉の政僧」（『歴史教育』16-12、一九六八年十二月）
加藤功「伊豆走湯山良暹と鶴岡別当職」（『政治経済史学』100、一九七四年九月）
加藤克「「六波羅奉行国」に関する一考察」（『北大史学』37、一九九七年十一月）
金井典美「金沢文庫の古書「阪波御記文」について――御射山祭新資料――」（『金沢文庫研究』138、一九六七年八月）
金井典美「北条氏と諏訪神社――得宗専制と御射山祭――（上）」（『金沢文庫研究』150、一九六八年十月）
金井典美「北条氏と諏訪神社――得宗専制と御射山祭――（下）」（『金沢文庫研究』151、一九六八年十一月）
金井典美「金沢文庫の古書「阪波私注」について――中世における諏訪信仰の新資料――」（『金沢文庫研究』161、一九六九年九月）
金澤正大「寛元四年正月京洛政変について――後深草天皇践祚と関白二条良実更迭の経緯に関する一考察――（上）」（『政治経済史学』62、一九六八年三月）
金澤正大「寛元四年正月京洛政変について――後深草天皇践祚と関白二条良実更迭の経緯に関する一考察――（下）」（『政治経済史学』63、一九六八年四月）
金澤正大「仁治三年順徳院崩御と六月関東政変――『吾妻鏡』仁治三年条欠文との関連において――（Ⅰ）」（『政治経済史学』89、一九七三年六月）
金澤正大「仁治三年順徳院崩御と六月関東政変――『吾妻鏡』仁治三年条欠文との関連において――（Ⅱ）」（『政治経済史学』90、一九七三年七月）
金澤正大「仁治三年順徳院崩御と六月関東政変――『吾妻鏡』仁治三年条欠文との関連において――（Ⅲ）」（『政治経済史学』91、一九七三年八月）
金澤正大「仁治三年順徳院崩御と六月関東政変――『吾妻鏡』仁治三年条欠文との関連において――（Ⅳ）」（『政治経済史学』92、一九七三年九月）
金澤正大「仁治三年順徳院崩御と六月関東政変――『吾妻鏡』仁治三年条欠文との関連において――（Ⅴ）」（『政治経済史学』93、一九七三年十月）
金澤正大「仁治三年順徳院崩御と六月関東政変――『吾妻鏡』仁治三年条欠文との関連において――（Ⅵ）」（『政治経済史

学』94、一九七三年十一月）
金澤正大「関東天文・陰陽道成立に関する一考察――特に「和田合戦」との連関について――」（『政治経済史学』96、一九七四年一月）
金澤正大「関東における天文・陰陽道の確立について――「承久の乱」前後――」（『政治経済史学』97、一九七四年二月）
金澤正大「『平戸記』に見えたる「六条宮」について――「名越の変」との連関において――」（『政治経済史学』99、一九七四年四月）
金澤正大「武蔵守北条時房の補任年次について――『吾妻鏡』承元元年二月二十日条の検討――」（『政治経済史学』102、一九七四年十一月）
金澤正大「北条氏執権体制下に於ける関東天文・陰陽道――「義時政権」より「泰時政権」へ――（Ⅰ）」（『政治経済史学』111、一九七五年八月）
金澤正大「北条氏執権体制下に於ける関東天文・陰陽道――「義時政権」より「泰時政権」へ――（Ⅱ）」（『政治経済史学』112、一九七五年九月）
金澤正大「北条氏執権体制下に於ける関東天文・陰陽道――「義時政権」より「泰時政権」へ――（Ⅲ）」（『政治経済史学』113、一九七五年十月）
金澤正大「筑前国宗像神社大宮司職補任と荘園領主をめぐる諸問題――社家と本所、とりわけ三浦氏との関連に於て――（上）」（『政治経済史学』140、一九七八年一月）
金澤正大「筑前国宗像神社大宮司職補任と荘園領主をめぐる諸問題――社家と本所、とりわけ三浦氏との関連に於て――（下）」（『政治経済史学』141、一九七八年二月）
金澤正大「丹波国和智庄をめぐる一文書に於ける北条時房の権能」（『政治経済史学』200、一九八三年三月）
金澤正大「十三世紀初頭に於ける武蔵国々衙支配――武蔵守北条時房補任事情――」（『政治経済史学』222、一九八五年一月）
金澤正大「『吾妻鏡』正治二年条歳首垸飯記事の作為（上）」（『政治経済史学』500、二〇〇八年四月）
金澤正大「寛元四年政変は「宮騒動」と何故に称されたのか」（『政治経済史学』590、二〇一六年二月）
金澤正大「石橋山合戦に於ける北条時政の逃走経路」（『政治経済史学』606、二〇一七年六月）
金子拓「鎌倉幕府の御家人任官統制政策」（『歴史』80、一九九三年四月）、再録『中世武家政権と政治秩序』一九九八年十二月
金光哲「北条政子と日野富子」（『東アジア研究』9、一九九五年六月）
亀井日出男「建仁三年鎌倉政変をめぐる二、三の問題――所謂「比企氏の乱」討究のために――」（『政治経済史学』11、一九六三年十二月）
河合正治「鎌倉武士団の構造」（『岩波講座日本歴史』五中世1、一九六二年十二月）、再録『中世武家社会の研究』一九七三年五月
河合正治「日蓮と北条政権」（『日本史研究』86、一九六六年九月）
河合正治「鎌倉武士団の構造」（『歴史教育』16-12、一九六八年十二月）
河合正治「北条氏御内人と文化」（『金沢文庫研究』180、一九七一年四月）
河合正治「北条氏の隆盛と草戸千軒町遺跡」（『金沢文庫研究』

219、一九七四年八月）

川合康「武家の天皇観」（『統治的諸機能と天皇観』講座前近代の天皇4、一九九五年六月）、再録『鎌倉幕府成立史の研究』二〇〇四年十月

川合康「鎌倉幕府研究の現状と課題」（『日本史研究』531、二〇〇六年十一月）

河窪奈津子「宗像大宮司氏業・長氏の六波羅奉行人説再考」（『宗像市史研究』2、二〇一九年三月）

川島孝一「西国に諸職をもつ東国御家人一覧」（『栃木史学』10、一九九六年三月）

川島孝一「北条時頼文書概論」（北条氏研究会編『北条時宗の時代』、二〇〇八年五月）

川島孝一「北条氏所領の認定とその集積・ゆくえ」（北条氏研究会編『北条時宗の時代』、二〇〇八年五月）

川島将生「六波羅探題」（京都市編『中世の明暗』京都の歴史2、一九七一年五月）

川添昭二「鎌倉時代の政治形態――最近の鎌倉時代研究の現状からみて歴史教育者に何を強調してもらいたいか――」（『歴史評論』107、一九五九年七月）

川添昭二「鎮西探題北条実政について（一）」（『金沢文庫研究』56、一九六〇年五月）

川添昭二「鎮西探題北条実政について（二）」（『金沢文庫研究』57、一九六〇年六月）

川添昭二「鎮西探題北条実政について（三）」（『金沢文庫研究』58、一九六〇年七月）

川添昭二「弘安8年筑前国岩門合戦について」（『九州史学』16、一九六〇年九月）

川添昭二「鎮西探題と神領興行法」（『社会経済史学』28-3、一九六三年二月）

川添昭二「鎮西評定衆・同引付衆について」（『歴史教育』11-7、一九六三年七月）

川添昭二「北条種時について」（『金沢文庫研究』100、一九六四年四月）

川添昭二「元寇関係論文目録」（『福岡地方史懇談会会報』5、一九六七年五月）

川添昭二「鎌倉時代の筑後守護」（『月刊歴史』21-24、一九七〇年十一月）、再録『九州中世史の研究』一九八三年三月

川添昭二「竜口法難の必然性」（『九州史学』44・45合併号、一九七一年三月）、再録『日蓮とその時代』一九九九年三月

川添昭二「鎌倉時代の大隅守護」（『金沢文庫研究』179、一九七一年三月）

川添昭二「覆勘状について」（『史淵』105・106合併号、一九七一年八月）、再録『中世九州地域史料の研究』一九九六年五月

川添昭二「鎮西惣奉行所――北条兼時・時家の鎮西下向――」（『金沢文庫研究』200、一九七二年十二月）

川添昭二「鎮西特殊合議訴訟機関」（『史淵』110、一九七三年二月）

川添昭二「鎮西談議所」（『九州文化史研究所紀要』18、一九七三年三月）

川添昭二「蒙古襲来の原因について」（『ふるさとの自然と歴史』42、一九七四年）

川添昭二「岩門合戦再論――鎮西における得宗支配の強化と武藤氏――」（森克己博士古稀記念会編『史学論集対外関係と政治文化』2、一九七四年二月）、再録『九州中世史の研究』一九八三年三月

川添昭二「鎮西評定衆及び同引付衆・引付奉行人」（『九州中世

史研究』1、一九七八年十一月）
川添昭二「蒙古襲来」（『日本史の謎と発見』6、一九七九年一月）、再録『中世九州の政治と文化』一九八一年六月
川添昭二「北条時頼の信仰」（『法華』65-4、一九七九年四月）、再録『日蓮とその時代』一九九九年三月
川添昭二「二月騒動と日蓮――自界叛逆難――」（『前進座』4、一九七九年五月）、再録『日蓮とその時代』一九九九年三月
川添昭二「日蓮遺文に見える北条氏一門」（『棲神』52、一九八〇年三月）、再録『日蓮とその時代』一九九九年三月
川添昭二「北条時宗の連署時代」（『金沢文庫研究』263、一九八〇年七月）
川添昭二「北条時宗の研究――連署時代まで――」（『松浦党研究』5、一九八二年六月）、再録『日蓮とその時代』一九九九年三月
川添昭二「北条氏一門名越（江馬）氏について」（『日本歴史』464、一九八七年一月）、再録『日蓮とその時代』一九九九年三月
川添昭二「鎌倉中期の対外関係と博多――承天寺の開創と博多綱首謝国明――」（『九州史学』88・89・90合併号、一九八七年十月）
川添昭二「宗像長氏・浄恵注進状案管見」（『日本歴史』488、一九八九年一月）、再録『中世九州地域史料の研究』一九九六年五月
川添昭二「「宗像社家文書惣目録」について」（『日本歴史』491、一九八九年四月）、再録『中世九州地域史料の研究』一九九六年五月
川添昭二「肥前守護北条時定（為時）」（『日本歴史』500、一九九〇年一月）、再録『日蓮とその時代』一九九九年三月
川添昭二「日蓮と極楽寺流北条氏」（『法華』77-9、一九九一年九月）、再録『日蓮とその時代』一九九九年三月
川添昭二「日蓮と平頼綱」（『法華』77-10、一九九一年十月）、再録『日蓮とその時代』一九九九年三月
川添昭二「北条時宗文書の考察――請文・巻数請取・書状――」（『鎌倉遺文研究』2、一九九八年九月）
川添昭二「日蓮と北条氏」（『仏教史学研究』46-1、二〇〇三年七月）
川添昭二「元寇防塁が語るもの――福岡市史編さんに備えて――」（『市史研究ふくおか』1、二〇〇六年三月）
川添昭二「蒙古襲来史料として日蓮遺文」（『九州史学』150、二〇〇八年九月）
河野眞知郎「鎌倉・都市の道、都市からの道」（藤原良章・村井章介編『中世のみちと物流』、一九九九年十一月）
木内正弘「鎌倉幕府と都市京都」（『日本史研究』175、一九七七年三月）
木内正弘「鎌倉幕府恩賞の構造」（『日本史研究』292、一九八六年十二月）
木内勝「北条氏被官伴野出羽三郎と伴野長房――北条宗方の乱に関連して――」（『千曲』91、一九九六年十月）
木内勝「得宗被官長忠系小笠原氏」（『千曲』98、一九九八年七月）
木内勝「霜月騒動で伯耆国に逃れた内河氏――埴科郡内河（現戸倉町内川）の地頭――」（『千曲』108、二〇〇一年二月）
菊地山哉「北條仲時主従四百余人の墳墓」（『掃苔』6-7、一九三七年）
菊池紳一「鎌倉幕府の武蔵国支配」（『与野市史調査報告書』

4、一九七九年七月）

菊池紳一「北条時政発給文書について——その立場と権限——」（『学習院史学』19、一九八二年四月）

菊池紳一「武蔵国における知行国支配と武士団の動向」（『埼玉県史研究』11、一九八三年三月）

菊池紳一「北条時宗の時代」（北条氏研究会編『北条時宗の時代』、二〇〇八年五月）

菊池紳一「鎌倉幕府の発給文書について——源頼朝発給文書を中心に——」（北条氏研究会編『北条時宗の時代』、二〇〇八年五月）

菊池紳一「北条長時について」（北条氏研究会編『北条時宗の時代』、二〇〇八年五月）

菊池紳一「嘉元の乱に関する新史料について——嘉元三年雑記の紹介——」（北条氏研究会編『北条時宗の時代』、二〇〇八年五月）

菊池紳一「武蔵国留守所惣検校職の再検討——「吾妻鏡」を読み直す——」（『鎌倉遺文研究』25、二〇一〇年四月）

菊池紳一「鎌倉幕府の政所と武蔵国務」（『埼玉地方史』64、二〇一一年三月）

菊池紳一「武蔵国留守所惣検校職の再検討」（埼玉県立嵐山史跡の博物館・葛飾区郷土と天文の博物館編『秩父平氏の盛衰——畠山重忠と葛西清重——』、二〇一二年五月）

菊池紳一「鎌倉北条氏の盛衰」（関幸彦編『相模武士団』、二〇一七年九月）

菊池紳一「源頼家・実朝兄弟と武蔵国」（日本史史料研究会編『将軍・執権・連署——鎌倉幕府権力を考える——』、二〇一八年三月）

菊池紳一「「六条八幡宮造営注文」にみる御家人役——武蔵武士の表記を中心に——」（『明星大学研究紀要』人文学部日本文化学科27、二〇一九年三月）

菊地卓「北条時頼廻国伝説の一考察——下野国西明寺の場合——」（『月刊歴史』36、一九七一年九月）

菊池英也「政治上に於ける北條泰時」（『史学界』3-1・2、一九〇一年）

菊地大樹「宗尊親王の王孫と大覚寺統の諸段階」（『歴史学研究』747、二〇〇一年三月）

菊地大樹「鎌倉仏教と禅」（村井章介編『東アジアのなかの建長寺——宗教・政治・文化が交叉する禅の聖地』、二〇一四年十一月）

北村美智子「得宗被官長崎高資の活動とその政治意識について（上）」（『日本史攷究』18、一九七一年十一月）

木下止「時宗の板碑と龍光寺に就いて」（『武蔵野』19-3、一九三二年）

木下忠「願成就院と北条氏の遺跡」（『三浦古文化』11、一九七二年三月）

木下龍馬「再考・関東祈祷所——在地寺社と禁制——」（『鎌倉遺文研究』33、二〇一四年四月）

木下龍馬「鎌倉幕府による裁許の本所申入」（『日本歴史』832、二〇一七年九月）

木下龍馬「武家への挙状、武家の挙状——鎌倉幕府と裁判における口入的要素——」（『史学雑誌』128-1、二〇一九年一月）

木宮泰彦「北條時頼・時宗と日宋交渉」（『歴史教育』14-3、一九三九年）

金永「摂家将軍期における源氏将軍観と北条氏」（『ヒストリア』174、二〇〇一年三月）

木村英一「鎌倉後期の勅命施行と六波羅探題」（『ヒストリア』

167、一九九九年十一月）
木村英一「六波羅探題の成立と公家政権――「洛中警固」を通して――」（『ヒストリア』178、二〇〇二年一月）
木村英一「鎌倉時代の寺社紛争と六波羅探題」（『史学雑誌』117-7、二〇〇八年七月）
木村英一「鎌倉後期の悪党検断方式に関する覚書」（『鎌倉時代公武関係と六波羅探題』、二〇一六年一月）
木村英一「鎌倉時代公武関係史研究の現状と課題」（『鎌倉時代公武関係と六波羅探題』、二〇一六年一月）
木村英一「六波羅探題研究の現状と課題」（『鎌倉時代公武関係と六波羅探題』、二〇一六年一月）
工藤勝彦「鎌倉幕府初期の訴訟制度に関する一考察――訴訟機関を中心として――」（『史叢』35、一九八五年六月）
工藤勝彦「鎌倉幕府初期の訴訟制度に関する考察（Ⅱ）――鎮西における幕府裁判権――」（『史叢』38、一九八七年一月）
工藤勝彦「鎌倉幕府による安堵の成立と整備」（『古文書研究』29、一九八八年八月）
工藤勝彦「九条頼経・頼嗣将軍期における将軍権力と執権権力」（『日本歴史』513、一九九一年二月）
工藤勝彦「北条氏の安堵と主従制」（『史叢』50、一九九三年三月）
工藤敬一「鎌倉幕府と公家政権――権力編成を中心に――」（『講座日本史』2、一九七〇年五月）、再録『荘園制社会の基礎構造』二〇〇二年十一月
工藤祐一「六波羅の国制的地位について――権門間の荘園紛争を事例に――」（『日本社会史研究』96・97合併号、二〇一一年五月）
工藤祐一「六波羅探題の成立と「西国成敗」」（『鎌倉遺文研究』37、二〇一六年四月）
工藤祐一「鎌倉時代の荘園紛争と六波羅探題の問注記――紀伊国名手荘・丹生屋村間の紛争を事例に――」（『学習院史学』57、二〇一九年三月）
工藤由美子「北条氏得宗領について――東北地方に於ける北条氏所領――」（『橘史学』11、一九九六年十月）
久保木圭一「鎌倉将軍に就いた皇子たち――京都目線から見た親王将軍――」（日本史史料研究会編『将軍・執権・連署――鎌倉幕府権力を考える――』、二〇一八年三月）
久保田和彦「六波羅探題発給文書の研究――北条泰時・時房探題期について――」（『日本史研究』401、一九九六年一月）
久保田和彦「六波羅探題発給文書の研究――北条重時・時盛探題期について――」（鎌倉遺文研究会編『鎌倉時代の政治と経済』鎌倉遺文研究Ⅰ、一九九九年四月）
久保田和彦「六波羅探題発給文書の研究――北条時氏・時盛探題期について――」（『年報三田中世史研究』7、二〇〇〇年十月）
久保田和彦「六波羅探題北条長時発給文書の研究」（『日本史攷究』26、二〇〇一年十一月）
久保田和彦「六波羅探題発給文書の研究――北条時茂・時輔・義宗探題期について――」（北条氏研究会編『北条時宗の時代』、二〇〇八年五月）
久保田和彦「鎌倉幕府連署制の成立と展開」（日本史史料研究会編『将軍・執権・連署――鎌倉幕府権力を考える――』、二〇一八年三月）
久保田和彦「鎌倉幕府「連署」制の成立に関する一考察」（『鎌倉遺文研究』41、二〇一八年四月）
熊谷隆之「六波羅探題発給文書に関する基礎的考察」（『日本史

研究』460、二〇〇〇年十二月）
熊谷隆之「六波羅施行状について」（『鎌倉遺文研究』8、二〇〇一年十月）
熊谷隆之「六波羅における裁許と評定」（『史林』85-6、二〇〇二年十一月）
熊谷隆之「播磨国守護領の形成過程」（『ヒストリア』184、二〇〇三年四月）
熊谷隆之「六波羅・守護体制の構造と展開」（『日本史研究』491、二〇〇三年七月）
熊谷隆之「六波羅探題任免小考――『六波羅守護次第』の紹介とあわせて――」（『史林』86-6、二〇〇三年十一月）
熊谷隆之「六波羅探題考」（『史学雑誌』113-7、二〇〇四年七月）
熊谷隆之「守護代・使節・検断沙汰――摂津国長洲荘悪党関係史料の分析から――」（勝山清次編『南都寺社文書の世界』、二〇〇七年十月）
熊谷隆之「摂津国長洲荘悪党関係史料」（勝山清次編『南都寺社文書の世界』、二〇〇七年十月）
熊谷隆之「摂津国長洲荘悪党と公武寺社」（勝山清次編『南都寺社文書の世界』、二〇〇七年十月）
熊谷隆之「嘉禎の南都蜂起と鎌倉幕府――「大和国守護職」考――」（大和を歩く会編『古代中世史の探究』、二〇〇七年十一月）
熊谷隆之「鎌倉幕府支配の展開と守護」（『日本史研究』547、二〇〇八年三月）
熊谷隆之「御教書・奉書・書下――鎌倉幕府における様式と呼称――」（上横手雅敬編『鎌倉時代の権力と制度』、二〇〇八年九月）
熊谷隆之「鎌倉期若狭国守護の再検討」（『日本史研究』586、二〇一一年六月）
熊谷隆之「鎌倉幕府の裁許状と安堵状――安堵と裁許のあいだ――」（『立命館文学』624、二〇一二年一月）
熊谷隆之「鎌倉幕府支配の北陸道における展開」（『富山史壇』168、二〇一二年七月）
熊谷隆之「ふたりの為時――得宗専制の陰翳――」（『日本史研究』611、二〇一三年七月）
熊谷隆之「モンゴル襲来と鎌倉幕府」（『岩波講座日本歴史』七中世2、二〇一四年四月）
熊谷隆之「鎌倉幕府支配の西国と東国」（川岡勉編『中世の西国と東国――権力から探る地域的特性――』戎光祥中世史論集1、二〇一四年十月）
熊谷隆之「大仏維貞の境涯――上洛と東下のあいだ――」（細川涼一編『生・成長・老い・死』生活と文化の歴史学7、二〇一六年三月）
熊谷隆之「斯波宗家の去就――越中国岡成名を緒に、霜月騒動におよぶ――」（『富山史壇』181、二〇一六年十一月）
熊谷知未「小笠原氏と北条氏」（『信濃』43-9、一九九一年九月）
熊原政男「叡尊と鎌倉の女性」（『金沢文庫研究』37、一九五八年七月）
熊原政男「北条実時の遺訓」（『金沢文庫研究』50、一九五九年十月）
熊原政男「北条実時の遺訓」（『金沢文庫研究紀要』1、一九六一年十一月）
熊原政男「称名寺々領としての釜利谷郷（上）」（『金沢文庫研究』85、一九六二年十二月）

熊原政男「称名寺々領としての釜利谷郷（下）」（『金沢文庫研究』86、一九六三年一月）
熊原政男「金沢氏の後裔（一）」（『金沢文庫研究』94、一九六三年九月）
熊原政男「金沢氏の後裔（二）」（『金沢文庫研究』95、一九六三年十一月）
熊原政男「金沢氏の後裔（三）」（『金沢文庫研究』96、一九六三年十二月）
熊原政男「顕時三三回忌の考察」（『金沢文庫研究』105、一九六四年九月）
熊原政男「金沢氏女性関係年表」（『金沢文庫研究』136、一九六七年六月）
熊原政男「六浦嶺松寺をめぐって」（『金沢文庫研究紀要』7、一九七〇年三月）
久米邦武「国宝蓮華寺過去帳」（『中央史壇』1-4、一九二〇年）
倉井理恵「北条朝直の政治的立場――泰時・経時期を中心に――」（『駒沢大学史学論集』27、一九九七年四月）
倉井理恵「北条庶子家の一形態――佐介時盛について――」（『駒沢大学史学論集』29、一九九九年四月）
倉井理恵「鎌倉将軍送還の成立――寛元四年騒動との関係――」（『鎌倉』88、一九九九年六月）
倉井理恵「「法名」「出家」にみる中世武士の精神――鎌倉北条氏を事例として――」（『駒沢史学』58、二〇〇二年三月）
倉本大樹「鎌倉幕府の鎮西支配と裁判」（『国史談話会雑誌』49、二〇〇八年十一月）
栗林章「鎌倉比事考――鎌倉北条九代記との関連において――」（『大阪商業大学論集』15、一九六一年三月）
黒板勝美「北條氏論」（『日本及び日本人』646、一九一五年）
黒板勝美「武相の古文書について」（『武相郷土史論』、一九一七年十二月）、再録『虚心文集』5、一九三一年七月
黒川高明「霜月騒動の史的前提――得宗被官専制化への契機――」（『歴史教育』11-7、一九六三年七月）
黒坂周平「塩田北条氏と信濃守護（一）」（『信濃』25-12、一九七三年十二月）
黒坂周平「塩田北条氏と信濃守護（二）」（『信濃』26-2、一九七四年二月）
黒坂周平「塩田北条氏の研究」（黒坂周平先生の喜寿を祝う会編『信濃の歴史と文化の研究』（二）』、一九九〇年）
黒坂周平「塩田北条氏と北条時宗（一）」（『千曲』109、二〇〇一年五月）
黒須智之「「申」型裁許状の再検討」（『日本歴史』802、二〇一五年三月）
黒須智之「論人からの意見聴取を経た上で発給される鎌倉幕府御教書――下知状との関係を中心に――」（『古文書研究』85、二〇一八年七月）
黒田俊雄「若狭国太良荘」（柴田実編『荘園村落の構造』、一九五五年一月）
黒田俊雄「中世の国家と天皇」（『岩波講座日本歴史』六中世2、一九六三年二月）、再録『日本中世の国家と宗教』一九七五年七月
黒田俊雄「鎌倉幕府論覚書」（『日本史研究』70、一九六四年一月）、再録『日本中世の国家と宗教』一九七五年七月
黒田俊雄「鎌倉時代の国家機構――薪・大住両荘の争乱を中心に――」（清水盛光・会田雄次編『封建国家の権力機構』、一九六七年三月）、再録『日本中世の国家と宗教』一九七五年

七月
黒田弘子「百姓申状と本所裁判――紀伊国阿弖河庄――」（鎌倉遺文研究会編『鎌倉時代の政治と経済』鎌倉遺文研究Ⅰ、一九九九年四月）
桑山浩然「室町幕府の草創期における所領について」（『中世の窓』12、一九六三年四月）
小池勝也「仏門に入った鎌倉将軍の子弟たち」（日本史史料研究会編『将軍・執権・連署――鎌倉幕府権力を考える――』、二〇一八年三月）
小泉聖恵「得宗家の支配構造」（『お茶の水史学』40、一九九六年十二月）
小泉宜右「播磨国矢野庄の悪党」（『国史学』66、一九五六年一月）
小泉宜右「悪党について」（『歴史学研究』300、一九六五年五月）
小泉宜右「御家人長井氏について」（高橋隆三先生喜寿記念論集刊行会編『古記録の研究』、一九七〇年六月）
小泉宜右「御家人本間氏について」（小川信先生の古稀記念論集を刊行する会編『日本中世政治社会の研究』、一九九一年三月）
小泉宜右「中世における北国と東国の交流」（『加能史料研究』5、一九九三年三月）
小市和雄「北条時宗関係年譜」（佐藤和彦・樋口州男編『北条時宗のすべて』、二〇〇〇年十二月）
高銀美「モンゴル合戦の恩賞配分と充行状」（『史学雑誌』121-1、二〇一二年一月）
高銀美「大宰府守護所と外交――大宰府守護所牒を手がかりに――」（『古文書研究』73、二〇一二年六月）
河内祥輔「日本中世の朝廷・幕府体制」（『歴史評論』500、一九九一年十二月）、再録『日本中世の朝廷・幕府体制』二〇〇七年六月
河内祥輔「御家人身分の認定について」（『鎌倉遺文研究』7、二〇〇一年四月）
郷道哲章「鎌倉幕府による信濃国支配の過程について――信濃国将軍家知行国の意義――（一）」（『信濃』25-11、一九七三年十一月）
郷道哲章「鎌倉幕府による信濃国支配の過程について――信濃国将軍家知行国の意義――（二）」（『信濃』25-12、一九七三年十二月）
小谷俊彦「鎌倉期足利氏の族的関係について」（『史学』50、一九八〇年十一月）
児玉眞一「文永・弘安の役を契機とする防長守護北条氏の一考察――守護・守護代の検討を通じて――」（『白山史学』30、一九九四年四月）
児玉眞一「鎌倉時代後期における防長守護北条氏」（『山口県地方史研究』71、一九九四年六月）
後藤紀彦「沙汰未練書の奥書とその伝来」（『年報中世史研究』2、一九七七年五月）
後藤紀彦「『詞不可疑』考――頼朝・泰時・文覚・明恵像の検討――」（『年報中世史研究』4、一九七九年五月）
後藤みち子「武家の乳母と乳母夫――『吾妻鏡』にみる――」（『鎌倉』85、一九九七年十二月）
小林直樹「『吾妻鏡』における観音・補陀落伝承――源頼朝と北条泰時を結ぶ――」（『文学史研究』50、二〇一〇年三月）
小林直樹「『吾妻鏡』における頼家狩猟伝承――北条泰時との対比の視点から――」（『国語国文』80-1、二〇一一年一月）

小林宏「石見国益田氏の領主制について」（安田元久編『初期封建制の研究』、一九六四年三月）
小松寿治「北条氏の信濃支配における諏訪上社の役割」（『駒沢大学史学論集』12、一九八二年二月）
小松寿治「得宗被官諏訪氏について――盛重の動向を中心に――」（『史報』7、一九八六年二月）
小峰寛子「北条時政の息女について」（『国学院大学幼児教育専門学校紀要』10、一九九八年十二月）
小峰寛子「北条重時の室及び息女について――『関東往還記』を参考として――」（『国学院大学幼児教育専門学校紀要』11、一九九九年十二月）
小峰寛子「足利三代と北条氏の婚姻について――頼氏・家時・貞氏を中心として――」（『国学院大学幼児教育専門学校紀要』12、二〇〇〇年十二月）
小峰寛子「赤橋氏小考」（『国学院大学幼児教育専門学校紀要』13、二〇〇一年十二月）
小峰寛子「足利尊氏の正室赤橋登子（一）」（『国学院大学幼児教育専門学校紀要』14、二〇〇二年十二月）
小峰寛子「足利尊氏の正室赤橋登子（二）」（『国学院大学幼児教育専門学校紀要』15、二〇〇三年十二月）
小峰寛子「足利尊氏の正室赤橋登子（三）」（『国学院大学幼児教育専門学校紀要』16、二〇〇四年十二月）
五味文彦「使庁の構成と幕府――12～14世紀の洛中支配――」（『歴史学研究』392、一九七三年一月）
五味文彦「在京人とその位置」（『史学雑誌』83-8、一九七四年八月）
五味文彦「源実朝――将軍独裁の崩壊――」（『歴史公論』5-3、一九七九年三月）、再録『吾妻鏡の方法』一九九〇年一月
五味文彦「卿二位と尼二位――女人入眼――」（『お茶の水大学女性文化資料館報』6、一九八五年七月）
五味文彦「執事・執権・得宗――安堵と理非――」（石井進編『中世の人と政治』、一九八八年七月）、再録『吾妻鏡の方法』一九九〇年一月
五味文彦「鎌倉前期の幕府法廷」（『吾妻鏡の方法』、一九九〇年一月）
五味文彦「『吾妻鏡』の構想」（『吾妻鏡の方法』、一九九〇年一月）
五味文彦「『吾妻鏡』の構成と原史料」（『吾妻鏡の方法』、一九九〇年一月）
五味文彦「『吾妻鏡』の時代」（『吾妻鏡の方法』、一九九〇年一月）
五味文彦「武家政権と荘園制」（『荘園の成立と領有』講座日本荘園史2、一九九一年二月）
五味文彦「武家の屋敷と庶民の家」（『神奈川地域史研究』10、一九九一年十二月）
五味文彦「相続と代替り」（『中世史講座』6、一九九二年三月）
五味文彦「実朝の文化空間」（『三浦古文化』51、一九九二年十二月）
五味文彦「館の社会史」（『神奈川地域史研究』11、一九九三年六月）
五味文彦「関東知行国と関東御分国」（『日本史の研究』167、歴史と地理472、一九九四年十二月）
五味文彦「天皇と軍事制」（『統治的諸機能と天皇観』講座前近代の天皇4、一九九五年六月）

五味文彦「吾妻鏡」（皆川完一・山本信吉編『国史大系書目解題』下巻、二〇〇一年十一月）
五味文彦「『吾妻鏡』の成立と編纂」（鎌倉遺文研究会編『鎌倉期社会と史料論』鎌倉遺文研究Ⅲ、二〇〇二年五月）
五味文彦「京・鎌倉の王権」（五味文彦編『京・鎌倉の王権』日本の時代史8、二〇〇三年一月）
五味文彦「鎮西奉行と奥州総奉行」（『日本史の研究』234、歴史と地理647、二〇一一年九月）
五味文彦「鎌倉研究の未来」（中世都市研究会編『鎌倉研究の未来』中世都市研究、二〇一四年八月）
五味克夫「鎌倉御家人の番役勤仕について（一）」（『史学雑誌』63-9、一九五四年九月）
五味克夫「鎌倉御家人の番役勤仕について（二）」（『史学雑誌』63-10、一九五四年十月）
五味克夫「鎌倉幕府の番衆と供奉人について」（『鹿児島大学文理学部文科報告』史学4、一九五八年九月）
五味克夫「大隅の御家人について（上）」（『日本歴史』130、一九五九年四月）
五味克夫「大隅の御家人について（下）」（『日本歴史』131、一九五九年五月）
五味克夫「鎌倉幕府の御家人体制——京都大番役の統制を中心に——」（『歴史教育』11-7、一九六三年七月）
五味克夫「在京人と篝屋（上）」（『金沢文庫研究』93、一九六三年八月）
五味克夫「在京人と篝屋（下）」（『金沢文庫研究』94、一九六三年九月）
五味克夫「島津庄日向方救仁院と救仁郷」（宝月圭吾先生還暦記念会編『日本社会経済史研究』古代・中世編、一九六七年十月）
五味克夫「東国武士西遷の契機——薩摩国の場合——」（『歴史教育』16-12、一九六八年十二月）
五味克夫「名越氏と肥後氏」（『鹿児島中世史研究会報』30、一九七一年十二月）
小森正明「称名寺領の年貢の輸送と蔵本についての覚書——公珍書状を手がかりとして——」（『史境』34、一九九七年三月）
小森正明「常陸国久慈西郡と金沢称名寺について——瓜連の歴史的位置と替用途をめぐって——」（佐藤博信編『中世東国の社会構造』中世東国論下、二〇〇七年六月）
小山靖憲「源平内乱および承久の乱と熊野別当家」（『田辺市史研究』5、一九九三年三月）
紺戸淳「武家社会における加冠と一字付与の政治性について——鎌倉幕府御家人の場合——」（『中央史学』2、一九七九年三月）
近藤成一「文書様式にみる鎌倉幕府権力の転回——下文の変質——」（『古文書研究』17・18、一九八一年十二月）
近藤成一「鎌倉時代の守護」（『歴史公論』81、一九八二年八月）
近藤成一「鎌倉幕府の成立と天皇」（『天皇権力の構造と展開その1』講座前近代の天皇1、一九九二年十二月）
近藤成一「悪党召し捕りの構造」（永原慶二編『中世の発見』、一九九三年四月）
近藤成一「鎌倉幕府裁許状の事書について」（皆川完一編『古代中世史料学研究』下、一九九八年十月）
近藤成一「両統迭立期の院宣と綸旨」（鎌倉遺文研究会編『鎌倉時代の政治と経済』鎌倉遺文研究Ⅰ、一九九九年四月）

近藤成一「鎌倉幕府裁許状の日付」（『鎌倉遺文研究』4、一九九九年十月）

近藤成一「裁判のしくみと相論」（『今日の古文書学』3中世、二〇〇〇年一月）、再録、二〇〇三年一月

近藤成一「モンゴルの襲来」（近藤成一編『モンゴルの襲来』日本の時代史9、二〇〇三年二月）

近藤成一「鎌倉時代の社会と領主制」（近藤成一編『モンゴルの襲来』日本の時代史9、二〇〇三年二月）

近藤成一「中世前期の政治秩序」（『中世の形成』日本史講座3、二〇〇四年七月）

近藤成一「鎌倉幕府と公家政権」（五味文彦他編『国家史』新体系日本史1、二〇〇六年八月）

近藤成一「安堵状の形態と機能」（鶴島博和・春田直紀編『日英中世史料論』、二〇〇八年七月）

近藤成一「鎌倉幕府裁許状再考」（『東北中世史研究会会報』19、二〇一〇年三月）

近藤成一「蒙古襲来」（『歴史評論』734、二〇一一年六月）

今野慶信「得宗被官による禅院寄進の背景——宿屋氏の筑前国芦屋寺の場合——」（『駒沢史学』58、二〇〇二年三月）

今野慶信「北条時輔の母——出雲国横田荘と京都・鎌倉——」（『段かづら』3・4合併号、二〇〇四年三月）

今野慶信「得宗被官工藤氏の基礎的考察」（『鎌倉』107、二〇〇九年六月）

雑賀鹿野「元寇の役と北條時宗」（『国学院雑誌』37-7、一九三一年七月）

齋藤潤「鎌倉幕府在京人制成立試論」（羽下徳彦先生退官記念論集『中世の杜』、一九九七年三月）

斎藤直子「中世前期鎌倉の海岸線と港湾機能」（峰岸純夫・村井章介編『中世東国の物流と都市』、一九九五年十一月）

斎藤直子「13～19世紀鎌倉海岸部における潟湖の変容」（『国立歴史民俗博物館研究報告』81、一九九九年三月）

斎藤直美「女性相続の実例について——鎌倉時代前半の『鎌倉遺文』から——」（北条氏研究会編『北条時宗の時代』、二〇〇八年五月）

斎藤夏来「鎌倉後期の禅院住持職と政治権力」（『年報中世史研究』25、二〇〇〇年五月）

佐伯弘次「蒙古襲来と中世都市博多」（『歴史評論』619、二〇〇一年十一月）

佐伯弘次「蒙古襲来以後の日本の対高麗関係」（『史淵』153、二〇一六年三月）

酒井紀美「申詞と申状」（『歴史評論』607、二〇〇〇年十一月）

酒井紀美「申詞と言口」（『東北中世史研究会会報』17、二〇〇七年六月）

酒井紀美「六波羅探題における「内問答」と「言口法師」」（東寺文書研究会編『東寺文書と中世の諸相』、二〇一一年五月）

酒井智大「闕所と替地から観た所務沙汰——中世武家訴訟制度と恩賞給与——」（『国家学会雑誌』132-5・6合併号、二〇一九年六月）

坂井法曄「日蓮遺文に記された金沢北条氏の内訌」（『季刊ぐんしょ』62、二〇〇三年十月）

坂井法曄「日蓮と鎌倉政権ノート」（佐藤博信編『中世東国の社会構造』中世東国論下、二〇〇七年六月）

坂井法曄「日蓮遺文に見える国主と国王——佐藤弘夫説への異議——」（阿部猛編『中世政治史の研究』、二〇一〇年九月）

坂井法曄「金沢実村母子の流刑について——永井晋氏の批判にこたえる——」（『ぶい&ぶい』27、二〇一四年五月）

佐久間広子「宗尊親王鎌倉将軍家就任の歴史的背景」（『政治経済史学』370、一九九七年四月）
佐久間広子「天福元年北条実時元服事情について」（『政治経済史学』604、二〇一七年四月）
櫻井大「蒙古襲来期の鎮西奉行」（『国際文化研究紀要』5、一九九九年十月）
佐々木馨「時頼伝の基礎的考察」（『青森県史研究』1、一九九七年三月）
佐々木銀弥「常陸国総社宮文書のスリ消しをめぐって」（『古文書研究』10、一九七六年十二月）
佐々木慶市「中世の津軽安藤氏の研究」（『東北学院大学東北文化研究所紀要』16、一九八四年十一月）
佐々木亨「中世武蔵国に関する一前提」（『民衆史研究』43、一九九二年五月）
佐々木紀一「北条時家略伝」（『米沢史学』15、一九九九年六月）
佐々木紀一「『源平闘諍録』の坂東平氏・北条氏・千葉氏一族系譜について」（『米沢国語国文』35、二〇〇七年十二月）
佐々木文昭「鎌倉幕府評定制の成立過程」（『史学雑誌』92－9、一九八三年九月）
佐々木文昭「初期鎌倉幕府問注所試論」（佐伯有清編『日本古代中世史論考』、一九八七年三月）
佐々木文昭「「関東新制」小考――弘長元年二月三十日関東新制を中心として――」（義江彰夫編『古代中世の政治と権力』、二〇〇六年二月）
佐々木文昭「鎌倉幕府引付頭人小考」（『北海道武蔵女子短期大学紀要』43、二〇一一年三月）
佐藤和夫「中世津軽成立過程について」（『弘前大学国史研究』32、一九六二年）
佐藤和夫「「北条実時書状」の武家々訓としての評価」（『弘前大学国史研究』42、一九六五年）
佐藤和夫「鎌倉時代武家政治の「道理観」（上）」（『金沢文庫研究』112、一九六五年五月）
佐藤和夫「鎌倉時代武家政治の「道理観」（下）」（『金沢文庫研究』113、一九六五年六月）
佐藤和夫「「北条実時書状」の武家々訓としての評価（一）」（『金沢文庫研究』131、一九六七年一月）
佐藤和夫「「北条実時書状」の武家々訓としての評価（二）」（『金沢文庫研究』132、一九六七年二月）
佐藤和夫「「北条実時書状」の武家々訓としての評価（三）」（『金沢文庫研究』133、一九六七年三月）
佐藤和夫「「北条実時書状」の武家々訓としての評価（四）」（『金沢文庫研究』134、一九六七年四月）
佐藤和彦「在地領主制の形成と展開――紀伊国伊都郡隅田荘を中心として――」（『史観』78、一九六八年十一月）、再録『南北朝内乱史論』一九七九年十二月
佐藤和彦「元弘の乱と下野武士団――南北朝内乱史断章――」（『栃木県史研究』24、一九八三年三月）
佐藤和彦「内乱期社会の反権力運動――悪党行動の検討から――」（『中世史講座』7、一九八五年四月）、再録『日本中世の内乱と民衆運動』一九九六年七月
佐藤和彦「北条時宗とその時代」（佐藤和彦・樋口州男編『北条時宗のすべて』、二〇〇〇年十二月）
佐藤和彦「北条時宗関係人物事典」（佐藤和彦・樋口州男編『北条時宗のすべて』、二〇〇〇年十二月）
佐藤勝男「伊豆地方北条史跡めぐり（上）」（『金沢文庫研究』

87、一九六三年二月)
佐藤勝男「伊豆地方北条史跡めぐり（上）」(『金沢文庫研究』88、一九六三年三月)
佐藤邦憲「御成敗式目諸本について（上）――明治大学刑事博物館所蔵本を中心に――」(『明治大学刑事博物館年報』12、一九八一年三月)
佐藤邦憲「御成敗式目諸本について（下）――明治大学刑事博物館所蔵本を中心に――」(『明治大学刑事博物館年報』13、一九八二年三月)
佐藤三郎「鎌倉武士の族的結合の変化――奥州の南部氏、曽我氏における――」(『歴史教育』11-7、一九六三年七月)
佐藤進一「光明寺残篇小考」(『史学雑誌』52-10、一九四一年十月)
佐藤進一「幕府論」(『新日本史講座』、一九四九年十月)、再録『日本中世史論集』一九九〇年十二月
佐藤進一「吾妻鏡の原資料の一つ」(『史学雑誌』61-9、一九五二年九月)
佐藤進一「初期封建社会の形成」(『新日本史体系』3、一九五四年一月)
佐藤進一「鎌倉幕府政治の専制化について」(竹内理三編『日本封建制成立の研究』、一九五五年二月)、再録『日本中世史論集』一九九〇年十二月
佐藤進一「御成敗式目の原形について」(『新訂増補国史大系』月報15、一九六五年二月)、再録『日本中世史論集』一九九〇年十二月
佐藤進一「守護制度史上の信濃」(『信濃』20-10、一九六八年十月)、再録『日本中世史論集』一九九〇年十二月
佐藤進一「関東裁許状の紙継目裏判」(『鎌倉遺文』月報2、一九七二年三月)
佐藤進一「武家政権について」(『弘前大学国史研究』64・65合併号、一九七六年三月)、再録『日本中世史論集』一九九〇年十二月
佐藤進一「凝然自筆仏書の紙背文書」(『中央史学』2、一九七九年三月)
佐藤進一「執権北条氏の花押について――花押を読む試みの一節――」(『金沢文庫研究』264、一九八〇年十一月)、再録『花押を読む』一九八八年十月
佐藤進一「鎌倉幕府職員表復原の試み（其一）」(『中央大学文学部紀要』史学28、一九八三年三月)
佐藤進一「鎌倉幕府職員表復原の試み（其二）」(『中央大学文学部紀要』史学29、一九八四年三月)
佐藤進一「鎌倉幕府職員表復原の試み（其三）」(『中央大学文学部紀要』史学30、一九八五年三月)
佐藤進一「鎌倉幕府職員表復原の試み（其四）」(『中央大学文学部紀要』史学32、一九八七年三月)
佐藤進一「合議と専制」(『駒沢大学史学論集』18、一九八八年二月)、再録『日本中世史論集』一九九〇年十二月
佐藤鉄太郎「鎮西探題の侍所とその博多市中における検断（治安警察）権」(『中村学園大学研究紀要』39、二〇〇七年三月)
佐藤鉄太郎「大水道と土居町――堀と土塁で構築された元寇防塁の後ろの博多の第二防衛線――」(『中村学園大学研究紀要』39、二〇〇七年三月)
佐藤秀成「六波羅探題発給文書の伝達経路に関する若干の考察」(『古文書研究』41・42、一九九五年十二月)
佐藤秀成「和与状裏封と譲状外題安堵に関する一考察」(『史学』66-2、一九九七年一月)

佐藤秀成「将軍家下文に関する一考察」（鎌倉遺文研究会編『鎌倉時代の政治と経済』鎌倉遺文研究I、一九九九年四月）
佐藤秀成「鎌倉時代軍事関係文書の整理」（『古文書研究』71、二〇一一年五月）
佐藤秀成「防長守護小考」（『史学』82-1・2、二〇一三年四月）
佐藤博信「越後国奥山庄と金沢称名寺」（『神奈川県史研究』21、一九七三年九月）、再録『越後中世史の世界』二〇〇六年四月
佐藤博信「二階堂氏と懐島・大井庄」（『茅ヶ崎市史研究』2、一九七七年十月）、再録『中世東国足利・北条氏の研究』二〇〇六年五月
佐藤博信「北条氏と後北条氏」（『鎌倉遺文』月報16、一九七九年五月）、再録『古河公方足利氏の研究』一九八九年十一月
佐藤雄基「鎌倉期の御家人と誓約に関する覚書――『吾妻鏡』の起請文記事を中心にして――」（酒井紀美編『契約・誓約・盟約』生活と文化の歴史学6、二〇一五年十月）
佐野章「北條時宗の人物とその教養」（『日本学研究』2-9、一九四二年）
澤野泉（鴇田泉）「流鏑馬行事の成立」（『お茶の水女子大学人文学部紀要』40、一九八七年三月）
沢野初恵「北条泰時の信仰」（『日本仏教史学』17、一九八一年十一月）
三田武繁「京都大番役と主従制の発展」（『北大史学』29、一九八九年八月）、再録『鎌倉幕府体制成立史の研究』二〇〇七年十二月
三田武繁「文治の守護・地頭問題の基礎的考察」（『史学雑誌』100-1、一九九一年一月）、再録『鎌倉幕府体制成立史の研究』二〇〇七年十二月
三田武繁「「七ヶ国地頭職」再考」（『北海道大学文学研究科紀要』109、二〇〇三年二月）、再録『鎌倉幕府体制成立史の研究』二〇〇七年十二月
三田武繁「源実朝の「晩年」」（『東海大学文学部紀要』47、二〇一八年三月）
三田武繁「治承・寿永の内乱と鎌倉幕府地頭制度」（『東海史学』53、二〇一九年三月）
ジェフリー・P・マス「鎌倉幕府初期の訴訟制度――問注所と政所を中心に――」（『古文書研究』12、一九七八年十月）
鹿野賀代子「執権における鎌倉幕府の性格」（『日本歴史』239、一九六八年四月）
重見一行「教行信証正応四年出版に関する書誌学的考証」（『国語国文』43-4、一九七四年）
柴坂直純「鎮西における鎌倉幕府の寺社造営について――宇佐八幡宮造営奉行人の分析を中心として――」（『中央大学大学院論究』文研19-1、一九八七年三月）
島田宏三「島津庄日向南郷に於ける建武元年北条氏の残党について」（『史創』5、一九六二年）
島田次郎「在地領主制の展開と鎌倉幕府法――下地分割法の成立の法史的意義――」（稲垣泰彦・永原慶二編『中世の社会と経済』、一九六二年六月）、再録『日本中世の領主制と村落』上巻、一九八五年十一月
清水亮「関東御領における地頭領主制の展開――鎌倉期常陸国真壁荘を中心に――」（『年報三田中世史研究』2、一九九五年十月）
清水亮「関東御公事の制度的成立と承久の乱――御家人所領の把握を中心に――」（『年報三田中世史研究』3、一九九六年

十月）、再録『鎌倉幕府御家人制の政治史的研究』二〇〇七年十一月

清水亮「鎌倉末期の東国所領と蝦夷問題――越後・北関東を中心に――」（『地方史研究』323、二〇〇六年十月）、再録『鎌倉幕府御家人制の政治史的研究』二〇〇七年十一月

清水亮「モンゴル襲来の「噂」と文永四年の武家徳政令」（『埼玉大学教育学部紀要』59-1、二〇一〇年一月）

下沢敦「京都篝屋の一時中断・再開を巡る一考察」（杉山晴康編『裁判と法の歴史的展開』、一九九二年五月）

下沢敦「京都篝屋の設置場所に関する試論」（『早稲田大学大学院法研論集』77、一九九六年四月）

下沢敦「京都篝屋の設置場所に関する補論」（『早稲田大学大学院法研論集』79、一九九六年十月）

下村周太郎「鎌倉幕府不易法と将軍・執権・得宗」（『日本歴史』732、二〇〇九年五月）

下村周太郎「鎌倉幕府の歴史意識・自己認識と政治社会動向」（『歴史学研究』924、二〇一四年十月）

下村周太郎「「幕府」概念と武家政権史――日本中世史研究の動向から――」（『史海』62、二〇一五年五月）

下山忍「北条義時発給文書について」（安田元久先生退任記念論集刊行委員会編『中世日本の諸相』下、一九八九年四月）

下山忍「極楽寺流における北条義政の政治的立場と出家遁世事件」（北条氏研究会編『北条時宗の時代』、二〇〇八年五月）

下山忍「極楽寺流北条氏の執権・連署」（日本史史料研究会編『将軍・執権・連署――鎌倉幕府権力を考える――』、二〇一八年三月）

庄司壮哉「鎌倉幕府における摂家将軍について――「鎌倉殿」と「征夷大将軍」の関係――」（『国史談話会雑誌』36、一九九五年十一月）

白井克浩「鎌倉期における播磨国三種山相論と承久の乱」（『地方史研究』290、二〇〇一年四月）

白井克浩「西摂地域における北条氏得宗領――摂津国美作庄の現地比定をめぐって――」（『地方史研究』297、二〇〇二年六月）

白井克浩「承久の乱再考――北条義時追討宣旨をめぐって――」（『ヒストリア』189、二〇〇四年四月）

白川哲郎「鎌倉後期の国衙・知行国主・幕府」（大阪大学文学部日本史研究室編『古代中世の社会と国家』、一九九八年十二月）

白根靖大「承久の乱の歴史的意義――公家社会側の立場から――」（『日本歴史』603、一九九八年八月）、再録『中世の王朝社会と院政』二〇〇〇年二月

白根靖大「関東申次の成立と展開」（『中世の王朝社会と院政』、二〇〇〇年二月）

新城常三「中世の信濃」（『史学雑誌』57-3・4、一九四八年四月）

新城常三「鎌倉幕府首脳者の参詣」（『金沢文庫研究』106、一九六四年十一月）

申宗大「六波羅探題の役割」（『国史談話会雑誌』33、一九九二年十二月）

申宗大「鎌倉幕府の使節に関する一考察――雑色・得宗被官・御家人――」（羽下徳彦編『中世の政治と宗教』、一九九四年八月）

申宗大「鎌倉幕府の命令伝達担当者について――「使者」と「飛脚」の概念規定を試みる――」（『歴史』87、一九九六年九月）

神野潔「関東寄進状について」（『法学政治学論究』法律・政治・社会58、二〇〇三年九月）
神野潔「鎌倉幕府の寄進安堵について」（『古文書研究』62、二〇〇六年九月）
神野潔「鎌倉期の法と秩序」（出口勇一・神野潔・十川陽一・山本英貴編『概説日本法制史』、二〇一八年三月）
末常愛子「六波羅探題金澤貞顕武蔵守補任の背景――北條師時・北條貞時連続卒去「鎌倉騒動」との関連――」（『政治経済史学』332、一九九四年二月）
末常愛子「武蔵守金澤貞顕連署就任の意義――正和四年鎌倉大火と北條熙時卒去との関連――」（『政治経済史学』370、一九九七年四月）
末常愛子「正和五年に於ける金澤貞顕連署留任と従四位下昇叙」（『政治経済史学』400、一九九九年十二月）
杉橋隆夫「北条時政と政子――その出身と心操――」（『歴史公論』40、一九七九年三月）
杉橋隆夫「執権・連署制の起源――鎌倉執権政治の成立過程・続論――」（『立命館文学』424・425・426、一九八〇年十月）
杉橋隆夫「鎌倉執権政治の成立過程――十三人合議制と北条時政の「執権」職就任――」（御家人制研究会編『御家人制の研究』、一九八一年七月）
杉橋隆夫「御成敗式目成立の経緯・試論」（岸俊男教授退官記念会編『日本政治社会史研究』下、一九八五年三月）
杉橋隆夫「北条時政の出身――北条時定・源頼朝との確執――」（『立命館文学』500、一九八七年三月）
杉橋隆夫「北条政子の性格と評価」（『日本思想史研究会会報』8、一九九〇年五月）
杉橋隆夫「牧の方の出身と政治的位置――池禅尼と頼朝と――」（上横手雅敬編『古代・中世の政治と文化』、一九九四年四月）
杉本尚雄「北条氏の九州政策――寛元二年肥後人吉荘の下地中分――」（『熊本大学教育学部紀要』8、一九六〇年）
杉山博「鎌倉中期の武蔵国司」（『府中市史史料集』9、一九六五年十二月）
杉山博「鎌倉後期の武蔵国司」（『府中市史史料集』9、一九六五年十二月）
杉山博「鎌倉時代の在庁官人」（『府中市史史料集』12、一九六六年九月）
杉山博「鎌倉時代の武蔵国衙」（『府中市史史料集』14、一九六七年三月）
須郷一史「得宗被官の所領支配に関する一考察――津軽曽我氏の事例を中心に――」（『日本社会史研究』77、二〇〇八年七月）
鈴木かほる「寛元の政変・宝治合戦の通説への疑問――建長・弘長騒動までを見直す――」（『鎌倉遺文研究』38、二〇一六年十月）
鈴木国弘「武家の家訓と女性」（峰岸純夫編『中世を考える家族と女性』、一九九二年四月）
鈴木国弘「日本中世の「和平」の思想――北条泰時の「東国統治」体制との関係から――」（『日本大学人文科学研究所研究紀要』79、二〇一〇年三月）
鈴木茂「神奈川県鎌倉市における鎌倉時代の森林破壊」（『国立歴史民俗博物館研究報告』81、一九九九年三月）
鈴木宏美「安達泰盛の支持勢力――高野山町石を中心に――」（『埼玉地方史』10、一九八一年二月）
鈴木宏美「「六条八幡宮注文」にみる武蔵国御家人」（『埼玉地

方史』40、一九九八年六月）
鈴木宏美「安達一族」（北条氏研究会編『北条時宗の時代』、二〇〇八年五月）
鈴木宏美「北条氏と和歌」（北条氏研究会編『北条時宗の時代』、二〇〇八年五月）
鈴木宏美「武蔵武士　西国へ――その一大契機としての承久の乱――」（北条氏研究会編『武蔵武士の諸相』、二〇一七年十月）
鈴木満「関東御領に関する省察」（『秋大史学』45、一九九九年三月）
鈴木由美「金沢貞冬の評定衆・官途奉行就任の時期について」（『鎌倉遺文研究』17、二〇〇六年四月）
鈴木由美「中先代の乱に関する基礎的考察」（阿部猛編『中世の支配と民衆』、二〇〇七年十月）
鈴木由美「北条貞時の妻」（『段かづら』6、二〇〇八年五月）
鈴木由美「覚海円成の祈り――伊豆の国市本立寺所蔵元徳四年（一三三二）銘旧鎌倉東慶寺梵鐘――」（『ぶい＆ぶい』4、二〇〇八年八月）
鈴木由美「「最勝園寺殿供養供奉人交名」にみる「大名」」（阿部猛編『中世政治史の研究』、二〇一〇年九月）
鈴木由美「若狭国太良荘給主「竹向御方」小考」（『ぶい＆ぶい』21、二〇一一年八月）
鈴木由美「御家人・得宗被官としての小笠原氏――鎌倉後期長忠系小笠原氏を題材に――」（『信濃』64-12、二〇一二年十二月）
鈴木由美「建武政権期における反乱――北条与党の乱を中心に――」（『日本社会史研究』100、二〇一二年十二月）
鈴木由美「北条貞時の嫡子・菊寿丸について」（『日本社会史研究』103、二〇一三年十一月）
鈴木由美「先代・中先代・当御代」（『日本歴史』790、二〇一四年三月）
鈴木由美「建武三年三月の「鎌倉合戦」――東国における北条与党の乱の事例として――」（『古文書研究』79、二〇一五年六月）
鈴木由美「鎌倉期の「源氏の嫡流」」（日本史史料研究会編『将軍・執権・連署――鎌倉幕府権力を考える――』、二〇一八年三月）
瀬川秀雄「北條時頼の廻国説に就て」（『史学雑誌』24-2、一九一三年二月）
関口崇史「非源氏将軍の登場――摂家将軍から親王将軍へ――」（日本史史料研究会編『将軍・執権・連署――鎌倉幕府権力を考える――』、二〇一八年三月）
関靖「金沢文庫の再吟味」（『歴史地理』62-2、一九三三年）
関靖「文人としての北條時宗」（『書物展望』13-1、一九四三年）
関靖「香取神社と北條実時父子との関係」（『彙報金沢文庫』29、一九四五年）
関靖「金沢氏系図について」（『日本歴史』12、一九四八年）
関靖「金沢氏一門」（『金沢文庫の研究』、一九五一年）
関幸彦「関東の新政権」（安田元久編『古文書の語る日本史』3鎌倉、一九九〇年一月）
関幸彦「相模武士団への招待――そのあらましを探る――」（関幸彦編『相模武士団』、二〇一七年九月）
瀬野精一郎「惣領制の解体と鎌倉幕府」（『九州史学』6、一九五七年十月）、再録『鎮西御家人の研究』一九七五年二月
瀬野精一郎「鎌倉幕府滅亡の歴史的前提――鎮西探題裁許状の

分析――」（『史淵』75、一九五八年三月）、再録『鎮西御家人の研究』一九七五年二月
瀬野精一郎「鎮西談議所」（『社会と伝承』3－2、一九五九年五月）、再録『鎮西御家人の研究』一九七五年二月
瀬野精一郎「鎮西御家人と元寇恩賞地」（『九州史学』14、一九五九年十二月）、再録『鎮西御家人の研究』一九七五年二月
瀬野精一郎「鎮西奉行考」（『九州文化史研究所紀要』8・9、一九六一年三月）、再録『鎮西御家人の研究』一九七五年二月
瀬野精一郎「鎌倉御家人の基準」（『金沢文庫研究』72、一九六一年十一月）、再録2
瀬野精一郎「鎌倉幕府裁許状の分析」（『史学雑誌』77－1、一九六八年一月）、再録『鎮西御家人の研究』一九七五年二月
瀬野精一郎「鎮西における六波羅探題の権限」（竹内理三編『九州史研究』、一九六八年六月）、再録『鎮西御家人の研究』一九七五年二月
瀬野精一郎「鎌倉幕府の鎮西統治に対する抵抗と挫折」（竹内理三先生還暦記念会編『荘園制と武家社会』、一九六九年六月）、再録『鎮西御家人の研究』一九七五年二月
瀬野精一郎「鎌倉幕府裁許状の蒐集」（『鎌倉幕府裁許状集』上、一九七〇年九月）、再録『歴史の陥穽』一九八五年六月
瀬野精一郎「蒙古恩賞地配分に関する相田理論の誤謬」（『日本歴史』320、一九七五年一月）、再録『歴史の陥穽』一九八五年六月
瀬野精一郎「京都大番役勤仕に関する一考察」（『東京大学史料編纂所報』9、一九七五年三月）
瀬野精一郎「鎌倉時代の推定文書数」（『鎌倉遺文』月報8、一九七五年四月）、再録『歴史の陥穽』一九八五年六月
瀬野精一郎「鎌倉時代における渡唐船の遭難にみる得宗家貿易独占の一形態」（『神奈川県史研究』28、一九七五年六月）
瀬野精一郎「蒙古征伐計画の実態」（『歴史と人物』2、一九七八年二月）、再録『歴史の陥穽』一九八五年六月
瀬野精一郎「鎮西探題と北条氏」（『金沢文庫研究』256、一九七九年三月）、再録『歴史の陥穽』一九八五年六月
瀬野精一郎「モンゴル合戦恩賞対象地としての肥前国神崎荘」（『早稲田大学大学院文学研究科紀要』哲学・史学25、一九八〇年一月）
瀬野精一郎「鎌倉幕府による鎮西特殊立法について」（御家人制研究会編『御家人制の研究』、一九八一年七月）
瀬野精一郎「異国警固番役について」（『日本史の研究』114、歴史と地理313、一九八一年九月）、再録『歴史の陥穽』一九八五年六月
瀬野精一郎「「シギョウ状」か「セギョウ状」か」（『日本歴史』431、一九八四年四月）、再録『歴史の陥穽』一九八五年六月
瀬野精一郎「蒙古襲来」（安田元久編『古文書の語る日本史』3鎌倉、一九九〇年一月）
瀬野精一郎「青方文書正和4年6月2日鎮西探題裁許状案の復原」（『日本歴史』500、一九九〇年一月）
瀬谷貴之「建長寺創建本尊と北条時頼の信仰」（村井章介編『東アジアのなかの建長寺――宗教・政治・文化が交叉する禅の聖地』、二〇一四年十一月）
瀬谷貴之「建長寺創建本尊地蔵菩薩像と北条時頼の信仰をめぐって（上）」（『金沢文庫研究』334、二〇一五年三月）
瀬谷貴之「建長寺創建本尊地蔵菩薩像と北条時頼の信仰をめぐって（下）」（『金沢文庫研究』335、二〇一五年十月）
田井秀「金沢文庫古文書三二四金沢貞顕書状の年代について」

（『金沢文庫研究』118、一九六五年十二月）
平雅行「定豪と鎌倉幕府」（大阪大学文学部日本史研究室編『古代中世の社会と国家』、一九九八年十二月）
平雅行「将軍九条頼経時代の鎌倉の山門僧」（薗田香融編『日本仏教の史的展開』、一九九九年十月）
平雅行「鎌倉山門派の成立と展開」（『大阪大学大学院文学研究科紀要』40、二〇〇〇年三月）
平雅行「鎌倉幕府と延暦寺」（中尾堯編『中世の寺院体制と社会』、二〇〇二年十二月）
高尾一彦「淡路国への鎌倉幕府の水軍配置（上）」（『兵庫県の歴史』7、一九七二年五月）
高尾一彦「淡路国への鎌倉幕府の水軍配置（下）」（『兵庫県の歴史』8、一九七二年十一月）
高木豊「鎌倉名越の日蓮の周辺」（『金沢文庫研究』272、一九八四年三月）
高田豊「元仁元年鎌倉政情の一考察——北条義時卒去及び伊賀氏陰謀事件をめぐって——」（『政治経済史学』36、一九六六年一月）
高田豊「鎌倉宝治合戦における三浦一族」（『歴史教育』16-12、一九六八年十二月）
高田豊「文治年間初頭における鎌倉殿の後室構造と北条四郎時政の政治的立場」（『政治経済史学』95、一九七三年十二月）
高田豊「吾妻鏡における『建長元年』欠文理由の一考察——閑院御所炎上に始まる全国的政情不穏と、幕政不安を背景として——」（『政治経済史学』114、一九七五年十一月）
高梨みどり「金沢貞顕の書状について（1）」（『金沢文庫研究』49、一九五九年九月）
高梨みどり「金沢貞顕の書状について（2）」（『金沢文庫研究』53、一九六〇年二月）
高梨みどり「得宗被官長崎氏の専権——金沢貞顕書状を通しての考察——」（『歴史教育』8-7、一九六〇年七月）
高梨みどり「金沢貞顕の書状について（3）」（『金沢文庫研究』60、一九六〇年九月）
高梨みどり「金沢貞顕の書状について（4）」（『金沢文庫研究』65、一九六一年三月）
高梨みどり「村口氏寄贈の金沢貞将書状について」（『金沢文庫研究』82、一九六二年八月）
高梨みどり「金沢貞顕の書状について（5）」（『金沢文庫研究』86、一九六三年一月）
高梨みどり「金沢文庫古文書五五四書状について——差出者と年代推定——（上）」（『金沢文庫研究』91、一九六三年六月）
高梨みどり「金沢文庫古文書五五四書状について——差出者と年代推定——（下）」（『金沢文庫研究』92、一九六三年七月）
高梨みどり「金沢貞顕の書状について（6）」（『金沢文庫研究』132、一九六七年二月）
高梨みどり「二階堂道蘊の元徳元年上洛」（『歴史教育』16-12、一九六八年十二月）
高橋一樹「鎌倉幕府の保管文書とその機能——裁許下知状の「原簿」——」（河音能平編『中世文書論の視座』、一九九六年三月）、再録『中世荘園制と鎌倉幕府』二〇〇四年一月
高橋一樹「平安末・鎌倉期の越後と佐渡——中世荘園の形成と国衙領支配——」（田村裕・坂井秀弥編『中世の越後と佐渡』、一九九九年六月）、再録『中世荘園制と鎌倉幕府』二〇〇四年一月
高橋一樹「関東御教書の様式について」（『鎌倉遺文研究』8、二〇〇一年十月）、再録『中世荘園制と鎌倉幕府』二〇〇四

年一月
高橋一樹「鎌倉幕府訴訟文書の機能論的考察――訴陳状を中心に――」（『古文書研究』54、二〇〇一年十一月）、再録『中世荘園制と鎌倉幕府』二〇〇四年一月
高橋一樹「鎌倉幕府における訴訟文書・記録の保管利用システム――幕府の文庫と奉行人の「家」――」（『歴史学研究』758、二〇〇二年一月）、再録『中世荘園制と鎌倉幕府』二〇〇四年一月
高橋一樹「既知の鎌倉幕府裁許状にあらわれた未知の信濃国御家人」（『古文書研究』58、二〇〇四年二月）
高橋一樹「荘園制の変質と公武権力」（『歴史学研究』794、二〇〇四年十月）
高橋一樹「鎌倉幕府の成立・展開と武家文書」（鶴島博和・春田直紀編『日英中世史料論』、二〇〇八年七月）
高橋一樹「鎌倉幕府における権門間訴訟の奉行人」（『年報三田中世史研究』16、二〇〇九年十月）
高橋一樹「日本中世における「武家文書」の確立過程とその諸相」（小島道裕編『武士と騎士――日欧比較中近世史の研究――』、二〇一〇年三月）
高橋秀栄「北条実時と思円房叡尊」（『印度学仏教学研究』37-1、一九八八年十二月）
高橋慎一朗「六波羅探題被官と北条氏の西国支配」（『史学雑誌』98-3、一九八九年三月）、再録『中世の都市と武士』一九九六年八月
高橋慎一朗「六波羅探題被官の使節機能」（『遙かなる中世』10、一九八九年十月）
高橋慎一朗「「武家地」六波羅の成立」（『日本史研究』352、一九九一年十二月）、再録『中世の都市と武士』一九九六年八月
高橋慎一朗「空間としての六波羅」（『史学雑誌』101-6、一九九二年六月）、再録『中世の都市と武士』一九九六年八月
高橋慎一朗「六波羅と洛中」（五味文彦編『中世を考える都市の中世』、一九九二年十一月）、再録『中世の都市と武士』一九九六年八月
高橋慎一朗「北条時村と嘉元の乱」（『日本歴史』553、一九九四年六月）
高橋慎一朗「中世鎌倉における浄土宗西山義の空間」（五味文彦編『中世の空間を読む』、一九九五年七月）、再録『中世の都市と武士』一九九六年八月
高橋慎一朗「京都大番役と御家人の村落支配」（『日本歴史』575、一九九六年四月）
高橋慎一朗「金沢氏と鎌倉および六浦」（『中世の都市と武士』、一九九六年八月）
高橋慎一朗「『親玄僧正日記』と得宗被官」（五味文彦編『日記に中世を読む』、一九九八年十一月）
高橋慎一朗「宗尊親王期における幕府「宿老」」（『年報中世史研究』26、二〇〇一年五月）
高橋慎一朗「「六波羅」から中世を考える」（『京都女子大学宗教・文化研究所紀要』20、二〇〇七年三月）
高橋慎一朗「中世都市鎌倉と禅宗寺院」（村井章介編『東アジアのなかの建長寺――宗教・政治・文化が交叉する禅の聖地』、二〇一四年十一月）
高橋典幸「鎌倉幕府軍制の構造と展開――「武家領対本所一円地体制」の成立――」（『史学雑誌』105-1、一九九六年一月）
高橋典幸「武家政権と本所一円地――初期室町幕府軍制の前提――」（『日本史研究』431、一九九八年七月）

高橋典幸「御家人制の周縁」（『古文書研究』50、一九九九年十一月）
高橋典幸「武家政権と戦争・軍役」（『歴史学研究』755、二〇〇一年十月）
高橋典幸「荘園制と武家政権」（『歴史評論』622、二〇〇二年二月）
高橋典幸「武家政権と幕府論」（五味文彦編『京・鎌倉の王権』日本の時代史8、二〇〇三年一月）
高橋典幸「荘園制と悪党」（『国立歴史民俗博物館研究報告』104、二〇〇三年三月）
高橋典幸「鎌倉幕府論」（『岩波講座日本歴史』六中世1、二〇一三年十二月）
高橋典幸「鎌倉幕府の滅亡と武蔵武士」（関幸彦編『武蔵武士団』、二〇一四年三月）
高橋典幸「モンゴル襲来をめぐる外交交渉」（高橋典幸編『戦争と平和』生活と文化の歴史学5、二〇一四年十月）
高橋典幸「北条時頼とその時代」（村井章介編『東アジアのなかの建長寺――宗教・政治・文化が交叉する禅の聖地』、二〇一四年十一月）
高橋典幸「元弘・建武の乱と相模」（関幸彦編『相模武士団』、二〇一七年九月）
高橋秀樹「越後和田氏の動向と中世家族の諸問題――名字・婚姻・養子聟――」（『三浦一族研究』1、一九九七年五月）
高橋秀樹「吾妻鏡と和田合戦」（『郷土神奈川』44、二〇〇六年二月）
高橋秀樹「鎌倉殿侍別当和田義盛と和田合戦」（『三浦一族の研究』、二〇一六年六月）
高橋正彦「鎌倉幕府文書」（『日本古文書学講座』四中世Ⅰ、一九八〇年四月）
多賀宗隼「秋田城介安達泰盛」（『史学雑誌』52、一九四〇年）
多賀宗隼「北条執権政治の意義」（『歴史教育』15-6、一九四〇年）
多賀宗隼「弘安八年「霜月騒動」とその波紋」（『歴史地理』78-6、一九四一年十二月）
多賀宗隼「赤橋駿河守守時」（『歴史地理』81-1、一九四三年一月）
多賀宗隼「高時と尊氏」（『金沢文庫研究』147、一九六八年六月）
多賀宗隼「鎌倉時代の思潮――御家人をめぐって――」（『金沢文庫研究』255、一九七九年一月）
多賀宗隼「金沢北条氏と安達氏」（『三浦古文化』28、一九八〇年十一月）
高山明徳「呼び名による北条氏系図の作成――吾妻鏡にみえる呼び名による――」（『鎌倉』6、一九六一年八月）
高山明徳「呼び名による北条氏系図の作成――吾妻鏡にみえる呼び名による――（二）」（『鎌倉』7、一九六二年九月）
田口卯吉「北條政村」（『史学雑誌』10-10、一八九九年十月）
竹居明男「蒙古合戦と「神風」――用語「神風」の使用実態をめぐって――」（『文化学年報』66、二〇一八年三月）
武井尚「安達泰盛の政治的立場――得宗専制体制成立の一側面――」（『埼玉民衆史研究』1、一九七五年三月）
竹内理三「金沢文庫古文書の価値」（『三浦古文化』28、一九八〇年十一月）
竹中友里代「肥後国野原荘関係新出史料の紹介――弘長二年六波羅施行状と野原荘下地中分――」（『鎌倉遺文研究』27、二〇一一年四月）

多田誠「鎌倉時代九州における使節遵行制度の変遷について」（上横手雅敬編『中世公武権力の構造と展開』、二〇〇一年八月）
多田誠「鎌倉時代東国における使節遵行制度の変遷について」（『皇学館論叢』38-1、二〇〇五年二月）
舘隆志「建長寺の開山――蘭渓道隆と北条時頼――」（村井章介編『東アジアのなかの建長寺――宗教・政治・文化が交叉する禅の聖地』、二〇一四年十一月）
立花信彦「関東御分国と守護に関する一考察」（『書陵部紀要』45、一九九四年三月）
竪月基「鎌倉期九州守護発給文書に関する一考察」（『青山史学』30、二〇一二年三月）
竪月基「鎮西探題の評定に関する一考察」（『鎌倉遺文研究』38、二〇一六年十月）
田中健二「鎌倉時代「守護領」についての一考察――北条氏の島津庄地頭職を一例として――」（『九州史学』60、一九七六年九月）
田中健二「鎌倉幕府の社寺造営――宇佐八幡宮を中心として――」（『九州中世史研究』1、一九七八年十一月）
田中健二「鎌倉幕府の大隅国支配についての一考察――守護所と国衙在庁を中心に――（上）」（『九州史学』65、一九七九年三月）
田中健二「鎌倉幕府の大隅国支配についての一考察――守護所と国衙在庁を中心に――（下）」（『九州史学』67、一九七九年十月）
田中健二「平安末・鎌倉期の大隅国衙領について」（『史淵』117、一九八〇年三月）
たなかしげひさ「北条政子の性格」（『史迹と美術』288、一九六八年十一月）
田中大喜「「得宗専制」と東国御家人――新田義貞挙兵前史――」（『地方史研究』294、二〇〇一年十二月）
田中美智子「北条一族における赤橋家の地位」（『橘史学』12、一九九七年十月）
田中稔「承久京方武士の一考察――乱後の新地頭補任地を中心として――」（『史学雑誌』65-4、一九五六年四月）、再録『鎌倉幕府御家人制度の研究』一九九一年八月
田中稔「鎌倉幕府御家人制度の一考察――若狭国の地頭・御家人を中心として――」（石母田正・佐藤進一編『中世の法と国家』、一九六〇年三月）、再録『鎌倉幕府御家人制度の研究』一九九一年八月
田中稔「秋田城介時顕施入の法華寺一切経について」（『大和文化研究』5-6、一九六〇年六月）、再録『鎌倉幕府御家人制度の研究』一九九一年八月
田中稔「讃岐国の地頭御家人について」（宝月圭吾先生還暦記念会編『日本社会経済史研究』古代・中世編、一九六七年十月）、再録『鎌倉幕府御家人制度の研究』一九九一年八月
田中稔「鎌倉時代における伊予国の地頭御家人について」（竹内理三先生還暦記念会編『荘園制と武家社会』、一九六九年六月）、再録『鎌倉幕府御家人制度の研究』一九九一年八月
田中稔「承久の乱後の新地頭補任地〈拾遺〉――承久京方武士の一考察・補論――」（『史学雑誌』79-12、一九七〇年十二月）、再録『鎌倉幕府御家人制度の研究』
田中稔「野津本『北条系図、大友系図』」（『国立歴史民俗博物館研究報告』5、一九八五年三月）
田辺旬「鎌倉幕府二所詣の歴史的展開」（『ヒストリア』196、二〇〇五年九月）

田辺旬「北条義時――義時朝臣天下を併呑す――」（平雅行編『公武権力の変容と仏教界』、二〇一四年七月）
田辺旬「鎌倉期武士の先祖観と南北朝内乱」（『鎌倉遺文研究』42、二〇一八年十月）
田辺旬「北条政子発給文書に関する一考察――「和字御文」をめぐって――」（『ヒストリア』273、二〇一九年四月）
田端泰子「中世女性の栄光と実像――北条政子と日野富子――」（『橘女子大学研究紀要』13、一九八六年十二月）、再録『日本中世の女性』一九八七年十月
玉村竹二「北条貞時の禅宗帰嚮の一断面――曹洞宗宏智派の日本禅林への導入について――（上）」（『金沢文庫研究』125、一九六六年七月）
玉村竹二「北条貞時の禅宗帰嚮の一断面――曹洞宗宏智派の日本禅林への導入について――（下）」（『金沢文庫研究』126、一九六六年八月）
田村哲夫「長門守護代の研究」（『山口県文書館研究紀要』1、一九七二年三月）
田村哲夫「異本『長門守護代記』の紹介」（『山口県文書館研究紀要』9、一九八二年三月）
田村浩「得宗家公文所の一考察」（『千葉県立船橋高等学校研究紀要』13、一九八二年）
田村裕「奥山庄波月条絵図の作成背景をめぐって――越後国奥山荘・荒河保研究の（二）――」（『日本史研究』310、一九八八年六月）
田良島哲「六波羅探題発給の二枚の制札」（『日本歴史』511、一九九〇年十二月）
千々和到「上行寺と上行寺周辺の中世資料」（『三浦古文化』40、一九八六年十一月）
張東翼「1269年「大蒙古国」中書省の牒と日本側の対応」（『史学雑誌』114-8、二〇〇五年八月）
塚本とも子「鎌倉時代篝屋制度の研究」（『ヒストリア』76、一九七七年九月）
築地貴久「鎮西探題における引付評定の式日について」（『鎌倉遺文研究』20、二〇〇七年十月）
築地貴久「鎮西探題の成立と鎌倉幕府」（『明治大学文学研究論集』28、二〇〇八年二月）
築地貴久「鎮西探題の性格規定をめぐって――鎮西探題宛関東発給文書検討の視点から――」（阿部猛編『中世政治史の研究』、二〇一〇年九月）
辻善之助「道元と時頼」（『国史学』3、一九三〇年）
土屋伸也「北条時宗関係人物事典」（佐藤和彦・樋口州男編『北条時宗のすべて』、二〇〇〇年十二月）
勅使河原拓也「番役に見る鎌倉幕府の御家人制」（『史林』101-6、二〇一八年十一月）
遠山久也「得宗家庶子北条時輔の立場」（北条氏研究会編『北条時宗の時代』、二〇〇八年五月）
時野谷滋「鎌倉御家人の任官叙位」（『政治経済史学』300、一九九一年六月）
徳永健太郎「肥後国野原荘関係新出史料の紹介――弘長二年六波羅施行状と野原荘下地中分――」（『鎌倉遺文研究』27、二〇一一年四月）
戸田芳実「播磨国福泊と安東蓮聖」（『兵庫県の歴史』13、一九七五年七月）
外岡慎一郎「鎌倉幕府指令伝達ルートの一考察――若狭国の守護と在地勢力――」（『古文書研究』22、一九八三年十二月）
外岡慎一郎「六波羅探題と西国守護――〈両使〉をめぐって

――」（『日本史研究』268、一九八四年十二月）
外岡慎一郎「鎌倉後期の公武交渉について――公武交渉文書の分析――」（『敦賀論叢』1、一九八七年一月）
外岡慎一郎「鎌倉末～南北朝期の備後・安芸――幕府・守護・両使――」（『年報中世史研究』15、一九九〇年五月）
外岡慎一郎「14～15世紀における若狭国の守護と国人――両使の活動を中心として――」（『敦賀論叢』5、一九九〇年十二月）
外岡慎一郎「鎌倉末～南北朝期の守護と国人――「六波羅――両使制」再論――」（『ヒストリア』133、一九九一年十二月）
外岡慎一郎「使節遵行に関する覚書」（『敦賀論叢』7、一九九二年十二月）
外岡慎一郎「使節遵行と在地社会」（『歴史学研究』690、一九九六年十月）
外岡慎一郎「鎮西探題と九州守護――鎮西使節の評価をめぐって――」（『敦賀論叢』11、一九九六年十二月）
外岡慎一郎「得宗被官論の周縁――「得宗専制」論再検討のためのノート（1）――」（『敦賀論叢』13、一九九八年十二月）
外岡慎一郎「鎌倉幕府と東国守護――東国使節の評価をめぐって――」（『敦賀論叢』19、二〇〇四年十二月）
外岡慎一郎「鎌倉幕府と西国社会」（川岡勉・古賀信幸編『西国の権力と戦乱』日本中世の西国社会1、二〇一〇年十二月）
外岡慎一郎「六波羅探題の領分」（『武家権力と使節遵行』、二〇一五年三月）
外村久江「宴曲の大成と金沢氏」（『史海』6、一九五九年）
友成和弘「鎌倉時代における鎮西統治機関についての一考察――北条兼時・時家の鎮西下向を中心に――」（『金沢文庫研究』275、一九八五年九月）
外山幹夫「鎌倉の武家法――新御成敗状・追加について――」（『歴史教育』18-8、一九七〇年十月）
豊田武「安東氏と北條氏」（『弘前大学国史研究』30、一九六二年七月）
豊田武「北條氏と東北地方」（『弘前大学国史研究』45、一九六六年十一月）
豊田武「元弘討幕の諸勢力について」（『文化』31-1、一九六七年七月）
豊田武「北条氏と隅田庄」（『中世史研究』2、一九六八年二月）
豊田武「東北地方における北条氏の所領」（『東北大学日本文化研究所研究報告』7、一九七〇年三月）
豊田武「北條時頼の廻国伝説」（『中世史研究』1、一九七七年）
豊田武「挙兵前の新田荘――その（1）」（『史路』1、一九七八年三月）
豊田武「挙兵前の新田荘――その（2）」（『史路』2、一九七八年十一月）
中新敬「金沢文庫古文書五五四書状の年次について――高梨みどり氏説への反論――」（『金沢文庫研究』98、一九六四年二月）
中新敬「遺領――円覚寺文書「北条貞時十三年忌供養記」の史料価値をめぐって――（一）」（『金沢文庫研究』121、一九六六年三月）
中新敬「遺領――円覚寺文書「北条貞時十三年忌供養記」の史料価値をめぐって――（二）」（『金沢文庫研究』122、一九六六年四月）
永井英治「鎌倉末～南北朝内乱初期の裁判と執行」（『年報中世

史研究』29、二〇〇四年五月）
永井晋「鎌倉初期の武蔵国衙と秩父氏族」（『埼玉県立歴史資料館研究紀要』7、一九八五年三月）
永井晋「鎌倉幕府垸飯の成立と展開」（小川信先生の古稀記念論集を刊行する会編『日本中世政治社会の研究』、一九九一年三月）
永井晋「金沢貞顕と甘縄顕実」（『六浦文化研究』3、一九九一年十二月）
永井晋「鎌倉幕府の的始」（『金沢文庫研究』296、一九九六年三月）
永井晋「比企氏の乱の基礎的考察——『吾妻鏡』建仁3年9月2日条と『愚管抄』の再検討から——」（『埼玉地方史』37、一九九七年五月）
永井晋「伊賀氏事件の基礎的考察」（『国史学』163、一九九七年十一月）
永井晋「『吾妻鏡』にみえる鶴岡八幡宮放生会」（『神道宗教』172、一九九八年九月）
永井晋「鎌倉時代後期における京都・鎌倉間の私的情報交換——六波羅探題金沢貞顕の書状と使者——」（『歴史学研究』726、一九九九年八月）
永井晋「北条氏実泰流出身の寺門僧」（『金沢文庫研究』303、一九九九年十月）
永井晋「北条顕時十三廻忌風誦文案とその紙背文書」（『郷土神奈川』38、二〇〇〇年三月）
永井晋「鎌倉幕府将軍家試論——源家将軍と摂家将軍の関係を中心に——」（『国史学』176、二〇〇二年三月）
永井晋「金沢貞顕書状概論」（『鎌倉遺文研究』13、二〇〇四年四月）
永井晋「金沢貞顕書状の料紙について」（『金沢文庫研究』313、二〇〇四年十月）
永井晋「北条実政と建治の異国征伐」（北条氏研究会編『北条時宗の時代』、二〇〇八年五月）
永井晋「平姓安東氏の研究——安東蓮聖像の再検討を中心に——」（北条氏研究会編『北条時宗の時代』、二〇〇八年五月）
永井晋「中世都市鎌倉の発展——小袋坂と六浦——」（北条氏研究会『北条時宗の時代』、二〇〇八年五月）
永井晋「安達泰盛と霜月騒動」（『日本史の研究』242、歴史と地理667、二〇一三年九月）
永井晋「金沢貞顕書状の編年的研究」（『金沢文庫研究』331、二〇一三年十月）
中川泉三「二位禅尼追福の写経と北條時頼菩提の写経」（『歴史地理』42-2、一九二四年）
中川博夫「僧正公朝について」（『国語と国文学』716、一九八三年）
長沼賢海「時頼廻国の説を評してその信仰に及ぶ」（『仏教史学』3-2、一九一三年）
中野栄夫「摂家将軍の廃立——宮騒動と九条道家父子の失脚——」（『歴史公論』107、一九八四年十月）
永原慶二「北条政子」（『日本歴史の女性』、一九五三年）、再録『中世成立期の社会と思想』一九七七年三月
長又高夫「鎌倉幕府訴訟制度上の越訴——「越訴」概念の歴史的変遷——」（『三浦古文化』51、一九九二年十二月）
長又高夫「「和与」概念成立の歴史的意義——法曹至要抄にみる法創造の一断面——」（『法制史研究』47、一九九八年三月）
長又高夫「『御成敗式目』の条文構成について」（『国学院大学

日本文化研究所紀要』94、二〇〇四年九月）

長又高夫「『御成敗式目』成立の背景――律令法との関係を中心に――」（『国学院大学日本文化研究所紀要』95、二〇〇五年三月）、再録『御成敗式目編纂の基礎的研究』二〇一七年十月

長又高夫「「御成敗式目」編纂試論」（林信夫・新田一郎『法が生まれるとき』、二〇〇八年十月）

長又高夫「鎌倉幕府成立論」（『身延論叢』14、二〇〇九年三月）

長又高夫「北条泰時の政治思想」（『身延山大学東洋文化研究所所報』15、二〇一一年四月）、再録『御成敗式目編纂の基礎的研究』二〇一七年十月

長又高夫「北条泰時の道理」（『日本歴史』774、二〇一二年十一月）

長又高夫「鎌倉北条氏列伝（一）北条時政」（『身延山大学東洋文化研究所所報』17、二〇一三年四月）

長又高夫「寛喜飢饉時の北条泰時の撫民政策」（『身延山大学仏教学部紀要』14、二〇一三年十月）、再録『御成敗式目編纂の基礎的研究』二〇一七年十月

長又高夫「鎌倉北条氏列伝（二）北条泰時」（『身延山大学東洋文化研究所所報』19、二〇一五年四月）

長又高夫「北条泰時の法解釈について」（『法史学研究会会報』20、二〇一七年三月）、再録『御成敗式目編纂の基礎的研究』二〇一七年十月

長又高夫「本所訴訟から見た北条泰時執政期の裁判構造」（『御成敗式目編纂の基礎的研究』、二〇一七年十月）

長又高夫「鎌倉北条氏列伝（三）北条時頼」（『身延論叢』23、二〇一八年三月）

中村一紀「文治の一国地頭職」（『熊本史学』37、一九七〇年）

中村一紀「北条時政の七ヶ国地頭職について」（『熊本県立南関高等学校研究紀要』1、一九七二年）

中村和之「北からの蒙古襲来」（『白い国の詩』524、二〇〇〇年四月）

中村和之「「北からの蒙古襲来」について――モンゴル帝国の北東アジア政策との関連で――」（『日本史の研究』246、歴史と地理677、二〇一四年九月）

中村光希「筑前国宗像社領と得宗家支配」（『六軒丁中世史研究』11、二〇〇五年十二月）

中村翼「鎌倉幕府の「唐船」関係法令の検討――「博多における権門貿易」説の批判的継承のために――」（『鎌倉遺文研究』25、二〇一〇年四月）

中村翼「鎌倉中期における日宋貿易の展開と幕府」（『史学雑誌』119-10、二〇一〇年十月）

中村翼「鎌倉中期における筑前国宗像社の再編と宗像氏業」（『九州史学』165、二〇一三年七月）

中村翼「日元貿易期の海商と鎌倉・室町幕府――寺社造営料唐船の歴史的位置――」（『ヒストリア』241、二〇一三年十二月）

中村翼「鎌倉幕府と禅宗」（村井章介編『東アジアのなかの建長寺――宗教・政治・文化が交叉する禅の聖地』、二〇一四年十一月）

中村不能斉「駁玉襷所載北条泰時論（1）」（『大八洲学会雑誌』10、一八九七年）

中村不能斉「駁玉襷所載北条泰時論（2）」（『大八洲学会雑誌』21、一八九九年）

永村眞「建長寺と称名寺――清規・規式を通して――」（村井

章介編『東アジアのなかの建長寺――宗教・政治・文化が交叉する禅の聖地』、二〇一四年十一月）

長村祥知「中世前期の在京武力と公武権力」（『日本史研究』666、二〇一八年二月）

永山愛「鎌倉幕府滅亡時における軍事編成――護良親王令旨の検討を中心に――」（『鎌倉遺文研究』41、二〇一八年四月）

奈須真一「鎮西談議所の性格」（『社会と伝承』4-3、一九六〇年八月）

七海雅人「鎌倉幕府の買得安堵」（『歴史学研究』693、一九九七年一月）、再録『鎌倉幕府御家人制の展開』二〇〇一年十二月

七海雅人「鎌倉幕府の配分安堵――御家人未処分所領のゆくえ――」（『日本史研究』414、一九九七年二月）、再録『鎌倉幕府御家人制の展開』二〇〇一年十二月

七海雅人「鎌倉幕府御家人制の展開過程」（『年報三田中世史研究』6、一九九九年十月）、再録『鎌倉幕府御家人制の展開』二〇〇一年十二月

七海雅人「鎌倉幕府と奥州」（柳原敏昭・飯村均編『鎌倉・室町時代の奥州』、二〇〇二年六月）

七海雅人「鎌倉時代の津軽平賀郡――曾我氏関係史料の基礎的考察――」（東北学院大学東北文化研究所編『古代中世の蝦夷世界』、二〇一一年二月）

七海雅人「鎌倉幕府の滅亡と東北」（七海雅人編『鎌倉幕府と東北』東北の中世史2』、二〇一五年九月）

七海雅人「御家人の動向と北条氏勢力の展開」（七海雅人編『鎌倉幕府と東北』東北の中世史2』、二〇一五年九月）

並木真澄「中世武家社会に於ける婚姻関係――北条氏の場合――」（『学習院史学』18、一九八一年十二月）

南基鶴「蒙古襲来と鎌倉幕府――対応策の性格をめぐって――」（『史林』73-5、一九九〇年九月）、再録『蒙古襲来と鎌倉幕府』一九九六年十二月

南基鶴「蒙古襲来と朝幕関係の展開」（『日本歴史研究』3、一九九六年三月）、再録『蒙古襲来と鎌倉幕府』一九九六年十二月

南基鶴「蒙古襲来と中世日本の対外関係」（『アジア文化』12、一九九六年八月）、再録『蒙古襲来と鎌倉幕府』一九九六年十二月

滑川敦子「鎌倉幕府における正月行事の成立と発展」（上横手雅敬編『鎌倉時代の権力と制度』、二〇〇八年九月）

滑川敦子「鎌倉幕府行列の成立と「随兵」の創出」（『立命館文学』624、二〇一二年一月）

西岡芳文「絵図から読み解く中世の鎌倉極楽寺」（『興風』30、二〇一八年十二月）

錦織勤「鎌倉期の海賊禁圧令をめぐる若干の問題」（松岡久人編『内海地域社会の史的研究』、一九七八年六月）

錦織勤「鎌倉幕府法にみえる「武士」について」（『日本歴史』608、一九九九年一月）

西田友広「鎌倉時代前期における国家的検断権の構造と展開」（義江彰夫編『古代中世の政治と権力』、二〇〇六年二月）

西田友広「鎌倉幕府検断体制の構造と展開」（『史学雑誌』111-8、二〇〇二年八月）

西田友広「鎌倉時代の朝廷の検断権と幕府――衾宣旨・衾御教書を材料として――」（『日本史研究』493、二〇〇三年九月）

西田友広「衾宣旨補論――その効力について――」（『鎌倉遺文研究』23、二〇〇九年四月）

西田友広「中世前期の検断と国制」（『歴史学研究』937、二〇一

五年十月）
西畑実「武家歌人の系譜――鎌倉幕府関係者を中心に――」（『大阪樟蔭女子大学論集』10、一九七二年）
西村安博「鎌倉幕府の裁判における和与状と和与認可裁許状について――対象史料の整理を中心に――」（『新潟大学法政理論』32-1、一九九九年八月）
西村安博「前近代日本における伝統法文化の一斑――「和與」と「内濟」をめぐって――」（『新潟大学法政理論』32-2、一九九九年十一月）
西村安博「鎌倉幕府の和与認可裁許状における和与状の引用に関する覚え書き（一）」（『新潟大学法政理論』32-2、一九九九年十一月）
西村安博「鎌倉幕府の裁判における和与の認可申請手続について」（『新潟大学法政理論』32-3・4、二〇〇〇年三月）
西村安博「鎌倉幕府の裁判における和与について――和与の理解をめぐって――（一）」（『新潟大学法政理論』33-2、二〇〇〇年十一月）
西村安博「鎌倉幕府の裁判における和与について――和与の理解をめぐって――（二）」（『新潟大学法政理論』33-4、二〇〇一年三月）
西村安博「鎌倉幕府の裁判における和与関係文書に関する若干の検討――和与をめぐる裁判手続の理解のために――（一）」（『新潟大学法政理論』34-4、二〇〇二年三月）
西村安博「鎌倉幕府の裁判における和与関係文書に関する若干の検討――和与をめぐる裁判手続の理解のために――（二）」（『新潟大学法政理論』35-1、二〇〇二年九月）
西村安博「鎌倉幕府の裁判における和与関係文書に関する若干の検討――和与をめぐる裁判手続の理解のために――（三・完結）」（『新潟大学法政理論』35-2、二〇〇二年十二月）
西村安博「鎌倉幕府の裁判における和与と謀書について――近衛家領丹波国宮田荘をめぐる訴訟関係文書を主な素材として――」（『同志社法学』56-6、二〇〇五年一月）
西村安博「鎌倉幕府の和与認可裁許状における和与状の引用について」（『同志社法学』56-5、二〇〇五年一月）
西村安博「鎌倉幕府の裁判における和与の成立手続過程に関する若干の検討」（『同志社法学』57-6、二〇〇六年二月）
西村安博「鎌倉幕府の裁判における召文違背について――関東裁許状を主とする関係史料の整理――」（『同志社法学』69-2、二〇一七年六月）
西村安博「鎌倉幕府の裁判における私和与について――関係史料の基礎的な整理のために――」（『同志社法学』69-7、二〇一八年二月）
西村安博「鎌倉幕府の裁判における私和与について――関係史料の基礎的な整理のために――」（『同志社法学』69-7、二〇一八年二月）
西山恵子「関東申次をめぐって」（『京都歴史資料館紀要』1、一九八四年六月）
新田一郎「「雑務沙汰」覚書」（前田雅之編『画期としての室町――政事・宗教・古典学――』、二〇一八年十月）
新田英治「鎌倉後期の政治過程」（『岩波講座日本歴史』六中世2、一九七五年十一月）
新田英治「鎌倉幕府の滅亡」（安田元久編『古文書の語る日本史』3鎌倉、一九九〇年一月）
仁平義孝「鎌倉前期幕府政治の特質」（『古文書研究』31、一九八九年九月）
仁平義孝「執権政治期の幕政運営について」（『国立歴史民俗博

物館研究報告』45、一九九二年十二月）
仁平義孝「鎌倉幕府発給文書にみえる年号裏書について」（中野栄夫編『日本中世の政治と社会』、二〇〇三年十月）
仁平義孝「執権時頼・長時期の幕政運営について」（『法政史学』79、二〇一三年三月）
貫達人「承久変論」（高柳光寿先生頌寿記念会編『戦乱と人物』、一九六八年）
貫達人「吾妻鏡の曲筆」（『金沢文庫研究』159、一九六九年七月）
貫達人「北条氏亭址考」（『金沢文庫研究紀要』8、一九七一年三月）
貫達人「鎌倉幕府と御家人」（『郷土神奈川』10、一九八〇年三月）
貫達人「北条実時の置文について」（『三浦古文化』28、一九八〇年十一月）
貫達人「鎌倉幕府の滅亡――武家政権の成立――」（『神奈川県史』通史編、原始・古代・中世』第3編中世第1章第3節、一九八一年三月）
納富常夫「泉州久米田寺について」（『金沢文庫研究紀要』7、一九七〇年三月）
野木雄大「鎮西における御家人制の受容――宗像大宮司職相伝の正当性の確立――」（『九州史学』175、二〇一六年十一月）
野口実「執権体制下の三浦氏」（『三浦古文化』34、一九八三年十一月）、再録『中世東国武士団の研究』一九九四年十二月
野口実「流人の周辺――源頼朝挙兵再考――」（安田元久先生退任記念論集刊行委員会編『中世日本の諸相』上、一九八九年四月）、再録『中世東国武士団の研究』一九九四年十二月
野口実「伊豆北条氏の周辺――時政を評価するための覚書――」（『京都女子大学宗教・文化研究所紀要』20、二〇〇七年三月）
野口実「北条時政の上洛」（『京都女子大学宗教・文化研究所紀要』25、二〇一二年三月）
野口実「京都と鎌倉」（『京都女子大学宗教・文化研究所紀要』31、二〇一八年三月）
野村育世「北条政子の政治的位置」（『日本史の研究』170、歴史と地理481、一九九五年九月）
羽下徳彦「鎌倉時代の武家法制――御成敗式目について――」（『歴史教育』11-7、一九六三年七月）
橋本公作「北条政子」（同志社大学十周年記念会編『日本文化史論集』2、一九六二年）
橋本竜男「元弘・建武津軽合戦に関する一考察」（『国史談話会雑誌』53、二〇一二年十二月）
橋本初子「鎌倉初期における武家の芸能」（『金沢文庫研究』93、一九六三年八月）
橋本道範「荘園公領制再編成の一前提――辻太郎入道法名乗蓮とその一族――」（大山喬平教授退官記念会編『日本社会の史的構造』古代・中世』、一九九七年五月）
橋本道範「鎌倉幕府裁許状の歴史的位置――対問・勘判を引用する裁許状の広がりに注目して――」（大山喬平編『中世裁許状の研究』、二〇〇八年十月）
橋本道範「鎌倉幕府の裁判」（大山喬平編『中世裁許状の研究』、二〇〇八年十月）
橋本道範「東寺の裁許と裁許状――権門における鎌倉幕府裁許状の構成の受容――」（大山喬平編『中世裁許状の研究』、二〇〇八年十月）
橋本実「吾妻鏡講義　第一講」（『古典研究』2-4、一九三七

年）
橋本実「吾妻鏡考」（『古典研究』2-10、一九三七年）
橋本実「吾妻鏡管見」（『古典研究』3-7、一九三八年）
橋本素子「中世茶の生産について――『金沢文庫古文書』を中心に――」（『鎌倉遺文研究』34、二〇一四年十月）
橋本雄「北条得宗家の禅宗信仰をめぐって――時頼・時宗を中心に――」（西山美香編『古代中世日本の内なる「禅」』アジア遊学142、二〇一一年五月）
橋本雄「北条得宗家の禅宗信仰を見直す――時頼・時宗と渡来僧との交際から――」（村井章介編『東アジアのなかの建長寺――宗教・政治・文化が交叉する禅の聖地』、二〇一四年十一月）
橋本雄「蒙古襲来絵詞を読みとく――二つの奥書の検討を中心に――」（『第2回国史たちの対話の可能性円卓会議』、二〇一七年八月）
橋本芳和「異国打手大将軍北条兼時の鎮西下向と平禅門の乱（Ⅰ）」（『政治経済史学』530、二〇一〇年十二月）
橋本芳和「異国打手大将軍北条兼時の鎮西下向と平禅門の乱（Ⅱ）」（『政治経済史学』531、二〇一一年一月）
長谷川久一「北條時頼と青砥藤綱」（『斯民』25-4、一九二九年）
畠山聡「金沢称名寺の所領経営と金沢北条氏――元亨元年の所領相博を中心として――」（『板橋区立郷土資料館紀要』12、一九九八年十二月）
服部清五郎「時宗板碑異考」（『武蔵野』21-9、一九三四年）
服部英雄「開発・その進展と領主支配――肥前国長嶋庄の橘薩摩一族――」（『地方史研究』152、一九七八年四月）
服部英雄「空から見た人吉庄・交通と新田開発」（『史学雑誌』87-8、一九七八年八月）
服部英雄「奥山庄波月条絵図とその周辺」（『信濃』32-5、一九八〇年五月）
服部英雄「続・人吉庄再論」（『日本歴史』411、一九八二年八月）
林幹弥「金沢貞顕と東山太子堂」（『金沢文庫研究』156、一九六九年四月）
林屋辰三郎「中世史概説」（『岩波講座日本歴史』五中世1、一九六二年十二月）
林葉子「鎌倉将軍久明親王と三条大臣家」（『政治経済史学』326、一九九三年八月）
速水侑「鎌倉政権と台密修法――忠快・隆弁を中心として――」（安田元久先生退任記念論集刊行委員会編『中世日本の諸相』下、一九八九年四月）
原茂光「伊豆韮山「北条氏邸跡」発掘調査の成果と課題」（『日本史研究』413、一九九七年一月）
原田誠司「御成敗式目の一考察」（『兵庫教育大学研究紀要』52、二〇一八年三月）
原田伴彦「中世の商業」（『講座日本史』3、一九五六年）
半田浩美「鎌倉時代の徳政と徳政令」（『栃木史学』11、一九九七年三月）
阪田雄一「金沢氏と成田周辺の荘園――その存在意義の再検討――」（『成田市史研究』19、一九九五年三月）
阪田雄一「中先代の乱と鎌倉将軍府」（佐藤博信編『関東足利氏と東国社会』、二〇一二年三月）
樋川智美「鎌倉期武家社会における婚姻の意義（上）――小山・結城氏の事例による考察――」（『鎌倉』67、一九九一年九月）

樋川智美「鎌倉期武家社会における婚姻の意義（下）――小山・結城氏の事例による考察――」（『鎌倉』68、一九九二年一月）
樋口州男「モンゴル襲来」（佐藤和彦・樋口州男編『北条時宗のすべて』、二〇〇〇年十二月）
彦由一太「鎌倉初期政治過程に於ける信濃佐久源氏の研究――武家棟梁としての平賀義信・大内惟義・平賀朝雅・大内惟信の歴史的評価――」（『政治経済史学』300、一九九一年六月）
彦由三枝子「「承久の乱」前後に於ける前武蔵守足利義氏――「摂家将軍」・「足利殿」・「北条殿」枢軸体制の成立過程――」（『政治経済史学』100、一九七四年九月）
彦由三枝子「足利泰氏出家遁世の政治史的意義――摂家将軍藤原頼嗣廃立への一契機――（上）」（『政治経済史学』109、一九七五年六月）
彦由三枝子「足利泰氏出家遁世の政治史的意義――摂家将軍藤原頼嗣廃立への一契機――（下）」（『政治経済史学』110、一九七五年七月）
彦由三枝子「北条時政十三年忌小考（1）――『明月記』嘉禄三年正月廿三日条を中心に――」（『政治経済史学』500、二〇〇八年四月）
平泉隆房「吾妻鏡編纂過程の一考察」（『古文書研究』16、一九八一年七月）
平泉隆房「北条重時と信濃国守護職」（『皇学館大学紀要』21、一九八三年一月）
平泉隆房「北条時房と伊勢国守護職――寛喜三年伊勢公卿勅使の警固を中心に――」（『日本歴史』420、一九八三年五月）
平泉隆房「鎌倉御家人の朝官補任について」（『芸林』33-4、一九八四年十二月）
平泉澄「北條仲時の最後」（『歴史地理』41-1、一九二三年）
平田俊春「吾妻鏡と平家物語及び源平盛衰記との関係（上）」（『防衛大学校紀要』8、一九六三年）
平田俊春「吾妻鏡と平家物語及び源平盛衰記との関係（中）」（『防衛大学校紀要』9、一九六四年）
平田俊春「吾妻鏡と平家物語及び源平盛衰記との関係（下）」（『防衛大学校紀要』10、一九六五年）
平田伸夫「『吾妻鏡』編纂の一考察――「死者参着」方式について」（『社会科学研究』2-2、一九八二年）
廣田浩治「鎌倉末～南北朝期の凡下・住人と在地社会」（『ヒストリア』141、一九九三年十二月）
福島金治「武蔵国久良岐郡六浦庄について」（『金沢文庫研究』265・266、一九八一年三月）、再録『金沢北条氏と称名寺』一九九七年九月
福島金治「越後奥山庄と北条氏」（『金沢文庫研究』274、一九八五年三月）
福島金治「金沢北条氏の被官について」（『金沢文庫研究』277、一九八六年九月）、再録『金沢北条氏と称名寺』一九九七年九月
福島金治「金沢称名寺領加賀国軽海郷について――鎌倉期を中心にして――」（川添昭二先生還暦記念会編『日本中世史論攷』、一九八七年三月）
福島金治「金沢称名寺領上総国佐貫郷について」（『三浦古文化』42、一九八七年十一月）
福島金治「金沢称名寺領上総国高柳村について」（『郷土神奈川』24、一九八九年三月）
福島金治「上総国周東郡内の金沢称名寺領について」（『日本歴史』494、一九八九年七月）

福島金治「野辺本北条氏系図について」(『宮崎県史しおり』2、一九九〇年三月)

福島金治「金沢称名寺の年中行事」(九州大学国史学研究室編『古代中世史論集』、一九九〇年八月)、再録『金沢北条氏と称名寺』一九九七年九月

福島金治「鎌倉極楽寺の唐船派遣について」(『地方史研究』233、一九九一年十月)、再録『金沢北条氏と称名寺』一九九七年九月

福島金治「鎌倉北条氏と浄土宗——律宗以前の金沢称名寺をめぐって——」(『鎌倉』70・71、一九九三年一月)、再録『金沢北条氏と称名寺』一九九七年九月

福島金治「新出金沢文庫文書について——翻刻と紹介——」(『金沢文庫研究』293、一九九四年九月)

福島金治「紙背文書論——金沢文庫文書の場合——」(『九州史学』114、一九九六年六月)、再録『金沢北条氏と称名寺』一九九七年九月

福島金治「中世鎌倉律院と海上交易船——熱海船の性格と鎌倉大仏造営料唐船の派遣事情——」(『鎌倉大仏史研究』1、一九九六年六月)

福島金治「信濃国太田荘と金沢北条氏」(『信濃』48-9、一九九六年九月)

福島金治「金沢称名寺の寺院組織」(『金沢北条氏と称名寺』、一九九七年九月)

福島金治「金沢文庫文書の編成とその特質」(『金沢北条氏と称名寺』、一九九七年九月)

福島金治「北条得宗政権下の渋谷氏」(『綾瀬市史』通史編、中世・近世』第1編第3章6、一九九九年三月)

福島金治「鎌倉幕府の相論と験くらべ」(『日本歴史』610、一九九九年三月)

福島金治「近江国柏木御厨と金沢北条氏・山中氏」(鎌倉遺文研究会編『鎌倉時代の政治と経済』鎌倉遺文研究I、一九九九年四月)

福島金治「金沢北条氏・称名寺の所領経営と在地社会——畿内近国地域の所領と領主を中心に——」(『年報中世史研究』26、二〇〇一年五月)

福島金治「西国の霜月騒動と渋谷氏」(『綾瀬市史研究』8、二〇〇二年三月)

福島金治「鎌倉松谷正法蔵寺小考」(『年報中世史研究』30、二〇〇五年五月)

福島金治「称名寺と金沢文庫——東国鎌倉の「知」の中枢——」(阿部泰郎編『中世文学と寺院資料・聖教』中世文学と隣接諸学2、二〇一〇年十月)

福島金治「北条氏一族女性の在京生活——六波羅探題金沢貞顕の周辺——」(『京都女子大学宗教・文化研究所紀要』25、二〇一二年三月)

福島金治「鎌倉中期の京・鎌倉における漢籍受容者群——『管見抄』と『鳩嶺集』のあいだ——」(『国立歴史民俗博物館研究報告』175、二〇一三年一月)

福島金治「鎌倉中期の京・鎌倉における漢籍伝授とその媒介者」(『国立歴史民俗博物館研究報告』198、二〇一五年十二月)

福島紀子「金沢称名寺による年貢管理と太田荘」(『信濃』50-11、一九九八年十一月)

福田以久生「執権三代高時・貞顕・守時」(安田元久編『鎌倉将軍執権列伝』、一九七四年)

福田以久生「御殿場周辺の中世史に関する近業について——間

接論文の紹介と批評――」（『御殿場市史研究』5、一九七九年三月）
福田以久生「中世の酒匂駅について」（『小田原地方史研究』10、一九七九年七月）
福田以久生「「嘉元鐘」について」（『弘前大学国史研究』70、一九八〇年四月）
福田豊彦「第二次封建関係の形成過程――豊後国における大友氏の主従制を中心として――」（安田元久編『初期封建制の研究』、一九六四年三月）、再録『室町幕府と国人一揆』一九九五年一月
福田豊彦「鎌倉初期の二つの主従制――承久の乱における院方武力を中心として――」（『北海道武蔵女子短期大学紀要』1、一九六九年三月）、再録『中世成立期の軍制と内乱』一九九五年六月
福田豊彦「将軍久明親王」（安田元久編『鎌倉将軍執権列伝』、一九七四年）、再録『東国の兵乱ともののふたち』一九九五年二月
福田豊彦「執権北条師時」（安田元久編『鎌倉将軍執権列伝』、一九七四年）、再録『東国の兵乱ともののふたち』一九九五年二月
福田豊彦「田中穣氏典籍古文書「六条八幡宮造営注文」について」（『国立歴史民俗博物館研究報告』45、一九九二年十二月）、再録『中世成立期の軍制と内乱』一九九五年六月
藤田明「北條義時の墓」（『歴史地理』1-2、一八九九年）
藤田盟児「鎌倉前期の侍所の場的特質」（五味文彦編『中世の空間を読む』、一九九五年七月）
藤田盟児「鎌倉武士住宅の空間構成――幕府御所を中心として――」（関口欣也先生退官記念論文集刊行会編『建築史の空間』、一九九九年一月）
藤田盟児「鎌倉の執権及び連署の本邸の沿革」（『日本建築学会計画系論文集』533、二〇〇〇年七月）
藤田盟児「鎌倉における赤橋邸と西殿の沿革」（『日本建築学会計画系論文集』594、二〇〇五年八月）
藤本元啓「京都守護」（『芸林』30-2、一九八一年六月）
藤本元啓「鎌倉初期、幕府の在京勢力」（『芸林』32-2、一九八三年六月）
藤本祐子「鎌倉幕府訴訟制度における「不及沙汰」」（『日本女子大学大学院紀要』2、一九九六年三月）
藤原二郎「北條時宗」（『歴史公論』2-7、一九三三年）
藤原良章「鎌倉幕府の庭中」（『史学雑誌』92-12、一九八三年十二月）、再録『中世的思惟とその社会』一九九七年五月
藤原良章「訴状与訴状者背武家之法候――庭中ノート――」（『史友』20、一九八八年三月）、再録『中世的思惟とその社会』一九九七年五月
藤原良章「鎌倉幕府と中世松島寺」（『歴史手帖』25-1、一九九七年一月）
藤原良章「伊豆韮山円成寺遺跡と中世東国史をめぐって」（『歴史手帖』23-9、一九九五年九月）
舟越康寿「金沢称名寺寺領の研究（上）――中世中級寺社領の一典型――」（『横浜市立大学紀要』社会科学部門4-9、一九五二年三月）
舟越康寿「金沢称名寺寺領の研究（下）――中世中級寺社領の一典型――」（『横浜市立大学紀要』社会科学部門5-10、一九五二年六月）
舟越康寿「金沢称名寺寺領の研究・第三篇――軽海郷の研究――」（『横浜市立大学紀要』社会科学部門13-68、一九五九

年十一月）

古澤直人「幕府権力の変質と領主制――備後国太田荘を中心として――」（『日本歴史』416、一九八三年一月）

古澤直人「鎌倉幕府法ノート、その分類と特質――『中世法制史料集第1巻』の分析を通じて――」（『三浦古文化』38、一九八五年十一月）

古澤直人「鎌倉幕府裁許状にみえる一族内相論について」（『早稲田大学大学院文学研究科紀要』哲学・史学・別冊12、一九八六年一月）

古澤直人「鎌倉幕府法の変質――「下知違背の咎」の適用をめぐって――」（『史学雑誌』97-3、一九八八年三月）、再録『鎌倉幕府と中世国家』一九九一年十一月

古澤直人「鎮西関係鎌倉幕府裁許状に関する二、三の論点――本所――地頭御家人間相論を中心に――」（『西南地域史研究』6、一九八八年四月）

古澤直人「執権政治期における幕府裁許の限界」（『歴史学研究』580、一九八八年五月）、再録『鎌倉幕府と中世国家』一九九一年十一月

古澤直人「鎌倉幕府と中世国家――「得宗専制」論の再検討を中心に――」（『歴史学研究』586、一九八八年十月）、再録『鎌倉幕府と中世国家』一九九一年十一月

古澤直人「鎌倉末期における「公方」について――網野善彦・五味文彦両氏の見解の対立にふれて――」（『史観』122、一九九〇年三月）、再録『鎌倉幕府と中世国家』一九九一年十一月

古澤直人「末期における鎌倉幕府訴訟制度の実態――式目35条適用裁許――欠席裁判の問題を中心に――」（『史林』73-2、一九九〇年三月）、再録『鎌倉幕府と中世国家』一九九一年十一月

古澤直人「「公方」の成立に関する研究――史料に探る「中世国家」の展開――」（『鎌倉幕府と中世国家』、一九九一年十一月）

古澤直人「鎌倉幕府の法と権力」（笠松宏至編『中世を考える法と訴訟』、一九九二年三月）

古澤直人「北条氏の専制と建武新政」（『天皇権力の構造と展開その1』講座前近代の天皇1、一九九二年十二月）

古澤直人「鎌倉幕府法と中世国家史に関する若干の論点――上横手雅敬『日本中世国家史論考』に接して――」（『歴史学研究』686、一九九六年七月）

古澤直人「北条泰時執政期における鎌倉幕府法効力の再検討――長又高夫氏のご批判に接して――」（『経済志林』86-1、二〇一八年六月）

宝月圭吾「永仁徳政に関する二・三の問題」（『立正史学』40、一九七六年三月）、再録『中世日本の売券と徳政』一九九九年三月

北条氏研究会「北条氏系図考証」（安田元久編『吾妻鏡人名総覧』、一九九八年二月）

保坂玉泉「道元禅師と時頼」（『大法輪』28-1、一九六一年）

星野恒「吾妻鏡考」（『史学雑誌』1-1、一八八九年）

細川重男「内管領長崎氏の基礎的研究」（『日本歴史』479、一九八八年四月）、再録『鎌倉政権得宗専制論』二〇〇〇年一月

細川重男「秋田城介安達時顕」（『白山史学』24、一九八八年四月）

細川重男「得宗家の先例と官位」（『立正大学大学院年報』8、一九九一年二月）、再録『鎌倉政権得宗専制論』二〇〇〇年一月

細川重男「嘉元の乱と北条貞時政権」（『立正史学』69、一九九一年三月）、再録『鎌倉政権得宗専制論』二〇〇〇年一月

細川重男「嘉暦の騒動と法条高時政権」（『白山史学』27、一九九一年四月）、再録『鎌倉政権得宗専制論』二〇〇〇年一月

細川重男「『弘安新御式目』について（上）」（『東洋大学大学院紀要』29、一九九三年二月）、再録『鎌倉政権得宗専制論』二〇〇〇年一月

細川重男「『弘安新御式目』について（下）」（『東洋大学大学院紀要』30、一九九四年二月）、再録『鎌倉政権得宗専制論』二〇〇〇年一月

細川重男「得宗家執事と内管領」（田中健夫編『前近代の日本とアジア』、一九九五年一月）

細川重男「諏訪左衛門入道直性について」（『白山史学』32、一九九六年四月）、再録『鎌倉政権得宗専制論』二〇〇〇年一月

細川重男「尾藤左衛門入道演心について」（『立正史学』80、一九九六年九月）、再録『鎌倉政権得宗専制論』二〇〇〇年一月

細川重男「得宗家公文所と執事——得宗家公文所発給文書の分析を中心に——」（『古文書研究』47、一九九八年四月）、再録『鎌倉政権得宗専制論』二〇〇〇年一月

細川重男「北条得宗家成立試論」（『東京大学史料編纂所研究紀要』11、二〇〇一年三月）

細川重男「飯沼大夫判官と両統迭立——「平頼綱政権」の再検討——」（『白山史学』38、二〇〇二年四月）

細川重男「得宗専制政治の論理——北条時宗政権期を中心に——」（『年報三田中世史研究』9、二〇〇二年十月）

細川重男「御内人と鎌倉期武家の主従制」（『思想』969、二〇〇五年一月）

細川重男「鎌倉幕府後期政治史の現状と課題」（『歴史評論』714、二〇〇九年十月）

細川重男「「霜月騒動」再現」（『ぶい&ぶい』17、二〇一一年一月）

細川重男「御内人のこと」（『興風』23、二〇一一年十二月）

細川重男「御内人諏訪直性・長崎円喜の俗名について」（『信濃』64-12、二〇一二年十二月）

細川重男「宝治合戦と幻の軍記物」（『三浦一族研究』19、二〇一五年三月）

細川重男「鎌倉幕府と相模武士——御内人を中心に——」（関幸彦編『相模武士団』、二〇一七年九月）

保立道久「日本国惣地頭・源頼朝と鎌倉初期新制」（『国立歴史民俗博物館研究報告』39、一九九二年三月）

牡丹健一「紀伊国飯盛城合戦の実像——六十谷定尚の考察を中心に——」（悪党研究会編『南北朝「内乱」』、二〇一八年十月）

堀内寛康「北条時宗の死と霜月騒動」（佐藤和彦・樋口州男編『北条時宗のすべて』、二〇〇〇年十二月）

本郷和人「北条得宗家成立試論」（『東京大学史料編纂所研究紀要』11、二〇〇一年三月）

本郷和人「霜月騒動再考」（『史学雑誌』112-12、二〇〇三年十二月）

本郷恵子「北条氏の政治思想」（村井章介編『東アジアのなかの建長寺——宗教・政治・文化が交叉する禅の聖地』、二〇一四年十一月）

本郷恵子（小泉）「鎌倉期の撫民思想について」（鎌倉遺文研究会編『鎌倉期社会と史料論』鎌倉遺文研究Ⅲ、二〇〇二年五

月）
本間志奈「鎌倉幕府派遣使節について――六波羅探題使節を中心に――」（『法政史学』69、二〇〇八年三月）
本間志奈「悪党召し捕りについての一考察」（『法政史学』79、二〇一三年三月）
マーテイン・コルカット「北条政子と宗教」（『橘女子大学女性歴史文化研究所紀要』1、一九九三年三月）
前川祐一郎「ある鎌倉幕府追加法の施行」（『遙かなる中世』17、一九九八年十月）
前川祐一郎「室町時代における『吾妻鏡』――東京大学史料編纂所所蔵清元定本吾妻鏡を手がかりに――」（『明月記研究』5、二〇〇〇年十一月）
前田治幸「弘安七・八年の「相模四郎」について」（『ぶい＆ぶい』3、二〇〇八年五月）
前田治幸「鎌倉幕府支配層の経済力――冥道供の勤修を題材として――」（『寺院史研究』12、二〇〇八年八月）
前田元重「顕弁考（一）」（『金沢文庫研究』40、一九五八年十月）
前田元重「「称名寺結界図」と金沢貞顕五輪塔について（上）」（『金沢文庫研究』143、一九六八年二月）
前田元重「「称名寺結界図」と金沢貞顕五輪塔について（下）」（『金沢文庫研究』144、一九六八年三月）
前田元重「北条実時石造宝篋印塔について」（『金沢文庫研究紀要』10、一九七三年三月）
前田元重「史跡金沢貞顕五輪塔をただす」（『金沢文庫研究』246、一九七七年八月）
前田元重「金沢文庫古文書にみえる日元交通資料――称名寺僧俊如房の渡唐をめぐって――」（『金沢文庫研究』249・250合併号、一九七八年三月）
前田元重「中世六浦の古道――試論――」（『三浦古文化』40、一九八六年十一月）
前原尚子「鎌倉幕府政治の変質――主に執権政治を中心として――」（『史窗』11、一九五七年七月）
益田宗「吾妻鏡のものは吾妻鏡にかえせ――六代勝事記と吾妻鏡――」（『中世の窓』7、一九六〇年十二月）
益田宗「吾妻鏡のものが吾妻鏡にかえらない話」（『中世の窓』8、一九六一年四月）
益田宗「所謂『吾妻鏡断簡』について――吾妻鏡研究序説――」（『日本歴史』179、一九六三年四月）
益田宗「吾妻鏡」（『日本歴史』194、一九六四年七月）
益田宗「吾妻鏡騒動記」（『新訂増補国史大系』月報1、一九六四年七月）
益田宗「吾妻鏡の本文批判のための覚書――吾妻鏡と明月記との関係――」（『東京大学史料編纂所報』6、一九七二年三月）
益田宗「吾妻鏡の伝来について」（『中世の窓』同人編『論集中世の窓』、一九七七年十二月）
増山秀樹「鎌倉幕府評定衆清原満貞の政治的立場」（『遙かなる中世』18、二〇〇〇年三月）
松井吉昭「北条時宗の出自」（佐藤和彦・樋口州男編『北条時宗のすべて』、二〇〇〇年十二月）
松浦義則「太良荘の得宗検注について」（『史学研究』217、一九九七年八月）
松浦義則「得宗支配下の太良荘領家方」（『福井大学教育地域科学部紀要』Ⅲ社会科学61、二〇〇五年十二月）
松尾剛次「北条時頼と叡尊」（『大法輪』58-5、一九九一年五

月）
松尾剛次「宇都宮辻子御所考――都市鎌倉論補考――」（『山形大学史学論集』12、一九九二年二月）
松尾剛次「武家の「首都」鎌倉の成立――将軍御所と鶴岡八幡宮とを中心に――」（石井進編『都と鄙の中世史』、一九九二年三月）
松尾剛次「中世都市・鎌倉」（五味文彦編『中世を考える都市の中世』、一九九二年十一月）
松尾宣方「北条政村年譜」（『鎌倉』112、二〇一二年一月）
松島周一「執権政治成立期の将軍権力の一側面」（中世東国史研究会編『中世東国史の研究』、一九八八年二月）
松島周一「和田合戦の展開と鎌倉幕府の権力状況」（『日本歴史』515、一九九一年四月）
松島周一「執権政治の展開・変質と有力御家人――足利義氏の生涯を通して――」（『愛知教育大学日本文化論叢』1、一九九三年三月）
松島周一「北条時政の七ヶ国地頭職と惣追捕使」（『愛知教育大学日本文化論叢』7、一九九九年三月）
松島周一「七ヶ国地頭職「辞止」をめぐる鎌倉幕府と後白河院――関連史料の吟味を中心として――」（『史料館研究紀要』31、二〇〇〇年三月）
松島周一「北条時政の京都駐留」（『愛知教育大学日本文化論叢』9、二〇〇一年三月）
松園潤一朗「鎌倉幕府の知行保護法制――知行保持訴訟と外題安堵法の運用を中心に――」（『一橋法学』15-1、二〇一六年三月）
松吉大樹「得宗被官小野沢氏について」（『文化財学雑誌』9、二〇一三年三月）
馬淵和雄「武士の都鎌倉――その成立と構想をめぐって――」（『都市鎌倉と板東の海に暮らす』中世の風景を読む2、一九九四年十二月）
馬淵和雄「得宗・大仏・都市――鎌倉大仏造立と都市鎌倉――」（『帝京大学山梨文化財研究所研究報告』8、一九九七年六月）
丸山二郎「吾妻鏡諸本雑考」（『歴史地理』61-5、一九三三年）、再録『日本の古典籍と古代史』一九八四年
丸山二郎「金沢文庫の吾妻鏡断簡と寛元二年記」（『歴史地理』86-3、一九五六年）、再録『日本の古典籍と古代史』一九八四年
三浦勝男「頼朝と政子（尼将軍）」（『国文学解釈と鑑賞』31-6、一九六六年）
三浦勝男「鎌倉築港――和賀江嶋について――」（『郷土神奈川』4、一九七四年十月）
三浦勝男「都市鎌倉」（『歴史公論』40、一九七九年三月）
三浦勝男「北条時頼の伝承・遺跡（一）」（『鎌倉』102、二〇〇六年十二月）
三浦圭一「南北朝内乱期にみる天皇と民衆」（後藤靖編『天皇制と民衆』、一九七六年十月）、再録『中世民衆生活史の研究』一九八一年十二月
三浦圭一「鎌倉時代における開発と勧進」（『日本史研究』195、一九七八年十一月）、再録『中世民衆生活史の研究』一九八一年十二月
三浦周行「北条時宗の贈位について」（『史学界』6-8、一九〇四年）
三浦周行「北條時頼廻国論批評」（『歴史地理』22-4、一九一三年）

三浦周行「北條時頼の廻国説批評」（『史学雑誌』24－6、一九一三年六月）
三浦周行「北條実時と顕時の血族関係について」（『歴史地理』29－5、一九一八年）
三浦忠好「鎌倉時代、将軍家政所下文の家司の署判の変化について」（川崎利夫先生還暦記念会編『野に生きる考古・歴史と教育』、一九九三年二月）
三浦吉春「北条貞時後室覚海円成尼について――伊豆国円城寺の創建とその時代的背景――」（『地方史静岡』5、一九七五年十月）
美川圭「関東申次と院伝奏の成立と展開」（『史林』67－3、一九八四年五月）、再録『院政の研究』一九九六年十一月
三木靖「南種子町中之崎・西村時安の供養塔をめぐって――中世の種子島における領主制を中心に――」（『南日本文化』2、一九六九年）
水崎雄文「鎮西探題裁断権についての若干の考察」（『九州史学』19、一九六一年十一月）
溝川晃司「鎌倉幕府派遣の対朝廷使者と朝幕交渉」（中野栄夫編『日本中世の政治と社会』、二〇〇三年十月）
水戸部正男「鎌倉時代政治の基調」（『歴史教育』11－6、一九六三年六月）
宮下操「中世伊賀良荘と北条氏」（『伊那』19－8・9・10、一九七一年）
三好俊文「守護領・守護所と播磨国府――鎌倉期守護代の管国統治――」（入間田宣夫編『日本・東アジアの国家・地域・人間――歴史学と文化人類学の方法から――』、二〇〇二年三月）
三好俊文「『吾妻鏡』・『鎌倉年代記』裏書と原『吾妻鏡』」（『六軒丁中世史研究』10、二〇〇四年六月）
三輪善之助「時宗の板碑」（『武蔵野』19－3、一九三二年）
村井章介「蒙古襲来と鎮西探題の成立」（『史学雑誌』87－4、一九七八年四月）、再録『アジアのなかの中世日本』一九八八年十一月
村井章介「正和の神領興行法をめぐって」（『歴史学研究』459、一九七八年八月）
村井章介「執権政治の変質」（『日本史研究』261、一九八四年五月）
村井章介「安達泰盛の政治的立場」（中世東国史研究会編『中世東国史の研究』、一九八八年二月）
村井章介「鎮西探題の成立時期」（『アジアのなかの中世日本』、一九八八年十一月）
村井章介「比較史上の天皇・将軍」（『中世史講座』6、一九九二年三月）
村井章介「13－14世紀の日本――京都・鎌倉――」（『岩波講座日本通史』八中世2、一九九四年三月）
村井康彦「金沢貞顕の涙――得宗専制の一断面――」（『日本史研究』76、一九六五年一月）
村上閑堂「北條時頼と寧兀菴」（『禅宗』153、一九〇七年）
村上光徳「北條義時と政子」（『国文学解釈と教材研究』914、一九六三年）
毛利一憲「鎌倉幕府将軍家下文について――貞永式目の研究――（上）」（『北見大学論集』8、一九八二年十一月）
毛利一憲「鎌倉幕府執権の職制について――記録所執権と幕府政所別当の考察を通じて――」（『北見大学論集』9、一九八三年三月）
桃崎有一郎「鎌倉幕府の秩序形成における拝賀儀礼の活用と廃

絶――鎌倉殿・御家人・御内人と拝賀――」（阿部猛編『中世政治史の研究』、二〇一〇年九月）

桃崎有一郎「鎌倉幕府垸飯儀礼の変容と執権政治――北条泰時の自己規定と傍輩・宿老・御家人――」（『日本史研究』613、二〇一三年九月）

桃崎有一郎「中世前期における「管領」――鎌倉・室町幕府「管領」研究のための予備的考察――」（『年報三田中世史研究』20、二〇一三年十月）

桃崎有一郎「鎌倉幕府の儀礼と年中行事」（五味文彦・本郷和人・遠藤珠紀・杉山巌編『鎌倉時代を探る』、二〇一六年三月）

桃崎有一郎「北条時頼政権における鎌倉幕府年中行事の再建と挫折――理非と専制の礼制史的葛藤――」（『鎌倉遺文研究』37、二〇一六年四月）

桃崎有一郎「鎌倉幕府垸飯行事の完成と宗尊親王の将軍嗣立」（『年報中世史研究』41、二〇一六年五月）

桃崎有一郎「鎌倉幕府垸飯役の成立・挫折と〈御家人皆傍輩〉幻想の行方――礼制と税制・貨幣経済の交錯――」（『日本史研究』651、二〇一六年十一月）

桃崎有一郎「北条氏権力の専制化と鎌倉幕府儀礼体系の再構築――得宗権力は将軍権力簒奪を指向したか――」（『学習院史学』55、二〇一七年三月）

桃崎有一郎「得宗専制期における鎌倉幕府儀礼と得宗儀礼の基礎的再検討」（『鎌倉遺文研究』41、二〇一八年四月）

百瀬今朝雄「明忍房劔阿の称名寺長老就任年代」（『三浦古文化』13、一九七三年三月）

百瀬今朝雄「元徳元年の「中宮御懐妊」」（『金沢文庫研究』274、一九八五年三月）、再録『弘安書札礼の研究』二〇〇〇年五月

百瀬今朝雄「北条（金沢）顕時寄進状・同書状案について」（『郷土神奈川』26、一九九〇年三月）、再録『弘安書札礼の研究』二〇〇〇年五月

桃裕行「北條重時の家訓」（『肇国精神』3-6、一九四三年）

森克己「北條時宗とその時代」（『鉄の光』、一九四一年）

森茂暁「建武政権と九州」（『九州中世史研究』2、一九八〇年十二月）

森茂暁「鎌倉後期政治史の一齣――皇位継承をめぐる朝幕関係――」（『日本歴史』410、一九八二年七月）、再録『南北朝期公武関係史の研究』一九八四年六月

森茂暁「鎌倉期の公武交渉関係文書について――朝廷から幕府へ――」（『金沢文庫研究』273、一九八四年九月）、再録『鎌倉時代の朝幕関係』一九九一年六月

森茂暁「東使考――鎌倉期の公武交渉の一側面――」（川添昭二先生還暦記念会編『日本中世史論攷』、一九八七年三月）、再録『鎌倉時代の朝幕関係』一九九一年六月

森茂暁「公武交渉における六波羅探題の役割――「西国成敗」とその周辺――」（『古文書研究』28、一九八七年十二月）、再録『鎌倉時代の朝幕関係』一九九一年六月

森茂暁「公武交渉における六波羅探題の役割――「洛中警固」とその周辺――」（『日本歴史』477、一九八八年二月）、再録『鎌倉時代の朝幕関係』一九九一年六月

森茂暁「北野天満宮所蔵『紅梅殿社記録』にみる訴訟と公武交渉」（『史学雑誌』99-10、一九九〇年十月）、再録『鎌倉時代の朝幕関係』一九九一年六月

森茂暁「関東申次制の意義」（『鎌倉時代の朝幕関係』、一九九一年六月）

森茂暁「蒙古襲来と朝幕交渉」（『鎌倉時代の朝幕関係』、一九九一年六月）
森茂暁「関東申次をめぐる朝幕交渉――西園寺実氏以降――」（『鎌倉時代の朝幕関係』、一九九一年六月）
森茂暁「六波羅探題と検非違使庁」（『鎌倉時代の朝幕関係』、一九九一年六月）
森茂暁「関東申次施行状の成立」（『鎌倉時代の朝幕関係』、一九九一年六月）
森ノブ「地頭代官の崩壊過程」（『岩手史学研究』51、一九六八年）
盛本昌広「普恩寺と北条基時」（『六浦文化研究』4、一九九三年六月）
盛本昌広「鎌倉幕府垸飯の負担構造」（『地方史研究』255、一九九五年六月）、再録『日本中世の贈与と負担』一九九七年九月
盛本昌広「鎌倉幕府儀礼の展開」（『鎌倉』85、一九九七年十二月）
盛本昌広「関東御公事と鎌倉幕府財政」（『鎌倉』93、二〇〇一年十二月）
盛本昌広「関東御公事賦課と小侍所」（『千葉県史研究』10、二〇〇二年三月）
森幸夫「六波羅探題職員ノート」（『三浦古文化』42、一九八七年十一月）、再録『六波羅探題の研究』二〇〇五年四月
森幸夫「南北両六波羅探題についての基礎的考察」（『国史学』133、一九八七年十二月）、再録『六波羅探題の研究』二〇〇五年四月
森幸夫「北条氏と侍所」（『國學院大学大学院文学研究科紀要』19、一九八八年三月）
森幸夫「得宗領河内国天河をめぐって」（『ヒストリア』127、一九九〇年六月）
森幸夫「鎌倉幕府による使庁からの罪人請取りについて」（『日本歴史』505、一九九〇年六月）、再録『六波羅探題の研究』二〇〇五年四月
森幸夫「六波羅探題職員ノート・補遺」（『国学院雑誌』91-8、一九九〇年八月）、再録『六波羅探題の研究』二〇〇五年四月
森幸夫「六波羅評定衆考」（小川信先生の古稀記念論集を刊行する会編『日本中世政治社会の研究』、一九九一年三月）、再録『六波羅探題の研究』二〇〇五年四月
森幸夫「平頼綱と公家政権」（『三浦古文化』54、一九九四年六月）
森幸夫「御家人佐分氏について」（『金沢文庫研究』293、一九九四年九月）
森幸夫「平・長崎氏の系譜」（安田元久編『吾妻鏡人名総覧』、一九九八年二月）
森幸夫「六条八幡宮造営注文の「在京」について」（『古文書研究』48、一九九八年十月）、再録『六波羅探題の研究』二〇〇五年四月
森幸夫「鎌倉幕府奉行人に関する一考察――執権政治期奉行人の出自の検討を中心に――」（『国史学』174、二〇〇一年四月）、再録『六波羅探題の研究』二〇〇五年四月
森幸夫「六波羅奉行人の出自に関する考察」（『金沢文庫研究』309、二〇〇二年十月）、再録『六波羅探題の研究』二〇〇五年四月
森幸夫「六波羅探題の展開過程」（『六波羅探題の研究』、二〇〇五年四月）

森幸夫「在京得宗被官小考」（『六波羅探題の研究』、二〇〇五年四月）
森幸夫「六波羅奉行人斎藤氏の概観」（『六波羅探題の研究』、二〇〇五年四月）
森幸夫「得宗被官平氏に関する二、三の考察」（北条氏研究会編『北条時宗の時代』、二〇〇八年五月）
森幸夫「得宗家嫡の仮名をめぐる小考察――四郎と太郎――」（阿部猛編『中世政治史の研究』、二〇一〇年九月）
森幸夫「六波羅評定衆長井氏の考察」（『ヒストリア』237、二〇一三年四月）
森幸夫「鎌倉末期の六波羅探題――崇顕（金沢貞顕）書状から――」（『年報三田中世史研究』21、二〇一四年十月）
森幸夫「書評・木村英一著『鎌倉時代公武関係と六波羅探題』」（『史学雑誌』126-1、二〇一七年一月）
森幸夫「鎌倉後期～南北朝期の幕府と畿内武士」（『日本史研究』658、二〇一七年六月）
森幸夫「六波羅探題と執権・連署」（日本史史料研究会編『将軍・執権・連署――鎌倉幕府権力を考える――』、二〇一八年三月）
矢芝好美「得宗専制に関する一考察――「平頼綱政権」を中心に――」（『神女大史学』20、二〇〇三年十一月）
八代国治「北條時頼の廻国説を論ず」（『歴史地理』22-2、一九一三年）
安田元久「六波羅時代」（『日本全史』4、一九五八年十月）
安田元久「鎌倉幕府」（『体系日本史叢書』一政治史Ⅰ、一九六五年二月）
安田元久「鎌倉幕府論」（『日本史の問題点』、一九六五年十月）、再録『日本初期封建制の基礎的研究』一九七六年七月
安田元久「「武家の習」の定立者――北条泰時――」（『季刊歴史と文学』3、一九七一年九月）、再録『武士世界の序幕』一九七三年十月
安田元久「北条時政と北条義時」（『人物探訪日本の歴史』3、一九七四年十一月）、再録『武士世界形成の群像』一九八六年三月
安田元久「北条時頼」（『人物日本の歴史』6、一九七五年七月）、再録『武士世界形成の群像』一九八六年三月
安田元久「『吾妻鏡』雑感」（『鎌倉遺文月報』9、一九七五年十月）
安田元久「北条時宗をめぐる人々」（『歴史と人物』78、一九七八年二月）、再録『武士世界形成の群像』一九八六年三月
安田元久「「関東御公事」考」（御家人制研究会編『御家人制の研究』、一九八一年七月）
保永真則「鎌倉幕府の官僚制化――合理化・効率化の必要と組織運営の変化――」（『日本史研究』506、二〇〇四年十月）
矢田美保子「二所詣の参詣形態から探る鎌倉幕府における将軍と執権の攻防」（『歴史民俗資料学研究』18、二〇一三年三月）
八幡義信「鎌倉幕政における北條時政の史的評価」（『歴史教育』11-6、一九六三年六月）
八幡義信「執権連署制成立の直接的前提――元久・建永年間における「北条時政政権」の実態分析――」（『政治経済史学』18、一九六四年七月）
八幡義信「建暦三年鎌倉政変の一考察――「和田氏の乱」について――」（『政治経済史学』23、一九六四年十二月）
八幡義信「鎌倉幕府垸飯献儀の史的意義」（『政治経済史学』85、一九七三年二月）

八幡義信「鎌倉に於ける武家屋敷の研究の内鎌倉幕府の東西南北の四御門と畠山重忠邸の考察」（『金沢文庫研究』213、一九七四年二月）

八幡義信「畠山重忠と北条氏」（『武蔵野』81-2、二〇〇五年六月）

山内吹十「北条氏被官家の一様態――御家人本間氏を中心に――」（『法政史論』38、二〇一一年三月）

山内吹十「得宗家の乳母と女房――得宗――被官関係の一側面――」（『法政史学』80、二〇一三年九月）

山内譲「伊予国久米郡と北条氏」（『伊予史談』270、一九八八年）、再録『中世瀬戸内海地域史の研究』一九九八年二月

山内譲「凝然と金沢氏――伊予国久米郡再論――」（『瀬戸内海地域史研究』8、二〇〇〇年十月）

山陰加春夫「「高野合戦」攷――鎌倉末期政治史の一齣―（一）」（『高野山大学密教文化研究所紀要』10、一九九七年一月）

山陰加春夫「「高野合戦」攷――鎌倉末期政治史の一齣―（二）」（『高野山大学密教文化研究所紀要』11、一九九八年一月）

山上八郎「護国の偉人北條時宗公」（『肇国精神』2-9、一九四二年）

山上八郎「北條時宗論」（『日本学研究』2-9、一九四二年）

山川智応「平左衛門尉頼綱の父祖と其の位置権力及び信仰」（『日蓮上人研究』1、一九二九年）

山岸啓一郎「得宗被官に関する一考察――諏訪氏の動向について――」（『信濃』24-1、一九七二年一月）

山口隼正「「鎮西料所」豊前国天雨田荘と安東氏」（『日本歴史』314、一九七四年七月）、再録『中世九州の政治社会構造』一九八三年五月

山口隼正「蒙古襲来と関東御公事」（『鎌倉遺文』月報14、一九七八年二月）、再録『中世九州の政治社会構造』一九八三年五月

山口隼正「入寺語録の構造と年表」（『東京大学史料編纂所研究紀要』8、一九九八年三月）

山野井功夫「北条政村及び政村流の研究――姻戚関係から見た政村の政治的立場を中心に――」（北条氏研究会編『北条時宗の時代』、二〇〇八年五月）

山野龍太郎「東国武士の六波羅評定衆化――武蔵国の中条氏を中心として――」（『史境』61、二〇一〇年九月）

山村亜希「中世鎌倉の都市空間構造」（『史林』80-2、一九九七年三月）

山室（山中）恭子「書状の使い分け――金沢貞顕書状を素材として――」（『金沢文庫研究』270、一九八三年三月）

山本幸司「中世訴訟手続の発展について」（『中央史学』8、一九八五年三月）

山本幸司「裁許状・問状から見た鎌倉幕府初期訴訟制度」（『史学雑誌』94-4、一九八五年四月）

山本隆志「得宗領荘園の支配構造――若狭国太良庄――」（桜井徳太郎編『日本社会の変革と再生』、一九八八年）

山本隆志「鎌倉後期における地方門前宿市の発展――上野国世良田を中心に――」（『歴史人類』17、一九八九年三月）

山本弘「日本中世訴訟制度における《裁許前誓約》：鎌倉幕府による濫訴対策の一側面」（『九大法学』91、二〇〇五年九月）

山本博也「関東申次と鎌倉幕府」（『史学雑誌』86-8、一九七七年八月）

山本博也「鎌倉幕府についての覚え書き――上横手雅敬「鎌倉幕府と公家政権」にふれて――」（『遙かなる中世』2、一九

七七年十二月）
山本博也「六波羅殿御家訓にみる都市の風景」（五味文彦編『中世の空間を読む』、一九九五年七月）
山本博也「北条重時家訓考」（『昭和女子大学文化史研究』1、一九九八年三月）
山本博也「大番役と御家人制」（『日本歴史』702、二〇〇六年十一月）
山本博也「北条重時家訓と仏教」（『昭和女子大学文化史研究』11、二〇〇七年十二月）
山本みなみ「北条時政とその娘たち――牧の方の再評価――」（『鎌倉』115、二〇一三年七月）
山本みなみ「和田合戦再考」（『古代文化』68-1、二〇一六年六月）
山家浩樹「無外如大の創建寺院」（『三浦古文化』53、一九九三年十二月）
山家浩樹「無外如大と無着」（『金沢文庫研究』301、一九九八年九月）
山家浩樹「端裏銘の日付」（鎌倉遺文研究会編『鎌倉期社会と史料論』鎌倉遺文研究Ⅲ、二〇〇二年五月）
山家浩樹「無外如大伝と千代野伝説の交流」（西山美香編『古代中世日本の内なる「禅」』アジア遊学142、二〇一一年五月）
湯之上隆「関東祈祷寺の展開と歴史的背景――鎌倉幕府の宗教政策についての一考察――」（『静岡大学人文学部人文論集』28-2、一九七七年十二月）
湯之上隆「関東祈祷寺の成立と分布」（『九州史学』64、一九七八年八月）
湯之上隆「護持僧成立考」（『金沢文庫研究』267、一九八一年九月）
湯之上隆「覚海円成と伊豆国円成寺――鎌倉禅と女性をめぐって――」（『静岡県史研究』12、一九九六年三月）
湯本軍一「北条氏と信濃国」（『信濃』19-12、一九六七年十二月）
湯本軍一「御家人頭役の形態――鎌倉時代諏訪上社について――」（『信濃』21-10、一九六九年十月）
湯本軍一「信濃国における北条氏所領」（『信濃』24-10、一九七二年十月）
湯本軍一「北条氏と善光寺」（『長野』121、一九八五年三月）
湯山賢一「北条義時執権時代の下知状と御教書」（『国学院雑誌』80-11、一九七九年十一月）
湯山賢一「北条時政執権時代の幕府文書――関東下知状成立小考――」（小川信編『中世古文書の世界』、一九九一年七月）
湯山学「『他阿上人法語』に見える武士（一）」（『時衆研究』63、一九七五年二月）
湯山学「『他阿上人法語』に見える武士（二）」（『時衆研究』64、一九七五年五月）
湯山学「鎌倉後期における相模国の御家人について（一）――主として北条氏との関係を中心に――」（『鎌倉』24、一九七五年七月）、再録『相模国の中世史』上、一九八八年七月
湯山学「鎌倉後期における相模国の御家人について（二）――主として北条氏との関係を中心に――」（『鎌倉』25、一九七五年十二月）、再録『相模国の中世史』上、一九八八年七月
湯山学「六郷保の領主――陸奥五郎と六郷殿――」（『史誌』4、一九七五年十二月）
湯山学「鎌倉後期における相模国の御家人について（三）――主として北条氏との関係を中心に――」（『鎌倉』26、一九七六年七月）、再録『相模国の中世史』上、一九八八年七月

湯山学「鎌倉後期における相模国の御家人について（四）――主として北条氏との関係を中心に――」（『鎌倉』27、一九七六年十二月）、再録『相模国の中世史』上、一九八八年七月
湯山学「山内本郷新阿弥陀堂と北条氏」（『とみづか』3、一九七七年三月）
湯山学「一通の金沢文庫古文書――鎌倉期の武蔵国衙――」（『武蔵野』57-1、一九七八年十二月）
湯山学「土佐大忍庄と鎌倉極楽寺」（『鎌倉』33、一九八〇年二月）
湯山学「隆弁とその門流――北条氏と天台宗（寺門）――」（『鎌倉』38、一九八一年九月）、再録『鶴岡八幡宮の中世的世界』一九九五年七月
湯山学「頼助とその門流――北条氏と真言宗（東寺）――」（『鎌倉』39、一九八一年十二月）、再録『鶴岡八幡宮の中世的世界』一九九五年七月
湯山学「一通の鶴岡八幡宮文書――同宮小別当に関する史料――」（『歴史手帖』10-3、一九八二年三月）、再録『中世の鎌倉』一九九三年三月
湯山学「鶴岡八幡宮文書考――鎌倉時代を中心に――」（『郷土神奈川』12、一九八二年三月）、再録『中世の鎌倉』一九九三年三月
湯山学「北条氏と律宗（北京律）――覚園寺開山智海心慧を中心に――」（『鎌倉』40、一九八二年六月）
湯山学「伊豆・箱根（二所）の地獄谷と鎌倉極楽寺忍性」（『鎌倉』42、一九八三年二月）
湯山学「山内本郷の証菩提寺と一心院――鎌倉明石谷の別当坊をめぐって――」（『鎌倉』43、一九八三年六月）
湯山学「頼助とその門流（補遺）」（『鎌倉』45、一九八四年三月）、再録『鶴岡八幡宮の中世的世界』一九九五年七月
湯山学「北条貞時の思人・播磨局浄泉――鎌倉末期上野国の一断面――」（『群馬県史研究』21、一九八五年三月）、再録『相模国の中世史』上、一九八八年七月
湯山学「散逸した鶴岡八幡宮新宮の文書」（『鎌倉』48、一九八五年四月）、再録『鶴岡八幡宮の中世的世界』一九九五年七月
湯山学「北条重時とその一族」（『相模国の中世史上』南関東中世史論集、一九八八年七月）
湯山学「鎌倉幕府の吏僚に関する考察――中原忠順・広季一族を中心として――（Ⅰ）」（『政治経済史学』311、一九九二年五月）
湯山学「鎌倉幕府の吏僚に関する考察――中原忠順・広季一族を中心として――（Ⅱ）」（『政治経済史学』312、一九九二年六月）
湯山学「定豪とその門流」（『鶴岡八幡宮の中世的世界』南関東中世史論集4、一九九五年七月）、再録『鶴岡八幡宮の中世的世界』一九九五年七月
湯山学「相模武士の群像――その九十八　北条氏嫡流（得宗）と相模国山内庄――」（『かながわ風土記』219、一九九五年十月）
湯山学「相模武士の群像――その九十九　得宗専制と相模武士――」（『かながわ風土記』220、一九九五年十一月）
湯山学「証菩提寺」（『鎌倉北条氏と鎌倉山ノ内』南関東中世史論集5、一九九九年九月）
湯山学「鎌倉日輪寺考」（『鎌倉北条氏と鎌倉山ノ内』南関東中世史論集5、一九九九年九月）
湯山学「北条時宗の兄弟」（『鎌倉北条氏と鎌倉山ノ内』南関東

中世史論集5、一九九九年九月）

吉田通子「鎌倉後期の鶴岡別当頼助について」（『史学』54-4、一九八五年五月）

龍粛「尼将軍政子」（『中央史壇』3-4、一九二二年）

龍粛「北條時宗と禅」（『歴史日本』1-5、一九四二年）

龍粛「鎌倉幕府侍所考」（『日本大学史学会研究彙報』1、一九五七年十二月）

鷲尾順敬「北條時頼と寧兀菴」（『禅宗』153、一九〇七年）

和島芳男「金沢氏の学風と中世の宋学」（『金沢文庫研究』71、一九六一年九月）

渡辺澄夫「公武権力と荘園制」（『岩波講座日本歴史』五中世1、一九六二年十二月）

渡辺澄夫「野津本『大友系図』の紹介――大友氏出自に関する決定的史料――」（『大分県地方史』134、一九八九年六月）

渡邊晴美「文応元年における社会不穏と鎌倉幕府権力の危機意識――最明寺入道北条時頼政権の実態に関する一視角――」（『政治経済史学』75、一九六九年四月）、再録『鎌倉幕府北条氏一門の研究』二〇一五年二月

渡邊晴美「北条一門佐介氏について――時房流北条氏の検討（其の一）――」（『中央大学大学院論究』5-1、一九七三年三月）、再録『鎌倉幕府北条氏一門の研究』二〇一五年二月

渡邊晴美「北条一門大佛氏について（上）――時房流北条氏の検討（其の二）――」（『政治経済史学』104、一九七五年一月）、再録『鎌倉幕府北条氏一門の研究』二〇一五年二月

渡邊晴美「北条一門大佛氏について（下）――時房流北条氏の検討（其の二）――」（『政治経済史学』105、一九七五年二月）、再録『鎌倉幕府北条氏一門の研究』二〇一五年二月

渡邊晴美「北条時宗の家督継承条件に関する一考察（上）――『吾妻鏡』文永元年条欠文理由及び文永九年二月騒動との関連において――」（『政治経済史学』110、一九七五年七月）、再録『鎌倉幕府北条氏一門の研究』二〇一五年二月

渡邊晴美「北条時宗の家督継承条件に関する一考察（下）――『吾妻鏡』文永元年条欠文理由及び文永九年二月騒動との関連において――」（『政治経済史学』111、一九七五年八月）、再録『鎌倉幕府北条氏一門の研究』二〇一五年二月

渡邊晴美「得宗被官平氏および長崎氏の世系について」（『政治経済史学』115、一九七五年十二月）、再録『鎌倉幕府北条氏一門の研究』二〇一五年二月

渡邊晴美「得宗専制体制の成立過程（Ⅰ）――文永・弘安年間における北条時宗政権の実態分析――」（『政治経済史学』125、一九七六年十月）、再録『鎌倉幕府北条氏一門の研究』二〇一五年二月

渡邊晴美「得宗専制体制の成立過程（Ⅱ）――文永・弘安年間における北条時宗政権の実態分析――」（『政治経済史学』139、一九七七年十二月）、再録『鎌倉幕府北条氏一門の研究』二〇一五年二月

渡邊晴美「得宗専制体制の成立過程（Ⅲ）――文永・弘安年間における北条時宗政権の実態分析」（『政治経済史学』162、一九七九年十一月）、再録『鎌倉幕府北条氏一門の研究』二〇一五年二月

渡邊晴美「得宗専制体制の成立過程（Ⅳ）――文永・弘安年間における北条時宗政権の実態分析」（『政治経済史学』165、一九八〇年二月）、再録『鎌倉幕府北条氏一門の研究』二〇一五年二月

渡邊晴美「北条貞時政権の研究序説――弘安七年の諸法令にみる鎌倉幕府の政策と「弘安七年佐介の政変」について――」

（『政治経済史学』202、一九八三年五月）、再録『鎌倉幕府北条氏一門の研究』二〇一五年二月

渡邊晴美「北条貞時政権の研究——弘安末年における北条貞時政権の実態分析——」（『中央史学』7、一九八四年三月）、再録『鎌倉幕府北条氏一門の研究』二〇一五年二月

渡邊晴美「北条時頼政権の成立について」（『政治経済史学』222、一九八五年一月）、再録『鎌倉幕府北条氏一門の研究』二〇一五年二月

渡邊晴美「寛元・宝治年間における北條政村（Ⅰ）」（『政治経済史学』232、一九八五年九月）、再録『鎌倉幕府北条氏一門の研究』二〇一五年二月

渡邊晴美「寛元・宝治年間における北條政村（Ⅱ）」（『政治経済史学』255、一九八七年七月）、再録『鎌倉幕府北条氏一門の研究』二〇一五年二月

渡邊晴美「北条時房の子孫について」（『政治経済史学』300、一九九一年六月）、再録『鎌倉幕府北条氏一門の研究』二〇一五年二月

渡邊晴美「北條政村の研究（Ⅰ）」（『政治経済史学』344、一九九五年二月）、再録『鎌倉幕府北条氏一門の研究』二〇一五年二月

渡邊晴美「北条義時の子息について」（『武蔵野』73-1、一九九五年二月）、再録『鎌倉幕府北条氏一門の研究』二〇一五年二月

渡邊晴美「北條政村の研究（Ⅱ）」（『政治経済史学』370、一九九七年四月）、再録『鎌倉幕府北条氏一門の研究』二〇一五年二月

渡邊晴美「北條政村の研究（Ⅲ）」（『政治経済史学』387、一九九八年十一月）、再録『鎌倉幕府北条氏一門の研究』二〇一五年二月

渡邊晴美「北条有時について」（『政治経済史学』421、二〇〇一年九月）、再録『鎌倉幕府北条氏一門の研究』二〇一五年二月

渡邊晴美「佐介信時について」（『政治経済史学』428、二〇〇二年四月）、再録『鎌倉幕府北条氏一門の研究』二〇一五年二月

渡邊晴美「北条時房について——生誕から連署就任まで——」（『政治経済史学』500、二〇〇八年四月）、再録『鎌倉幕府北条氏一門の研究』二〇一五年二月

渡邊晴美「建長年間における北条時頼政権の実態分析——北条重時連署就任と宗尊親王将軍推戴と執権政治の展開——（Ⅰ）」（『政治経済史学』550、二〇一二年八月）、再録『鎌倉幕府北条氏一門の研究』二〇一五年二月

渡邊晴美「鎌倉中期幕政における一番引付頭人の政治的地位に関する一考察——『吾妻鏡』建長元年条欠文理由との関連において——」（『政治経済史学』574、二〇一四年十月）、再録『鎌倉幕府北条氏一門の研究』二〇一五年二月

渡邊晴美「鎌倉幕府連署北条時房について——執権・連署制の実態分析と北条時房の後継問題——」（『鎌倉幕府北条氏一門の研究』、二〇一五年二月）

渡邊晴美「建長年間における北条時頼政権の実態分析——北条重時連署就任と宗尊親王将軍推戴と執権政治の展開——（Ⅱ）」（『政治経済史学』578、二〇一五年二月）、再録『鎌倉幕府北条氏一門の研究』二〇一五年二月

渡邊晴美「北条時頼政権下の課題について——北条時頼執権期における御家人問題を中心に——」（『鎌倉幕府北条氏一門の研究』、二〇一五年二月）

渡邊晴美「北条氏一門の研究の現状と課題」（『鎌倉幕府北条氏一門の研究』、二〇一五年二月）
渡邊晴美「建長年間における北条時頼政権の実態分析――北条重時連署就任と宗尊親王将軍推戴と執権政治の展開――（Ⅲ）」（『政治経済史学』586、二〇一五年十月）、再録『鎌倉幕府北条氏一門の研究』二〇一五年二月
渡邊晴美「北条時宗政権期における深秘沙汰と寄合」（『政治経済史学』613、二〇一八年一月）
渡邊浩史「流通路支配と悪党――東大寺領山城国賀茂庄の悪党――」（『年報中世史研究』16、一九九一年五月）
渡邉正男「「正和の神領興行法」と「入門」」（『鎌倉遺文研究』13、二〇〇四年四月）
渡邉正男「関東御教書と得宗書状」（稲葉伸道編『中世の寺社と国家・地域・史料』、二〇一七年五月）

あとがき

北条氏研究会は、昭和五十三年（一九七八）に創立された。当時私は学習院大学大学院博士課程に在籍していた。その趣旨は、鎌倉北条氏の発給文書を一通ずつ輪読することであった。北条時政の発給文書から読み始め、途中会員の就職等があって一時中断したが、昭和五十七年に再開された。月例会の会場は、旧与野市（現さいたま市中央区）の拙宅である。参考文献等がすぐに見られるという選択であったと思う。爾来月例会を続け、現在は北条貞時の発給文書を読み続けている。

これまで北条氏研究会編として、『北条時宗の謎』（新人物往来社、二〇〇〇年）、『北条一族』（別冊歴史読本、二〇〇一年）、『北条時宗の時代』（八木書店、二〇〇八年）、『武蔵武士を歩く――重忠・直実のふるさと　埼玉の史跡――』（勉誠出版、二〇一五年）、『武蔵武士の諸相』（勉誠出版、二〇一七年）等を刊行し、現在も四十周年記念として論文集『北条氏発給文書の研究』（勉誠出版より二〇一九年十月に刊行予定）の編集を進めている。これらの基本となったのは、毎月の北条氏発給文書の輪読会（月例会）と毎年の研修旅行、そして武蔵武士巡見であり、最近は有志で鎌倉街道を歩いている。

かつて平成十三年（二〇〇一）六月に『北条氏系譜人名辞典』を刊行した。そのきっかけとなったのは、北条氏研究会編「北条氏系図考証」である。これは平成十年に刊行された恩師安田元久編『吾妻鑑人名総覧』（吉川弘文館）の第二部に収められている。『北条氏系譜人名辞典』はこれを踏まえて、北条氏研究会の二十周年の記念として企画された。当時の発行元である新人物往来社はすでになく、同辞典も近年書肆や古書店で見られなくなっている。

本辞典は、『北条氏系譜人名辞典』編纂の経験をもとに、その後二十年の研究の成果を加味し、あらたに北条氏に関する人名のデータベースを提供することを目指した、北条氏研究会の四十周年を記念しての企画である。入来院家所蔵「平氏系図」のデータを中心に項目数を増やし、以降の研究成果を加味して編集した。『北条氏系譜人名辞典』に立項のなかった百件弱の項目を加え、項目数は千百件弱にのぼる。約百五十年の鎌倉時代にあって、これだけの広がりを見せた鎌倉北条氏は驚異的な氏族と言ってよかろう。

なお、本辞典の刊行にあたっては、『北条氏系譜人名辞典』に執筆した会員諸氏に、各担当項目の確認・加筆・訂正等をお願いしたが、追加項目についてはすべて菊池が執筆した。その後の校正等は菊池が担当した。また、第Ⅱ部の「鎌倉北条氏関連論文目録」は、久保田和彦が担当した。

なお、『北条氏系譜人名辞典』に収められていた北条氏諸職表、北条氏所領一覧、北条氏被官一覧は本辞典では割愛した。北条氏所領一覧は、川島孝一「北条氏所領の認定とその集積・ゆくえ」（北条氏研究会編『北条時宗の時代』所収、八木書店、二〇〇八年）に、補足・修正されて掲載されている。併せて参照されたい。

ただ残念なことに、本会の最長老で、本辞典の執筆者の一人である鈴木宏美氏が、刊行目前の八月二十五日に他界された（享年八十七）。御冥福をお祈りしたい。

末筆ながら、勉誠出版の吉田祐輔・松澤耕一郎両氏には大変お世話になった。記して謝意を表したい。

令和元年九月吉日

北条氏研究会代表　菊池紳一

執筆者一覧（五十音順）

○川島孝一
昭和三十二年生。同五十四年三月國學院大學文学部史学科卒業。同大学大学院文学研究科博士課程前期修了。元、國學院大學栃木高等学校教諭。

○菊池紳一
昭和二十三年生。同四十九年三月國學院大學文学部史学科卒業。学習院大学大学院人文科学研究科博士課程単位取得退学。元、前田育徳会常務理事、尊経閣文庫主幹。

○久保田和彦
昭和三十年生。同五十三年三月早稲田大学教育学部社会科地理歴史専修卒業。学習院大学大学院人文科学研究科博士課程単位取得退学。現在、鶴見大学文学部・日本大学文理学部非常勤講師。

○下山　忍
昭和三十一年生。同五十三年三月学習院大学文学部史学科卒業。同大学大学院人文科学研究科修士課程修了。現在、東北福祉大学教育学部教授。

○加藤（末木）よりこ
昭和四十六年生。平成五年三月国士舘大学文学部史学地理学科卒業。法政大学大学院人文科学研究科日本史学専攻修士課程修了。現在公益財団法人前田育徳会文庫員。

○鈴木宏美
昭和七年生。昭和二十九年三月東京大学文学部国史学科卒業。同大学大学院修士課程修了。元、埼玉県文化財保護審議会委員。

○遠山久也
昭和三十九年生。同六十二年三月國學院大學文学部史学科卒業。法政大学大学院人文科学研究科日本史学専攻博士後期課程単位取得退学。現在、東京都立田園調布高等学校教諭。

○永井　晋
昭和三十四年生。同五十七年三月國學院大學文学部史学科卒業。同大学大学院文学研究科博士課程後期中退。國學院大學博士（歴史学）。現在、関東学院大学客員教授。

○森　幸夫
昭和三十六年生。同五十八年三月國學院大學文学部史学科卒業。同大学大学院文学研究科博士課程単位取得退学。現在、國學院大學非常勤講師。

○山野井功夫
昭和三十四年生。昭和五十八年三月学習院大学文学部史学科卒業。現在、埼玉県立浦和西高等学校教諭。

監修者略歴

菊池紳一（きくち・しんいち）

昭和23年（1948）生まれ。元前田育徳会常務理事・元尊経閣文庫主幹。

専門は日本中世政治史。

著書に、『図説 前田利家―前田育徳会の史料にみる―』（新人物往来社、2002年）、『加賀前田家と尊経閣文庫―文化財を守り、伝えた人々―』（勉誠出版、2016年）、『鎌倉遺文 補遺編・尊経閣文庫所蔵文書』（東京堂出版、2016年）、論文に「武蔵国における知行国支配と武士団の動向」（『埼玉県史研究』11号、1983年、のち戎光祥出版株式会社『シリーズ・中世関東武士の研究 第七巻 畠山重忠』所収）、「武蔵国留守所惣検校職の再検討―「吾妻鏡」を読み直す―」（『鎌倉遺文研究』25号、2010年）、「鎌倉幕府の政所と武蔵国務」（『埼玉地方史』65号、2011年）、「九条兼実の知行国について」（小原仁編『「玉葉」を読む―九条兼実とその時代―』、勉誠出版、2013年）などがある。

鎌《かま》倉《くら》北《ほう》条《じょう》氏《し》人《じん》名《めい》辞《じ》典《てん》

監修 菊池紳一
編者 北条氏研究会
発行者 池嶋洋次
発行所 勉誠出版㈱
〒101-0051 東京都千代田区神田神保町三―一〇―二
電話 〇三―五二一五―九〇二一㈹

二〇一九年十月二十五日 初版発行

印刷 製本 太平印刷社

ISBN978-4-585-22255-2 C0521

北条氏発給文書の研究

附 発給文書目録

北条氏の発給文書を網羅的に収集・検討。執権をつとめた各代について、その足跡を歴史上に位置付ける。歴代の発給文書一覧も具えた、レファレンスツールとして必備の一冊。

北条氏研究会 編・本体一五〇〇〇円（+税）

吾妻鏡地名寺社名等総覧

『吾妻鏡』に記載される地名や寺社名などを網羅的に抽出し、記事本文とともに分類・配列。日本中世史の根本史料を使いこなすための必携書。

菊池紳一・北爪寛之 編・本体三八〇〇円（+税）

武蔵武士の諸相

古文書・史書、系図や伝説・史跡などの諸史料に探り、多面的な観点から武蔵武士の営みを歴史のなかに位置付ける。新視点から読み解く日本中世史研究の最前線。

北条氏研究会 編・本体九八〇〇円（+税）

武蔵武士を歩く

重忠・直実のふるさと　埼玉の史跡

武蔵武士ゆかりの様々な史跡を膨大な写真・図版資料とともに詳細に解説。史跡や地名から歴史を読み取るためのコツや、史跡めぐりのルート作成方法を指南。

北条氏研究会 編・本体二七〇〇円（+税）

古文書料紙論叢

古代から近世における古文書料紙とその機能の変遷を明らかにし、日本史学・文化財学の基盤となる新たな史料学を提示する。

湯山賢一 編・本体一七〇〇〇円（+税）

紙の日本史
古典と絵巻物が伝える文化遺産

長年文化財を取り扱ってきた最先端の現場での知見を活かし、古典作品や絵巻物をひもときながら、文化の源泉としての紙の実像、それに向き合う人びとの営みを探る。

池田寿 著・本体二四〇〇円（+税）

日本の文化財
守り、伝えていくための理念と実践

文化財はいかなる理念と思いのなかで残されてきたのか、また、その実践はいかなるものであったのか。文化国家における文化財保護のあるべき姿を示す。

池田寿 著・本体三二〇〇円（+税）

加賀前田家と尊経閣文庫
文化財を守り、伝えた人々

伝統事業の成立過程、前田家の展開と文化活動、文庫伝来の古文書・古記録・系図類を解説。日本文化の根幹を未来へと伝える前田家・尊経閣文庫の営みに光を当てる。

菊池紳一 著・本体四八〇〇円（+税）